Werner Treß (Hrsg.)
Verbrannte Bücher 1933

Schriftenreihe Band 1003

Werner Treß (Hrsg.)

Verbrannte Bücher 1933

Mit Feuer gegen die Freiheit des Geistes

bpb: Bundeszentrale für politische Bildung

Alfred Kantorowicz gewidmet

Bonn 2009

Adenauerallee 86, 53113 Bonn, www.bpb.de

In Kooperation mit dem Moses Mendelssohn Zentrum
für europäische jüdische Studien, Potsdam,
und der »Bibliothek verbrannter Bücher«,
www.verbrannte-buecher.de

Lektorat: Hildegard Bremer
Redaktion/Produktion: Gernot Dallinger

Umschlaggestaltung: Michael Rechl, Kassel
Umschlagfoto: © ullstein bild
Ein mit von den Nazis verbrannten Büchern gepflasterter Weg
in der Ausstellung »The Story of Berlin«, Berlin 2006

Satzherstellung: Satzbetrieb Schäper GmbH, Bonn
Druck: CPI, Leck

ISBN 978-3-8389-0003-2 ISSN 0435-7604

Inhalt

Moderne in Literatur und Wissenschaft

Frauenbewegung und Frauenliteratur

Freiheit und soziale Demokratie

Anhang

Einleitung

»Begräbniswetter hing über der Stadt«[1], erinnert sich Erich Kästner an den 10. Mai 1933, als er auf dem Berliner Opernplatz Zeuge der Verbrennung seiner eigenen Bücher wurde. Korrespondenten aus aller Welt berichteten ihren Lesern in den folgenden Tagen, dass in Deutschland, dem »Land der Dichter und Denker«, die Werke von Kurt Tucholsky, Bertolt Brecht, Erich Kästner, Sigmund Freud und von über dreihundert weiteren Schriftstellern, Forschern und Publizisten unter Schmährufen in die Flammen geworfen worden waren.

An anderer Stelle schreibt Kästner: »Als am 10. Mai 1933 die deutschen Studenten in allen Universitätsstädten unsere Bücher tonnenweise ins Feuer warfen, spürten wir: Hier vollzieht sich Politik, und hier ereignet sich Geschichte. Die Flammen dieser politischen Brandstiftung würden sich nicht löschen lassen. Sie würden weiterzüngeln, um sich fressen, auflodern und Deutschland, wenn nicht ganz Europa in verbrannte Erde verwandeln. Es würde so kommen und es kam so.«[2]

Schon Heinrich Heine hatte in seiner 1823 veröffentlichten Tragödie »Almansor« die heute prophetisch klingenden Worte geprägt: »Das war ein Vorspiel nur, dort wo man Bücher verbrennt, verbrennt man auch am Ende Menschen.« Indem sie Bücher verbrannten, offenbarten die Nationalsozialisten tatsächlich von Anfang an den Geist der Vernichtung, der ihrer zwölfjährigen Schreckensherrschaft innewohnen sollte: 1933 verbrannten sie Bücher, 1938 verbrannten sie Synagogen und schließlich verbrannten sie in den Krematorien der Konzentrationslager die Körper von Millionen durch sie hingemordeter Menschen.

Die Bücher brannten 1933 nicht im Verborgenen, sondern auf den zentralen Plätzen zahlreicher deutscher Städte: in Flensburg und in München, in Königsberg und in Essen. Tausende Einwohner sahen in Hannover, Frankfurt am Main und Mannheim vom Straßenrand dabei zu, wie die angefeindeten Bücher auf Ochsenkarren und Viehwagen – gleich einer Hinrichtung – zum Scheiterhaufen gefahren wurden.

Die Bücherverbrennungen in Deutschland 1933 waren ein Fanal, mit dem der Exodus einer ganzen Blüteepoche deutschsprachiger Wissenschaft und Kultur vor den Augen der Weltöffentlichkeit eingeleitet wurde. Mit der Verbrennung ihrer Werke einher ging die Vertreibung und Verfolgung der Autoren. Immer neue und erweiterte »Schwarze Listen« eigens einberufener Indizierungsausschüsse sorgten dafür, dass die von den Nationalsozialisten verfemte Literatur nach 1933 in Buchhandlungen und öffentlichen Bibliotheken nicht mehr erhältlich war.

Diese »geistige Enthauptung Deutschlands«[3], wie es die Soziologin Helge Agnes Pross treffend diagnostizierte, führte zum Vergessen einer geistigen Vielfalt, zu der einst geschätzte Romanciers wie Jakob Wassermann, Dramatiker wie Fritz von Unruh, Kritiker wie Alfred Kerr, Publizisten wie Carl von Ossietzky, Forscher wie Rudolf Hilferding und Feministinnen wie Hilde Lion gehörten.

Gewiss, viele der »verbrannten Bücher« sind nach 1945 neu aufgelegt worden und heute wieder einem breiten Publikum bekannt. Gleichwohl ist auch vieles vergessen worden. Wer kennt heute noch die Werke von Autorinnen wie Gina Kaus, Christa Anita Brück, Rahel Sanzara oder Adrienne Thomas? Kaum noch Beachtung findet vor allem die von der Bücherverbrennung betroffene Sachliteratur. Sucht man heute in Berlin etwa nach dem von Anna Blos 1930 herausgegebenen Band »Die Frauenfrage im Lichte des Sozialismus«, so wird man nur noch im Katalog der Staatsbibliothek fündig. »Außenmagazin«, »Bereitstellung in drei Tagen«, »Benutzung nur im Lesesaal«, »strenges Kopierverbot« lauten die Bedingungen, bevor man schließlich das Buch in Händen halten und lesen darf.

Bekannter sind die Namen Ludwig Quidde und Theodor Heuss, von denen informierte Bürger heute noch wissen, dass der eine den Friedensnobelpreis erhielt und der andere Bundespräsident wurde. Zu beiden erschienen nach 1945 zwar in hoher Auflage Münzen und Briefmarken, ihre 1933 ebenfalls verbrannten Bücher jedoch wurden vergessen. Eine Originalausgabe des von Heuss 1931 veröffentlichten Buches »Hitlers Weg« oder die Broschüren von Quidde wie »Völkerbund und Demokratie« werden heute von Sammlern gesucht und erzielen in Antiquariaten hohe Preise.

Mit der vorliegenden Anthologie soll ein Beitrag zum Gedenken an die von den Nationalsozialisten verbrannte und verbotene Literatur geleistet werden. Dies kann auf ernsthafte Weise nur geschehen, indem man die Bücher einem breiteren Publikum wieder zur Lektüre anempfiehlt.

»Was sollen uns denn diese alten Bücher nach über 75 Jahren heute noch zu sagen haben?«, mögen allzu zeitgemäße Leser einwenden. »Sehr viel!«, wäre darauf zu entgegnen. Möglicherweise geben uns die »verbrannten Bücher« sogar Antworten auf Fragen oder zumindest ein Verständnis zu Problemen, die gar nicht so neu sind, wie viele glauben. Krieg, Armut, Arbeitslosigkeit, Überforderung im Alltag, aber auch Liebe, Sexualität oder Satire und Zeitkritik – zu all diesen Erscheinungsformen finden sich im breiten Spektrum der »verbrannten Bücher« treffende, brillante, mitunter auch schockierende Beschreibungen. Manche Texte können stilistisch heute noch als innovativ, wenn nicht gar als unübertroffen gelten. Zu nennen wären hier unter anderem der politische Witz eines Kurt Tucholsky, die Milieustudien der jungen Anna

Seghers oder die Theaterkritiken von Alfred Kerr. Andere Texte, wie etwa der Roman »Brennende Ruhr« von Karl Grünberg lesen sich heute wie eine moralisch überhöhte Proletkult-Schmonzette.

Die vorliegende Anthologie entscheidet sich für den Ansatz einer repräsentativen Auswahl. Es geht also bewusst nicht um eine Blütenlese ausschließlich hochwertiger Texte oder um eine Betonung nur der vergessenen Autorinnen und Autoren. Es finden sich im Folgenden also Textausschnitte von guten und weniger guten, berühmten und vergessenen, politisch fortschrittlichen, aber auch fragwürdigen Autorinnen und Autoren. Es wurden Texte der klassischen Gattungen Epik, Dramatik und Lyrik ausgewählt. Dabei kommt nicht nur die Belletristik, sondern auch die politische und wissenschaftliche Sachliteratur zur Geltung.

Für die Auswahl wurde weiterhin Wert darauf gelegt, die Texte – statt in kurzen Häppchen – jeweils in einem solchen Umfang zu präsentieren, dass die Lektüre einen angemessenen Einblick in Handlung oder Thematik eines Titels ermöglicht und gegebenenfalls sogar zur Lektüre des gesamten Buches anregt. Bei einem Umfang von je sieben bis zehn Seiten und einer Textauswahl aus 54 verbrannten Büchern, musste natürlich auf Texte zahlreicher Autorinnen und Autoren verzichtet werden, die kundige Leserinnen und Leser schmerzlich vermissen und deren Nichtberücksichtigung sie dem Herausgeber je nach eigenen Vorlieben besonders übel nehmen werden. Solcherlei Kritik vermag eine Anthologie jedoch nie zu entrinnen, weil sie immer mehr auslassen muss, als sie am Ende aufnehmen kann.

Einer Erklärung bedarf schließlich die Methode, nach der die ausgewählten Texte gegliedert wurden. Man hätte diese nach Genres, Erzählformen oder einfach chronologisch anordnen können. Beim Lesen der »verbrannten Bücher« stellt sich jedoch auch die Frage, warum diese von den Nationalsozialisten überhaupt geächtet wurden. Gerade eine derart brutale Versündigung an der Freiheit des Geistes wie die NS-Bücherverbrennungen wirft die Frage auf nach dem Warum. Es wäre nicht hinreichend, die Bücherverbrennungen als bloßen Akt kultureller Barbarei und sinnloser Zerstörung abzutun. Sicherlich war es das auch. Aber dennoch stellt sich die Frage: Warum so viel Hass? Woher rührten die Ressentiments, die sich mit den Scheiterhaufen des 10. Mai 1933 Bahn brachen?

Es waren eine ganze Reihe an Feindbildern und nicht nur die oft erwähnten Motive des Antisemitismus und Antimarxismus, die bei den Bücherverbrennungen und Buchverboten während des Nationalsozialismus eine Rolle spielten. Diese Feindbilder sollen im Folgenden identifiziert und näher beschrieben werden. Wenn bei der Anordnung der Texte die jeweiligen Autoren den literaturpolitischen Ressentiments der Nationalsozialisten zugeordnet werden, so geschieht dies nicht, um eine »Täterperspektive« in den Vordergrund zu stellen. Vielmehr geht es darum, die stereotypen literaturpolitischen Ressentiments der Nationalsozialisten aufzuzeigen, zu reflektieren und zu widerlegen. Nicht selten sind es die Texte der betroffenen Autorinnen und Autoren selbst, die die menschenverachtenden Feindbilder des Nationalsozialismus am treffendsten zu entlarven und zu überwinden vermögen.

Wie es zu den Bücherverbrennungen 1933 kam, soll in der folgenden historischen Einleitung erklärt werden.

Der 10. Mai 1933 und seine historischen Vorläufer

»Alles ist verhüllt in dieser Welt düsterer Finsternis, wenn das Licht der Schriften fehlt«[4], schrieb der Chronist Helmold von Bosau um das Jahr 1167. Solange es Schriften gibt, wird auch über deren Verbot, Verbrennung und die Verfolgung ihrer Autoren berichtet. Bereits im Jahr 411 v. Chr. wurden die Schriften des Philosophen Protagoras auf der Agora in Athen öffentlich verbrannt, weil sie die Existenz der Götter angezweifelt hatten. Protagoras selbst wurde zum Tode verurteilt und kam auf der Flucht ins Exil ums Leben. Noch schlimmer erging es im Spätmittelalter dem christlichen Reformator Jan Hus. Während des Konzils von Konstanz, wohin er unter Zusicherung freien Geleits gekommen war, wurde Hus 1415 zusammen mit seinen Schriften verbrannt und die Asche in den Rhein gestreut. Die Geschichte der Bücherverbrennungen ist lang und inzwischen auch gut erforscht.[5] Für eine historische Einordnung der Bücherverbrennungen in Deutschland 1933 sind die historischen Vorläufer jedoch nur wenig aussagekräftig.

Die »Deutsche Studentenschaft« als Veranstalter der »Autodafés« im Mai 1933 bezog sich symbolisch auf eine aus ihrer Sicht spezifisch deutsche Tradition der Bücherverbrennungen, die über das Wartburgfest bis zur Verbrennung der Bannandrohungsbulle durch Martin Luther zurückreicht. Sowohl bei der Verbrennung vor dem Elstertor zu Wittenberg am 10. Dezember 1520 als auch im Rahmen des Wartburgfestes am 18. Oktober 1817 wurden unter Schmährufen Bücher verbrannt, wobei jeweils Studenten während der Inszenierungen eine zentrale Rolle spielten. Schon aufgrund der höchst unterschiedlichen historischen Kontexte dieser fast 300 Jahre auseinander liegenden Ereignisse wäre es jedoch irreführend, von einer wirklichen Kontinuität der Bücherverbrennungen von 1520, 1817 und 1933 auszugehen.

In entscheidenden Punkten unterschieden sich die NS-Bücherverbrennungen von den Scheiterhaufen in den Jahrhunderten zuvor. Das Geschehen am 10. Mai 1933 war keine regional begrenzte Aktion, sondern fand reichsweit an fast allen Hochschulorten zugleich statt. Die NS-Bücherverbrennungen waren Teil eines zentral gesteuerten Programms des ideologischen und politischen Kampfes: der so genannten »Aktion wider den undeutschen Geist«. Mit den modernsten Mitteln der damaligen Propaganda wurde der 10. Mai 1933 inszeniert. Die Bücherverbrennung auf dem Berliner Opernplatz wurde live im Rundfunk übertragen und von zahlreichen Kameras für die Wochenschau gefilmt. Es war das typisches Erfolgsrezept der NS-Propaganda: Traditionelle Bräuche und seit langem in der Bevölkerung gärende Ressentiments politisch bündeln und mit den modernsten Mitteln der Technik zu einer die Massen überwältigenden Wirkung bringen.

Auswirkungen des Kulturkampfes vor 1933

Woher rührte der Hass der Nationalsozialisten auf die Bücher, die sie verbrannten? Die Feindbilder, die am 10. Mai 1933 in Brandreden und Feuersprüchen zum Ausdruck kamen, waren im Grunde nichts Neues. Sie hatten ihren Ursprung hauptsächlich in den heftigen literaturpolitischen Auseinandersetzungen während der Weimarer Republik. Die Bücherverbrennungen waren in vielerlei Hinsicht eine Generalabrechnung, mit der die Nationalsozialisten ihr Obsiegen über eine literarische Vielfalt manifestierten, deren Blüte sie über Jahre leidenschaftlich gehasst hatten.[6]

Jedoch war es nicht nur die NSDAP, die schon vor 1933 mit besonderem Eifer gegen Autorinnen und Autoren hetzte, die jüdischer Herkunft waren, die für ein sozialistisches Weltbild standen oder die mit innovativen, modernen Textformen in Erscheinung traten. Insbesondere der Antisemitismus als literaturpolitisches Leitmotiv der NS-Bücherverbrennungen hatte innerhalb der politischen Rechten und der völkischen Bewegungen eine Tradition, die sich bereits im Deutschland der Kaiserzeit herausgebildet hatte. Einer der Hauptexponenten dieses Literatur-Antisemitismus war der selbsternannte Literaturkritiker Adolf Bartels, der seit dem Ende des 19. Jahrhunderts eine Vielzahl antisemitischer Pamphlete und Bücher verfasst hatte. Zusätzlich versuchte er sich als Dichter der so genannten Heimatkunstbewegung zu etablieren.

In seiner 1901 und 1902 erstmals veröffentlichten zweibändigen »Geschichte der deutschen Literatur« entwickelte Bartels aus den Motiven des rassistischen Antisemitismus, der sich im späten 19. Jahrhundert als bis dahin radikalste Form des Judenhasses herausgebildet hatte, ein leicht handhabbares Instrumentarium völkischer Literaturkritik. Es war geprägt von einem dumpfen Hass gegen jeden progressiven Lebensentwurf der großstädtischen Intelligenz und gegen alle damit verbundenen Erscheinungsformen in der modernen Literatur. Wichtigstes Merkmal der Bartels'schen »Literaturkritik« war das

Verfahren, jedes seiner literarischen Feindbilder unter das antisemitische Leitmotiv zu subsumieren. Dabei gerieten seine Kritiken mehr und mehr zu substanzlosen Aufzählungen der von ihm angefeindeten Autoren und ihrer »rassischen« Zuordnung. Letztere sorgte dabei selbst in völkischen Kreisen für einige Verwirrung, wie das folgende Zitat aus dem Jahr 1921 zeigt: Es »[…] braucht kaum nachgewiesen zu werden, dass und warum der Jude als deutscher Dichter in dieser Zeit eine große Rolle spielt. In der Tat, er spielt sie, nach Hauptmann und Dehmel (Liliencron war ja 1909 gestorben) sind Hugo von Hofmannsthal, Georg Hermann, Jakob Wassermann, Bernhard Kellermann, beinahe auch die Unterhalter Georg Engel und Georg Hirschfeld und mit ihnen die dem Judentum sympathischen Heinrich und Thomas Mann, Ernst Hardt, später Gustav Meyrink, ja sogar schon Carl Sternheim und manche Expressionisten große Namen geworden. Dass ein Jude kein deutscher Dichter werden kann und dass ein Deutscher, der mit den Juden geht, sein bestes verliert, steht für so beschränkte Leute, wie wir Deutschvölkischen sind, ja nun freilich fest, aber das deutsche Volk des Durchschnitts hat sich ja zu solch bornierter Auffassung nie bekennen wollen und die jüdischen Erfolgreichen verschlungen und erhoben wie die anderen auch […].«[7]

Das Kokettieren mit seinem Antiintellektualismus, das völlige Außerachtlassen geltender Methoden der Literaturwissenschaft und die damit einhergehenden Simplifizierungen in seinen über weite Strecken zutiefst boshaften »Literaturbetrachtungen« machten Bartels Schriften nicht nur in völkischen Kreisen, sondern darüber hinaus einer breiten Öffentlichkeit bekannt. Nach dem Aufkommen der NS-Bewegung in den frühen Zwanzigerjahren wurde Bartels schnell zu einem ihrer leidenschaftlichen Verfechter. Mit seiner 1924 veröffentlichten Schrift »Der Nationalsozialismus und Deutschlands Rettung« trug er ganz entscheidend dazu bei, den während der Kaiserzeit entwickelten völkisch-antisemitischen Literaturbegriff auf das kulturpolitische Programm der NS-Bewegung zu übertragen. Auch in praktischer Hinsicht war Bartels ein wichtiger Ideengeber der späteren nationalsozialistischen Literaturpolitik. Mit seinem 1925 erschienen Buch »Jüdische Herkunft und Literaturwissenschaft«, in dem er die ihm verhassten Schriftstellerinnen und Schriftsteller nebst ihrer angeblichen »Rassenzugehörigkeit« auflistete, schuf er die praktischen Grundlagen für die Literaturindizierungen im Vorfeld der Bücherverbrennungen und danach.[8]

Das geistige Klima, für das Bartels und andere antisemitische Propagandisten wie Theodor Fritsch sorgten, wirkte tief in die Gesellschaft und das alltägliche Leben der Menschen hinein. Der heute 99-jährige deutsch-jüdische Schriftsteller Hans Keilson berichtete am 9. Mai 2008, anlässlich des Gedenkens 75 Jahre nach den Bücherverbrennungen, von einem Erlebnis aus seiner Schulzeit im brandenburgischen Bad Freienwalde im Jahr 1926. Im Unterricht sollten von den Schülern Gedichte ausgewählt und vorgetragen werden. »Ich wählte das Gedicht von Heinrich Heine ›Die Schlesischen Weber‹. Als ich es aufgesagt hatte und der Lehrer die Klasse aufforderte, mit der Diskussion zu beginnen, erhob sich der Klassenälteste. Er sagte: ›Die Klasse lehnt es ab über dieses Gedicht zu diskutieren. Es beschmutzt das eigene Nest‹ und setzte sich wieder. – Dies war die Stimmung, die schließlich auch zur Bücherverbrennung und zu noch schlimmeren Taten geführt hat.«[9]

Verstärkt wurde diese Stimmung durch immer neue Kampagnen in der rechtsgerichteten Presse. Mehr noch als in den von Alfred Hugenberg dominierten deutschnationalen Zeitungen wurden in den Kampfblättern der NSDAP ihr unliebsame Schriftsteller angefeindet, verleumdet und sogar bedroht. In NS-Blättern wie dem »Völkischen Beobachter«, »Der Angriff« und »Der Stürmer« wurde seit den Zwanzigerjahren dasjenige Vokabular gepflegt und weiterentwickelt, welches dann 1933 auch die aggressive Rhetorik der »Aktion wider den undeutschen Geist« bestimmte. Im Repertoire nationalsozialistischer Kampfbegriffe wurden stereotype Parolen wie »Jude«, »Pazifist«, »Kulturbolschewist«, »volksfremder Geist«, »Literatur des Verfalls«, »Asphaltliteratur«, »Schund- und Schmutzliteratur«, »entartet«, »undeutsch«, »zersetzend« oder »nihilistisch« mit besonderer Vorliebe verwendet. Stets wurde dabei versucht, die angefeindete Literatur dem vermeintlichen Einfluss des Judentums zuzuschreiben, wobei verschwiegen wurde, dass es sowohl jüdische Autoren mit einem deutschnationalen Weltbild gab als auch angefeindete nicht-jüdische Autoren, deren Bücher die Nationalsozialisten dann aber, wie soeben auch im Bartels-Zitat zu lesen war, als »judengenössisch« oder »judenhörig« charakterisierten. So schloss beispielsweise der Nationalsozialist Rudolf Erckmann seinem Artikel »Götzendämmerung der Literaten«, der 1932 im »Völkischen Beobachter« erschien, mit den Worten: »Schon heute führen alle Bücher jüdischer und judengenössischer Künstelei, die sanft säuselnden Pazifistenromane, die paneuropäischen Elaborate, die blutleeren Ästhetenverse und die hassgezeugten Marxistenschmöker nur noch ein mühsam hochgepäppeltes Scheindasein. Und die Zeit ist nicht mehr ferne, da auf den Bücherleichen der letzten 14 Jahre und ihrer Vorgänger das Deutsche Buch im Dritten Reich triumphiert.«[10]

Die Gewissheit der Nationalsozialisten, bald zur Macht zu gelangen, wird aus dem zitierten Artikel bereits sehr deutlich, so wie auch immer klarer erkennbar wurde, was die kritischen Schriftsteller in Deutschland nach einer nationalsozialistischen Machtübernahme erwarten würde. Wenige Zeilen zuvor ist im selben Artikel von Erckmann zu lesen: »So wird es vielerorts in unserem Schrifttum kaum noch großer Reinigungsaktionen bedürfen, wenn deutscher Geist in Deutschland die Zügel ergreift. Vom gesundeten Willen des deutschen lesenden Publikums verworfen, werden die Zersetzer und Ästheten, die Literatur-Paneuropäer und volksfremden Schreiber ihre ›Werke‹ nur mehr für sich schreiben, falls sie wie der kleine Klaus [gemeint ist Klaus Mann, der Verf.] nicht vorziehen, das undankbare Deutschland zu verlassen; niemand wird ihnen für diesen Fall eine Träne nachweinen. Nur in einem Fall wird man sich noch für sie interessieren. Sollten sie draußen oder drinnen versuchen, unser völkisches Wollen zu sabotieren, wie es während des Krieges die Schickele, Leonhard Frank und Genossen taten, wird es Wege geben, solchem Beginnen zu Begegnen.«[11]

Für derartige Bedrohungen wurden bereits vor der NS-Machtübernahme Maßnahmepläne entworfen, die man sich nicht scheute, der Öffentlichkeit zu präsentieren. Bereits im August 1932 erschien im »Völkischen Beobachter« eine Liste mit Schriftstellern, die als »Repräsentanten einer dekadenten Niedergangsperiode« tituliert wurden und die man nach einer Machtübernahme mit Schreibverbot zu belegen gedachte. In dieser Liste waren die Namen der Autoren Lion Feuchtwanger, Hugo von Hofmannsthal, Walter Hasenclever, Klaus Mann, Carl Sternheim, Ernst Toller, Franz Werfel, Frank Wedekind, Friedrich Wolf, Stefan Zweig, Carl Zuckmayer, Bertolt Brecht, Leonhard Frank, Theodor Plivier, Carl Hauptmann und Fritz von Unruh aufgeführt. Joseph Goebbels ging noch weiter und kündigte im »Angriff« an, dieses »schreibende Gesindel [...] an die Wand« zu stellen«. Solch offene Morddrohungen waren auch nicht neu. Bereits 1927 wurde im »Völkischen Beobachter« dem Schriftsteller Oskar Maria Graf nach Erscheinen seines Romans »Wir sind Gefangene« mit dem Galgen gedroht.[12]

Die Hetzartikel in der nationalsozialistischen Presse führten nicht selten zu gewalttätigen Aktionen. Vor allem die SA scheute sich nicht, ihren politischen Terror auch in das kulturelle Leben hineinzutragen. So wurde im Oktober 1930 Thomas Mann während seines Vortrages »Deutsche Ansprache« im Berliner Beethovensaal von SA-Männern, die im Smoking erschienen waren, angepöbelt. Viele Schriftsteller bekamen immer gemeinere Drohanrufe und Drohbriefe. Als einen Vorgeschmack auf die bevorstehende Bücherverbrennung erhielt Thomas Mann per Post aus Königsberg ein verkohltes Exemplar seines Romans »Die Buddenbrooks« zugeschickt. Im Jahr 1943, anlässlich des zehnten Jahrestages der NS-Bücherverbrennung, berichtete Thomas Mann darüber in einer seiner BBC-Rundfunkansprachen aus dem Exil: »Deutsche Hörer! Als ich mich im Sommer 1932 an der Ostsee aufhielt, bekam ich ein Paket zugeschickt, aus dem mir, als ich es öffnete, schwarze Asche, verkohltes Papier entgegenfiel. Der Inhalt bestand aus einem verbrannten, nur gerade noch erkennbaren Exemplar eines Buches von mir, des Romans ›Buddenbrooks‹, – mir übersandt vom Besitzer zur Strafe dafür, dass ich meinem Grauen vor dem heraufkommenden Nazi-Verhängnis öffentlich Ausdruck gegeben hatte.«[13]

Zuvor, im September 1930, wurde die Uraufführung des Films »Im Westen nichts Neues« nach dem gleichnamigen Roman von Erich Maria Remarque von derart massiven Ausschreitungen begleitet, dass die Behörden nicht etwa die nationalsozialistischen Störer zur Rechenschaft zogen, sondern den Film kurzerhand wegen Störung der öffentlichen Ordnung verboten. Dass die staatlichen Organe nicht nur in diesem Fall die Nationalsozialisten in ihrem brutalen Vorgehen gewähren ließen, war einer von vielen Faktoren, die das Erstarken der NSDAP auch auf parlamentarischer Ebene ermöglichten.[14]

Während der Weimarer Republik wurde von Seiten der politischen Rechten immer wieder mit Erfolg versucht, auf parlamentarischem oder gerichtlichem Wege Bücherverbote und Zuchthausstrafen gegen Schriftsteller und Publizisten zu erwirken. Die Freiheit der Kunst und die Abschaffung der Zensur waren zwar seit 1919 in der Reichsverfassung garantiert, gleichwohl gelang es immer wieder, der Zensur eine neue Hintertür zu öffnen. Zunächst bediente man sich dabei einzelner Paragraphen des Strafgesetzbuches, durch die der Umgang mit Tatbeständen wie »Unsittlichkeit und Unzucht«, »Beleidigung«, »Verleumdung« oder »Gotteslästerung« gesetzlich geregelt waren. So wurde 1922 das Buch mit dem Drama »Die schlimme Botschaft« von Carl Einstein wegen »Gotteslästerung« gerichtlich verboten, beschlagnahmt und der Autor selbst zu einer Geldstrafe verurteilt. Das gleiche Schicksal erfuhr 1925 der Gedichtband »Roter Marsch – Der Leichnam auf dem Thron – Die Bombenflieger« des kommunistischen Schriftstellers Johannes R. Becher. Nach der gerichtlich verfügten Einziehung seines Buches wurde Becher selbst vorübergehend in Haft genommen, wobei die Eröffnung des Gerichtsverfahrens über zwei Jahre verzögert und 1928 schließlich eingestellt wurde.

Ein weitergehender Schritt gegen die Freiheit der Literatur war das so genannte Gesetz zur Bewahrung der Jugend vor Schund- und Schmutzschriften, das von den Parteien »Zentrum« und »Deutschnationale Volkspartei (DNVP)« eingebracht worden war und im Dezember 1926 gegen die Stimmen der SPD und KPD im Reichstag verabschiedet wurde. Der SPD-Reichstagsabgeordnete Carl Schreck wandte in der zweiten Lesung gegen dieses später umgangssprachlich »Schund- und Schmutz-Gesetz« genannte Gesetzesvorhaben ein: »Dieses Gesetz geht unter falscher Flagge, weil es als dem Schutze der Jugend dienlich bezeichnet wird, während es in Wirklichkeit eine Anwendung gegen alle und die Literatur überhaupt finden wird.«[15] Tatsächlich wurde im Gesetz nicht klar definiert, gegen welche Art von Literatur es sich richtete und so sollte sich die Befürchtung von Carl Schreck als allzu berechtigt erweisen.

Das »Schund- und Schmutz-Gesetz« verlor in der Folge zunehmend seinen Zweck zum Jugendschutz und entwickelte sich zu einem effektiven Instrument der politischen Rechten gegen die ihr verhasste Literatur.

Kurt Tucholsky, der bald selbst ein Opfer dieses Gesetzes werden sollte, ahnte ebenfalls dessen eigentlich intendierte Absicht gegen die Freiheit der Literatur. Er bewertete das Gesetzesvorhaben 1926 in der Zeitschrift »Die Weltbühne« als den »schärfste[n] Angriff auf die geistige Freiheit Deutschlands, der seit Jahrzehnten verübt worden ist. Die Große Zeit ausgenommen. Seit den Tagen der Generalkommandos, die die Kriegsverbrechen durch die Niederknüppelung jeder kritischen Äußerung so lange verlängerten, wie ihnen das möglich war, ist Ähnliches nicht dagewesen.«[16] Mit polemischem Witz beschließt Tucholsky seine Ausführungen mit dem Satz: »Dieses Gesetz gegen Schund und Schmutz fällt unter sich selbst.«

Nachdem 1929 das Theaterstück »Giftgas über Berlin« des Dramatikers Peter Martin Lampel verboten worden war, gründeten unter anderen Heinrich Mann, Leopold Jessner, Fritz Kortner und Fritz von Unruh einen Ausschuss »gegen die Zensur«. In einer Erklärung dieses Ausschusses hieß es: »Der Kampf, von dem die Zensur nur ein Teil ist, geht ja nicht um die Geschmacklosigkeiten, welche von Zeit zu Zeit vorkommen, sondern um die geistige Herrschaft in Deutschland.«[17] Und dieser Kampf verschärfte sich zunehmend.

Als ebenfalls 1929 mit Wilhelm Frick ein Nationalsozialist Innen- und Volksbildungsminister des Landes Thüringen wurde, hatte die Öffentlichkeit erstmals die Gelegenheit, zu erfahren, welche Willkürmaßnahmen zu erwarten waren, wenn die NSDAP auch auf Reichsebene zur Macht gelangen würde. Mit dem Erlass »Wider die Negerkultur, für deutsches Volkstum« vom April 1930 ging Minister Frick mit Hilfe der ihm unterstellten Polizei massiv gegen Kulturschaffende vor: Aus Theatern, Museen und Schulen wurden politisch missliebige Personen entlassen, Theaterstücke und Kinoaufführungen wurden verboten. Aus dem Weimarer Museum ließ Frick unter anderem die Bilder von Paul Klee und Ernst Barlach entfernen.[18]

In den letzten Tagen der sozialdemokratischen Regierung unter Hermann Müller wurde am 13. März 1930 von der NSDAP der Entwurf für ein »Gesetz zum Schutze der Nation« im Reichstag eingebracht. In diesem Gesetzesentwurf war zu lesen: »Wer es unternimmt, deutsches Volkstum und deutsche Kulturgüter, insbesondere deutsche Sitten und Gebräuche zu verfälschen oder zu zersetzen oder fremdrassigen Einflüssen auszuliefern, wird wegen Kulturverrats [...] mit Zuchthaus bestraft.«[19]

Im März 1930 wurde diese nationalsozialistische Gesetzesinitiative von der Reichstagsmehrheit noch abgewiesen. Gleichwohl wurden nach Abtreten der

Regierung Müller am 27. März 1930 die Umstände für die demokratische Grundordnung und somit auch für die Schriftsteller und Publizisten immer bedrohlicher. Von nun an regierten bis zur Machtübernahme Hitlers die so genannten Präsidialkabinette unter den Reichskanzlern Heinrich Brüning (Zentrum, bis 30. Mai 1932), Franz von Papen (ehemals Zentrum, bis 17. November 1932) und General Kurt von Schleicher (parteilos, bis 28. Januar 1933). Dabei handelte es sich um vom Reichspräsidenten Hindenburg ernannte Minderheitsregierungen, die unter Berufung auf den Paragraphen 48 der Reichsverfassung mit »Notverordnungen« nach Absegnung durch den Reichspräsidenten regieren konnten, ohne dazu einer Reichtagsmehrheit zu bedürfen.

Am 28. März 1931 wurde es durch die »Verordnung des Reichspräsidenten zur Bekämpfung politischer Ausschreitungen« ermöglicht, Druckschriften zu beschlagnahmen und für die Dauer von bis zu acht Monaten das Erscheinen von Zeitungen zu verbieten. In einer weiteren Notverordnung vom 17. Juli 1931 hieß es: »Druckschriften, durch deren Inhalt die öffentliche Sicherheit und Ordnung gefährdet wird, können polizeilich beschlagnahmt und eingezogen werden.« Darauf folgte die polizeiliche Beschlagnahme der Romane »Sturm auf Essen« von Hans Marchwitza und »Barrikaden im Wedding« von Klaus Neukranz. Nun bedurfte es also nicht einmal mehr einer gerichtlichen Verfügung, um die Bücher kritischer Autoren einzuziehen. Allein diese Notverordnung vom 17. Juli 1931, die es letztlich dem Gutdünken polizeilicher Willkür überließ, welches Buch »die öffentliche Sicherheit und Ordnung gefährdet«, zeigt, wie umfassend schon während der Regierung Brüning der Rechtsstaat ausgehöhlt und die rechtlichen Grundlagen für die umfassenden Bücherbeschlagnahmen während der »Aktion wider den undeutschen Geist« geschaffen wurden.

Im November 1931 wurde Carl von Ossietzky als Herausgeber der kritischen Zeitschrift »Die Weltbühne« zu einer Gefängnisstrafe von eineinhalb Jahren verurteilt. Mit ihm zusammen wurde Walter Kreiser mit derselben Haftstrafe belegt. Anlass war ein Artikel Walter Kreisers, der bereits im März 1929 unter dem Titel »Windiges aus der deutschen Luftfahrt« in der »Weltbühne« erschienen war. Die darin von Kreiser aufgedeckte, rechtswidrige Aufrüstung der Reichswehr veranlasste die Gerichtsbarkeit nicht etwa dazu, die Verantwortlichen innerhalb der Reichswehr in die Schranken zu weisen, sondern umgekehrt Kreiser als Verfasser des Enthüllungsartikels in der »Weltbühne« und von Ossietzky als ihr Herausgeber wegen »Verrats militärischer Geheimnisse« zu verurteilen.[20]

Ein weiterer Prozess gegen Carl von Ossietzky wurde vom damaligen Reichwehrminister Wilhelm Groener angestrengt. Diesmal hieß der Mitangeklagte Kurt Tucholsky. Ebenfalls in der »Weltbühne« hatte Tucholsky im August 1931 einen Artikel mit dem Titel »Der bewachte Kriegsschauplatz« geschrieben, mit dessen umstrittenem Schlusssatz deutsche Gerichte bis heute umgehen müssen. Tucholsky schrieb darin über das sinnlose Sterben auf den Schlachtfeldern des Ersten Weltkrieges: »Da gab es vier Jahre lang ganze Quadratmeilen Landes, auf denen war der Mord obligatorisch, während er eine halbe Stunde davon entfernt ebenso streng verboten war. Sagte ich: Mord?« Und dann folgten die Worte: »Natürlich Mord. Soldaten sind Mörder.«[21]

Bevor Carl von Ossietzky im Mai 1932 seinen ersten Gefängnisaufenthalt antreten musste, schrieb er noch einen Artikel in der »Weltbühne« mit dem Titel »Ende der Pressefreiheit«. Das Fazit, das er darin zog, macht deutlich, wie sehr sich bereits knapp ein Jahr vor der nationalsozialistischen Machtübernahme innerhalb der kritischen Öffentlichkeit in Deutschland das Bewusstsein ihrer Niederlage abzeichnete: »Die deutsche Linkspresse befindet sich in einer ungeheuren Krise. Die wirtschaftliche Schrumpfung bedroht ihren Lebensboden. Die allgemeine Unfreiheit, die Furcht vor Beschlagnahmungen und Prozessen nötigt sie, ihren geistigen Spielraum einzuengen und auf den besten Teil ihres Instrumentars zu verzichten.«

Auf noch deutlichere Weise hatte kurz zuvor Axel Eggebrecht in der »Weltbühne« das Ausmaß der Resignation in einem Artikel mit der Überschrift »Wer weiter liest, wird erschossen« zu Ausdruck gebracht: »Noch kurze Zeit Geduld: Wer dann in Deutschland noch von geistiger Freiheit spricht, der hält Leichenreden. Denn schon liegt er kläglich im Sterben, der vielgeliebte Held, der freie Geist. Eigentlich gibt es ihn schon gar nicht mehr – machen wir uns doch nichts vor. [...] Wir sind dabei, uns selber aufzugeben. Es gibt fast keinen gemeinsamen Lebenswillen des Geistigen mehr. Wir sind gelangweilt durch das – wie man nun überall hört und liest – veraltete, liberalistische Ideal der geistigen Freiheit. Unsere Verbände quälen sich selbst bei bösartigen Vorkommnissen kaum noch mal eine lendenlahme Erklärung ab, wie das Beispiel des Schriftsteller-Schutzverbandes zeigt. Es ist vorbei. Man legt die Hände in den Schoß und wartet auf Hitler.«[22]

Noch vor Hitlers Machtübernahme sollte sich die Situation im weiteren Verlauf des Jahres 1932 weiter zuspitzen. Als Franz von Papen Anfang Juni 1932 seine Reichskanzlerschaft antrat, kündigte er in seiner Regierungserklärung an, den Kampf gegen den »Kulturbolschewismus« als eine vordringliche Aufgabe anzugehen. In einer Notverordnung vom 14. Juni 1932 wurde die Pressefreiheit noch weiter eingeschränkt. Am 1. Juli 1932 erfolgte das erste Verbot der sozialdemokratischen Zeitung »Vorwärts«. Im November 1932 wurde der Schriftsteller Ludwig Renn verhaftet.

Als schließlich am 30. Januar 1933 die Nationalsozialisten zur Macht gelangten, übernahmen sie ein Land, in dem das freie Geistesleben und die vormalige kritische Öffentlichkeit schon stark beschädigt waren. Zu den letzten noch handlungsfähigen Institutionen des schreibenden Widerstandes gegen Hitler gehörten die Schriftstellerverbände.

Auch innerhalb der Schriftstellerverbände wurden während der Weimarer Republik diese Richtungskämpfe um die Literatur ausgetragen. In der »Preußischen Akademie der Künste«, deren »Sektion für Dichtkunst« sehr prominente Schriftsteller angehörten, kam es dabei zu besonders heftigen Auseinandersetzungen.

Obwohl es seit dem 19. Jahrhundert immer wieder Initiativen gegeben hatte, in der »Preußischen Akademie der Künste« eine eigene Literaturabteilung einzurichten, kam es erst 1926 auf Betreiben des damaligen Akademiepräsidenten Max Liebermann und des preußischen Kultusministers Carl Heinrich Becker zur Gründung der »Sektion für Dichtkunst«. Bei der Berufung ihrer Mitglieder wurde darauf geachtet, dass ein möglichst breites Spektrum der vorhandenen literarischen Richtungen vertreten war.

Jedoch gerieten die unterschiedlichen Literaturauffassungen schon bei der Frage, ob man die neue Akademieabteilung unter dem Namen »Sektion für Dichtkunst« oder aber »Sektion für Literatur« führen solle, in einen unversöhnlichen Widerstreit. Es bildeten sich zwei gegnerische Gruppen heraus, deren Gegensätze durchaus politischer Natur waren. Zunächst konnte sich dabei die progressive Gruppe, bestehend aus pro-republikanischen, sozialistischen und liberalen Schriftstellern, gut behaupten. Zu dieser Gruppe gehörten Thomas Mann, Heinrich Mann, Ludwig Fulda, Georg Kaiser, Bernhard Kellermann, Oskar Loerke, Hermann Hesse, René Schickele, Wilhelm Schmidtbonn, Arthur Schnitzler, Jakob Wassermann sowie nach den Neuernennungen im Jahr 1928 zudem Leonhard Frank, Alfred Mombert, Theodor Däubler, Alfred Döblin und Fritz von Unruh.[23]

Gegen diese Gruppe opponierte eine Reihe von völkisch-nationalistischen Schriftstellern, bestehend aus Erwin Guido Kolbenheyer, Hermann Stehr, Josef Ponten, Wilhelm Schäfer, Wilhelm von Scholz und Emil Strauß. Die Vertreter dieser Gruppe verstanden ihr literarisches Werk in romantisch verklärter Weise als Dichtung aus der volkstümlichen Landschaft, die geprägt sei durch »Blut und Boden«. Die völkisch-nationalistischen Sektionsmitglieder artikulierten nun beständig ihr ideologisches Unbehagen gegenüber den vorwiegend in Berlin wirkenden republikanisch orientierten Schriftstellern, deren Werke sie voller Abneigung als »volksfremd« und als »Großstadt- und Asphaltliteratur« titulierten. Zugleich versuchten sie dabei den Einfluss der progressiven Berliner Schriftsteller innerhalb der Sektion zurückzudrängen, indem sie forderten, dass die Rechte der auswärtigen, nicht-preußischen Sektionsmitglieder denen der preußischen Mitglieder gleichgestellt werden solle. Ende 1929 scheiterte der Versuch, mit dem völkisch-nationalistischen Schriftsteller Wilhelm Schäfer ein auswärtiges Mitglied zum Sektionsvorsitzenden zu wählen. Im Oktober 1930 führte eine zunächst erfolgreiche Initiative der auswärtigen Mitglieder, auf der Vollversammlung der Sektion ihre Gleichstellung zu erwirken, zu einem heftigen Eklat. Erwin Guido Kolbenheyer erklärte während dieser Vollversammlung zur Unterstützung des Vorstoßes der auswärtigen Schriftstellergruppe: »Die spezielle Ursache unserer falschen Grundeinstellung heißt Berlin. [...] Es scheint mir ausgeschlossen, dass sensible Naturen, die wir eben sein müssen, um unsere Werke zu schaffen, sich dem aufjagenden Hetztempo dieser Stadt entziehen können – dieser Stadt, in der wohl ein Großteil aller Leistung Betrieb um des Betriebes und nicht um der Sache willen ist.«[24]

Die dadurch angegriffenen Berliner Schriftsteller, allen voran Alfred Döblin, wehrten sich energisch gegen die Polemik Kolbenheyers und den Beschluss zur Gleichstellung der auswärtigen Sektionsmitglieder in der Geschäftsordnung, der eine Vorherrschaft der völkisch-nationalistischen Schriftstellergruppe zur Folge gehabt hätte. Nach wochenlangem, erbittertem Streit über die Rechtmäßigkeit der geänderten Geschäftsordnung, wurde schließlich ein neutrales Rechtsgutachten durch einen Ministerialrat angefordert. Das Auseinanderbrechen der »Sektion für Dichtkunst« stand unmittelbar bevor. In beiden Lagern machte man sich über die Möglichkeiten einer weiteren Zusammenarbeit keine Illusionen mehr, sondern harrte darauf, welche Seite sich durch das Rechtsgutachten würde behaupten können.

Während dieser Phase schrieb Thomas Mann am 26. November 1930 in einem Brief an Oskar Loerke über die Positionen der pro-republikanischen Schriftstellergruppe: »Lassen Sie mich wiederholen: mir ist immer klarer geworden, daß die Herrschaft, die, wenn man Frieden halten will, notwendig durch unsere Konzilianz zustande kommt, vollkommen lähmend und verspießernd auf unsere Körperschaft wirkt, und daß ein irgendwie fruchtbares und ehrenvolles Zusammenarbeiten nicht möglich ist. Schon die Rede Kolbenheyers zu Anfang der Hauptversammlung war durch und durch charakteristisch. Was für ein überflüssiges und verdächtiges Geschwätz von Volk und Volksverpflichtung! Ich habe mich nie dem Volk verantwortlich gefühlt, sondern mir selbst und der europäischen Bildung, und wenn Döblin in seiner Antwort erklärte, dass eine klare Definition dieser Volksverpflichtung notwendig sei, so rührte er mit der Rücksicht, die notwendig gemacht wird durch die Zusammensetzung der Sektion, an den wunden Punkt und machte jeden, der zu hören verstand, aufmerksam auf den Riss, der immer wieder scheinbar und künstlich verhüllt werden muss, wenn die junge Sektion nicht auseinander fallen soll. Um ganz offen zu sein, ich wollte, man ließe es auf ein solches Auseinanderfallen ankommen und ließe die Krise sich vollenden. Was dann kommen könnte, weiß ich freilich nicht zu sagen, aber ein echtes und rechtes Auffliegen der Sektion für Dichtkunst, das keine endgültige Auflösung sein brauchte, könnte, so wage ich zu denken, das vielleicht einzige Mittel sein, die Akademie in neuer und bis zum Effekt der Arbeitsfähigkeit einheitlicher Gestalt wieder erstehen zu lassen.«[25]

Das Szenario, wie Thomas Mann es hier beschrieb, sollte wenig später auf ähnliche Weise tatsächlich eintreten. Das Rechtsgutachten des Ministerialrates bestätigte, dass die auf der Sektionsvollversammlung vom 13. und 14. Oktober 1930 beschlossene Änderung der Geschäftsordnung satzungswidrig und somit ungültig sei, weil die Sektionsrepräsentanz innerhalb der »Preußischen Akademie der Künste« nicht von den preußischen auf die auswärtigen Mitglieder verlagert werden könne.[26] Aus Protest gegen diese Ungültigkeitserklärung traten Erwin Guido Kolbenheyer, Wilhelm Schäfer und Emil Strauß im Januar 1931 aus der Akademie aus. Die progressiven Schriftsteller hatten sich in der »Sektion für Dichtkunst« durchgesetzt und das in einer Zeit, wo die äußeren politischen Bedingungen für die geistige Freiheit der Schriftsteller immer bedrohlicher wurden.

Am 27. Januar 1931 fand eine außerordentliche Sektionsvollversammlung statt, deren Ergebnisse die Hoffnungen von Thomas Mann aus dem zitierten Brief an Oskar Loerke erneut widerspiegelten. Die »Sektion für Dichtkunst« wurde in »Abteilung für Dichtkunst« umbenannt. Mit Heinrich Mann wurde ein engagierter Vertreter der literarischen Linken zum neuen Abteilungsvorsitzenden gewählt und Ricarda Huch zu seiner Stellvertreterin bestellt. Auf Initiative von Alfred Döblin wurden Grundsatzerklärungen ausgearbeitet, die die künftigen Aufgaben der »Abteilung für Dichtkunst« näher bestimmen sollten. Inhaltlich wurde dabei deutlich, dass die Abteilung nun verstärkt gegen die zunehmenden staatlichen Eingriffe in die geistige Freiheit der Schriftsteller vorgehen wollte.[27] Dazu wurde eine »Kommission für den Schutz der Geistesfreiheit« gegründet, die sich verpflichtete, in Fällen von Verboten und Verfolgungen literarischer Werke und ihrer Darstellung eine inhaltliche Überprüfung vorzunehmen und sich für betroffene Autoren öffentlich und rechtlich einzusetzen. Weiter gelang es, Einfluss auf den Deutschunterricht in den preußischen Schulen zu gewinnen, indem Mitglieder der »Abteilung für Dichtkunst« im Kultusministerium Mitspracherecht in den entsprechenden Ausschüssen erhielten. Schließlich erklärte es die »Abteilung für Dichtkunst« zu ihrer Aufgabe, sich gegen diskriminierende Darstellungen in Lese- und Geschichtsbüchern zu engagieren. Als jedoch im Dezember 1932 das Buch »Dichtung der Deutschen« des nationalistischen Publizisten und Schriftstellers

Paul Fechter erschien, in dem viele jüdische und kritische Schriftsteller herabgewürdigt wurden, gelang es den Abteilungsmitgliedern nicht mehr, sich auf eine einheitliche Protesterklärung gegen dieses Buch zu einigen.[28]

Gleichschaltung der Schriftstellerverbände 1933

Nach der NS-Machtübernahme am 30. Januar 1933 wurde das weitere Schicksal der »Abteilung für Dichtkunst« in der »Preußischen Akademie der Künste« auch beispielgebend für die Gleichschaltung der deutschen Schriftstellerverbände.

Bereits am 4. Februar 1933 wurde mit Bernhard Rust ein Nationalsozialist zum kommissarischen Preußischen Kultusminister ernannt. Kraft seines Amtes war Rust zugleich Kurator der »Preußischen Akademie der Künste«, die damit seiner direkten Kontrolle unterstand. Zwei Tage später fand eine Sitzung der »Abteilung für Dichtkunst« statt. Es sollte die letzte Sitzung unter der Leitung von Heinrich Mann werden. Die Diskussion der jüngsten politischen Ereignisse während der Sitzung zeigte, dass offenbar nur wenige Abteilungsmitglieder ahnten, was allein die nächsten Wochen für sie an einschneidenden Veränderungen mit sich bringen würden. Die meisten Anwesenden unterschätzten völlig den Ernst der Lage. Einige glaubten, Hitler würde sich als Reichskanzler nicht lange halten können, und plädierten dafür, sich abwartend zu verhalten.

Der Abteilungsvorsitzende Heinrich Mann sah dagegen dringenden Handlungsbedarf, verfügte jedoch dafür auch innerhalb der Akademie nicht mehr über den erforderlichen Rückhalt. Dennoch entschloss er sich, gegen den Nationalsozialismus Stellung zu beziehen und unterzeichnete gemeinsam mit vierzehn anderen Schriftstellern, Künstlern, Wissenschaftlern und Politikern einen Aufruf mit der Überschrift »Dringender Appell« des »Internationalen sozialistischen Kampfbundes«. In diesem Aufruf, der in den folgenden Tagen an den Berliner Litfaßsäulen plakatiert wurde, war zu lesen: »Die Vernichtung aller persönlichen und politischen Freiheit in Deutschland steht unmittelbar bevor, wenn es nicht in letzter Minute gelingt, unbeschadet von Prinzipiengegensätzen alle Kräfte zusammenzufassen, die in der Ablehnung des Faschismus einig sind.«[29] Weiter rief der »Dringende Appell« die SPD und KPD dazu auf, sich für die Reichstagswahlen am 5. März 1933 zu einer »einheitlichen Arbeiterfront« zu verbinden.

Die Unterstützung dieses Aufrufs durch Heinrich Mann und die Grafikerin und Bildhauerin Käthe Kollwitz, die ebenfalls Akademiemitglied war, nahm Bernhard Rust zum Anlass, erste Schritte zur Gleichschaltung und »Säuberung« der »Preußischen Akademie der Künste« einzuleiten. Am 14. Februar

1933 hielt Rust ausgerechnet vor der Berliner Studentenschaft, die drei Monate später auf dem Berliner Opernplatz die dortige Bücherverbrennung durchführen sollte, eine Rede. Die »Deutsche Zeitung« berichtete darüber in der Morgenausgabe des 15. Februar: »Dr. Rust ging dann auf den von dem Präsidenten der Dichter-Akademie, Heinrich Mann, unterzeichneten Aufruf ein, der die liberalistische Selbstdemagogie feierte und die falsche Freiheit des Wortes pries, und erklärte, er werde diesem Skandal ein Ende bereiten, doch bitte er um Geduld.«

Am 15. Februar wurde der Dirigent und Komponist Max von Schillings, der anstelle des kurz zuvor abgesetzten Malers Max Liebermann als neuer Präsident der »Preußischen Akademie der Künste« amtierte, von Rust in dessen Ministerium zum Rapport geladen.[30] Dabei drohte Rust mit der Auflösung der Akademie, sollte die Unterstützung jenes Aufrufs durch Heinrich Mann und Käthe Kollwitz keine sofortigen Konsequenzen haben. Im »Gespräch« mit Rust gab es seitens des Akademiepräsidenten von Schillings offenbar keinen Widerspruch. Sogleich berief er noch für den Abend desselben Tages alle erreichbaren Akademiemitglieder zu einer außerordentlichen Versammlung ein. Noch bevor diese Versammlung zusammenkam, erklärte Käthe Kollwitz ihren Austritt aus der Akademie. Dem Sitzungsprotokoll zufolge, kam es während der Besprechungen zu Irritationen darüber, warum Heinrich Mann, um dessen Absetzung und Rauswurf es schließlich ging, nicht auch zur Versammlung erschienen war. Erst auf wiederholtes Nachfragen habe von Schillings, der die Versammlung leitete, erklärt, dass Heinrich Mann nicht eingeladen worden seie. Daraufhin sei die Sitzung unterbrochen und Heinrich Mann telefonisch herbeigebeten worden.[31]

Schließlich traf Heinrich Mann dem Sitzungsprotokoll zufolge um 21 Uhr 45 in der Akademie ein. Jedoch wurde daraufhin nicht die Versammlung wieder eröffnet, sondern Heinrich Mann lediglich zu einem Gespräch mit von Schillings in dessen Dienstzimmer gebeten. Im Beisein von Oskar Loerke erklärte Heinrich Mann während dieses Gespräches die Niederlegung seines Amtes als Vorsitzender der »Abteilung für Dichtkunst« und seinen Austritt aus der Akademie. Daraufhin wurde die Nachricht über die Demission und den Austritt Heinrich Manns nach der Wiedereröffnung der Versammlung in dessen Abwesenheit durch von Schillings vorgetragen. Als dem Sitzungsprotokoll zufolge lediglich Alfred Döblin gefordert haben soll, Heinrich Mann möge selbst seine Meinung vor dem Plenum äußern, habe von Schillings die Forderung Döblins mit der Begründung abgewiesen, Heinrich Mann »eine unangenehme Situation« ersparen zu wollen. Weiter habe von Schillings erklärt, dass Heinrich Mann noch im Arbeitszimmer des Präsidenten zugegen sei. Daraufhin habe Döblin dessen persönliches Erscheinen erneut gefordert, was dann jedoch von der Versammlungsmehrheit abgelehnt worden sei. Daraufhin habe der Berliner Baustadtrat Martin Wagner erklärt, dass von Schillings nicht das Recht gehabt habe, gegenüber Rust den Rauswurf zweier Akademiemitglieder anzubieten. Mit dem Hinweis auf die Meinungsfreiheit und dass allein das Plenum entscheidungsbefugt sei, habe Wagner gefordert, darüber abzustimmen, ob das Plenum die Austritte von Käthe Kollwitz und Heinrich Mann billige. Diese letzte Möglichkeit der Versammlung, noch ein Zeichen des Protestes und der Solidarität mit den beiden Betroffenen zu setzen, scheiterte dem Protokoll zufolge an der Intervention des Schriftstellers Gottfried Benn, der das Vorgehen von Schillings ausdrücklich gebilligt habe. Daraufhin habe Wagner ebenfalls seinen Austritt aus der Akademie erklärt und die Versammlung verlassen.[32]

Der gesamte Verlauf dieser Akademieversammlung und die Umstände ihrer Einberufung zeigen, wie effektiv es den Nationalsozialisten bereits zwei Wochen nach ihrer Machtübernahme gelang, durch persönliche Einschüchterungen und eine Politik vollendeter Tatsachen für eine Mentalität des Schweigens und Wegsehens zu sorgen. Von 53 anwesenden Akademiemitgliedern hatten offenbar nur noch Alfred Döblin und Martin Wagner die Courage, gegen den Rauswurf zweier verdienter Mitglieder das Wort des Widerspruchs zu erheben.[33]

Als wenige Tage nach seiner Vertreibung aus der Akademie die Situation für ihn immer bedrohlicher wurde und er erfuhr, dass seine Verhaftung kurz bevorstand, verließ Heinrich Mann am 21. Februar 1933 Deutschland. Vor ihm lag der entbehrungsreiche und ungewisse Weg des Exils, aus dem er nicht mehr zurückkehren sollte. Heinrich Mann starb im März 1950 in den USA.

Gottfried Benn, der während der Akademieversammlung am 15. Februar 1933 den Widerstand gegen den Rauswurf Heinrich Manns konterkariert hatte, avancierte in den folgenden Wochen zu einer der treibenden Kräfte bei der Gleichschaltung der »Abteilung für Dichtkunst«. Am 13. März 1933 wurde Benn in einer Abteilungssitzung, deren Zusammensetzung zuvor gesteuert worden war, zum kommissarischen, neuen Vorsitzenden der »Abteilung für Dichtkunst« gewählt.[34] Von den Abteilungsmitgliedern waren neben Benn lediglich Rudolf G. Binding, Oskar Loerke, Walter von Molo und Eduard Stucken anwesend. Diesen Herren legte Benn während derselben Sitzung den Entwurf einer Loyalitätserklärung gegenüber der neuen Regierung vor, die allen Abteilungsmitgliedern zur Unterschrift zugesandt werden sollte. Die Loyalitätserklärung hatte folgenden Wortlaut: »Vertraulich! Sind Sie bereit, unter Anerkennung der veränderten geschichtlichen Lage weiter Ihre Person der Preußischen Akademie der Künste zur Verfügung zu stellen? Eine Bejahung dieser Frage schließt die öffentliche politische Betätigung gegen die Regierung aus und verpflichtet Sie zu einer loyalen Mitarbeit an den satzungsgemäß der Akademie zufallenden nationalen kulturellen Aufgaben im Sinne der veränderten geschichtlichen Lage.«[35]

Nachdem die anwesenden Abteilungsmitglieder am 13. März dem Entwurf zugestimmt hatten, erfolgte die Versendung der Loyalitätserklärung, wobei die Abteilungsmitglieder nur mit Worten Ja oder Nein ihre Zustimmung oder Ablehnung ausdrücken durften. Von den angeschriebenen Schriftstellern erklärten daraufhin Thomas Mann, Alfred Döblin, Alfons Paquet und Ricarda Huch ihren Austritt aus der Abteilung. Rudolf Pannwitz, René Schickele und Jakob Wassermann lehnten die Loyalitätserklärung ab, ohne ihren Austritt zu erklären. Eine Mehrheit von 18 Mitgliedern erklärte jedoch ihre Loyalität, darunter Ludwig Fulda, Oskar Loerke, Gerhard Hauptmann, Wilhelm Schmidtbonn, Theodor Däubler, Bernhard Kellermann, Fritz von Unruh, Georg Kaiser, Alfred Mombert und Franz Werfel.[36]

Im Zusammenhang mit dem »Gesetz zur Wiederherstellung des Berufsbeamtentums« vom 7. April 1933 verfügte Bernhard Rust Anfang Mai 1933 die endgültige Gleichschaltung der »Abteilung für Dichtkunst«. Per Einschreiben wurde den noch verbliebenen politisch und rassisch unerwünschten Schriftstellern Ludwig Fulda, Franz Werfel, Bernhard Kellermann, Georg Kaiser, Alfred Mombert, Fritz von Unruh, Leonhard Frank, René Schickele und Rudolf Pannwitz kurzerhand ihr Rauswurf mitgeteilt, wobei es inzwischen auch keine Rolle mehr spielte, ob die Betroffenen ihre Loyalität erklärt hatten oder nicht.[37]

Auch Gottfried Benn, der die Gleichschaltung aktiv mit betrieben hatte, bekam jetzt im Zuge der Neuordnung der »Abteilung für Dichtkunst« zu spüren, dass seine expressionistische Lyrik nicht jenem Ideal völkischer Dichtung entsprach, die von den Nationalsozialisten gefördert wurde. Er verlor seinen Vorsitz während der ersten Versammlung der personell neu ausgestatteten »Abteilung für Dichtkunst« am 7. und 8. Mai 1933 zugunsten des nationalsozialistischen Schriftstellers Hanns Johst, der gerade erst neu in die Akademie eingeführt worden war. Die weiteren freigewordenen Plätze wurden durch eine Reihe völkisch-nationalistischer Schriftsteller neu besetzt und zwar mit Werner Beumelburg, Hans Friedrich Blunck, Hans Grimm, Will Vesper, Peter Dörfler, Paul Ernst, Friedrich Griese, Agnes Miegel, Borries von Münchhausen sowie mit den 1931 ausgetretenen Schriftstellern Erwin Guido Kolbenheyer, Wilhelm Schäfer und Emil Strauß.[38] Am 8. Mai 1933 also war, hauptsächlich auf Betreiben von Bernhard Rust, die Gleichschaltung der »Abteilung für Dichtkunst« abgeschlossen. Nur zwei Tage später brannten auch die Werke der Schriftsteller, die noch kurz zuvor ihre Mitglieder gewesen waren.

Auf brutalere Weise war inzwischen auch die Gleichschaltung der weiteren bedeutenden deutschen Schriftstellerverbände erfolgt. Ähnlich den literaturpolitischen Gegensätzen in der »Sektion für Dichtkunst«, gab es seit 1931 innerhalb des »Schutzverbandes deutscher Schriftsteller (SDS)« eine so genannte »Arbeitsgemeinschaft nationaler Schriftsteller«, die gegen die im Hauptvorstand des SDS dominierenden progressiven Schriftsteller opponierte. Am 11. März 1933 stürmten zwölf Angehörige dieser »Arbeitsgemeinschaft nationaler Schriftsteller« eine Vorstandssitzung des SDS, zwangen fast den gesamten Vorstand zum Rücktritt und bildeten sogleich aus den eigenen Reihen einen neuen Vorstand. Nach diesem Putsch ging der selbsternannte neue Vorstand sofort daran, alle politisch missliebigen Mitglieder aus dem SDS auszuschließen. Nach vollendeter »Säuberung« fand am 4. Mai 1933 eine Hauptversammlung des SDS statt, auf der die noch verbliebenen Mitglieder diese ungeheuerlichen Vorgänge nachträglich billigten und mit Goetz Otto von Stoffregen einen Redakteur des »Völkischen Beobachters« zum neuen Vorsitzenden des SDS bestimmten.[39]

Ebenfalls im unmittelbaren Vorfeld der Bücherverbrennung wurde im April 1933 die Gleichschaltung des deutschen PEN-Zentrums vollzogen. Dieser Vorgang zeigte in besonderer Weise die Anmaßung der nationalsozialistischen Literaturpolitik; war doch der PEN-Club 1921 als internationaler Schriftstellerverband im Geiste der Völkerverständigung gegründet worden. Noch im Jahr 1927 hatte sich der PEN-Club auf seinem 5. internationalen Kongress verpflichtet, gegen »rassische Vorurteile und politische Böswilligkeit« einzutreten. Jetzt, im April 1933, waren Rassismus und politische Böswilligkeit die entscheidenden Motive, viele deutsche Mitglieder des PEN-Clubs auf nationaler Ebene auszuschließen. Hinzu kam, dass am 23. April 1933 mit Hans Hinkel, Hanns Johst und Rainer Schloesser ausgerechnet Funktionäre des nationalsozialistischen »Kampfbundes für deutsche Kultur« in den neuen Vorstand des deutschen PEN-Zentrums gewählt wurden.

Wenigstens im Fall des international organisierten PEN sollten die vertriebenen Schriftsteller einen Monat später die Gelegenheit erhalten, wirkungsvollen Widerstand zu leisten. Ende Mai kam nämlich im jugoslawischen Ragusa (Dubrovnik) der »11. Internationale PEN-Kongress« zusammen. Die mit nationalistischen Schriftstellern besetzte deutsche Delegation traf dort auf die inzwischen im Exil lebenden ehemaligen deutschen PEN-Mitglieder Emil Ludwig und Ernst Toller, deren Bücher ebenfalls kurz zuvor in Deutschland verbrannt worden waren. Die Rede Ernst Tollers vor dem PEN-Kongress wurde zu einer Anklage gegen die jüngste Nazi-Barbarei vor der Weltöffentlichkeit. Dabei gedachte er auch der Schriftsteller, die sich nicht mehr ins Exil hatten retten können und nun in deutschen Konzentrationslagern inhaftiert waren, darunter Carl von Ossietzky, Erich Mühsam, Willi Bredel und Ludwig Renn. Weiter verlas er die Namen von Autoren, deren Werke von den Bücherverbrennungen des 10. Mai 1933 betroffen waren. Tollers Rede war am Ende das zentrale Ereignis dieses 11. PEN-Kongresses und fand ein internationales Echo. Aus mangelnder Courage hatte die deutsche Delegation noch vor dieser Rede den Kongress verlassen. Später, im November 1933, wurde eine deutsche Exilsektion in den PEN-Club aufgenommen, woraufhin das gleichgeschaltete deutsche PEN-Zentrum austrat.[40]

Verlauf der »Aktion wider den undeutschen Geist«

Die Bücherverbrennungen im Mai 1933 bildeten den Höhepunkt der reichsweiten »Aktion wider den undeutschen Geist.« Vier Wochen lang überzogen die Studentenschaften ihre Universitäten und das kulturelle Leben mit einer beispiellosen Kampagne. Gerade hatte die »Deutsche Studentenschaft« (DSt), der seit 1931 nationalsozialistisch dominierte Dachverband der Einzelstudentenschaften, ihre staatliche Anerkennung erhalten. Im Gegenzug wollte die DSt sich nun dem neuen Regime gegenüber loyal erweisen und einen aktiven Beitrag leisten zur so genannten nationalen Revolution.

Am 2. April 1933 wurde der erste Ablaufplan der »Aktion wider den undeutschen Geist« entworfen. Darin hieß es: »Gedanke: Der jüdische Geist, wie er in der Welthetze in seiner ganzen Hemmungslosigkeit zum Ausdruck kommt, hat bereits im deutschen Schrifttum einen erheblichen Niederschlag gefunden und muß aus diesem ausgemerzt werden.«[41] Direktes Vorbild war also der »Judenboykott« vom Vortag, der auch den Namen »Aktion gegen die internationale jüdische Hetzpropaganda« trug. Diese von Joseph Goebbels und Julius Schleicher inszenierte Boykottaktion, die sich vor allem gegen jüdische Geschäftsleute richtete, wollte die »Deutsche Studentenschaft« nun auf das wissenschaftliche und kulturelle Leben übertragen. Die Vorbildfunktion des »Judenboykotts« wurde im Konzeptpapier vom 2. April auch daran deutlich, dass als Ort der zentralen Bücherverbrennung in Berlin zunächst der Lustgarten vorgesehen war. Dort hatte am Vortag auch die Abschlussveranstaltung der Berliner Boykottaktion stattgefunden und Goebbels war als Hauptredner aufgetreten.[42]

Schon in der Planungsphase suchte die Reichsstudentenführung für ihre Kampagne nach einflussreichen Bündnispartnern. Entgegen der lange verbreiteten These, Goebbels wäre der Initiator der Bücherverbrennung gewesen, waren sich die Historiker seit 1983 einig, dass die »Deutsche Studentenschaft« die Gesamtaktion gleichsam im Alleingang durchgeführt hätte. Diese These hat in Fachkreisen bis heute Gültigkeit, muss jedoch in ihrer Gänze korrigiert werden. Die Reichsstudentenführung war nämlich weder Willens noch in der Lage eine derart umfassende Kampagne alleine zu organisieren. Von Anfang an wurde auf die Mithilfe staatlicher Institutionen und vor allem der NS-Parteiorganisationen gesetzt. Und so kam es auch. Die Studentenschaften erhielten während ihrer Kampagne Unterstützung vom Preußischem Kultusministerium, vom Reichspropagandaministerium, von Polizeibehörden, von der SA, SS, HJ, den Burschenschaften, vom »Kampfbund für deutsche Kultur«, von Volksbibliothekaren und von Professoren mit NSDAP-Parteibuch oder Ambitionen darauf.[43]

Nur vor dem Hintergrund dieses Netzwerkes ist die Schlagkraft der »Aktion wider den undeutschen Geist« erklärbar. Die Studentenschaften organisierten zwar die Kampagne, waren jedoch gegenüber den genannten Bündnispartnern nicht selten in der Rolle eines Bittstellers. Die deutschlandweite Federführung lag bei der Reichsstudentenführung, die ihren Sitz ebenfalls in Berlin hatte. Eigens für die »Aktion wider den undeutschen Geist« wurde in der Reichstudentenführung das »Hauptamt für Presse und Propaganda« eingerichtet. Chef dieses Hauptamtes war Hans Karl Leistritz. Über Leistritz's biographischen Hintergrund war bisher nichts bekannt, weil er seinen Namen »Hanskarl« schrieb und die Historiker über einen »Hanskarl Leistritz« nichts fanden. Hans Karl Leistritz wurde 1909 geboren und zwar am 10. Mai in Tannhausen/Schlesien. Ob Leistritz sich am 10. Mai 1933 die Bücherverbrennungen zum 24. Geburtstag schenkte, bleibt sein Geheimnis. Fest steht jedoch, dass Leistritz nicht als Mitglied des »Nationalsozialistischen Deutschen Studentenbundes« (NSDStB) in die Reichsstudentenführung eingezogen war, sondern als Vertreter der studentischen Verbindung »Akademischer Turnbund« (ATB). 1929 begann er in Marburg sein Jurastudium und trat dem »ATB-Kurhessen-Marburg« bei. Anfang der Dreißigerjahre wechselte er seinen Studienort nach Berlin und wurde im ATB-Ortsverband »ATV Cheruscia-Charlottenburg« (heute ATV Arminia Cheruscia) aktiv. 1932 konnte Leistritz in den »Akademischen Turnbunds-Blättern« seine Artikel dann bereits mit »Vorsitzender des ATB« zeichnen. Im selben Jahr übernahm er das Nachrichtenamt der DSt. Dass mit Leistritz also kein Nationalsozialist mit Parteibuch, sondern ausgerechnet ein Korporationsstudent, genauer: ein Turnstudent, die Bücherverbrennungen zentral leitete, ist eine der erstaunlichen neuen Erkenntnisse zum Thema.[44] In traditioneller Hinsicht war Leitritz Rolle jedoch auch konsequent: Hatten die Korporationsstudenten doch bereits 1817 auf dem Wartburgfest auf Betreiben des »Turnvaters« Friedrich Ludwig Jahn eine Bücherverbrennung veranstaltet.

Plakataktion

Am 13. April 1933 lief die Aktion an: An allen Hochschulorten wurde das Plakat »Wider den undeutschen Geist« aufgehängt.[45] In roten Lettern wurden darauf die Positionen und Ziele der »Deutschen Studentenschaft« in zwölf

Thesen proklamiert. Bei genauem Hinsehen handelte es sich um sechs Thesen und sechs Forderungen. »Sprache und Schrifttum wurzeln im Volke« lautete die erste These des Plakates. Durch die vierte These: »Unser gefährlichster Widersacher ist der Jude, und der, der ihm hörig ist« wurde das antisemitische Leitmotiv der Gesamtaktion herausgestellt. Dieses Leitmotiv gipfelte dann in solch boshaften Formulierungen, wie in These 5: »Der Jude kann nur jüdisch denken. Schreibt er deutsch, dann lügt er.« Ab These 7 handelte es sich um Forderungen, wobei sich die Thesen 7 bis 9 weiterhin auf das Thema Sprache und Schrifttum bezogen. So sollten »Jüdische Werke« fortan in »hebräischer Sprache« erscheinen und so die »Reinerhaltung der deutschen Sprache« durchgesetzt werden. In den Thesen 11 und 12 wurden schließlich fett gedruckt die hochschulpolitischen Forderungen der »Aktion wider den undeutschen Geist« hervorgehoben und das wichtigste Ziel neben der »Säuberung der Bibliotheken«, nämlich die Vertreibung der deutsch-jüdischen und NS-kritischen Intelligenz aus den Universitäten benannt: »Wir fordern die Auslese der Studenten und Professoren nach der Sicherheit des Denkens im deutschen Geiste.«

Finanziert wurde der Druck von 1500 Exemplaren des Plakates »Wider den undeutschen Geist« durch einen Zuschuss des Propagandaministeriums über 600 Reichsmark. Die aggressive Plakatierung der zwölf Thesen führte insbesondere in Berlin zu vereinzeltem Widerstand. Der damalige Rektor der Berliner Universität Eduard Kohlrausch kündigte seinen Rücktritt an, sollte das Plakat aus dem Vestibül der Universität nicht entfernt werden. Kraft seines Amtes hätte Kohlrausch es auch einfach abhängen lassen können. Weil er zögerte, überzogen ihn die NS-Studenten mit Spott. In der DSt-Zeitung »Akademische Korrespondenz« erklärte Hans Karl Leistritz, dass Kohlrausch wohl zurücktreten werde, da das Plakat weiterhin aushänge. Jener ließ dies dementieren und kündigte an, eine Entscheidung des Preußischen Kultusministers einzuholen. Leistritz erklärte daraufhin in einer Pressemitteilung, dass er der Entscheidung des Kultusministers »mit zuversichtlicher Ruhe« entgegensehe.

Professorenboykott

Am 19. April wurde die »Aktion wider den undeutschen Geist« sogar noch verschärft: »Professorenboykott« gegen jüdische und pro-republikanische Lehrbeauftragte.[46] Mit Beginn des Sommersemesters 1933 sollten deren Vorlesungen und Seminare boykottiert werden. Als beispielsweise in Berlin der deutsch-jüdische Rechtsprofessor Martin Wolff seine Vorlesungen aufnehmen wollte, wurden er und seine Studenten von uniformierten NS-Studenten zunächst am Betreten des Hörsaals gehindert. Im Hörsaal wurden die Besucher dann zur Einschüchterung fotografiert, während andere NS-Studenten derart herumlärmten, dass Martin Wolff sich kein Gehör verschaffen konnte. Ähnlich wie Wolff erging es seinem Kollegen, dem deutsch-jüdischen Staatsrechtler Gerhard Leibholz an der Universität Göttingen, der seine Vorlesung im Sommersemester 1933 erst nach langwierigen Tumulten aufnehmen konnte.

Hintergrund dieser organisierten Hetzjagd, war die vom Preußischen Kultusminister Bernhard Rust parallel zum Beginn der »Aktion wider den undeutschen Geist« in Angriff genommene Vertreibung von rassisch und politisch missliebigen Professoren. Auf Grundlage des am 7. April 1933 erlassenen »Gesetzes zur Wiederherstellung des Berufsbeamtentums« ließ Rust per Ministerialerlass zahlreichen Professoren und Dozenten ihre Lehrbefugnis entziehen. Für die Betroffenen kam das einem Berufsverbot gleich und bedeutete nicht selten die Zerstörung ihrer sozialen Existenz. In drei Schüben wurden durch Erlasse vom 13. April, 25. April und 2. Mai 1933 an den Universitäten Berlin, Kiel, Göttingen, Köln und Frankfurt am Main ganze Forschungsbereiche ausgelöscht. Nobelpreisträger und Forscher von Weltruf wie Fritz Haber, James Franck, Max Born, Emmy Noether oder Max Horkheimer wurden entlassen oder legten aus Protest ihre Lehrämter nieder. Die meisten von ihnen entschlossen sich bald, Deutschland den Rücken zu kehren und den oft beschwerlichen Weg ins Exil anzutreten. Und die Vertreibungen während der »Aktion wider den undeutschen Geist« waren erst der Anfang. Bis 1938 emigrierten über dreitausend Wissenschaftler aus Deutschland. Es war das Ende einer Blütezeit der Wissenschaften in Deutschland. Die meisten Wissenschaftler emigrierten in die USA. Für die dortigen Universitäten waren die deutschen Emigranten ein Gewinn, der ihren heutigen Weltruf mit begründet hat. Für die deutschen Universitäten war die Emigration ein Verlust, der bis heute nicht verwunden ist. 1934 erhielt der inzwischen zum Reichserziehungsminister avancierte Bernhard Rust – ein vor 1933 wegen Trunksucht und sexueller Belästigung entlassener Lehrer – die Gelegenheit zu erfahren, was er angerichtet hatte. So berichtet der Mathematiker Abraham A. Fraenkel in seinen Erinnerungen, dass Rust während eines Empfangs den emeritierten Göttinger Mathematiker David Hilbert gefragt habe: »Stimmt es denn wirklich, Herr Professor, dass ihr Institut durch den Weggang der Juden und Judenfreunde so gelitten hat?« Darauf habe der aus Königsberg stammende Hilbert entgegnet: »Jelitten? Dat hat nich jelitten, Herr Minister. Dat jibt et doch janich mehr!«[47]

Als Begründung für seine Vertreibungspolitik schob Rust im April 1933 vor, studentischen Ausschreitungen an den Hochschulen vorbeugen zu wollen. Tatsächlich hatte er am 19. April einen Amnestieerlass verfügt, wonach alle alten Disziplinarstrafen gegen Studenten, die im Zusammenhang mit der nationalen Bewegung standen, aufgehoben wurden. Dieser Amnestieerlass wurde nun besonders von den NS-Studenten als Freifahrtsschein angesehen, die Ausschreitungen in den Hochschulen noch zu verschärfen. Und wie der ebenfalls vom 19. April datierte Aufruf zum »Professorenboykott« zeigt, ging die Reichsstudentenführung nun dazu über, im Rahmen der »Aktion wider den undeutschen Geist« Bernhard Rust bei seiner Vertreibungspolitik zu unterstützen. Dafür wurden die Studentenschaften in den Hochschulen angewiesen, zusätzlich zu den Boykottmaßnahmen die Namen von Dozenten, »die Juden sind oder kommunistischen Organisationen bzw. dem Reichsbanner u. ä. angehört haben« zu melden. Dieser Aufruf zur Denunziation erhielt in der Berliner Presse auch den Namen »Spionageerlass«. Ziel war es, gegen solche missliebigen Professoren, die auf Grundlage des erwähnten Berufsbeamtengesetztes vom 7. April noch nicht entlassen werden konnten, Informationen zu sammeln, um schließlich doch ihre Entlassung erwirken zu können. Viele Professoren jüdischer Herkunft, unter ihnen auch die erwähnten Juristen Martin Wolff und Gerhard Leibholz, waren als Frontkämpfer des Ersten Weltkrieges zunächst noch vor dem antisemitischen Paragraphen 4 des Berufsbeamtengesetzes geschützt. Bei ihnen suchten die NS-Stundenten nun nach Anhaltspunkten für marxistische, sozialdemokratische oder pazifistische Äußerungen, wofür dann der Paragraph 3 als Entlassungsgrund herangezogen werden konnte. Zur Erbringung derartiger Belege waren die Boykottaktionen ein zusätzliches Mittel, weil man die betroffenen Dozenten durch Schikanen so lange in die Ecke treiben konnte, bis diese aus emotionaler Erregung zu einer entsprechenden Äußerung provoziert worden waren.

Die öffentliche Hetzjagd ging soweit, dass die Reichsführung der DSt gleichzeitig dazu aufrief, auf jedem Hochschulgelände einen »Schandpfahl« aufzustellen. Daran sollten die Namen der angefeindeten Schriftsteller und Professoren sowie deren Bücher mit Nägeln angeschlagen werden. In dem Aufruf hieß es:

> »[…] Wir werden an allen Hochschulen einen Schandpfahl errichten. Einen klobigen Baumstamm, etwas über mannshoch, auf Hochschulgebiet. An den Schandpfahl werden wir die Erzeugnisse derer nageln, die nicht unseres Geistes sind.
> Für die ›Weltbühne‹ dürften zweizöllige Nägel geeignet sein.
> Für Herrn Stefan Zweig Reißzwecken genügen.
> Ebenso für Herrn Ludwig und ähnliche Cohns.
> Für Herrn Tucholsky wären Vierzöller zu empfehlen.
> Und wir werden diesen Schandpfahl für immer stehen lassen. Solange wir ihn brauchen. Heute für die Schriftsteller, morgen für die Professoren. […]«[48]

Der Aufruf gipfelte in der Losung: »Der Staat ist erobert, die Hochschule noch nicht! Die geistige SA rückt ein. Die Fahne hoch!« Selbst unter den mehrheitlich deutsch-national gesinnten Professoren stieß die Vorstellung, auf dem Weg zum Lehrstuhl einen Schandpfahl passieren zu müssen, auf einiges Unbehagen.

Auch hier war es der Rektor der Berliner Universität Eduard Kohlrausch, der schriftlich gegen die Aktionen der »geistigen SA« intervenierte. Nachdem er auf einer Dienstreise von der bevorstehenden Schandpfahlaktion erfahren hatte, telegrafierte er an das Preußische Kultusministerium und an die Reichskanzlei den eindringlichen Appell, eine »derartige Schändung der Hochschulen« durch »unreife, irregeleitete Idealisten« unbedingt zu unterbinden.[49] Nachdem er gegen das Plakat »Wider den undeutschen Geist« nichts hatte ausrichten können, zeigte Kohlrauschs Appell dieses Mal Wirkung. Der Ministerialdirektor im Preußischen Kultusministerium Georg Gerullis zitierte den »Führer« des Kreises X Berlin-Brandenburg der »Deutschen Studentenschaft« Herbert Guthjahr ins Ministerium und untersagte ihm das Aufstellen von Schandpfählen. Guthjahr machte hiervon unverzüglich Meldung beim Propagandachef der DSt, Hans Karl Leistritz. Der ließ daraufhin die Schandpfahlaktion per Rundschreiben an alle Einzelstudentenschaften abblasen. Dass dem entgegen an den Hochschulen in Königsberg, Rostock, Münster und Dresden dennoch Schandpfähle aufgestellt wurden, zeugt von der Eigeninitiative und dem politischen Radikalismus in den jeweiligen Studentenschaften.[50]

In der Gesamtsicht ergänzten sich die Vertreibungspolitik des Preußischen Kultusministeriums um Bernhard Rust und die studentischen Aktionen gegen die angefeindeten Professoren. Rust nutzte das Mittel des Rechts in Gestalt seiner Ministerialerlasse. Die Studenten nutzen das Mittel des politischen Terrors. Beides griff wie ein Räderwerk ineinander und macht verständlich, warum im Vorfeld der Bücherverbrennungen die »Säuberung« der Hochschulen mit einer solchen Effektivität durchgesetzt werden konnte.

Schwarze Listen

Anfang Mai 1933 setzte reichsweit die Sammelaktion der zur Verbrennung bestimmten Bücher ein. Die Reichsführung der DSt hatte festgelegt, dass im Vorfeld der Bücherverbrennungen die Bestände in Stadt- und Volksbüchereien, privaten Leihbüchereien, Buchhandlungen und Privatbibliotheken durchsucht werden sollten. Ausdrücklich ausgenommen wurden die Staats- und Universitätsbibliotheken, obgleich die Studentenschaften z.B. in Kiel und Braunschweig sich später nicht daran hielten.[51]

Welche Bücher sollten jedoch konkret verbrannt werden? Mit dieser Frage waren die studentischen Akteure überfordert und holten sich den sachverständigen Rat eines ihrer Bündnispartner ein. Aus den Reihen des »Verbandes Deutscher Volksbibliothekare« wurde Anfang April 1933 in Berlin ein Indizierungsausschuss gebildet. Er trug den Namen »Ausschuss zur Neuordnung der Berliner Stadt- und Volksbüchereien«. Lange Zeit wurde in der Forschung darüber gerätselt, wer den Auftrag zur Einrichtung dieses Indizierungsausschusses gab: Das Propagandaministerium? Das Preußische Kultusministerium? Ein Bericht im »Berliner Börsen-Courier« vom 14. April 1933 belegt, dass der Ausschuss seine Arbeit im Auftrag des Oberbürgermeisters der Stadt Berlin Heinrich Sahm aufnahm: »Der Oberbürgermeister gibt bekannt: Aufgabe der nationalen Regierung ist auch die kulturelle Erneuerung der Nation. Es ist unbedingt erforderlich, dass von den deutschen Volksgenossen jede Lektüre ferngehalten wird, die in irgendeiner Beziehung eine marxistische Tendenz aufweist. [...] Den Herren Dr. Wieser (Mitglied des Kampfbundes für deutsche Kultur), Dr. Engelhard (NSDAP) und Dr. Herrmann (NSDAP) ist der Auftrag erteilt worden, eine Säuberung der Stadtbibliothek von allen kulturfeindlichen und marxistischen Büchern vorzunehmen.«

Während Max Wieser und Hans Engelhard als Bibliotheksdirektoren in Spandau und Köpenick bereits in Berliner Diensten standen, übernahm der aus Breslau kommende promovierte Philosoph Wolfgang Herrmann seine Arbeit als Zensor nur »ehrenamtlich«. Zuvor war er arbeitslos gewesen. Mit entsprechend großem Ehrgeiz, wenn nicht sogar Karrieredurst übernahm Herrmann in den folgenden Wochen auch das Kerngeschäft des »Ausschusses zur Neuordnung der Berliner Stadt- und Volksbüchereien«. Seine Aufgabe bestand in erster Linie darin, »Schwarze Listen« mit so genannter volksfremder und marxistischer Literatur zu erstellen, die dann den einzelnen Berliner Stadt- und Volksbüchereien mit der Anordnung zugeleitet wurden, die entsprechende Literatur aus ihren Beständen zu entfernen oder vom einfachen Verleih auszuschließen. Gleichzeitig übermittelte der Ausschuss denselben Büchereien Listen mit Literatur, deren Anschaffung anstelle der ausgesonderten Literatur empfohlen wurde.

Als Arbeitsbasis wurde von Herrmann, Wieser und Engelhard ein neun Punkte umfassendes Papier mit dem Titel »Grundsätzliches zur Anfertigung von Schwarzen Listen« verfasst. Im ersten Punkt dieses Papiers wurde die »politische Entscheidung« als zentraler Geltungsfaktor der Literaturindizierung festgelegt: »Die Maßstäbe für die Anfertigung von Schwarzen Listen sind literaturpolitischer Natur. Für sie gilt die fundamentale, für jede politische Entscheidung notwendige Vorfrage: Wer ist der eigentliche Feind? Gegen wen richtet sich der Kampf?«[52]

Es waren also literaturpolitische und keine literaturwissenschaftlichen Gesichtspunkte, die bei der Erstellung der Schwarzen Listen als Kriterien herangezogen wurden. Worin nun diese literaturpolitischen Kriterien bestehen sollten oder wer als »der eigentliche Feind« galt, ist der mit politischen und rassistischen Ressentiments überladenen Sprache des Neun-Punkte-Papiers deutlich zu entnehmen: »Asphaltliteratur«, »intellektueller Nihilismus«, »jüdische Vertreter«, »literarische Assimilationsjuden«, »Kulturbolschewist«, »Marxisten«. Dies sind nur einige der Begriffe, mit denen Herrmann, Wieser und Engelhardt nun an die Bibliotheksbestände herangingen. Die genannten Begriffe lassen sich vorerst in drei Leitmotive zusammenfassen: Antisemitismus, Antimarxismus und Antimodernismus.

Auch auf die Frage, was mit der ausgesonderten Literatur geschehen sollte, wurde unter Punkt sieben des Papiers eingegangen:

> »Die für die Ausleihe gesperrten Bücher sind am praktischsten in drei Gruppen einzuteilen:
> Gruppe 1 fällt der Vernichtung (Autodafé) anheim, z.B. Remarque.
> Gruppe 2 kommt in den Giftschrank (z.B. Lenin).
> Gruppe 3 enthält die zweifelhaften Fälle, die eingehend zu prüfen sind, ob später zu Gruppe 1 oder 2 gehörig (z.B. Traven).«[53]

Noch waren es »nur Bücher«, die man hier mit bürokratischer Kälte einer Selektion unterzog: ausgesondert, gesperrt und dann »Giftschrank« oder »Vernichtung«, so fand man es »am praktischsten«.

Der in Klammern gesetzte Zusatz »Autodafé«, also öffentliche Verbrennung, neben dem Wort »Vernichtung« legt die Vermutung nahe, dass Wolfgang Herrmann schon vor der Erstellung der Schwarzen Listen Kontakt mit der Reichsstudentenführung aufgenommen hatte. Da letztere mit dem Rundschreiben vom 8. April 1933 erstmals ihre Absicht veröffentlichte, reichsweit Bücherverbrennungen zu organisieren, dürfte das undatierte Neun-Punkte-Papier »Grundsätzliches zur Anfertigung von Schwarzen Listen« erst danach verfasst worden sein.

Ebenso wie das genaue Datum der Konstituierung des »Ausschusses zur Neuordnung der Berliner Stadt- und Volksbüchereien« noch nicht bestimmt werden konnte, ist auch der Zeitpunkt ungeklärt, an dem Wolfgang Herrmann und Hans Karl Leistritz zum ersten Mal miteinander in Verbindung traten. Tatsache ist, dass die Kooperation im beiderseitigen Interesse war. Leistritz brauchte eine Richtlinie für die Einzelstudentenschaften, welche Bücher sie am 10. Mai 1933 verbrennen sollten, Herrmann strebte für die unter seiner Federführung entstehenden Schwarzen Listen eine möglichst große Breitenwirkung an. Aus demselben Grund veröffentlichte er auch am 16. Mai 1933 die Schwarze Liste »Schöne Literatur« im »Börsenblatt für den deutschen Buchhandel«. Herrmann präsentierte sie als »erste amtliche Schwarze Liste für Preußen«, wobei er als Verfasser nur seinen eigenen Namen erwähnte.

Indem Herrmann der »Deutschen Studentenschaft« und somit den Bücherverbrennungen des 10. Mai 1933 direkt zuarbeitete, erlangte die Indizierungsarbeit seines eigentlich nur auf kommunaler Ebene zuständigen Ausschusses kurzfristig einen reichsweiten Wirkungsbereich. Noch heute spricht man in Fachkreisen beim Begriff »verbrannte Bücher« im engeren Sinne nur von denjenigen Autoren und ihren Titeln, die auf den von Herrmann an die DSt weitergegebenen Schwarzen Listen standen.

Am 26. April 1933 erhielt Leistritz die erste Schwarze Liste für »Schöne Literatur«. Auf ihr waren 71 Schriftsteller indiziert; eine Zahl, die sich bis zur Bücherverbrennung noch beträchtlich erhöhen sollte.[54] Herrmann fügte dieser Liste die handschriftliche Bemerkung hinzu: »Vorläufige Liste der Deutschen Studentenschaft. Ergänzung am 5. 5.« Am 27. April versandte das DSt-Hauptamt diese Schwarze Liste mit dem »Rundschreiben P No 3« an alle Einzelstudentenschaften. Im Rundschreiben wurde angemerkt: »Die Liste erhebt keinen Anspruch auf Ausschließlichkeit. In den nächsten Tagen erhalten Sie eine Zusatzliste (insbesondere Geschichte und Philosophie).«[55]

Gemeinsam mit dem oben erwähnten Schreiben Herrmanns vom 1. Mai erhielt Leistritz die erweiterte Schwarze Liste »Schöne Literatur«. Die Anzahl der auf ihr indizierten Schriftsteller hatte sich auf nunmehr 127 erhöht. Weiter waren vier Bände mit Anthologien verschiedener Autoren aufgeführt. In seinem Begleitschreiben gab Herrmann noch einige Ratschläge für die Büchersammelaktion: »Sicherlich kann Ihnen die Liste für Ihre Aktion gegen die Leihbüchereien etc. von Nutzen sein. Ich würde Ihnen eine Vervielfältigung vorschlagen, damit jedem Ihrer ›Stosstrupps‹ eine Liste zur Verfügung steht.«[56] Indem Herrmann der DSt die Verwendung der Schwarzen Liste bei der »Aktion gegen die Leihbüchereien etc.« anriet, missachtete er bewusst die Bestimmung, wonach die Geltung der Schwarzen Listen nur auf die Volksbüchereien Anwendung finden sollte. Stattdessen gab er der Reichsstudentenführung Ratschläge, wie sie die Büchersammelaktion am effektivsten organisieren sollte.

Was die Berliner Volks- und Stadtbibliotheken anbetraf, teilte Herrmann mit, dass der Berliner Bürgermeister die Verbrennung der ausgesonderten Bücher genehmigt habe: »Der Ausschuss zur Neuordnung der Berliner Volks- und Stadtbüchereien (Dr. Wieser und ich) hat dem Bürgermeister Hafemann Mitteilung davon gemacht, dass wir Hand in Hand mit der studentischen Aktion arbeiten wollen. Der Bürgermeister hat die Bezirksämter angewiesen, die Bücher bis Donnerstag, den 4., zur Abholung durch ihre Truppe bereitstellen zu lassen.«[57]

Die gewerblichen Leihbücherein waren Herrmann offenbar ein besonderer Dorn im Auge. So riet er Leistritz: »Vielleicht ist es gut, wenn Sie ihre Leute beim Vorgehen gegen die Leihbüchereien darauf aufmerksam machen, dass man nicht nur auf das achtet, was an Büchern vorn im Laden und in der Auslage vorhanden ist, sondern was in den hinteren Regalen und Räumen steht.

Heute haben die Leihbüchereien natürlich durchweg nationale Literatur vorn. Vor wenigen Wochen waren sie fast durchweg noch literarische Bordelle.«[58]

Mit der Gründlichkeit, die Herrmann bei der Durchsuchung der Leihbüchereien anriet, hatte es die Bewandtnis, dass Max Wieser die Schwarzen Listen »Schöne Literatur« und »Politik und Staatswissenschaften« bereits an den »Reichsverband Deutscher Leihbüchereien« weitergegeben hatte. Damit war Herrmann offenbar nicht einverstanden. Als Postscriptum fügte er seinem Schreiben an Leistritz daher noch die handschriftliche Bemerkung an: »N.S. Infolge eines bedauerlichen Versehens von Dr. Wieser sind die Leihbüchereien schon in den Besitz unserer Schwarzen Listen gekommen. Die Lb.en werden jetzt versuchen, dahinter in Deckung zu gehen. Es wird ihnen hoffentlich wenig nützen.«[59]

Nicht zuletzt diese Hinweise führten dazu, dass die »Stosstrupps« der von den Einzelstudentenschaften vor Ort gebildeten »Aktionsausschüsse wider den undeutschen Geist« nun gegen die Leihbüchereien besonders brutal vorgingen.

Im Gegensatz zum »Börsenverein der Deutschen Buchhändler« versuchte der »Reichsverband Deutscher Leihbüchereien« seine Mitglieder vor der Verbrennung großer Teile ihrer Buchbestände rechtzeitig zu warnen. Dazu erschien am 5. Mai 1933 eigens eine Sonderausgabe der »Zeitschrift der Leihbücherei«, in der die von Wieser weitergegebenen Schwarzen Listen veröffentlicht wurden. Auf dem Titelblatt wurde zunächst angegeben, der »Reichsverband Deutscher Leihbüchereien« habe sich »mit der deutschen Studentenschaft über die Kontrolle der Leihbüchereien, (…), verständigt.« Dann hieß es aber: »Von offizieller zuständiger Seite werden uns folgende Schwarze Listen übergeben. Wir raten, diese Bücher aus den Leihbüchereien zu entfernen, denn es besteht die Gefahr, daß sie beschlagnahmt werden. […] Wir bitten unsere Leser, diese Listen sorgfältig aufzubewahren, denn sie sind von größter Wichtigkeit für sie und können sie vor großen Schäden behüten.«[60]

Am 4. Mai sandte Herrmann an das DSt-Hauptamt die Schwarzen Listen der »Belehrenden Abteilung«, umfassend die Gebiete »Allgemeines«, »Geschichte« und »Kunst«. Diese Listen wurden ebenfalls wenige Tage später beträchtlich erweitert. Am 8. Mai schrieb Herrmann an das DSt-Hauptamt: »In den Anlagen schicke ich Ihnen die versprochenen Schwarzen Listen für Geschichte, Kunst, Politik und Staatswissenschaften, […]. Die Listen beanspruchen für unsere Volksbüchereien Vollständigkeit, […].«[61]

Die »Schwarze Liste VII. Belehrende Abteilung: Geschichte (G und D)«, so wie sie im Archiv der ehemaligen Reichsstudentenführung erhalten ist, enthält die Namen von 51 Autoren und vier Anthologien. Jedoch ist schon den einführenden Bemerkungen dieser Schwarzen Liste zu entnehmen, dass sie über die Volksbüchereien hinaus keinen Anspruch auf Vollständigkeit stellen konnte, wenn folgende Kriterien angesetzt wurden: »Generell: 1) Aus der Abteilung Geschichte des Weltkrieges sämtliche pazifistische und defaitistische Literatur entfernen. 2) Aus der Abteilung Geschichte Russlands (Gr) sämtliche probolschewistische Parteiliteratur entfernen.«[62]

Ähnliches galt auch für die weiteren Listen. Auf der »Schwarzen Liste VIII. Belehrende Abteilung: Politik und Staatswissenschaften« wurden 121 Verfassernamen und weitere fünf Titel ohne Verfassernamen, darunter das »Heidelberger Programm« (SPD-Programm von 1925) und die »Protokolle über die Verhandlungen des Parteitages der S.P.D.«, aufgeführt. Auch hier ließ die einleitende »Vorbemerkung« einiges über die politischen Absichten erkennen: »Die restlose Sperrung der Abteilung Sozialismus geht zu weit, in jedem Fall ist das nicht- und vormarxistische deutsche Schrifttum zum Sozialismus von der Sperrung auszunehmen. Zum Ersatz für die ausrangierten marxistischen Bücher empfiehlt es sich, das parteifreie Arbeiterschrifttum vor allem aus den Abteilungen: Arbeiterfrage, Sozialpolitik, Genossenschaftswesen, Bevölkerungsfrage, Arbeitsdienst mehr in den Verkehr zu bringen.«[63]

Herrmann und seine Mitarbeiter im Berliner Indizierungsausschuss beabsichtigten offenbar, die bibliothekarischen Voraussetzungen für eine grundlegende Umwertung der Geschichte der Arbeiterbewegung zu schaffen. Auf den beiden Schwarzen Listen »Geschichte« und »Politik und Staatswissenschaften« fanden sich die Werke von Bebel, Lassalle, Marx, Engels, Bernstein, Kautsky, Franz Mehring, Luxemburg, Karl Liebknecht, Eisner, Toller, Lenin, Trotzki, Sinowjew und vieler weiterer Vertreter von der sozialdemokratischen bis hin zur kommunistisch orientierten Arbeiterbewegung. Es war also beabsichtigt, einen zensurgestützten kollektiven Gedächtnisverlust zu bewirken und so die historische Bedeutung dieser Sozialisten und ihrer Parteien zu marginalisieren. Zugleich sollte das lesende Publikum mit solcher Literatur versorgt werden, die dazu geeignet war, die Geschichte der deutschen Arbeiterbewegung als die einer nationalen Bewegung umzuinterpretieren und mit den Ursprüngen der NS-Ideologie zu verknüpfen.

Die Schwarze Liste »Politik und Staatswissenschaften« bot zudem noch einige Überraschungen. So zum Beispiel die Indizierung der Werke »Führer aus deutscher Not« und »Hitlers Weg« von Theodor Heuss, dem späteren Bundespräsidenten. Noch am 10. Mai 1933 versuchte die liberal-konservative »Deutsche Allgemeine Zeitung« die Schriften von Heuss vor dem Scheiterhaufen zu bewahren, indem sie berichtete: »Auf die Liste der Autoren, deren Schriften aus den Büchereien und Leihbibliotheken entfernt werden sollen, ist auch der Name Theodor Heuss geraten. Hier kann nur ein heimtückischer Zufall gewaltet haben. [...]«

Zwar handelte es sich um Heimtücke, nicht jedoch um einen Zufall, denn Theodor Heuss wurde von den Nationalsozialisten nicht nur wegen seines kritischen Buches »Hitlers Weg«, sondern auch wegen seines Bekenntnisses zum Liberalismus als politischer Feind angesehen. Dabei war Heuss nicht der einzige Liberale, dessen Bücher am 10. Mai 1933 verbrannt wurden. Auf der Schwarzen Liste »Politik und Staatswissenschaften« standen auch die Werke des bereits 1922 von Rechtsradikalen ermordeten ehemaligen Reichsaußenministers Walther Rathenau und des ehemaligen Reichsinnenministers Hugo Preuß, der als Staatsrechtler die Weimarer Verfassung mit entworfen hatte. Theodor Heuss hatte zu dem 1926 posthum erschienenen Buch von Hugo Preuß »Staat, Recht und Freiheit« ein umfangreiches Geleitwort geschrieben. Auch dieses Werk wurde von den Nationalsozialisten 1933 öffentlich verbrannt.

Da der Name von Thomas Mann auf der Schwarzen Liste »Schöne Literatur« nicht zu finden war, ist man später oft davon ausgegangen, seine Werke seien den Bücherverbrennungen nicht zum Opfer gefallen. Auf der Schwarzen Liste »Politik und Staatwissenschaften« steht Thomas Mann jedoch gleich nach seinem Bruder Heinrich mit den Titeln »Von deutscher Republik« und »Deutsche Ansprache«. Bei der Bücherverbrennung in Köln ist zusätzlich die Vernichtung der belletristischen Werke von Thomas Mann nachweisbar.[64]

Die »Schwarze Liste X. Belehrende Abteilung: Kunst« hatte im Vergleich zu der Anzahl von Künstlern, die schon während der Weimarer Republik von den Nationalsozialisten angefeindet worden waren, einen relativ geringen Umfang. Neben zwei Titeln zu kunsttheoretischen bzw. kunsthistorischen Themen enthielt diese Liste sehr ungenaue Angaben zu einigen Bildbänden und Monografien von und über einzelne Künstler, darunter George Grosz, Otto Dix, Marc Chagall, Paul Klee und Ludwig Meidner. Von historischer Bedeutung ist diese Schwarze Liste »Kunst« vor allem deshalb, weil ihre Weitergabe an die »Deutsche Studentenschaft« belegt, dass am 10. Mai 1933 bewusst auch solche Bücher (Kunstbände und Werkkataloge) verbrannt wurden, in denen Werke bekannter Künstler abgebildet waren.

Am 10. Mai 1933 erhielt Leistritz von Herrmann noch die »Schwarze Liste XI. Belehrende Abteilung: Literaturgeschichte« mit neun Verfassernamen. Ihre Versendung an die Einzelstudentenschaften konnte über Berlin hinaus am 10. Mai nicht mehr erfolgen. Gleiches gilt für die »Schwarze Liste IX. Belehrende Abteilung: Religion, Philosophie, Pädagogik«, die am 13. Mai bei der »Deutschen Studentenschaft« einging und erst am 16. Mai mit dem »Rundschreiben P Nr. 5« an die Einzelstudentenschaften versandt wurde.[65]

Bei der Auswertung des Neun-Punkte-Papiers »Grundsätzliches zur Anfertigung von Schwarzen Listen« wurden oben die Begriffe Antisemitismus, Antimarxismus und Antimodernismus als Hauptstoßrichtungen der Literaturindizierungen herausgefiltert. Erfassen nun diese Leitmotive das Gesamtspektrum der verbrannten Literatur? Der Blick auf die erwähnten Schwarzen Listen zu den Gebieten der Sachliteratur und die zitierten Anmerkungen von Wolfgang Herrmann legen nahe, dass weitere literaturpolitische Ressentiments eine Rolle spielten. So ist die Anmerkung »sämtliche pazifistische und defaitistische Literatur« bei der Schwarzen Liste »Geschichte« ein Hinweis darauf, dass eine weitere literaturpolitische Stoßrichtung sich gegen pazifistische Autorinnen und Autoren richtete und darüber hinaus gegen Literatur, die sich kritisch mit der Geschichte des Weltkrieges 1914–1918 auseinandersetzte.

Bei der Schwarzen Liste »Politik und Staatswissenschaften« fällt auf, dass neben zwei Parteiprogrammen der SPD auch zahlreiche Autoren indiziert wurden, die während der Weimarer Republik als Sozialdemokraten politische Verantwortung getragen hatten. Träger der Weimarer Verfassung waren auch die Vertreter des politischen Liberalismus, die mit Namen wie Walter Rathenau, Hugo Preuß oder Theodor Heuss ebenfalls als eigenständige Gruppe auf der Schwarzen Liste »Politik und Staatswissenschaften« zu finden sind. Die Ressentiments der Nationalsozialisten gegen Sozialdemokraten und Liberale könnte man unter den Begriffen Demokratie- und Republikfeindlichkeit zusammenfassen. Gewiss kann man Sozialdemokratie und Liberalismus nicht als gemeinsame politische Richtung pauschalisieren. Schaut man sich jedoch die Regierungskoalitionen der Weimarer Republik an, so bleibt festzuhalten, dass Sozialdemokraten und Liberale die politisch wichtigsten Stützen der Demokratie waren. Die antidemokratische und antirepublikanische Stoßrichtung der Schwarzen Liste »Politik und Staatswissenschaften« ist darüber hinaus auch anhand der Aufführung solcher Sammelbände wie »10 Jahre Weimarer Verfassung« oder »Zusammenstellung von Reden zum Verfassungstag« festzumachen.

Als eine weitere literaturpolitische Stoßrichtung des Berliner Indizierungsausschusses ist schließlich der Antifeminismus zu nennen. Dieses Ressentiment, ist in den Schwarzen Listen sowohl unmittelbar durch die Aufführung von Feministinnen wie Anna Blos, Hilde Lion und Alexandra Kollontai ersichtlich. Unter das antifeministische Ressentiment fielen jedoch auch Autorinnen wie Irmgard Keun, Christa Anita Brück oder Gina Kaus. Ihre Werke würden heute in Fachkreisen wahrscheinlich nicht mehr einhellig als feministisch motiviert anerkannt werden. Gleichwohl vertraten diese Autorinnen in ihren Texten ein Frauenbild, das sich von traditionellen Rollenzuschreibungen befreite und für eine selbstbestimmte Sexualität eintrat. Auch diese Werke waren den Nationalsozialisten verhasst und wurden Opfer der Bücherverbrennungen. Zusammengefasst lassen sich also folgende Stoßrichtungen beziehungsweise Feindbilder bei der Erstellung der Schwarzen Listen und somit auch bei den Bücherverbrennungen ausmachen: Antisemitismus, Antimarxismus, Antimodernismus, Antipazifismus, Antifeminismus sowie Demokratie- und Republikfeindlichkeit.

Bedeutung der Schwarzen Listen für die Bücherverbrennung

Wollte man davon ausgehen, dass bei den Bücherverbrennungen am 10. Mai 1933 nur die Werke verbrannt wurden, die den Studentenschaften bis dahin auf den Schwarzen Listen vorlagen, so dürfte man streng genommen nur die Titel derjenigen Autoren als »verbrannte Bücher« aufführen, die in den Schwarzen Listen »Schöne Literatur«, »Allgemeines«, »Geschichte«, »Politik und Staatswissenschaften« und »Kunst« enthalten waren. Eine solche Engführung wird jedoch dem tatsächlichen Ausmaß der Bücherverbrennungen bei weitem nicht gerecht. Vielmehr muss der Satz: »Die Liste erhebt keinen Anspruch auf Ausschließlichkeit«, mit dem Leistritz im »Rundschreiben P No 3« die erste Schwarze Liste »Schöne Literatur« kommentierte, auch für alle weiteren Schwarzen Listen gelten. Die Indizierungen des Ausschusses von Herrmann, Wieser und Engelhardt gingen ja von den Buchbeständen in den öffentlichen Stadt- und Volksbibliotheken aus. Was jedoch die privaten Leihbüchereien betraf, so betonte Herrmann immer wieder, dass er hier die »schlimmsten Autoren« vermutete, die auf der Schwarzen Liste fehlen würden, weil »diese Autoren sich in keiner verantwortungsbewusst geleiteten öffentlichen Bücherei je gefunden haben«. Damit meinte Herrmann in erster Linie Autoren, deren Bücher er für pornografisch hielt.[66]

Jedoch dürfte auch ein anarchistischer Autor wie Erich Mühsam, dessen Werke unter anderem im »Verlag der Syndikalist« erschienen, in den Beständen einer öffentlichen Bibliothek schwer zu finden gewesen sein. Der gebildete Anarchist dieser Zeit begab sich zur Lektüre der von ihm geschätzten Literatur eher in solche Leihbüchereien und Buchhandlungen, wie sie in Arbeitervierteln z.B. im Berliner Wedding zu finden waren. Hier waren dann auch weitere anarchistische Autoren wie Michael Bakunin und Peter Kropotkin erhältlich. Gleiches gilt für die Werke kommunistischer Autoren wie »Barrikaden im Wedding« von Klaus Neukranz oder »Sturm auf Essen« von Hans Marchwitza, die ebenfalls nicht auf den Schwarzen Listen des Berliner Indizierungsausschusses standen.

Dass die Werke der Autoren auf den Schwarzen Listen nur den Kern der tatsächlich »verbrannten Bücher« bildeten, lässt sich an folgenden drei Beispielen gut verdeutlichen:

1. Die Studentenschaft der »Vereinten Friedrichs-Universität Halle-Wittenberg« gründete bereits Ende April 1933 eine eigenständige Kommission, die bis

zum 6. Mai 1933 eine Schwarze Liste mit dem Titel »Vorläufiger Hallischer Generalindex jüdischer, marxistischer, pazifistischer und anderer volkszersetzender Schriften« erstellte. Dieser Index war auf Grundlage der von der Reichsstudentenführung mit dem Rundschreiben vom 27. April versandten Schwarzen Listen erstellt worden, wurde aber von der örtlichen Kommission noch um einige Autoren erweitert. So standen auf der Liste der am 12. Mai 1933 in Halle verbrannten Bücher auch die Werke von Heinrich Heine, Klabund, Frank Wedekind, Albert Ehrenstein, Carl Zuckmayer sowie der Name »Hollaender«, womit der Schriftsteller und Dramaturg Felix Hollaender oder der Komponist und Kabarettautor Friedrich Hollaender gemeint gewesen sein kann.

2. Der Umfang der am 6. Mai 1933 geplünderte Bibliothek des Berliner Institutes für Sexualwissenschaft, die am 10. Mai bei der Bücherverbrennung in Berlin fast vollständig vernichtet wurde, umfasste über zehntausend Bände psychologischer, medizinischer und sexualwissenschaftlicher Fachliteratur. Eine Schwarze Liste zu diesen Bereichen existierte zum Zeitpunkt der Berliner Bücherverbrennung jedoch noch gar nicht.

3. Schließlich erklärte die »Deutsche Studentenschaft« im »Rundschreiben P No 4« vom 9. Mai 1933 die Verbrennung von in neun Feuersprüchen auszurufenden 15 Autoren für verbindlich. Das waren Karl Marx, Karl Kautsky, Heinrich Mann, Ernst Glaeser, Erich Kästner, Friedrich Wilhelm Foerster, Sigmund Freud, Emil Ludwig, Werner Hegemann, Theodor Wolff, Georg Bernhard, Erich Maria Remarque, Alfred Kerr, Kurt Tucholsky und Carl von Ossietzky. Von diesen Autoren waren der Begründer der Psychoanalyse Sigmund Freud und die Publizisten Theodor Wolff, Georg Bernhard und Carl von Ossietzky auf keiner der bis dahin der »Deutschen Studentenschaft« vorliegenden Schwarzen Listen zu finden. Weiter wurde im »Rundschreiben P No 4« mitgeteilt, das sich die Bücherverbrennungen keineswegs auf die 15 genannten Autoren beschränken solle: »Es wird dadurch nicht ausgeschlossen, dass trotzdem ein großer Haufen Bücher verbrannt wird. Die örtlichen Veranstalter haben dabei jegliche Freiheit.«[67]

Insbesondere dieser letzte Satz zeigt: Die Schwarzen Listen hatten bei den örtlichen Bücherverbrennungen keinen verbindlichen Charakter, sondern dienten vielmehr der groben Orientierung. Eine verbindliche Bezifferung des gesamten Ausmaßes der von den Bücherverbrennungen betroffenen Autoren und Titel ist damit schlechthin unmöglich.

Büchersammelaktion

Die Bestände der wissenschaftsrelevanten Staats- und Universitätsbibliotheken blieben bis auf wenige Ausnahmen von den Bücherverbrennungen verschont.

Der Großteil der verbrannten Bücher stammte aus den öffentlichen Stadt- und Volksbibliotheken, den privaten Leihbüchereien und aus den Buchhandlungen. Im zweiten DSt-Rundschreiben wurden die Studenten zwar dazu aufgerufen, auch ihre eigenen Bücherregale und die ihrer Bekannten zu durchsuchen, jedoch hielt sich die Bereitschaft, die privaten Lektürevorlieben preiszugeben eher in Grenzen.

Bei den Volks- und Stadtbibliotheken gestalteten sich die Sammelaktionen der Einzelstudentenschaften am einfachsten. Wie bereits aus dem Schreiben Herrmanns an die »Deutsche Studentenschaft« vom 1. Mai 1933 hervorging, führten diese Bibliotheken die »Säuberung« ihrer Buchbestände selber durch und stellten die ausgesonderte Literatur dann den Studentenschaften zur Abholung bereit.

Die Leihbüchereien und Buchhandlungen wurden von den erwähnten »Stoßtrupps« aufgesucht. Dabei handelte es sich um Studenten in SA-Uniform, die von den örtlichen »Kampfausschüssen« aufgestellt wurden. Mancherorts wurden diese »Stoßtrupps« von Mitgliedern der »Nationalsozialistischen Betriebszellen-Organisation« (NSBO) unterstützt.

Abgesehen von der Zusendung der Schwarzen Listen blieb die Organisation und Durchführung der Büchersammlung den örtlichen Studentenschaften selbst überlassen. In einigen Studentenschaften, so zum Beispiel in Dresden, Halle und Breslau, gab es Bedenken über die Rechtmäßigkeit der Beschlagnahme von Büchern. Die Reichsstudentenführung lehnte es auf Nachfrage ab, die Gewähr für etwaige Schadensersatzansprüche zu übernehmen. Daher holten sich viele Studentenschaften für ihre Bücherbeschlagnahmen zuvor polizeiliche Genehmigungen ein. Aus Halle, Würzburg und Bonn ist bekannt, dass die »Stoßtrupps« der Studentenschaften von Polizeibeamten begleitet wurden, um ihrem Bücherraub den Anschein der Legalität zu verleihen.[68]

Bei den Durchsuchungen der Buchhandlungen und Leihbüchereien waren die örtlichen Studentenschaften unterschiedlich gut vorbereitet. Eine Zeitzeugin, die im Mai 1933 in einer Breslauer Buchhandlung beschäftigt war, berichtete später, die NS-Studenten hätten bei ihr lapidar die Herausgabe aller jüdischen Bücher gefordert, ohne dabei genauere Angaben machen zu können. Das im Exil erscheinende »Prager Tageblatt« berichtete am 10. Mai 1933: »In Breslau wurden in der vergangenen Nacht an den Anschlagsäulen die Plakate der Breslauer Studentenschaft, die zur Teilnahme an der öffentlichen Verbrennung jüdisch-marxistischer Bücher aufforderten, mit kleinen Zetteln überklebt, auf denen es hieß, daß bei der Ablieferung und Verbrennung der Bücher die Bibel nicht vergessen werden dürfe. Tatsächlich erschien bei der Sammelstelle eine Reihe von Personen, die das Alte Testament abliefern wollten.«

In Würzburg wurde offenbar streng nach den Schwarzen Listen vorgegangen. Noch heute lässt sich im Archiv der Würzburger Studentenschaft genau nachvollziehen, welche und wie viele Bücher jeweils aus den örtlichen Buchhandlungen und Leihbüchereien entnommen wurden. Zu jeder aufgesuchten Buchhandlung und Leihbücherei wurde von der Studentenschaft nämlich ein eigenes »Bücherprotokoll« über die beschlagnahmte Literatur angefertigt. Nach genauerer Prüfung durch den »Kampfausschuß« wurde den Besitzern dann schriftlich mitgeteilt, welche ihrer Bücher verbrannt würden. Diesem Bescheid war jeweils eine Formular beigefügt, auf dem die Inhaber der Buchhandlungen und Leihbüchereien ihr Einverständnis mit der Verbrennung der bei ihnen entnommenen Bücher erklären mussten.[69]

Dadurch, dass am 5. Mai, also einen Tag vor Beginn der Sammelaktion, bereits ein Großteil der indizierten Autoren in der »Zeitschrift der Leihbücherei« veröffentlicht worden waren, fehlte dem Auftauchen der studentischen »Stoßtrupps« vielerorts der ursprünglich vorgesehene Überraschungseffekt. Die Kunde von der Existenz Schwarzer Listen verbreitete sich unter den Inhabern der Leihbüchereien und Buchhandlungen wie ein Lauffeuer. Bei der »Deutschen Studentenschaft« gingen während der »Aktion wider den undeutschen Geist« zahlreiche schriftliche Anfragen von Verlagen, Buchhandlungen und Privatpersonen ein, worin um Zusendung der Schwarzen Listen gebeten wurde, von denen man gehört habe.

Die DSt aus dem Kreis X (Berlin und Brandenburg) reagierte auf die Veröffentlichung in der »Zeitschrift der Leihbücherei«, indem sie ihrerseits den Leihbüchereien die Schwarzen Listen zusandte. Im beiliegenden Rundschreiben wurden die Leihbüchereien dann aufgefordert, die indizierte Literatur auszusondern und einem »in den nächsten Tagen bei Ihnen erscheinenden Studenten die ausgesonderten Bücher und Schriften zu überliefern, damit diese Bücher am 10. Mai auf dem Opernplatz öffentlich verbrannt werden können.« Diese Aufforderung wurde am 7. Mai 1933 auch in der Presse veröffentlicht.[70] Damit beabsichtigte die DSt jedoch nicht, die Sammelaktion für die Leihbüchereien in Berlin und Brandenburg auf eine freiwillige Basis zu stellen. Vielmehr sollte diese Informationspolitik die Inhaber der Leihbüchereien glauben lassen, es würde lediglich ein Student bei ihnen erscheinen, dem einige freiwillig ausgesonderte Bücher zu übergeben wären. Tatsächlich waren dann ab dem 6. Mai in Berlin mindestens fünf studentische »Stoßtrupps« mit Lastautos unterwegs, die sich keineswegs darauf beschränkten, nur die freiwillig ausgesonderten Bücher mitzunehmen, sondern die Leihbüchereien systematisch durchsuchten.

Als Sammelstellen für die zur Verbrennung bestimmten Bücher dienten die Räumlichkeiten der örtlichen Studentenhäuser. In einigen Aufrufen wurden jedoch auch die Verbindungshäuser der Burschenschaften als Sammelstellen angegeben, was belegt, dass zahlreiche studentische Verbindungen den Bücherverbrennungen nicht nur beiwohnten, sondern sich auch aktiv an ihrer Vorbereitung beteiligten.[71]

10. Mai 1933 – der Tag, an dem die Bücher brannten

Als Cheforganisator der »Aktion wider den undeutschen Geist« bemühte sich Hans Karl Leistritz, nichts dem Zufall zu überlassen. Für den 10. Mai 1933 versuchte er den persönlichen Ehrgeiz der örtlichen Studentenführer anzuspornen. Er stellte ihnen in je persönlichen Anschreiben eine Rundfunkübertragung ihrer Bücherverbrennung in Aussicht. Als Gegenleistung verlangte Leistritz die Übersendung eines Programms mit dem vorgesehenen Ablauf der jeweiligen Bücherverbrennung. Auf diese Weise schuf er nicht nur den Anreiz, die örtlichen Veranstaltungen möglichst aufwendig zu inszenieren, sondern erreichte zugleich eine Vereinheitlichung des zeitlichen Ablaufs.[72] Tatsächlich war eine Staffelreportage der Deutschen Welle für die Sendezeit von 23 bis 24 Uhr angedacht. So schrieb Leistritz an die örtlichen Studentenführer:

> »Ich schlage Ihnen vor, den 10. Mai etwa folgendermaßen auszugestalten:
> 20.30 Uhr–22 Uhr: Kundgebung der Studentenschaft im Auditorium Maximum der Universität;
> 22–23 Uhr: Fackelzug durch den Ort, endigend mit dem
> 23–24 Uhr: stattfindenden Verbrennungsakt.«[73]

Auch die Verlesung der erwähnten neun Feuersprüche, die Leistritz am 9. Mai mit dem »Rundschreiben P No 4« an die Einzelstudentenschaften versandte, wurde als fester Programmpunkt der örtlichen Bücherverbrennungen vorgegeben.

Als dann am 10. Mai 1933 an 22 Hochschulorten zugleich die Bücher brannten, zeigte sich ein weiteres Mal der totalitäre, alles Individuelle negierende Wesenszug des NS-Staates: Von Kiel bis München und von Königsberg bis Bonn, überall begingen Menschen zugleich die gleiche Untat, marschierten im Gleichschritt in den gleichen Uniformen, schrieen die gleichen Parolen, sangen die gleichen Lieder und verbrannten mit den unzähligen Büchern den letzten Rest an kultureller und geistiger Vielfalt, den es in ihren Städten damals noch gab.

Das finsterste Mittelalter in Gestalt brennender Scheiterhaufen wurde von den Nationalsozialisten mit modernsten Mitteln inszeniert. Aufwendige Technik, bestehend aus Filmkameras, Jupiterscheinwerfern, Megamikrofonen und Lautsprechertürmen wurden am 10. Mai 1933 auf dem Berliner Opernplatz aufgefahren. Propagandaminister Goebbels sollte am Abend die »Feuerrede« halten. Für die Reichsführung der »Deutschen Studentenschaft« war es die zentrale Abschlussveranstaltung und der Höhepunkt ihrer »Aktion wider den undeutschen Geist«. Beispielhaft wird im Folgenden der Verlauf der Bücherverbrennung in Berlin dokumentiert.

Es regnete in Strömen als sich am 10. Mai 1933 gegen 21 Uhr der Fackelzug zur Bücherverbrennung formierte. Gerade hatte der neu berufene Ordinarius für Politische Pädagogik an der Berliner Universität, Alfred Baeumler, seine Antrittsvorlesung beendet. NS-Studenten in SA-und SS-Uniformen strömten nun aus der Universität und sammelten sich zunächst auf dem Hegelplatz, von wo aus sie zum Studentenhaus in der Oranienburger Straße 18 zogen. Dort herrschte bereits ein reges Treiben. Drei Möbellastwagen wurden mit den zur Verbrennung bestimmten Büchern beladen. Von außen wurden die Lastwagen mit Hakenkreuzfahnen und Transparenten ausstaffiert, auf denen unter anderem zu lesen war: »Deutsche Studenten marschieren wider den undeutschen Geist.« An einem der Lastautos wurden die Wappen einer jüdischen Studentenverbindungen angeheftet, die man zuvor von den Schwarzen Brettern in der Universität heruntergerissen hatte. Mehrere Tausend Menschen strömten inzwischen vor das Studentenhaus. Pechfackeln wurden ausgeteilt.[74]

Dann hielt der »Führer« des NS-Studentenbundes von Berlin und Brandenburg, Fritz Hippler, eine Hetzrede. Hippler avancierte später zum Reichsfilmintendanten und produzierte den berüchtigten Film »Der ewige Jude«, eines der schlimmsten Zeugnisse antisemitischer Propaganda während der NS-Zeit.

Um 22 Uhr brüllte ein SA-Führer das Kommando: »Stillgestanden. Im Gleichschritt marsch!« Unter der Musik einer Blaskappelle bewegte sich der Fackelumzug nun zusammen mit den mit Büchern beladenen Lastautos in Richtung Oranienburger Tor, zur Charité, die Luisenstraße hinunter und dann durch die Karlsstraße zum Brandenburger Tor.

Mit einer eigenen Formation waren auch die Studenten der Berliner »Hochschule für Leibesübungen« in Turnerkleidung im Fackelzug vertreten. Wie eine Trophäe trugen sie aufgepflanzt auf einem Stock die Büste von Magnus Hirschfeld vor sich her, die sie bei der Plünderung von dessen »Institut für Sexualwissenschaft« vier Tage zuvor geraubt hatten.

Tausende Schaulustige säumten den Vorbeimarsch der in Talaren gekleideten Professoren, gefolgt von den NS-Studenten, den Verbänden der SA und SS, den verschiedenen Korporationen und der Hitlerjugend. Die Mitteldurchfahrt des Brandenburger Tores durchquerend wurde der Umzug von berittener Polizei »die Linden« hinunter eskortiert bis das Forum Fridericianum erreicht war und der Zug rechts auf den Opernplatz einbog.

Auf dem Opernplatz (heute Bebelplatz) war inzwischen ein gewaltiger Holzstoß aufgeschichtet worden. Einzig der Regen leistete beharrlichen Widerstand, so dass der Scheiterhaufen von Feuerwehrleuten mit eigens herbeigeschafften Benzinkanistern überschüttet wurde. Aus den am Holzstoß vorbeimarschierenden Menschenkolonnen wurden die brennenden Fackeln in den Holzstoß geworfen bis das Feuer des Scheiterhaufens den Opernplatz hell erleuchtete. Große Jupiterscheinwerfer sorgten für weiteres Licht, damit auch die Kameraleute der Wochenschau und die Pressefotografen auf ihre Kosten kamen. Schließlich war ja das Erscheinen von Joseph Goebbels angekündigt.

Als alle teilnehmenden Organisationen sich in Reih und Glied um den Scheiterhaufen herum gruppiert hatten, ergriff der Führer des »Kreises X der Deutschen Studentenschaft«, Herbert Guthjahr, das Wort. Guthjahr betonte, dass in diesen Momenten in ganz Deutschland die »undeutschen Schriften« auf dem Scheiterhaufen enden würden und schrie dann mit gellender Stimme: »Wir haben unser Handeln gegen den undeutschen Geist gewendet. Ich übergebe alles Undeutsche dem Feuer.«[75]

Gegen 23.30 Uhr begann dann die Bücherverbrennung. Eine Reihe von Studenten hielt die Bücher der besonders angefeindeten 15 Autoren in ihren Händen und trat nacheinander an das Mikrophon, um jeweils einen der neun Feuersprüche über den Platz zu brüllen.

> »1. Rufer: Gegen Klassenkampf und Materialismus, für Volksgemeinschaft und idealistische Lebenshaltung. Ich übergebe dem Feuer die Schriften von Marx und Kautsky.
> 2. Rufer: Gegen Dekadenz und moralischen Verfall, für Zucht und Sitte in Familie und Staat! Ich übergebe dem Feuer die Schriften von Heinrich Mann, Ernst Glaeser und Erich Kästner.
> 3. Rufer: Gegen Gesinnungslumperei und politischen Verrat, für Hingabe an Volk und Staat! Ich übergebe dem Feuer die Schriften von Friedrich Wilhelm Foerster.
> 4. Rufer: Gegen seelenzerfasernde Überschätzung des Trieblebens, für den Adel der menschlichen Seele! Ich übergebe dem Feuer die Schriften der Schule Sigmund Freud.
> 5. Rufer: Gegen Verfälschung unserer Geschichte und Herabwürdigung ihrer großen Gestalten, für Ehrfurcht vor unserer Vergangenheit! Ich übergebe dem Feuer die Schriften von Emil Ludwig und Werner Hegemann.
> 6. Rufer: Gegen volksfremden Journalismus demokratisch-jüdischer Prägung, für verantwortungsbewusste Mitarbeit am Werk des nationalen Aufbaus! Ich übergebe dem Feuer die Schriften von Theodor Wolff und Georg Bernhard.

7. Rufer: Gegen literarischen Verrat am Soldaten des Weltkrieges, für Erziehung des Volkes im Geist der Wehrhaftigkeit! Ich übergebe dem Feuer die Schriften von Erich Maria Remarque.
8. Rufer: Gegen dünkelhafte Verhunzung der deutschen Sprache, für Pflege des kostbarsten Gutes unseres Volkes! Ich übergebe dem Feuer die Schriften von Alfred Kerr.
9. Rufer: Gegen Frechheit und Anmaßung, für Achtung und Ehrfurcht vor dem unsterblichen deutschen Volksgeist! Verschlinge, Flamme, auch die Schriften der Tucholsky und Ossietzky!«[76]

Insbesondere der Ausruf der Namen von Emil Ludwig und Erich Maria Remarque löste in der umherstehenden Menge lautes Hurra-Gegröle aus. Nach den »Feuersprüchen« wurden die weiteren Bücher von den Lastwagen heruntergeladen und bündelweise von einer Menschenkette bis zum Scheiterhaufen durchgereicht und in die Flammen geworfen.

Das Feuer entwickelte derweil eine so starke Hitze, dass die Bücher werfenden Studenten immer weiter zurückweichen mussten. Oft ist im erhaltenen Archivfilmmaterial zu sehen, wie sie sich ihre Hände schützend über das Gesicht hielten, nachdem sie wieder einen Bücherstapel mit Anlauf in die Flammen geworfen hatten. Die Chargierten der am Scheiterhaufen angetretenen Korporationsstudenten blickten derweil mit steifer Miene auf das Geschehen. Sie wähnten sich als die symbolischen Urheber des studentischen Rituals, hatten doch die Burschenschaften bereits 1817 auf dem berühmten Wartburgfest eine vom Turnvater Friedrich Ludwig Jahn angeregte Bücherverbrennung veranstaltet.

Während der Scheiterhaufen vor sich hin loderte, erschien auf dem Opernplatz der Germanist Joseph Goebbels. Elf Jahre zuvor hatte er beim deutsch-jüdischen Germanisten Professor Max von Waldberg promoviert. Von ihm hatte er das Handwerk intellektuellen Arbeitens erlernt. Jetzt war Goebbels gekommen, um gegen den »jüdischen Intellektualismus« zu hetzen.

»Der Herr Reichsminister Dr. Goebbels hat das Wort«, tönte es aus den Lautsprechern. Unter »Heil«-Rufen trat Goebbels vor die zahlreich aufgestellten Mikrophone, von denen einige seine Rede direkt im Rundfunk übertrugen. Sein Rednerpult war mit einer Hakenkreuzfahne bedeckt. Auf das Fahnentuch hatte man ihm ein Glas mit Wasser gestellt.

Als Germanist lieferte Goebbels seinen Zuhörern am Scheiterhaufen keine Expertise ab. Er ging in seiner Rede mit keinem Wort auf den Inhalt der vor ihm brennenden Bücher ein. Kein Autor, kein Buchtitel wurde von ihm beim Namen genannt. Stattdessen bediente er sich des üblichen Repertoires an Phrasen, die man seit Jahren aus in seinem Hetzblatt »Der Angriff« kannte. Es fielen die Worte: »jüdischer Intellektualismus«, »Marxismus«, »Asphaltliteraten«, »Ungeist«, »Unflat«, »Unrat«, »Schmutz«, »Untermenschentum«.[77] Den Studenten schärfte Goebbels ein: »Der Geist lernt sich im Leben und in den Hörsälen, und der kommende deutsche Mensch wird nicht nur ein Mensch des Buches, sondern auch ein Mensch des Charakters sein. Und dazu wollen wir Euch erziehen. Jung schon den Mut zu haben, dem Leben in die erbarmungslosen Augen hineinzuschauen, die Furcht vor dem Tode zu verlernen und vor dem Tode wieder Ehrfurcht zu bekommen, – das ist die Aufgabe dieses jungen Geschlechts. Und deshalb tut Ihr gut daran, um diese mitternächtliche Stunde den Ungeist der Vergangenheit den Flammen anzuvertrauen.«[78]

Goebbels verschränkte hier den Akt der Bücherverbrennung mit den Zielen nationalsozialistischer Erziehungspolitisk. Beides stand in einem direkten Zusammenhang. Der republikanische, kritische und progressive Geist musste ausgetrieben werden, um sich davon ungestört ein »junges Geschlecht« heranzuziehen, dessen »Charakter« darin bestehen sollte, »erbarmungslos« zu sein und den Tod zu verehren. Goebbels stilisierte die Bücherverbrennung zu einem Symbol der Verjüngung und des revolutionären Epochenwechsels: »Hier sinkt die geistige Grundlage der Novemberrepublik zu Boden, aber aus diesen Trümmern wird sich siegreich erheben der Phönix eines neuen Geistes, – eines Geistes, den wir tragen, den wir fördern und dem wir das entscheidende Gewicht geben und die entscheidenden Züge aufprägen!«

Als er seine Rede beendet hatte, waren die brennenden Bücher vor ihm zu einem dampfenden Aschehaufen zusammengesunken. Während Goebbels das Rednerpult verließ, um mit seinen Begleitern zu seiner Wagenkolonne zurückzukehren, stimmte die »SS-Kapelle Fleßburg« das Lied »Volk ans Gewehr« an, in dessen letzter Strophe es heißt:

»Jugend und Alter – Mann für Mann
Umklammern das Hakenkreuzbanner.
Ob Bürger, ob Bauer, ob Arbeitsmann,
Sie schwingen das Schwert und den Hammer
Für Hitler, für Freiheit,
Für Arbeit und Brot.
Deutschland erwache
und Juda den Tod!
Volk ans Gewehr! Volk ans Gewehr!«[79]

»Juda den Tod!« – Indem diese bösen Worte am 10. Mai 1933 über den Berliner Opernplatz schallten, wurde offenbar, dass die brennenden Bücher tatsächlich nur ein Vorspiel waren für noch Schlimmeres. Es folgte das »Horst-Wessel-Lied«. Die uniformierten Studenten sangen beide Lieder kräftig mit. Die Masse der Schaulustigen hatte inzwischen begonnen, sich aufzulösen.

Nachdem die Feuerwehr schließlich den Scheiterhaufen gelöscht hatte, begannen Passanten verkohlte Bücher aus der Asche zu sammeln. Einige davon wurden in den Folgetagen auf Berliner Straßen als Andenken verkauft.

Das Gedenken an den 10. Mai 1933

Das Gedenken an die NS-Bücherverbrennungen und das Engagement, die Werke der betroffenen Autoren nicht in Vergessenheit geraten zu lassen, begann mit dem schrecklichen Ereignis selbst. Als der Schriftsteller und Publizist Alfred Kantorowicz im Pariser Exil die Nachricht von den Bücherverbrennungen des 10. Mai 1933 erhielt, fasste er den Entschluss, »diesen Tag der Schande zu einem Ehrentage des freien Buches und des freien Gedankens zu machen«. Bereits am 10. Mai 1934 wurde in Paris die »Deutsche Freiheitsbibliothek« eröffnet, die auch den Namen »Bibliothek der verbrannten Bücher« trug. Viele deutsche Schriftsteller und Kulturschaffende, die im Französischen Exil lebten, darunter Alfred Kerr, Egon Erwin Kisch und Heinrich Mann, trafen und engagierten sich in der »Deutschen Freiheitsbibliothek«. Ihre Bestände wuchsen in wenigen Jahren auf über 11000 Bände an. Mit dem Einmarsch der deutschen Truppen in Paris 1940 wurde sie zerstört.

Nach seiner Rückkehr aus dem Exil engagierte sich Alfred Kantorowicz in beiden deutschen Staaten unermüdlich dafür, die »verbrannten Bücher« wieder ins Gedächtnis der deutschen Leserschaft zurückzuholen. Große Bekanntheit erlangte die von ihm und Richard Drews herausgegebene Anthologie mit dem Titel »Verboten und verbrannt«, die 1947 in allen deutschen Besatzungszonen erschien. Darin wurden ähnlich wie im vorliegenden Band neben Essays zu den betroffenen Autorinnen und Autoren kurze Textausschnitte aus ihren Werken abgedruckt.

Alfred Kantorowicz war in vielerlei Hinsicht der Erste, der nach 1945 erkennen musste, wie schwer es ist, an die »verbrannten Bücher« und das Schicksal ihrer Autoren zu erinnern, nachdem diese von den Nationalsozialisten über zwölf Jahre systematisch aus dem kulturellen Bewusstsein der deutschen Bevölkerung ausgelöscht worden waren.

Wie schwer es ist, für die »verbrannten Bücher« in Deutschland wieder Leser zu finden, musste in den achtziger und neunziger Jahren auch der »S. Fischer Verlag« erfahren. Ausgehend von der 1981 vom »Konkret Verlag« übernommenen Reihe »Bibliothek der verbrannten Bücher« gab der »Fischer Verlag« unter dem Namen »verboten und verbrannt« die Werke von einigen durch die Nationalsozialisten verfemten Autoren neu heraus. Darunter waren jedoch viele nicht im eigentlichen Sinne »verbrannte Bücher«, sondern auch »Exil-Literatur«, für die es einer separaten Edition bedurft hätte. Dafür war das öffentliche Interesse jedoch zu gering. Anfang der neunziger Jahre musste der »Fischer Verlag« seine Reihe nach der Realisierung von 31 Titeln einstellen.

Eine größere Aufmerksamkeit wurde hingegen dem 1978 von Jürgen Serke veröffentlichten Buch »Die verbrannten Dichter« zuteil. Die darin enthaltenen Autorenportraits hatte Serke 1977 im Magazin »stern« veröffentlicht. »Dass ein Massenmedium wie der »stern« in den 70er Jahren eine solche Minderheitengeschichte macht, war völlig ungewöhnlich«, berichtet Serke im Rückblick.[80] Der Herausgeber Henri Nannen gehörte zu den Wenigen, die das Potential des Themas der »verbrannten Dichter« erkannten. Serkes Portraitserie und das daraus entstandene Buch wurden ein großer Erfolg. Ein großes Verdienst der bis heute anhaltenden Dokumentationsarbeiten von Serke besteht unter anderem darin, dass er einige der in den siebziger Jahren noch lebenden Autorinnen und Autoren wie Armin T. Wegner, Claire Goll und Irmgard Keun persönlich aufsuchte. Insbesondere Irmgard Keun, die Serke 1977 in Bonn verarmt »in einem kleinen Zimmer unter dem Dach« auffand, verhalf der Erfolg von Serkes Buch auch zu einer späten Renaissance ihrer Romane.

Anlässlich des 75. Jahrestages der Bücherverbrennungen wurden im Mai 2008 die ersten zehn Bände der »Bibliothek verbrannter Bücher« an Schülerinnen und Schüler von über 4000 deutschen Schulen überreicht. Das Editionsprojekt des »Moses Mendelssohn Zentrums« in Potsdam ist auf eine Auswahl von 120 Bänden angelegt und soll in Verbindung mit einem pädagogischen Begleitprogramm vor allem junge Menschen dazu anregen, die heute nur noch wenig beachteten »verbrannten Bücher« zu lesen.

In zahlreichen Veranstaltungen und Lesungen wurde um den 10. Mai 2008 herum an die brennenden Scheiterhaufen des 10. Mai 1933 gedacht. Bei der zentralen Gedenkveranstaltung in der »Akademie der Künste« erinnerte Bundespräsident Horst Köhler in seiner Rede an die beschämende Tatsache, dass die Bücherverbrennungen 1933 ausgerechnet von deutschen Universitäten ausgingen. Deutschland, aus dem nach 1933 zahlreiche Autorinnen und Autoren vertrieben wurden, habe aus der Geschichte gelernt und sei heute selbst zur Exilheimat für »verfolgte und bedrohte Autoren aus aller Welt« geworden. Köhler wies darauf hin, dass die »Freiheit des Wortes« ein zu schützendes Gut sei: »Die Freiheit des Wortes und die freiheitliche Kunst sind Fundamente unserer Kultur. Kunst und Literatur brauchen Freiheit – und wo sie die Freiheit nicht haben, wo sie sich nicht frei artikulieren können, da geht es nicht nur der Kunst, da geht es am Ende dem ganzen Gemeinwesen schlecht, da werden alle Menschen in Unfreiheit gehalten. Deshalb müssen wir Angriffe auf diese Freiheit zurückweisen. Gerade am heutigen Tag müssen wir sagen: Wer Bücher, wer Filme, wer Theateraufführungen, wer Karikaturen verbieten will, der ist auf dem falschen Weg.«[81]

Bücher von progressivem Geist zu lesen und zu schreiben, scheint uns in Deutschland heute etwas Selbstverständliches zu sein, was eine große Errungenschaft der Demokratie ist. Für die nachgewachsenen Generationen ist es kaum noch vorstellbar, dass Autoren wie Erich Mühsam, Carl von Ossietzky oder Rudolf Hilferding ihre Texte nicht nur geschrieben haben, sondern ihr Leben dafür geben mussten.

Mit den Bücherverbrennungen wurde von den Nationalsozialisten 1933 ein Kulturbruch eingeleitet, von dessen Auswirkungen Deutschland sich bis heute nicht erholt hat. Deshalb wäre es nicht hinreichend, es beim jährlichen Gedenken an den 10. Mai 1933 zu belassen. Vielmehr kommt es heute darauf an, in vielen Bereichen der Wissenschaft und Kultur wieder an die geistigen Höchstleistungen anzuknüpfen, deren Erzeugnisse damals auf den Scheiterhaufen brannten. Und dabei geht es nicht allein um das Jahr 1933, sondern gerade um die Zeit davor – um die Jahrzehnte nämlich, in denen die »verbrannten Bücher« geschrieben wurden und in denen Deutschland für seine wissenschaftliche und kulturelle Exzellenz zu Recht einen Weltruf genoss. Viele behaupten heute, dass die »verbrannten Bücher« nach über 75 Jahren doch veraltet wären. Ihnen kann man nur empfehlen, diese Bücher wieder zu lesen. Es waren nicht wenige Nobelpreisträger darunter. Ihrer symbolisch zu gedenken ist das Eine. Gerecht werden können wir den »verbrannten Büchern« aber nur, wenn wir uns bei ihrer Lektüre fragen, ob wir uns heute noch an ihnen messen können und ob wir so manche verschüttete Idee vielleicht sogar wieder aufgreifen und sie übertreffen können. Dazu möge die nachfolgende Textauswahl erste Anregungen geben.

Berlin, im Mai 2009 *Werner Treß*

Anmerkungen

1 Erich Kästner: Bei Durchsicht meiner Bücher (1946), in: Klaus Schöffling (Hrsg.): Dort wo man Bücher verbrennt. Stimmen der Betroffenen, Frankfurt am Main 1983, S. 146.

2 Ders.: Über das Verbrennen von Büchern (1958), in: ebd., S. 169.

3 Helge Agnes Pross: »Die geistige Enthauptung Deutschlands. Verluste durch Emigration«, in: Universitätstage 1966. Veröffentlichungen der FU Berlin: Nationalsozialismus und die deutsche Universität, Berlin 1966.

4 Helmold von Bosau: Chronica Slavorum/Slawenchronik. Neu übertragen und erläutert von Heinz Stoob, in: Ausgewählte Quellen zur deutschen Geschichte des Mittelalters, Band XIX, Darmstadt 1963, S. 27.

5 Hierzu u. a. Hermann Rafetseder: Bücherverbrennungen. Die öffentliche Hinrichtung von Schriften im historischen Wandel, Wien 1988.

6 Vgl. Werner Treß: »Wider den undeutschen Geist«. Bücherverbrennung 1933, Berlin 2003, S. 29ff. (im Folgenden: Treß 2003).
7 Adolf Bartels: Die deutsche Dichtung der Gegenwart. Die Jüngsten. Leipzig 1921, S. 89.
8 Vgl. Treß 2003, S. 30.
9 »Bücher aus dem Feuer geholt«, in: Dialog, Heft 39, 2008/2.
10 »Völkischer Beobachter« vom 5. September 1932.
11 Ebd.
12 Vgl. Treß 2003, S. 33; Hans-Albert-Walter: Deutsche Exilliteratur 1933–1950, Bd. 1: Bedrohung und Verfolgung bis 1933, Darmstadt 1972, S. 37.
13 Thomas Mann: Rundfunkansprache über BBC vom 25. Mai 1943, aus: Thomas Friedrich (Hrsg.): Das Vorspiel. Die Bücherverbrennung am 10. Mai 1933, Berlin 1983, S. 122f.
14 Vgl. Treß 2003, S. 34.
15 Zitiert nach: Detlev Peukert: Der Schund- und Schmutzkampf als »Sozialpolitik der Seele«, in: Hermann Haarmann/Walter Huder/Klaus Siebenhaar (Hrsg.): »Das war ein Vorspiel nur …« (Katalog zur gleichnamigen Ausstellung in der Akademie der Künste – im Folgenden: Akademie-Katalog 1983), Berlin/Wien 1983, S. 55.
16 Ignaz Wrobel (d. i. Kurt Tucholsky): Fort mit dem Schundgesetz!, in: »Die Weltbühne«, 22–44/2. 11. 1926, S. 704ff. (nach Elmar E. Holly: »Die Weltbühne« 1918–1933, Berlin 1989.
17 Zitiert nach: Hans J. Schütz: Verbotene Bücher, München 1990, S. 167.
18 Vgl. Treß 2003, S. 36.
19 Zitiert nach: Dietrich Strothman: Nationalsozialistische Literaturpolitik, Bonn 1960, S. 66.
20 Vgl. Treß 2003, S. 37.
21 Ignaz Wrobel (d. i. Kurt Tucholsky): Der bewachte Kriegsschauplatz, in: »Die Weltbühne«, 27–31/4. 8. 1931, S. 191.
22 Axel Eggebrecht: Wer weiter liest, wird erschossen!, in: »Die Weltbühne«, 28–2/12. 1. 1932, S. 51ff.
23 Vgl. Inge Jens: Dichter zwischen Rechts und Links. Die Geschichte der Sektion für Dichtkunst an der Preußischen Akademie der Künste dargestellt nach den Dokumenten, Leipzig 1994, S. 112ff. (im Folgenden: Inge Jens 1994).
24 Zitiert nach: ebd., S. 118.
25 Zitiert nach: Friedemann Berger (Hrsg.): In jenen Tagen … Schriftsteller zwischen Reichstagsbrand und Bücherverbrennung, Leipzig/Weimar 1993, S. 80f.
26 Vgl. ebd., S. 81.
27 Vgl. Inge Jens 1994, S. 158f.
28 Vgl. Treß 2003, S. 42.
29 Zitiert nach: Inge Jens 1994, S. 117f.
30 Vgl. Hildegard Brenner: Die Republikaner beugen sich dem Wort der Obrigkeit, in: Akademie-Katalog 1983, S. 67 (im Folgenden: Brenner 1983).
31 Vgl. Inge Jens 1994, S. 351ff.
32 Vgl. ebd.

33 Vgl. Treß 2003, S. 45.
34 Vgl. Brenner 1983, S. 68 f.
35 Zitiert nach: Inge Jens 1994, S. 207.
36 Vgl. Brenner 1983, S. 69.
37 Vgl. Jan-Pieter Barbian: Literaturpolitik im »Dritten Reich«. Institutionen, Kompetenzen, Betätigungsfelder, München 1995, S. 75 (im Folgenden: Barbian 1995).
38 Vgl. Treß 2003, S. 47.
39 Vgl. Barbian 1995, S. 92 f.
40 Vgl. Treß 2003, S. 47 f.
41 Bundesarchiv Berlin, NS 38, Nr. 2415.
42 Vgl. Werner Treß: Berlin, in: Julius H. Schoeps/Werner Treß (Hrsg.): Orte der Bücherverbrennungen in Deutschland 1933, Hildesheim/Zürich/New York 2008, S. 66 ff. (im Folgenden: Treß 2008).
43 Vgl. Treß 2008, S. 48 f.
44 Vgl., ebd. S. 135.
45 Zur Plakataktion vgl. ausführlich: Treß 2003, S. 67–74; Treß 2008, S. 80–92.
46 Zum Professorenboykott vgl. ausführlich: Treß 2003, S. 75–91; Treß 2008, S. 94–106.
47 Zitiert nach: Edith Böhne/Wolfgang Motzkau-Valeton (Hrsg.): Die Künste und Wissenschaften im Exil 1933–1945, Gerlingen 1992, S. 552.
48 Rundschreiben der DSt vom 19. April 1933, in: Bundesarchiv Berlin, NS 38, RSF/NSDStB I* 01y37.
49 Vgl. Helmut Heiber: Universität unterm Hakenkreuz, Teil II, Band 1, München 1992, S. 89.
50 Vgl. die jeweiligen Ortskapitel in: Julius H. Schoeps/Werner Treß: Orte der Bücherverbrennungen in Deutschland 1933, Hildesheim/Zürich/New York 2008, S. 255 ff., 556 ff., 641 ff., 722 ff. (im Folgenden: Schoeps/Treß 2008).
51 Vgl. Treß 2003, S. 105 ff.
52 Bundesarchiv Berlin, R 56 V/70 a, Blatt 14. Eine Transkription des Originaldokuments findet sich in: Gerhard Sauder (Hrsg.): Bücherverbrennung. 10. Mai 1933, München/Wien 1983, S. 120 f. (im Folgenden: Sauder 1983).
53 Ebd.
54 Vgl. im Folgenden Treß 2003, S. 98 ff.
55 Bundesarchiv Berlin, NS 38, Nr. 2415.
56 Bundesarchiv Berlin, NS 38, Nr. 2416. Transkription in: Sauder 1983, S. 115 f.
57 Ebd.
58 Ebd.
59 Ebd.
60 »Die Entfernung des undeutschen Schrifttums aus den öffentlichen und privaten Leihbüchereien«, in: »Die Zeitschrift der Leihbücherei«, Sonderausgabe vom 5. Mai 1933.
61 Bundesarchiv Berlin, NS 38, Nr. 2416.
62 Ebd.
63 Ebd.

64 Vgl. Treß 2003, S. 159f.
65 Bundesarchiv Berlin, NS 38, Nr. 2416.
66 Vgl. im Folgenden Treß 2003, S. 103ff.
67 Bundesarchiv Berlin, NS 38, Nr. 2415.
68 Vgl. die jeweiligen Ortskapitel in: Schoeps/Treß 2008.
69 Vgl. Peter Weidisch: Würzburg, in: ebd., S. 771ff. Auf Seite 782 findet sich eine Abbildung eines solchen »Bücherprotokolls«.
70 Vgl. Treß 2003, S. 111.
71 Vgl. u.a. Treß 2008, S. 117.
72 Zu den Orten der Bücherverbrennungen ausführlich: Schoeps/Treß 2008.
73 Bundesarchiv Berlin, NS 38, Nr. 2417.
74 Vgl. Treß 2003, S. 117ff.
75 Bericht des Deutschlandsenders vom 10. Mai 1933, in: Deutsches Rundfunkarchiv W, B004891237.
76 Ebd.
77 Vgl. ebd.
78 Ebd.
79 Das Lied wurde 1931 von Arno Pardun getextet und war eines der am häufigsten gesungenen Propaganda- und Soldatenlieder während der NS-Zeit.
80 »Ein Anwalt der Vergessenen. Interview mit Jürgen Serke«, in: stern.de vom 3. April 2008.
81 »Die Freiheit des Wortes – ein Fundament unserer Kultur« – Rede von Bundespräsident Horst Köhler anlässlich der Gedenkveranstaltung zum 75. Jahrestag der Bücherverbrennungen, 9. Mai 2008 in Berlin.

Judentum

Lion Feuchtwanger (geb. 1884 in München; gest. 1958 im Exil in Los Angeles) ist zweifellos einer der bedeutendsten deutschsprachigen Schriftsteller des 20. Jahrhunderts. Obwohl oder gerade weil er sich während seines Studiums von der jüdisch-orthodoxen Prägung seines Elterhauses löste, handeln Feuchtwangers Werke vorwiegend von Geschehnissen und Personen der jüdischen Geschichte. 1907 promovierte er mit einer Arbeit über die Erzählung »Der Rabbi von Bacharach« von Heinrich Heine und betätigte sich danach – unterbrochen vom Kriegsdienst – als Dramaturg und Theaterkritiker. Als Schriftsteller erlangte Feuchtwanger mit seinem 1925 veröffentlichten Roman »Jud Süß« größere Bekanntheit. Den Stoff über das Schicksal des Württembergischen Geheimen Finanzrates Joseph Süß Oppenheimer (1692–1738) hatte Feuchtwanger bereits 1917 in einem Drama verarbeitet.

Wie in »Jud Süß« setzt Feuchtwanger sich auch in seinem Romanzyklus über den jüdisch-römischen Geschichtsschreiber Flavius Josephus (ca. 38–101 n. Chr.) mit dem Widerstreit vieler Juden zwischen dem Versuch kosmopolitischer Lebensentwürfe in der Diaspora und der Sehnsucht nach nationaler Selbstbestimmung auseinander. Im ersten Band seiner Josephus-Trilogie mit dem Titel »Der jüdische Krieg« berichtet Feuchtwanger über die brutale Unterdrückung des jüdischen Unabhängigkeitskampfes durch die Römer und darüber, wie aus dem Priester und Anführer der jüdischen Aufständischen, Joseph Ben Matthias, nach seiner Gefangennahme durch die Römer schließlich der römische Bürger Flavius Josephus wird. Als Vertrauter des römischen Kaisers Vespasian erhält Flavius Josephus den Auftrag die Geschichte des jüdischen Krieges niederzuschreiben – »den Heutigen zur Erinnerung, den Späteren zur Warnung.« In der folgenden Textpassage beschreibt Feuchtwanger die Zerstörung des Herodianischen Tempels in Jerusalem um das Jahr 70 n. Chr. In der Gestalt des römischen Hauptmanns Pedan reflektiert er dabei die Kontinuität des Judenhasses seit der Antike. ■

Lion Feuchtwanger
Der jüdische Krieg

Fünftes Buch: Jerusalem

Vor dem Zelt des Titus versammelten sich wie jeden Abend nach altem Lagerbrauch die Musikkorps, um die Retraite zu blasen, die Fanfare, das Symbol der höchsten Feldherrngewalt. Titus stand im Eingang des Zeltes. Die Fanfare abzunehmen war ihm immer eine besondere Freude. Die Spielleute, es waren ihrer an zweihundert, nahmen Aufstellung. Das Zeichen kam. Und dann ging es los, unlieblich, aber machtvoll, das Dröhnen der Pauken, das Pfeifen und Heulen der Hörner und Flöten, das Schmettern der Trompeten, das Gellen und Schrillen der Reiterzinken, und Titus erfreute sein Herz an der bunten, lustigen Schar und an ihrem ehrenvollen Lärm.

Dann zogen sie ab. Und jetzt kam etwas Gewichtigeres, die Ausgabe der Parole und des Tagesbefehls. Das vollzog sich umständlich, feierlich. Abwechselnd täglich schickte jede der vier Legionen ihren Ersten Zenturio, daß der vom Feldherrn Tagesbefehl und Parole entgegennehme und, ebenso umständlich und feierlich, weitergebe.

Titus war nicht angenehm überrascht, als sich am Abend dieses 28. August als Befehlsempfänger der Hauptmann Pedan einstellte, der Erste Zenturio der Fünften Legion. Es war der seit langer Zeit wichtigste Befehl, und der Prinz hatte ihn dreimal geändert. Er überreichte dem Manne das Täfelchen. Der Hauptmann Pedan nahm es in seine breiten, kurzen, schmutzigen Hände. Er las: »Parole: Geh unter, Judäa. Befehl: Im Lauf des 29. August sind die Lösch- und Aufräumearbeiten an der Nord- und Westseite des Tempels unter allen Umständen dergestalt zu Ende zu führen, daß für den frühen Morgen des 30. August das Gelände für den Angriff bereit ist. Belästigt der Gegner die Lösch- und Aufräumekommandos, so ist er mit Energie abzuweisen, doch unter Schonung der Baulichkeiten, soweit sie zum eigentlichen Tempelhaus gehören.«

Der Hauptmann Pedan las den Befehl vorschriftsmäßig mit lauter Stimme. Der Erste Zenturio der Fünften hatte einen raschen Verstand, er hatte den Befehl mit seinem einen sehenden Auge und mit seinem listigen Hirn längst erfaßt, ehe seine quäkende Stimme dem Auge nachkam. Langsam also sprach er das Gelesene. Fleischig, mit nacktem, rosigem Gesicht, gewaltigen Schultern, mächtigem Nacken stand er vor dem Feldherrn. Langsam aus seinem breiten Mund kamen die Worte des Befehls. Die Worte: so ist der Gegner mit Energie abzuweisen, kamen sehr deutlich und mit Nachdruck, die Schlußworte: doch unter Schonung der Baulichkeiten, sprach der Hauptmann nicht etwa schneller, trotzdem klangen sie hingeworfen, nebensächlich. Er richtete, während er las, die Augen, das lebendige wie das tote, mehr auf den Feldherrn als auf das Täfelchen, forschend, zögernd, als läse er nicht richtig. Wieder, unter diesen Augen, spürte Titus vor dem lärmenden, plumpen Menschen den gleichen Widerwillen wie schon oft und die gleiche starke Lockung, die gleiche tolle Lust, die er bei den Worten der Generäle gespürt hatte, die Feuerbrände weiterzutragen, sie hineinzuschmeißen in das da, in das Bewußte. Ein kleines Schweigen war. Der Hauptmann schaute ihn immer noch an, ungläubig, wartend. Ja, kein Zweifel, er wartete. Du hast ganz recht, mein Pedan, aber die andern haben auch recht. Tut, was ihr wollt. Immer schiebt einer dem andern die Verantwortung zu. Alle wollen es tun, aber keiner will es gewesen sein. Du bist ein Mann, mein Pedan: tu du es. So vielleicht spürte Titus, während der Hauptmann Pedan dastand und wartete. Es wurde nicht Gedanke, und schon gar nicht wurde es Wort, Titus hütete sich. Nichts trat zutage als ein kleines, unmerkliches Lächeln. Allein der Erste Zenturio der Fünften merkte das Lächeln. Sagte er etwas? Dem Feldherrn war, als habe er etwas gesagt. Es hatte geklungen wie Hep, Hep. Aber das war natürlich unmöglich. Der Hauptmann Pedan nahm das Täfelchen, steckte es vorschriftsmäßig ein, grüßte, den Arm mit der flachen Hand ausgestreckt. Der Feldherr sagte: »Danke.« Der Hauptmann Pedan entfernte sich, und es war nichts gewesen.

In dieser Nacht schlief Titus mit Berenike. Er schlief unruhig, und Berenike hörte ihn sagen: gib mir das Täfelchen.

Der Hauptmann Pedan mittlerweile ging zurück nach seinem Zelt. Er hatte die Worte des Befehls genau im Kopf, trotzdem zog er das Täfelchen nochmals heraus, überlas es. Machte den breiten Mund noch breiter, war vergnügt. Gewiß, die Hitze des Landes, die scheußlichen Mücken, die sein blondes, rosiges Fleisch besonders liebten, die aufreibende Langeweile der Belagerung, das alles war zuwider, und der Träger des Graskranzes, der Liebling der Armee, hätte sich das sparen können. Er war im vorigen Jahr, als hier die Kriegshandlungen stockten, mit einem Detachement des Mucian nach Italien gegangen, um dort an dem Feldzug gegen Vitell teilzunehmen. Er hätte dort bleiben, hätte in die Garde eintreten, sich zum Oberst, zum General befördern lassen können. Jetzt, dieses Täfelchen in der Hand, bereute er es nicht, daß er als Erster Zenturio zu seiner Fünften zurückgekehrt war, vor dieses lausige Jerusalem und in diese verdammte Belagerung.

Pedan war Soldat. Er hatte vom Stiefel auf gedient. Er liebte es, dick und grob zu essen, zu huren, herumzusaufen, saftige Lieder zu grölen. Er hatte Stechen, Schießen, Fechten gelernt, war, der fleischige Mann, unheimlich gewandt und kräftig. Er war sehr einverstanden mit sich selber. Oft spiegelte er sein Gesicht, nicht nur in dem kostbaren Goldspiegel, den er auf allen Kriegszügen mitführte, sondern auch an jedem Wasser, an dem er vorbeikam, oder in seinem Schild. Sein Gesicht gefiel ihm. Als er sein Auge einbüßte, hatte er, um sich das neue Auge anfertigen zu lassen, den besten jener Spezialisten bestellt, die den Statuen Augen einfügten. Jetzt erst recht gefiel ihm sein Gesicht, und er bereute es nicht, daß er das Auge verloren hatte. Er liebte die Gefahr. Auch liebte er Beute. Er hatte aus seinem Beuteanteil, aus den Gratifikationen für besondere Leistungen und aus geschickten Lagergeschäften ein ansehnliches Vermögen zusammengerafft, das bei einem Bankier in Verona in guter Hut lag und sich dick verzinste. Einmal, alt, zahnlos, wird er sich nach diesem Verona zurückziehen, wird, der Träger des Graskranzes, der Liebling der Armee, eine große Rolle spielen, wird die Stadt tanzen lassen nach seinem Willen.

Vorläufig allerdings hat er Besseres zu tun. Da ist zum Beispiel dieser kuriose Befehl. Ein überaus erfreulicher Befehl, den im Grunde nur er richtig versteht und mit dem nur er umzugehen weiß. Dieser kuriose Befehl allein schon lohnt es, daß er aus dem üppigen Italien zu seiner Fünften zurückkehrte. Denn der Erste Zenturio der Fünften, gemeinhin Menschen gegenüber sehr gleichgültig, den Gegner sportlich niederhauend ohne weiteres Interesse an seiner Person, dieser Hauptmann Pedan hat einen großen Haß: die Juden.

Alles an diesen Leuten, ihre Sprache, ihre Sitten, ihr Glaube, ihr Atem, ihre Luft, ärgert ihn. Auch die andern östlichen Menschen sind faule, stinkende Barbaren mit abgeschmackten Bräuchen. Aber diese Juden, ist es zu glauben, lieben so den Müßiggang, daß sie durch kein Mittel, auch durch den Tod nicht, dahin zu bringen sind, an ihrem siebenten Tag irgend etwas zu tun. Sie haben sogar einen Fluß in ihrem Land, den Sabbatfluß, der am siebenten Tag stillsteht. Und zu Beginn des Krieges haben sie, er hat es mit eigenen Augen gesehen, sich an diesem siebenten Tag ohne Gegenwehr abschlachten lassen, einfach aus prinzipieller, vom Gesetz verordneter Faulheit. Sie glauben, die Dummköpfe, die Seelen derer, die ihre dreckigen Gebote halten, werden von ihrem Gott für die Ewigkeit konserviert. Das macht diese Unverschämten so unempfindlich gegen das, was andere lockt und abschreckt. Sie halten sich für besser als andere Menschen, gerade als wären sie römische Legionäre. Sie hassen und verachten alle andern. Beschneiden sich das Glied, nur um ein Unterscheidungsmerkmal zu haben. Sie sind aufreizend anders, hartnäckig wie wilde Ziegenböcke. Wenn sie sterben, wenn man sie kreuzigt, dann schreien sie: »Jah, Jah. Jah ist unser Gott.« Er hat, wegen dieses Jah, Jah, zuerst geglaubt, ihr Gott sei ein Esel, und einige sagen auch, sie verehrten einen Esel in ihrem Allerheiligsten. Aber das stimmt nicht, diese Wahnsinnigen und Verbrecher glauben vielmehr an einen Gott, den man nicht sehen noch schmekken kann, einen Gott, so unverschämt wie sie selber, nur im Verstande vorhanden. Er hat sich mehrmals den Privatspaß gemacht, wenn sie einen kreuzigten, den Hängenden zu kitzeln, ob er ihm nicht durch Drohungen und Versprechungen Vernunft beibringen könnte. Aber nein und nein. Sie glauben wirklich an ihren unsichtbaren Gott, sie schreien Jah, Jah und sterben. Der Hauptmann Pedan ist ein wilder, unerbittlicher Gegner solchen Unsinns. Er will ihn ausrotten. Das Leben wäre nicht lebenswert, wenn etwas von ihrem Geschrei wahr wäre, und wäre es auch nur das winzigste Häuchlein. Es ist aber nicht wahr, es soll nicht wahr sein.

Der Hauptmann Pedan geht wiegenden Schrittes in sein Zelt, den breiten Mund höhnisch verzogen. Wenn irgend etwas von diesem Gott Jahve existiert, dann müßte er doch wohl sein Haus schützen können. Das wird er aber nicht, dafür wird der Erste Zenturio der Fünften sorgen. Nur zu diesem Zweck steht er in diesem heißen, stinkenden Sommer vor dem lausigen Jerusalem. Er wird es diesem Gott Jahve eintränken. Er wird ihm beweisen, daß er überhaupt nicht vorhanden ist, daß das da, sein Haus, nichts ist als ein leeres Schneckenhaus.

Der Hauptmann Pedan sieht das Gesicht des Prinzen vor sich, während er ihm den Text des Täfelchens vorliest. »Unter Schonung der Baulichkeiten, soweit sie zum eigentlichen Tempelhaus gehören.« Was heißt: Schonung, was heißt: eigentliches Tempelhaus? »Der Gegner ist mit Energie abzuweisen.« Das ist klarer. Das ist etwas, woran man sich halten kann.

Hep, Hep, denkt der Hauptmann Pedan. Er ist ausnehmend guter Laune an diesem Abend. Er säuft, erzählt Zoten, ist von einem grimmigen Witz, daß selbst die Hauptleute, denen er im Licht steht, zugeben: er ist mit Recht der Liebling der Armee.

Andern Morgens rückte Pedan mit seinen Leuten zu den Lösch- und Aufräumearbeiten aus. Man schaufelte die glühenden Trümmer zur Seite, bückte sich, schaufelte, es sollte ein breiter, grader Weg entstehen, dem Tor zu. Dieses Tor, mit Gold beschlagen, war nicht groß; schräg links von ihm, in doppelter Mannshöhe etwa, war eine kleine, goldumrahmte Fensteröffnung. Im übrigen starrten die Mauern weiß, riesig, unerschütterlich, unterbrochen nur durch ein paar kleine Fenster in sehr großer Höhe.

Die Aufräumearbeit war schmutzig, heiß, schwierig. Die Juden rührten sich nicht, kein Gesicht zeigte sich oben in den Öffnungen, das Tor blieb geschlossen. Pedan ärgerte sich. Da mußten er und seine Leute den Juden ihren Dreck wegräumen. Man arbeitete schwitzend, verdrossen. Pedan gab Weisung, zu singen. Er selber stimmte an, mit seiner quäkenden Stimme, das grobe Lied der Fünften:

»Wozu ist unsre Fünfte gut?
Der Legionär macht alles:
Kriege führt er, Wäsche wäscht er,
Throne stürzt er, Suppe kocht er,
Fährt den Mist und schützt den Kaiser,
Kinder säugt er, wenn es not ist.
Der Soldat muß alles können.
Unsre Fünfte, die macht alles.«

Als sie das Lied zum drittenmal sangen, zeigte sich der Gegner. Das Tor war doch nicht so klein, wie es ausgesehen hatte; jedenfalls war es groß genug, um in unglaublich kurzer Zeit unglaublich viele Juden auszuspeien. Die Soldaten vertauschten die Schaufel mit Schild und Schwert. Man hatte verflucht wenig Platz, und wer in die rauchenden Trümmer hineingedrängt wurde, dem war schwer zu helfen. »Makkabi«, schrien die Juden. »Geh unter, Judäa«, schrien die Römer. Es war ein richtiges Gefecht. Die Juden achteten es nicht, daß auch von ihnen viele in die glühenden Trümmer gerieten. In dicken Klumpen umschwärmten sie das römische Feldzeichen. Jetzt fiel der Träger, ein zweiter packte es, wurde niedergemacht. »Makkabi«, schrien die Juden, sie hatten das Feldzeichen. Im Triumph brachten sie es hinter die Mauer.

Die Römer erhielten Verstärkungen. Beim nächsten Ausfall kamen die Juden nicht so weit wie das erstemal, aber das kleine Tor spie immer neue Scharen aus. Pedan fluchte, hieb mit dem Weinrebstock auf seine Leute ein. Sie warfen die Juden zurück, einige von Pedans Leuten drangen mit ins Tor hinein, das Tor schloß sich. Die eingedrungen sind, sind verloren. Aber der Gegner ist mit Energie abgewiesen.

Pedan grinste. Der Gegner ist mit nicht genug Energie abgewiesen. Pedan ließ eine Schildkröte bilden. Die Leute waren verwundert. Die Mauer starrte riesig hoch, die Maschinen hatten nicht gearbeitet, keine Artillerie war hinter ihnen. Was wollte ihr Erster? Sollen sie die Mauer mit bloßen Händen umreißen? Aber sie schuppten die Schilde zusammen über die Köpfe, dem Befehl gehorchend, und gingen vor. Seltsamerweise aber hieß sie Pedan nicht das Tor angreifen, sondern die Stelle schräg links, wo die goldumrahmte Fensteröffnung war.

Sie gingen immer vor, nun waren sie an der Mauer, die vordersten standen bereits an die Mauer geklemmt. Und nun geschah etwas, wie es die Erste Kohorte der Fünften, an so vieles gewöhnt, noch nie gesehen hatte. Der

Hauptmann Pedan, schwer in seiner Rüstung, schwang sich auf die Schilde des letzten Gliedes, mit den genagelten Stiefeln über die krachenden Schilde breitbeinig tappte er vor. Er fiel nicht, beim Herkules, er wahrte das Gleichgewicht, in der einen Hand hielt er einen Feuerbrand, und jetzt schleuderte er ihn, durch die goldumrahmte Öffnung schleuderte er ihn, und dann schrie er: »Gib noch einen«, und die Soldaten reichten ihm aus den glühenden Trümmern noch einen Feuerbrand hinauf und noch einen. Die unter den Schilden, schwitzend, bedrängt, mühsam ausharrend, wußten nicht, was über ihren Köpfen geschah, sie hörten nur ihren Hauptmann schreien: Gib noch einen, und: Hep, Hep. Aber sie, ebenso wie die, die die Feuerbrände reichten, waren voll von einer ungeheuern Spannung, was sich nun ereignen werde. Ihr Erster, ihr Hauptmann Pedan, der Liebling der Armee, wird sicher wissen, was er tut, sicher wird sich etwas ereignen.

Der Hauptmann Pedan wußte auch, was er tat. Er hatte den Grundriß des Tempels eingesehen, er wußte, an dieser Stelle, in dem Raum mit der goldumrahmten Fensteröffnung, wurden die Holzvorräte aufbewahrt, die die Juden herbeischleppten am Feste des Holztragens, die Bürger Jerusalems und die Pilger, jeder Mann ein Scheit. Der Gegner ist mit Energie abzuweisen. Er ließ sich die Feuerbrände hinaufreichen, er warf, er schrie: Hep, Hep, und: Gib noch einen, und sie hörten seine genagelten Schuhe auf den Schilden kratzen, sie hielten aus, starknackig, geduckt, sie stöhnten vor Erwartung.

Und jetzt endlich kam Geschrei von innen, und jetzt Rauch, immer mehr, immer dickerer Rauch, und jetzt befahl Pedan: »Die Leiter her.« Die Leiter war zu kurz, da ließ er sie auf die Schildkröte stellen. Er kletterte hinauf, die Leiter schwankte wild, aber die unter den Schilden hielten fest, und durch den Rauch und durch das Fenster kletterte der Hauptmann Pedan ins Innere. Er sprang hinein mitten in Rauch und Geschrei, riß die Riegel des Tores zurück, in der Öffnung erschien geschwärzt und grinsend sein Gesicht. Und wie das Tor vorher in unglaublich kurzer Zeit unglaublich viele Menschen ausgespien hatte, so schluckte es jetzt in einem Augenblick die Mannschaften des Pedan ein, fünfzig jetzt, und jetzt hundert.

Das Tempelhaus war innen ganz mit Zederngebälk vertäfelt, der Sommer war heiß, das Holz trocken. Schon war es kein Rauch mehr, schon waren es Flammen. Und ehe man recht wußte, was geschah, war ein ungeheures Geschrei im römischen Lager. Hep, Hep, schrien sie und: Schmeißt das Feuer, und: Den Schild vor. Keinen Befehl warteten sie ab, kein Halten war. Das kleine Tor schluckte sie ein, zu Hunderten, und jetzt hatten sie auch die andern Tore aufgerissen. Die Löschmannschaften der Juden wurden niedergemacht, die Legionen drangen vor, in Gliedern zu je zweien, die Schultern schräg in Fühlung, die Schilde aneinander, niedermähend nach rechts und links.

Der größere Teil der jüdischen Soldaten lag in den Forts und Türmen der Oberstadt, im Tempel selbst lagen nur an tausend Mann. Die erhoben, als die Römer den Brand in das Tempelhaus geworfen hatten, ein wildes Geschrei und versuchten zu löschen. Es war ein mageres Feuer zuerst, aber es war zäh, es gab nicht nach. Bald erwies es sich als unmöglich, gleichzeitig gegen die eindringenden Römer zu kämpfen und zu löschen. Johann und Simon Bar Giora, schleunigst aus der Oberstadt herbeigerufen, erkannten, daß der Tempel gegen das Feuer und die Römer nicht zu halten war. Sie ordneten an, die Hauptmacht solle sich nach der Oberstadt zurückziehen. Kleine Detachements sollten, den Rückzug deckend, die einzelnen Tore des Tempels halten.

Diese zurückbleibenden Verteidigungsmannschaften, das wußten alle, waren verloren, aber keiner zögerte, sich freiwillig zu melden. Auch der Knabe Ephraim meldete sich und wurde angenommen. Johann von Gischala, als er ging, legte ihm die Hand auf und sagte: »Du bist würdig. Gib unseren Glauben weiter, mein Sohn.« So legten die Großdoktoren ihren Schülern die Hand auf, wenn sie ihnen den Titel und die Fähigkeit verliehen, die Lehre weiterzugeben.

Die Römer überwältigten rasch den kleinen Trupp, der das Tor des Tempelhauses verteidigte. Sie gewannen die Treppe und stiegen hinunter in den Hof, in dem der Brandopferaltar stand, mit seiner ungeheuern Rampe, seinen mächtigen Hörnern, gefügt wie für die Ewigkeit, aus unbehauenen Blöcken; denn Eisen durfte ihn nicht berühren. Jetzt aber hatte ein Trupp von etwa fünfzig jüdischen Soldaten ein Geschütz auf ihm aufgestellt. Makkabi! riefen sie. Und: Hep, Hep! Geh unter, Judäa! riefen die Römer und stürmten vor gegen den Altar. Das Geschütz schleuderte Steine und Eisen gegen sie, aber sie drangen vor, zu beiden Flanken des Altars, und jetzt hatten sie ihn umkreist, und jetzt stürmten sie die Rampen. Es waren Leute der Fünften, es waren die Leute des Pedan. Ein ungeheures Getöse war, aber allmählich drang eine Stimme durch, frech, quäkend, sie sang das grobe Lied der Fünften. Einige fielen ein, und jetzt sangen alle, man hörte kein Makkabi mehr, man hörte nur mehr das Lied:

»Wozu ist unsre Fünfte gut?
Der Legionär macht alles:
Kriege führt er, Wäsche wäscht er …
Unsre Fünfte, die macht alles.«

Und jetzt bemächtigten sie sich auch der andern Außentore dieses Mauerteils, öffneten sie, und nun strömte es von allen Seiten herein. In Gliedern zu je zweien, die Schilde vor, die Gesichter halbschräg nach außen, Schulter an Schulter, schreiten sie, im Takt, stampfen, mähen nieder. Von beiden Seiten kommen sie, kreisen ein, was sie finden, treiben es dem großen Altar zu. Auf dem rechten Horn des Altars aber, wo sonst der Chef des Tempeldienstes den opfernden Priestern und den Leviten sein Zeichen gab, steht jetzt der Hauptmann Pedan, um ihn herum stampft das grobe Lied der Fünften. Er singt mit, er schwingt sein Schwert, und manchmal, der Abwechslung halber, greift er zu seinem Weinrebstock. Die Menschen werden den Altar hinaufgetrieben, sie schreien: Höre, Israel, und auf der Höhe des Altarhornes steht der Hauptmann Pedan, und Hep ruft er und hebt den Weinrebstock und läßt ihn auf die Schädel krachen. Die Schwerter mähen, das Blut fließt wie ein Bach die Rampen herunter, und um den Altar stauen sich die Toten.

Titus hatte sich gerade für eine kleine Weile niedergelegt. Er sprang hoch, sah den ungeheuern, von niemandem befohlenen Aufbruch der Legionen. Und dann sah er den Rauch aufsteigen und die Flammen. Er lief aus seinem Zelt, wie er war, ohne Abzeichen seines Ranges, ohne Rüstung. Mitten in den wilden, frohen Tumult hinein lief er. Viele erkannten ihn, doch sie machten kein Wesens daraus. Sie riefen ihm zu, eilig, vergnügt: Komm mit, Kamerad. Lauf mit, schmeiß mit, schmeiß das Feuer. Hep, Hep.

Er wollte wehren, den wüsten Unfug steuern. Wollte er's wirklich? Hep, Hep, schrie er wie die andern, gegen seinen Willen. Und: Schmeiß das Feuer, Kamerad, schrie er. Die Wachen vor dem Zelt hatten den Aufbruch des Prinzen bemerkt. Die alarmierten Offiziere, die Garden bahnten sich durch das Getümmel einen Weg zu ihm. Endlich, er war schon durch das Tor in das Innere des Tempels hineingespült, erreichten sie ihn. Er hatte sich wieder in der Gewalt. War das er gewesen, der mitgeschrien hatte? Löscht! schrie er jetzt, Wasser! Und: Löscht, Wasser! schrien die Offiziere. Unter die rasenden Soldaten stürzten sie sich: Löscht, Wasser! Mit ihren Weinrebstöcken hauten die Zenturionen auf die Verwilderten ein.

Allein es war sinnlos, den Tobenden wehren zu wollen. Tollwut, Mordrausch hatte sie gepackt, die ganze Armee. Sie hatten so unendlich lange gewartet, diese heißen, zermürbenden Monate hindurch, das da, das Bewußte unter ihre genagelten Stiefel zu treten. Jetzt wollten sie sich rächen für die Qual, sie stürzten heran, römische Legionen, syrische, arabische Kontingente der Vasallen, sich mischend. Keiner wollte zu kurz kommen, sie hatten Eile, sie gönnten es einer dem andern nicht, daß er früher daran war. Der Weg, der gebahnt werden sollte, war nicht fertig. Über den glühenden Schutt stürmten sie herbei, zertraten einander, stießen sich in die rauchenden Trümmer. Über ganze Berge von Leichen drangen sie vor.

Als Titus sah, daß es gegen das Ungestüm der Armee keinen Widerstand gab, betrat er mit seinen Offizieren das Mittelschiff des Tempelhauses, das von dem brennenden Teil durch eine dicke Mauer getrennt war. Hoch und kühl, unberührt von der Hitze und dem wüsten Getobe draußen, hob sich der Heilige Raum. Der Leuchter war da, die Schaubrottische, der Räucheraltar. Langsam schritt Titus vor, zögernd, bis zu dem Vorhang, hinter dem das Geheimnis war, das Allerheiligste. Seit Pompejus hat kein Römer diese Stelle betreten. Was ist hinter dem Vorhang? Ist vielleicht doch ein abergläubischer Spuk dahinter, ein Eselskopf, ein Ungetüm, aus Tier und Mensch gemischt? Mit der kurzen, breiten Hand greift Titus nach dem Vorhang. Hinter ihm spähen gespannt die Gesichter seiner Offiziere, vor allem eines, breit, rosig, das des Hauptmanns Pedan. Was ist hinter dem Vorhang? Der Prinz reißt ihn zurück. Ein dämmeriges, nicht großes Geviert zeigt sich. Titus tritt ein. Es riecht nach Erde und nach sehr altem Holz. Der nackte, unbehauene Stein ist da, der den Hügel gipfelt, eine große, beklemmende Einsamkeit, sonst nichts. »Na ja«, quäkt der Hauptmann Pedan achselzuckend, »Irrsinnige.«

Der Prinz atmete auf, als er wieder in dem helleren Viereck des Außenraumes stand. Er sah die noble Schlichtheit der Halle, ihr Ebenmaß, die heiligen Geräte groß und einfach an den Wänden. »Wir *müssen* das retten, meine Herren«, sagte er, nicht laut, doch dringlich. »Wir dürfen das nicht untergehen lassen«, forderte er. Der Hauptmann Pedan grinste. Schon züngelte es an den Toren, an alle Türangeln hatten sie Feuer gelegt. Es war zu spät.

In großer Eile schleppen die Soldaten die heiligen Geräte weg. Sie sind schwer, aus massivem Gold. Zehn Mann keuchen unter dem Leuchter, sie stürzen zusammen. Der Leuchter schüttert zu Boden, erschlägt einen Träger. Die Soldaten, angetrieben von den Zurufen des Prinzen, von den Stockhieben der Zenturionen, beugen von neuem die Rücken, schleppen die Geräte aus dem brennenden, stürzenden Heiligtum. Sie trugen hinaus die zwölf goldenen Schaubrote, die Weihgeschenke, die silbernen Trompeten der Priester, falteten den herrlichen babylonischen Vorhang zusammen, dessen Stickerei den Anblick des Himmels zeigte. Der Prinz stand auf den Stufen des Tempelhauses, hinter seinem Rücken das Feuer, und schaute zu, wie der Leuchter, der Schaubrottisch durch das Getümmel schwankten, dem römischen Lager zu, auf, nieder über den Leibern, Köpfen, Schilden wie Schiffe auf bewegtem Meer.

Die Legionäre mittlerweile tobten durch das Heiligtum, besoffen von Blut und Triumph. Sie plünderten, was sie erraffen konnten, rissen die goldenen und silbernen Beläge von den Toren, von den Wänden. Halsbrecherisch kletterten sie an den Außenmauern, um die dort angebrachten Trophäen zu erbeuten, Feldzeichen und Waffen alter syrischer Könige, Feldzeichen der Zehnten Legion, vor vier Jahren dem Cestius Gall genommen. Sie plünderten die Kleiderkammern, die Gewürzkammer, die Halle der Instrumente. Die Arme voll von kostbarem, seltsamem Gerät, trabten sie eilig durch das riesige Geviert. Dies war die Krone des Feldzugs. Um dieses Haus des unsichtbaren Gottes niederzureißen und zu plündern, war man gestorben, zu Zehntausenden, hatte man Ekel und Strapazen auf sich genommen. Jetzt wollte man es ganz auskosten. Sie schrien, sie stießen nieder, lachten einfältig, stampften tanzend mit ihren genagelten Stiefeln über den Boden, dessen Marmor und Mosaik überdeckt war von Leichen und von blutigen Feldbinden mit den Initialen Makkabi.

In den finstern Gängen, die hinunter zu den Schatzkellern führten, stauten sich die Massen. Diese Kammern waren gut verschlossen, aber die Ungeduldigen hatten nicht gewartet, bis man die Riegel mit Hebel und Maschinen öffnete, sie hatten Feuer an die Metallbeschläge der Türen gelegt. Allein das Innere hatte Feuer gefangen, bevor die Türen aufgingen, und nun schmolz es aus den Schatzkammern heraus, ein dicker, zäher Strom fließenden Metalls. Es flossen in ihm Weihgeschenke römischer Kaiser und parthischer Könige, Ersparnisse der Armen aus Galiläa, Schätze der Reichen aus Jerusalem und den Seestädten, Hunderttausende von Gold-, Silber- und Kupfermünzen, geprägt von den »Rächern Israels«, mit dem Hoheitszeichen Makkabi und mit dem Datum: Erstes, Zweites, Drittes Jahr der Befreiung.

Knallend rissen die großen Vorhänge, ihre glühenden Fetzen flogen durch die Luft. Krachend stürzte das Gebälk des Tempelhauses, Mauertrümmer ihm nach. Bis plötzlich ein Ton kam, mächtiger als das Prasseln der Flammen, das Stürzen des Gebälks, das wüste Singen der Soldaten, das Geschrei der Sterbenden, ein Ton, schneidend, heulend, wimmernd, von den Bergen ringsum furchtbar und scheußlich zurückgeworfen. Es war die hunderttonige Schaufelpfeife. Man hatte das Unding wegzuschleppen versucht, dann aber als wertlos liegenlassen, nun strich der Wind der Flammen durch die Schaufelpfeife und machte sie tönen.

Es war, als wecke dieser Ton die Oberstadt, die, nachdem die jüdischen Soldaten die Brücken zum Tempel zerstört hatten, gesondert auf ihrem Hügel lag. Die Verhungerten, Erschöpften der Oberstadt sahen den Rauch, das erste Feuer, sahen dann die Flammen um sich greifen, bis allmählich der ganze, weiße Tempelberg von den Wurzeln auf zu glühen schien. Sie brachten nichts aus ihren ausgedörrten Kehlen als ein schwaches Gewimmer. Aber als nun der große Schrei der Schaufelpfeife aufheulte, brach auch aus ihren Leibern das letzte Leben hervor, und aus dem Gewimmer der Hunderttausende in der Oberstadt wurde jetzt ein Schreien, ein gelles, ununterbrochenes, weißes Geschrei, und die Berge nahmen das Geschrei auf und schrien es zurück.

Es waren übrigens an diesem Tage viele Leute aus der Oberstadt in den Tempel gegangen. Doktor Nittai hatte sie gerufen. Er hatte ein Gesicht gehabt und eine Stimme gehört. War durch die Oberstadt gezogen, erschöpft, doch beharrlich und hatte zu den Massen geredet, sie sollten zum Tempel hinaufsteigen, dort würde sich ihnen heute Jahve als Retter und Erlöser zeigen. So gläubig und befehlend hatte die alte Stimme des besessenen Mannes geklungen, daß, wer sich noch schleppen konnte, ihm folgte. Es waren viele Hunderte. Von diesen Gläubigen hatten sich nur wenige, als die Truppen abzogen, mit ihnen retten können; denn die Brücken zur Oberstadt waren schmal, die Truppen hatten sie für sich selber benötigt und hinter sich abgerissen. Von oben, vom Tempelhaus her, kamen die Flammen und die Römer. Den Gläubigen war nichts übriggeblieben, als sich in den untersten Bezirk des Tempels zu flüchten, in die große Kolonnade des Südrands unmittelbar am Abgrund.

Die Römer, die Juden vom Innern des Tempels her aufrollend, waren jetzt bis zu diesem untersten Bezirk vorgedrungen. Sie kamen die Stufen herunter, sie sahen die in der Halle, Männer, Frauen, Kinder, Vornehme und kleine Leute, sehr viele, einen großen Haufen lebendigen Fleisches. Trotzdem der Preis der Leibeigenen durch die vielen Gefangenen außerordentlich gesunken war, repräsentierten die Tausende in der Halle einen gewissen Wert. Im schlimmsten Fall konnte man sie im Dutzend an die Veranstalter von Festspielen verkaufen. Aber die Soldaten wollten jetzt keine rechnerischen Erwägungen anstellen. Sie wollten jetzt ihren Privatspaß haben, sie hatten ihn sich teuer genug erkauft. Die von der Fünften riegelten die Kolonnade ab. Die Juden hatten vor sich die Römer, hinter sich den Abgrund. Offiziere kamen dazu, Oberste. Der General der Zehnten, Lepid. Sie gaben Befehl, abzuwarten, man werde die Weisung des Feldherrn einholen. Aber die von der Fünften dachten gar nicht daran, zu warten. Gerade hatten sie die Feldzeichen zurückgeholt, die die Zehnte vor vier Jahren verloren hatte, und nun sollten sie sich von dem General der Zehnten den Spaß verderben lassen? Sie waren nicht einmal aufsässig, sie lachten nur, gemütlich. Das glaubten ja die Herren selber nicht, daß die Armee sich diese Masse lebendigen Fleisches werde wegnehmen lassen. Sachkundig nahmen sie Aufstellung vor der Kolonnade, vier Glieder tief, dann zündeten sie das Zederngebälk des Daches an. Es war wirklich ein großartiger Spaß, wie die in der Halle zu tanzen anfingen, wie die ersten herausstürzten, niedergemacht wurden, wie sie kletterten, wie sie in den Abgrund sprangen, wie sie schwankten, ob sie durchs Schwert umkommen sollten, durch Absturz oder durch Feuer. Angeregt beobachteten die Soldaten, wie schwer die Eingeschlossenen zu einem Entschluß kamen. Mit Vergnügen hörten die Legionen das altvertraute Sterbegeschrei der Juden: Höre, Israel, Jahve ist einzig. Sie hatten es oft gehört, aber niemals von so vielen zusammen. Jahve, Jahve, machten sie nach, Jah, Jah schreiend wie die Esel.

Unter den Eingeschlossenen waren zwei Herren des Großen Rats, die der Oberst Paulin persönlich kannte, Meïr Bar Belgas und Josef Bar Daläus. Paulin forderte die beiden auf, herauszukommen, sich ihm zu übergeben. Er sagte ihnen Schonung zu. Aber sie blieben, bis die Kolonnade zusammenstürzte, sie wollten umkommen mit den andern, ein Brandopfer für Jahve.

Die ausgelosten Priester hatten die Funktionen ihres Dienstes verrichtet, als geschähe rings um sie nichts Außergewöhnliches. Hatten sich eingekleidet, die Reinigung des Altars, der heiligen Geräte vollzogen wie jeden Tag. Schon waren die ersten Flammen da, schon waren die ersten Römer da, die Priester gingen durch das Getümmel hindurch, als sähen sie nichts.

Die Römer ließen die Weißgekleideten mit dem blauen Priestergürtel zunächst unbehelligt. Dann aber machten sie sie nieder wie die andern. Sie sahen mit einer gewissen Befriedigung, daß ein Mann, der den blauen Priestergürtel dieses Jahve trug, wenn man ein Eisen in seinen Leib stieß, genauso starb wie ein anderer.

Johann von Gischala hatte, als er mit seinen Truppen den Tempel verließ, dem Erzpriester Phanias angeboten, ihn mitzunehmen. Aber Phanias hatte es abgelehnt. Wenn er nur herausbringen könnte, was Jahve von ihm will. Es ist sehr schwer, weil Jahve ihm nur einen einfältigen Verstand gegeben hat. Wie schön wäre es, wenn er Bauarbeiter hätte bleiben dürfen. Jetzt irrt er herum, hilflos, weinerlich, seine trüben, braunen Augen suchen, wen er um Rat fragen könnte, ängstlich lauscht er, ob nicht etwa in seinem Innern eine Stimme Jahves spricht, aber er kann nichts hören. Das alles ist nur, weil er den Schatzmeistern nachgebend, seinen achtteiligen, sündenreinigenden Ornat in ein unzugängliches Versteck hat bringen lassen. Wenn er jetzt den Ornat trüge und die heiligen Juwelen des Großen Dienstes, dann würden sich die Flammen zu seinen Füßen legen wie gehorsame Hunde, und die Römer würden tot umfallen.

Zusammen mit andern Priestern geriet er in die Hand der Römer. Die Soldaten schickten sich an, die Priester niederzumachen. Die baten um Schonung. Schrien, der Erzpriester sei unter ihnen. Die Soldaten brachten sie vor Titus.

Titus ist in Eile, man verlangt ihn am südlichen Tempeltor. In seiner Umgebung ist der General Litern. Der Prinz sieht, wie der General gespannt auf ihn blickt, mit einem ganz kleinen Lächeln. Dieser Litern hat es damals im Kriegsrat nicht verstehen können, daß er für die Schonung des Tempels eintrat, sicher hält er ihn für einen ästhetisierenden Schwächling. Dieser Tölpel da ist also der Erzpriester. »Verwahrt ihn«, sagt Titus, »ich will ihn im Triumph aufführen.« Dann sieht er die andern Priester, zwanzig zermürbte, elende Körper, schlotternd in weißen, feierlichen, viel zu weiten Gewändern.

Sein Gesicht wird launisch, bösartig, kindisch. Er kehrt sich ab. Im Begriff zu gehen, über die Schulter hin, sagt er zu den Priestern: »Ich hätte Ihnen Ihr Leben vielleicht geschenkt, meine Herren, um Ihres Tempels willen. Aber nachdem Ihr Gott offenbar nicht gesonnen ist, seinen Tempel zu erhalten, ziemt es Ihnen als Priester, mit diesem Tempel unterzugehen. Habe ich nicht recht, meine Herren?« Er ging, und die Profose bemächtigten sich der Priester.

Wie die andern Priester hatte sich der alte Doktor Nittai, nachdem er seine Gläubigen in den Tempel geführt hatte, ernst und zuversichtlich an die Verrichtungen seines Dienstes gemacht. Die Flammen brachen hervor, sein altes, mürrisches Gesicht lächelte. Er hatte gewußt, heute wird ein Zeichen kommen. Als das Tempelhaus brannte, war er nicht wie die andern durch die Höfe geflohen, vielmehr stiegen er und die acht Priester um ihn die Treppen des Tempelhauses hinauf. Es war gut, zu steigen, jetzt war man noch in einem von Menschenhänden gefügten Bau, aber gleich wird man oben sein, unterm Himmel, nahe bei Jahve.

Und nun waren sie auf dem Dach, auf dem höchsten First des Tempels, unter ihnen waren die Flammen und die Römer. Das Geschrei der Sterbenden, der grobe Gesang der Legionen tönte zu ihnen herauf, von der Oberstadt her gellte das weiße Geheul. Da kam der Geist über die auf dem First, der Hunger schuf ihnen Gesichte. Schaukelnd, im Takt, im vorgeschriebenen Singsang sagten sie Kriegs- und Siegeslieder der Schrift auf. Rissen die goldenen Spieße, die zur Abwehr der Vögel auf dem Dach des Tempels angebracht waren, heraus und schleuderten sie gegen die Römer. Sie lachten, sie waren über den Flammen, und über ihnen war Jahve, und sie spürten seinen Hauch. Als die Stunde des Priestersegens kam, hoben sie die Hände und spreizten die Finger, wie es Vorschrift war, und riefen durch die prasselnden Flammen den Priestersegen und das anschließende Bekenntnis; es war ihnen leicht und heilig zumut.

Als sie zu Ende waren, nahm Nittai die schweren Schlüssel des Großen Tempeltors, hielt sie hoch, daß alle um ihn sie sahen, und rief: »O Jahve, du hast uns nicht würdig befunden, dein Haus zu verwalten. O Jahve, nimm die Schlüssel zurück.« Und er warf die Schlüssel in die Höhe. Und er rief: »Seht ihr, seht ihr die Hand?« Und alle sahen, wie aus dem Himmel eine Hand kam und die Schlüssel auffing.

Dann krachte das Gebälk, es stürzte das Dach, und sie fanden, daß sie einen begnadeten Tod starben.

Kurz vor dem Mittag hatte Pedan die Fackel geworfen. Nachmittags fünf Uhr brannte bereits der ganze Berg. Der erste Feuerposten, den Titus hatte errichten lassen, sah den Brand, und sowie die Dämmerung kam, gab er sein Signal: der Tempel ist gefallen. Und es entzündete sich das nächste Feuer und das übernächste, und im Lauf einer Stunde wußte es ganz Judäa, ganz Syrien.

In Jabne erfuhr es der Großdoktor Jochanan Ben Sakkai: der Tempel ist gefallen. Der kleine Uralte zerriß seine Kleider und streute Asche auf sein Haupt. Aber noch für die gleiche Nacht berief er eine Sitzung ein.

»Bis heute«, verkündete er, »hat der Große Rat von Jerusalem Kraft gehabt, das Wort Gottes zu deuten, zu bestimmen, wann die Zeiten beginnen, wann der Mond neu ist, wann voll, was Recht ist und was Unrecht, was heilig und was unheilig, zu binden und zu lösen. Von heute an hat der Rat von Jabne diese Befugnis.

Unsere erste Aufgabe ist, festzusetzen, wie die Grenzen der Heiligen Schrift laufen. Der Tempel ist nicht mehr, unser ganzes Reich ist jetzt die Schrift. Ihre Bücher sind unsere Provinzen, ihre Sätze unsere Städte und Dörfer. Bis heute war Jahves Wort mit Menschenwort gemischt. Jetzt gilt es, aufs Jota zu begrenzen, was zur Schrift gehört, was nicht.

Unsere zweite Aufgabe ist, den Kommentar der Doktoren dauerhaft zu machen für die Zeiten. Bis heute lag der Fluch darauf, den heiligen Kommentar anders weiterzugeben als von Mund zu Mund. Wir lösen diesen Fluch. Wir wollen die sechshundertdreizehn Gebote aufzeichnen auf gutem Pergament, wo sie anfangen und wo sie aufhören, sie umzäunen und untermauern, daß Israel für die Ewigkeit darauf stehen kann.

Wir einundsiebzig sind jetzt alles, was vom Reiche Jahves geblieben ist. Reinigt euer Herz, daß wir ein Reich seien, dauernder als Rom.«

Sie sagten amen. Sie bestimmten noch in dieser Nacht: vierundzwanzig Bücher sind heilig. Vierzehn Bücher, die vielen als heilig galten, schlossen sie aus. Es war harter Streit unter ihnen, aber sie prüften sich scharf, daß sie nur das Wort Jahves sprechen ließen, wie man es ihnen überliefert hatte, nicht eigene eitle Weisheit. Kein Schlaf kam über sie, sie fühlten sich besessen von Jahve, als sie diese Sichtung vornahmen, die verbindlich sein sollte für alle Zeiten.

Sie trennten sich, als schon die Sonne aufgegangen war. Jetzt erst spürten sie ihre Erschöpfung, es war trotz des Schmerzes über das zerstörte Heiligtum keine unglückliche Erschöpfung.

Als die andern schon weggegangen waren, erinnerte den Großdoktor Jochanan Ben Sakkai sein Schüler Arach: »Sie haben mir den Spruch für diesen Tag noch nicht diktiert, mein Doktor und Herr.« Der Großdoktor besann sich eine Weile, dann diktierte er: »Wenn du zur Tafel gezogen wirst bei einem Herrscher, so setze ein Messer an deine Kehle, ehe daß du gierig wirst nach seinen Leckerbissen; denn sie sind sehr trügerisch.« Arach sah des Großdoktors müdes, bitteres Gesicht; er erkannte, daß ihm bange war um seinen Liebling Josef Ben Matthias, daß er für ihn fürchtete in seinem Herzen.

Es geschah aber der Untergang des Tempels am 29. August des Jahres 823 nach Gründung der Stadt Rom, am 9. Ab des Jahres 3830 jüdischer Zeitrechnung. Auch ein 9. Ab war es gewesen, an dem der erste Tempel durch Nebukadnezar zerstört wurde. Dieser zweite Tempel hatte sechshundertneununddreißig Jahre, einen Monat und siebzehn Tage gestanden. Alle diese Zeit hindurch war jeden Morgen und jeden Abend das Brandopfer dargebracht worden zu Ehren Jahves, viele Tausende von Priestern hatten die Riten vollzogen, wie sie aufgeschrieben sind im Dritten Buch Mosis und bis ins kleinste erläutert durch Generationen von Doktoren.

Der Tempel brannte noch zwei Tage und zwei Nächte. Am dritten Tag standen von seinen vielen Toren nur mehr zwei. Mitten unter den Trümmern, auf den gewaltigen Blöcken des Brandopferaltars, dem einsam und sinnlos ragenden Osttor gegenüber, pflanzten jetzt die Römer ihre Adler auf und brachten ihnen das Siegesopfer. Wenn mehr als sechstausend feindliche Tote das Schlachtfeld deckten, dann pflegte die Armee ihren Feldherrn zum Imperator auszurufen. So nahm jetzt Titus auf der Höhe des Altars die Huldigung seiner Truppen entgegen.

Max Brod (geb. 1884 in Prag; gest. 1968 im Exil in Tel Aviv) ist vor allem als Biograph und Herausgeber der Werke von Franz Kafka bekannt. Die herausragende Leistung seiner eigenen belletristischen Werke, wie die der gesamten Prager deutschen Literatur, findet heute kaum noch Beachtung. Nach seinem Jurastudium, das er 1907 mit der Promotion abschloss, trat Brod zunächst eine Teilzeitstelle bei der Prager Postdirektion an. Parallel dazu entfaltete er seine literarische Arbeit. 1908 erschien der Roman »Schloß Nornepygge«, der von der Kritik als expressionistisches Meisterwerk gefeiert wurde. Ähnlich wie Lion Feuchtwanger verarbeitete Max Brod in seinen Romanen mit Vorliebe Stoffe und Personen der jüdisch-abendländischen Geschichte, um darin Antworten auf die strittigen Fragen jüdischer Identität zu finden. Brods zionistische Überzeugung, zu der er sich 1920 u.a. in den Schriften »Sozialismus und Judentum« und »Im Kampf um das Judentum« programmatisch äußerte, ist auch in seinen Romanen spürbar. Ein Meisterwerk aus der Trilogie »Ein Kampf um die Wahrheit« ist der 1925 erschienene Roman »Rëubēni, Fürst der Juden«. Darin erzählt Brod die Geschichte der jüdischen Abenteurer David Reubeni (1485–1538) und Salomon Molcho (1500–1532), die zu ihrer Zeit von vielen Juden in Europa als Messias verehrt wurden. Im sechsten Kapitel beschreibt Brod das jüdische Leben im Prag der Renaissance. Schon damals wurden Juden in Ghettos eingepfercht und dazu gezwungen, sich durch gelbe Flicken auf ihrer Kleidung kenntlich zu machen. ■

Max Brod
Rëubēni, Fürst der Juden. Ein Renaissanceroman

6.

Von Jahr zu Jahr schließt sich Dawid enger an die Mutter, da des Vaters gleichbleibende Ruhe und Andacht ihm immer bewundernswerter, aber freilich auch immer ferner und unzugänglicher erscheint. Die Mutter dagegen arbeitet und ist unzufrieden früh und spät. Nie kommt ein Lächeln über ihr kleines, von tiefen Furchen zerrissenes Gesicht. Nie glaubt sie der Mühe genug getan zu haben. Dawid ist wie die Mutter.

Mit der Mutter geht er nun auch öfters in die Christenstadt. – Obwohl es nämlich den Juden streng verboten ist, christliche Märkte zu besuchen, – ein immer wieder durch neue Stadtdekrete eingeschärftes Verbot –, haben sie doch, man weiß nicht auf welchen Schleichwegen, einige Buden vor der Sankt-Galli-Kirche, schon tief in der Alten Stadt drin, aufstellen dürfen, – haben diesen ihren Standplatz mehrmals gut zu erweitern gewußt, auch Häuser in der Umgebung durch Strohmänner angekauft, und auf diese Art, teils durch offenbare, von niemand gebilligte Übergriffe, teils mit stiller Duldung der Bürgerschaft, stets aber unter Gefahr, augenblicklich mißhandelt und vertrieben zu werden, einen neuen Trödelmarkt eingerichtet, von dem aus sie ihre Waren vorteilhafter als aus der Judengasse hervor in Umlauf bringen. – Auch Dawids Mutter führt ausgewählte Stücke ihres Scherbenlagers von Zeit zu Zeit auf diesen Markt. Es ist ihre Kunst, zu einer alten Metallschüssel ohne Boden ein anderes Stück Metall, zum Beispiel einen verbogenen Helm, zu finden und daraus ein neues, beinahe brauchbares Gerät anfertigen zu lassen. Dawid zittert um sie. Er möchte sie nicht der Obhut des taubstummen Gehilfen allein überlassen. So gewöhnt er sich daran, jedesmal mitzugehen und neben dem Kram der Mutter Wache zu halten. Sosehr ihn seine Freunde verspotten, die eine solche ungelehrte Tätigkeit für durchaus verächtlich, eines Gelehrtenschülers unwürdig erachten, kann er doch davon nicht lassen, – entzieht sich aber der Pflicht nicht, nachzugrübeln, inwieweit etwa seine sündhafte Trägheit und nicht die schuldige Liebe zur Mutter ihn zu solchem Tun veranlassen mag.

Neugierde ist es gewiß nicht, was ihn vors Tor lockt. Dem Worte der Weisen getreu, das nicht weiter als vier Ellen zu sehen gebietet, hält er die Augen gesenkt. Er heftet sie auf den Rocksaum der Mutter, die vor ihm hergeht.

So hat es eher den Anschein, daß die Frau ihn in Obhut genommen habe, als daß der schüchterne junge Mann sie zu ihrem Schutze begleite.

Solch ein Aufbruch in die Christenstadt ist kein geringes Unternehmen. Innerhalb der Mauern dürfen die Juden die gewöhnliche Tracht aller Bürger tragen, reiche Juden geben sich mit Federhut, Pelzmantel, kostbarem Halskragen wie Landedelleute. Auch Dawid als Sohn aus angesehener Familie hat ein modisches Barett, ein Seidenwams – innerhalb der Mauern. Begleitet er die Mutter, so muß er den hohen gelben Spitzhut aufsetzen, der lächerlich und auffallend auf dem Kopf schwankt. Statt des feinen Halskragens nimmt er die vorgeschriebene enge Krause, und das Obergewand aus schlichtem Tuch zeigt einen kleinen gelben Lappen, das verächtliche Judenrädchen. – Nun ist er weithin kenntlich. Nun stürzen sich, sobald er das Tor verläßt, Gassenjungen mit Pfiffen und Stößen auf ihn. Aber flink schreitet die Mutter voran, durch ein paar witzige Worte und etwas Pfefferkuchen weiß sie schon die Burschen zu besänftigen. Hinterdrein stapft der taube, schwachsinnige Geselle mit Hand- und Rückenkorb, seine rotunterlaufenen Augen blicken stumme Wut – und wehe dem kleinen Schreier, der ihm in unbelebter Nebengasse in Maulschellennähe kommt. – Dawid läuft wie von Sinnen nebenher. Vor Aufregung blickt er weder rechts noch links. Dennoch hat er den Eindruck von etwas Weißem, Breitem, Großartigem. Und etwas Schwarzes, die Häuser der Judenstadt aus schmutzigem Holz, sinkt hinter ihm krachend in die Erde. Dawid kümmert sich um nichts, er schaut nicht auf. Er glaubt, daß alle Vorübergehenden ihn ansehen, wie der Todesengel sind sie über und über mit Augen bedeckt. – Nun hat der seltsame Aufzug der drei den Standplatz erreicht. Neben dem Kram bis zum Abend auszuharren ist Folterqual. Dawid trägt sie tapfer.

Zehn- oder zwanzigmal war er schon auf dem Gallimarkt gewesen, – da meint die Mutter ihm genugsam Erfahrung zutrauen zu können, und weil sie zu Frühlingsbeginn von argem Husten gequält wird, schickt sie den Sohn allein zu Pertschütz, dem Schmied vor dem Altstädter Tor, von dem sie nach abgemessenen Zeitspannen Abfälle und wertloses Gerümpel (für den Schmied wertlos, für den Flick- und Trödeljuden unschätzbar) um einen halben böhmischen Groschen kauft.

Der Knecht bleibt zunächst bei der Mutter im Geschäft, das sie trotz ihrer Krankheit von einem im Nebengelaß aufgestellten Bett aus überwacht.

So muß Dawid diesmal allein ausmarschieren. – Durch das Tor beim Dreibrunnenplatz verläßt er das Ghetto. Auf der großen Steinebene vor dem Altstädter Rathaus schaut er hilflos nach allen Seiten. Wie ein leuchtender Wasserspiegel mit fernen Häusern rings am Ufer beginnt das weite Rund sich um ihn zu drehen. Es kommt ihm zum Bewußtsein, daß er hier noch nie aufgesehen, noch nie sich umgesehen hat.

Und in der luftigen kühlen Märzsonne wagt er kaum zu atmen, kaum die Hand zu bewegen.

Er sieht hohe Paläste aus weißem Stein. Wappen, Erker und buntes Schnitzwerk zwischen glänzenden Fenstern. Würde er sie nicht ansehen, so fände er den Weg nicht. Der Rocksaum der Mutter ist ja nicht da.

An diesem Rocksaum ist er achtzehn Jahre alt geworden, hat sich vorwärts getastet, ohne aufzublicken.

Vor der neuen Uhr am Rathaus eine große Volksmenge; man bewundert bunte Figürchen, die an zwei kleinen Türen vorbeigehen, ein Totengerippe, das dazu läutet. Und da steht ja auch eine Judenpuppe, hebt taktmäßig den Geldbeutel hoch. Nun erinnert sich Dawid, die Beschreibung des ganzen überaus künstlichen Werkes neulich in einem Flugblatt gelesen zu haben.

Gibt es so etwas in Prag, dicht vor der Schwelle? Braucht man nicht erst in ferne Länder zu fahren, um die Wunder zu schauen, die er nur aus Hirschls Holzschnitten kennt? – Und in den Verzierungen über dem Portal tummeln sich ja zwischen steinernen Weintrauben und seltsamen dickblätterigen Früchten die Affen der fernen Überseewelt!

Es fällt ihm ein, daß der Jagellone, König Wladislaw, ein großer Bauherr genannt wird, wie Lorenzo Medici und andere Fürsten in Italien. – Las er davon, so dünkte ihm all dies in gleicher Weise unerreichbar fern. Und doch hat er die neue Pracht unmittelbar vor seinem Tor.

Aus einem der Rathausfenster haben vor einigen Jahren stürmische Kelchner den Bürgermeister Klobouk gestürzt. Der Unglückliche hielt sich am Fensterkreuz fest, hing draußen an der Mauer, bis ihm einer mit einem Hammer die Hand zerschmetterte. Dann der Sturz in die Tiefe. Unter anderen Schrecknissen pflegt Hirschl auch dieses zu erzählen. Da, die Reihe der Fenster, stumm und groß! Eins davon muß es sein! – Unbegreiflich dieses fremde Leben in seiner glanzvollen, sauberen Sündhaftigkeit. – Er hat es sich bisher nicht anders als auch räumlich in unendlich weiter Entfernung vorstellen können.

Plötzlich ist es ihm ganz nahe an den Hals gerückt, und ihm graust davor.

Zudem schimpft ein Tischlermeister auf ihn ein. Daß die Juden christliche Gesellen aufnehmen und hehlen, die ihren rechtmäßigen Meistern weggelaufen sind, und daß man nächstens einmal in ihren schmutzigen Schlupfwinkeln Nachsuche halten werde, um zu sehen, woher die viele Pfuschware käme, die ehrlichen Gewerken die Nahrung nimmt.

Dawid läuft weiter. Ruhig stehen bleiben und ein schönes Bauwerk betrachten, das darf niemals Judensitte werden.

Er weiß es längst, daß Juden keine Ruhe haben. Um ihrer Sünden willen. Den Christen allerdings wird es nicht ebensosehr nachgetragen, was sie Böses tun. Das ist offenbar in der Ordnung so, Dawid hat auch keinen Einwand dagegen. Die Völker sind eben stärker als wir. Uns haben die Sünden der Väter geschwächt, nun sind wir ein besonders zartes Musikinstrument in der Hand Gottes, der auf uns mit leisen Fingern, bei geringster Schwingung der Saiten Lieder dröhnenden Strafgerichts wirbelt. Ein Grund mehr, ihm besonders dankbar zu sein. Denn nur auf diese Art werden wir dazu geführt, unsere Herzen zu prüfen und uns zu heiligen. Mit einem seiner Freunde, dem geschichtskundigen Aron Proßnitz, hat sich Dawid nur deshalb überworfen, weil dieser darauf pochte, daß die spanische Isabella durch den frühen Tod ihrer Kinder und Schwiegerkinder für die Judenaustreibung gestraft worden sei. Unsinn, – genau am Tage dieser Austreibung war im Dienste derselben Isabella Kolumbus vom Hafen Palos ausgesegelt und hatte, von Gott gesegnet, unermeßliche Länder und Schätze für die Frevlerin entdeckt. Gab es einen klareren

Beweis dafür, daß die Sünden der Völker mit ganz anderm Maße gemessen werden als die unsern! – Dawid liebt die Wahrheit, er läßt sich nichts vormachen. Was gehen uns schließlich die Sünden der Völker an, – kümmern wir uns um unsere eigenen!

Gedanken solcher Art – es sind seine Lieblingsgedanken – würde Dawid noch eifriger nachhängen, müßte er diesmal nicht aufpassen. Dreimal schon hat er sich verlaufen, jetzt folgt er achtsam den Mauern des Königshofes. Welch störrische Sündengewalt in diesen weißgelben Mauern! Der Turm von Babel. Und daneben unvollendet im Gerüst das riesige Neutor. Zwei Meister streiten drum, das Werk zu führen, und so mußte der Bau unterbrochen werden. Zank und wilde Verstocktheit überall, Kraft, Toben, Haß, Kampf. – Wache zieht auf, die Schritte krachen wider die Straßensteine, und runde Eisenhelme mit trotzigen Bügeln erzittern, – es sind lauter Untiere, Menschenfresser, und Dawid weiß aus dem Talmud, daß Waffen den Mann nicht schmücken, sondern verunzieren, aber gesund lacht es aus jungen, braunen Gesichtern – eine böse Welt, diese Welt der andern – nicht unsere Welt – aber so schön, so schön!

Unter solchen Gedanken ist Dawid an den Stadtgraben gelangt. Auf der Altstädter Seite bleibend, biegt er längs der Stadtmauer ein, die bald wieder hinter Gärten, Holzstapeln und Häusern verschwindet. Das Haus »Zum Frosch an der Pfütze« ist die gesuchte Schmiede.

Furchtsam nähert er sich dem Meister Schmied, der hält glühendes Eisen mit seiner Zange auf dem Amboß fest, während zwei Gesellen mit schweren Hämmern darauf losdreschen.

»Wart' eine Weile, Jud!«

Die schwarzen Männer, mit kräftigen Bewegungen weit ausholend, wollen ihn vielleicht gar nicht stoßen. Aber der Raum ist zu eng.

Es dauert wohl eine Viertelstunde, dann drückt sich Dawid am fauchenden Blasebalg vorbei aus dem Gewinkel, in dem es flammt und lärmt wie in der Hölle.

Durch ein kleines Pförtchen betritt er den Hof. Er kann ja auch im Hofe warten.

Hierher klingt das Hämmern nur noch wie ein Schimmer, ein Wohlklang. Im Kopfe wird es still und kühl. Und es duftet von Bäumen und Erdreich. Bäume hat Dawid nur auf dem Friedhof gesehen. Dies hier sind andere Bäume, höher, weiter verzweigt. – In der schwarzen Erde stehen ganz niedrige, ganz dünne Stämmchen, deren sämtliche Äste grausam weggeschnitten sind. Wie Wunden glänzen die weißen Schnittflächen auf dem schwarzen Holz. Gehört auch dies zu den bösen Taten der Völker? Ist es ihre Lust, auch Bäume zu quälen, wie sie es mit Menschen und Tieren tun?

»Jud, hilf mir doch« – er ist nicht allein, ein Kind, das in der Hofecke an einem Schuppen herumarbeitet, hat ihn angerufen. Ein christlich gekleidetes Kind. – Erst, wie es sich umdreht, merkt Dawid, daß es ein Mädchen ist.

Nun wendet er sich ab, eingedenk des Verbotes »Verlängere nicht das Gespräch mit deinem Weibe«, – ein altes Verbot, das von den »Erschwerern« auf alle Frauen überhaupt und schon auf den Beginn, nicht bloß die »Verlängerung« eines Gesprächs ausgedehnt wird. So hat es Dawid auch von jeher gehalten. – Doch das große, schlanke Mädchen ist flinker als er, es hält ihn am Ärmel zurück. »Nicht ausreißen! Der Jud kann auch mal was arbeiten.«

»Was ist es denn?« fragt Dawid verwundert.

»Ich krieg' die Tür zum Schuppen da nicht auf.«

Und sie führt ihn am Ärmel vor eine Holztür, in deren verwahrlostem Schloß ein Schlüssel steckt. Das Schloß ist freilich so alt und rostig, daß keine Macht der Welt (Dawid merkt es von weitem) den Schlüssel umdrehen könnte.

»Faß' an!« ruft das Mädchen herrisch, stampft auf.

»Warum denn?« Empört tritt er zurück. Diesen Ton wird er sich niemals gefallen lassen.

Da lächelt sie: »Ich bitt' recht schön. Ich bring's nicht fertig. Schau', wie ich mir schon weh getan hab'.«

Er erschrickt, die Hand flößt ihm Entsetzen ein. Noch nie hat er so lange Nägel gesehen, rosig glänzende Nägel, lang wie Krallen. Juden haben solche Nägel nicht. Man schneidet die Nägel ganz tief ab, und es gibt Fromme, die beim Anblick ihrer nachwachsenden Nägel weinen, – Nägel sind ja leblos, sind ein Körperteil, mit dem man Gott nicht dienen kann, ähnlich wie die Haare. – Auf den Nägeln sitzen denn auch die bösen Geister. Dawid, vor dessen Augen die Nägel blinken – nichts anderes von dem Mädchen sieht er sonst – Dawid fürchtet sich vor ihr.

Doch hat er keine Zeit, sich zu besinnen. – Schon ist er am Schuppen. Er will gern gefällig sein; – »um der Wege des Friedens willen« ist es ja Sitte, auch Christen gefällig zu sein. Aber gehorcht er nicht auch einer gewissen Betäubung, ohne vernünftigen Grund? Er kann sich nicht Rechenschaft geben, warum er so eifrig an dem Schlüssel dreht, warum er sich so anstrengt. Nie hat er sich mit etwas Ähnlichem befaßt, die Waren seiner Mutter nie auch nur mit der Fingerspitze berührt. Und doch ist ihm plötzlich klar, daß er so tun muß, als sei dies eine Kleinigkeit für ihn, als könne er im Handumdrehen weit künstlichere und gröbere Schlösser, ja ein Stadttor aufsperren. Und merkwürdigerweise ist wirklich im Handumdrehen, sowie er sich mit ganzer Kraft daranmacht, das Schloß geöffnet.

Dawid atmet hoch auf.

Ohne zu danken ist das Mädchen in den Schuppen geschlüpft, hat eine Truhe hervorgezogen, der sie allerlei Geräte entnimmt.

Traumverloren sieht ihr Dawid zu. »Was ist das?« fragt er, ohne zu wissen, daß er gefragt hat.

»Was das ist, willst du wissen?« Das Mädchen mustert ihn hochmütig, als habe er sich einen Witz erlaubt. »Weißt du am Ende nicht, daß das ein Spaten ist?«

»Nein«, erwidert er traurig.

Aber es war ja keine wirkliche Frage. Zu spät merkt es Dawid und schaut beschämt zur Erde. – Unter dem Spaten kommt dunkles, lockeres Erdreich hervor, während morsche Stauden und Gräser zerrissen zur Seite fliegen. Manche Blume aber schont der Spaten. Vielleicht macht er für den jungen Wuchs Platz, räumt Überreste des Herbstes weg? Dawid versteht nichts von alledem.

Auch den Namen der gelben Blüten wüßte er gern, nie hat man ihn derartiges gelehrt, – doch das Mädchen ist zu unfreundlich. Nur eines zu fragen kann er sich nicht enthalten. Die Schnittwunden der Bäume, diese Qual, die ihn wie eigene Qual bedrängt, – er setzt mehrmals an, schließlich fragt er wirklich nach ihrer Bedeutung.

Das Mädchen antwortet nicht.

Sie arbeitet, über das Beet gebückt. Eine geheimnisvolle Arbeit, – ein geheimnisvolles Wesen, von dem Dawid den Blick nicht abzuziehen vermag. – Dabei dröhnt ein altes Wort in ihm auf: »Geh hinter einem Löwen, aber nicht hinter einer Frau.« – Ist dies nun das Geheimnis, vor dem die Weisen warnen? Blondes Haar, das unverborgen, in dichtem Fadengold über die Schulter weht, eine schmale weiße Schulter aus dem Kleide hervor. Und nun … das ist Lilith … das Mädchen hat sich aufgerichtet, – ohne ihn zu beachten, macht sie eine Arbeitspause, und ihre Stimme ertönt, sehr hoch und hell, – sie spricht nicht, – sie tut das, was nur Männer tun dürfen, was man nicht anhören darf, wenn Frauen es tun: sie singt!

Er saugt die zarten Töne ein, – ihm ist, als rinne jeder einzelne wie eine Träne durch seine Kehle – in glühende Eingeweide hinab. Und duftende Märzluft umspielt seinen Körper, der ihm von innen her wehe tut.

Plötzlich trifft ihn der feste Strahl ihrer Augen: »Ach so, du willst deinen Lohn! Der Jude macht ja nichts umsonst!«

In diesem Augenblick muß wütende Scham sein Gesicht verzerrt haben, denn das Mädchen faßt begütigend nach seiner Hand. Er will sich losreißen. »Hand zu Hand – bleibt vor Bösem nicht verschont.« – Indessen schmeichelt sie: »Bist wohl ein rechter Trotzkopf, Jud.« Und zeigt ihm, wie die Hecken (nicht Bäume sind es, sondern Hecken!) mit der Schere gestutzt werden, damit sie freier und regelmäßig wachsen können. Längs der ganzen Stadtmauer, die den Abschluß des Hofes bildet, sind solche Hecken gepflanzt. Nun hört er aber nicht zu. Ihre Hand drückt ihn, als presse sie sein Herz zusammen. »Wer von seiner Hand in die Hand einer Frau Geld zählt, um sie zu betrachten, und besitze er Gesetzeskunde und gute Werke wie der höchste der Propheten, – er bleibt von dem Höllengerichte nicht verschont.«

Und doch, obwohl er sich diesen Satz flüsternd ins Gedächtnis ruft, ist er mit einemmal so schwach, daß er seine Hand nicht frei bekommt.

»Weißt du was, – du hilfst mir noch die Truhe aus dem Schuppen bringen, und dann sollst du den Lohn haben.«

Glücklich ist er, da sie ihn nun losgelassen hat. Er fliegt zum Schuppen. Noch dienstfertiger als vorhin trägt er die schwere Truhe bis ans Beet, – froh, daß die Todesfaust von seiner Hand, von seinem Herzen abgelassen hat.

Übermütig nimmt ihn das schöne Mädchen gleichsam in Empfang, wie er herankeucht. »Nun sollst du zur Belohnung einen Kuß haben.«

Es kann nicht ihr Ernst sein! Dennoch will er schnell die Truhe hinsetzen, um davonzukommen.

Das Mädchen hat ihn beim Kopf gepackt, hat ihm schon den spitzen Hut heruntergeschlagen ... Polternd fällt ihm die Truhe mit allen Hacken und Rechen aus der Hand. Da rettet ihn ein Zufall. Unter dem Hut trägt Dawid nach Art der Frommen, die Entblößung des Hauptes auf jeden Fall vermeiden wollen, ein schwarzseidenes Mützchen. Wie das Mädchen diese zweite Kopfbedeckung gewahrt, kann sie sich nicht fassen vor Lachen. Dawid reißt ihr seinen Hut aus der Hand und stürmt davon.

In die Schmiede. Mit Macht auf den Schmied los: »Wo ist mein Tragkorb? Her damit!«

»Schon gefüllt, schon vorbereitet.« Gemächlich erstaunt mustert der Schmied den zähnefletschenden Burschen.

»Her damit!«

Dawid befiehlt. Dawid glüht. Er wirft sein Geldstück hin, reißt dem Gesellen, der ihm verwundert nachblickt, den schweren Korb mit Alteisen aus der Hand. Vor der Schmiede wartet der taubstumme Diener, der ihm nachgekommen ist. Dawid übergibt die Last und rennt wie verfolgt der Judenstadt zu.

Heinrich Kurtzig (geb. 1865 in Hohensalza; gest. 1946 im Exil in Casablanca) war ein deutsch-jüdischer Schriftsteller, Herausgeber, Verlagsbuchhändler und Heimatforscher. Seine ersten literarischen Versuche »Fidele Landpartie« (1886) und »Moderne Klänge«, die er unter dem Pseudonym Bogumil Curtius veröffentlicht hatte, konnte Kurtzig nicht verstetigen, weil er zunächst als Kaufmann in die väterliche Ölfabrik einstieg. 1905 zog Kurtzig nach Berlin. Dort gründete er 1907 eine Verlagsbuchhandlung, die er jedoch 1914 wieder aufgab, um sich erneut seiner schriftstellerischen Arbeit zu zuwenden. Die tiefe Verbundenheit zu seiner Heimat Posen bleib zeitlebens ein bestimmendes Merkmal in Kurtzigs Texten. Er engagierte sich als Generalsekretär des »Verbandes Posener Heimatvereine« und war ab 1926 Herausgeber der »Posener Heimatblätter«. Beachtlich an Kurtzigs Heimatliteratur ist seine liebevolle Darstellung des jüdischen Lebens auf dem Lande. Ein Beispiel für die teils bittere und teils lustige Verarbeitung von Anekdoten aus dem jüdischen Alltag und für die Pflege der jüdischen Witzkultur ist das 1928 erschienene Büchlein »Dorfjuden. Ernstes und Heiteres von ostischen Leuten«, aus dem der folgende Text entnommen ist. ■

HEINRICH KURTZIG
DORFJUDEN
ERNSTES UND HEITERES
VON OSTISCHEN
LEUTEN
M. POPPELAUER VERLAG / BERLIN
1928

Heinrich Kurtzig
Dorfjuden

Reb Nechemje, der Geschichtenerzähler
Jüdische Anekdoten und Skizzen

Reb Nechemje[1] reiste viel umher, nicht in Italien, nicht am Rhein, nicht an der Nordsee oder in den bayerischen Bergen. Nein! er bereiste die Dörfer und kleinen Städte der Provinz. Da kann man auch manches Interessante hören und erleben, und Reb Nechemje erzählte es dann an den Freitagabenden bei Krillerbsen und Braunbier schmunzelnd seinen andächtig lauschenden Zuhörern. Es waren nicht welterschütternde Begebenheiten, aber doch merkwür-

1 Meister Nehemia (Anmerkungen im Original)

dige, heitere Geschichtchen, die ich da als Junge von dem Alten gehört habe.

Was mir von ihnen in Erinnerung geblieben ist, will ich, so gut es geht, nacherzählen. Aber den Eindruck, den Reb Nechemjes Erzählertalent, sein Mienenspiel, eine Bewegung der Hand, die Tonfärbung eines Wortes auf seine Zuhörer ausübte, werde ich mit meiner schriftlichen Wiedergabe nun und nimmermehr erreichen können. Doch ich will es versuchen.

Lokschen[2]

Es war der »kurze Freitag«, der letzte Freitag vor dem 21. Dezember, dem kürzesten Tage im Jahre, denn vom 22. Dezember an nehmen die Tage ja schon wieder zu, und wenn es am Anfang auch nur Sekunden sind.

An einem kurzen Freitag also war es, wo Frau Hanna mit ihren Sabbatvorbereitungen nicht fertigzuwerden fürchtete. Sie hatte keine Hilfe; alles musste sie allein ausführen. Nun wollte sie auch noch Lokschen zubereiten. O Gott! wie sollte das nur werden!

»Bocher[3],« sagte sie zu dem Talmudjünger, der als Pensionär bei ihr wohnte. »Lieber Bocher, tut mir den Gefallen und helft mir ein bisschen bei den Lokschen, seid so gut, lieber Bocher, und knetet mir den Teig!«

Der gefällige Jüngling wusch sich die Hände, krempelte die Ärmel auf und stellte sich an den Knettrog. – Er machte seine Sache sehr gut, wie eine perfekte Köchin. Dank seiner Hilfe war Frau Hannas Sabbattisch, trotz des kurzen Tages, rechtzeitig gerüstet.

Das gefiel Hanna gar wohl. Am nächsten Freitag sagte sie: »Lieber Bocher, möchtet Ihr mir auch heute helfen?« Der Jüngling sträubte sich nicht.

Wieder verging eine Woche. »Bocher, wie ist es mit den Lokschen?« Gerne half er.

So hatte er es schon dreimal getan, nun kam die vierte Woche. »Bocher, macht Lokschen!« sagte Hanna. Wie? war das eine Bitte oder ein Befehl? Hanna schien sich an seine Hilfe schon gewöhnt zu haben.

Am nächsten Freitag kam der Bocher etwas später als gewöhnlich heim. »Nu Bocher, wo bleibt Ihr?« rief Hanna vorwurfsvoll aus, »es ist höchste Zeit zu den Lokschen.«

Das folgende Mal kam der Bocher erst sehr spät nach Hause. »Heißt eine Chuzpe[4]!« schrie Hanna. »Lässt er mich doch im Stich, und ich muss die Lokschen allein machen, eine wirkliche Chuzpe!«

2 Nudeln in Fleischbrühe.
3 Talmudjünger.
4 Unverschämtheit.

Reb Nechemje fügte hinzu: »Wenn jemand von mir eine Gefälligkeit, die ich ihm einmal erwiesen, ein andermal als *selbstverständlich* verlangt, sage ich immer nur: »Ach so! Bocher, macht Lokschen!«

[...]

Das Zeugnis

So bescheiden wie Feika waren nicht alle Leute im Lande. Einige waren sogar sehr eingebildet, da war einer, der sagte von sich: »Ich bin ein so feiner Mensch, Sie wissen gar nicht, wie fein ich bin. Der alte M. in Strelno sagte immer zu mir: ›Seide ist Sackleinwand gegen Ihnen.‹ Sehen Sie, so fein bin ich, Reb Nechemje.« – Dieser alte M. war übrigens ein Diplomat, das zeigte sich bei folgender Gelegenheit.

Ein Großkaufmann in Inowrazlaw suchte einen tüchtigen Buchhalter. Unter den zahlreichen Bewerbungen fiel ihm eine mit einem besonders guten Zeugnis vom alten M. auf. In diesem war ausdrücklich hervorgehoben: »Seine Buchführung ist beachtenswert!« Daraufhin wurde der Buchhalter angestellt. – Bald zeigte es sich aber, dass er ganz untüchtig war. Der Inowrazlawer machte dem Strelnoer darob große Vorwürfe. »Wieso?« sagte M. ganz entrüstet, »ich habe doch wahrheitsgemäß geschrieben: ›Seine Buchführung ist beachtenswert.‹ Man muss die Buchführung des jungen Mannes eben sehr beachten, denn er arbeitet nur mit lauter Fehlern.«

Die Priester

Während der hohen Feiertage reichten die Plätze in dem kleinen Tempel des Städtchens für die große Anzahl der Andächtigen nicht aus. Es wurde eine sogenannte »Nebenschul« eingerichtet, in der die Andacht nach altem Ritus abgehalten wurde.

»In dieser Nebenschul war ich ›Gabbe‹[5],« sagte Reb Nechemje stolz, indem er sein blumengesticktes Sammetkäppchen zurechtrückte. »An einem Roschhaschanah[6] gegen Ende von ›Mussaph‹[7] winke ich den Schammes[8] zu mir heran und frage ihn, ob zum ›duchnen‹[9] ein ›Kauhen‹[10] anwesend sei. Der Schammes

5 Synagogenvorsteher.
6 Neujahrsfest.
7 Hauptgebet an Festtagen.
8 Synagogendiener.
9 Den Priestersegen, IV. B. Mose, 6, 24/26, sprechen.
10 Priester.

erwiderte: ›Es sind zwei polnische Schnorrer[11] mit Namen Cohn da.‹ Nun gut! ich bin se ›mechabbed‹[12] mit dem duchnen,« – sagte ich.

»Für die ›Amerazzim‹[13] unter euch« – Reb Nechemje sagte es mit besonderer Betonung – »will ich bemerken, dass die zu dem Priestersegen Berechtigten – die Kohanim – bei der heiligen Handlung unbeschuht, nur in Strümpfen vor dem Altar erscheinen dürfen. Das ist eine strenge religiöse Vorschrift, versteht ihr? nur in Strümpfen. –

Also hört weiter! Mein Schammes begibt sich zu den beiden ›Priestern‹ und sagt feierlich: ›Der Herr »Vursteher« ist euch mechabbed mit dem duchnen.‹ Sonderbar! die beiden lehnen mit einigen erklärenden Worten ab. –

Der Schammes wankt zu mir zurück und flüstert mir enttäuscht zu: »Die Kauhanini lassen sagen, se können nebbich[14] nich duchnen, se haben kei Strümp an.« – – –

In Erinnerung an diese Szene musste Reb Nechemje auflachen. »Haben se schon den Kowed[15], zu duchnen, hatten se ausgerechnet kei Strümp an. Kei Hemd – Nebensache, aber – kei Strümp!! – 'e Katastrophe.«

Der Buchbinder

In dem Posenschen Städtchen Rackwitz wohnte ein Buchbinder, ein trefflicher Mann, nur schade, dass er ausschließlich Hebräisch und nicht auch Deutsch zu lesen verstand. Diese Unkenntnis spielte ihm einmal einen bösen Streich, denn er hatte einige Blätter aus Boccaccios Dekameron, und zwar einige besonders pikante, mit den Blättern einer Bibelübersetzung zusammengebunden. Man stelle sich das Entsetzen des frommen Lesers oder der keuschen Leserin vor, als aus dem Schlusse einer Seite mit dem Anfang der nächsten folgendes Histörchen entstanden war:

»Und Josua sprach zum Volk: Heiliget euch! denn morgen wird der Herr ein Wunder unter euch tun. Weiter brauchte es kein Wort. Die Dame, die am ganzen Leibe vor Liebesverlangen glühte, warf sich ihm augenblicklich in die Arme, und nachdem sie ihn in verlangender Umschlingung wohl tausendmal geküßt hatte, standen sie auf und gingen in die Kammer.«

Josua und Boccaccio!

Der brave Buchbinder kam, als man ihm wegen seiner fehlerhaften Arbeit Vorwürfe machte, durchaus nicht aus der Fassung. Er sagte beruhigend: »Das

---

11 Schnurrenerzähler, Bettler.
12 Die Ehre übertragen.
13 Unwissende.
14 Nebige, Geringstehende.
15 Ehre.

schadet nicht, durchaus nicht, wer's versteht, nimmt keinen Anstoß dran, und wer's nicht versteht, erst recht nicht.«

Geflügelmagen

Zu Herrn Rabbiner Doktor K. kommt der jüngste Sohn von Hirsch im Auftrage der Mutter mit einem »Gänsepuppek«[16], um eine »Schaale«[17] vorzubringen. Frau Hirsch war an dem Aussehen des »Puppek« etwas aufgefallen. – Dr. K. betrachtet den Puppek, schlägt in einigen Folianten nach und sagt endlich »treife«[18]. Der junge Hirsch aber war ein Schlauberger, so schnell gab er die Gans nicht verloren. Er eilte ins Beshamidrasch zu dem uralten Rabbiner, der schon ganz schwache Augen hatte. Dieser entscheidet nach erfolgter Untersuchung »koscher«[19]. Der Junge eilt nach Hause, unterschlägt das erste Urteil und ruft überselig: »Mutter, die Gans ist koscher.« –

Nachmittags zu Minche[20] treffen sich die beiden Rabbiner, und der erste erzählt: »Ich hatte heute eine interessante Schaale. Es war ein Puppek, ich konstatierte, Kurkeban schejesch bau nekew[21] ›treife‹.« Der andere erzählte: »Ich hatte heute auch eine Schaale, auch einen Puppek, er war aber koscher.« Nichts Gutes ahnend, fragte erregt Doktor K. seinen Kollegen: »Von wem war der Puppek?« der Alte erwiderte ahnungslos: »Von Frau Hirsch.« Welch Entsetzen! Der Tempeldiener musste sofort zu Hirschs mit der Botschaft eilen, dass die Gans treife sei. – Es war aber zu spät. – Man hatte die Grieben bereits zu Mittag gegessen.

Zu demselben Rabbiner Dr. K. wurde während der Pessachtage[22] ein Putenpuppek gebracht, an welchem die fromme Hausfrau etwas »chomez«[23] bemerkt hatte. Nach den jüdischen Vorschriften ist ein gewisser kleiner Prozentsatz »chomez« zulässig, man bezeichnet diese Ausnahme mit »Butel beschischim«[24]. Dem Dienstmädchen, einem etwas beschränkten schlesischen Mädchen vom Lande, sagte der Rabbi nach Untersuchung des Falles: »'s ist butel beschischim, man kann's essen.« Das Dienstmädchen eilt nach Hause und berichtet freudestrahlend der Hausfrau: »Der Herr Rabbiner lässt sagen, man kann's essen, das Putel ist beschissen.«

---

16 Magen.
17 Religiöse Frage.
18 Zum Essen verboten.
19 Zum Genuss erlaubt.
20 Vespergottesdienst.
21 Magen mit einem Loch.
22 Überschreitungsfest.
23 Gesäuertes.
24 1/60 der Masse.

Der Marktbesucher

Eine der merkwürdigsten Erscheinungen im Städtchen war ein gewisser Zynski, ein jüdischer Hausvater mit Frau und zwei Töchtern. Der Mann hatte kein Geschäft, keinen Beruf und man wusste nicht, wovon er lebte. Ich kann verraten, was Reb Nechemje von ihm erzählte. Zynski ging jeden Montag, Mittwoch und Freitag auf den Wochenmarkt, mischte sich unter die Landleute, die mit ihren Erzeugnissen, Butter, Käse, Eiern, Gänsen, Enten usw. auf den Markt gekommen waren, und wusste es immer so einzurichten, dass er irgendeinen Streit vom Zaune brach, bei welchem zwei Parteien aufeinander losgingen. Ostentativ trat Zynski dann für eine der streitenden Parteien ein, worauf er vom Vertreter der anderen gewöhnlich einen Stoß oder eine Ohrfeige bekam. Im selben Augenblick erhob der Getroffene ein Geschrei: Man habe ihn geschlagen, er würde sofort zur Polizei gehen und eine Anzeige wegen Körperverletzung erstatten. Der eingeschüchterte Attentäter vom Lande nahm dann gewöhnlich Z. beiseite: »Sei still, red' nicht weiter, hier hast du eine Katschke[25], und die Sache ist erledigt.« Schmunzelnd brachte Zynski seiner Frau auf diese Weise mal eine Gans, mal eine Ente, mal eine Mandel Eier nach Hause, und die Leute aßen besser als mancher »Medinegeier«[26].

Einmal war Zynski auf dem Markte schon einige Stunden umhergegangen, ohne dass es ihm gelungen war, einen Streit zu erregen. Mürrisch seufzte er vor sich hin: »Oi wei, oi wei, wie kriege ich schon einen Patsch!«

Die Bestellung

Fabisch Hirsch in L. bezog schon seit Jahren von einem Fabrikanten in J. seinen Bedarf an Firnis. – Heute musste er wieder die gewohnte Bestellung machen, er setzte sich an sein Pult, schob die Brille auf die Nase und schrieb folgenden Brief: »Geehrte Firma! Was haben Sie mir das letzte Mal für einen Firnis geschickt! Er klebt, trocknet überhaupt nicht und stinkt. Ich begreife es nicht, wie Sie mir, einem so alten, treuen Kunden, solch einen Jux schicken können. So etwas von einer miesen S'chaure[27] habe ich in meinem langen Leben noch nicht gesehen, ich verliere meine ganze Kundschaft. Bitte, schicken Sie mir sofort wieder drei Fass, *aber genau die gleiche Qualität wie das letzte Mal.*« – Merkwürdig war, dass Fabisch Hirschs Firnis-Bestellungen jedesmal fast wörtlich so lauteten. Er vermutete wohl, dass er durch diese drohende Form der Bestellung besonders gut bedient werden würde.

25 Ente.
26 Hausierer auf dem Dorfe.
27 Schlechte Ware.

Mürbekuchchen

Aron Grünberger, in der ganzen Medine nicht anders wie »Onkel Aron« genannt, fuhr regelmäßig zur Messe nach Frankfurt a.d. Oder, wo er mit Leib Meseritzer, der in einem engen Gässchen sein Wollgeschäft betrieb, in Geschäftsverbindung trat.

Onkel Aron war ein auffallend elegant gekleideter und in Bezug auf Sauberkeit äußerst peinlicher Mann. Leib Meseritzer aber und seine Frau Zirel waren »Schmodders«[28], und was bei ihnen auf den Tisch kam, trug den Stempel der Unappetitlichkeit an sich. Sie waren aber sehr fromm, und der Haushalt wurde streng koscher geführt, was für Onkel Aron allerdings belanglos war, denn er hielt die Speisegesetze nicht und rauchte sogar am Schabbes. –

Einmal kam er bei Meseritzers in arge Verlegenheit. Frau Zirel hatte gerade Mürbekuchchen gebacken, und die gastfreie, liebenswürdige Frau konnte es sich nicht versagen, diese ihrem Gaste mit einem Schnäpschen anzubieten. Leider präsentierte sie sie auf einem schmutzigen Teller, und ihre unsaubern Finger kamen dabei mit dem Gebäck in engste Berührung. Den übertrieben sauberen Onkel Aron durchfuhr es kalt. Nicht um alles in der Welt hätte er diese Kuchchen gegessen. Wie sollte er aber aus dieser peinlichen Lage herauskommen, ohne die Gastgeber zu verletzen? Er kämpfte mit sich. Da kam ihm sein diplomatisches Talent zu Hilfe, und zwar durch eine kleine Lüge, womit sich Diplomaten ja öfter aus der Schlinge zu ziehen pflegen. Er erklärte: »Liebe Frau Zirel, was meinen Sie, wie gerne möchte ich mich an Ihren leckern Mürbekuchchen jetzt delektieren. Aber sie sind doch milchig, und ich habe erst vor einer Stunde Frankfurter Würstchen gegessen (›Osser[29] waren sie koscher,‹ dachte sich Onkel Aron, als er das sagte), aber ich schenke Ihnen die Küchelchen nicht, Frau Meseritzer, Gott bewahre! Bitte packen Sie sie mir ein, und wenn die vorgeschriebenen sechs Stunden vorüber sind, ist es das erste, dass ich die Mürbekuchchen hervorhole.«

Geschmeichelt wickelte Frau Zirel die Kuchchen in ein zerknittertes Stückchen Zeitungspapier ein, das Herr Meseritzer aus der Tasche seines schmierigen Schlafrocks hervorgezogen hatte – – wobei nicht verschwiegen werden soll, dass der übrige Teil des Zeitungsblattes seine »geheime« Bestimmung vor kurzem bereits erfüllt hatte, – und wandte sich, wiederholt bewundernd mit dem Kopfe nickend, zu ihrem Manne: »Nu, was sagst du nur, Leibchen? Es gett[30] noch Jiden[31].«

---

28 Unsauber.
29 Sicherlich nicht.
30 Gibt.
31 Hier: Gesetzestreue.

Tischoh bow[32]

Moses Podgorzer war ein sehr frommer, aber auch geiziger Mann. Er gab seiner Frau nie ausreichendes Wirtschaftsgeld, so dass die Kinder oft tatsächlich hungerten. Die täglichen Mahlzeiten waren aufs kärglichste bemessen. Einmal, es war an einem Tischoh bow, besuchte Reb Nechemje seinen Geschäftsfreund. Aber wie erstaunte er, als er diesen mit Frau und Kindern an einer üppigen Tafel speisend antraf. –

Kopfschüttelnd erzählte er seine Beobachtung einem Bekannten: »Sagt nur, wie versteht Ihr das! Podgorzer ist doch ein bekannt frommer Mann, der die Vorschriften hält, man weiß doch aber auch, dass er ein ›Kamzen‹[33] ist. Wie kann er am Tischoh bow, diesem Trauer- und Fasttag, essen und essen lassen?«

»Reb Nechemje,« erwiderte der Gefragte: »Podgorzer will den Trauertag eben ehrlich halten. Ist für ihn denn Tischoh bow, wenn seine Familie fastet und das Wirtschaftsgeld für den Tag gespart wird? Wenn der Tag aber viel Geld kostet, dann ist es für ihn ein wirklicher Tischoh bow.« –

Ausser das!

Rabbi Jonas Esriel war fromm, gelehrt und belesen. Er »lernte« Tag und Nacht, daher wusste er so mancherlei gelehrte Sachen, aber vom wirklichen Leben und seinen Anforderungen verstand er nicht viel, er war weltfremd. – Die Rebbezen[34] war eine gute, freundliche Frau, aber reichlich naiv, um nicht zu sagen beschränkt. – Das Töchterchen Amalie, »Malchen« genannt, ein hübsches, lebenslustiges Ding, stöhnte beständig und klagte, dass man in dem kleinen Städtchen »gar kein Vergnügen« habe. –

So lebte man in dem engen, niedrigen Rabbinatshäuschen still und friedlich. Doch die Ruhe und der Frieden sollten plötzlich gestört werden, und zwar durch einen Brief und seine Folgen.

Das verhängnisvolle Schreiben kündigte den Besuch des zwanzigjährigen Sohnes eines entfernten Verwandten an. Ihn zurückzuweisen schien unmöglich, aber wo ihn unterbringen? Die anspruchslose Wohnung enthielt außer der kleinen Küche nur zwei Zimmer. Diese waren freilich ziemlich groß, das eine diente als Wohn- und Schlafzimmer für die Eltern. In einer Ecke am Fenster stand der Schreibtisch und daneben die Bibliothek des Rabbi, im zweiten Zimmer hauste Malchen.

---

32 Fasten der Zerstörung Jerusalems am 9. Ab.
33 Geizhals.
34 Rabbinersfrau.

»Ich weiß nicht, Jonas, wo ich den Jungen einlogieren soll,« sagte sorgenvoll die Rebbezen, »in dem Zimmer bei uns kann er doch nicht schlafen.«

»Wie du redest, Sara,« meinte Reb Esriel, »in der anderen Stube ist nicht Platz genug?« »Nu, da schläft doch Malchen.«

»Nu gewiss schläft da Malchen, aber sie schläft doch nicht in der ganzen Stube. In die Stub' stelle ich dir sogar noch zwei Betten rein.«

»Jonas, es kann etwas passieren, es sind doch junge Leute.«

»Ich versteh' nicht, Sarchen, was passieren soll.«

»Nu, du weißt doch, was ich mein'!«

»Gegen das, was du meinst, gibt es doch ein einfaches Mittel. Man zieht quer durch die Stube in einer gewissen Höhe eine Wäscheleine und hängt ein Laken darüber. – Narischkeiten! was da passieren soll!«, schüttelte der Rabbi das weise Köpfchen. – –

Das zweite Bett wurde in Malchens Stube aufgestellt, »in gewisser Höhe« die Leine gezogen und das Laken darüber gehängt. So war alles wohl bedacht und gut vorbereitet, und der Gast konnte einziehen. –

Der muntere, hübsche Jüngling brachte Leben in das stille Häuschen, und alle waren während der dreiwöchigen Besuchszeit glücklich und zufrieden, Malchen inbegriffen, die nicht mehr klagte, dass es in dem Städtchen kein Vergnügen gäbe. – – –

Nach einigen Monaten zog aber Kummer und Sorge in das bisher friedliche Haus. Malchen musste der entsetzten Mutter etwas Schweres beichten. – Arme Mutter! –

»Jonas,« sagte sie in Verzweiflung, »Malchen hofft – – –«

»Was hofft sie?« fragte der Rabbi, indem er von dem riesigen Folianten, in dem er studierte, zu der Rebbezen über die Brille, die ihm ganz vorn auf der Nase saß, aufsah.

»Nu, weißt du nicht, was ich mein'?!« Die Rebbezen machte eine zarte Andeutung.

»Ausgeschlossen!« es war doch eine Wäscheleine und ein Laken dazwischen. Kannst du über einen solchen Zaun springen? ich nicht.« –

»Muss man denn springen? Tommer[35] ist er unten durchgekrochen.«

»Unten durchgekrochen,« – – »klärte«[36] sinnend der Rabbi. Dann, indem er die Schultern hochzog und die Hände mit den Handflächen nach oben drehte, seufzte er: »Un – ten durch – ge – kro – chen –: Außer das!«

35 Vielleicht.

36 Dachte nach.

Schalom Asch (geb. 1880 in Kutno/Polen; gest. 1957 in London) wuchs in einer polnischen Kleinstadt auf, wo er im Sinne des orthodoxen Judentums erzogen wurde. Schon als Kind wurde er Zeuge der vor Pogromen aus Osteuropa fliehenden jüdischen Auswanderbewegung nach Amerika, wohin es Asch später auch ziehen sollte.

Zunächst zog er jedoch nach Warschau, wo er seine ersten Werke in hebräischer Sprache schrieb. Angeregt durch den Schriftsteller Itzhok Lejb Perez ging Asch noch in Warschau dazu über, seine Dramen, Erzählungen und Romane in jiddischer Sprache zu veröffentlichen, so dass Schalom Asch heute vor allem als bedeutender Vertreter der jiddischen Literatur eingeordnet wird. 1908 wanderte Asch zunächst nach Jerusalem aus und von dort 1914 in die USA, wo er 1920 die amerikanische Staatsbürgerschaft annahm.

Sein 1927 erstmals veröffentlichter Roman »Khaym Lederers Tsurikkumen« erschien 1929 im Verlag Zsolnay in deutscher Sprache unter dem Titel »Chaim Lederers Rückkehr«. Darin verarbeitet Asch die melancholischen Erinnerungen vieler jüdischer Einwanderer in Amerika an ihre osteuropäische Heimat und die Sehnsucht, irgendwann zurückzukehren. Chaim Lederer, die Hauptfigur des kurzen Romans, ist ein Geschäftsmann, der nach seiner Einwanderung sich und seine Familie in New York zu Wohlstand gebracht hat. Als er von seinem Sohn in den Ruhestand verabschiedet wird, gerät Chaim Lederer in eine persönliche Krise. Der inneren Leere versucht er zu entfliehen, indem er in der ehemals von ihm und nun vom Sohn geführten Firma beginnt, die Tätigkeiten eines einfachen Arbeiters zu verrichten. Sowohl die Belegschaft als auch Lederers Familie reagieren darauf verstört. So kommt es zu der für den Vater erniedrigenden Situation, dass er von seinem Sohn Morris zur Rede gestellt wird. ■

Schalom Asch
Chaim Lederers Rückkehr

IX. Kapitel.
Der Sohn belehrt den Vater

Einige Tage später stattete Morris dem Vater einen unerwarteten Besuch ab. Lederer war erstaunt: was bedeutet dieser Besuch? Schon bisher waren Vater und Sohn einander höchst selten begegnet und am wenigsten erwartete Lederer gerade jetzt eine Begegnung. Dazu trug dieser Besuch einen sehr ernsten, geradezu amtlichen Charakter. Das war deutlich zu erkennen: Frau Lederer war im Zimmer geblieben und empfing den Sohn schweigend, wie man einen Kondolenzbesuch empfängt; die Tochter war an diesem Abend ebenfalls zu Hause, was höchst selten vorkam, und saß gleichfalls schweigend im Zimmer; sogar der jüngere Sohn, den Lederer schon seit Monaten nicht gesehen hatte, hatte sich eingefunden, traute sich aber nicht in das große Speisezimmer zu kommen, sondern blieb in einem Nebenzimmer. Offenbar sollte ein »Familienrat« stattfinden, von dem Lederer gar nichts wusste. Der Alte schlürfte bedächtig sein Glas Tee und tat, als bemerkte er den Sohn, der so plötzlich hereingeschneit war, gar nicht und als ginge ihn der ganze Aufmarsch der Kinder nichts an. Die übrigen schwiegen und es herrschte drückende Stille wie nach einem großen Unglück. Schließlich wurde Lederer des Schweigens und der feierlichen Mienen, die seine Leute aufgesetzt hatten, überdrüssig und er begann:

»Also, was hast du mir zu sagen? Was ist geschehen?«

»Was soll geschehen sein? Gar nichts!« – erwiderte der Sohn mit gemachtem Lächeln.

»Wozu bist du hergekommen?«

»Ich bin gekommen, um Vater zu sehen, Mutter zu sehen, nichts weiter.«

»Nichts weiter? Aha! Warum auf einmal?«

»Vater«, – begann der Sohn in ernstem Ton – »wir alle sind der Ansicht, Vater sollte eine Reise unternehmen, selbstverständlich zusammen mit der Mutter, etwa eine längere Reise nach Kalifornien oder eine Europareise. Wir glauben, das würde Vater sehr gut tun.«

»Was heißt gut tun? Bin ich krank oder Gott weiß was? Und warum wegfahren? Übrigens – seit wann kümmerst du dich plötzlich um den Gesundheitszustand deines Vaters?«

»Ich bin nicht hergekommen, um mit Vater zu streiten, ich bin gekommen, um zu sehen, wie es um Vater steht« – antwortete der Sohn sehr ernst.

Der alte Lederer erbleichte. Mühsam hielt er einen Wutausbruch zurück. »Wie es um mich steht?«

»Alle beklagen sich über Vater: die Mutter, Stella; sie sagen, dass mit Vater etwas geschehen ist, seit er sich vom Geschäft zurückgezogen hat.« – Den Zwischenfall beim Besuche des Nürnbergers erwähnte Morris nicht; er tat, als wüßte er nichts davon. – »Auch ich habe sofort bemerkt, dass Vater nervös ist, – wie du deinen ersten Besuch im Geschäft gemacht hast. Wir alle sind der Ansicht, daß Vater reisen muss; er kann es sich ja leisten, nach jahrelanger Arbeit. …

Schließlich, wieviel kostet denn schon eine solche Reise?«

Der Vater gab dem Sohn keine Antwort; er wandte sich an seine Frau:

»Alle beklagen sich über mich, auch du!? Du bist also zum Sohn mich denunzieren gegangen und hast ihn hergerufen, damit er mir den Kopf zurechtsetzt?«

»Denunzieren? Ist er nicht mein Kind, was? Zu wem soll ich kommen, um mein Herz auszuschütten, vielleicht zu fremden Leuten? Du bringst uns doch alle ins Grab! Weißt du, was du getan hast? Du hast doch uns nur Schmach und Schande bereitet und Stella hast du unglücklich gemacht!«

»Was habe ich denn getan, um Himmelswillen, sag' mir's doch endlich!« – fragte der alte Lederer so gelassen wie es ihm möglich war.

Doch statt der Mutter antwortete der Sohn. Offenbar hatte er keine Furcht mehr vor dem Vater und legte daher seine Worte nicht auf die Wagschale.

»Ich will Vater die Wahrheit sagen«, – begann er – »wir alle haben uns in Vater getäuscht. Wir haben geglaubt, wenn Vater sich vom Geschäft zurückzieht, wird er tun, was jeder achtbare Geschäftsmann tut, was sich für die Firma *Lederer and sons* schickt – seine Zeit der Wohltätigkeit widmen, einer Synagoge beitreten, sich für religiöse Angelegenheiten interessieren. Vater kann gut hebräisch, kennt sich in religiösen Dingen aus und könnte ein prominentes Mitglied einer Synagoge oder einer philantropischen Vereinigung werden, der andere achtbare, prominente Geschäftsleute angehören; Vater würde bekannt werden, wie es sich für die Firma *Lederer and sons* schickt. Vater aber lebt noch in den Ideen, die er aus der alten Heimat mitgebracht hat; Vater ist noch immer ein »Grüner«[1]; Vater sitzt noch immer auf East-Side und meint, es seien noch die alten Zeiten, da Vater ›Nihilist‹ war. Früher, da waren wir noch klein und konnten uns nicht wehren, haben alles hinnehmen müssen, wie es Vater gefiel. Jetzt werden wir das nicht mehr zulassen, wir sind, Gott sei Dank, erwachsen; und wir werden nicht zugeben, dass Vater uns Schande macht. Das wollte ich Vater begreiflich machen.«

Lederer blieb kühl.

»Was willst du also mit mir tun?«

---

1 Bezeichnung für die Neueingewanderten, die an den Gewohnheiten und Sitten ihrer Herkunftsländer festhalten (Anm. im Original).

»Was ich tun will? Gar nichts. Doch wir werden uns irgendwie Rat schaffen müssen, wenn es Vater gleichgültig ist, dass seinetwegen, wegen seiner verrückten Ideen, Stella ihr Glück verloren hat, eine Familie, in die sie so gut hineingepasst hätte.«

»Du wolltest also, dass ich lügen soll, nur weil Stella sich die Nürnbergers in den Kopf gesetzt hat, dass ich mich zum Affen machen und protzen soll so wie du?«

»Lügen! Hat Vater im Geschäft nie gelogen?«

»Im Geschäft – ja; um Geld zu verdienen, um zu leben, um Geld für Euch zusammenzuscharren. Dafür – ja. Mein Leben lang habe ich gelogen. Nicht bloß vor anderen, auch vor mir habe ich gelogen, – das sehe ich jetzt ein. Doch genug! Ich will nicht mehr lügen. Ich sehe ja den Lohn, den ich dafür habe. Ich will nicht mehr Komödie spielen, nicht mehr mich selbst verleugnen. Ich will *ich selbst* sein. Verstanden?«

»Nein. Und was wird aus Stella werden? Soll sie zu Hause sitzen bleiben? Oder einen Landsmann Vaters von der East-Side heiraten, der keine Familie, keine soziale Stellung, keine Position hat, vielleicht einen ›Nihilisten?‹ Vor dem müsste Vater nicht Komödie spielen, – im Gegenteil, Vater dürfte sich dessen rühmen, dass er keiner Religionsgemeinschaft angehört und in keiner Synagoge betet.«

»Mir ist es gleichgültig, wen Stella heiratet; ich will mich da nicht einmengen.«

»Aber uns ist es nicht gleichgültig. Ich möchte, dass Vater das begreift. Uns ist es durchaus nicht gleichgültig. Stella muß in eine Familie hineinheiraten, in eine passende, gute Familie, nicht wie … .« – Morris vollendete den Satz nicht, sondern nickte statt dessen bedauernd mit dem Kopf.

»Wie zum Beispiel deine Deutschen.«

Das war zuviel. Der Hass, der sich im Herzen des Sohnes in den langen Jahren angesammelt hatte, da er sich schweigend dem Vater fügen musste, brach wie ein Sturm hervor:

»Ja, wie meine Deutschen! Ganz richtig! Nicht wie die Familie, die Vater erzogen hat. Was haben wir zu Hause gehabt? Was hat uns Vater gegeben außer dem armseligen Bissen Brot, den jeder Vater seinen Kindern heimbringt? Wir haben früh vom Hause wegmüssen, in fremde Häuser, in fremde Stuben, um zu sehen, wie andere Familien leben, wie Kinder sich um ihre Eltern sammeln bei einer Sabbatfeier oder einer Festtagsfeier. Nicht einmal den Kiddusch[2] haben wir von Vater gehört, einen Sederabend[3] haben wir nicht

2 Sabbatsegen, den das Familienoberhaupt über den Wein spricht.
3 Häusliches Zeremoniell am Pessachfest (Ostern).

gekannt, in den Tempel sind wir nie gegangen. Nichts haben wir gehabt. Hätten wir uns nicht allein erzogen, wären wir nicht frühzeitig aus dem Hause und hätten gesehen, wie andere Leute leben, so wären wir ›Nihilisten‹ ohne Heim und Familien geblieben, ›Russen‹ wie Vater einer ist. Wir hätten keinen Ehrgeiz, kein Familienleben. Wir hätten nichts, so wie Vater nichts hat. Ich danke meinen ›Deutschen‹, ja, ich danke ihnen aus vollem Herzen, dass sie mich in ihr Haus genommen haben, von der Straße in ihr Heim, dass sie mich in ihrem Kreise, in ihrer Familie aufgenommen haben. Sie haben mir eine Familie geschenkt, eine richtige Familie mit Tradition, mit Schönheit, mit Frömmigkeit, mit allem. Alles habe ich ihnen zu verdanken: meine Anständigkeit, meine Ambitionen, mein Streben – alles, alles; und Vater macht sich über die Deutschen lustig!«

In dem alten Lederer ging eine merkwürdige Veränderung vor: Die bitteren Worte des Sohnes brachten ihn nicht in Wut und der Skandal zwischen Vater und Sohn, den alle erwarteten und fürchteten, blieb aus; im Gegenteil, des Sohnes harte und bittere Worte hielten wie Ketten jeden Ausbruch nieder und löschten wie ein Wasserstrahl den Hass gegen den Sohn, der in dem Alten loderte.

Vielleicht war es die Aufrichtigkeit des Sohnes, die den Vater so rührte – noch nie hatte sich der alte Lederer seinem Sohne so nahe verbunden gefühlt, wie gerade jetzt, da der Sohn ihm die bitterste Wahrheit sagte. Da sprach nicht bloß die kühle Logik mit, die Lederer sagte, dass sein Sohn von seinem Standpunkt aus recht hatte; nein – es war ein echtes Vatergefühl, das er jetzt für seinen Sohn empfand. Unendliches Mitleid ergriff ihn, wirkliches Mitleid mit dem großen, innerlich leeren Burschen, der, das brillantene Freimaurerabzeichen im Knopfloch, vor ihm saß – das Mitleid, das ein Vater mit seinem Kind hat, dem er das Spielzeug nicht geben kann, um das es schreit. Lederer fühlte, was der Sohn in all den Jahren gelitten, und begriff alles, was der Sohn getan hatte. Er gab sich die Schuld und dem Sohne recht. Doch noch mehr als dieser Aufschrei, der aus des Sohnes tiefstem Innern kam, rührte den Alten die Grimasse des Leides, die er auf dem Gesichte des Sohnes sah; das war die im Leid gelöste Miene des kleinen Knaben, der um einen Penny geweint hatte. Seine bleichen, bebenden Nasenflügel, der leichte Schaum vor den Lippen, das Zittern seines kurzen Kinnes, die fliegenden Schläfen, alles rührte den Vater, und wäre Lederer der Mann gewesen, der seine Gefühle leicht zum Ausdruck bringen konnte, so wäre er auf den Sohn zugegangen und hätte ihn mit echter, herzlicher Vaterliebe umarmt (vielleicht hätte das auch das Verhältnis zwischen Vater und Sohn von Grund auf ändern und bedeutsamen Einfluss auf das weitere Schicksal der Familie Lederer haben können). Dieses Gefühl der Vaterliebe sprengte in diesem Augenblick geradezu die Brust des Alten. Doch sein

Eigensinn, vielleicht auch die bitteren Jahre seines Lebens und seine Einsamkeit hinderten ihn daran, seinem Kinde seine Gefühle zu zeigen ... Und Lederer blieb nur traurig sitzen, tief traurig, als wären die Worte des Sohnes Rutenstreiche; und er sagte etwas ganz anderes als was er dachte und fühlte. Doch das Neue, das jetzt in Lederers Herzen geboren war, veränderte den Ton seiner Worte. Und nicht in den Worten, sondern im Ton war für jedermann deutlich zu fühlen, wie gebrochen der alte Mann war ...

»Also schön, jetzt hast du schon, was du gesucht, was du gebraucht hast: eine Familie mit Kiddusch, mit Sabbat und Feiertagen. Was willst du also von mir? Warum kommst du noch zu mir? Willst du, dass ich auch Kiddusch machen soll? Soll ich auch in den Tempel gehen? *Ein* Rabbiner in der Familie genügt doch vollständig, nicht?«

Lederer war sich vollkommen dessen bewusst, dass seine Worte ganz und gar nicht das ausdrückten, was er jetzt dachte. Der Sohn empfand das ebenfalls und auch er änderte den Ton.

»Ich will Vater nicht belehren, was er zu tun hat. Vater hat sein eigenes Leben gelebt und soll es weiterleben, wie er es versteht. Ich bin nur hergekommen, weil sich die Mutter, weil wir alle uns über den Vater zu beklagen haben und weil ich selbst sehe, dass das nicht so weitergeht. Vater muss eine Beschäftigung haben. Vater war sein Leben lang beschäftigt und ist gewohnt zu arbeiten. Wir alle haben gemeint, Vater würde nach dem Austritt aus dem Geschäft ein Betätigungsfeld finden, das für ihn passt und für die Firma *Lederer and sons*. Wir alle denken, es wäre das Beste, wenn Vater eine längere Reise macht und sich die Dummheiten aus dem Kopfe schlägt. Ich habe mit Doktor Salkind gesprochen. Doktor Salkind ist auch der Meinung, es wäre höchste Zeit, dass Vater eine Beschäftigung hat. Das Grübeln und Nachdenken, das Hocken über den Büchern, die Vater von der East-Side mitbringt, das kann zu nichts Gutem führen. Wir glauben, eine längere Reise wäre das einzige, was Vater jetzt beginnen könnte. Sein ganzes Leben lang hat Vater gearbeitet, jetzt darf er, zusammen mit Mama, sich Zeit fürs Reisen gönnen. Das wird Vater auch beruhigen.«

»So steht es also schon mit mir? So schlecht, dass sogar Doktor Salkind zu Rate gezogen werden musste.«

Alle schwiegen, doch Morris antwortete für alle. Er fürchtete den Vater nicht mehr und schonte ihn nicht:

»Ja, ja, ja.«

»Wenn dem so ist, so wäre es vielleicht das Gescheiteste, wenn ich ins Geschäft zurückkehre. Ich bin zu früh ausgeschieden. Ich habe noch genug Energie, ich kann noch Nutzen bringen. Warum gerade reisen?«

Niemand antwortete. Morris war bleich geworden. Er sprach kein Wort, nur seine Unterlippe zitterte und die bläulichen Adern an den Schläfen pulsten. Er brachte kein Wort heraus; nur seine Miene sprach von düsteren Gedanken und drückte Ratlosigkeit und tiefe Niedergeschlagenheit aus.

Diese Ratlosigkeit und Niedergeschlagenheit, die sich auf dem Gesicht des Sohnes spiegelten, rührten abermals das Vaterherz des alten Lederer. Ein Lächeln kam auf seine Lippen und er sprach wie zu sich selbst: »Nur keine Angst, ich werde dich im Geschäft nicht mehr stören, ich will dich nicht stören. Ich werde für mich schon eine andere Beschäftigung finden.«

Sein erster Impuls war, auf den Sohn zuzugehen und ihm beruhigend auf die Schulter zu klopfen. Doch er tat nichts dergleichen. Er stand bloß auf und ging in sein Zimmer …

X. Kapitel
Sehnsucht nach vergangenem Leben

Lederer schloss sich in sein Zimmer ein; dort ging er wie ein Gefangener auf und ab, unaufhörlich auf und ab. Die Wände waren ihm zu eng, die Decke zu niedrig geworden. Was sollte er tun? Was sollte er beginnen?

Sie haben recht! Sie haben alle recht!

Er merkte mit einem Male, dass er den Boden unter seinen Füßen verloren hatte. Es war ihm, als wäre er plötzlich abgeschnitten, entwurzelt, losgerissen von der Erde, in der er wurzelte und wuchs: und nun musste er sich unaufhörlich bewegen, gehen …

Was war mit ihm geschehen?

Auf und ab, auf und ab, in dem Zimmer, das die Leute im Hause »das Zauberkabinett« nannten, das sie mieden; sie hatten Furcht, die Tür, welche in dieses Zimmer führte, könnte plötzlich aufgehen und etwas von dort herausspringen; es war dieselbe Angst, die man vor einer Tür hat, welche zur Zelle eines Irren führt.

Dort saß er tagelang mit seinen »Zauberbüchern« oder auch ohne sie. Das ewige Auf und Ab seiner Schritte widerhallte im Haus und erweckte Furcht und Schrecken. Niemand störte ihn. Das Dienstmädchen traute sich nicht aufräumen zu gehen und bald lag der Staub fingerdick auf den Möbeln.

Zum ersten Male mußte sich Lederer eingestehen, dass an dem, was geschehen war, nicht bloß seine Familie die Schuld trug, sondern auch er selbst. Nicht nur sie hatten sich geändert, auch er hatte sich geändert. Er gestand sich ein – es war unrecht und egoistisch von ihm gewesen, die Schuld ausschließlich seiner Familie zuzuschieben, seiner Frau, seinem Sohn, seiner Tochter: »Auch ich bin schuld an der Veränderung, die mit ihnen vorgegangen ist. Sie sind in eine andere Welt hineingewachsen, in der sie sich wohl und glücklich fühlen. Ich habe ja mit allem, was ich vermochte, mit meiner ganzen Kraft und Energie danach gestrebt, dass sie eben in diese andere Welt hineinwachsen. Ich selbst habe bisher geglaubt, das sei das einzige, das größte Glück. Und Tag und Nacht habe ich gearbeitet, habe andere arbeiten lassen, habe die Fähigkeiten, die sklavische Bereitwilligkeit, die Streberei aller meiner Angestellten mit jedem Mittel, mochte es nur recht oder unrecht sein, ausgenützt, um nur ja die Möglichkeit zu haben, meine Familie in die Position zu bringen, in der sie sich jetzt befindet, sie in die neue Welt der Glücklichen aufsteigen zu lassen. Und jetzt, da das neue Leben ihnen schon zur Gewohnheit geworden ist, gleich dem Atem, ohne den sie nicht leben können, – jetzt komme ich daher, störe sie, verbittere ihnen das Leben und setze alles daran, um ihnen ihre Freude zu verekeln …«

Die Szene mit Nürnberger fiel ihm ein, jener Abend, da seine Tochter ihn mit flehenden Blicken angesehen hatte … Erst jetzt sah er ihre feuchten Augen, ihren bittenden Blick, verstand ihr Anschmiegen und Schmeicheln; es bat ihn, ihr Glück nicht zu zerstören. »Und warum habe ich es getan? War es wirklich so schwer zu lügen? Ich habe doch mein Leben lang gelogen, um unwichtigerer, ja schlimmerer Dinge willen … Warum habe ich um des Glücks meines Kindes willen nicht lügen können? … Habe ich denn wirklich nur deshalb, weil ich jetzt der reinen Wahrheit leben will, vor den Nürnbergers nicht lügen können? … Nein, der Grund war ein anderer: ich habe meiner eigenen Tochter ihr Glück nicht vergönnt … Und ich habe es ihr deshalb nicht vergönnt, weil ich böse auf sie bin, weil ich alle meine Kinder hasse, meine Frau hasse, mein Haus hasse, – das ganze Leben hasse, das ich geschaffen habe. Was kümmern sie mich, dass ich um ihretwillen lügen und Komödie spielen soll? Deshalb habe ich nicht lügen wollen, obwohl ich wusste, dass davon das Glück meiner Tochter abhängt …«

»Ich bin ein Rabenvater, so hat es mir meine Frau gesagt und so ist es. Ich habe kein Herz. Sie alle sind mir gleichgültig. Was kümmert es mich, ob meine Tochter einen Nürnberger heiraten wird oder irgendeinen anderen Kerl? …«

»Doch warum ist mir das gleichgültig? War das immer so? War mir immer das Schicksal meiner Kinder, meiner Frau, meiner Familie gleichgültig? Wenn das der Fall war, warum habe ich so schwer gearbeitet? Warum habe ich mit aller Gewalt emporkommen, die Welt erobern wollen? Mir selbst hat doch das Leben genügt, das ich gelebt habe! Ich war doch damals viel glücklicher, als wir noch in der Norfolk-Street in den zwei engen armseligen Löchern wohnten – viel glücklicher als heute. Damals habe ich eine Frau und Kinder gehabt, für die ich arbeiten wollte, die mir die Arbeit versüßt haben. Und was habe ich jetzt? Nichts, nichts und wieder nichts! …«

»Ja, dafür habe ich gearbeitet und um der Arbeit selbst willen. Der Mensch arbeitet um der Arbeit willen. Es gibt nichts anderes als Arbeit, weil der Mensch nicht müßiggehen kann. Es geht uns allen sowie dem alten Motche im Shop. Hört er auf zu arbeiten und hat er keine Beschäftigung, so kehrt er selbst zur Arbeit zurück, genau so wie das Pferd, der Maulesel, der Ochse, die gewohnt sind, ihr Leben lang im Gespann zu gehen und ohne Gespann herunterkommen …«

»Arbeit, Arbeit, Arbeit! Auch ich kehre zur Arbeit, ins Gespann zurück! Es gibt nichts anderes als den Shop, die ganze Welt ist ein großer Shop. Und da ich jetzt den Shop nicht habe, bin ich unglücklich wie der alte Motche dort; denn wir haben nichts anderes im Leben mehr als den ›Shop‹ – das ganze Leben ist ein Shop …«

Schreck erfasste ihn, als er sich dieses Gedankens bewusst wurde. Er hatte Lust auf die Straße zu eilen, sich ins größte Gedränge des Broadway zu stürzen; er hatte den brennenden Wunsch, größer als alle zu sein, stärker als alle, breitere und kräftigere Hände zu haben als alle, riesig lange und breite Hände, mit denen er das ganze Gedränge, das Schieben, Hasten und Jagen aufhalten könnte; und mit Riesenstimme, die der ganze Broadway hören musste, wollte er rufen:

»Unglückliche Menschen, wohin eilet ihr? Welchem Phantom jaget ihr nach? Es gibt ja nichts anderes als den ›Shop‹! Wieviel ihr auch laufen möget, – nie werdet ihr dem Shop entlaufen. Euer Jagen, euer Hasten, euer Streben, es ist umsonst – ihr seid im Shop. Es gibt nichts anderes als den Shop, den Shop, nur den Shop …«

»Gibt es wirklich nichts anderes?« – dieser Gedanke blitzte in Lederer auf. – »Einmal war es doch ganz anders!. … Damals, als *ich* im Shop war, als einfacher, armer Arbeiter …«

Damals war er ganze Tage im Shop gewesen. Doch es gab damals keinen Shop. Er merkte ihn nicht, empfand ihn nicht.

Seine Hände hatten im Shop gearbeitet, sein Körper sich wohl auch im Shop befunden, – doch er hatte es nicht gefühlt. Denn seine Augen, seine Gedanken und sein Herz waren anderswo gewesen. Ungeduldig hatte er den Glockenschlag erwartet, da er die vier Wände, in denen er sich befand, verlassen konnte. Kaum hatte er sie verlassen, so sah er sie nicht mehr, war er nicht mehr dort, sondern daheim, bei seiner Frau, bei seinen Kindern, bei seinen Büchern und bei seiner Zeitung, bei seinem Traum eines anderen, eines neuen Lebens.

»Sonderbar!« – ging es ihm durch den Sinn – »Wie ich ein armer Mann, ein hungriger, versklavter Arbeiter war, da habe ich den Shop nicht gefühlt und nicht gehabt. Ich fühle ihn erst, seit ich reich geworden bin …«

Und ohne es zu wollen, verglich er sein Leben als armer Arbeiter mit dem späteren Leben, da er auf eigenes Risiko zu arbeiten und reich zu werden begann. Vor den Augen des ruhelos auf- und abgehenden alten Mannes zogen Bilder früherer Jahre und früherer Tage vorbei.

Vielleicht weil die Zeit seiner Armut mit seiner Jugend zusammenfiel, waren gerade die Bilder, die ihm die Armut malte, so froh, so still und gut, so traulich und so wohltuend, wie sie wohl, als sie Wirklichkeit waren, nie gewesen …

Des Shops erinnerte er sich überhaupt nicht aus jenen Jahren, da er als armer, gewöhnlicher Arbeiter bei Fremden geschuftet hatte. Der Shop war in jenen tiefen, dunklen Abgrund versunken, der den Strom unserer bösen Tage in die finstere Höhle des »Nichts« münden lässt, wo sie dem Gedächtnis entschwinden. Was Lederer jetzt sah, was jetzt in seiner Erinnerung aufstieg, das waren nur jene glücklichen Augenblicke in seinem Heim, da er Sures Wärme, ihre Anteilnahme an seinem Schicksal, ihr Mitfühlen und Mitleben aus allen ihren Bewegungen, aus jedem ihrer Worte und jeder ihrer Gesten, aus ihren leisen Seufzern, ihrem Lachen, ihrer Freude und am stärksten aus ihrer Stimme herausgefühlt hatte.

Ja, ihre Stimme war damals ganz anders gewesen …

Hoffnung auf bessere Tage hatten sie damals keine. Vielleicht wünschten sie gar keine besseren Tage. Sie besaßen bloß das bisschen einförmigen Lebens, das der Tag brachte. Und dieses einförmige, nüchterne Leben verschlangen sie mit dem ganzen Heißhunger ihres unendlichen Wollens und schufen daraus das Beste, das sie vermochten. Sie besaßen Jugend und Liebe und schenkten einander das einzige, was sie zu geben hatten – ihre Jugend und Liebe; die schenkten sie einander aus vollem Herzen, mit all' ihrem Wollen und Wünschen.

In dem unbewussten Wunsch, die Erinnerung an jene guten Zeiten, die er sich in Gedanken ausmalte, festzuhalten, hielt Lederer, ohne es zu merken, in seinem ruhelosen Auf und Ab inne, setzte sich nieder und drückte die Hand an die Zähne, als wollte er mit dem Munde die alten Zeiten anhalten.

Szenen aus Russland tauchten auf, aus jener Zeit, da er Sure im Stadtpark von Lodz kennengelernt hatte. Sie war Arbeiterin gewesen wie er, hatte derselben Schichte wie er angehört. Lederer hörte noch einmal, wie sie beide die Gründung ihres armseligen Heims besprachen. Tage der Arbeitslosigkeit tauchten auf, da er ganze Tage hungrig durch die Straßen von Lodz geirrt war und sein Hirn zermartert hatte, wie er ein paar Groschen auftreiben sollte, weil er nicht mit leeren Händen heimkommen wollte. Kam er dann am Abend heim, so fand er statt eines trüben Gesichtes Trost aus guten trauten Augen und eine Schüssel gute Grütze. »Woher hat sie nur die Grütze genommen? Ja, Sure war immer eine Künstlerin darin aus nichts, aus Resten vom Nachtmahl des Vortages, aus ein paar gelben Rüben und Kartoffeln eine Suppe zu bereiten; sie hat es immer verstanden, im Geschäft etwas auf Kredit zu bekommen. Wenn alle Hoffnungen gescheitert waren, Sure hat immer Rat gewusst …«

Entsprach das Bild der Wirklichkeit oder war es nur eine Schöpfung seiner Phantasie? – Sure wurde in Lederers Gedanken zu einer herrlichen, wunderbaren Lichtgestalt, zum einzigen Freund und Gefährten, den er in seinem Leben gehabt hatte. Nie hatte er sie so gesehen, wie er sie in diesem Augenblick sah …

Und dann kamen die Kinder. Wie angstvoll und bekümmert hatte sie ihm jedes Kind angekündigt, das das Licht der Welt erblicken sollte! Und immer hatte er sie beruhigt und getröstet. Wohl hatte er gefühlt, dass die »Bürde« schwerer wurde; doch um so süßer wurde es, sie zu tragen; um so mehr wuchs sein Mut, um so stärker wurde seine Arbeitsenergie und sein Arbeitswille, um ihr, seiner Frau, zu schaffen, was sie brauchte …

»Das hat dir noch gefehlt« – hatte sie zaghaft hinzugefügt, wenn sie ihm ankündigte, was ihr bevorstand, als wäre nur sie daran schuld.

»Mache dir nur keine Sorge!« – hatte er tröstend geantwortet – »Jeder Mund bekommt sein Brot!«

Und jedesmal, sooft sie ihm eine solche »Meldung« machte, hatte er willig den Kopf gebeugt und freudig die »Last« auf sich genommen. Das hatte ihn ja auch veranlasst, etwas Besseres zu suchen: sie sollte sich nicht mehr so plagen müssen! Dem zuliebe hatte er das Kreuz der »Wanderung« auf sich genommen! Wie schwer war doch beiden der Abschied, die Trennung, als er in die weite Welt ging … Noch in der letzten Minute, als alles schon zur Reise bereit war, rief sie:

»Vielleicht doch lieber nicht, Chaim? So lange haben wir die Armut ertragen, wir werden sie weiter ertragen.«

»Ich werde doch nicht auf das hören, was eine Frau plappert!« – so hatte er sich damals Mut gemacht; doch er hatte nicht gewagt, ihr in die Augen zu schauen, denn auf seinem Gesicht war etwas anderes zu lesen …

Und dann die Jahre der Wanderung, des langen Wartens auf sie … Freudig und voll glücklicher Erwartung hatte er Cent um Cent, Dollar um Dollar gespart, um sie hinüberzubringen … . Und die langen Nächte auf dem Strohsack beim Landsmann, dem Bäcker, als er auf sie wartete … . Das Glück des Wiedersehens … die Freude, als er die Kinder auf dem Schiff erblickte … Dann hatte er sie in die Wohnung in der Norfolk-Street geführt, die er vorbereitet hatte … Sein Ältester, Mojschele hieß er noch, trug damals eine russische Mütze …« Was für eine süße, traute Mütze hat der Junge doch damals getragen! …«

Joseph Roth (geb. 1894 in Brody/ Galizien; gest. 1939 im Exil in Paris) wuchs in jenem nordöstlichen Bereich der österreichisch-ungarischen Monarchie auf, der heute zur Ukraine gehört. In der vorrangig jüdisch geprägten Kleinstadt Brody gehörte Joseph Roth zum vorletzten Jahrgang des »Kronprinz-Rudolf Gymnasiums«, der die Matura noch in der Unterrichtssprache Deutsch ablegte. Lemberg, Wien, Berlin und das Exil in Paris waren die weiteren Stationen im tragischen Leben dieses so herausragenden österreichisch-jüdischen Schriftstellers. Roth studierte Germanistik, er stand 1916 als Soldat Spalier beim Begräbnis von Kaiser Franz-Joseph. An der Front in Galizien erlebte Roth als Soldat im Militär-Pressedienst das Ende des Ersten Weltkrieges.

Der Verlust der vertrauten Heimat, das Leben als Getriebener in der Fremde und die innere Zerrissenheit zwischen jüdischer Identität und so genannter Assimilation: Diese Motive waren auch Gegenstand der journalistischen und literarischen Werke von Joseph Roth, so zum Beispiel seine Romane »Hotel Savoy« (1924), »Flucht ohne Ende« (1927) oder das Essay »Juden auf Wanderschaft« (1927). Die Sehnsucht nach Heimkehr ist ein zentrales Thema des 1930 erschienenen Romans »Hiob« – einer literarischen Neuinterpretation der gleichnamigen Figur aus dem Alten Testament. Joseph Roth erzählt darin die Geschichte von Mendel Singer, der in Galizien zusammen mit seiner kinderreichen Familie das Dasein eines verarmten, jüdischen Dorfschullehrers fristet. Mit der Geburt seines jüngsten, schwer kranken Sohns Menuchim beginnt die Unglücksgeschichte von Mendel Singer. Die Familie wird auseinander gerissen. Bei der Auswanderung nach Amerika muss Menuchim zurückgelassen werden, was Mendel nie verwindet. Es kommen weitere Schicksalsschläge hinzu. Mendels Sohn Sam fällt im Krieg, seine Frau Deborah stirbt vor Gram, seine Tochter Mirjam verfällt dem Wahnsinn. Im schlimmsten Zustand der Verzweiflung, als Mendel Singer sich aus Verbitterung von Gott abwenden will, bekommt er die Nachricht, dass ein Dirigent Namens Alexej Kossak nach ihm suche. Es ist ein Lied, das die nahende Erlösung Mendels ankündigt: »Menuchims Lied«. ■

Joseph Roth
Hiob. Roman eines einfachen Mannes

XV

Länger wurden die Tage. Die Morgen enthielten schon so viel Helligkeit, dass sie sogar durch den geschlossenen Rolladen in das fensterlose Hinterzimmer Mendels einbrechen konnten. Im April erwachte die Gasse eine gute Stunde früher. Mendel zündete den Spirituskocher an, stellte den Tee auf, füllte das kleine blaue Waschbecken, tauchte sein Gesicht in die Schüssel, trocknete sich mit einem Zipfel des Handtuchs, das an der Türklinke hing, öffnete den Rolladen, nahm einen Mundvoll Wasser, bespuckte sorgfältig die Diele und betrachtete die verschlungenen Ornamente, die der helle Strahl aus seinen gespritzten Lippen auf den Staub zeichnete. Schon zischte der Spirituskocher; noch hatte es nicht einmal sechs geschlagen. Mendel trat vor die Tür. Da öffneten sich die Fenster in der Gasse, wie von selbst. Es war Frühling.

Es war Frühling. Ostern bereitete man vor, in allen Häusern half Mendel. Den Hobel legte er an die hölzernen Tischplatten, um sie zu säubern von den profanen Nahrungsresten des ganzen Jahres. Die runden, zylinderförmigen Pakete, in denen das Osterbrot geschichtet lag in karminrotem Papier, stellte er auf die weißen Fächer der Schaufenster, und die Weine aus Palästina befreite er von dem Spinngewebe, unter dem sie in den kühlen Kellern geruht hatten. Die Betten der Nachbarn nahm er auseinander und trug Stück um Stück in die Höfe, wo die linde Aprilsonne das Ungeziefer hervorlockte und der Vernichtung durch Benzin, Terpentin und Petroleum anheimgab. In rosa und himmelblaues Zierpapier schnitt er mit der Schere runde und winklige Löcher und Fransen und befestigte es mit Reißnägeln an den Küchengestellen, als kunstvollen Belag für das Geschirr. Die Fässer und Bottiche füllte er mit heißem Wasser, große eiserne Kugeln hielt er an hölzernen Stangen ins Herdfeuer, bis sie glühten. Dann tauchte er die Kugeln in die Bottiche und Fässer, das Wasser zischte, gereinigt waren die Gefäße, wie die Vorschrift es befahl. In riesengroßen Mörsern zerstampfte er die Osterbrote zu Mehl, schüttete es in saubere Säcke und umschnürte sie mit blauen Bändchen. All das hatte er einmal im eigenen Hause gemacht. Langsamer als in Amerika war dort der Frühling gekommen. Mendel erinnerte sich an den alternden grauen Schnee, der das hölzerne Pflaster des Bürgersteigs in Zuchnow um diese Jahreszeit säumte, an die kristallenen Eiszapfen am Rande der Spundlöcher, an die plötzlichen sanften Regen, die in den Dachrinnen sangen, die ganze Nacht, an die fernen Donner, die hinter dem Föhrenwald dahinrollten, an den weißen Reif, der jeden hellblauen Morgen zärtlich bedeckte, an Menuchim, den Mirjam in eine geräumige Tonne gesteckt hatte, um ihn aus dem Wege zu räumen und an die

Hoffnung, dass endlich, endlich in diesem Jahre der Messias kommen werde. Er kam nicht. Er kommt nicht, dachte Mendel, er wird nicht kommen. Andere mochten ihn erwarten. Mendel wartete nicht.

Dennoch erschien Mendel seinen Freunden wie den Nachbarn in diesem Frühling verändert. Sie beobachteten manchmal, dass er ein Lied summte, und sie erhaschten ein sanftes Lächeln unter seinem weißen Bart.

»Er wird kindisch, er ist schon alt« – sagte Groschel.

»Er hat alles vergessen« – sagte Rottenberg. »Es ist eine Freude vor dem Tod« – meinte Menkes.

Skowronnek, der ihn am besten kannte, schwieg. Nur einmal, an einem Abend, vor dem Schlafengehen, sagte er zu seiner Frau: »Seitdem die neuen Platten gekommen sind, ist unser Mendel ein anderer Mensch. Ich ertappe ihn manchmal, wie er selbst ein Grammophon aufzieht. Was meinst Du dazu?«

»Ich meine dazu«, erwiderte ungeduldig die Frau Skowronnek, »dass Mendel alt und kindisch wird und bald gar nicht zu gebrauchen.« Sie war schon seit geraumer Zeit mit Mendel unzufrieden. Je älter er wurde, desto geringer wurde ihr Mitleid für ihn. Allmählich vergaß sie auch, dass Mendel ein wohlhabender Mann gewesen war, und ihr Mitgefühl, das sich von ihrem Respekt genährt hatte (denn ihr Herz war klein) starb dahin. Sie nannte ihn auch nicht mehr wie am Anfang: Mister Singer – sondern einfach: Mendel, wie bald alle Welt. Und hatte sie ihm früher Aufträge mit jener gewissen Zurückhaltung erteilt, die beweisen sollte, dass seine Folgsamkeit sie ehrte und beschämte zugleich, so fing sie jetzt an, ihn dermaßen ungeduldig zu befehligen, dass ihre Unzufriedenheit mit seinem Gehorsam schon von vornherein sichtbar wurde. Obwohl Mendel nicht schwerhörig war, erhob Frau Skowronnek die Stimme, um mit ihm zu sprechen, als fürchtete sie, missverstanden zu werden und als wollte sie durch ihr Schreien beweisen, dass Mendel ihre Befehle falsch ausführte, weil sie in ihrer gewohnten Stimmlage zu ihm gesprochen hatte. Ihr Schreien war eine Vorsichtsmaßregel; das Einzige, was Mendel kränkte. Denn er, der vom Himmel so erniedrigt war, machte sich wenig aus dem gutmütigen und leichtfertigen Spott der Menschen und nur, wenn man seine Fähigkeit, zu verstehen, anzweifelte, war er beleidigt. »Mendel, sputet Euch«, so begann jeder Auftrag der Frau Skowronnek. Er machte sie ungeduldig, er schien ihr zu langsam. »Schreien Sie nicht so« – erwiderte Mendel gelegentlich – »ich höre Sie schon«. »Aber Sie eilen sich nicht, Sie haben Zeit!« »Ich habe weniger Zeit als Sie, Frau Skowronnek, so wahr ich älter bin als Sie!« Frau Skowronnek, die den Nebensinn der Antwort und die Zurechtweisung nicht sofort begriff und sich nur verspottet wähnte, wendete sich sofort an den nächststehenden Menschen im Laden: »Nun, was sagen Sie dazu? Er wird alt! Unser Mendel wird alt!« Sie hätte ihm gerne noch ganz andere Eigenschaften nachgesagt, aber sie begnügte sich mit der Erwähnung des Alters, das sie für ein Laster hielt. Wenn Skowronnek derlei Reden hörte, sagte er zu seiner Frau: »Alt werden wir alle! Ich bin genauso alt wie Mendel – und Du wirst auch nicht jünger!« »Du kannst ja eine Junge heiraten« – sagte Frau Skowronnek. Sie war glücklich, dass sie endlich einen gebrauchsfertigen Anlass zu einem ehelichen Zwist hatte. Und Mendel, der die Entwicklung dieser Streitigkeiten kannte und von vornherein begriff, dass sich der Zorn der Frau Skowronnek schließlich gegen ihren Mann und seinen Freund entladen würde, zitterte um seine Freundschaft.

Heute war Frau Skowronnek aus einem besondern Grund gegen Mendel Singer eingenommen. »Stell' Dir vor« – sagte sie zu ihrem Mann – »seit einigen Tagen ist mein Hackmesser verschwunden. Ich kann schwören, dass Mendel es genommen hat. Frage ich ihn aber, so weiß er nichts davon. Er wird alt und älter, er ist wie ein Kind!«

In der Tat hatte Mendel Singer das Hackmesser der Frau Skowronnek an sich genommen und versteckt. Er bereitete schon seit langem im Geheimen einen großen Plan vor, den letzten seines Lebens. Eines Abends glaubte er, ihn ausführen zu können. Er tat, als nickte er auf dem Sofa ein, während die Nachbarn sich bei Skowronnek unterhielten. In Wirklichkeit aber schlief Mendel keineswegs. Er lauerte und lauschte mit geschlossenen Lidern, bis sich der Letzte entfernt hatte. Dann zog er unter dem Kopfpolster des Sofas das Hackmesser hervor, steckte es unter den Kaftan und huschte in die abendliche Gasse. Die Laternen waren noch nicht entzündet, aus manchen Fenstern drang schon gelbes Lampenlicht. Gegenüber dem Hause, in dem er mit Deborah gewohnt hatte, stellte sich Mendel Singer auf und spähte nach den Fenstern seiner früheren Wohnung. Dort lebte jetzt das junge Ehepaar Frisch, unten hatte es einen modernen Eiscreme-Salon eröffnet. Jetzt traten die jungen Leute aus dem Haus. Sie schlossen den Salon. Sie gingen ins Konzert. Sparsam waren sie, geizig konnte man sagen, fleißig, und Musik liebten sie. Der Vater des jungen Frisch hatte in Kowno eine Hochzeitskapelle dirigiert. Heute konzertierte ein philharmonisches Orchester, eben aus Europa gekommen. Frisch sprach schon seit Tagen davon. Nun gingen sie. Sie sahen Mendel nicht. Er schlich sich hinüber, trat ins Haus, tastete sich das altgewohnte Geländer empor und zog alle Schlüssel aus der Tasche. Er bekam sie von den Nachbarn, die ihm die Bewachung ihrer Wohnungen übertrugen, wenn sie ins Kino gingen. Ohne Mühe öffnete er die Tür. Er schob den Riegel vor, legte sich platt auf den Boden und begann, ein Dielenbrett nach dem andern zu beklopfen. Es dauerte sehr lange. Er wurde müde, gönnte sich eine kleine Pause und arbeitete dann weiter. Endlich tönte es hohl, just an der Stelle, an der einmal das Bett Deborahs gestanden war. Mendel entfernte den

Schmutz aus den Fugen, lockerte das Brett mit dem Hackmesser an allen vier Rändern und stemmte es hoch. Er hatte sich nicht getäuscht, er fand, was er suchte. Er ergriff das stark verknotete Taschentuch, barg es im Kaftan, legte das Brett wieder hin und entfernte sich lautlos. Niemand war im Treppenflur, kein Mensch hatte ihn gesehn. Früher als gewöhnlich sperrte er heute den Laden, ließ er die Rollbalken nieder. Er entzündete die große Hängelampe, den Rundbrenner, und setzte sich in ihren Lichtkegel. Er entknotete das Taschentuch und zählte seinen Inhalt. Siebenundsechzig Dollar in Münzen und Papier hatte Deborah gespart. Es war viel, aber es genügte nicht und enttäuschte Mendel. Legte er seine eigenen Ersparnisse hinzu, die Almosen und kleinen Vergütungen für seine Arbeiten in den Häusern, so waren es genau sechsundneunzig Dollar. Sie reichten nicht. Also noch ein paar Monate! – flüsterte Mendel. – Ich habe Zeit.

Ja, er hatte Zeit, ziemlich lange noch musste er leben! Vor ihm lag der große Ozean. Noch einmal musste er ihn überqueren. Das ganze große Meer wartete auf Mendel. Ganz Zuchnow und Umgebung warten auf ihn: die Kaserne, der Föhrenwald, die Frösche in den Sümpfen und die Grillen auf den Feldern. Ist Menuchim tot, so liegt er auf dem kleinen Friedhof und wartet. Auch Mendel wird sich hinlegen. In Sameschkins Gehöft wird er vorher eintreten, keine Angst mehr wird er vor den Hunden haben, gebt ihm einen Wolf aus Zuchnow, und er fürchtet sich nicht. Ungeachtet der Käfer und der Würmer, der Laubfrösche und der Heuschrecken wird Mendel imstande sein, sich auf die nackte Erde zulegen. Dröhnen werden die Kirchenglocken und ihn an das lauschende Licht in Menuchims törichten Augen erinnern. Mendel wird antworten: »Heimgekehrt bin ich, lieber Sameschkin, mögen Andere durch die Welt wandern, meine Welten sind gestorben, zurückgekommen bin ich, um hier für ewig einzuschlafen!« Die blaue Nacht ist über das Land gespannt, die Sterne glänzen, die Frösche quaken, die Grillen zirpen, und drüben, im finstern Wald, singt jemand das Lied Menuchims.

So schläft Mendel heute ein, in der Hand halt er das verknotete Taschentuch.

Am andern Morgen ging er in Skowronneks Wohnung, legte auf die kalte Herdplatte der Küche das Hackmesser und sagte: »Hier, Frau Skowronnek, das Hackmesser hat sich gefunden!«

Er wollte sich schnell wieder entfernen, aber die Frau Skowronnek begann: »Gefunden hat es sich! Es war nicht schwer, Ihr habt es doch versteckt! Übrigens habt Ihr gestern fest geschlafen. Wir waren noch einmal vor dem Laden und haben geklopft. Habt Ihr schon gehört? Der Frisch vom Eiscreme-Salon hat Euch etwas sehr Wichtiges zu sagen. Ihr sollt sofort zu ihm hinübergehn.«

Mendel erschrak. Irgend jemand hatte ihn also gestern gesehen, vielleicht hatte ein anderer die Wohnung ausgeplündert, und man verdächtigte Mendel. Vielleicht auch waren es gar nicht Deborahs Ersparnisse, sondern die der Frau Frisch, und er hatte sie geraubt. Seine Knie zitterten. »Erlaubt mir, dass ich mich setze« sagte er zu Frau Skowronnek. »Zwei Minuten könnt ihr sitzen« sagte sie »dann muss ich kochen.« »Was für eine wichtige Sache ist es?« forschte er. Aber er wusste schon im Voraus, dass ihm die Frau nichts verraten würde. Sie weidete sich an seiner Neugier und schwieg. Dann hielt sie die Zeit für gekommen, ihn wegzuschicken: »Ich mische mich nicht in fremde Angelegenheiten! Geht nur zu Frisch!« – sagte sie.

Und Mendel ging und beschloss, nicht bei Frisch einzutreten. Es konnte nur etwas Böses sein. Es würde von selbst früh genug kommen. Er wartete.

Am Nachmittag aber kamen die Enkel Skowronneks zu Besuch. Frau Skowronnek schickte ihn um drei Portionen Erdbeercreme. Zage betrat Mendel den Laden. Mister Frisch war zum Glück nicht da. Seine Frau sagte: »Mein Mann hat Ihnen etwas sehr Wichtiges mitzuteilen, kommen Sie bestimmt am Nachmittag!«

Mendel tat, als ob er nicht gehört hätte. Sein Herz lief stürmisch, es wollte ihm entfliehen, mit beiden Händen hielt er es fest. Etwas Böses drohte ihm auf jeden Fall. Er wollte die Wahrheit sagen, Frisch würde ihm glauben. Glaubte man ihm nicht, so kam er ins Zuchthaus. Nun, es war auch nichts dabei. Im Zuchthaus wird er sterben. Nicht in Zuchnow.

Er konnte die Gegend des Eiscreme-Salons nicht verlassen. Er ging auf und ab vor dem Laden. Er sah den jungen Frisch heimkehren. Er wollte noch warten, aber seine Füße hasteten von selbst in den Laden. Er öffnete die Tür, die eine schrille Glocke in Bewegung setzte, und fand nicht mehr die Kraft, die Tür zu schließen, so dass die Alarmklingel unaufhörlich lärmte und Mendel betäubt in ihrem gewaltsamen Lärm gefangen blieb, gefesselt im Klingeln und unfähig, sich zu rühren. Mister Frisch selbst schloss die Tür. Und in der Stille, die jetzt einbrach, hörte Mendel den Mister Frisch seiner Frau sagen: »Schnell ein Soda mit Himbeer für Mister Singer!«

Wie lange hatte man nicht mehr »Mister Singer« zu Mendel gesagt? Erst in diesem Augenblick empfand er, dass man ihm lange Zeit nur »Mendel« gesagt hatte, um ihn zu kränken. Es ist ein böser Witz von Frisch, dachte er. Das ganze Viertel weiß, dass dieser junge Mann geizig ist, er selbst weiß, dass ich das Himbeerwasser nicht bezahlen werde. Ich werde es nicht trinken.

»Danke, danke« – sagte Mendel, »ich trinke nichts!«

»Sie werden uns keinen Korb geben,« sagte lächelnd die Frau.

»Mir werden Sie keinen Korb geben,« sagte der junge Frisch.

Er zog Mendel an eines der dünnbeinigen Tischchen aus Gusseisen und drückte den Alten in einen breiten Korbsessel. Er selbst setzte sich auf einen gewöhnlichen hölzernen Stuhl, rückte nahe an Mendel heran und begann:

»Gestern, Mister Singer, war ich, wie Sie wissen, beim Konzert«. Mendel setzte der Herzschlag aus. Er lehnte sich zurück und tat einen Schluck, um sich am Leben zu erhalten. »Nun«, fuhr Frisch fort »ich habe ja viel Musik gehört, aber so etwas ist noch nicht dagewesen! Zweiunddreißig Musikanten, verstehn Sie, und fast alle aus unserer Gegend. Und sie spielten jüdische Melodien, verstehen Sie? Das Herz wird warm, ich habe geweint, das ganze Publikum hat geweint. Sie spielten am Schluss Menuchims Lied, Mister Singer, Sie kennen es vom Grammophon her. Ein schönes Lied, nicht wahr?«

»Was will er nur?«, dachte Mendel. »Ja, ja, ein schönes Lied.«

»In der Pause gehe ich zu den Musikanten. Es ist voll. Alle drängen sich zu den Musikanten. Der und Jener findet einen Freund, und ich auch, Mister Singer, ich auch.«

Frisch machte eine Pause. Leute traten in den Laden, die Glocke schrillte.

»Ich finde« – sagte Mister Frisch – »aber trinken Sie nur, Mister Singer! – Ich finde meinen leiblichen Vetter, den Berkovitsch aus Kowno. Der Sohn meines Onkels. Und wir küssen uns. Und wir reden. Und plötzlich sagt Berkovitsch: Kennst Du hier einen alten Mann, namens Mendel Singer?«

Frisch wartete wieder. Aber Mendel Singer rührte sich nicht. Er nahm zur Kenntnis, dass ein gewisser Berkovitsch nach einem alten Mendel Singer gefragt hatte.

»Ja«, sagte Frisch, »ich erwiderte ihm, dass ich einen Mendel Singer aus Zuchnow kenne. Das ist er, sagte Berkovitsch. Unser Kapellmeister ist ein großer Komponist, noch jung und ein Genie, von ihm kommen die meisten Musikstücke, die wir spielen. Er heißt Alexej Kossak und ist auch aus Zuchnow.«

»Kossak?«, wiederholte Mendel. »Meine Frau ist eine geborene Kossak. Es ist ein Verwandter!«

»Ja«, sagte Frisch – »und es scheint, dass dieser Kossak Sie sucht. Er will Ihnen wahrscheinlich etwas mitteilen. Und ich soll Sie fragen, ob Sie es hören wollen. Entweder Sie gehn zu ihm ins Hotel, oder ich schreibe Berkovitsch Ihre Adresse.«

Es wurde Mendel leicht und gleichzeitig schwer zu Mute. Er trank das Himbeerwasser, lehnte sich zurück und sagte: »Ich danke Ihnen, Mister Frisch. Aber es ist nicht so wichtig. Dieser Kossak wird mir alle traurigen Sachen erzählen, die ich schon weiß. Und außerdem – ich will Ihnen die Wahrheit sagen: ich habe schon daran gedacht, mich mit Ihnen zu beraten. Ihr Bruder hat doch eine Schiffskartenagentur? Ich will nach Haus, nach Zuchnow. Es ist nicht mehr Russland, die Welt hat sich verändert. Was kostet eine Schiffskarte heute? Und was für Papiere muss ich haben? Reden Sie mit Ihrem Bruder, aber sagen Sie niemandem etwas.«

»Ich werde mich erkundigen« – erwiderte Frisch. »Aber Sie haben bestimmt nicht so viel Geld. Und in Ihrem Alter! Vielleicht sagt Ihnen dieser Kossak etwas! Vielleicht nimmt er Sie mit! Er bleibt nur kurze Zeit in New York! Soll ich dem Berkovitsch Ihre Adresse geben? Denn, wie ich Sie kenne, Sie gehen nicht ins Hotel!«

»Nein« – sagte Mendel – »ich werde nicht hingehn. Schreiben Sie ihm, wenn Sie wollen.«

Er erhob sich.

Frisch drückte ihn wieder in den Sessel. »Einen Moment«, sagte er, »Mister Singer, ich habe das Programm mitgenommen. Da ist das Bild dieses Kossak.« Und er zog aus der Brusttasche ein großes Programm, entfaltete es und hielt es Mendel vor die Augen.

»Ein schöner, junger Mann« – sagte Mendel. Er betrachtete die Fotografie. Obwohl das Bild abgenutzt war, das Papier schmutzig und das Porträt sich in hunderttausend winzige Moleküle aufzulösen schien, trat es lebendig aus dem Programm vor Mendels Augen. Er wollte es sofort zurückgeben, aber er behielt es und starrte darauf. Breit und weiß war die Stirn unter der Schwärze der Haare, wie ein glatter besonnter Stein. Die Augen waren groß und hell. Sie blickten Mendel Singer geradeaus an, er konnte sich nicht mehr von ihnen befreien. Sie machten ihn fröhlich und leicht, so glaubte Mendel. Ihre Klugheit sah er leuchten. Alt waren sie und jung zugleich. Alles wussten sie, die Welt spiegelte sich in ihnen. Es war Mendel Singer, als ob er beim Anblick dieser Augen selbst jünger würde, ein Jüngling wurde er, gar nichts wusste er. Alles musste er von diesen Augen erfahren. Er hat sie schon gesehn, geträumt, als kleiner Junge. Vor Jahren, als er anfing, die Bibel zu lernen, waren es die Augen der Propheten. Männer, zu denen Gott selbst gesprochen hat, haben diese Augen. Alles wissen sie, nichts verraten sie, das Licht ist in ihnen.

Lange sah Mendel das Bild an. Dann sagte er: »Ich werde es nach Hause mitnehmen, wenn Sie erlauben, Mister Frisch.« Und er faltete das Papier zusammen und ging.

Er ging um die Ecke, entfaltete das Programm, sah es an und steckte es wieder ein. Eine lange Zeit schien ihm seit der Stunde vergangen zu sein, in der er den Eiscreme-Salon betreten hatte. Die paar tausend Jahre, die in den Augen Kossaks leuchteten, lagen dazwischen und die Jahre, vor denen Mendel noch so jung gewesen war, dass er sich das Angesicht von Propheten hatte vorstellen können. Er wollte umkehren, nach dem Konzertsaal fragen, in dem die Kapelle spielte und hineingehn. Aber er schämte sich. Er ging in den Laden der Skowronneks und erzählte, dass ihn ein Verwandter seiner Frau in Amerika suche. Er habe Frisch die Erlaubnis gegeben, die Adresse mitzuteilen.

»Morgen Abend wirst Du bei uns essen, wie alle Jahre« – sagte Skowronnek. Es war der erste Osterabend. Mendel nickte. Er wollte lieber in seinem Hinterzimmer bleiben, er kannte die schiefen Blicke der Frau Skowronnek und die berechnenden Hände, mit denen sie Mendel die Suppe und den Fisch zuteilte. Es ist das letzte Mal, dachte er. Von heute in einem Jahr werde ich in Zuchnow sein: lebendig oder tot; lieber tot.

Als erster der Gäste kam er am nächsten Abend, aber als letzter setzte er sich an den Tisch. Frühzeitig kam er, um die Frau Skowronnek nicht zu kränken, spät nahm er seinen Platz ein, um zu zeigen, dass er sich für den Geringsten unter den Anwesenden hielt. Ringsum saßen sie schon: die Hausfrau, beide Töchter Skowronneks mit ihren Männern und Kindern, ein fremder Reisender in Musikalien und Mendel. Er saß am Ende des Tisches, auf den man ein gehobeltes Brett gelegt hatte, um ihn zu verlängern. Mendels Sorge galt nun nicht allein der Erhaltung des Friedens, sondern auch dem Gleichgewicht zwischen der Tischplatte und ihrer künstlichen Verlängerung. Mendel hielt mit einer Hand das Brettende fest, weil man einen Teller oder eine Terrine darauf stellen musste. Sechs schneeweiße dicke Kerzen brannten in sechs silbernen Leuchtern auf dem schneeweißen Tischtuch, dessen gestärkter Glanz die sechs Flammen zurückstrahlte. Wie weiße und silberne Wächter von gleichem Wuchs standen die Kerzen vor Skowronnek, dem Hausherrn, der im weißen Kittel auf einem weißen Kissen saß, angelehnt an ein anderes Kissen, ein sündenreiner König auf einem sündenreinen Thron. Wie lange war es her, dass Mendel in der gleichen Tracht, in gleicher Art den Tisch und das Fest regiert hatte? Heute saß er gebeugt und geschlagen, in seinem grün schillernden Rock am letzten Ende, der Geringste unter den Anwesenden, besorgt um die eigene Bescheidenheit und eine armselige Stütze der Feier. Die Osterbrote lagen verhüllt unter einer weißen Serviette, ein schneeiger Hügel neben dem saftigen Grün der Kräuter, dem dunklen Rot der Rüben und dem herben Gelb der Meerrettichwurzel. Die Bücher mit den Berichten von dem Auszug der Juden aus Ägypten lagen aufgeschlagen vor jedem Gast. Skowronnek begann die Legende vorzusingen, und alle wiederholten seine Worte, erreichten ihn und sangen einträchtig im Chor diese behagliche, schmunzelnde Melodie, eine gesungene Aufzählung der einzelnen Wunder, die immer wieder zusammengerechnet wurden und immer wieder die gleichen Eigenschaften Gottes ergaben: die Größe, die Güte, die Barmherzigkeit, die Gnade für Israel und den Zorn gegen Pharao. Sogar der Reisende in Musikalien, der die Schrift nicht lesen konnte und die Gebräuche nicht verstand, konnte sich der Melodie nicht entziehen, die ihn mit jedem neuen Satz umwarb, einspann und umkoste, so dass er sie mitzusummen begann, ohne es zu wissen. Und selbst Mendel stimmte sie milde gegen den Himmel, der vor viertausend Jahren freigiebig heitere Wunder gespendet hatte, und es war, als würde durch die Liebe Gottes zum ganzen Volk Mendel mit seinem eigenen kleinen Schicksal beinahe ausgesöhnt. Noch sang er nicht mit, Mendel Singer, aber sein Oberkörper schaukelte vor und zurück, gewiegt vom Gesang der Andern. Er hörte die Enkelkinder Skowronneks mit hellen Stimmen singen und erinnerte sich der Stimmen seiner eigenen Kinder. Er sah noch den hilflosen Menuchim auf dem ungewohnten erhöhten Stuhl am feierlichen Tisch. Der Vater allein hatte während des Singens von Zeit zu Zeit einen hurtigen Blick auf seinen jüngsten und ärmsten Sohn geworfen, das lauschende Licht in seinen törichten Augen gesehn und gefühlt, wie sich der Kleine vergeblich mühte, mitzuteilen, was in ihm klang, und zu singen, was er hörte. Es war der einzige Abend im Jahr, an dem Menuchim einen neuen Rock trug, wie seine Brüder und den weißen Kragen des Hemdes mit den ziegelroten Ornamenten als festlichen Rand um sein welkes Doppelkinn. Wenn Mendel ihm den Wein vorhielt, trank er mit gierigem Zug den halben Becher, keuchte und prustete und verzog sein Gesicht zu einem misslungenen Versuch zu lachen oder zu weinen: wer konnte es wissen.

Daran dachte Mendel, während er sich im Gesang der Andern wiegte. Er sah, dass sie schon weit voraus waren, überschlug ein paar Seiten und bereitete sich vor, aufzustehn, die Ecke von den Tellern zu entlasten, damit sich kein Unfall ereignete, wenn er loslassen sollte. Denn der Zeitpunkt näherte sich, an dem man den roten Becher mit Wein füllte und die Tür öffnete, um den Propheten Eliahu einzulassen. Schon wartete das dunkelrote Glas, die sechs Lichter spiegelten sich in seiner Wölbung. Frau Skowronnek hob den Kopf und sah Mendel an. Er stand auf, schlurfte zur Tür und öffnete sie. Skowronnek sang nun die Einladung an den Propheten. Mendel wartete, bis sie zu Ende war. Denn er wollte nicht den Weg zweimal machen. Dann schloss er die Tür, setzte sich wieder, stemmte die stützende Faust unter das Tischbrett, und der Gesang ging weiter.

Kaum eine Minute, nachdem Mendel sich gesetzt hatte, klopfte es. Alle hörten das Klopfen, aber alle dachten, es sei eine Täuschung. An diesem Abend saßen die Freunde zu Haus, leer waren die Gassen des Viertels. Um diese Stunde war kein Besuch möglich. Es war gewiss der Wind, der klopfte. »Mendel« sagte Frau Skowronnek »Ihr habt die Tür nicht richtig geschlossen.« Da klopfte es noch einmal, deutlich und länger. Alle hielten ein. Der Geruch der Kerzen, der Genuss des Weins, das gelbe ungewohnte Licht und die alte Melodie hatten die Erwachsenen und die Kinder so nah an die Erwartung eines Wunders gebracht, dass ihr Atem für einen Augenblick aussetzte und dass sie ratlos und blass einander ansahen, als wollten sie sich fragen, ob der Prophet nicht wirklich Einlass verlange. Also blieb es still, und niemand wagte sich zu rühren. Endlich regte sich Mendel. Noch einmal schob er die Teller in die Mitte. Noch einmal schlurfte er zur Tür und öffnete. Da stand ein großgewachsener Fremder im halbdunklen Flur, wünschte guten Abend und fragte, ob er eintreten dürfe. Skowronnek erhob sich mit einiger Mühe aus seinen Polstern. Er ging zur Tür, betrachtete den Fremden und sagte: please! – wie er es in Amerika gelernt hatte. Der Fremde trat ein. Er trug einen dunklen Mantel, hochgeschlagen war sein Kragen, den Hut behielt er auf dem Kopf, offenbar aus Andacht vor der Feier, in die er geraten war und weil alle anwesenden Männer mit bedeckten Häuptern dasaßen.

»Es ist ein feiner Mann« – dachte Skowronnek.

Und er knöpfte, ohne ein Wort zu sagen, dem Fremden den Mantel auf. Der Mann verneigte sich und sagte: »Ich heiße Alexej Kossak. Ich bitte um Entschuldigung. Ich bitte sehr um Entschuldigung. Man hat mir gesagt, dass sich ein gewisser Mendel Singer aus Zuchnow bei Ihnen aufhält. Ich möchte ihn sprechen.«

»Das bin ich« – sagte Mendel, trat nahe an den Gast und hob den Kopf. Seine Stirn reichte bis zur Schulter des Fremden. »Herr Kossak« – fuhr Mendel fort – »ich habe schon von Ihnen gehört. Ein Verwandter sind Sie.«

»Legen Sie ab und setzen Sie sich mit uns an den Tisch« – sagte Skowronnek.

Frau Skowronnek erhob sich. Alle rückten zusammen. Man machte dem Fremden Platz. Skowronneks Schwiegersohn stellte noch einen Stuhl an den Tisch. Der Fremde hängte den Mantel an einen Nagel und setzte sich Mendel gegenüber. Man stellte einen Becher Wein vor den Gast. »Lassen Sie sich nicht aufhalten«, bat Kossak, »beten Sie weiter.«

Sie fuhren fort. Still und schmal saß der Gast auf seinem Platz. Mendel betrachtete ihn unaufhörlich. Unermüdlich sah Alexej Kossak auf Mendel Singer. Also saßen sie einander gegenüber, umweht von dem Gesang der Andern, aber von ihnen getrennt. –

Es war beiden angenehm, dass sie der Andern wegen noch nicht miteinander sprechen konnten. Mendel suchte die Augen des Fremden. Schlug sie Kossak nieder, so war es dem Alten, als müsste er den Gast bitten, sie offen zu halten. In diesem Angesicht war Mendel Singer alles fremd, nur die Augen hinter den randlosen Gläsern waren ihm nahe. Zu ihnen schweifte immer wieder sein Blick, wie in einer Heimkehr zu vertrauten, hinter Fenstern verborgenen Lichtern, aus der fremden Landschaft des schmalen, blassen und jugendlichen Gesichts. Schmal, verschlossen und glatt waren die Lippen. »Wenn ich sein Vater wäre«, dachte Mendel, würde ich ihm sagen: »Lächle, Alexej.«

Leise zog er aus der Tasche das Plakat, entfaltete es unter dem Tisch, um die Andern nicht zu stören und reichte es dem Fremden hinüber. Der nahm es und lächelte, schmal, zart und nur eine Sekunde lang.

Man unterbrach den Gesang, die Mahlzeit begann, einen Teller heißer Suppe schob Frau Skowronnek vor den Gast, und Herr Skowronnek bat ihn, mitzuessen. Der Reisende in Musikalien begann ein Gespräch in Englisch mit Kossak, von dem Mendel gar nichts verstand. Dann erklärte der Reisende Allen, dass Kossak ein junges Genie sei, nur noch eine Woche in New York bleibe und sich erlauben werde, den Anwesenden Freikarten zu dem Konzert seines Orchesters zu schicken. Andere Gespräche konnten nicht in Gang kommen. Man aß in wenig festlicher Eile dem Ende der Feier zu, und jeden zweiten Bissen begleitete ein höfliches Wort des Fremden oder seiner Wirte. Mendel sprach nicht. Frau Skowronnek zu Gefallen aß er noch schneller als die Andern, um keinen Anlass zu Verzögerungen zu geben. Und alle begrüßten das Ende des Mahls und fuhren eifrig fort im Absingen der Wunder. Skowronnek schlug einen immer schnelleren Rhythmus an, die Frauen konnten ihm nicht folgen. Als er aber zu den Psalmen kam, veränderte er die Stimme, das Tempo und die Melodie, und so betörend klangen die Worte, die er nunmehr sang, dass sogar Mendel am Ende jeder Strophe »Hallelujah, Hallelujah« wiederholte. Er schüttelte den Kopf, dass sein tiefer Bart über die aufgeschlagenen Blätter des Buches strich und ein zartes Rascheln hörbar wurde, als wollte sich der Bart Mendels an dem Gebet beteiligen, da der Mund Mendels so sparsam feierte.

Nun waren sie bald fertig. Die Kerzen waren bis zur Hälfte abgebrannt, der Tisch war nicht mehr glatt und feierlich, Flecken und Speisereste sah man auf dem weißen Tischtuch, und Skowronneks Enkel gähnten schon. Man hielt am Ende des Buches. Skowronnek sagte mit erhobener Stimme den überlieferten Wunsch: »Im nächsten Jahre in Jerusalem!« Alle wiederholten es, klappten die Bücher zu und wandten sich zum Gast. An Mendel kam jetzt die Reihe, den Besucher zu fragen. Der Alte räusperte sich, lächelte und sagte: »Nun, Herr Alexej, was wollen Sie mir erzählen?«

Mit halblauter Stimme begann der Fremde: »Ihr hättet längst von mir Nachricht gehabt, Herr Mendel Singer, wenn ich Eure Adresse gewusst hätte. Aber nach dem Kriege wusste sie niemand mehr. Billes' Schwiegersohn, der Musikant, ist an Typhus gestorben, Euer Haus in Zuchnow stand leer, denn die Tochter Billes' war zu ihren Eltern, die damals schon in Dubno wohnten, geflohen, und in Zuchnow, in Eurem Haus, waren österreichische Soldaten. Nun, nach dem Kriege schrieb ich an meinen Manager hierher, aber der Mann war nicht geschickt genug, er schrieb mir, dass Ihr nicht zu finden seid.«

»Schade um Billes' Schwiegersohn!« sagte Mendel, und er dachte dabei an Menuchim.

»Und nun« fuhr Kossak fort »habe ich eine angenehme Nachricht.« Mendel hob den Kopf. »Ich habe Euer Haus gekauft, vom alten Billes, vor Zeugen und auf Grund einer amtlichen Einschätzung. Und das Geld will ich Euch auszahlen.«

»Wieviel macht es?«, fragte Mendel.

»Dreihundert Dollar!«, sagte Kossak.

Mendel griff sich an den Bart und kämmte ihn mit gespreizten zitternden Fingern. »Ich danke Ihnen!«, sagte er.

»Und was Euren Sohn Jonas betrifft«, sprach Kossak weiter »so ist er seit dem Jahre 1915 verschollen. Niemand konnte etwas über ihn sagen. Weder in Petersburg, noch in Berlin, noch in Wien, noch im Schweizer Roten Kreuz. Ich habe überall angefragt und anfragen lassen. Aber vor zwei Monaten traf ich einen jungen Mann aus Moskau. Er kam eben als Flüchtling über die polnische Grenze, denn, wie Ihr wisst, gehört Zuchnow jetzt zu Polen. Und dieser junge Mann war Jonas' Regimentskamerad gewesen. Er sagte mir, dass er einmal durch Zufall gehört hat, dass Jonas lebt und in der weißgardistischen Armee kämpft. Nun ist es wohl ganz schwer geworden, etwas über ihn zu erfahren. Aber Ihr dürft die Hoffnung immer noch nicht aufgeben.«

Mendel wollte eben den Mund auftun, um nach Menuchim zu fragen. Aber sein Freund Skowronnek, der Mendels Frage vorausahnte, eine traurige Antwort für sicher hielt und bestrebt war, betrübliche Gespräche an diesem Abend zu vermeiden oder sie wenigstens, so lang es ging, zu verschieben, kam dem Alten zuvor und sagte: »Nun, Herr Kossak, da wir das Vergnügen haben, einen so großen Mann, wie Sie, bei uns zu sehen, machen Sie uns vielleicht noch die Freude, etwas aus Ihrem Leben zu erzählen. Wie kommt es, dass Sie den Krieg, die Revolution und alle Gefahren überstanden haben?«

Der Fremde hatte offenbar diese Frage nicht erwartet, denn er antwortete nicht sofort. Er schlug die Augen nieder, wie einer, der sich schämt oder nachdenken muss, und antwortete erst nach einer längeren Weile: »Ich habe nichts Besonderes erlebt. Als Kind war ich lange krank, mein Vater war ein armer Lehrer, wie Herr Mendel Singer, mit dessen Frau ich ja verwandt bin. (Es ist jetzt nicht an der Zeit, die Verwandtschaft näher zu erläutern.) Kurz, meiner Krankheit wegen, und weil wir arm waren, kam ich in eine große Stadt, in ein öffentliches medizinisches Institut. Man behandelte mich gut, ein Arzt hatte mich besonders gern, ich wurde gesund, und der Doktor behielt mich in seinem Haus. Dort« – hier senkte Kossak die Stimme und den Kopf, und es war, als spräche er zum Tisch, so, dass alle den Atem anhielten, um ihn genau zu hören, – »dort setzte ich mich eines Tages an das Klavier und spielte aus dem Kopf eigene Lieder. Und die Frau des Doktors schrieb die Noten zu meinen Liedern. Der Krieg war mein Glück. Denn ich kam zur Militärmusik und wurde Dirigent einer Kapelle, blieb die ganze Zeit in Petersburg und spielte ein paar Mal beim Zaren. Meine Kapelle ging mit mir nach der Revolution ins Ausland. Ein paar fielen ab, ein paar Neue kamen dazu, in London machten wir einen Kontrakt mit einer Konzertagentur, und so ist mein Orchester entstanden.«

Alle lauschten immer noch, obwohl der Gast längst nichts mehr erzählte. Aber seine Worte schwebten noch im Zimmer, und an den und jenen schlugen sie erst jetzt. Kossak sprach den Jargon der Juden mangelhaft, er mischte halbe russische Sätze in seine Erzählung, und die Skowronneks und Mendel begriffen sie nicht einzeln, sondern erst im ganzen Zusammenhang. Die Schwiegersöhne Skowronneks, die als kleine Kinder nach Amerika gekommen waren, verstanden nur die Hälfte und ließen sich von ihren Frauen die Erzählung des Fremden ins Englische übersetzen. Der Reisende in Musikalien wiederholte daraufhin die Biografie Kossaks, um sie sich einzuprägen. Die Kerzen brannten nur noch als kurze Stümpfe in den Leuchtern, es wurde dunkel im Zimmer, die Enkel schliefen mit schiefen Köpfchen auf den Sesseln, aber niemand machte Anstalten, zu gehn, ja, Frau Skowronnek holte sogar zwei ganze Kerzen, klebte sie auf die alten Stümpfe und eröffnete so den Abend von neuem. Ihr alter Respekt vor Mendel Singer erwachte. Dieser Gast, der ein großer Mann war, beim Zaren gespielt hatte, einen merkwürdigen Ring am kleinen Finger trug und eine Perle in der Krawatte, mit einem Anzug aus gutem europäischen Stoff bekleidet war – sie verstand sich darauf, denn ihr Vater war Tuchhändler gewesen – dieser Gast konnte nicht mit Mendel in die Hinterstube des Ladens gehn. Ja, sie sagte zur Überraschung ihres Mannes: »Mister Singer! Es ist gut, dass Sie heute zu uns gekommen sind. Sonst« – und sie wandte sich an Kossak – »ist er so bescheiden und zartfühlend, dass er alle meine Einladungen ausschlägt. Er ist dennoch wie das älteste Kind in unserem Haus.« Skowronnek fiel ihr ins Wort: »Mach uns noch einen Tee!« Und während sie aufstand, sagte er zu Kossak: »Wir alle kennen Ihre Lieder schon lange, ›Menuchims Lied‹ ist doch von Ihnen?« – »Ja«, sagte Kossak. »Es ist von mir.« Es schien, dass ihm diese Frage nicht angenehm war. Er sah schnell auf Mendel Singer und fragte: »Ihre Frau ist tot?« Mendel nickte. »Und soviel ich weiß, haben Sie doch eine Tochter?« Statt Mendels erwiderte nun Skowronnek: »Sie ist leider durch den Tod der Mutter und des Bruders Sam verwirrt geworden und in der Anstalt.« Der Fremde ließ wieder den Kopf sinken. Mendel erhob sich und ging hinaus.

Er wollte nach Menuchim fragen, aber er hatte nicht den Mut dazu. Er kannte ja die Antwort schon im Voraus. Er selbst versetzte sich an die Stelle des Gastes und antwortete sich: »Menuchim ist schon lange tot. Er ist jämmerlich umgekommen.« Er prägte sich diesen Satz ein, schmeckte im Voraus seine ganze Bitterkeit, um dann, wenn er wirklich erklingen sollte, ruhig bleiben zu können. Und da er noch eine schüchterne Hoffnung tief in seinem Herzen keimen fühlte, versuchte er sie zu töten. Wenn Menuchim am Leben wäre – sagte er sich – so hätte es mir der Fremde sofort am Anfang erzählt. Nein! Menuchim ist schon lange tot. Jetzt werde ich ihn fragen, damit diese dumme Hoffnung ein Ende nehme! – Aber er fragte noch immer nicht. Er setzte sich eine Pause, und die geräuschvolle Tätigkeit der Frau Skowronnek, die in der Küche mit dem Teekocher hantierte, veranlasste ihn, das Zimmer zu verlassen, um der Hausfrau zu helfen, wie er es gewohnt war.

Heute aber schickte sie ihn ins Zimmer zurück. Er besaß dreihundert Dollar und einen vornehmen Verwandten. »Es schickt sich nicht für Euch, Mister Mendel«, sagte sie. »Lasst Euren Gast nicht allein!« Sie war übrigens schon fertig. Mit den vollen Teegläsern auf dem breiten Tablett betrat sie das Zimmer, gefolgt von Mendel. Der Tee dampfte. Mendel war endlich entschlossen, nach Menuchim zu fragen. Auch Skowronnek fühlte, dass die Frage nicht mehr aufzuschieben war. Er fragte lieber selbst, Mendel, sein Freund, sollte zu dem Weh, das ihm die Antwort bereiten würde, nicht auch noch die Qual zu fragen auf sich nehmen müssen.

»Mein Freund Mendel hatte noch einen armen kranken Sohn, namens Menuchim. Was ist mit ihm geschehn?«

Wieder antwortete der Fremde nicht. Er stocherte mit dem Löffel auf dem Grunde des Glases herum, zerrieb den Zucker und, als wollte er aus dem Tee die Antwort ablesen, sah er auf das hellbraune Glas und, den Löffel immer noch zwischen Daumen und Zeigefinger, die schmale braune Hand sachte bewegend, sagte er endlich, unerwartet laut, wie mit einem plötzlichen Entschluss:

»Menuchim lebt!«

Es klingt nicht wie eine Antwort, es klingt wie ein Ruf. Unmittelbar darauf bricht ein Lachen aus Mendel Singers Brust. Alle erschrecken und sehen starr auf den Alten. Mendel sitzt zurückgelehnt auf dem Sessel, schüttelt sich und lacht. Sein Rücken ist so gebeugt, dass er die Lehne nicht ganz berühren kann. Zwischen der Lehne und Mendels altem Nacken (weiße Härchen kräuseln sich über dem schäbigen Kragen des Rocks) ist ein weiter Abstand. Mendels langer Bart bewegt sich heftig, flattert beinahe, wie eine weiße Fahne und scheint ebenfalls zu lachen. Aus Mendels Brust dröhnt und kichert es abwechselnd. Alle erschrecken, Skowronnek erhebt sich etwas schwerfällig aus den schwellenden Kissen und behindert durch den langen weißen Kittel, geht um den ganzen Tisch, tritt zu Mendel, beugt sich zu ihm und nimmt mit beiden Händen Mendels beide Hände. Da verwandelt sich Mendels Lachen in Weinen, er schluchzt, und die Tränen fließen aus den alten halbverhüllten Augen in den wildwuchernden Bart, verlieren sich im wüsten Gestrüpp, andere bleiben lange und rund und voll wie gläserne Tropfen in den Haaren hängen.

Endlich ist Mendel ruhig. Er sieht Kossak gerade an und wiederholt: »Menuchim lebt?«

Der Fremde sieht Mendel ruhig an und sagt: »Menuchim lebt, er ist gesund, es geht ihm sogar gut!«

Mendel faltet die Hände, er hebt sie, so hoch er kann, dem Plafond entgegen. Er möchte aufstehn. Er hat das Gefühl, dass er jetzt aufstehn müsste, gerade werden, wachsen, groß und größer werden, über das Haus hinauf und mit den Händen den Himmel berühren. Er kann die gefalteten Hände nicht mehr lösen. Er blickt zu Skowronnek, und der alte Freund weiß, was er jetzt zu fragen hat, an Mendels statt.

»Wo ist Menuchim jetzt?« fragt Skowronnek.

Und langsam erwidert Alexej Kossak:

»Ich selbst bin Menuchim.«

Alle erheben sich plötzlich von den Sitzen, die Kinder, die schon geschlafen haben, erwachen und brechen in Weinen aus. Mendel selbst steht so heftig auf, dass hinter ihm sein Stuhl mit lautem Krach hinfällt. Er geht, er eilt, er hastet, er hüpft zu Kossak, dem Einzigen, der sitzen geblieben ist. Es ist ein großer Aufruhr im Zimmer. Die Kerzen beginnen zu flackern, als würden sie plötzlich von einem Wind angeweht. An den Wänden flattern die Schatten stehender Menschen. Mendel sinkt vor dem sitzenden Menuchim nieder, er sucht mit unruhigem Mund und wehendem Bart die Hände seines Sohnes, seine Lippen küssen, wo sie hintreffen, die Knie, die Schenkel, die Weste Menuchims. Mendel steht wieder auf, hebt die Hände und beginnt, als wäre er plötzlich blind geworden, mit heftigen Fingern das Gesicht seines Sohnes abzutasten. Die stumpfen alten Finger huschen über die Haare Menuchims, die glatte breite Stirn, die kalten Gläser der Brille, die schmalen geschlossenen Lippen. Menuchim sitzt ruhig und rührt sich nicht. Alle Anwesenden umringen Menuchim und Mendel, die Kinder weinen, die Kerzen flackern, die Schatten an der Wand ballen sich zu schweren Wolken zusammen. Niemand spricht.

Endlich erklingt Menuchims Stimme: »Steh auf, Vater!« sagt er, greift Mendel unter die Arme, hebt ihn hoch und setzt ihn auf den Schoß, wie ein Kind. Die andern entfernen sich wieder. Jetzt sitzt Mendel auf dem Schoß seines Sohnes, lächelt in die Runde, jedem ins Angesicht. Er flüstert: »Der Schmerz wird ihn weise machen, die Hässlichkeit gütig, die Bitternis milde und die Krankheit stark.« Deborah hat es gesagt. Er hört noch ihre Stimme.

Skowronnek verlässt den Tisch, legt seinen Kittel ab, zieht seinen Mantel an und sagt: »Gleich komme ich wieder!« Wohin geht Skowronnek? Es ist noch nicht spät, kaum elf Uhr, die Freunde sitzen noch an den Tischen. Er geht von Haus zu Haus, zu Groschel, Menkes und Rottenberg. Alle sind noch an den Tischen zu finden. »Ein Wunder ist geschehn! Kommt zu mir und seht es an!« Er führt alle Drei zu Mendel. Unterwegs begegnen sie der Tochter Lemmels, die ihre Gäste begleitet hat. Sie erzählen ihr von Mendel und Menuchim. Der junge Frisch, der mit seiner Frau noch ein bisschen spazieren geht, hört ebenfalls die Neuigkeit. Also erfahren Einige, was sich ereignet hat. Unten, vor dem Hause Skowronneks steht, als Beweis, das Automobil, in dem Menuchim gekommen ist. Ein paar Leute öffnen die Fenster und sehen es. Menkes, Groschel, Skowronnek und Rottenberg treten ins Haus. Mendel geht ihnen entgegen und drückt ihnen stumm die Hände.

Menkes, der Bedächtigste von allen, nahm das Wort: »Mendel« sagte er – »wir sind gekommen, Dich in Deinem Glück zu sehn, wie wir Dich im Unglück gesehn haben. Erinnerst Du Dich, wie Du geschlagen warst! Wir trösteten Dich, aber wir wussten, dass es umsonst war. Nun erlebst Du ein Wunder am lebendigen Leibe. Wie wir damals mit Dir traurig waren, so sind wir heute mit Dir fröhlich. Groß sind die Wunder, die der Ewige vollbringt, heute noch, wie vor einigen tausend Jahren. Gelobt sei sein Name!« Alle standen. Die Töchter Skowronneks, die Kinder, die Schwiegersöhne und der Reisende in Musikalien waren schon in Überkleidern und nahmen Abschied. Mendels Freunde setzten sich nicht, denn sie waren nur zu einem kurzen Glückwunsch gekommen. Kleiner als sie alle, mit gekrümmtem Rücken, im grünlich schillernden Rock stand Mendel in ihrer Mitte, wie ein unscheinbarer verkleideter König. Er musste sich recken, um ihnen in die Gesichter zu sehn. »Ich danke Euch« – sagte er. »Ohne Eure Hilfe hätte ich diese Stunde nicht erlebt. Seht Euch meinen Sohn an!« Er zeigte mit der Hand auf ihn, als könnte irgend jemand von den Freunden nicht gründlich genug Menuchim betrachten. Ihre Augen befühlten den Stoff des Anzugs, die seidene Krawatte, die Perle, die schmalen Hände und den Ring. Dann sagten sie: »Ein edler junger Mann! Man sieht, dass er ein Besonderer ist!«

»Ich habe kein Haus« – sagte Mendel zu seinem Sohn. »Du kommst zu Deinem Vater, und ich weiß nicht, wo Dich schlafen zu legen.«

»Ich möchte Dich mitnehmen, Vater« erwiderte der Sohn. »Ich weiß nicht, ob Du fahren darfst, weil ja Feiertag ist.«

»Er darf fahren« – sagten alle, wie aus einem Munde.

»Ich glaube, dass ich mit Dir fahren darf« meinte Mendel. »Schwere Sünden hab' ich begangen, der Herr hat die Augen zugedrückt. Einen Isprawnik hab' ich ihn genannt. Er hat sich die Ohren zugehalten. Er ist so groß, dass unsere Schlechtigkeit ganz klein wird. Ich darf mit Dir fahren.«

Alle begleiteten Mendel zum Wagen. An diesem und jenem Fenster standen Nachbarn und Nachbarinnen und sahen hinunter. Mendel holte seine Schlüssel, sperrte noch einmal den Laden auf, ging ins Hinterzimmer und nahm das rotsamtene Säckchen vom Nagel. Er blies darauf, um es vom Staub zu befreien, ließ den Rolladen herunter, sperrte zu und gab Skowronnek die Schlüssel. Mit dem Sack im Arm stieg er ins Auto. Der Motor ratterte. Die Scheinwerfer leuchteten auf. Aus dem und jenem Fenster riefen Stimmen: »Auf Wiedersehen, Mendel.« Mendel Singer ergriff Menkes am Ärmel und sagte: »Morgen, beim Gebet, wirst Du verkünden lassen, dass ich dreihundert Dollar für Arme spende. Lebt wohl!«

Und er fuhr an der Seite seines Sohnes in den vierundvierzigsten Broadway, ins Astor Hotel.

Jakob Wassermann (geb. 1873 in Fürth; gest. 1934 in Altaussee/Österreich) gehörte bis zum Verbot seiner Bücher durch die Nationalsozialisten zu den meistgelesenen der deutsch-jüdischen Schriftsteller. Nach abgebrochener Lehre, kurzem Militärdienst und einigen Wanderjahren wurde Wassermann 1894 vom Schriftsteller und Komponisten Ernst von Wolzogen als Sekretär eingestellt. Wolzogen machte ihn mit dem Verleger Albert Langen bekannt, bei dem Wassermann 1896 und 1897 seine ersten beiden Romane »Melusine« und »Die Juden von Zirndorf« veröffentlichte.

Seine psychologische und oft moralisierende Erzählweise verband Wassermann häufig mit historischen Stoffen, so im 1908 erschienenen Roman »Caspar Hauser oder Die Trägheit des Herzens«. Die Inspiration durch den russischen Romancier Fjodor Dostojewski zeigt sich vor allem im 1919 erschienenen Entwicklungsroman »Christian Wahnschaffe«, worin Wassermann die Wandlung des Sohns eines reichen Industriellen vom verschwenderischen Leben hin zu einem von karitativer Arbeit und Nächstenliebe geprägten Lebensentwurf beschreibt.

Anders als bei den oben vorgestellten Autoren von Lion Feuchtwanger bis Joseph Roth war Jakob Wassermanns Einstellung zu seiner jüdischen Identität von besonderer Ambivalenz geprägt. Insbesondere im Frühwerk finden sich Textstellen, die von äußerster Distanz gegenüber dem traditionellen jüdischen Leben, wenn nicht gar von »jüdischem Selbsthass« zeugen. Über den Wandel seines Selbstverständnisses hat Wassermann in der 1921 veröffentlichten Autobiographie »Mein Weg als Deutscher und Jude« berichtet. Die ständige Konfrontation mit dem Antisemitismus schildert Wassermann in der folgenden Textstelle anhand der Erlebnisse und Gespräche mit einem Weggefährten, in dem er zunächst glaubte, einen Freund gefunden zu haben. ■

Jakob Wassermann
Mein Weg als Deutscher und Jude

9

Es erwies sich, daß der Freund ebenfalls in bedrängter Lage war; mit seinem Stellungsgeber in Streit geraten, hatte er seinen Posten verlassen müssen und einen anderen noch nicht gefunden. Wir lebten nun in folgender Art: Tagsüber schliefen wir in seinem Zimmer in Oberstraß, des Abends suchten wir ein Kaffee auf der Bahnhofstraße auf, wo der Freund einen Oberkellner kannte, der ihm Kredit gewährte. Dort tranken wir Milchkaffee und aßen eine Unmenge von Weißbroten, unsere ganze Mahlzeit für die Dauer von vierundzwanzig Stunden. Wir blieben bis spät in die Nacht sitzen, vertieft in Gespräche, dann gingen wir nach Haus, er legte sich in sein Bett, ich auf eine entliehene Matratze, und so sprachen wir weiter, bis der Morgen graute. Das Erlebnis in Freiburg hatte nicht aufgehört, mich innerlich zu quälen. Der Freund merkte, daß ich ihm etwas verbarg, denn bisher hatte ich es noch nicht über mich gewinnen können, ihm davon zu berichten, sondern als Ursache meiner Flucht einen gleichgültigen Zank angegeben. Mit Feinheit und Geschicklichkeit wußte er mir endlich das Verschwiegene zu entlocken, und nun drehten sich viele unserer nächtlichen Unterhaltungen um dieses Thema.

Der an sich unbedeutende Vorfall führte uns ins Allgemeine und Schicksalhafte und wieder zurück ins begrenzt Persönliche meiner Existenz; nachdem wir solcher Art viele Wege miteinander gegangen waren, öffnete sich plötzlich ein Abgrund zwischen uns.

Ich gestand ihm, was ich nicht verwinden konnte, was zu erkennen und zu benennen ich bisher auch von mir abgewendet hatte: ich fühlte mich als Mitglied einer Nation, gleichgeordnet als Mensch, gleichberechtigt als Bürger; da mich aber ein Beliebiger ohne zureichenden Grund, und ohne daß es möglich war, ihn dafür zur Verantwortung zu ziehen, als untergeordnetes Wesen behandeln dürfte, so beruhe entweder mein Gefühl auf einem Irrtum, oder die Übereinkunft, von der es gestützt gewesen, sei Lüge und Betrug.

Er erwiderte, die Feindseligkeit habe nicht mir gegolten, sondern meiner Abstammung, der Zugehörigkeit zu einem Fremdkörper innerhalb der Nation; ein Argument, auf das ich gefaßt war, und auf das ich nur mit Scham und Empörung antworten konnte.

Angenommen, diese sind eure Gäste, sagte ich, warum tretet ihr dann die Gebote der Gastfreundschaft, die zugleich Gebote der Menschlichkeit sind, mit Füßen? Angenommen aber, sie sind euch lästige Eindringlinge, warum duldet ihr sie und macht euch der Heuchelei humaner Verträge schuldig? Besser offener Kampf als das Wohnen unter einem Dach in scheinheiligem Frieden und heimlichem Haß.

Die Juden gehören nun einmal dazu, sagte er rätselhaft; wie es ist, gehören sie dazu.

Wie, sie gehören dazu? wende ich ein, und ihr traktiert sie dennoch als Ratten und Parasiten?

Wer läßt sich so etwas beifallen? entgegnete er; das tun die politischen und sozialen Unheilstifter. Die aufgeklärten Deutschen wissen, was sie den Juden zu verdanken haben und ihnen in Zukunft auch noch werden danken müssen.

Die Juden, die Deutschen, diese Trennung der Begriffe wollte mir nicht in den Sinn, nicht aus dem Sinn, es war die peinlichste Überlegung, darüber mit mir selbst ins klare zu kommen. Worin besteht das Trennende? fragte ich. Im Glauben? Ich habe nicht den jüdischen Glauben, du hast nicht den christlichen. Im Blut? Wer will sich anmaßen, Blutart von Blutart zu scheiden? Gibt es blutreine Deutsche? Haben sich Deutsche nicht mit französischen Emigranten vermischt? Mit Slawen, Nordländern, Spaniern, Italienern, wahrscheinlich auch mit Hunnen und Mongolen, als ihre Horden deutsches Gebiet überfluteten? Kann man nicht vorzügliche, ja vorbildliche Deutsche von nachweisbar undeutscher Herkunft nennen, Künstler und Feldherrn, Dichter und Gelehrte, Fürsten, Könige sogar? Und die zwei Jahrtausend alte Existenz der Juden im Abendlande sollte nicht ihr Blut berührt haben, wenn es nun schon fremdes Blut sein soll, Luft, Erde, Wasser, Geschichte, Schicksal, Tat und Anteil nicht, wenn man selbst physische Vermischung ausschließt? War auch ihr eigenes Gesetz dagegen und der Widerstand der Völker, konnten sie sich dem natürlichen Gesetz entziehen? Sind sie von anderer moralischer Beschaffenheit? Von anderer menschlicher Prägung?

Er antwortete, es sei vielleicht so. Es scheine ihm, als seien sie von anderer moralischer Beschaffenheit, von anderer menschlicher Prägung. Das gerade sei vielleicht der kritische Punkt.

Ich darauf: Er werde doch nicht behaupten wollen, daß der Freiburger Versicherungsmann nicht unter der Gewalt eines kleinlichen boshaften, gedankenlosen Vorurteils gehandelt habe?

Das räumte er ein, aber was auf einem niedrigen Niveau geschehe, sei nicht maßgebend für die Anschauung auf dem höheren. Übergriffe der Exekutive bewiesen auch nie etwas gegen die Legislatur.

So hege er also die Meinung, ich sei von anderer moralischer Beschaffenheit und anderer menschlicher Prägung als er?

Statt einer Antwort fragte er mich sehr ernst, sehr feierlich, ob ich mich, Hand aufs Herz, wirklich als Jude fühle. Ich zögerte. Ich wollte wissen, worauf die Frage abzielte.

Er lachte und sagte, da sehe er schon, wie schwer es mir werde, mich zu bekennen. Der Begriff Jude sei gar nicht leicht zu umgrenzen.

Sicherlich, entgegnete ich, so wenig wie der Begriff Deutscher.

Er fragte, ob meine Mutter zweifellos eine Jüdin gewesen sei? Ob in der Vergangenheit der Familie kein Fall von Kreuzung bekannt oder nur der Verdacht davon vorhanden sei? Als ich jenes unbedingt bejahte, dieses lächelnd verneinte, schüttelte er den Kopf und sagte, mein Fall sei außerordentlich interessant; es sei ein ganz besonderer Fall.

Ich ließ ihn nicht entschlüpfen. Ich wollte Aufschluß haben über das, was er »meinen Fall« nannte. Ich bot ihm Behelfe. Ich sagte: Es ist nicht entscheidend, daß ich mich unter Deutschen als Deutscher fühle. Dem Deutschen steht es frei, dies als eine Prätention zu betrachten, eine begründete oder unbegründete, je nachdem. Erfüllen: gnadenhalber, ausnahmsweise, befristet oder unbefristet, weil ich ihm durch eine Leistung Respekt oder Sympathie abringe, aus Lässigkeit, Vergeßlichkeit, aus Zwecksucht. In einen Gesellschaftsverband aufgenommen zu werden, nur weil die sonstige Abwehr eingestellt ist, ist verletzend und entwürdigend, letzten Endes für beide Teile.

Er gab es zu. Ich fuhr fort: In aller Unschuld war ich bisher überzeugt gewesen, ich sei deutschem Leben, deutscher Menschheit nicht bloß zugehörig, sondern zugeboren. Ich atme in der Sprache. Sie ist mir weit mehr als das Mittel, mich zu verständigen, und mehr als das Nutzprinzip des äußeren Lebens, mehr als zufällig Gelerntes, zufällig Angewandtes. Ihr Wort und Rhythmus machen mein innerstes Dasein aus. Sie ist das Material, woraus eine geistige Welt aufzubauen ich, wenn schon nicht die Kraft, so doch den unmittelbaren Trieb in mir spüre. Sie ist mir vertraut, als sei ich von Ewigkeit her mit diesem Element verschwistert gewesen. Sie hat meine Züge geformt, mein Auge erleuchtet, meine Hand geführt, mein Herz fühlen, mein Hirn denken gelehrt; sie hat mir das Gesehene, in Phantasie und Urteil Gesammelte durch Geschichte, Fluß des täglichen Seins, Spiel der Lebensläufe, Erlebnis der großen Werke zur Anschauung Gewordene in einmalige, unwiderrufliche Gestalt verdichtet: Ist das nicht gültiger als die Matrikel, als schematisches Bekenntnis, als eingefleischtes Vorurteil, als eine Fremdlingsrolle, die durch Furcht und Stolz auf der einen Seite, auf der anderen durch Aberglauben, Bosheit und Trägheit besteht?

Ja und nein, entgegnete der Freund. Diese Argumente erhellten meine besondere Situation; im allgemeinen lägen die Dinge ganz und gar nicht so.

Ich will mich aber nicht auf meine besondere Situation berufen, warf ich ein, und ich will mich nicht in ihr begnügen.

Prüfen wir jenes Allgemeine zuerst, sagte er. Die Juden als Gesamtheit haben sich niemals mit den Interessen der Wirtsvölker selbstlos zu identifizieren vermocht. Innerhalb des Staates haben sie sich in eine soziale und religiöse Isolierung zurückgezogen, ein starrer, erstarrter Block in der strömenden Bewegung. Solange die erzwungene Isolierung dauerte, hatten sie den Schein des Martyriums für sich; seit sie aufgehoben ist, liegt der Mangel an Willen und Fähigkeit zutage. Es steckt in ihnen ein ungesunder Hochmut der Tradition noch heute. Noch heute pochen sie auf die nur ihnen allein offenbarte Lehre, bewußt oder unbewußt, und halten alle andere Lehre für Irrtum und Lüge. Namentlich gegen das Christentum mußte sich ihr unauslöschlicher Haß richten, denn ihm gegenüber empfanden sie wie eine Mutter, die aus ihrem Schoß den Verräter geboren hat, Verräter des Volkes, Verräter der Menschheit, Verräter Gottes. Was kann solchem Haß gleichen? Wodurch könnte er gemildert werden? Nur er vielleicht erklärt die Widerstandskraft, die Geduld, die Leidensüberwindung, die beispiellose Vitalität des Stammes. Rache für das Erlittene zu üben, keimt wahrscheinlich als Beschluß seit Geschlechtergedenken in ihrer Seele, wuchert in ihrem Zellgewebe sozusagen; was vermag dagegen der andersgeartete Einzelne? Was beweist er dagegen? Dergleichen Instinkte wirken unterirdisch fort und sind durch keine Übereinkunft gutmeinender Aufklärer, nicht durch den Schmerz der Abgelösten, nicht durch das Vorbild der Verwandelten aus der Welt zu schaffen.

Dies zu hören war mir bitter. Ich hielt ihm vor, das sei ja der ganze Jammer des versteinerten Mißverständnisses und der böswilligen Hetze, doch er nahm es nicht an. Er erwiderte, ich sei wie so viele das Opfer eines Kulturblendwerkes. Wie lange ist's denn her, sagte er, daß die Juden aus der Barbarei niedriger Lebensformen getreten sind? Das achtzehnte Jahrhundert sah sie noch in verstockter Abkehr und düsterer Verkrochenheit. Für den greisen Goethe noch war der Jude ungefähr dasselbe, was dem Amerikaner heute der Nigger ist, trotz Nathan dem Weisen, trotz Spinoza und Moses Mendelssohn, trotzdem die junge Romantik, die sich um ihn erhob, von jüdischen Einflüssen durchsetzt war, trotzdem er gegen die historische und institutive Ehrwürdigkeit der Religions- und Volksgemeinschaft sicher nicht unempfindlich war. Die Kindheitseindrücke des Frankfurter Judenghettos zeigten sich stärker. Die Juden weisen immer auf die Bedrückungen und Verfolgungen hin, wenn verwerfliche Züge aus ihrem Gesamtverhalten gebrandmarkt werden. Kein Jude erträgt ein objektives Urteil über Juden, geschweige denn ein abfälliges, auch über einzelne, auch über Entartete nicht, sobald das Judentum als solches im geringsten mitbelastet wird. Dieser Fehler rächt sich insofern schwer, als sich zwischen schönfärbender Apologie und häßlicher Verleumdungstaktik kaum ein Kompromiß finden läßt. Alle Lobredner weisen mit Emphase auf die unbedingte Sittenreinheit und Gesetzestreue der Juden hin, als ob kein Jude zu irgendwelcher Zeit ein Wässerchen getrübt habe.

Dabei waren zum Exempel unter den Räuberbanden, die zwischen 1750 und 1820 die Gegenden Mitteldeutschlands und des Niederrheins unsicher machten, Juden in erklecklicher Menge, Diebe, Hehler und Späher. Die Shylocks aller Grade will ich nicht erwähnen, die mitleidlosen Wucherer und Aussauger, die Spekulanten ohne Gewissen. Absurd wäre ja die Meinung, als ob Millionen Menschen, die sich in heikler sozialer Lage durch die Jahrhunderte winden, fast schutzlos, an Leben und Eigentum stets gefährdet, als ob die mehr und tiefer denn ihre Wächter und Quäler zu makelloser Führung verpflichtet, als ob die Verbrecher unter ihnen verabscheuenswerter wären als die anderen. Gerechterweise muß man ja das Gegenteil behaupten. Dies ist auch nicht der Vorwurf, der zu erheben ist. Die Anklage geht von höherer Warte aus. Sie betrifft das Unvermögen zu seelischer Wandelbarkeit. Geistige Wandelbarkeit ist ihnen ja in außerordentlichem Maße eigen, in gerade verhängnisvollem Maße. Seelisch sind sie in ihrer Gesamtheit, als volkhafte Figur, bis an diesen Tag geblieben, was sie in grauer biblischer Vorzeit waren.

Der Freund verfocht seine Ansichten mit einer beinahe imperativen Autorität. Ich entsinne mich, daß ich mich der Logik und Kraft seiner Argumente nicht entziehen konnte. Niemand wird erwarten, das Gespräch sei hier im Wortlaut angeführt. In Wirklichkeit war es eine lange Folge von Gesprächen, und ich gebe davon den Extrakt, die Legende. Er war unerbittlich; ich, der auf den Grund der Dinge kommen wollte, liebte ihn um dieser Unerbittlichkeit willen, obwohl ich dunkel empfand, daß er sich in unserem gemeinsamen Ringen um die Wahrheit über mich stellte, daß er die Herrschaft an sich riß, und daß die wesentliche Erkenntnis, zu der wir endlich gelangten, ihn nicht befreite und erlöste wie mich, dem sie ein Tor öffnete und ein Ziel zeigte, sondern, daß er in heimlichem Hader und dunkler Gespanntheit mehr und mehr mein Widersacher wurde.

Die sogenannte Emanzipation bildet zweifellos Epoche im Dasein der Juden, führte er aus, der Humanisierungswille des neunzehnten Jahrhunderts beendete ihr Pariatum. Jedes neue Jahrzehnt knüpfte festere Bande zwischen ihnen und uns. Äußerlich nur, zugegeben; solche des bürgerlichen Zusammenschlusses, wirtschaftliche, vaterländische sogar, in jedem Fall gesetzlich sanktionierte, vielfach auch in freiem Ermessen, schönem Vergessen, sittlicher Einsicht entstandene. Bedingungslos wurde die Beziehung, bedingungslos menschlich, nur gegen Ausnahmeindividuen. Woran liegt die Schuld? Ist es deshalb, weil sie sich trotz alledem als Juden zu bewahren suchten? Warum aber? Solange sie Geächtete waren, war es ihr Recht, ihre Pflicht, ihr Schutz, ihre Waffe, das Mittel zur Selbstachtung und Selbstaufrichtung, sich zu verschließen, an der engen Gemeinschaft zu bauen, eine halb imaginäre, halb schwärmerische und um desto süßere, verführerische, tragisch-erhöhende

Volkheit zu pflegen. Doch nachdem ihnen die Wege zur Gemeinschaft mit uns geebnet waren, veränderte sich wohl ihr geistiges Antlitz, ihre Spiritualität mit erstaunlicher Schnelligkeit; mit erstaunlicher Schwung- und Spannkraft machten sie unsere Notwendigkeiten zu den ihren, ihre zu den unseren, schmiegten sich den Forderungen des Staatswohls an, der öffentlichen Meinung, der Mode, widmeten ihre wunderbaren Talente der Kunst, der Wissenschaft, der sozialen Entwicklung, aber in ihrem Grund blieben sie Juden. Ich sage nicht, daß sie hätten Christen werden sollen. Das haben viele getan, aus Utilitätsgründen, oder weil sie sich nicht mehr verkettet fühlten, oder auch aus Überzeugung. Die Frage ist nur, ob sie Christen werden können, anders als im oberflächlichen Sinn, wie es ja die Mehrzahl der Christen selbst ist. Die Frage ist, ob sie deshalb aufgehört haben, Juden zu sein und dies in einem tieferen Sinn; man weiß es nicht, man kann es nicht kontrollieren. Ich glaube an ein Weiterwirken der Einflüsse. Judentum ist wie ein intensives Färbemittel; die geringste Quantität reicht hin, um einer unvergleichlich größeren Masse seinen Charakter zu geben oder wenigstens Spuren davon. Nicht zu leugnen, daß sie, wieder in einem gewissen Sinn, Deutsche geworden sind. Aber es steht dem etwas entgegen. Was mag es sein? Ist es das eigentümliche Beharren der Seele oder der Sinne im Kontrast zur Flüssigkeit, Mobilität, Vielgesichtigkeit des Geistes? Es beweist und erklärt zu wenig. Macht der Tradition ist es nicht, oder nicht ausschließlich, oder nicht mehr. Tradition wird überwunden und jeweilig gemildert durch das Diktat des Lebens; bildet als Disziplin einen wohltätigen Damm gegen Maßlosigkeit und Individualisierungsgier, hütet als politische Maxime Scheunengut und bewahrt die Nation vor überstürzten Neuordnungen. Aber gerade die Maßlosigkeit, gerade die Individualisierungsgier, gerade die Sucht nach Neuordnung muß man den Juden zum Vorwurf machen. Was ist es also?

Ich antwortete ihm, seine Gefahr und sein Unrecht läge in der Verallgemeinerung. Es gäbe solche und solche Juden. Alle Gesamturteile seien schief und führten zur Vergewaltigung, zur Verzerrung, zur Ausnützung im Dienste von Parteiinteressen. Warum nicht menschlich den Menschen sehen, nur den Menschen? Oft rufe man durch Mäkeln erst die Fehler hervor, und in der Wiederholung entstehe die Übertreibung. Man möge den Juden Zeit lassen, viele unter ihnen seien ihres Rechts zu atmen kaum bewußt, Verscheuchte, Verschüchterte, Umklammerte; immer neuer Zustrom aus trüben Behältern trübe die gereinigten wieder, viele seien gequält durch den latenten Haß, und ihre Entschlossenheit, sich zu opfern, treibe sie bis zur Selbstaufgabe; viele seien berauscht durch die ungewohnte Fülle von Raum und Entfaltungsmöglichkeit: Und wenn man ein jüdisches Tribunal imaginierte, so würde dort keiner freigesprochen, den ein christliches oder deutsches für schuldig hält.

Aber ich spürte bei alledem, daß meine Parade den Hieb nicht fing, weil mein Standpunkt gegen den des Freundes ein zu niedriger war. Erst weit später, im Verfluß jahrzehntelanger Kämpfe, konnte ich mir seine Frage beantworten, dieses »Was ist es also?«, von dem ich sogar die Berechtigung geleugnet hatte, und das mich doch zur Aufrichtigkeit und Selbstdurchforschung gebieterisch trieb.

Seit man ihre Geschichte kennt, haben sich die Juden als das auserwählte Volk bezeichnet. Auch in allen ihren Mythen findet sich der Glaube an ihre Auserwähltheit und die Verkündigung davon. Ohne daß man die Zulänglichkeit oder Unzulänglichkeit der Gründe untersucht, auf welche sich dieser Glaube, diese Verkündigung stützt, ob auf die offenbare Lehre, ob auf das Verhältnis zu den geliebten Dingen, ob auf das historische oder mythische Schicksal, ist doch klar einzusehen, daß eine mit solcher Hartnäckigkeit durch die Jahrtausende festgehaltene Überzeugung einerseits ganz außerordentliche Pflichten nach sich zieht, die von der Gesamtheit niemals restlos erfüllt werden können, ferner ganz außerordentliche sittliche und moralische Spannung erzeugt, die wieder durch ihre notwendige Entladung eine Existenz voller Katastrophen schafft; und daß andererseits ein solches Axiom, wenn es als selbstverständliche Voraussetzung vor eine Existenz und an ihren Anfang gestellt ist, die sittliche Entwicklung lähmt, und an ihre Stelle den sittlichen Quietismus setzt, der zu Überheblichkeit und zum Pharisäertum führt.

Es ist die Tragik im Dasein des Juden, daß er zwei Gefühle in seiner Seele einigt: das Gefühl des Vorrangs und das Gefühl der Brandmarkung. In dem beständigen Anprall, in der Reibung dieser beiden Empfindungsströme muß er leben und sich zurecht finden. Es hat sich mir bei fast allen Juden, denen ich begegnet bin, bestätigt, und es ist der tiefste, schwierigste und wichtigste Teil des jüdischen Problems.

Man besitzt aber, einfach und menschlich betrachtet, ebensowenig Vorrang dadurch, daß man Jude ist, wie man gebrandmarkt ist dadurch, daß man Jude ist.

Mir wurde klar, daß ein Volk nicht dauernd auserwählt sein kann und sich dauernd als auserwählt bezeichnen darf, ohne die gerechte Ordnung in den Augen der übrigen Völker zu stürzen. Der auserwählte Einzelne ist stets in der Lage, die Verantwortung für sein Tun und Lassen zu übernehmen; im auserwählten Volk aber maßt sich der Einzelne nach und nach eine Rolle an, die ihm nicht zukommt, der er nicht gewachsen ist, und bei der er überredet wird, die Vorteile der Gesamtposition für sich geltend zu machen, die Verantwortung hingegen auf die Gesamtheit abzuwälzen. Selbst den Fall gesetzt, ein Volk sei auf Grund einer einmaligen grandiosen Leistung berechtigt, sich dauernd als auserwähltes Volk zu bezeichnen, wie wäre ein solcher Anspruch gegen die

Kritik, gegen die veränderten Forderungen neuer Menschheit zu verteidigen und zu sichern? Wie wäre es möglich, den Komplex »Volk« abzugrenzen? Genügte das bloße Bekenntnis zu einem Glauben, um auserwählt zu sein? Das wäre schlechthin unsinnig und unsittlich.

Die Idee der Auserwähltheit hat, für ein Volk, Berechtigung nur innerhalb einer zeitlichen Begrenzung. Sowie sie aber aus der historischen Bedingtheit gerissen und gewissermaßen ins Unendliche gerückt wird, entsteht die Versündigung, während die persönliche Auserwähltheit im Unendlichen steht, im Unendlichen besteht.

MARXISMUS

Maxim Gorki (eigentlich: Alexej M. Peschkow; geb. 1868 in Nischni Nowgorod; gest. 1936 in Gorki bei Moskau) war ein russischer Schriftsteller. Bei dem erfolglosen Versuch ein Studium aufzunehmen, kam er in Kasan erstmals in den Kontakt mit der revolutionären Bewegung. 1892 veröffentlichte er seine erste Erzählung »Makar Tschudra« in einer Zeitung unter dem Pseudonym »Maxim Gorki«, was soviel heißt wie »Der Bittere«. Gorki war ein Autodidakt. Das beschwerliche Leben der kleinen Leute im Russland der Zarenzeit, die Armut der Kinder und der Greise, der Tagelöhner und der Vagabunden: daraus bestanden nicht nur die Stoffe seiner literarischen Arbeiten, es war auch die Welt, aus der Gorki selbst kam. Spätestens seit seinen längeren Aufenthalten in Sankt Petersburg ab 1899 unterstützte Gorki die »Sozialdemokratische Arbeiterpartei Russlands« und nach deren Spaltung 1903 die Bolschewiki. Mit dem Roman »Die Mutter« von 1906 wurde er zu einem der ersten Vertreter des »proletarischen Romans«. Gorki gilt daher auch als stilprägender Autor des »Sozialistischen Realismus«, an dessen späterer Erhebung zur kulturellen Staatsdoktrin er nicht ganz unbeteiligt war, obgleich sein Verhältnis zur sowjetischen Führung unter Lenin und Stalin stets von erheblichen Differenzen begleitet war.

Mit Beginn des 20. Jahrhunderts erschienen einzelne Werke von Gorki auch in deutscher Sprache. Ein Höhepunkt vor 1933 war die 17-bändige Ausgabe seiner »Gesammelten Werke« mit den von John Heartfield gestalteten Einbänden, die von 1926 bis 1930 im Berliner »Malik Verlag« erschien.

Die folgende Textpassage stammt aus der Erzählung »Großvater Archip und Lenjka« von 1893, die auch unter dem Titel »Die Bettler« erschien. Darin hat Gorki, der als Waise bei seinem Großvater aufwuchs, auch seine eigenen Kindheitserlebnisse verarbeitet. ■

Maxim Gorki
Die Bettler

Die Fähre erwartend, hatten sie sich beide in den Schatten des steil abfallenden Ufers gelegt und schauten lange schweigend auf die rasch dahineilenden trüben Fluten des Kuban, der zu ihren Füßen rauschte. Lenka war eingeschlummert, Großvater Archip aber, der einen dumpfen, drückenden Schmerz in der Brust fühlte, konnte nicht schlafen. Von dem dunklen Hintergrunde des Erdbodens hoben sich ihre abgerissenen und zusammengekrümmten Gestalten wie zwei elende Bündel, ein größeres und ein kleineres ab; und ihre von Müdigkeit und Hitze erschöpften, sonnenverbrannten, staubbedeckten Gesichter paßten ganz zu der Farbe der braunen Lumpen, die ihre Glieder bedeckten.

Großvater Archip hatte seine lange, hagere Gestalt quer über einen schmalen Sandstreifen hingestreckt, der sich wie ein gelbes Band am Ufer zwischen dem jähen Abhang und dem Flusse hinzog, während der schlafende Lenka, klein und gebrechlich, zusammengerollt gleich einem Kringel an seiner Seite ruhte und sich neben dem Großvater wie ein dürrer Ast ausnahm, der vom Stamme abgebrochen war – von einem alten, vertrockneten Stamme, den die kalten Wogen des Flusses hierher getragen und mit kräftigem Wurf ans Ufer geschleudert hatten.

Den Kopf auf die Ellenbogen gestützt, schaute der Alte nach dem jenseitigen Ufer, das von Sonnenlicht übergossen und von dürftigem Weidengebüsch eingesäumt war. Zwischen den Weiden schaute an einer Stelle der schwarze Rand der Fähre hervor. Als grauer Streifen zog sich ein Weg vom Flusse bis tief in die Steppe; in seiner schnurgeraden Richtung und seiner langweiligen Eintönigkeit lag etwas Trostloses, das den Großvater traurig stimmte.

Seine trüben und entzündeten Augen mit den roten, verschwollenen Lidern blinzelten unruhig, und das von Runzeln durchfurchte Gesicht war gleichsam erstarrt in dem Ausdruck drückender Sorge und Pein. Von Zeit zu Zeit hustete er vorsichtig, wobei er einen scheuen Blick auf den Enkel warf und die Hand vor den Mund hielt. Es war ein heiserer, quälender Husten, der den Großvater zwang, sich vom Boden aufzurichten, und große Tränen aus seinen Augen hervorpreßte.

Außer seinem Husten und dem leisen Klatschen der Wellen gegen den Sand ließ sich in der Steppe nicht ein Laut vernehmen ... Sie breitete sich zu beiden Seiten des Flusses, gewaltig, dunkelbraun, von der Sonne versengt, und nur dort, fern am Horizont, den die greisen Augen kaum erspähten, wogte üppig das goldene Meer des Weizens, in das der blendend helle Himmel sich jäh hinabsenkte. Drei schlanke Pappeln hoben sich in der Ferne von ihm ab; es war, als ob sie bald kleiner, bald größer würden, und als ob der Himmel und das Weizenfeld unter ihm sich bald senkten, bald höben – bis dann plötzlich alles hinter dem silbernen Vorhang des Steppendunstes verschwand.

Dieser zittrige, grelle, täuschende Dunst schwebte bisweilen aus der Ferne bis ans Ufer des Stromes heran und erschien dann selbst gleichsam wie ein Strom, der plötzlich vom Himmel niederfloß, ebenso rein und ruhig, als ob er nur herabkäme, um die von der Sonnenglut erschöpfte Steppe zu beleben. Und dann verschwand er wieder …

Großvater Archip, der diese Erscheinung nicht kannte, da er als Großrusse früher nie in die Steppe gekommen und nur vom Hunger nach ihr hinausgedrängt worden war, rieb sich die Augen und dachte bekümmert bei sich, daß diese weite, heiße Steppe ihm auch die Sehkraft raube, wie sie schon seinen Beinen den letzten Rest der Kraft geraubt, so daß sie nun nicht mehr, wie ehedem in der Heimat, dreißig Werst am Tage schafften, sondern kaum noch die Hälfte.

Heut war ihm noch übler, noch kläglicher zumute, als jemals in der letzten Zeit. Er fühlte, daß er bald sterben würde, und wenn er sich auch durchaus gleichgültig und gedankenlos gegen diese Tatsache verhielt, wie gegen eine Pflicht, der er sich nicht entziehen konnte, so hätte er doch lieber in der fernen Heimat, in seinem Gouvernement Orlow, sterben mögen. Und dann versetzte ihn auch der Gedanke an seine Enkel in lebhafte Unruhe. Was sollte aus Lenka werden? …

Wohl etlichemal am Tage legte er sich diese Frage vor, und jedesmal krampfte sich dann in ihm etwas krampfartig zusammen, es überlief ihn kalt, es ward ihm so bang, so abscheulich ums Herz, daß er am liebsten nach Hause, nach Rußland zurückgekehrt wäre …

Aber nun erinnerte er sich der Krim, der kahlen Steppen, der groben, gefühllosen Schafhirten, ihrer großen, bösen Hunde, der Tataren, die ebenso habgierig wie frech waren, und auch eines gewissen Erlebnisses, das ihm in dem Kosakenstädtchen Taman begegnet war und ihn samt Lenka beinahe ins Gefängnis gebracht hätte …

Und schließlich ist's doch gar zu weit nach der russischen Heimat – er würde sie nicht erreichen, sondern sich irgendwo unterwegs hinlegen und sterben. Hier, am Kuban, geben sie reiche Almosen, wenn sie auch die Bettler nicht lieben und, als wohlhabende Leute, gern über sie spotten …

Er mußte sich jedenfalls etwas anderes für Lenka ausdenken. Eine Waise war er schließlich hier so gut wie in der Heimat …

Und indem er seinen tränenfeuchten Blick auf dem Enkel ruhen ließ, streichelte er behutsam mit der rauhen Hand Lenkas Kopf.

Der Junge begann sich zu rühren und sah ihn mit seinen großen, blauen

Augen an, die so tief, so gar nicht nach Kinderart ernst und nachdenklich dreinschauten und in dem mageren, von Pockennarben entstellten Gesichtchen mit der spitzen Nase und den blutleeren, vom heißen Steppenwind aufgesprungenen Lippen noch größer erschienen.

»Kommt sie?« fragte er, und indem er die Hand wie einen Schirm über die Augen hielt, schaute er auf den Fluß, dessen kalte Flut die Strahlen der Sonne zurückwarf.

»Nein, sie kommt noch nicht. Liegt noch immer still. Was soll sie hier? Wenn sie niemand ruft, bleibt sie eben liegen ...« sprach Archip langsam, während er immer noch den Kopf seines Enkels streichelte. »Hast 'n bißchen geschlummert?«

Lenka machte eine nichtssagende Kopfbewegung und streckte sich auf dem Sande aus. Sie schwiegen beide.

»Wenn ich schwimmen könnte, möcht' ich mal baden«, begann darauf Lenka, während er aufmerksam nach dem Fluß schaute. Seine Stimme klang seltsam dumpf und ausdruckslos.

»Hat 'ne starke Strömung, der Fluß«, fuhr Lenka fort. »Bei uns gibt's keine solchen Flüsse. Was hat er's denn so eilig? Läuft, als ob er fürchtete, zu spät zu kommen ...«

Und er wandte sich unzufrieden von dem Wasser ab.

»Weißt du was?«, sprach der Großvater nach kurzer Überlegung – »wir wollen unsere Gurte abschnallen und zusammenbinden – ich bind' dich daran fest, und so kannst du baden ...«

»Ei was noch!«, versetzte Lenka altklug. »Hast dir da was Rechtes ausgedacht! Denkst wohl, dich wird's nicht umreißen? Beide werden wir ertrinken!«

»Wenn wir hübsch am Ufer bleiben? ... Doch nein, es reißt uns mit fort – da, wie das strömt! ... Wenn's hier im Frühjahr Hochwasser gibt – Herr des Himmels! ... Auch mit der Heuernte muß es schlimm bestellt sein.«

Lenka hatte keine Lust zum Reden und ließ die Worte des Großvaters ohne Antwort. Er nahm einen trockenen Lehmklumpen in die Hand und zerdrückte ihn mit den Fingern zu Staub, wobei sein Gesicht einen ernsten Ausdruck annahm.

Der Großvater sah ihm nachdenklich zu und kniff die Augen zusammen.

»Sieh doch«, sprach Lenka mit leiser, eintöniger Stimme, während er den Staub von seinen Händen entfernte – »das Stückchen Erde ... hab's in die Hand genommen und zerrieben – Staub ist's geworden ... Lauter winzige Stückchen, kaum dem Auge sichtbar ...«

»So – und was sonst?«, fragte Archip und hustete, während er durch die Tränen, die seine Augen füllten, in die großen, starr glänzenden Augen des

Enkels und sein mageres, spitzes Gesicht sah. »Was wolltest du damit sagen?«, fuhr er fort, als sein Hustenanfall vorüber war.

»Na … daß die ganze Erde aus solchem Staub gemacht ist«, sagte Lenka, den Kopf bewegend, indem er mit der Hand über den Fluß hinwies. »Und was alles auf ihr gebaut ist … wieviel Städte wir beide miteinander durchwandert haben! Eine furchtbare Menge! Und wieviel Menschen überall sind!«

Und da er seinen Gedanken nicht ganz auszudrücken vermochte, versank er wieder in schweigsames Nachdenken und schaute ringsum.

Der Großvater schwieg gleichfalls ein Weilchen und begann dann, dicht an den Enkel heranrückend, in zärtlichem Tone:

»Mein kluger Junge! Hast ganz richtig gesagt – Staub ist alles … Die Städte, und die Menschen, und wir beide – nichts als Staub. Ach, du, Lenka, Lenka! … Wenn du so lesen lerntest! … Dann würdest du's weit bringen in der Welt! Hast über alles dein Urteil, wie'n Erwachsener … Armer kleiner Buchfink, Vögelchen Gottes! … Was wird nur aus dir werden? …«

Der Großvater zog den Kopf des Enkels an sich und drückte einen Kuß darauf.

»Laß doch!«, rief Lenka, ein wenig lebhafter werdend, indem er seinen Flachskopf den rauhen, zitternden Händen des Alten zu entziehen suchte. »Wie sagtest du? Staub? All die Städte und alles?«

»So hat's Gott der Herr mal eingerichtet, mein Täubchen. Alles ist Erde, und die Erde selbst – ist Staub. Und alles stirbt auf ihr … So steht's! Und darum soll der Mensch in Armut und Demut leben. Auch ich werde wohl bald sterben …«, sprach der Großvater, von seinem Gegenstand abspringend, und fuhr wehmütig fort: »Wohin wirst du dann gehen ohne mich?«

Lenka hatte diese Frage schon oft vom Großvater gehört, und er war's recht überdrüssig, über das Thema vom Tode nachzudenken. Er wandte sich daher schweigend zur Seite, pflückte einen Grashalm ab, nahm ihn in den Mund und begann langsam daran zu kauen.

Gerade hier aber war des Großvaters schwache Seite.

»Was schweigst du denn? Wie willst du dich durchschlagen, wenn ich nicht mehr bin?«, fragte er leise, indem er sich zu seinem Enkel hinüberbeugte und abermals hustete.

»Ich sagte dir's doch schon!«, versetzte Lenka zerstreut und ärgerlich, indem er den Großvater von der Seite ansah.

Er fand auch darum an diesen Gesprächen keinen Gefallen, weil sie nicht selten mit einem Streit endigten. Der Großvater pflegte des langen und breiten über seinen nahen Tod zu reden. Lenka hörte ihm erst aufmerksam zu, erschrak dann jedoch vor der neuen Lage, in die des Großvaters Tod ihn versetzen würde, brach in Tränen aus und ward allmählich müde. Und dann erfolgte gewöhnlich die Reaktion: Ohne auf den Großvater zu hören, hing er seinen eigenen Gedanken nach, und der Großvater, der das bemerkte, ärgerte sich darüber, nannte Lenka ein dummes Bürschchen, das seinen Großvater nicht liebe und seine Fürsorge nicht zu schätzen wisse, und ging schließlich so weit, Lenka vorzuwerfen, daß er ihn, seinen Großvater, so bald wie möglich tot zu sehen wünsche.

»Was hast du denn schon gesagt? Bist doch noch ein dummes Kerlchen, kannst dein Leben noch nicht begreifen! Wie alt bist du denn? Kaum elf Jahre. Und so gebrechlich bist du, gar nicht zur Arbeit tauglich. Wohin wirst du dich wenden? Gute Menschen, denkst du vielleicht, werden dir helfen? Ja, wenn du Geld hättest – das würden sie dir wohl durchbringen helfen! Aber Almosen sammeln ist ein bitter Ding, auch für mich alten Mann. Vor jedem verbeug' dich, jeden fleh' an. Sie aber schimpfen auf dich, und schlagen dich auch bisweilen, und hetzen dich ... Meinst vielleicht, sie achten 'nen Bettler einem Menschen gleich? Zehn Jahre schon geh' ich mit dem Bettelsack, ich kenn's. Tausend Rubel rechnen sie sich das Stückchen Brot, das sie unsereinem reichen. Gleich soll sich ihnen dafür das Tor zum Paradiese öffnen. Weißt du auch, warum sie hauptsächlich geben? Um ihr Gewissen zu beschwichtigen. Darum allein, mein Lieber, nicht aus Mitleid! Reicht er dir 'nen Happen hin, braucht er selbst keine Scham zu empfinden, wenn er ißt. Der satte Mensch ist 'n wildes Tier. Niemals hat er mit dem Hungrigen Mitleid, weil er nicht weiß, wie ihm zumute ist. Todfeinde sind die beiden, der Satte und der Hungrige, ewig werden sie einander ein Dorn im Auge sein. Darum kann auch keiner von ihnen für den andern fühlen noch ihn verstehen ... Dem Satten ist der Bettler nur Schmutz ...«

Großvater Archip war ganz erregt vor Zorn und Schmerz. Seine Lippen bebten, die greisen trüben Augen huschten rasch in dem roten Rahmen der Lider hin und her, und die Runzeln in dem pergamentartigen Gesichte traten schärfer und dichter hervor.

Lenka hatte ihn so nicht gern und fürchtete sich ein wenig, wenn er ihn in dieser Stimmung sah.

»Ich frag' dich nun, siehst du: wie willst du wohl fertig werden mit den Bauern? Du bist ein schwaches Kind, und die Bauerngemeinde – ist ein wildes Tier! Mit einem Male wird sie dich verschlingen. Und das will ich nicht ... Hab' dich doch gar so lieb, mein gutes Kind!! ... Bist mein einziges in der Welt, wie ich dein einziger Freund bin ... Wie soll ich denn nur sterben? Ich kann ja gar nicht sterben und dich hier allein lassen ... Wer soll dich in Obhut nehmen? ... O Herr! ... Warum hast du dich abgewandt von deinem Knecht?! ... Zu leben vermag ich nicht, und sterben darf ich nicht – um des Kindes willen ... Ich muß es doch beschützen! Sieben Jahre lang hab' ich's gehegt ...

auf den Armen ... meinen greisen, schwachen Armen hab' ich's getragen ... O Herr, hilf mir! ...«

Der Großvater richtete sich auf, setzte sich und weinte, während sein Kopf zwischen den Knien der zitternden Beine lag. Und seine Schultern bebten von dem heiseren Schluchzen, das stoßweise aus seiner kranken Brust hervorbrach. [...]

»Hör' auf, weine nicht, Grováterchen!«, sprach Lenka in unfreundlichem Tone, indem er zur Seite sah. Und dann wandte er dem Großvater sein verdrießliches, finstres Gesicht zu und fuhr fort: »Wir haben das doch schon alles besprochen! Umkommen werde ich nicht. Irgendwo in 'ner Schenke werd' ich Arbeit finden ...«

»Sie werden dich totschlagen«, stöhnte der Großvater mitten durch seine Tränen.

»Vielleicht auch nicht. Und wenn sie mich am Leben lassen«, rief Lenka mit einem gewissen Selbstvertrauen, »was dann? Dann werd' ich meinen Weg schon finden! Werde mich nicht von jedem unterkriegen lassen! ...«

Hier hielt Lenka plötzlich inne, sann ein Weilchen schweigend nach und sagte dann ganz leise:

»Oder vielleicht geh' ich in ein Kloster ...«

»In ein Kloster – ja, das wär' gut!« sprach der Großvater, sehnsuchtsvoll seufzend und schien wieder aufzuleben, bis er von neuem in einem heftigen Hustenanfall sich zu winden begann.

Über ihren Köpfen ließ sich das Knarren von Wagenrädern und lautes Rufen vernehmen.

»Fähre! He, Fä–ähre!« schrie eine gellende, lufterschütternde Stimme.

Die beiden Plaudernden fuhren zusammen, sprangen empor und nahmen ihre Ranzen und Stecken vom Boden auf.

Ein zweirädriger Wagen fuhr laut kreischend auf den Sand am Ufer. Ein Kosak stand darin, in einer zottigen, keck aufs Ohr geschobenen Mütze; er schickte sich eben an, noch einmal zu schreien, und atmete mit weit geöffnetem Munde die Luft ein, wodurch seine breite, mächtig hervortretende Brust noch mehr hervortrat. Die weißen Zähne blinkten hell in der schwarzen Umrahmung des seidenweichen Bartes, der bei den weit geöffneten, vom angestrengten Schauen mit Blut unterlaufenen Augen seinen Anfang nahm. Unter dem offenen Hemd und dem leicht über die Schulter geworfenen Rock ward der sonnengebräunte, von starkem Haarwuchs bedeckte Körper sichtbar. Seine ganze stämmige, große Gestalt atmete Sattheit, Kraft, Gesundheit und Selbstbewußtsein, und den gleichen Eindruck machte sein wohlgenährtes gleichfalls ungewöhnlich großes, scheckiges Pferd und die hohen, mit dicken eisernen Schienen beschlagenen Räder.

»Heda! … He!«

Großvater und Enkel zogen ihre Mützen vom Kopfe und verneigten sich tief.

»Grüß euch Gott!« rief der Ankömmling ihnen laut zu, schaute nach dem jenseitigen Ufer, wo aus dem Gebüsch langsam und schwerfällig die Fähre sich vorschob, und warf dann einen prüfenden Blick auf die beiden Bettler. – »Kommt ihr aus Rußland?«

»So ist's, Wohltäter, aus Rußland!«, versetzte der Alte mit einer Verbeugung.

»Hungrige Zeiten sind dort bei euch, was?«

Er sprang vom Wagen herab und machte sich am Geschirr zu schaffen.

»Und ob!« antwortete Großvater Archip. »Die Schwaben sogar sterben vor Hunger.«

»Ha ha! Die Schwaben sogar sterben? Nicht mal Brotkrümchen sind also übrig geblieben, alles habt ihr aufgegessen? Versteht euch wirklich aufs Essen! Aber mit eurer Arbeit scheint's nicht weit her zu sein. Wer fleißig arbeitet, leidet auch keinen Hunger.«

»Die Hauptschuld, Wohltäter, liegt an der Erde. Die widersetzt sich, bringt nichts hervor. Ausgesogen haben wir sie.«

»Die Erde?« meinte der Kosak kopfschüttelnd. »Die Erde muß immer hervorbringen, dazu ist sie dem Menschen gegeben. Nicht die Erde ist schuld, sondern eure Arme. Die taugen nichts, aha! Der Stein sogar widersetzt sich nicht, sondern gibt Brot, wenn tüchtige Arme ihn bearbeiten. Bist mal am Schwarzen Meer gewesen, Alter? Dort nehmen sie selbst die Felsen untern Pflug!«

Die Fähre war angelangt.

Die beiden breitschultrigen, rotwangigen Kosaken, die sich phlegmatisch mit den kräftigen Beinen gegen den Boden der Fähre stemmten, ließen diese mit einem Ruck ans Ufer auffahren, kamen dabei ins Wanken, ließen das Ziehseil los und holten, einander aufschauend, tief Atem.

»'s ist heiß, was?«, meinte der Ankömmling lächelnd, während er seinen Gaul auf die Fähre führte und dabei mit der Hand leicht an seine Mütze faßte.

»Und ob's heiß ist!«, versetzte einer der Fährleute. Die Hände tief in die Taschen seiner Pluderhosen versenkend, trat er an den Wagen heran, schaute hinein und begann, indem er die Luft kräftig einsog, mit der Nase zu schnuppern.

Der andere hatte sich aufs Verdeck gesetzt und zog ächzend den einen Stiefel vom Fuße.

Der Großvater hatte mit Lenka die Fähre betreten, und beide schauten, an den Rand gelehnt, den Kosaken zu.

»Na, fahren wir also!«, kommandierte der Besitzer des Wagens.

»Hast nichts zu trinken mitgebracht?« fragte ihn der Fährmann, der seinen Wagen beschnüffelt hatte.

Der andere hatte inzwischen glücklich den Stiefel vom Bein herunterbekommen und guckte eben mit zusammengekniffenen Augen in den Stiefelschaft.

»Hab' nichts zu trinken«, meinte der Besitzer des Wagens. »Hast du nicht Wasser genug im Kuban?«

»Wasser! ... Ich rede nicht von Wasser.«

»Ach so, Branntwein meinst du! Nein, hab' keinen mitgebracht.«

»Warum denn nicht?«, fragte der Fährmann nachdenklich, die Augen zu dem Verdeck der Fähre niederschlagend.

»Na, fahrt schon los! Vorwärts!«

Der andere Fährmann zog seinen Stiefel wieder an, während sein Gefährte in die Hände spuckte und kräftig ins Seil faßte. Der Passagier half ihm das Fahrzeug in Bewegung setzen.

»Und du, Alter – was faßt du nicht mit an?« wandte der Fährmann, der sich immer noch mit seinem Stiefel zu schaffen machte, sich an Archip.

»Wie kann ich denn, mein Lieber!«, entgegnete der Großvater in kläglich singendem Tone und schüttelte dabei den Kopf.

»Ist auch nicht nötig. Sie werden's schon allein schaffen«, meinte der Fährmann. Und als ob er dem Alten einen Beweis für die Wahrheit seiner Worte geben wollte, ließ er sich schwer aufs Verdeck sinken und streckte sich lang aus.

Sein Genosse schalt ihn mürrisch und stampfte, da er keine Antwort bekam, mit den Füßen laut gegen das Verdeck.

»Schau, Lenka, was für Menschen! So groß, so satt! Das Land hier ist ein Paradies für den Bauern ...«, flüsterte Archip, indem er sich zu Lenka hinüberbeugte, der über den Rand der Fähre ins Wasser sah.

Getrieben von der Strömung, die mit dumpfem Rauschen gegen die Planken schlug, zitterte und wankte die Fähre, während sie sich langsam vorwärts bewegte.

»Der hat gut reden, der Mastbauch!«, fuhr Großvater Archip flüsternd fort. »Eure Arme taugen nichts ... Ihr arbeitet schlecht« – und er selbst hat nicht mal im Traume solche Arbeit gesehen! »Warum gibt Gott dem einen viel, dem anderen wenig?« Er schwieg eine Weile, als ob er von Lenka eine Antwort erwartete, antwortete dann aber selbst auf seine Frage: »Um die Seele zu prüfen. Die Seele, welche murrt, geht freudlos und friedlos im Leben zugrunde ...«

Rosa Luxemburg (geb. 1871 in Zamość/Polen; gest. 1919 in Berlin) war eine polnische und deutsche Sozialistin, Politikerin der SPD und Mitbegründerin der »Kommunistischen Partei Deutschlands« (KPD). Die Tochter eines wohlhabenden jüdischen Unternehmers begann sich schon während ihrer Schulzeit auf einem Warschauer Mädchengymnasium in der polnischen Arbeiterpartei »Proletariat« zu engagieren.

Nach dem Abitur musste die gerade 18-jährige Rosa Luxemburg 1889 vor politischer Verfolgung in die Schweiz fliehen. Im Exil und im Untergrund war sie in den 1890er Jahren maßgeblich am Aufbau der »Sozialdemokratischen Partei des Königreichs Polen« beteiligt. In Zürich studierte sie unter anderem Philosophie, Geschichte und Ökonomie und promovierte dort 1897 mit der Arbeit »Polens industrielle Entwicklung«.

Durch Heirat erhielt sie 1898 die deutsche Staatsbürgerschaft, zog nach Berlin und begann sich sogleich in der SPD zu engagieren. Mit ihrer Broschüre »Sozialreform oder Revolution« leistete sie im Jahr 1899 einen wichtigen Beitrag zu den programmatischen Auseinandersetzungen zwischen dem reformerischen und dem revolutionären Flügel in der SPD. Für ihre pro-revolutionären und marxistischen Positionen konnte sie unter anderem als Chefredakteurin der »Leipziger Volkszeitung« eine breite Anhängerschaft gewinnen. Durch die innerparteilichen Auseinandersetzungen und ihre Inhaftierungen, so 1904 wegen »Majestätsbeleidigung«, war Luxemburgs politische Arbeit immer wieder von Rückschlägen geprägt. Gleich einer Kassandra mahnte sie im Vorfeld des Ersten Weltkrieges in der SPD und ihren internationalen Schwesterparteien vor der Gefahr, dass sich die Angehörigen der Arbeiterbewegung in den europäischen Nationen bald in den Schützengräben als Feinde gegenüber stehen würden.

Als nach Kriegsbeginn die SPD-Reichstagsfraktion im August 1914 den »Kriegskrediten« zustimmte, bedeutete dies für Rosa Luxemburg den Bruch mit ihrer Partei. Zusammen mit anderen Parteilinken engagierte sie sich gegen den Krieg, gründete die »Gruppe Internationale«, gab 1916 zusammen mit Karl Liebknecht die »Spartakusbriefe« heraus. Bis auf wenige Monate verbrachte Rosa Luxemburg die längste Zeit des Ersten Weltkrieges im Gefängnis. Berühmt sind ihre »Briefe aus dem Gefängnis«. Erst am 9. November, mit Beginn der »Novemberrevolution« 1918, wurde sie aus der Haft entlassen. Zusammen mit Karl Liebknecht und der »Spartakusgruppe« versuchte sie nun die revolutionären Ereignisse mit dem Ziel der Errichtung einer sozialistischen »Räterepublik« mitzugestalten. Dass der Einfluss der »Spartakusgruppe« in den Arbeiter- und Soldatenräten Ende 1918 tatsächlich nur sehr gering war, wird bis heute von den Anhängern Liebknechts und Luxemburgs oft übersehen. Zur Jahreswende 1918/19 beteiligte sich Rosa Luxemburg maßgeblich an der Gründung der KPD. Es folgten die »Januarunruhen«, während der Liebknecht und Luxemburg permanenter politischer Verfolgung ausgesetzt waren. Nach ihrer Verhaftung wurden beide am 15. Januar 1919 von Soldaten der »Garde-Kavallerie-Schützen-Division« hinterrücks ermordet.

Ihre Schrift »Die Russische Revolution. Eine kritische Würdigung« stammt aus dem handschriftlichen Nachlass Rosa Luxemburgs. 1918 verfasst, erlangte die Schrift nach ihrer Veröffentlichung durch Paul Levi 1922 große Bekanntheit. Aufgrund ihrer kritischen Auseinandersetzung mit Lenin und seinem Modell der Sowjetdiktatur wurde die Rezeption des Textes von KPD-offizieller Seite schon bald nach seiner Veröffentlichung erschwert. In »Die Russische Revolution« findet sich der oft zitierte Satz: »Freiheit ist immer nur Freiheit des anders Denkenden«. Ob Rosa Luxemburgs demokratische Überzeugung tatsächlich so weit entwickelt war, wie es dieses Zitat nahe legt, kann im Folgenden anhand seines Kontextes überprüft werden. ■

Rosa Luxemburg
Die russische Revolution

I

Die russische Revolution ist das gewaltigste Faktum des Weltkrieges. Ihr Ausbruch, ihr beispielloser Radikalismus, ihre dauerhafte Wirkung strafen am besten die Phrase Lügen, mit der die offizielle deutsche Sozialdemokratie den Eroberungsfeldzug des deutschen Imperialismus im Anfang diensteifrig ideologisch bemäntelt hat: die Phrase von der Mission der deutschen Bajonette, den Zarismus zu stürzen und seine unterdrückten Völker zu befreien. Der gewaltige Umfang, den die Revolution in Rußland angenommen hat, die tiefgehende Wirkung, womit sie alle Klassenverhältnisse erschüttert, sämtliche sozialen und wirtschaftlichen Probleme aufgerollt, sich folgerichtig vom ersten Stadium der bürgerlichen Republik voranbewegt hat – wobei der Sturz des

Zarismus nur eine knappe Episode, beinahe eine Lappalie geblieben ist –, all dies zeigt auf flacher Hand, daß die Befreiung Rußlands nicht das Werk des Krieges und der militärischen Niederlage des Zarismus war, nicht das Verdienst »deutscher Bajonette in deutschen Fäusten«, wie die »Neue Zeit« unter der Redaktion Kautskys im Leitartikel versprach, sondern daß sie im eigenen Lande tiefe Wurzeln hatte und innerlich vollkommen reif war. Das Kriegsabenteuer des deutschen Imperialismus unter dem ideologischen Schilde der deutschen Sozialdemokratie hat die Revolution in Rußland nicht herbeigeführt, sondern nur für eine Zeitlang, anfänglich – nach ihrer ersten steigenden Sturmflut in den Jahren 1911–1913 – unterbrochen und dann – nach ihrem Ausbruch – ihr die schwierigsten, abnormalsten Bedingungen geschaffen.

[...]

Gewiß, jede demokratische Institution hat ihre Schranken und Mängel, was sie wohl mit sämtlichen menschlichen Institutionen teilt. Nur ist das Heilmittel, das Trotzki und Lenin gefunden: die Beseitigung der Demokratie überhaupt, noch schlimmer als das Übel, dem es steuern soll: es verschüttet nämlich den lebendigen Quell selbst, aus dem heraus alle angeborenen Unzulänglichkeiten der sozialen Institutionen allein korrigiert werden können. Das aktive, ungehemmte, energische politische Leben der breitesten Volksmassen.

Nehmen wir ein anderes frappantes Beispiel: das von der Sowjetregierung ausgearbeitete Wahlrecht. Es ist nicht ganz klar, welche praktische Bedeutung diesem Wahlrecht beigemessen ist. Aus der Kritik Trotzkis und Lenins an den demokratischen Institutionen geht hervor, daß sie Volksvertretungen aus allgemeinen Wahlen grundsätzlich ablehnen und sich nur auf die Sowjets stützen wollen. Weshalb dann überhaupt ein allgemeines Wahlrecht ausgearbeitet wurde, ist eigentlich nicht ersichtlich. Es ist uns auch nicht bekannt, daß dieses Wahlrecht irgendwie ins Leben eingeführt worden wäre; von Wahlen zu einer Art Volksvertretung auf seiner Grundlage hat man nichts gehört. Wahrscheinlicher ist die Annahme, daß es nur ein theoretisches Produkt sozusagen vom grünen Tisch aus geblieben ist; aber so wie es ist, bildet es ein sehr merkwürdiges Produkt der bolschewistischen Diktaturtheorie. Jedes Wahlrecht, wie überhaupt jedes politische Recht, ist nicht nach irgendwelchen abstrakten Schemen der »Gerechtigkeit« und ähnlicher bürgerlich demokratischer Phraseologie zu messen, sondern an den sozialen und wirtschaftlichen Verhältnissen, auf die es zugeschnitten ist. Das von der Sowjetregierung ausgearbeitete Wahlrecht ist eben auf die Übergangsperiode von der bürgerlich-kapitalistischen zur sozialistischen Gesellschaftsform berechnet, auf die Periode der proletarischen Diktatur. Im Sinne der Auslegung von dieser Diktatur, die Lenin-Trotzki vertreten, wird das Wahlrecht nur denjenigen verliehen, die von eigener Arbeit leben, und allen anderen verweigert.

Nun ist es klar, daß ein solches Wahlrecht nur in einer Gesellschaft Sinn hat, die auch wirtschaftlich in der Lage ist, allen, die arbeiten wollen, ein auskömmliches, kulturwürdiges Leben von eigener Arbeit zu ermöglichen. Trifft das auf das jetzige Rußland zu? Bei den ungeheuren Schwierigkeiten, mit denen das vom Weltmarkt abgesperrte, von seinen wichtigsten Rohstoffquellen abgeschnürte Sowjetrußland zu ringen hat, bei der allgemeinen, furchtbaren Zerrüttung des Wirtschaftslebens, bei dem schroffen Umsturz der Produktionsverhältnisse infolge der Umwälzungen der Eigentumsverhältnisse in der Landwirtschaft wie in der Industrie und im Handel liegt es auf der Hand, daß ungezählte Existenzen ganz plötzlich entwurzelt, aus ihrer Bahn herausgeschleudert werden, ohne jede objektive Möglichkeit, in dem wirtschaftlichen Mechanismus irgendeine Verwendung für ihre Arbeitskraft zu finden. Das bezieht sich nicht bloß auf die Kapitalisten- und Grundbesitzerklasse, sondern auch auf die breite Schicht des Mittelstandes und auf die Arbeiterklasse selbst. Ist es doch Tatsache, daß das Zusammenschrumpfen der Industrie ein massenhaftes Abfluten des städtischen Proletariats aufs platte Land hervorgerufen hat, das in der Landwirtschaft Unterkunft sucht. Unter solchen Umständen ist ein politisches Wahlrecht, das den allgemeinen Arbeitszwang zur wirtschaftlichen Voraussetzung hat, eine ganz unbegreifliche Maßregel. Der Tendenz nach soll es die Ausbeuter allein politisch rechtlos machen. Und während produktive Arbeitskräfte massenhaft entwurzelt werden, sieht sich die Sowjetregierung umgekehrt vielfach gezwungen, die nationale Industrie den früheren kapitalistischen Eigentümern sozusagen in Pacht zu überlassen. Desgleichen sah sich die Sowjetregierung gezwungen, auch mit den bürgerlichen Konsumgenossenschaften ein Kompromiß zu schließen. Ferner hat sich die Benutzung von bürgerlichen Fachleuten als unumgänglich erwiesen. Eine andere Folge derselben Richtung ist, daß wachsende Schichten des Proletariats als Rotgardisten etc. vom Staate aus öffentlichen Mitteln erhalten werden. In Wirklichkeit macht es rechtlos breite und wachsende Schichten des Kleinbürgertums und des Proletariats, für die der wirtschaftliche Organismus keinerlei Mittel zur Ausübung des Arbeitszwanges vorsieht.

Das ist eine Ungereimtheit, die das Wahlrecht als ein utopisches, von der sozialen Wirklichkeit losgelöstes Phantasieprodukt qualifiziert. Und gerade deshalb ist es kein ernsthaftes Werkzeug der proletarischen Diktatur. Ein Anachronismus, eine Vorwegnahme der rechtlichen Lage, die auf einer schon fertigen sozialistischen Wirtschaftsbasis am Platze ist, nicht in der Übergangsperiode der proletarischen Diktatur.

Als der ganze Mittelstand, die bürgerliche und kleinbügerliche Intelligenz nach der Oktoberrevolution die Sowjetregierung monatelang boykottierten, den Eisenbahn-, Post- und Telegraphenverkehr, den Schulbetrieb, den Verwaltungsapparat lahmlegten und sich auf diese Weise gegen die Arbeiterregierung auflehnten, da waren selbstverständlich alle Maßregeln des Druckes gegen sie: durch Entziehung politischer Rechte, wirtschaftlicher Existenzmittel etc. geboten, um den Widerstand mit eiserner Faust zu brechen. Da kam eben die sozialistische Diktatur zum Ausdruck, die vor keinem Machtaufgebot zurückschrecken darf, um bestimmte Maßnahmen im Interesse des Ganzen zu erzwingen oder zu verhindern. Hingegen ein Wahlrecht, das eine allgemeine Entrechtung ganz breiter Schichten der Gesellschaft ausspricht, das sie politisch außerhalb des Rahmens der Gesellschaft stellt, während es für sie wirtschaftlich innerhalb dieses Rahmens selbst keine Platz zu schaffen imstande ist, eine Entrechtung nicht als konkrete Maßnahme zu einem konkreten Zweck, sondern als allgemeine Regel von dauernder Wirkung, das ist nicht eine Notwendigkeit der Diktatur, sondern eine lebensunfähige Improvisation. Sowohl Sowjets als Rückgrat wie Konstituante und allgemeines Wahlrecht.

Die Bolschewiki bezeichneten die Sowjets als reaktionär, weil die Mehrheit darin Bauern seien (Bauerndelegierte und Soldatendelegierte). Nachdem sich die Sowjets auf ihre Seite stellten, wurden sie die richtigen Vertreter der Volksmeinung. Aber dieser plötzliche Umschwung hing nur mit Frieden und Landfrage zusammen.

Doch mit der konstituierenden Versammlung und dem Wahlrecht ist die Frage nicht erschöpft: Es kam nicht nur Abschaffung der wichtigsten demokratischen Garantien eines gesunden öffentlichen Lebens und der politischen Aktivität der arbeitenden Massen in Betracht: der Pressefreiheit, des Vereins- und Versammlungsrechts, ohne die alle Gegner der Sowjetregierung vogelfrei geworden sind. Für diese Eingriffe reicht die obige Argumentation Trotzkis über die Schwerfälligkeit der demokratischen Wahlkörper nicht entfernt aus. Hingegen ist es eine offenkundige, unbestreitbare Tatsache, daß ohne freie, ungehemmte Presse, ohne ungehindertes Vereins- und Versammlungsleben gerade die Herrschaft breiter Volksmassen völlig undenkbar ist.

Lenin sagt: der bürgerliche Staat sei ein Werkzeug zur Unterdrückung der Arbeiterklasse, der sozialistische zur Unterdrückung der Bourgeoisie. Es sei bloß gewissermaßen der auf den Kopf gestellte kapitalistische Staat. Diese vereinfachte Auffassung sieht von dem Wesentlichsten ab: die bürgerliche Klassenherrschaft braucht keine politische Schulung und Erziehung der ganzen Volksmasse, wenigstens nicht über gewisse enggezogene Grenzen hinaus. Für die proletarische Diktatur ist sie das Lebenselement, die Luft, ohne die sie nicht zu existieren vermag.

»Dank dem offenen und unmittelbaren Kampf um die Regierungsgewalt häufen die arbeitenden Massen in kürzester Zeit eine Menge politischer Erfahrung an und steigen in ihrer Entwicklung schnell von Stufe zu Stufe.« Hier widerlegt Trotzki sich selbst und seine eigenen Parteifreunde. Eben weil dies zutrifft, haben sie durch Erdrückung des öffenlichen Lebens die Quelle der politischen Erfahrung und das Steigen der Entwicklung verstopft. Oder aber müßte man annehmen, daß die Erfahrung und Entwicklung bis zur Machtergreifung der Bolschewiki nötig war, den höchsten Grad erreicht hatte und von nun an überflüssig wurde. (Rede Lenins: Rußland ist überzeugt für den Sozialismus!!!)

In Wirklichkeit umgekehrt! Gerade die riesigen Aufgaben, an die die Bolschewiki mit Mut und Entschlossenheit herantraten, erforderten die intensivste politische Schulung der Massen und Sammlung der Erfahrung.

Freiheit nur für die Anhänger der Regierung, nur für Mitglieder einer Partei – mögen sie noch so zahlreich sein – ist keine Freiheit. Freiheit ist immer nur Freiheit des anders Denkenden. Nicht wegen des Fanatismus der »Gerechtigkeit«, sondern weil all das Belehrende, Heilsame und Reinigende der politischen Freiheit an diesem Wesen hängt und seine Wirkung versagt, wenn die »Freiheit« zum Privilegium wird.

Die Bolschewiki werden selbst mit der Hand auf dem Herzen nicht leugnen wollen, daß sie auf Schritt und Tritt tasten, versuchen, experimentieren, hin- und herprobieren mußten und daß ein gut Teil ihrer Maßnahmen keine Perle darstellt. So muß und wird es uns allen gehen, wenn wir daran gehen – wenn auch nicht überall so schwierige Verhältnisse herrschen mögen.

Die stillschweigende Voraussetzung der Diktaturtheorie im Lenin-Trotzkischen Sinn ist, daß die sozialistische Umwälzung eine Sache sei, für die ein fertiges Rezept in der Tasche der Revolutionspartei liege, das dann nur mit Energie verwirklicht zu werden brauche. Dem ist leider – oder je nachdem: zum Glück – nicht so. Weit entfernt, eine Summe fertiger Vorschriften zu sein, die man nur anzuwenden hätte, ist die praktische Verwirklichung des Sozialismus als eines wirtschaftlichen, sozialen und rechtlichen Systems eine Sache, die völlig im Nebel der Zukunft liegt. Was wir in unserem Programm besitzen, sind nur wenige große Wegweiser, die die Richtung anzeigen, in der die Maßnahmen gesucht werden müssen, dazu vorwiegend negativen Charakters. Wir wissen so ungefähr, was wir zu allererst zu beseitigen haben, um der sozialistischen Wirtschaft die Bahn frei zu machen, welcher Art hingegen die tausend konkreten praktischen großen und kleinen Maßnahmen sind, um die sozialistischen Grundzüge in die Wirtschaft, in das Recht, in alle gesellschaftlichen Beziehungen einzuführen, darüber gibt kein sozialistisches Parteiprogramm und kein sozialistisches Lehrbuch Aufschluß. Das ist kein Mangel, sondern gerade der Vorzug des wissenschaftlichen Sozialismus vor dem utopischen. Das sozialistische Gesellschaftssystem soll und kann nur ein geschichtliches Produkt sein, geboren aus der eigenen Schule der Erfahrung, in der

Stunde der Erfüllung, aus dem Werden der lebendigen Geschichte, die genau wie die organische Natur, deren Teil sie letzten Endes ist, die schöne Gepflogenheit hat, zusammen mit einem wirklichen gesellschaftlichen Bedürfnis stets auch die Mittel zu seiner Befriedigung, mit der Aufgabe zugleich die Lösung hervorzubringen. Ist dem aber so, dann ist es klar, daß der Sozialismus sich seiner Natur nach nicht oktroyieren läßt, durch Ukase einführen. Er hat zur Voraussetzung eine Reihe Gewaltmaßnahmen – gegen Eigentum usw. Das Negative, den Abbau kann man dekretieren, den Aufbau, das Positive nicht. Neuland. Tausend Probleme. Nur Erfahrung ist imstande, zu korrigieren und neue Wege zu eröffnen. Nur ungehemmt schäumendes Leben verfällt auf tausend neue Formen, Improvisationen, erhellt schöpferische Kraft, korrigiert selbst alle Fehlgriffe. Das öffentliche Leben der Staaten mit beschränkter Freiheit ist eben deshalb so dürftig, so armselig, so schematisch, so unfruchtbar, weil es sich durch Ausschließung der Demokratie die lebendigen Quellen allen geistigen Reichtums und Fortschritts absperrt. (Beweis: die Jahre 1905 und die Monate Februar-Oktober 1917.) Wie dort politisch, so auch ökonomisch und sozial. Die ganze Volksmasse muß daran teilnehmen. Sonst wird der Sozialismus vom grünen Tisch eines Dutzends Intellektueller dekretiert, oktroyiert.

Unbedingt öffentliche Kontrolle notwendig. Sonst bleibt der Austausch der Erfahrungen nur in dem geschlossenen Kreis der Beamten der neuen Regierung. Korruption unvermeidlich. (Lenins Worte, Mitteilungsblatt Nr. 29.) Die Praxis des Sozialismus erfordert eine ganze geistige Umwälzung in den durch Jahrhunderte der bürgerlichen Klassenherrschaft degradierten Massen. Soziale Instinkte anstelle egoistischer, Masseninitiative anstelle der Trägheit, Idealismus, der über alle Leiden hinweg trägt usw. usw. Niemand weiß das besser, schildert das eindringlicher, wiederholt das hartnäckiger als Lenin. Nur vergreift er sich völlig im Mittel. Dekret, diktatorische Gewalt der Fabrikaufseher, drakonische Strafen, Schreckensherrschaft, das sind alles Palliative. Der einzige Weg zur Wiedergeburt ist die Schule des öffentlichen Lebens selbst, uneingeschränkteste breiteste Demokratie, öffentliche Meinung. Gerade die Schreckensherrschaft demoralisiert.

Fällt das alles weg, was bleibt in Wirklichkeit? Lenin und Trotzki haben an Stelle der aus allgemeinen Volkswahlen hervorgegangenen Vertretungskörperschaften die Sowjets als die einzige wahre Vertretung der arbeitenden Massen hingestellt. Aber mit dem Erdrücken des politischen Lebens im ganzen Lande muß auch das Leben in den Sowjets immer mehr erlahmen. Ohne allgemeine Wahlen, ungehemmte Presse- und Versammlungsfreiheit, freien Meinungskampf erstirbt das Leben in jeder der öffentlichen Institution, wird zum Scheinleben, in der die Bürokratie allein das tätige Element bleibt.

Das öffentliche Leben schläft allmählich ein, einige Dutzend Parteiführer von unerschöpflicher Energie und grenzenlosem Idealismus dirigieren und regieren, unter ihnen leitet in Wirklichkeit ein Dutzend hervorragender Köpfe, und eine Elite der Arbeiterschaft wird von Zeit zu Zeit zu Versammlungen aufgeboten, um den Reden der Führer Beifall zu klatschen, vorgelegten Resolutionen einstimmig zuzustimmen, im Grunde also eine Cliquenwirtschaft – eine Diktatur allerdings, aber nicht die Diktatur des Proletariats, sondern die Diktatur einer Handvoll Politiker, d. h. Diktatur im bürgerlichen Sinne, im Sinne der Jakobiner-Herrschaft (das Verschieben der Sowjet-Kongresse von drei Monaten auf sechs Monate!). Ja noch weiter: solche Zustände müssen eine Verwilderung des öffentlichen Lebens zeitigen: Attentate, Geiselerschießungen usw.

Lenins Rede über Disziplin und Korruption

Ein Problem für sich von hoher Wichtigkeit in jeder Revolution bildet der Kampf mit dem Lumpenproletariat. Auch wir in Deutschland und allerorts werden damit zu tun haben. Das lumpenproletarische Element haftet tief der bürgerlichen Gesellschaft an, nicht nur als besondere Schicht, als sozialer Abfall, der namentlich in Zeiten riesig anwächst, wo die Mauern der Gesellschaftsordnung zusammenstürzen, sondern als integrierendes Element der gesamten Gesellschaft. Die Vorgänge in Deutschland – und mehr oder minder in allen andern Staaten – haben gezeigt, wie leicht alle Schichten der bürgerlichen Gesellschaft der Verlumpung anheimfallen. Abstufungen zwischen kaufmännischem Preiswucher, Schlachtschitzen-Schiebungen, fiktiven Gelegenheitsgeschäften, Lebensmittelfälschung, Prellerei, Beamtenunterschlagung, Diebstahl, Einbruch und Raub flossen so ineinander, daß die Grenze zwischen dem ehrbaren Bürgertum und dem Zuchthaus verschwand. Hier wiederholt sich dieselbe Erscheinung wie die regelmäßige rasche Verlumpung bürgerlicher Zierden, wenn sie in überseeische koloniale Verhältnisse auf fremden sozialen Boden verpflanzt werden. Mit der Abstreifung der konventionellen Schranken und Stützen für Moral und Recht fällt die bürgerliche Gesellschaft, deren innerstes Lebensgesetz die tiefste Unmoral: die Ausbeutung des Menschen durch den Menschen, unmittelbar und hemmungslos einfacher Verlumpung anheim. Die proletarische Revolution wird überall mit diesem Feind und Werkzeug der Konterrevolution zu ringen haben.

Und doch ist auch in dieser Beziehung der Terror ein stumpfes, ja zweischneidiges Schwert. Die drakonischste Feldjustiz ist ohnmächtig gegen Ausbrüche des lumpenproletarischen Unwesens. Ja, jedes dauernde Regiment des Belagerungszustandes führt unweigerlich zur Willkür, und jede Willkür wirkt depravierend auf die Gesellschaft. Das einzige wirksame Mittel in der Hand der proletarischen Revolution sind auch hier: radikale Maßnahmen politischer und sozialer Natur, rascheste Umwandlung der sozialen Garantien des Lebens der Masse und – Entfachung des revolutionären Idealismus, der sich nur in uneingeschränkter politischer Freiheit durch intensiv aktives Leben der Massen auf die Dauer halten läßt.

Wie gegen Krankheitsinfektionen und -keime die freie Wirkung der Sonnenstrahlen das wirksamste, reinigende und heilende Mittel ist, so ist die Revolution selbst und ihr erneuerndes Prinzip, das von ihr hervorgerufene geistige Leben, Aktivität und Selbstverantwortung der Massen, also die breiteste politische Freiheit als ihre Form, die einzige heilende und reinigende Sonne.

Anarchie wird auch bei uns und überall unvermeidlich sein. Lumpenproletarisches Element haftet der bürgerlichen Gesellschaft an und läßt sich nicht von ihr trennen:

Beweise:

1. Ostpreußen, die »Kosaken«-Plünderungen.

2. Der generelle Ausbruch von Raub und Diebstahl in Deutschland (»Schiebungen«, Post- und Eisenbahnpersonal, Polizei, völlige Verwischung der Grenzen zwischen der wohlgeordneten Gesellschaft und dem Zuchthaus).

3. Die rapide Verlumpung der Gewerkschaftsführer. Dagegen sind die drakonischen Terrormaßnahmen machtlos. Im Gegenteil, sie korrumpieren noch mehr. Das einzige Gegengift: Idealismus und soziale AKTIVITÄT der Massen, unbeschränkte politische Freiheit.

Das ist ein übermächtiges objektives Gesetz, dem sich keine Partei zu entziehen vermag.

Der Grundfehler der Lenin-Trotzkischen Theorie ist eben der, daß sie die Diktatur, genau wie Kautsky, der Demokratie entgegenstellen. »Diktatur ODER Demokratie« heißt die Fragestellung sowohl bei den Bolschewiki wie bei Kautsky. Dieser entscheidet sich natürlich für die Demokratie, und zwar für die BÜRGERLICHE Demokratie, da er sie eben als die Alternative der sozialistischen Umwälzung hinstellt. Lenin-Trotzki entscheiden sich umgekehrt für die Diktatur im Gegensatz zur Demokratie und damit für die Diktatur einer Handvoll Personen, d. h. für Diktatur nach bürgerlichem Muster. Es sind zwei Gegenpole, beide gleich weit entfernt von der wirklichen sozialistischen Politik. Das Proletariat kann, wenn es die Macht ergreift, nimmermehr nach dem guten Rat Kautskys unter dem Vorwand der »Unreife des Landes« auf die sozialistische Umwälzung verzichten und sich nur der Demokratie widmen, ohne an sich selbst, an der Internationale, an der Revolution Verrat zu üben. Es soll und muß eben sofort sozialistische Maßnahmen in energischster, unnachgiebigster, rücksichtslosester Weise in Angriff nehmen, also Diktatur ausüben, aber Diktatur der KLASSE, nicht einer Partei oder

Clique, Diktatur der Klasse, d.h. in breitester Öffentlichkeit, unter tätigster ungehemmter Teilnahme der Volksmassen, in unbeschränkter Demokratie. »Als Marxisten sind wir nie Götzendiener der formalen Demokratie gewesen«, schreibt Trotzki. Gewiß, wir sind nie Götzendiener der formalen Demokratie gewesen. Wir sind auch nie Götzendiener des Sozialismus oder des Marxismus gewesen. Folgt etwa daraus, daß wir auch den Sozialismus, den Marxismus, wenn er uns unbequem wird, a la Cunow-Lensch-Parvus, in die Rumpelkammer werfen dürfen? Trotzki und Lenin sind die lebendige Verneinung dieser Frage. Wir sind nie Götzendiener der formalen Demokratie gewesen, das heißt nur: Wir unterscheiden stets den sozialen Kern von der politischen Form der bürgerlichen Demokratie, wir enthüllten stets den herben Kern der sozialen Ungleichheit und Unfreiheit unter der süßen Schale der formalen Gleichheit und Freiheit – nicht um diese zu verwerfen, sondern um die Arbeiterklasse dazu anzustacheln, sich nicht mit der Schale zu begnügen, vielmehr die politische Macht zu erobern, um sie mit neuem sozialen Inhalt zu füllen. Es ist die historische Aufgabe des Proletariats, wenn es zur Macht gelangt, an Stelle der bürgerlichen Demokratie sozialistische Demokratie zu schaffen, nicht jegliche Demokratie abzuschaffen. Sozialistische Demokratie beginnt aber nicht erst im gelobten Lande, wenn der Unterbau der sozialistischen Wirtschaft geschaffen ist, als fertiges Weihnachtsgeschenk für das brave Volk, das inzwischen treu die Handvoll sozialistischer Diktatoren unterstützt hat. Sozialistische Demokratie beginnt zugleich mit dem Abbau der Klassenherrschaft und dem Aufbau des Sozialismus. Sie beginnt mit dem Moment der Machteroberung durch die sozialistische Partei. Sie ist nichts anderes als die Diktatur des Proletariats.

Jawohl: Diktatur! Aber diese Diktatur besteht in der Art der Verwendung der Demokratie, nicht in ihrer Abschaffung, in energischen, entschlossenen Eingriffen in die wohlerworbenen Rechte und wirtschaftlichen Verhältnisse der bürgerlichen Gesellschaft, ohne welche sich die sozialistische Umwälzung nicht verwirklichen läßt. Aber diese Diktatur muß das Werk der KLASSE, und nicht einer kleinen, führenden Minderheit im Namen der Klasse sein, d.h. sie muß auf Schritt und Tritt aus der aktiven Teilnahme der Massen hervorgehen, unter ihrer unmittelbaren Beeinflussung stehen, der Kontrolle der gesamten Öffentlichkeit unterstehen, aus der wachsenden politischen Schulung der Volksmassen hervorgehen.

Genauso würden auch bisher die Bolschewiki vorgehen, wenn sie nicht unter dem furchtbaren Zwang des Weltkriegs, der deutschen Okkupation und aller damit verbundenen abnormen Schwierigkeiten litten, die jede von den besten Absichten und den schönsten Grundsätzen erfüllte sozialistische Politik verzerren müssen.

Ein krasses Argument dazu bildet die so reichliche Anwendung des Terrors durch die Räteregierung, und zwar namentlich in der letzten Periode vor dem Zusammenbruch des deutschen Imperialismus, seit dem Attentat auf den deutschen Gesandten. Die Binsenweisheit, daß Revolutionen nicht mit Rosenwasser getauft werden, ist an sich ziemlich dürftig.

Alles, was in Rußland vorgeht, ist begreiflich und eine unvermeidliche Kette von Ursachen und Wirkungen, deren Ausgangspunkte und Schlußsteine: das Versagen des deutschen Proletariats und die Okkupation Rußlands durch den deutschen Imperialismus. Es hieße, von Lenin und Genossen übermenschliches verlangen, wollte man ihnen auch noch zumuten, unter solchen Umständen die schönste Demokratie, die vorbildlichste Diktatur des Proletariats und eine blühende sozialistische Wirtschaft hervorzuzaubern. Sie haben durch ihre entschlossene revolutionäre Haltung, ihre vorbildliche Tatkraft und ihre unverbrüchliche Treue dem internationalen Sozialismus wahrhaftig geleistet, was unter so verteufelt schwierigen Verhältnissen zu leisten war. Das Gefährliche beginnt dort, wo sie aus der Not die Tugend machen, ihre von diesen fatalen Bedingungen aufgezwungene Taktik nunmehr theoretisch in allen Stücken fixieren und dem internationalen Proletariat als das Muster der sozialistischen Taktik zur Nachahmung empfehlen wollen. Wie sie sich damit selbst völlig unnötig im Lichte stehen und ihr wirkliches, unbestreitbares historisches Verdienst unter den Scheffel notgedrungener Fehltritte stellen, so erweisen sie dem internationalen Sozialismus, demzuliebe und um dessentwillen sie gestritten und gelitten, einen schlechten Dienst, wenn sie in seine Speicher als neue Erkenntnisse all die von Not und Zwang in Rußland eingegebenen Schiefheiten eintragen wollen, die letzten Endes nur Ausstrahlungen des Bankerotts des internationalen Sozialismus in diesem Weltkriege waren.

Mögen die deutschen Regierungssozialisten schreien, die Herrschaft der Bolschewiki in Rußland sei ein Zerrbild der Diktatur des Proletariats. Wenn sie es war oder ist, so nur, weil sie eben ein Produkt der Haltung des deutschen Proletariats war, die ein Zerrbild auf sozialistischen Klassenkampf war. Wir alle stehen unter dem Gesetz der Geschichte, und die sozialistische Gesellschaftsordnung läßt sich eben nur international durchführen. Die Bolschewiki haben gezeigt, daß sie alles können, was eine echte revolutionäre Partei in den Grenzen der historischen Möglichkeiten zu leisten imstande ist. Sie sollen nicht Wunder wirken wollen. Denn eine mustergültige und fehlerfreie proletarische Revolution in einem isolierten, vom Weltkrieg erschöpften, vom Imperialismus erdrosselten, vom internationalen Proletariat verratenen Lande wäre ein Wunder. Worauf es ankommt, ist, in der Politik der Bolschewiki das Wesentliche vom Unwesentlichen, den Kern von dem Zufälligen zu unterscheiden. In dieser letzten Periode, in der wir vor entscheidenden Endkämpfen in der ganzen Welt stehen, war und ist das wichtigste

Problem des Sozialismus geradezu die brennende Zeitfrage: nicht diese oder jene Detailfrage der Taktik, sondern: die Aktionsfähigkeit des Proletariats, die Tatkraft der Massen, der Wille zur Macht des Sozialismus überhaupt. In dieser Beziehung waren Lenin und Trotzki mit ihren Freunden die ersten, die dem Weltproletariat mit dem Beispiel vorangegangen sind, sie sind bis jetzt immer noch die einzigen, die mit Hutten ausrufen können: Ich hab's gewagt!

Dies ist das Wesentliche und Bleibende der Bolschewiki-Politik. In diesem Sinne bleibt ihnen das unsterbliche geschichtliche Verdienst, mit der Eroberung der politischen Gewalt und der praktischen Problemstellung der Verwirklichung des Sozialismus dem internationalen Proletariat vorangegangen zu sein und die Auseinandersetzung zwischen Kapital und Arbeit in der ganzen Welt mächtig vorangetrieben zu haben. In Rußland konnte das Problem nur gestellt werden. Es konnte nicht in Rußland gelöst werden. Und in diesem Sinne gehört die Zukunft überall dem »Bolschewismus«.

Kurt Eisner (geb. 1867 in Berlin; gest. 1919 in München) war ein sozialistischer Schriftsteller, Publizist, Politiker (USPD) und vom 8. November 1918 bis zu seiner Ermordung am 21. Februar 1919 erster Ministerpräsident des Freistaates Bayern.

Als Sohn eines deutsch-jüdischen Fabrikanten wuchs Eisner in Berlin auf, wo er ab 1886 Philosophie und Germanistik studierte. Der Politik wandte er sich erst zu, nachdem er für einen kritischen Zeitungsartikel wegen »Majestätsbeleidigung« neun Monate Haft absitzen musste. Auf Betreiben von Wilhelm Liebknecht, über den er 1900 eine Biographie veröffentlichte, wurde Eisner 1898 Redakteur bei der sozialdemokratischen Zeitung »Vorwärts« und trat der SPD bei. Innerhalb der Sozialdemokratie war Eisner keineswegs von Anbeginn dem linken Parteiflügel zuzuordnen. Während der programmatischen Richtungskämpfe zwischen dem revolutionär-marxistischen Flügel um Karl Kautsky und dem reformerisch-revisionistischen Flügel um Eduard Bernstein, unterstütze Eisner die Positionen des Letzteren. Weil sich innerhalb der »Vorwärts«-Redaktion jedoch die Anhänger Kautskys durchsetzten, musste Eisner 1905 die Redaktion verlassen. 1907 ging er als Chefredakteur zur sozialdemokratischen »Fränkischen Tagespost« nach Nürnberg, von wo er 1910 nach München zog. Dort engagierte er sich weiterhin für die SPD und verdiente seinen Lebensunterhalt als freier Journalist und Schriftsteller.

Bei Ausbruch des Weltkrieges 1914 zählte Eisner noch zu jenen Sozialdemokraten, die die Zustimmung zu den Kriegskrediten durch die Reichstagsfraktion der SPD unterstützten. Nachdem er sich jedoch eingehend mit den Ursachen und dem Verlauf des Krieges beschäftigt hatte, wandelte sich Eisner ab 1915 zu einem leidenschaftlichen Kriegsgegner und verschob seine politischen Koordinaten innerhalb der SPD nach links. 1917 nahm Eisner an der Gründungsversammlung der »Unabhängigen Sozialdemokratischen Partei Deutschlands« (USPD) teil und verschaffte ihr in München eine wachsende Basis. Im Januar 1918 beteiligte er sich an der Organisation eines Streiks der Münchener Munitionsarbeiter, wofür er bis kurz vor Kriegsende nochmals inhaftiert wurde. Am 7. November 1918 führte er in München eine Großdemonstration an. In der Nacht zum 8. November rief Eisner während der ersten Tagung des Münchener »Arbeiter-

und Soldatenrates« die Republik Bayern bzw. den Freistaat Bayern aus. Als Bayerischer Ministerpräsident stand Eisner nun für 100 Tage einer Regierung aus USPD- und SPD-Ministern vor, die jedoch keine weitreichenden Beschlüsse fassen konnte, zumal die USPD bei den bayerischen Landtagswahlen im Januar 1919 mit 2,5 % der Stimmen ihr Regierungsmandat verlor.

Als Eisner am 21. Februar 1919 durch den nationalistischen Studenten Anton Graf von Arco auf Valley erschossen wurde, befand er sich gerade auf dem Weg zur konstituierenden Sitzung des Bayerischen Landtages, um dort die Regierungsgeschäfte zu übergeben. Das Attentat auf Kurt Eisner war eine der Ursachen für die darauf folgenden heftigen politischen Auseinandersetzungen unter anderem während der Münchener Räterepublik im April und Mai 1919.

Zehn Jahre nach seiner Ermordung, wurde 1929 von der »Büchergilde Gutenberg« der Band »Welt werde froh! Ein Kurt-Eisner-Buch« herausgegeben. Es enthält eine Auswahl der Lyrik, Prosa und politischen Publizistik von Kurt Eisner, so auch die folgenden beiden Texte »Das Begräbnis« und »Die Freiheit erhebt ihr Haupt«. ■

Welt werde froh! Ein Kurt-Eisner-Buch

Das Begräbnis

Kränze hatte sich Vater Chronos dankend verbeten. Er war es gewöhnt, daß seine Kinder starben, und dazu hatte er seinen jüngsten Erdensprößling nicht geliebt. Und nun waren die Kränze doch gekommen, in unübersehbarer Fülle, mit gewaltigen Schleifen in allen Farben und Inschriften jeglicher Geistesart.

»Wieviel Gönner doch der Junge gefunden hat!«, brummte Vater Chronos unwirsch. »Verdient hat er es nicht. Als mein liebes 18. Jahrhundert einging, da machte man gar nicht so viel Wesens davon. Aber diese Menschheit ist ein Krämervolk geworden, es muß immer Bilanzen ziehen und den Ertrag ziffernmäßig feststellen. Sie feiern dieses Silvester wie ein Börsen-Ultimo. Soll mich wundern, was sie ausgerechnet haben.«

Chronos ließ die Kränze durch seine Hände gleiten, dann sortierte er sie nach den Widmungen:

dem Jahrhundert der Technik, der Bewegung, der Elektrizität, der Beleuchtung, der Chirurgie, der Antisepsis, der Bazillen, der Industrie, des Warenhauses;

dem unphilosophischen, eisernen, deutschen, preußischen, politischen, demokratischen, reaktionären Jahrhundert;
dem Jahrhundert des allgemeinen Wahlrechts, der Zeitungen, der Dividende, des Schulzwangs, der Volkswehrpflicht, des Reserveleutnants, des Kommerzienrats, des Bauschwindlers, der Spezialitäten;
dem Jahrhundert der Heuchelei, der Widersprüche, der Gegensätze, der Zersetzung, des Übergangs, der Anarchie, der Ideallosigkeit, der Barbarenrenaissance, des Judentums;
dem Jahrhundert der Bourgeoisie, des Proletariats;
dem Jahrhundert der sozialen Frage, des Kapitalismus, der organisierten Massen, der Nationalitäten, der Weltmachtkonkurrenz;
dem Jahrhundert Napoleons, Wilhelms des Großen, Bismarcks, Hohenlohes, Köllers, Ahlwardts, Talleyrands, Windthorsts, Leos XIII., Mirbachs, Richard Wagners, Darwins, Marx', Böcklins, Heines, Ibsens, Lucanus', Schopenhauers, von Freges;
dem Jahrhundert der Schultze, des Feuilletons, der falschen Zähne, des Fahrrads, der großen Zahl, der Bartbinde …

Vater Chronos hielt erschöpft inne; nach einer mäßigen Schätzung waren noch fünf Millionen Kränze, jeder mit einer Inschrift. Er war sich bewußt, daß selbst er nicht die Lektüre dieser fünf Millionen weiterer Inschriften zu überleben vermöchte. Da türmte er den ganzen Haufen rasch zu einer riesigen Pyramide, bettete den Leichnam mitten hinein in die Fülle von Blumen, Draht, Schleifen und Menschenwitz und sprach, daß es wie ein Brausen aus wallendem Nebel klang:

»Du Tor mit den tausend Namen, der du Menschen gehetzt und gequält hast, zergehe nun in deinem aufflammenden Ruhm, im Scheiterhaufen deiner Titel und Würden werde zu Asche.

In wirbelnder Wirrnis schleiftest du die Menschheit toll über Höhen und Täler, daß sie blutete. Fleißig warst du gewiß, vieles hast du erschafft und erdacht. Aber alles war nur ein Bruchstück, eine qualvolle Zerrissenheit und Zerfahrenheit, ein verwegener Tanz über Klüften und Abgründen. Unbarmherzig spieltest du mit dem heiligen Leben, ein Blutstrom rinnt auf deinen Spuren, und die Erde riecht nach den Greueln deiner verwesenden Opfer. Du kamst nie zur Einheit und zum Frieden. Verschwenderisch streutest du Glanz, Reichtum, Licht, damit unter den Strahlen schwelgender Daseinswonne nur das fressende Elend, Siechtum und Not greller aufleuchteten. Viel hast du getan, nie gerastet, selbst die Nacht zum Arbeitstage gemacht, und doch hast du die Zeit vergeudet; denn du hast die Lehren mißachtet, die dir dein edler Bruder, den ich vor hundert Jahren begrub, für alle Zeiten gegeben. Du hast den Unglauben an die Menschheit gepredigt, du pflegtest die brutale

Selbstsucht und spottetest über die Träumer der Humanität. Du wildes Tier im Kulturgewande! Und als wider dich und deine brutalen Gelüste aus der Tiefe die Massen emporbrachen und begeistert die Lehren deines Bruders verkündeten und zu erfüllen begehrten, da hetztest du deine Bluthunde auf sie.

Ich fluche dir, Sohn. Du hast deine großen Gaben schmählich vertan. Der Freude des Menschengeschlechts soll dein Nachfolger dienen, wie es dein Vorgänger getan.

Sei ausgetilgt mit all deinem Wahn und Aberglauben, mit all deiner Bosheit und Tücke. Werde Nichts!«

Nachdem er so gesprochen, warf Vater Chronos mit stürmischer Gebärde eine brennende Fackel in die Pyramide der Kränze. Die Flammen erfüllten den Weltraum so bedrohlich, daß Vater Chronos für sein Gehöft zu fürchten begann; auch sein Mantel begann leise zu glimmen.

»Bis zum letzten Augenblick bewährt der Bube seine Bösartigkeit«, fluchte Chronos ergrimmt.

Plötzlich aber brach das Feuer zusammen. Nacht herrschte und tiefes Schweigen. Selbst das linde Atmen der Stille setzte aus. Der Tod herrschte stumm. Chronos kauerte auf dem Totenacker nieder und sann, reglos.

Da schien auf einmal die große Stadt, die in der Nähe sich breitete, aufzuwachen. Gläser klangen aneinander, und lärmende Rufe trunkenen Wohlbehagens erhoben sich zum frohen Chor.

»Sie feiern die Erlösung«, murmelte Chronos.

Bald herrschte wieder die schwere Ruhe. Chronos hielt Totenwacht. Beinahe wäre der Ewig-Alte selbst eingeschlafen. Aber ein Geräusch erweckte seine Aufmerksamkeit; es klang wie ein Rasseln aus dem Boden. Die Erde schien zu schnarchen.

Chronos ging dem seltsamen Gestimm nach. Wie ein Axthieb sauste es auf ihn nieder. In der Asche, weich gelagert, schlummerte unversehrt der eben Verbrannte und schnarchte behaglich. Wütend hob der Vater seinen Fuß, um das Ungeheuer, das sogar den Scheiterhaufen überlistet hatte, zu zertreten.

»Nicht doch, Papa!« rief der Sohn und sprang munter auf. »Das Feuerchen, das du angelegt, war schon für meinen Geschmack eine etwas zu warme Decke; ich bin ja nicht verweichlicht. Und nach deinen liebevollen Sohlen habe ich erst recht kein Verlangen.«

»Du bist aber tot, endgültig tot«, schrie Chronos. »Dein jetziges Benehmen ist einfach ungesetzlich, weltverfassungswidrig.«

Der Bube jedoch lachte unbekümmert: »Ich bin noch lange nicht am Ende, Alter! Erstens hast du dich verrechnet, und ich habe erst übers Jahr nötig, programmgemäß zu verscheiden. Und dann werde ich überhaupt nicht sterben. Der Erdenbrut werde ich noch einiges zu schaffen machen, auch wenn du ihr aus deinen Lenden einen neuen Zeitpapst sendest.«

»Elender Wicht! Ich befehle dir, tot zu sein, und du willst weiter leben? Ich erwürge dich.«

»Wenn du mich zu fangen vermagst«, höhnte der Sohn und eilte davon. Chronos stürmte dem Flüchtling nach. Der aber ließ seinen Händen ein Band entflattern, Chronos verfing sich in ihm und fiel zu Boden.

»Ein Teufelskerl ist er doch«, murrte der Alte nicht ohne väterlichen Stolz und betrachtete das Band. Es standen aber folgende Verse auf ihm:

Der Antritt des neuen Jahrhunderts

Edler Freund! Wo öffnet sich dem Frieden,
Wo der Freiheit sich ein Zufluchtsort?
Das Jahrhundert ist im Sturm geschieden,
Und das neue öffnet sich mit Mord.

Und das Band der Länder ist gehoben,
Und die alten Formen stürzen ein;
Seine Handelsflotten streckt der Brite
Gierig wie Polypenarme aus.

Zu des Südpols nie erblickten Sternen
Dringt sein rastlos ungehemmter Lauf;
Alle Inseln spürt er, alle fernen
Küsten – nur das Paradies nicht auf.

Ach, umsonst auf allen Länderkarten
Spähst du nach dem seligen Gebiet,
Wo der Freiheit ewig grüner Garten,
Wo der Menschheit schöne Jugend blüht.

Endlos liegt die Welt vor deinen Blicken,
Und die Schiffahrt selbst ermißt sie kaum;
Doch auf ihrem unermeßnen Rücken
Ist für zehen Glückliche nicht Raum.

Chronos lächelte: »Das ist eine treffliche Zeichnung, wie es am Ende des neunzehnten Jahrhunderts aussieht. Wer mag der Dichter sein?«

Am Rande stand der Name:

Friedrich Schiller!

»Der Kranz des achtzehnten Jahrhunderts!«

rief Chronos überrascht.

Aus der Ferne hallte ein wüstes Hohngelächter herüber …

Revolution und Opfertod

Die Freiheit erhebt ihr Haupt

Ansprache anläßlich der Revolutionsfeier im Nationaltheater am 17. November 1918.

Die neue Ära wurde am Sonntag, 17. November, im Großen Haus des Münchener Nationaltheaters durch eine Revolutionsfeier eingeleitet, zu welcher der Soldaten-, Arbeiter- und Bauernrat die Eintrittskarten vergeben hatte. Keine festliche Auffahrt, keine rauschenden Toiletten, keine blinkenden Ordenssterne und Diademe. Die Karten waren durch das Los verteilt worden, so daß das äußerliche Bild ganz anders war als bei den Festaufführungen der Vergangenheit. Die Minister saßen nicht wie sonst nebeneinander, sondern das Los hatte sie im Hause verteilt. So sah man den Finanzminister im Parkett, den Minister des Innern in einem der Ränge, und wieder andere bekannte Persönlichkeiten der Revolutionsbewegung waren »noch höher hinauf« nur mit Operngläsern bewaffneten Augen zu erkennen. Der Soldaten-, Arbeiter- und Bauernrat hatte so ziemlich alle Schichten und Kreise mit Einladungen bedacht, so daß auch das geistige München zahlreich vertreten war. An Stelle der Orden und Diademe vergangener Festaufführungen sah man diesmal als einzige Auszeichnung rote Armbinden oder rote Schleifen.

Die Leonoren-Ouvertüre in vollendeter Wiedergabe leitete die Revolutionsfeier ein. Der Vorhang teilte sich, und vor geschlossener Bühne stand Kurt Eisner, von Beifall umrauscht. Er verneigte sich leicht und hielt folgende

Ansprache:

»Freunde! Die Klänge, die eben an Ihre Seelen gedrungen, malen die Ungeheuerlichkeit eines tyrannischen Wahnsinns: Die Welt scheint im Abgrund versunken, zerschmettert. Plötzlich tönen aus Dunkel und Verzweiflung die Trompetensignale, die eine neue Erde, eine neue Menschheit, eine neue Freiheit ankündigen. So sah Beethoven das Schicksal der Welt. So trug er sein Herz, schwer von Sehnsucht, durch die Zeiten seines gedrückten Lebens.

Das Kunstwerk, das wir eben gehört, schafft in prophetischer Voraussicht die Wirklichkeit, die wir eben erlebt. In dem Augenblicke, da der Wahnsinn der Welt den Gipfel des Entsetzens erreicht zu haben schien, verkünden aus der Ferne Trompetensignale neue Hoffnung, neue Zuversicht.

Freunde! Was wir in diesen Tagen erlebt, ist ein Märchen, das Wirklichkeit geworden. Das Schicksal hat wenige Menschen zur Bestimmung ausersehen, das Fürchterliche, das wir seit 4 Jahren erdulden mußten, mit einem Streich hinter uns zu werfen. Wir brauchen nicht mehr zurückzuschauen. Wir dürfen heute vorwärts sehen und sind gewiß, daß eine Zeit fruchtbarsten Schaffens uns bevorsteht.

Verehrte Anwesende! Es ziemt sich für mich, heute, wo ich zum ersten Male Gelegenheit habe, vor Ihnen zu reden, vor den breiten Massen zu sprechen, die mit am Werke der Revolution gearbeitet haben, des Mannes zu gedenken, der durch einen unsinnigen Zufall ein Opfer der Revolution geworden ist. Durch die Zeiten wird einst wie eine Legendengestalt die Person des blinden Bauern aus Niederbayern schreiten, in dessen Kopfe dieses Werk seherisch vorbereitet wurde. Wir, denen es vergönnt war, in diesen Tagen mitzuhelfen, haben bisher kein Wort in die Öffentlichkeit getragen, wie sich diese gewaltige Umwälzung vorbereitet, wie sie sich vollendet. Aber des einen Mannes wollen wir gedenken, des Bauern, des blinden Bauern aus Niederbayern, Ludwig Gandorfer, mit dem ich Arm in Arm an jenem wilden Nachmittag und Abend durch die Straßen Münchens gestürmt bin, an jenem Tage, der die neue Freiheit schuf. Sein Herz war voll der Ahnungen der neuen Zeit. Und es ist ein grauenvolles Schicksal, daß er den Sieg seines Gedankens nicht überleben durfte. Aber dieses Zusammenarbeiten eines einfachen Schriftstellers, eines geistigen Arbeiters aus der Stadt, mit einem begabten, tapferen, heldenmütigen Bauern vom Lande: das ist ein Anzeichen, ein Symbol der neuen Demokratie, die hier in Bayern, in Deutschland, auf der Welt werden soll.

Was wollten wir? Was wollen wir?

Wir wollen in dem Augenblicke, da Deutschland, da Bayern vom Zusammensturz bedroht war, aus den Massen des Volkes die schaffende Armee der Rettung bilden, das war der Sinn dieser Umwälzung.

Aber Freunde, wir wollen noch etwas anderes. Wir wollen der Welt das Beispiel geben, daß endlich einmal eine Revolution, vielleicht die erste Revolution der Weltgeschichte, die Idee, das Ideal und die Wirklichkeit vereint. Und je mehr uns der Abscheu erfüllte von dem, was die Herrschenden der Vergangenheit über die Welt an Elend, Verwilderung, Grausamkeit gebracht haben, desto mehr waren wir bedacht, menschlich zu sein, nur an die Vernunft der Menschen uns zu wenden.

Wir haben heute die Zuversicht, daß es uns gelingen wird, ohne Rückschlag, ohne Hemmung, ohne Gewalt den Weg zur neuen Freiheit zu finden. Wir sind Demokraten und Sozialisten. Wir verstehen unter Demokratie nicht, daß alle paar Jahre alle Bürger das Wahlrecht ausüben und die Welt regieren mit neuen Ministern und neuem Parlament. Wir, die wir eine neue Form der Revolution gefunden haben, wir versuchen auch eine neue Form der Demokratie zu entwickeln. Wir wollen die ständige Mitarbeit aller Schaffenden in Stadt und Land. (Stürmisches Bravo.)

Und, liebe Freunde! Wer, wie ich, Gelegenheit gehabt hat, nun in den letzten Tagen diese Tausende von Briefen zu lesen, diese zahllosen Menschen zu sehen, die, von der überraschenden Wendung der Dinge getrieben, an uns sich wenden, für den ist es eine Erschütterung tiefster Art, zu sehen, wie überall draußen ein neuer Enthusiasmus des Schaffens sich regt. Als ob die Millionen nur darauf gewartet hätten, um, befreit von dem Druck, nun mitzuhelfen. Von den Arbeitern, Bauern, von den Schülern, von den Gymnasiasten, in allen Klassen und Ständen hinauf und hinab: von überall kommen die Geängstigten und die Bedrückten und versichern uns: jetzt endlich können wir arbeiten, jetzt endlich sehen wir ein Ziel.

Das ist Demokratie! Und diese Demokratie ist heute schon Wahrheit. Die Vergangenheit ist tot, und (mit erhobener Stimme) wehe denen, die versuchen sollten, diese fluchbeladene Vergangenheit neu zu beleben. (Stürmisches Bravo.)

Wir sind Sozialisten, d. h. wir wollen die Hemmungen der wirtschaftlichen Ordnung beseitigen, die auf die Massen wie auf die einzelnen drücken, und erreichen, daß jeder Mensch, der geboren ist, seine Gaben entfalten kann, und in verbürgter Sicherheit des Daseins, die kärglichen Jahre irdischen Lebens, erfüllt von Idealen, beglückt von Arbeit, erschöpfen kann. Gerade heute, wo so verbrecherisch mit Menschenleben gespielt wurde, ist jedes Menschenleben uns heilig. Wir rufen über unser Land hinaus zu den Völkern, die gestern noch uns Feinde waren: Wir bekennen unsere Schuld! Und bahnen damit den Weg zu innerer Verständigung und Versöhnung. Das war der letzte Krieg! Indem wir die Schuldigen an diesem Weltverbrechen beseitigten, so menschlich beiseiteschoben, wie noch niemals, mit einer Rücksicht, die jene nicht verdient haben (Bravo! und Sehr richtig!), aber in fester Entschlossenheit, gerade auch in der Beiseiteräumung des Alten zu zeigen, daß wir Menschen sind, so werden wir weitergehen und bitten Sie um Ihre Hilfe. Wir grüßen, die uns Feinde waren. Wir senden unsere Grüße zu den Völkern Frankreichs, Italiens, Englands und Amerikas. Wir wollen mit ihnen gemeinsam die neue Zeit aufbauen.

Alle, die reinen Herzens, klaren Geistes und festen Willens sind, sind berufen, am neuen Werke mitzuarbeiten. Vergessen wir, was war, und vertrauen wir dem, was wird. Eine neue Zeitrechnung beginnt, und wir, die wir mitgeholfen haben, bekennen in demütiger Ehrfurcht vor dem dunklen Schicksal, das die Menschheit geleitet: Wir danken diesen geheimnisvollen Mächten, daß wir mithelfen dürfen, die Welt zu befreien. Die Freiheit erhebt ihr Haupt, folgt ihrem Rufe!« (Stürmischer Beifall.)

Egon Erwin Kisch (geb. 1885 in Prag; gest. 1948 in Prag) gehörte zu den Gründungsmitgliedern des »Bundes proletarisch-revolutionärer Schriftsteller«, eines von 1928 bis 1933 (im Untergrund noch bis 1935) bestehenden kommunistischen deutschen Schriftstellerverbandes. Als Sohn eines jüdischen Tuchhändlers wuchs Kisch in Prag auf – die Stadt, in die er nach seinen zahlreichen Reisen und den Stationen des Exils immer wieder zurückkehrte.

Nach einjährigem Militärdienst und einer Ausbildung zum Journalisten in Berlin arbeitete Kisch bis 1914 als Reporter für Zeitungen in Prag und Berlin, darunter das »Prager Tageblatt«, die »Bohemia« und das »Berliner Tageblatt«. Nach Ausbruch des Ersten Weltkrieges meldete er sich als Kriegsfreiwilliger bei der österreichisch-ungarischen Armee. Er nahm am Feldzug gegen Serbien teil und wurde nach seiner Verwundung unter anderem im Kriegspressequartier in Wien eingesetzt. Wie andere Schriftsteller seiner Generation wurde auch Kisch durch die Erfahrung des Weltkrieges zu dessen entschiedenem Gegner. Im Januar 1918 nahm er in Wien an einem Streik teil, durch den Friedensverhandlungen herbeigeführt werden sollten. Mit Beginn der Novemberrevolution wurde Kisch für einige Tage Kommandant der Wiener »Roten Garde«. 1919 trat er der KPÖ bei. Über Prag zog er 1921 wieder nach Berlin, wo er für verschiedene Zeitungen schrieb. Ab 1922 unternahm Kisch seine berühmten Reportagereisen durch Europa, in die Sowjetunion, nach Afrika, Amerika und China.

1925 erschien im »Erich Reiss Verlag« sein wohl bekanntestes Werk »Der rasende Reporter«. Trotz seiner marxistischen Weltsicht finden sich in keiner der 53 einzelnen Reportagen seines Buches Versuche von politischer Agitation. Kisch präsentiert hier vielmehr sein ganzes Können als Autor der »Neuen Sachlichkeit«. Über sein Selbstverständnis als Reporter schreibt er im Vorwort: »Der Reporter hat keine Tendenz, hat nichts zu rechtfertigen und hat keinen Standpunkt. Er hat unbefangen Zeuge zu sein und unbefangene Zeugenschaft zu liefern, [...]. Nichts ist verblüffender als die einfache Wahrheit, nichts ist exotischer als unsere Umwelt, nichts ist phantasievoller als die Sachlichkeit.« Mit scharfer Beobachtungsgabe lässt Kisch seine Leser an den unterschiedlichsten Lebenswelten teilhaben. Als »rasender Reporter« meldet er sich in seinem Buch vom »Spaziergang auf dem Meeresboden« und »dreihundertdreiundfünfzig Stufen hoch« vom Turm des Stephansdom in Wien. Die folgenden zwei Reportagen reichen vom »Stahlwerk in Bochum, vom Hochofen aus gesehen« bis zu einer »Volksspeisehalle« in Berlin. ■

Egon Erwin Kisch
Der rasende Reporter

Stahlwerk in Bochum, vom Hochofen aus gesehen

Auf dem Gipfel des Hochofens führt um das Maschinenhaus des Schrägaufzuges eine beängstigend enge Balustrade. Hier oben, wo's höher als auf Kirchturmspitzen ist, muß man nicht zwischen glühenden Stahlstücken, offenen Versenkungen und rollenden Radreifen balanzieren, von fallenden Lasten und zischend emporlodernden Flammen erschreckt und vom Klirren und Hämmern entnervt. Und doch überblickt man die ganze Landschaft, die uns bewußte Laien tagsüber bewegt und begeistert hat, wir umfassen von höherer Warte die Plätze, auf denen uns heiße Eindrücke eingepreßt wurden; wir können auf diesem Prospekt den Weg voll verwirrender Schönheit und bitterer Reflexion rekapitulieren, den wir heute gingen und den alltäglich und allnächtlich das Erz geht, und die Arbeit in allen Stadien.

Allerdings: selbst hier oben ist kein Gottesfrieden, selbst da, auf dem höchsten Standpunkt der Stahlstadt, fahren uns Lasten über den Kopf. Ununterbrochen schweben auf ihrem Seil die Waggons der Hängebahn heran, öffnen sich genau über der Gichtschüssel des Hochofens, und in den sich im selben Momente klaffenden Ofen stürzt der Passagier: der Koks, der aus der fernen Kokerei der Kohlenzeche ankommt. Kaum ist der leere Waggon abgetänzelt, rasselt über uns ein Eimer von achttausend Kilogramm Gewicht. Er schleppt das Erz aus den Bunkern, in die es die Eisenbahnzüge aus den Erzbergwerken brachten, und erbricht sich gleichfalls in das Ofentürl.

Neben den fünf Hochöfen stehen fünfzehn geschlossene Röhren, die Winderhitzer, etwa in der Form gefüllter Kalodonttuben. Aber sie sind größer. Bedeutend größer sogar: jede ist fünfunddreißig Meter hoch, doppelt so hoch als ein dreistöckiges Haus, und hat einen Durchmesser von sieben Metern. Das Blech der Hülle dürfte ebenfalls stärker sein als das einer Tube mit Zahnpasta. Denn darin wird Wind auf 700–800° erhitzt, das heißt, bis er eine grell leuchtende Flamme ist. Dieser brennende Wind strömt in den Ofen, wo Erz und Kohle gemeinsam zerschmelzen. Alle zwei Stunden wird jeder Hochofen geöffnet, und das Roheisen fließt (während die leichtere Schlacke oben anderswohin führt), wie ein flammender Bach in eine Riesenpfanne, auf dem Weg kaskaden-fröhlich in tausende silberne Tröpfchen zerstäubend und den Winterrock des allzu nahe herantretenden Beschauers mit Silberflitter besäend. Wird nicht auch die Lunge der Arbeiter hier mit diesem eisernen Konfetti überschüttet? Ist er unempfindlich gegen den Schwefeldampf, den uns eben ein Windstoß in die Nase geblasen hat, daß wir tränen und husten müssen?! Ist das Gichtgas für ihn kein Gift? Stört es ihn nicht, wenn er aus dieser tödlichen Hitze unmittelbar ins Freie muß, um für das überschüssige Roheisen im Gießbett Rinnen zu graben? In drei Schichten arbeiten die Leute am Hochofen, der jahraus, jahrein, Tag und Nacht nicht erlöschen darf, und an jedem dritten Sonntag haben sie sechzehn Stunden Dienst. Vom vierzehnten Lebensjahre an bis zum Tode, der vielleicht schon kommt, während sich andere noch mit dem Studium »abplagen«. – Was hier ein Arbeiter Lohn habe, fragen wir den blutjungen Ingenieur, der Stulpenstiefel und Schmisse hat und die Arbeit beaufsichtigt. – »Na zweiundfünfzig bis fünfundfünfzig Pfennig pro Stunde – der Beste kommt schon auf hundertzwanzig Mark im Monat«, antwortet er, »eine Zeitlang standen sich die Kerls besser als wir. Aber jetzt geht's schon einigermaßen in Ordnung.« Dann lenkt er ab und zeigt auf den lichterlohen Bach von Roheisen, der noch immer aus dem Loch strömt. »Das sind fünfzig bis sechzig Tonnen: genau zwölf Millionen Mark ist dieses Wässerchen wert, und neun solcher Abstiche werden täglich an unseren fünf Hochöfen vorgenommen.«

Endlich ist die Pfanne voll, die Aufzugsmaschine ergreift sie und führt sie in die Stahlgießerei, wo aus dem Eisen in achtzehn riesigen Martinöfen Stahl gemacht wird. Überdimensionale Krane chargieren das Rohmaterial in diese Schmelzen, Roheisen, Ferromangan und vor allem »Schrott«, altes Stahlmaterial – darunter noch immer viele stählerne Kanonenrohre, Granaten, Torpedos – und ausrangiertes eisernes Hausgerät, das einst in der Küche oder in der Rumpelkammer wie eine Pfütze war, dann im Magazin des Hausierers zum Tümpel ward, in Bächen zum Alteisenhändler floß, in Strömen in die Schrottverkleinerungswerke und hierher, wo es ein Meer ist, der Verdunstung harrend. Nicht lange währt diese Rast der unvergänglichen Materie an dieser Kurve, an die sie wahrscheinlich alle hundert Jahre kommt. Schon geht die Rundfahrt weiter durch die Ewigkeit, schon entleert sich der Greifer mit Schrot über dem Ofen. Ihm nach fallen allerhand Chemikalien.

Mit einer blauen Brille kann man in den Ofen hineinschauen. Was man sieht, ist nichts als ein ungeheures Brodeln flüssigen Feuers, das alles ergreift und alles verzehrt. Und öffnet sich der Herd, um den Stahl abzulassen, dann speit und raucht in seinem Gefäß der neugeborene Stahl und scheint emporschlagen und die Welt verschütten zu wollen, unheimlich lodernder Vesuv! Habt Ihr nicht Angst, Ihr Herren der Fabrik, daß diese aufgeregte, kochende Masse doch einmal ihren Kerker sprengt? Ihr lächelt: »Divide et impera«, und zeigt dem Warner mit überlegener Miene das Ventil, das sich bereits öffnet. Und aus dem großen einheitlichen Höllenkessel beginnt die Masse herausströmen nach allen Richtungen in hundert Formen von verschiedener Größe und verschiedener Gestalt. In den »Coquillen« strahlt der Stahl noch immer wie ein Symbol, noch immer ist er im Flusse der Bewegung und noch immer ist er von vernichtender Hitze. Aber bald muß er zu Blöcken erstarren, die irisierend blau und matt sind.

Eisenbahnzüge rollen heran und schleppen sie von dannen, man kann aus ihnen Kanonen und Geschosse machen, wie es im Kriege war, man kann sie zu nützlichem Werk verwerten. Die Züge fahren davon, in andere Städte und andere Länder, Bochumer Stahl; als Kirchenglocken enden die Stahlmassen oder als Fahrräder, Rasiermesser, Schreibfedern, Taschenuhren, Dolche. Andere Blöcke aber bleiben noch hier. Auf kleineren Waggons rollen sie in die Bezirke des Betriebes, ins Schmiedewerk zu den unheimlichen Hämmern, wo man sie zu Kurbelwellen für Maschinen und zu Schiffssteven, zu Lokomotiv- und Waggonradsätzen schmiedet, oder ins Walzwerk, wo zumeist Schienen und Stahlschwellen und Räder und deren »Bandagenringe« (Radreifen) daraus werden für fast alle Eisenbahnen Europas und Asiens, in den verschiedensten Durchmessern, Lokomotivräder bis zu zweieinhalb Metern. Langwierige Prozeduren vollenden dieses Werk, und so angeregt der Geist von der Fülle dieses Raffinements und von der aufgewandten Geschicklichkeit ist, so müde wird man, wenn man das Erz auf seinem Entwicklungsgang begleitet, bis zu den Leidensstationen des Stahls in den mechanischen Werkstätten, wo er gedreht wird, gehobelt, durchstoßen. Armer, gequälter Stahl, – man wünscht sich nicht einmal, was man gerade hier stärker als anderswo oft gewünscht hatte: Nerven aus Stahl zu haben.

Eben kamen wir an zwei Arbeitern vorbei, die eine Schiffswelle an die Hebekette legten. Wir sind ein paar Schritte weitergegangen, als uns ein sogar in diesem steten Lärm hörbares, ungeheures Krachen innehalten läßt: die Kette ist gerissen, die Welle herabgestürzt und eine Kurbel abgebrochen. Zum Glück hing sie noch nicht hoch, und niemand stand darunter. Einige Arbeiter sammeln sich aufgeregt, untersuchen den Kran und murren, daß noch immer keine Taue statt der Ketten eingeführt worden sind. »Tausend Mark Schaden«, brummt der Betriebsleiter.

Aber selbst die Erschütterungen solcher Zwischenfälle sind in ihrer Intensität nichts gegen den Eindruck zauberischer Vorgänge, deren staunender Zeuge man ist. Ins Schienenhaus kommt ein kurzer Stahlblock, und schon huscht er, windet er sich, in eine Schlange verwandelt, aus der Maschine. Aber welch eine Schlange ist das! Fünfundsechzig Meter mißt ihr Leib und ist rotglühend, und so schiebt sie sich durch das Zwielicht der endlosen Halle, dreht sich auf die andere Seite, hebt sich an einem Ende in die Höhe und rutscht in die Maschine zurück, die sie auch auf der andern Seite plattwalzt und wieder preisgibt, um sie nochmals aufzunehmen und nochmals – bis sie viereckig geworden ist. Und schon wird sie von einer Säge zerschnitten, in Stücke von zehn Meter Länge. Das Schlangenblut ist heißes Gold und spritzt empor in Garben und Funken, ein unbeschreibliches Feuerwerk.

Im Hof liegen die zerschnittenen Teile der Schlange, fertige Schienen. Der Laufkran fährt über sie hin, die beiden Magnete an seinen Enden senken sich ein wenig, und wagrecht schweben sieben Schienen ihnen entgegen in die Höhe, frei in der Luft. Sie saugen sich fest an den Magneten, kein Tau, keine Kette hält sie, und doch stürzen sie nicht herab, der Hebezug bewegt sich weiter mit seiner Last von zwanzigtausend Kilogramm, er hält über einem Eisenbahnzug, der Strom wird ausgeschaltet, und die Schienen legen sich behutsam in den Waggon.

Jeder neue Eindruck läßt den vorhergehenden verblassen. Verstört ist man von den vielen Wundern und tut gut daran, nicht gleich in den Alltag hinauszugehen, der alles verwischt. Man muß alle Müdigkeit überwinden und nochmals hinauf auf den Aussichtspunkt des Hochofens, wo man sich einigermaßen sammeln kann, und beim Leuchten des fließenden Roheisens stehend all das niederschreiben, was man gesehen.

Wat koofe ick mir for een Groschen?

In der Volksspeisehalle in der Schönhauser Allee trank ich eine Tasse Kaffee um zehn Pfennig und aß dazu einen Napfkuchen um den gleichen Preis. Drüben an der Wand, mit Kreide auf ein schwarzes Brett geschrieben, war die Speisekarte; aus ihr ersah ich, daß man für eine Tasse Milch, Kakao, Kaffee, Apfelwein oder Brühe, für eine Flasche Selterswasser, für zwei Zehntel Malz- oder Lagerbier, für eine mit Butter oder Schmalz gestrichene Stulle, für vier gewöhnliche Schrippen, für einen Blech- oder einen Napfkuchen nicht mehr und nicht weniger als zehn Pfennige zu zahlen hat. Noch reicher sehen die Genüsse aus, die sich einer vergönnen kann, der über zwei Groschen verfügt: eine Schale Weißbier, eine Pulle Brauselimonade, eine belegte Stulle, einen sauren Hering, einen marinierten Fisch, eine Portion Kartoffelsalat, ein Paar Würstchen oder ein Stück Wurst.

Um zu erfahren, ob man auch andere als alimentäre Werte um zehn Pfennig erwerben könne, rief ich eines der spielenden Gören zu mir, gab ihm einen

Groschen und wollte ... der Kleine war schon mit der Schnelligkeit eines Rodelschlittens davongerast, bevor ich ihn etwas fragen konnte. Ich sprach einen anderen Jungen an und stellte ihm, das Geldstück in der Hand behaltend, die Gewissensfrage: »Was tust du mit diesen zehn Pfennigen, wenn ich sie dir gebe?« – Der Knirps machte eine abwehrende Geste: »Nee, so doof bin ick nich, – dann jehm Se mir den Jroschen doch nich!« – Ich gab mein Ehrenwort. – »Ick jehe in Kientopp.« – Auf meinen Wunsch zeigte er mir sogleich das Kino, wo der Eintritt zehn Pfennig kostet, der teuerste Platz fünfzig Pfennig. Mein kleiner Führer verschwand mit dem Groschen in der Eingangstüre, auf der eine große Tafel besagte: Jugendlichen unter sechzehn Jahren ist der Eintritt verboten!

Ein kleines Mädchen, das ich fragte, machte mir die Mitteilung, daß sie für meinen Groschen – auch ins Kino gehen wolle. Da mir die statistische Feststellung, wieviel Kinder Berlins eine Münze zum Besuch des Films anlegen würden, doch etwas zu kostspielig schien, stellte ich den Versuch ein, mir auf dem Wege einer Umfrage das Material zur Verwendungsmöglichkeit von zehn Pfennigen zu verschaffen.

Ich war in einer Gegend, in der der Geschäftsbetrieb viel mehr von den Finanzverhältnissen des Käufers abhängig ist, als von dessen Bedarf. Diesem Umstande ist durch die Preisangabe in den mit tausenderlei Dingen vollgepfropften Schaufenstern Rechnung getragen. In den Papierwarenhandlungen sind keine Schreibhefte, Stahlfedern, Bleistifte oder dergleichen ausgestellt. Luxusdinge des täglichen Gebrauchs werden angepriesen: die entzückenden Künstlerkarten, welche keifende Schwiegermütter, wimmernde Pantoffelhelden und zahnlose alte Jungfern zeigen, kosten nur zehn Pfennig; der anonyme Absender braucht nur – mit verstellter Handschrift – die Adresse darauf zu schreiben ... Um den gleichen Preis ist auch die hundertsechzehnte Lieferung des für unsere Jugend bestimmten Werkes »Huronen und Delawaren oder das zweite Gesicht oder die Verfolgung rund um die Erde« zu haben, unter dessen vierfarbigem Titelbild die edlen Worte stehen: »Als Wilhelm Mut aus dem Blockhause heraustrat, sah er zehn Indianer in feindseliger Haltung vor sich stehen.« Für zehn Pfennig habe ich das Heft einer Pfadfinder-Bücherei erstanden, verlockt durch die bunte Umschlagzeichnung, deren Text lautete: »Durch das Krachen des Donners, das Brüllen der Wogen, das Heulen des Sturmes tönte Horst Krafts gellender Ruf: Pfadfinder zu mir! Wir werden zusammen sterben, wenn wir sterben müssen!« Dieses Büchlein habe ich gelesen, und kann sagen: wenn Büchern wirklich ein erzieherischer Wert zukommt, dann ist dieses Werk vortrefflich geeignet, Knaben zu Idioten zu erziehen.

Auf billige Art können sich Mädchen der Peripherie mit aller raffinierten Eleganz umgeben: eine Madeira-Hemdpasse, eine Büchse mit wohlriechenden Cachous, eine Phiole!!! Allerfeinstes Pariser Ideal-Parfum!!! (die sechs Ausrufungszeichen sind Original) und ein Gummiabsatz kosten je einen Groschen. Schwerer ist es, ein Gentleman zu sein. Zwar kosten ein Stehkragen, drei Hemdknöpfe oder einmal Schnurrbartstutzen denselben Betrag, aber schon für ein Paar Manschetten, ein Stück Prima Mandelseife mit zwei Ausrufungszeichen, eine Nagelfeile, eine Pomadenstange oder einmal Rasieren muß man die doppelte Taxe entrichten, für Haarschneiden und Bartausziehen sogar fünfundzwanzig, Kräuseln der Haare dreißig Pfennig.

Die Lust zum Heiraten wird gewiß dadurch wachgerufen oder wenigstens verstärkt werden, daß man um zehn Pfennig einen vergoldeten Ehering beziehen kann, eine Säuglingsklapper von der gleichen Wohlfeilheit, zwei Zinnsoldaten oder ein Schilderhäuschen. Mit einer Autohupe für Kinder oder fünf Knallerbsen kann man Krach machen, der mit einem Groschen gewiß nicht überzahlt ist. Weiter: ein (etwas verbogener) Alpakkalöffel, der Band einer verschrotteten Leihbibliothek »nach Eugen Sue bearbeitet von Wilhelm Eichelkogel«, eine garantiert echte Haarlemer Hyazinthenzwiebel, ein achtel Pfund Kieler Sprotten, ein Stück Bruchschokolade, ein Umschlag mit Puderpapier, zwei Harzer Käse, Vanilleplätzchen und ein Kartoffelpuffer, alles bloß für zehn Pfennig.

Im Bagno-Museum auf dem Rummelplatz Ecke Lietzmannstraße–Neue Königstraße ist sogar ein Lustmord für einen Groschen zu sehen. In die Geldstücköffnung des Automaten wirft man zwei Sechser ein und dreht die Kurbel. Erstes Bild: eine schlafende Dame. – Zweites Bild: ein Mörder nähert sich mit gezücktem Messer. (Mörder nähern sich nämlich immer mit gezücktem Messer.) – Drittes Bild: der Mörder nähert sich noch näher mit noch gezückterem Messer. – Viertes Bild: der Mörder sticht der entsetzt erwachenden Dame das gezückte Messer in das Herz. – Fünftes Bild: die Dame liegt tot neben zwei roten Tintenklecksen auf dem Boden und der Mörder entfernt sich mit gezücktem, blutigrotem Messer. (Mörder entfernen sich nämlich immer mit gezücktem, blutigrotem Messer.)

Das alles koofe ick mir for een' Groschen.

Karl Grünberg (geb. 1891 in Berlin; gest. 1972 in Berlin) zählt neben Ludwig Turek (»Ein Prolet erzählt«), Hans Marchwitza (»Sturm auf Essen«) und Klaus Neukrantz (»Barrikaden im Wedding«) zu den idealtypischen kommunistischen Autoren der Weimarer Republik. In Berlin aufgewachsen, fand Grünberg nach einigen Stationen als Hilfsarbeiter eine Anstellung als Chemietechniker. Er besuchte die Berliner Arbeiterschule und trat 1911 der SPD bei. 1919 wechselte er zur USPD und 1920 schließlich zur KPD, für deren Zentralorgan »Die Rote Fahne« er zeitweise als Redakteur tätig war.

»Unsterbliche Opfer, ihr sanket dahin, [...].« Mit dem Text des Grabgesangs auf die Gefallenen der internationalen Arbeiterbewegung, eröffnet Karl Grünberg seinen 1928 erschienen Roman »Brennende Ruhr«. Das historische Szenario des Kapp-Putsches 1920 und die Kämpfe der »Roten Ruhrarmee« gegen die Reichswehr- und Freikorps-Verbände versucht Grünberg auf knapp 400 Seiten anhand der Erlebnisse seiner fiktiven Figur »Ernst Sukrow« nachzuerzählen – und zwar aus proletarischer Sicht.

In seinem Geleitwort zum Roman wendet sich Johannes R. Becher präventiv gegen die zu erwartenden Einwände der Literaturkritik: »Er hat nicht die gepolsterte Ruhe, um seine Sätze zu feilen und zu biegen, sie vibrieren und klingen zu lassen. Roh und ungeschlacht kommt er daher, haut und fetzt Worte hin, manche der Gestalten sind unausgeglichen, nur leidliche Bruchstücke.« Sogar Thomas Mann äußerte sich positiv zu Grünbergs »Brennende Ruhr«. Tatsächlich wirken die politischen Dialoge des Romans mitunter statisch und einfältig. Den Betrachtungen Grünbergs ist anzumerken, dass ihm der Erlebnisraum seines Romans nicht vertraut war. So schreibt er von »Fördertürmen und Hochöfen« im Plural, ohne sie sprachlich versinnlichen zu können. Anders die Beschreibungen der Soldaten, der kämpfenden Arbeiter und des militärischen Geräts. ■

Karl Grünberg
Brennende Ruhr.
Roman aus der Zeit des Kapp-Putsches

13. Kapitel

Ernst Sukrow hatte an diesem Morgen einen Spaziergang in Richtung Süderholt unternommen. Die Sonne kämpfte noch mit einem feinen Nebel, der wohltätig die den Horizont zerhackenden Schlote, Halden, Fördertürme und Hochöfen verhüllte. Auf den brachen Wiesen am Kanal leckten ein paar magere Ziegen das schüchterne Grün ab, und eine Lerche trillerte in unsichtbarer Höhe dem Licht entgegen. »Der Frühling hat sich auch in diese trostlose Gegend verirrt«, dachte der einsame Wanderer, dessen Gedanken seinen Schritten weit voraus eilten, dorthin, wo es keine hässlichen, von kranken Menschen überfüllte Industriestädte gab. Seine wanderfrohen Gefühle sammelten sich schließlich in einem Vagantenliedchen, das er früher oft mit frohen Gesellen auf freier Fahrt gesungen:

»Mein Schatz nahm einen andern
wohl um das schnöde Geld.
Drum will ich als Spielmann wandern
in die weite, weite Welt.«

Jetzt mit den ersten Frühlingslüften kam ihm erst zu Bewusstsein, was den ganzen Winter so schwer und dumpf auf ihm gelastet. Er passte hier nicht her, würde sich nie an Kohlenstaub und Aschenregen, an diesen ständig grauverhangenen Himmel gewöhnen. Wenn hier die Schornsteine wieder zu rauchen anfingen, war es mit dem bisschen Frühling sowieso zu Ende.

Im rüstigen Weiterschreiten wuchs in ihm ein Entschluss. Er würde nicht bleiben! Seine Träume hier waren endgültig ausgeträumt, sowohl die von der Bergarbeiterpoesie wie die von der sozialen Republik. Und auch das Liebeslied war zu Ende, das Kindermärchen von dem armen Hirtenknaben und der schönen Prinzessin! Er lachte und schämte sich zugleich, fand eine stille Genugtuung darin, vor sich hin zu variieren: »Du bist ein Esel, du bist ein großer Esel, du bist ein so großer Esel, wie es ihn noch nie gegeben hat!«

Aber Gott sei Dank! Das alles lag nun weit hinter ihm. Umsonst war diese harte Schule hier nicht! Er hatte versucht, das Leben bei den Hörnern zu packen und war Sieger geblieben! Er war sichtbar gereift, und dies machte ihn so froh, dass er singen konnte.

Sowie der Generalstreik zu Ende war, ging er fort! Seine »Alma Mater« sollte jetzt draußen die Landstraße sein. Den Rhein hinauf auf Schusters Rappen, wie Grothe es so oft erzählt hatte. Mit seiner Klampfe und zwei Händen, die zu arbeiten gewöhnt waren, würde er wohl überall durchkommen. Vielleicht, dass er seelisch noch eben so frei werden konnte wie der Freund, den er so oft darum beneidete.

Hier hielt ihn ja nichts zurück.

»Mâry?« – – –

Ein leiser Stich in der Brust zeigte, dass da noch ein kleiner Stachel saß. Aber der würde sich draußen ausheilen. Sie und Grothe passten entschieden besser zusammen. Grothe hatte sich in der Welt genügend umhergetrieben, um hier vor Anker gehen zu können. Mochten die beiden glücklich werden. Er wünschte ihnen alles Gute. Mit einem trockenen und einem feuchten Auge konnte er scheiden.

Durch die Luft zitterte von fernher ein singender Ton. Betroffen aufhorchend blieb er stehen. Das war doch die Sirene von »Deutsche Erde«?

Das Alarmsignal? – – –

Er begann mit großen Schritten den Weg zur Stadt zurückzugehen. Jetzt unterschied er auch deutlich das grelle Pfeifen von »Beate«, den dumpfen Brummton von »Kaltenborn und Opler«! Mechanisch setzten sich seine Füße in Dauerlauf.

Plötzlich blieb er wie gebannt stehen. Durch das nervenaufpeitschende Heulen der Alarmsirenen drang ganz deutlich das wohlbekannte »Taktaktak« eines Maschinengewehrs an sein Ohr. Kein Zweifel, die Swertruper Arbeiter standen im Kampf.

Eine unsagbare Wut überkam ihn, Wut über seine eigene Ohnmacht. Erst gestern Abend hatte er Grothe noch Vorstellungen wegen seiner Verwendung bei der Arbeiterwehr gemacht. Er wollte arbeiten, sich betätigen, nicht nutzlos umhersitzen.

»Wird es ernst, wirst du Kommandeur und ich dein Adjutant«, hatte Grothe gesagt. Dann hatten sie sich eine volle Stunde über organisatorische und technische Einzelheiten unterhalten, wobei ihn die überraschend guten militärischen Kenntnisse des jungen Kommunisten, der nur einfacher Infanterist gewesen, überraschten. Unzweifelhaft würden sie beide zusammen etwas Ersprießliches leisten. »Halte dich nur bereit, wir werden dich schon noch brauchen«, hatte Grothe beim Abschied gesagt. Jetzt brauchte man ihn, und er war ganz in Gedanken und Gefühlen erstickt hier hinausgelaufen – weil er keine Ausdauer zum Abwarten gehabt, weil er nicht mehr im Ernst an Kampf geglaubt hatte.

Den Treidelweg am Kanal herab kam ein Radfahrer. Sukrow lief über eine alte Schuttabladestelle hinweg auf ihn zu.

»In Swertrup wird gekämpft; ich muss dabei sein; nehmen Sie mich mit!« rief er dem Ankommenden entgegen, ehe dieser noch abgebremst hatte.

»Steige hinten auf«, sagte der andere, indem er mit dem rechten Fuß das Gleichgewicht stützte. Ein dumpfes Rollen aus der etwa noch zwei Kilometer entfernt liegenden Stadt schütterte herüber.

»Das sind doch Minenwerfer?« rief der Arbeiter und begann unter Einsatz seines ganzen Körpergewichts zu treten.

In wenigen Minuten waren sie zwischen den Mietshäusern. Die von Sonnenglanz erfüllte Straße lag wie ausgestorben, aber an der nächsten Ecke kam ein aufgeregter Schwarm Männer, Frauen und Kinder entgegen. Fluchen, Weinen und wilde Verwünschungen! Inmitten der heulenden Weiber und gestikulierenden Männer humpelte ein alter Mann, über die rechte Schulter ein armseliges Bündel Flicken geworfen, aus dem das rote Blut heruntertropfte.

»Hövelmann! – – – Um Gottes willen, was ist geschehen?«

Der Alte glotzte ihn mit irren Blicken an, als kenne er ihn nicht.

»Vier Jungen sind im Kriege gefallen, den letzten haben voriges Jahr die Noskes in Bottrop erschossen und jetzt noch das Hannchen!«, murmelte sein zahnloser Mund. Das leblos baumelnde Kinderköpfchen mit den verglasten Augen zeigte, dass hier jede ärztliche Kunst zu spät war. Ein Mann erzählte:

»Ein Panzerauto kam die Gräfrather Straße heruntergefahren und begann plötzlich aus den Maschinengewehren links und rechts in die Häuser zu schießen. Das kleine Ding da wurde in seinem Bettchen getroffen.«

Durch die Menge ging ein tierhaftes Aufbrüllen. Ein Arbeiter schwenkte einen verrosteten Karabiner.

»Rache! Rache!«

»Gib mir!«, keuchte Sukrow und griff impulsiv nach der Waffe.

»Du bist wohl geck!« antwortete der andere, gab ihm einen Stoß, dass er gegen einen Bretterzaun prallte und lief dem Knattern der Maschinengewehre entgegen.

⋆

Kurz vor dem Einsetzen der Alarmsirenen hatte eine Kompagnie der »Hacketäuer« auf dem Hindenburgmarkt haltgemacht, wo sie, ohne Gewehr und Gepäck abzulegen, aus dem Bergmannsbrunnen tranken. Die Soldaten zeigten unter den unförmigen Stahlhelmen blutjunge, aber aschgraue Gesichter. Viele stützten, bis die Reihe an sie kam, die Tornister auf die Gewehre.

Die Offiziere liefen, halblaut zur Eile treibend, auf und ab. Die um sie herum sich ansammelnde Menschenmenge machte sie sichtbar nervös.

Hinter der Kompagnie kam ein Zug schwerer Maschinengewehre; dann Krümperwagen mit hochgeschlagenen Planen. Ein Sanitäter mit einem Pferdeeimer voll Wasser schlug den Plan eines Wagens zurück, wobei sitzende und liegende Gestalten mit erdfarbenen Gesichtern und blutigen Verbänden zum Vorschein kamen. Eine vereinzelte Mitleidsäußerung wurde von den anderen brutal unterdrückt.

»Wie viele von unseren Kollegen haben die wieder auf dem Gewissen?«

»Habt ihr vergangene Ostern schon vergessen?«

»In Hamborn haben sie schon ordentlich Dunst gekriegt.«

»Schade um jede Kugel, die daneben ging!«

Die Bemerkungen erfolgten so laut, dass die Soldaten sie wohl verstehen konnten.

»Fertigmachen!«, rief der Führer, dem die wachsende feindselige Stimmung nicht entging. Den letzten noch zum Wasser Herandrängenden schlug er die Becher aus den Händen.

»Kompagnie – – – ohne Tritt Marsch!«

Johlen und Pfeifen der Menge folgte.

»So ist's richtig; jetzt lasst ihr sie ruhig abziehen, damit sie unsere Brüder wieder abschlachten. Ihr seid ja auch keine Männer, Scheißkerle seid ihr«, höhnte eine Frau den mit geballten Fäusten drohenden Männern. Da begannen die Sirenen zu heulen. – – –

Der erste Zusammenstoß erfolgte an der über die tiefliegende Eisenbahn hinwegführenden Brücke. Ein großes Lastauto, mit Kopf an Kopf stehenden Sicherheitssoldaten bahnte sich, fortwährend tutend, seinen Weg durch die von Männern, Frauen und Kindern gefüllte Straße. Hinten angebunden war ein Minenwerfer.

Auf der steilen Brückenrampe geriet der Minenwerfer seitlich ins Rutschen und kippte an der Bordschwelle um. Die Menge drängte näher heran und ein junger Bursche versuchte, mit seinem Taschenmesser das Seil zwischen Auto und Geschütz zu durchschneiden.

In diesem Augenblick flog vom Auto herab ein kleiner Gegenstand, einer Frau mitten in den Einholekorb. Einer instinktiven Eingebung folgend, schleuderte die erboste Frau das schwarze Ding mit dem blanken Metalldraht augenblicklich zurück.

Die Eierhandgranate krepierte nach Art eines Schrapnells mit dumpfem Krachen dicht über den Köpfen der Soldaten. Die Wirkung war eine doppelte. Man sah blutbespritzte Uniformierte halb sinnlos vor Schreck und Schmerz kopfüber herunterspringen. Für die Menge aber, von der die Wenigsten überhaupt den Vorfall bemerkt hatten, war die Detonation das Signal zum Losbruch des so lange zurückgehaltenen Grolls. Kaum einer hatte eine andere Waffe als seine Fäuste, aber man riss die bestürzten Soldaten mit bloßen Händen nieder, trat sie mit Füßen, entriss ihnen die Waffen.

»Ihr Hunde wollt auf uns schießen?« – – –

Fäuste, Markttaschen, Taschenmesser, Hausschlüssel, – – – Gewehrkolben, Seitengewehre sausten nieder, aber das Ungestüm der herzudrängenden Menge war so groß, dass in dem wüsten Knäuel bald kaum noch einer die Arme heben konnte.

»Schlagt sie tot, die Bluthunde!«

Plötzlich peitschten von der anderen Seite in schneller Folge Schüsse die Straße entlang. Im Nu stob die Menge auseinander, aber die Männer, die die Karabiner an sich genommen, begannen aus Hausfluren und hinter Mauervorsprüngen hervor die anrückenden Truppen zu beschießen.

Der Straßenkampf begann!

Von allen Seiten eilten bewaffnete und noch mehr unbewaffnete Arbeiter herzu. Das Knattern des Gewehrfeuers, das nervenerschütternde Bellen der Maschinengewehre, untermischt von den dumpfen Schlägen zerspringender Handgranaten, alarmierte bis in die Außenviertel hinein. Aber noch aufpeitschender wirkte das unaufhörliche Aufheulen sämtlicher Werksirenen.

Von der evangelischen Kirche läutete es Sturm!

Niemand auf Seiten der Arbeiter hatte in diesem elementar aufbrennenden Kampf zunächst eine Führung. Jeder tat, was ihm nach Lage der Dinge selbst als richtig erschien. Erst allmählich im Laufe des dreistündigen Kampfes setzte sich Beispiel und Rat Einzelner in lokale Führung um, bildeten sich planmäßig vorgehende Gruppen. Zwar wurde die Ratinger Straße, die den nach Norden drängenden Truppen allein als Abzugsstraße übrig blieb, von diesen in der Längsrichtung beherrscht, aber überall wurden jetzt die Seitenstraßen aufgerissen, wuchsen Barrikaden aus Pflastersteinen, Mülleimern, Karren und Gerümpel, von wo aus die vorbeimarschierenden Soldaten unter Feuer gehalten wurden. Zwar erstürmten einige Abteilungen solche Barrikaden, fanden aber, wenn sie das Hindernis besetzten, dieses geräumt und die Gegner in die nächsten Häuser geflüchtet.

Eine Abteilung von dreißig Mann, die sich hierbei zu weit in die Lichstraße hinein vorwagte, sah sich plötzlich rückwärts abgeschnitten und warf auf Zuruf die Gewehre hin. Aber nicht genug damit, machten die Arbeiter auch erfolgreiche Gegenangriffe, wobei ihnen an einer Stelle mehrere Brot- und Munitionswagen und fünf schwere Maschinengewehre in die Hände fielen.

Die bereits nach Norden hindurchgekommenen Truppen machten wieder Front gegen die Stadt und begannen, mit schweren Minen zurückzuschießen. Unter furchtbarem Krachen schlugen die auf gut Glück gerichteten Geschosse durchweg in außerhalb der Kampfzone liegende Häuser.

Aber weder diese unsinnige Bombardierung noch das Vorstoßen feuerspeiender Panzerwagen in Seitenstraßen vermochte irgendwie die Kampfeswut der Arbeiter zu dämpfen. Auch die weiter nördlich gelegenen Zechen begannen jetzt den Truppen zuzusetzen, so dass der Abmarsch immer mehr ins Stocken geriet. Alles kam durcheinander und in wilder Panik warfen ganze Züge der durch fortwährende Kämpfe, Märsche und Gerüchte zermürbten Truppen ihre Gewehre vor einigen schlecht bewaffneten Kumpels hin und gaben sich gefangen.

Ein Hauptmann von den 135ern versuchte angesichts der verstopften Brücke mit seiner Kompagnie rechts seitwärts der Bahn entlang einen Übergang zu gewinnen. Sie fanden auch nur wenig Widerstand, aber die Straße mündete bald in einen schmalen Engpass. Links lag der Bahnkörper mit hohem stachligen Eisenzaun, jenseits der Bahn der Kanal, rechts aber zogen sich weithin die hohen Mauern der Schlackensteinfabrik.

Eine riesige, von Betonmauern gestützte Schlackenhalde sprang wie ein Sperrfort rechteckig in die Straße hinein.

»Da oben sind welche«, rief ein Unteroffizier, dessen scharfe Augen den unheimlichen Berg ängstlich abtasteten.

»Die Kerls haben ja keine Waffen«, beruhigte der Offizier, der, sich im Sattel aufrichtend, durch das Fernrohr ein halbes Dutzend fäusteballender Arbeiter erblickt hatte. Aber plötzlich begann es dort oben zu rutschen und zu prasseln, und Steine und Schlackenbrocken bis zur Größe eines Quadratmeters brachen hernieder.

»Auseinander! Marsch – Marsch!« brüllte der Hauptmann, da schmetterte schon ein scharfzackiger Schlackenbrocken seinem Pferd in die Vorderfüße, dass sich Ross und Reiter überschlugen. Rettung vor den Lawinen gab es nur vorne! Als sie aber die Straße durch einen quergestellten Wagen verriegelt fanden, warfen auch sie die Gewehre hin und ergaben sich den Arbeitern.

⋆

Sukrow war im Weiterlaufen auf die rückwärtige Mauer der Berg- und Hüttengesellschaft »Deutsche Erde« gestoßen, an der entlang er bis zur Ratinger Straße kommen musste. Immer heftiger wurde das Geschieße, aber die Mauer wollte und wollte kein Ende nehmen. Kurz vor der Ratinger Straße lag eine alte Abraumhalde, nach den Straßen hin mit einer schräggestellten Betonmauer abgesteift. Unten standen an zwanzig Arbeiter, von denen einer ein Infanteriegewehr mit abgesplittertem Kolben, ein anderer einen Pferdeeimer aus Segeltuch mit Stielhandgranaten trug. Gierig streckten sich die Hände danach aus. Sukrow erwischte die letzte.

»Oben haben sie zwei Maschinengewehre eingebaut, damit können sie die ganze Ratinger und Lichstraße beherrschen, wir müssen sie runterholen«, sagte jemand.

Sukrow hatte gewohnheitsgemäß den Handgranatenstiel herausgeschraubt und glaubte seinen Augen nicht zu trauen.

»Wisst ihr denn überhaupt mit den Dingern Bescheid?«

Ein junger Bursche machte die Bewegung des Handgranatenwerfens: »Einundzwanzig – zweiundzwanzig – dreiundzwanzig! –«

»Ja, ihr Schafsköppe, aber die Sprengkapseln fehlen, so gehen sie nicht los«, rief ein kleiner Kerl in verschmutzter Marineuniform.

Sukrows Blick fiel auf einen Jungen, der eine Holzschachtel in der Hand hielt und erkannte sofort die gefährlichen Dinger. Schnell waren die Wurfgranaten geschärft.

Oben begannen die unsichtbaren Maschinengewehre zu hämmern.

Der kleine Matrose maß prüfend die Höhe der Wand. »Ach was, die acht Meter kommen wir schon hinauf«, rief er, steckte die Granate in die Tasche und begann, ohne sich umzusehen, geschickt die schräglaufenden Regenrinnen auf allen Vieren emporzuklimmen. Die anderen folgten. Einige rutschten zwar zurück, aber die meisten kamen doch bis zur Mauerkrone.

Die Schützen an dem M.G., die sich durch den hinter ihnen klaffenden Abgrund gesichert glaubten, bekamen keinen schlechten Schreck, als hinter ihnen eine Detonation ertönte. Alle hoben die Hände hoch bis auf einen Unteroffizier, der die Pistolentasche aufriss. Aber ehe er zum Schuss kam, schlug ihm eine Stielhandgranate über das Gesicht, dass das Blut spritzte.

Sukrows geübter Blick erkannte sofort die strategische Wichtigkeit dieses Postens.

»Alles hört auf mein Kommando!«

Die Arbeiter sahen ihn erstaunt an – und gehorchten.

»Die Gefangenen legen sich drüben am Mauerrand platt auf die Erde, zwei Mann als Bewachung dazu. Sowie sich einer rührt, Handgranaten dazwischen! – Wer ist am M.G. ausgebildet?«

Der Matrose und zwei Mann meldeten sich. Sukrow richtete das eine Gewehr eigenhändig auf die etwa dreihundert Meter entfernte Straßenkreuzung, die gerade von dichten Infanteriekolonnen passiert wurde. Schon nach der ersten Geschossgarbe, die etwas zu hoch ging, stockte der Durchmarsch. Während ein Teil der Soldaten die kugelspritzende Halde unter Feuer zu nehmen versuchte, machten die anderen gegen die nachdrängenden Arbeiter einen wütenden Gegenangriff, wobei sie eine ganze Anzahl gefangen nahmen. Nicht genug damit, trieben sie aus den Kellern der Häuser alle Männer und selbst Frauen heraus. Und nun geschah das Unglaubliche, wie es nur die Erbitterung des Bürgerkrieges erklärlich macht. Man jagte die Arbeiter in das Schussfeld der gegnerischen Maschinengewehre, damit der Durchmarsch weiterhin ungehindert vonstatten gehen konnte.

»Verdammt«, schrie der Matrose, »jetzt stellen wir unsere Gefangenen auch vor die Gewehre.«

»Das nutzt uns einen Dreck, wenn wir uns dann gegenseitig nur angaffen. Die ganze Gruppe rückwärts hinter die Halde«, kommandierte Sukrow.

»Solche Schufte!« keuchten die Arbeiter, die nicht übel Lust hatten, ihre Erbitterung den Gefangenen entgelten zu lassen.

»Acht Mann mit einem M. G. halten den Posten besetzt, damit sich die Noskes nicht wieder einnisten. Wir anderen müssen sehen, ihnen wieder in die Flanke zu kommen«, sagte der Führer. Durch die verödeten Werksanlagen hindurch gelangten sie beim Portal 3 wieder auf eine Seitenstraße, wo sich ihnen neue Arbeitergruppen anschlossen. – – –

Gegen drei Uhr zog sich der Kampf nach Norden hinaus. Hinter den geschlagenen Truppen aber stießen die einmal in Wallung geratenen Arbeiter scharf her. Die Ratinger Straße dröhnte von den verfolgenden Lastkraftwagen; schussfertig drohende Maschinengewehre auf den Führerhäuschen. Auf Trittbrettern und Kühlern, ja selbst auf den Kupplungen der Anhänger standen und hockten in lebensgefährlichen Stellungen, den Hut weit im Genick, die Knarre schussgerecht in der Faust, die schwarzen, verwegenen Gestalten der Hamborner und Ruhrorter Kumpels. Ein Kommandoruf – und wie die Katzen sprangen sie ausschwärmend herunter. – Unter großem Jubel folgte ein Panzerauto mit roter Flagge am Turm.

Auch Sukrows Abteilung hatte ein Lastauto requiriert. Die Arbeiter brannten darauf, sich der Verfolgung anzuschließen, aber der umsichtige Führer ließ vorerst auf einem benachbarten Hof Benzin zapfen. In der Nähe des Bahnüberganges musterte er inzwischen seine auf ungefähr fünfzig Mann angewachsene Schar, die sich willig seinem Kommando untergeordnet hatte. Bei Ausgleichung der Bewaffnung, Gruppenteilung usw. unterstützte ihn wiederum Kleinjohann, der Matrose, ein ehemaliger Angehöriger der Berliner Volksmarinedivision. Aus den umliegenden Häusern aber eilten die Frauen herbei, um die tapferen Streiter mit Kaffee und Brot zu laben. Ein Kaufmann verteilte Zigarren.

Plötzlich rief eine bekannte Stimme Sukrow beim Namen. Max Grothe, das Gewehr über den Rücken, zwei halbgeleerte Patronengurte um den Hals und eine blutige Binde um die Stirn begrüßte ihn stürmisch.

»Bist du verwundet?« fragte Sukrow besorgt.

»Nicht der Rede wert, mein Junge, ein Steinsplitter streifte mich, als bei der katholischen Schule eine Mine einschlug, – aber wo hast du nur gesteckt, wir suchten dich schon überall.«

»Wir haben die Halde bei ›Deutsche Erde‹ gestürmt! Zwei Maschinengewehre erbeutet«, prahlte ein junger Arbeiter.

»Dann wart ihr die, die den Abmarsch auf der Ratinger Straße ins Stocken brachten? – Unterdessen haben die Hamborner zwei Kanonen erbeutet«, schmunzelte der junge Kommunist. »Aber jetzt musst du mit zum Volkshaus, wo der Vollzugsrat sich über den militärischen Oberleiter schlüssig wird.«

In diesem Augenblick fuhr das Auto vor und die Arbeiter sprangen, noch ehe es richtig hielt, hinauf. Sukrow machte ein unschlüssiges Gesicht. »Ich möchte meine lieben Kerle doch jetzt nicht in Stich lassen!«

Grothe widersprach. »Dudo, der militärische Oberkommandierende aus Mülheim, dem wir uns unterstellt haben, ist hier und besteht darauf, dass wir uns eine vernünftige militärische Organisation schaffen. Es sind genug unterwegs, um die Noskes weiterzujagen. Aber was wir brauchen, ist eine richtige rote Armee, die uns ein festes Rückgrat gibt, um den Stoß weiterzuführen, wenn die Kappisten sich setzen. Wir haben eine Unmenge Waffen erbeutet und du musst das Einteilen der Formationen übernehmen.«

Sukrow zauderte noch immer. »Gerade aus dem Grunde wird es gut sein, wenn ich mitfahre, um die Noskes auf dem Laufenden zu halten. Das Einteilen kannst du ebensogut vornehmen, da wir ja erst neulich die Sache eingehend besprochen haben. Außerdem kennst du die Leute alle besser als ich.«

Die Kumpels auf dem Auto wurden schon ungeduldig und der Chauffeur ließ den Wagen langsam anlaufen.

»Also topp, dann Hals- und Beinbruch zur fröhlichen Jagd, ich komme dir spätestens morgen früh mit dem formierten Haupttrupp nach«, entschied Grothe, kurz entschlossen ihm die Hand drückend. Ein Dutzend Hände streckten sich Sukrow beim Aufsteigen hilfreich entgegen.

Die Zurückbleibenden schwenkten ihre Kappen.

»Hoch!« – »Hoch!« – – »Gebt's ihnen noch ordentlich, Kumpels!« – »Wir kommen nach!«, riefen sie den Abfahrenden nach. Lustig flatterte der rote Wimpel im Winde.

Anna Seghers (eigentlich Netty Reiling, verheiratete Radvány; geb. 1900 in Mainz; gest. 1983 in Berlin) war wie Egon Erwin Kisch ebenfalls Mitglied im kommunistischen »Bund proletarisch revolutionärer Schriftsteller«. Als Tochter eines jüdischen Kunst- und Antiquitätenhändlers wuchs sie in Mainz auf. In Köln und Heidelberg studierte sie Kunstgeschichte und promovierte dort 1924 mit einer Dissertation über »Jude und Judentum im Werke Rembrandts«.

1925 heiratete Netty Reiling den ungarischen Kommunisten Lázló Radvány und zog mit ihm nach Berlin, wo Radvány Leiter der »Marxistischen Arbeiterschule« wurde. Für ihre schriftstellerischen Arbeiten nahm sie 1927 das Pseudonym Seghers (ab 1928 Anna Seghers) an. Noch unter dem Namen Seghers erschien 1927 die Erzählung »Grubetsch« als Fortsetzungsdruck in der »Frankfurter Zeitung« und im »Handelsblatt«. Für »Grubetsch« und ihre im Folgejahr in Buchform erschienene Erzählung »Der Aufstand der Fischer von St. Barbara« erhielt Anna Seghers 1928 den Kleistpreis.

»Grubetsch« handelt vom Alltag in den Elendsquartieren eines Großstadthinterhofs, dessen Grau seine Bewohner zu verschlucken scheint. Wenn der Winter naht, kehrt jährlich auch »der Grubetsch«, die männliche Hauptfigur der Erzählung, in den Hinterhof zurück. Ihm scheint die Tristesse dort zunächst nichts anhaben zu können. Er braucht keinerlei Komfort, schläft im Bretterverschlag unter einer Treppe. Seine Mitbewohner bewirten und bewundern den Grubetsch, weil er ihnen die Hoffnung gibt, dem Gefängnis des Hinterhofs zu entkommen. Er führt Gespräche und hat Liebschaften. Doch vermag auch der Grubetsch nicht zu verhindern, dass in den Wohnstuben, in die er hin und wieder einkehrt, das Elend seinen Lauf nimmt. Kinder und Erwachsene sterben fast unbemerkt und schließlich stirbt auch der Grubetsch: »Aber das waren gewöhnliche Liebschaften, gewöhnliche Tode«, schreibt die junge Anna Seghers. ■

Anna Seghers
Grubetsch

Am Abend ging Grubetsch die Gasse entlang, wurde hereingelassen. Er fragte nach Anna, ging hinauf. Sie stand angekleidet da, im Kommen oder im Gehen. Der Grubetsch sagte nicht mal Guten Abend, schaute in eine Ecke. Anna lief durch das Zimmer, er sah auf, kleine, helle Punkte standen in seinen Augen. Er sah sie an, ihre kleinen, zerdrückten Brüste, der kleine graue Bauch mit den blauen Flecken, rote, gepreßte Füße – nichts war übriggeblieben als der schwärzliche, dreieckige Schatten da unten von damals. Der Grubetsch schaute, hatte einen Riß durch und durch, beinahe so schrecklich wie Freude.

Er nahm sie. –

›Dieser Grubetsch versteht es doch besser als die anderen‹, dachte Anna. Auf und ab ging es. ›Jetzt hol' ich das Letzte heraus. Gleich wird es zu Ende sein.‹

Anna kniff die Augen zusammen, aber sie erkannte nichts, weit weg war das Gesicht, tausend Meilen weit. Nebel war dazwischen, undeutlich und verschwommen darin dies und jenes, glitzerndes Wasser, Wolken, Häuser am Ufer. »Da ist noch was an ihrer Stirn, das muß ich haben, und da ist noch was in ihrem Leib, das muß weg, das gehört mir.«

›Das ist ja alles ganz recht und schön‹, dachte Anna, ›aber wenn er doch endlich aufhören würde, ich bin so entsetzlich müde.‹

Wie er zurückkam, da war der Hof schon voll. Die Sonne glitzerte schon frech auf den grauen Gesichtern der Arbeiter, die noch erschöpft von gestern waren. Gar kein Abfall kam aus diesen Gesichtern für die jungen Dinger, die vornher trippelten, verdrossen und bitter, in ihren bunten Kitteln, die noch verschwitzt von gestern waren. Nun gerade erst recht drückte die Sonne den Wäschekorb der Frau auf den Kopf. Nur ein paar Schulkinder hüpften herum, sie wußten noch nicht, was die Sonne war, hielten sie für was Glitzerndes, Gelbes. Da kam auch Paul daher, er war so stark und großartig, ihm tat das alles nichts, er hatte eine neue Bluse, er ging zum erstenmal auf Arbeit, allein und breitspurig ging er, als ob er was Besonderes vorhätte. Er kam an Toni und den anderen vorbei, die lagen schon auf dem Pflaster, lachten. »He, Paul!« Paul wurde ein wenig matter, als ob er sich seines Vorhabens schämte. In der Torfahrt stieß er auf Grubetsch. Was kommt er ausgerechnet einher, wann wird er mal endlich fahren, der Hund.

Grubetsch legte sich hin. Kurz hinter Pauls Rücken kam seine Frau, lachte, schwänzelte auf die Gasse. Grubetsch stand wieder auf, sah hinaus, da klebte etwas am Fenster, hoch droben, was Kleines, Weißes. Grubetsch winkte hinauf, komm herunter.

Nach einer Weile schlich der Kleine, ein winziges Pünktchen, über den gelben Hof. Grubetsch nahm ihn bei der Hand. Sie gingen nach Munks Treppe, die anderen schielten.

»Da ist der Knopf«, sagte der Kleine. »Der is mir, den geb' ich niemand.«

»Ja, was klemmst du die Augen zu?«

»Hier ist so grell.«

»Gehen wir herunter.«

Drunten schaute sich der Kleine neugierig um, aber nicht viel, er legte den Kopf auf Grubetschs Knie, sah herauf, an ihm gab es mehr zu sehen.

»Willst du bei mir bleiben?«

»Ja.«

»Willst du mit auf den Fluß?«

»Ja.«

»Deinen Husten wirst du verlieren, Kleiner, dein dünnes Hälschen. Einen wilden Teufel, einen gerissenen Lumpen will ich aus dir machen.«

»Ja.«

Auf einmal verzog sich das Gesicht des Kleinen in kläglicher Angst. Der Grubetsch folgte seinen Augen nach dem schmalen Hoffenster. Man sah zwei Beine über das Pflaster gehen. Sie kamen auf schwarzen, spitzen Dingern und steckten in hellen, dünnen Strümpfen.

»Das ist meine Mutter«, sagte der Kleine verzweifelt, »jetzt muß ich rauf.«

Am Abend kam Paul von der Arbeit heim mit geschwollenen Füßen. »Ich bin gar nicht gewohnt an soviel Laufen, und Fahren lohnt sich nicht.« Seine Frau kam herunter, sie legte die Arme um ihn, er war so fest und braun, gut, daß er zurück war.

Auf einmal sprang die Frau hoch, Paul humpelte ihr nach, die Stiege hinauf. Sie klappten kaum die Tür zu, legten sich aufs Bett. Im Zimmer war es noch heißer als im Hof, auf dem Herd brotzelte etwas. Die Frau stand auf, setzte sich vor den Tisch und legte den Kopf darauf. Vom Herd kam ein leiser angebrannter Geruch. Paul stand auch auf, setzte sich auch vor den leeren Tisch, der Geruch wurde stärker und erfüllte das Zimmer. Paul wollte noch mal aufstehen, ein Zipfel nasser Wäsche, die quer durch das Zimmer gespannt war, schlug ihm in den Nacken, er setzte sich wieder. Er sah die Frau an, da saß sie im hellen Sonnenlicht, alt und mager, mit ihren roten Flecken. Plötzlich erfaßte Paul eine rasende Wut. Aber gleich hatte er eine leise Übelkeit im Kopf, im Halse, etwas Widerwärtiges, Neues, was er noch nie gespürt hatte. Er bekam Angst und duckte sich. Da fiel sein Blick auf den Kleinen, der stand regungslos am Fenster, auf den Fußspitzen.

Sein kleiner Kittel war über den Rücken geplatzt, spitz und mager stach das Schulterblatt heraus.

Drunten im Hof stand der Grubetsch und winkte. Der Kleine schüttelte traurig den Kopf. »Ich mochte schon, aber sie lassen mich nicht.« Der Kleine winkte zurück und lächelte ein wenig.

Auf einmal stand Paul auf und riß ihn zurück. Er fing an, auf ihn loszuschlagen, seine Wut wurde zur Verzweiflung, und er schlug, als ob ihm das nützen könnte. Draußen schaute Grubetsch nach dem leeren Fenster und drehte sich langsam um. Er ging auf die Torfahrt zu, da lagen sie zu viert. Gerade stand Toni auf, der Blonde schlürfte hinter ihm drein. Auch die Zwillinge standen auf, eins sagte zum andern: »Magst du leiden, wenn er sich zwischen uns setzt?«

Grubetsch legte sich in die leere Torfahrt. Paul hatte den Gürtel umgeschnallt, er stand schon in der Tür, plötzlich hob der Kleine, der noch auf dem Bett lag und mit den Fingern spielte, den Kopf und sagte: »Laß mich auch runter, nur heut noch mal.« Paul sagte »nein«, der Kleine machte einen Laut, ohne Zähne, ohne Lippen, kein Knurren, kein Schluchzen. Paul drehte sich um, hob die Hand, der Kleine ließ die Mundwinkel sinken, eben war sein Gesicht klein und dumm gewesen, jetzt war es alt und finster. Paul senkte die Hand, lief heraus und schlug die Tür zu. Nachher schlüpfte die Frau in die Schuhe. Jetzt kroch der Kleine aus dem Bett, faßte ihren Rock.

»Laß mich herunter.«

»Nein.«

»Doch, doch.«

»Nein.«

Die Frau zog den Schlüssel aus dem Schloß, der Kleine kam dicht heran, er hatte Angst in den Augen, aber er zwinkerte doch listig. Er schob sich in den Türspalt. Da faßte ihn die Frau mit einer Hand, drückte ihn zurück. Die Tür schlug zu, der Schlüssel krachte. Einen Augenblick blieb der Kleine betäubt stehen, dann weinte er auf, aber es blieb ihm nur im Hals stecken. Es war heiß und halbdunkel, das Fenster war geschlossen, die Läden angelehnt. Ein Gitter aus dünnen Sonnenstreifen lag auf dem Boden, Schatten reckten und streckten sich. Der Kleine fing an, sich zu fürchten, da kam gerade sein Husten, er legte den Kopf auf die Bettlade und hustete still und geduldig. Dann kam ihm ein Einfall, er legte sich selbst die Hand unters Kinn, das war gut. Dann holte er den Knopf aus der Tasche, er glitzerte, er hatte zwei Löcher, zwei Eingänge, man konnte hereingehen, drinnen glitzerte es wie außen, er hatte keine Ähnlichkeit mit diesem Zimmer und mit irgendeinem, das er je im Hof gesehen hatte. In der Ecke saß der Grubetsch, in seiner blauen, durchlöcherten Jacke, er war der Herr im Hause. Auf einmal krachte der Schlüssel, der Kleine steckte blitzschnell den Kopf in den Mund, dann in die Tasche. Die Frau kam, schlug die Läden zurück. Der Kleine zog die Stirn kraus, das war viel zuviel Licht, das tat weh. Gleich kam auch Paul, die Frau rührte etwas in einer Pfanne, sie setzten sich. Sie zogen den Kleinen vom Bett auf den Stuhl. Der Kleine betrachtete mit Widerwillen seinen Teller, auf einmal richteten sich seine Mundwinkel auf, er spitzte die Ohren, sprang ans Fenster. Pauls Arm holte ihn ein, er fing an zu schlagen, gar nicht verzweifelt wie das letzte Mal, frische, muntere Schläge; der Kleine fing zu husten an. Paul hörte auf, der Kleine lächelte verlegen.

Morgens stieß Grubetsch auf Sebalds Witwe.

»Wo ist der Kleine?« Die Frau sah ihn böse an. Aber dann holte sie Atem und erzählte bereitwillig. »Ich habe ihn weggebracht. Erstens, Paul hat ihn nicht mögen. Er erinnerte ihn immer an meinen Mann, das tat nicht gut; zweitens, es ist so heiß, und er hustet, und da ist eine Schwester von meinem ersten Mann vor der Stadt, da ist er – –«

Sie sahen sich an. Sie trat dicht an ihn heran. Sie putzte ihr Gesicht rot auf. »Mir ist alles eins«, sagte sie, »was kann ich dazu, daß es so heiß und langweilig ist.« Da merkte sie, daß Grubetsch gar nicht sie ansah, sondern das Kätzchen hinter ihr auf dem Fenstersims. Sie lief zornig weg.

In der Nacht kam der Grubetsch über den Hof. Er ging fort. Es war kühl und still. Seine Schritte schallten, irgendwo oben hustete jemand, dann war es vollkommen still. Er war schon an der Torfahrt, da hörte er in der Luft ein dünnes, klägliches Stimmchen. Er sah herauf, da war vielleicht ein kleines, weißes Fleckchen, er sah schärfer, nichts war, blind und dunkel war das Fenster, wie alle übrigen. Da ging er fort, widerwillig und unschlüssig.

Irgend jemand, der keinen Schlaf hatte, vielleicht der mit dem Husten, hörte die Tritte und sah heraus. Morgens sagte er denen auf dem Flur: »Der Grubetsch ist weggegangen!« Am Abend wußten alle davon. Wie Paul in den Hof kam, lief ihm seine Frau entgegen: »Weißt du schon, der Grubetsch ist weg!« Paul nickte, heute war es schon besser als gestern, die Füße waren weniger geschwollen, die Hitze hatte nachgelassen, oder man war gewöhnt dran. Seine Frau lief von ihm weg zu den anderen, sie war sehnig und flink und gar nicht so übel, das sah man auch in den Augen der roten Zwillinge.

»Mein Kleiner«, erzählte sie, »der ist nämlich droben, der ist gar nicht weg, den hab' ich eingesperrt.«

Paul lachte: »Du bist schlau!«

Sie drückten sich aneinander, alle rückten sie ganz dicht zusammen. Dann sprang Paul auf, sie drehte sich um sich selbst. Der eine Rote wiegte den Kopf, seine Harmonika lag drunten bei Munk, aber er zog mit den Händen die Luft auf und nieder und brummte dazu. Gar zu lange war es drückend und verdrießlich gewesen. Freude mußte man herbeilocken, wenn sie nicht von selbst kam. Der Rote zog und brummte, Pauls Frau drehte sich schneller, ein paar machten mit, andere ärgerten sich, aus den Fenstern hängten sie die Köpfe, Munks Laterne ging an.

Munk hatte gesagt: »Hier kann nur bleiben, wer was bestellt, ich bin kein Pfarrer, hier ist keine Kirche, ich kann nicht alle aufnehmen.«

Von Zeit zu Zeit kam ein Neuer, hinter sich einen Türrahmen voll Dunkelheit und Kälte. Einen Augenblick stand er ratlos, betäubt und geblendet, fiel steif auf die Bank und fing plötzlich, berauscht von Lärm und Wärme, selber zu lärmen und zu lachen an. Mancher setzte sich gar nicht, sog sich nur mal voll und stürzte zurück auf die Gasse. Der Rote spielte immer schneller, als ob er verbergen wollte, daß schon mehr gingen als kamen, daß die Lichter abgedreht waren und der Ofen kälter wurde. Gähnend stellten die Mägde die Stühle auf die Tische und fegten den Boden. Der Rote blieb auf dem Tisch sitzen und spielte weiter in einem Spinnweben von Rauch. Um ihn herum wiegten sie die Köpfe:

»Wenn er nur nicht aufhört!«

Da ging die Tür doch nochmal auf. Noch einer kam mit frischer Kälte und ganz hellem Tageslicht. Das war der Grubetsch. Der Rote brach ab. »Guten Morgen!« – »Spät dieses Jahr!«

»Ja!«

»Das ist eine Kälte!«

»Ja!«

»Setz dich und trink!« Der Grubetsch setzte sich, rieb sich die Hände. Dann trank er. Alle sahen ihn an und dachten: »Wen wird er jetzt ansehen?«

Der Grubetsch sagte: »Spiel weiter, Roter!« – Der Rote fuhr zusammen. Etwas Dünnes, Klägliches kam aus der Harmonika. »Spiel weiter!«, sagte der Grubetsch. Der Rote spielte, das waren so zerbrechliche, bebende Töne, er hatte Angst vor seinem Lied. Er brach ab, ängstlich sah er auf den Grubetsch. Aber Grubetsch merkte gar nichts, er sagte: »Nun, was gibt's Neues, Paul?«

»Nichts, was soll es geben, Arbeit hab' ich keine mehr.«

»So.«

Dann sagte er: »Hier ist ein Knopf, der gehört dir.«

»Ach ja.«

»Er ist nämlich gestorben, der Kleine!«

»Wann denn?«

»Im Sommer.«

»Bei der Tante?«

»Bei welcher Tante? Ach so, ja bei der Tante.«

Grubetsch schwieg. Dann sagte er: »Dann habt ihr wohl auch eine Schlafstelle?«

Pauls Frau sagte schnell: »Ach nein, Grubetsch, weißt du, der Rote, der Kleinere, der schläft jetzt bei uns.«

»Ach so.« Grubetsch sah auf den Roten, der zog die Schultern hoch. Grubetsch trank sein Glas leer, nickte und stand auf. Hinter ihm steckten sie die Köpfe zusammen. Der Grubetsch drehte sich um, ihre Köpfe fuhren auseinander, aber der Grubetsch nahm nur den Knopf vom Tisch, den er liegengelassen hatte, und steckte ihn ein. Dann ging er.

Paul schrie plötzlich auf: »Man sollte einen *Nagel* in seine Luke schlagen, daß er nicht mehr herauskann.« Seine Frau sagte: »Kannst dich ja drauf setzen.«

Munks Ofen war aus, die Mägde schon lange fort. Die Sonne blinkte durch die Kellerfenster, die sonderbare Wintersonne, die hier und dorthin rote und gelbe Flecken malte, die nach wunder was aussahen. Die Kälte tat weh wie Hundebisse. Paul sagte: »Komm.« Er lief hinaus, seine Frau hinter ihm drein. Mit zugepreßten Lippen stiegen sie durch den Hof, die Treppe herauf. Dumpfe, alte Kälte schlug ihnen entgegen, grau und erfroren hockten Herd und Möbel. Sie legten sich auf das Bett, faßten sich an, ließen sich los, faßten sich wieder an, ließen sich wieder los, faßten sich wieder. Sie hatten keine Lust, aber eine Faust faßte sie von außen, stieß sie ineinander, wie sehr sie sich wehrten. Nachher setzte sich Paul auf, er war etwas wärmer, sah sich um. Er blickte auf den Tisch, ein öder, kahler Tisch, nichts war drauf als eine dünne runde Eiskruste, wo gestern der Topf gestanden hatte.

Die Frau fing an: »So ein Winter, den hätte der Kleine sowieso nicht ausgehalten, wie?«

Paul erwiderte: »Das kann man nicht wissen.«

Bertolt Brecht (geb. 1898 in Augsburg; gest. 1956 in Berlin) war ein deutscher Dichter, Dramatiker und Regisseur. Der Begründer des epischen Theaters zählt sicherlich zu den bekanntesten Autoren, deren Werke 1933 den Bücherverbrennungen zum Opfer fielen. Werner Schlegel, ein nationalsozialistischer Kulturfunktionär, führte in seiner 1934 erschienenen Rechtfertigungsschrift »Dichter auf dem Scheiterhaufen« Bertolt Brecht als Musterbeispiel einer »Dichtung des Verfalls« an, wofür er als Beleg ausführlich die »Zuhälterballade« aus der »Dreigroschenoper« zitierte.

Schon als Schüler veröffentlichte Brecht erste Gedichte und wäre 1916 für einen kriegskritischen Aufsatz beinahe der Schule verwiesen worden. Nach dem Notabitur in Augsburg 1917 begann er an der Universität München Naturwissenschaften, Medizin und Literatur zu studieren. Zum Ende des Ersten Weltkrieges wurde Brecht noch im Oktober 1918 zum Militärdienst in ein Augsburger Lazarett eingezogen. Wenige Wochen später engagierte er sich im Arbeiter- und Soldatenrat seiner Heimatstadt. Das Jahr der Novemberrevolution 1918 war auch das Geburtsjahr des Dramatikers Brecht. Er schrieb das Stück »Baal«, das erst 1922 als Buchausgabe erschien und 1923 uraufgeführt wurde. 1919 folgte das Stück »Trommeln in der Nacht«.

Als Entdecker des »jungen Talentes« Brecht kann Lion Feuchtwanger gelten, der ihn an die Münchner Kammerspiele holte. In München freundete er sich mit dem berühmten Kabarettisten Karl Valentin an, der ihm bei seiner Bühnenarbeit viele Ratschläge gab. Ab 1920 zog es Brecht immer häufiger nach Berlin. Hier freundete er sich mit dem expressionistischen Dramatiker Arnolt Bronnen an, der einige Jahre später ins völkisch-nationalistische Lager wechselte.

1922 gelang Brecht der erste, kleinere Durchbruch vor dem großen Durchbruch des Jahres 1928. Ihm wurde der Kleist-Preis verliehen und sein Stück »Trommeln in der Nacht« wurde in den Theatermetropolen München und Berlin gespielt. Im selben Jahr heiratete Brecht in München seine erste Frau Marianne Zoff und lernte in Berlin seine spätere Frau Helene Weigel kennen. Ab 1924 blieb Brecht in Berlin. Unter der Intendantur von Max Reinhard arbeitete er zusammen mit Carl Zuckmayer als Dramaturg am »Deutschen Theater«. Zugleich begann er an der Arbeit seines Stückes »Mann ist Mann«, das 1926 in Darmstadt uraufgeführt wurde. 1927 erschien mit »Bertolt Brechts Hauspostille« ein Lyrikband mit Gedichten aus den Jahren 1916 bis 1925.

Seit der Mitte der Zwanzigerjahre wandte sich Brecht verstärkt dem Marxismus zu. Ohne sich an ein Parteibuch zu binden, wollte er den Ort des Theaters nutzen und seinen Inszenierungen eine stärkere politische Wirkung geben. Beeinflusst von Erwin Piscator, an dessen Bühne Brecht 1927 arbeitete, verdichtete sich ein Konzept, das als »Episches Theater« eine Revolution in der Dramaturgie auslöste. Durch eine stärkere Gewichtung erzählerischer Elemente sollte das Publikum nicht mehr suggestiv-emotional, sondern argumentativ-rational angesprochen und so dazu ermutigt werden, selbst politisch Position zu beziehen. Als erstes nach diesem Konzept erarbeitete Stück gilt die »Dreigroschenoper«, die Brecht 1928 zusammen mit dem Komponisten Kurt Weill im Berliner »Theater am Schiffbauerdamm« aufführte. Die »Dreigroschenoper« wurde nicht nur ein beispielloser Bühnenerfolg, sondern 1931 auch verfilmt. Einzelne Songs aus dem Stück, wie »Das Moritat von Mackie Messer« fanden vertont auf Schallplatte reißenden Absatz.

Nachdem die Uraufführung des gesellschaftskritischen Stücks »Aufstieg und Fall der Stadt Mahagonny« 1930 in Leipzig einen Theaterskandal auslöste, sah sich Brecht alsbald auch staatlicher Zensur ausgesetzt. Sein gemeinsam mit Ernst Ottwalt und mit Slatan Dudow erarbeiteter Film »Kuhle Wampe oder Wem gehört die Welt?« wurde im März 1932 von der Filmprüfstelle in Berlin vorübergehend verboten. Zwei Tage vor der NS-Machtübernahme wurde am 28. Januar 1933 die Aufführung des Stückes »Die Maßnahme« in Erfurt durch die Polizei unterbrochen und die Veranstalter wegen »Hochverrats« angeklagt. Einen Monat später verließ Brecht mit seiner Familie Deutschland. Es folgten lange Jahre des Exils, die Brecht gleich einer Odyssee über die Tschechoslowakei, Österreich, die Schweiz, Dänemark, Schweden, Finnland und die UdSSR schließlich in die USA führten. 1947 kehrte er nach Europa zurück und zog schließlich in die DDR, wo er zusammen mit seiner Frau Helene Weigel ab 1949 das »Berliner Ensemble« aufbaute. 1954 zog das »Berliner Ensemble« in das »Theater am Schiffbauerdamm«, womit Brecht zwei Jahre vor seinem Tod an die Stätte seines großen Erfolgs aus dem Jahr 1928 zurückkehrte.

Die folgende Gedichtanthologie »Aus einem Lesebuch für Städtebewohner« veröffentlichte Brecht 1930 im Heft 2 seines Reihentitels »Versuche«. Die Gedichte entstanden in der zweiten Hälfte der Zwanzigerjahre und sind ein schönes Beispiel für den von Brecht mitgeprägten Stil der »Großstadtlyrik«. ■

Bertolt Brecht
Aus einem Lesebuch für Städtebewohner

1

Trenne dich von deinen Kameraden auf dem Bahnhof
Gehe am Morgen in die Stadt mit zugeknöpfter Jacke
Suche dir Quartier und wenn dein Kamerad anklopft:
Öffne, o öffne die Tür nicht
Sondern
Verwisch die Spuren!

Wenn du deinen Eltern begegnest in der Stadt Hamburg oder sonstwo
Gehe an ihnen fremd vorbei, biege um die Ecke, erkenne sie nicht
Zieh den Hut ins Gesicht, den sie dir schenkten
Zeige, o zeige dein Gesicht nicht
Sondern
Verwisch die Spuren!

Iß das Fleisch, das da ist! Spare nicht!
Gehe in jedes Haus, wenn es regnet, und setze dich auf jeden Stuhl, der da ist
Aber bleibe nicht sitzen! Und vergiß deinen Hut nicht!
Ich sage dir:
Verwisch die Spuren!

Was immer du sagst, sag es nicht zweimal
Findest du deinen Gedanken bei einem andern: verleugne ihn.
Wer seine Unterschrift nicht gegeben hat, wer kein Bild hinterließ
Wer nicht dabei war, wer nichts gesagt hat
Wie soll der zu fassen sein!
Verwisch die Spuren!

Sorge, wenn du zu sterben gedenkst
Daß kein Grabmal steht und verrät, wo du liegst
Mit einer deutlichen Schrift, die dich anzeigt
Und dem Jahr deines Todes, das dich überführt!
Noch einmal:
Verwisch die Spuren!

[Das wurde mir gelehrt.]

2

Wir sind bei dir in der Stunde, wo du erkennst
Daß du das fünfte Rad bist
Und deine Hoffnung von dir geht.
Wir aber
Erkennen es noch nicht.

Wir merken
Daß du die Gespräche rascher treibst
Du suchst ein Wort, mit dem
Du fortgehen kannst
Denn es liegt dir daran
Kein Aufsehen zu machen.

Du erhebst dich mitten im Satz
Du sagst böse: du willst gehen
Wir sagen: Bleibe! und erkennen
Daß du das fünfte Rad bist.
Du aber setzest dich.
Also bleibst du sitzen bei uns in der Stunde
Wo wir erkennen, daß du das fünfte Rad bist.
Du aber
Erkennst es nicht mehr.

Laß es dir sagen: du bist
Das fünfte Rad
Denke nicht, ich, der ich's dir sage
Bin ein Schurke
Greife nicht nach einem Beil, sondern greife
Nach einem Glas Wasser.

Ich weiß, du hörst nicht mehr
Aber
Sage nicht laut, die Welt sei schlecht
Sage es leis.

Denn nicht die vier sind zuviel
Sondern das fünfte Rad
Und nicht schlecht ist die Welt
Sondern
Voll.

[Das hast du schon sagen hören.]

3

Wir wollen nicht aus deinem Haus gehen
Wir wollen den Ofen nicht einreißen
Wir wollen den Topf auf den Ofen setzen.
Haus, Ofen und Topf kann bleiben
Und du sollst verschwinden wie der Rauch im Himmel
Den niemand zurückhält.

Wenn du dich in uns halten willst, werden wir weggehen
Wenn deine Frau weint, werden wir unsere Hüte ins Gesicht ziehen
Aber wenn sie dich holen, werden wir auf dich deuten
Und werden sagen; das muß er sein,

Wir wissen nicht, was kommt, und haben nichts Besseres
Aber dich wollen wir nicht mehr
Vor du nicht weg bist
Laßt uns verhängen die Fenster, daß es nicht morgen wird.

Die Städte dürfen sich ändern
Aber du darfst dich nicht ändern.
Den Steinen wollen wir zureden
Aber dich wollen wir töten
Du mußt nicht leben.
Was immer wir an Lügen glauben müssen:
Du darfst nicht gewesen sein.

[So sprechen wir mit unsern Vätern.]

4

Ich weiß, was ich brauche
Ich sehe einfach in den Spiegel
Und sehe, ich muß
Mehr schlafen; der Mann

Den ich habe, schädigt mich.
Wenn ich mich singen höre, sage ich:
Heute bin ich lustig; das ist gut für
Den Teint.

Ich gebe mir Mühe
Frisch zu bleiben und hart, aber
Ich werde mich nicht anstrengen; das
Gibt Falten.

Ich habe nichts zum Verschenken, aber
Ich reiche aus mit meiner Ration.
Ich esse vorsichtig; ich lebe
Langsam; ich bin
Für das Mittlere.

[So habe ich Leute sich anstrengen sehen.]

5

Ich bin ein Dreck. Von mir
Kann ich nichts verlangen als
Schwäche, Verrat und Verkommenheit
Aber eines Tages merke ich:
Es wird besser; der Wind
Geht in mein Segel; meine Zeit ist gekommen, ich kann
Besser werden als ein Dreck –
Ich habe sofort angefangen.

Weil ich ein Dreck war, merkte ich
Wenn ich betrunken bin, lege ich mich
Einfach hin und weiß nicht
Wer über mich geht; jetzt trinke ich nicht mehr –
Ich habe es sofort unterlassen.

Leider mußte ich
Rein um mich am Leben zu erhalten, viel
Tun, was mir schadete; ich habe
Gift gefressen, das vier
Gäule umgebracht hätte, aber ich
Konnte nur so
Am Leben bleiben; so habe ich
Zeitweise gekokst, bis ich aussah
Wie ein Bettlaken ohne Knochen
Da habe ich mich aber im Spiegel gesehen –
Und habe sofort aufgehört.

Sie haben natürlich versucht, mir eine Syphilis
Aufzuhängen, aber es ist
Ihnen nicht gelungen; nur vergiften
Konnten sie mich mit Arsen: ich hatte
In meiner Seite Röhren, aus denen

Floß Tag und Nacht Eiter. Wer
Hätte gedacht, daß so eine
Je wieder Männer verrückt macht? –
Ich habe damit sofort wieder angefangen.

Ich habe keinen Mann genommen, der nicht
Etwas für mich tat, und jeden
Den ich brauchte. Ich bin
Fast schon ohne Gefühl, beinah nicht mehr naß
Aber
Ich fülle mich immer wieder, es geht auf und ab, aber
Im Ganzen mehr auf.

Immer noch merke ich, daß ich zu meiner Feindin
Alte Sau sage und sie als Feindin erkenne daran, daß
Ein Mann sie anschaut.
Aber in einem Jahr
Habe ich es mir abgewöhnt –
Ich habe schon damit angefangen.

Ich bin ein Dreck; aber es müssen
Alle Dinge mir zum besten dienen, ich
Komme herauf, ich bin
Unvermeidlich, das Geschlecht von morgen
Bald schon kein Dreck mehr, sondern
Der harte Mörtel, aus dem
Die Städte gebaut sind.

[Das habe ich eine Frau sagen hören.]

6

Er ging die Straße hinunter, den Hut im Genick!
Er sah jedem Mann ins Auge und nickte
Er blieb vor jedem Ladenfenster stehen
(und alle wissen, daß er verloren ist!)

Sie hätten ihn hören müssen, wie er sagte, er werde noch
Mit seinem Feind ein ernstes Wort sprechen
Der Ton seines Hausherrn behagte ihm nicht
Die Straße sei schlecht gekehrt
(Seine Freunde haben ihn schon aufgegeben!)

Er will allerdings noch ein Haus bauen
Er will allerdings noch alles beschlafen
Er will allerdings nicht zu schnell urteilen
(Ach, er ist schon verloren, es steht doch nichts mehr hinter ihm!)

[Das habe ich schon Leute sagen hören.]

7

Reden Sie nichts von Gefahr!
In einem Tank kommen Sie nicht durchs Kanalgitter:
Sie müssen schon aussteigen.
Ihren Teekocher lassen Sie am besten liegen
Sie müssen sehen, daß Sie selber durchkommen.

Geld müssen Sie eben haben
Ich frage Sie nicht, wo Sie es hernehmen
Aber ohne Geld brauchen Sie gar nicht abzufahren.
Und hier können Sie nicht bleiben, Mann.
Hier kennt man Sie.
Wenn ich Sie recht verstehe
Wollen Sie doch noch einige Beefsteaks essen
Bevor Sie das Rennen aufgeben!

Lassen Sie die Frau, wo sie ist!
Sie hat selber zwei Arme
Außerdem hat sie zwei Beine
(Die Sie nichts mehr angehen, Herr!)
Sehen Sie, daß Sie selber durchkommen!

Wenn Sie noch etwas sagen wollen, dann
Sagen Sie es mir, ich vergesse es.
Sie brauchen jetzt keine Haltung mehr zu bewahren:
Es ist niemand mehr da, der Ihnen zusieht.
Wenn Sie durchkommen
Haben Sie mehr getan als
Wozu ein Mensch verpflichtet ist.

Nichts zu danken.

8

Laßt eure Träume fahren, daß man mit euch
Eine Ausnahme machen wird.
Was eure Mutter euch sagte
Das war unverbindlich.

Laßt euren Kontrakt in der Tasche
Er wird hier nicht eingehalten.

Laßt nur eure Hoffnungen fahren
Daß ihr zu Präsidenten ausersehen seid.
Aber legt euch ordentlich ins Zeug
Ihr müßt euch ganz anders zusammennehmen
Daß man euch in der Küche duldet.

Ihr müßt das ABC noch lernen.
Das ABC heißt:
Man wird mit euch fertig werden.

Denkt nur nicht nach, was ihr zu sagen habt:
Ihr werdet nicht gefragt.
Die Esser sind vollzählig
Was hier gebraucht wird, ist Hackfleisch.

[Aber das soll euch
Nicht entmutigen!]

9

Vier Aufforderungen an einen Mann von verschiedener Seite zu verschiedenen Zeiten

Hier hast du ein Heim
Hier ist Platz für deine Sachen.
Stelle die Möbel um nach deinem Geschmack
Sage, was du brauchst
Da ist der Schlüssel
Hier bleibe.

Es ist eine Stube da für uns alle
Und für dich ein Zimmer mit einem Bett.
Du kannst mitarbeiten im Hof
Du hast deinen eigenen Teller
Bleibe bei uns.

Hier ist deine Schlafstelle
Das Bett ist noch ganz frisch
Es lag erst ein Mann drin.
Wenn du heikel bist
Schwenke deinen Zinnlöffel in dem Bottich da
Dann ist er wie ein frischer
Bleibe ruhig bei uns.

Das ist die Kammer
Mach schnell, oder du kannst auch dableiben
Eine Nacht, aber das kostet extra.
Ich werde dich nicht stören
Übrigens bin ich nicht krank.
Du bist hier so gut aufgehoben wie woanders.
Du kannst also dableiben.

10

Wenn ich mit dir rede
Kalt und allgemein
Mit den trockensten Wörtern
Ohne dich anzublicken
(Ich erkenne dich scheinbar nicht
In deiner besonderen Artung und Schwierigkeit)

So rede ich doch nur
Wie die Wirklichkeit selber
(Die nüchterne, durch deine besondere Artung unbestechliche
Deiner Schwierigkeit überdrüssige)
Die du mir nicht zu erkennen scheinst.

Karl Korsch (geb. 1886 in Tostedt/Deutschland; gest. 1961 im Exil in den USA) zählt neben Georg Lukács und Antonio Gramsci zu den wichtigsten Vordenkern des Neomarxismus der Zwanzigerjahre. In München, Genf, Berlin und Jena studierte Korsch Jura und Philosophie. 1911 promovierte er an der Universität Jena bei Professor Heinrich Gerland – dem späteren Mitbegründer der liberalen »Deutschen Demokratischen Partei« (DDP) – mit einer juristischen Arbeit unter dem Titel »Die Anwendung der Beweislastregeln im Zivilprozeß und das qualifizierte Geständnis«. 1912 wurde er Mitglied der SPD, in der er sich zunächst dem reformorientierten Flügel um Eduard Bernstein verbunden fühlte. Im selben Jahr begab er sich auf eine zweijährige Forschungsreise nach London. Mit Ausbruch des Ersten Weltkrieges wurde Korsch 1914 als Soldat eingezogen, verweigerte jedoch nach kurzer Zeit an der Front den Kriegsdienst.

Die Einheit von Theorie und Praxis als zentrales Anliegen seiner politischen Philosophie versuchte Korsch auch in seiner persönlichen Entwicklung durchzuhalten, indem er sich mit gleicher Intensität als Politiker und Wissenschaftler betätigte. 1918 gehörte er zu den Initiatoren des Arbeiter und Soldatenrates in der thüringischen Stadt Meiningen. 1919 wechselte er von der SPD zur USPD und über deren linken Flügel im Jahr darauf in die KPD. Im Herbst 1923 war er für knapp einen Monat Justizminister der Koalitionsregierung aus SPD und KPD in Thüringen. 1924 wurde er für die KPD in den Reichstag gewählt. Wegen seiner Kritik an der zunehmenden Stalinisierung der KPD wurde Korsch 1926 als »Linksabweichler« aus der Partei ausgeschlossen. Er blieb jedoch bis 1928 Mitglied des Reichstages, wo er sich mit anderen aus der KPD-Fraktion ausgeschlossenen Abgeordneten zur Gruppe der »Linken Kommunisten« zusammenschloss.

Korschs kompromissloser Sinneswandel vom Sozialdemokraten zum ultralinken Kommunisten stellte seine Hochschullaufbahn vor Schwierigkeiten. Zwar konnte er sich 1919 in Jena habilitieren und wurde dort 1923 zum Professor für Zivil-, Prozess- und Arbeitsrecht ernannt, faktisch wurde ihm jedoch nach seiner kurzen Amtszeit als Minister von der neuen rechtskonservativen thüringischen Landesregierung die Ausübung seiner universitären Lehrtätigkeit verwehrt. So musste sich Korsch für seine kritische Wissenschaft andere Foren suchen. Er lehrte unter anderem an der »Marxistischen Arbeiterschule« und beteiligte sich an der Gründung des später vor allem durch die Namen Horkheimer und Adorno bekannt gewordenen »Instituts für Sozialforschung« in Frankfurt am Main.

Mit »Marxismus und Philosophie« veröffentlichte Korsch 1923 eine seiner vieldiskutierten Schriften, mit der er das Verhältnis von marxistischer Theorie und revolutionärer Praxis auf unorthodoxe Weise neu bestimmen wollte. Kein Wunder also, dass während der 68er-Studentenbewegung die Texte von Korsch eine beachtliche Renaissance erfuhren. ■

Karl Korsch
Einleitung zu Karl Marx' »Randglossen zum Programm der Deutschen Arbeiterpartei« 1875

3. Marx und Lassalle

Noch einen Schritt weiter in das Verständnis der grundlegenden Ausführungen des Programmbriefes führt die Vertiefung in die geschichtlichen und geistigen Zusammenhänge und Gegensätze zwischen den beiden weltgeschichtlichen Persönlichkeiten *Marx* und *Lassalle*. Der Leser muss den Marxschen Programmbrief als die große Auseinandersetzung zwischen Lassalle und Marx, d. h. zwischen dem schon *gewordenen* deutschen idealphilosophischen Sozialismus und dem mit seinen mächtigeren Dimensionen noch im ersten Prozesse des *Werdens* steckenden internationalen materialistischen Kommunismus begreifen lernen. Den äußeren Anlass dazu, dass eine solche *Auseinandersetzung* von Karl Marx gerade in diesem Zeitpunkt für notwendig gehalten wurde, boten die Umstände, unter denen der Gothaer Einigungskongreß stattfand. Bekanntlich vereinigten sich in Gotha die bisherigen Lassalleaner (der Allgemeine Deutsche Arbeiterverein) mit den bisherigen Eisenachern (der Sozialdemokratischen Arbeiterpartei) zu einer einheitlichen »Sozialistischen Arbeiterpartei Deutschlands«. Bis dahin galt aus historischen und teilweise rein persönlichen und zufälligen Zusammenhängen heraus, über die man sich näher in *Mehrings* Marxbiographie oder in seiner Geschichte der deutschen Sozialdemokratie unterrichten kann, die Eisenacher Richtung als die eigentlich marxistische. Gleichwohl muss es zunächst wundernehmen, mit welcher ungeheuren Einseitigkeit Karl Marx, der doch bei der Gründung und Leitung der »Internationale« so viel behutsame Duldung gegenüber den gänzlich unkommunistischen Prinzipien zahlreicher Sektionen der Association gezeigt hatte, in seiner Kritik des Programmentwurfs der deutschen Einheitspartei alle Gebrechen und Verbrechen dieses Entwurfs ausnahmslos gerade der einen »Lassalleanischen« Richtung in die Schuhe schiebt. Lassalle selbst war seit mehr als einem Jahrzehnt tot, er hatte schon die Gründung der I.A.A. von 1864 nicht mehr miterlebt, die »Lassalleaner« aber waren, wie sich aus ihren theoretischen Schriften und ihrer praktischen Stellungnahme zu vielen Fragen ergibt und besonders durch *Mehrings* Darlegungen einwandfrei nachgewiesen ist, großenteils eher bessere als schlechtere »Marxisten«, im Vergleich zu denen, die die Eisenacher Richtung damals in ihren eigenen Reihen zählte. Auch das »Eisenacher« Programm von 1869 lehnte sich zwar in einigen seiner grundsätzlichen Formulierungen äußerlich an die Internationalen Statuten an, bekannte sich aber in den übrigen mindestens ebenso stark zu »Lassalleanischen« Grundsätzen wie der Gothaer Programmentwurf selbst. So muss man denn, um die scheinbar so weit über das Ziel hinausschießenden Anklagen Marxens über die verflachende und demoralisierende Wirkung des Lassalleanismus in dem Programmentwurf in ihrem wirklichen Sinn und in ihrer historischen und theoretischen Berechtigung voll zu begreifen, etwas tiefer hinabsteigen und erkennen, dass es sich für den seiner geschichtlichen Verantwortung höchst bewussten, »für die Welt arbeitenden« Denker und Politiker Karl Marx in der ganzen Programmangelegenheit durchaus nicht darum gehandelt hat, den Kampf der »Eisenacher« Richtung gegen die »Lassalleanische« Richtung innerhalb der deutschen Sozialdemokratie zu unterstützen, sondern dass es sich für ihn vielmehr um die Bekämpfung und Vernichtung des unter den Eisenachern wie unter den Lassalleanern immer noch kräftiger als der Marxistische Geist wirksamen *Lassalleanischen Geistes* gehandelt hat. Karl Marx hat den größten Teil seines Programmbriefes gegen den »lebenden Lassalle« geschrieben. Es handelt sich für ihn um die nachträgliche und endgültige Überwindung der Lassallischen, rechts- und staatsphilosophisch, also »idealistisch« begründeten Gesellschaftsauffassung und ihre theoretische und praktische Ersetzung durch die ökonomisch begründete, »materialistische« Gesellschaftsauffassung, für deren Durchsetzung er mit den Wenigen, die ihn wirklich verstanden, nun schon seit über 30 Jahren gekämpft und gearbeitet hatte. Man kann sagen, dass seit dem Jahre 1843 (wo Marx durch die »Kritik der Hegelschen Rechtsphilosophie« seine entscheidende »materialistische« Einsicht gewonnen hatte) alle Marxschen Schriften und Taten im letzten Grunde der Durchsetzung dieser materialistischen Einsicht und Praxis gegen das intra et extra muros[1] immer nachwachsende Heer der Gegner gedient haben, und wir Heutigen wissen nur zu genau, dass die Fortsetzung dieses Kampfes auch jetzt noch gerade so wich-

1 = innerhalb und außerhalb der Umwallung (des proletarischen Lagers!).

tig ist wie vor 50 und wie vor 80 Jahren. Die Ironie der Geschichte will, dass gerade in unseren Tagen die zahlenmäßig stärkste sozialistische Richtung in Deutschland, die SPD, in ihrem neuen *Görlitzer Programm* vom 23. 9. 1921 jeglichem Marxismus förmlich entsagt und gerade die Schlagworte Lassalles, um deren Vernichtung es sich für Karl Marx bei der Kritik des Gothaer Programmentwurfs handelte, von neuem auf ihr Banner geschrieben hat. Freilich auch nur die *Worte*. Denn im *Geiste* Lassalles hat natürlich die im Jahre 1921 dem Marxismus abschwörende Sozialdemokratische Partei Deutschlands so wenig wie im Geiste Marxens gehandelt. Steht doch in Lassalles großer Rede »Über den besonderen Zusammenhang der gegenwärtigen Geschichtsperiode mit der Idee des Arbeiterstandes« von 1862 (dem sog[enannten] »Arbeiterprogramm«) neben vielen anderen das Görlitzer Programm von 1921 vernichtenden Aussprüchen auch der klare Satz, »daß die Geschichtsperiode, in die wir mit dem Frühjahr 1848 eingetreten sind, keinen Staat mehr erträgt, welcher, *gleichviel ob in monarchischer oder republikanischer Form*, das herrschende politische Gepräge des *dritten Standes* der Gesellschaft aufdrücken oder *in ihr erhalten* will«. Gleichwohl aber behält die Berufung auf Lassalles *Worte* im Munde der Verteidiger des Görlitzer Programms immerhin noch einen gewissen Sinn. Denn wenn wir heute 1862 schrieben und nicht 1922, so würde das Programm einer »Partei des arbeitenden Volkes«, welches den Klassenkampf für die Befreiung des Proletariats in einem Atemzuge als »geschichtliche Notwendigkeit« und als »sittliche Forderung« bezeichnet und den Entschluss bekundet, um die Herrschaft »des im freien Volksstaat organisierten Volkswillens« über die Wirtschaft und Gesellschaft zu kämpfen, sich als ein Produkt Lassalleanischer Lehren »unter den Linden« immerhin noch sehen lassen können; – freilich auch nur unter der Bedingung, dass man »zu Hause« sich anders begrüßte. Denn es fällt ja auf alles, was Lassalle über das »allgemeine Wahlrecht« und verwandte Dinge jemals gesprochen und geschrieben hat, ein ganz ungeheures neues Licht durch jenen einen Satz, den er im vertrauten Kreise wohlverbürgtermaßen ausgesprochen hat: »So oft ich ›allgemeines Wahlrecht‹ sage, muss es von euch ›Revolution‹ und wieder ›Revolution‹ verstanden werden!« Wie dem aber auch sein mag, so haben wir leider *diesen* »lebenden Lassalle« heute nicht mehr unter uns, um die »toten« Braun, Cunow, Kampffmeyer und Konsorten zu widerlegen, und der zu Druckpapier und Literatur gewordene Lassalle steht allerdings dem verbrecherischen Missbrauch seiner 1862 revolutionären Schlagworte zur historischen Beglaubigung und Verzierung eines völlig unrevolutionären und antirevolutionären, kleinbürgerlichen und bei aller Bescheidenheit zugleich hoffnungslos utopischen Reformprogrammes sehr viel wehrloser gegenüber, als der selbst in Form von Druckpapier solchem Gebrauch noch immer kräftig genug widerstrebende Marx.

4. Die materialistische und die ideologische Gesellschaftsauffassung

Als eigentliches Angriffsziel, gegen das alle kritischen Ausführungen des Gothaer Programmbriefes gerichtet sind, erscheint hiernach jene Lassalleanisch-sozialdemokratische, durchaus ideologische Staats- und Gesellschaftsauffassung, welche damals noch die Köpfe der meisten deutschen Sozialdemokraten beherrschte und gerade auch in dem Programmentwurf besonders deutlich zum Ausdruck kam. Aufs neue galt es für Marx in dieser Schicksalsstunde der sozialistischen Bewegung, da die bis zum heutigen Tage zahlenmäßig stärkste sozialistische Arbeiterpartei der Welt ins Leben gerufen wurde, gegen die in dem Programmentwurf neu aufgewärmten, wissenschaftlich längst überholten, ideologischen Irrtümer des Lassalleanischen Sozialismus mit rücksichtsloser, jeder opportunistischen Anwandlung trotzender Schärfe zu protestieren und ihnen gegenüber jenes »materialistische« Grundprinzip in seiner ganzen Strenge und in allen seinen Konsequenzen zur Geltung zu bringen, dessen wesentlichen Inhalt er schon einige Jahrzehnte früher zu dem prägnanten Satze zusammengefasst hatte, dass »Rechtsverhältnisse wie Staatsformen weder aus sich selbst zu begreifen sind, noch aus der sogenannten allgemeinen Entwicklung des menschlichen Geistes, sondern vielmehr in den materiellen Lebensverhältnissen wurzeln, deren Gesamtheit Hegel, nach dem Vorgang der Engländer und Franzosen des 18. Jahrhunderts, unter dem Namen ›bürgerliche Gesellschaft‹ zusammenfasst, dass aber die Anatomie der bürgerlichen Gesellschaft in der politischen Ökonomie zu suchen sei.«[2]

Im geraden Gegensatz zu dieser materialistisch-ökonomischen Grundauffassung von Marx bekennt sich das Gothaer Programm gleich in seinem ersten Satze zu der durchaus ideologischen, Lassalleanischen Auffassung, wonach der Anspruch aller Gesellschaftsglieder auf ihr gesamtes Arbeitsprodukt auf die Idee eines »gleichen Rechtes« gegründet sein soll, und schreitet auf dieser luftigen Grundlage im II. Teile folgerichtig weiter zur Forderung des »freien Staates«, in dem »alle sozialen und politischen Ungleichheiten« beseitigt sein sollen, um dann als einzige ökonomisch-soziale Forderung die »mit Staatshilfe« zu errichtenden Produktivgenossenschaften auf den Schild zu erheben. Daran schließen sich im Entwurf (und ebenso auch im endgültigen Programm!) nicht weniger als 7 rein politische, und zwar bürgerlich-demokratische, Forderungen an, die nach Engels[3] sämtlich »direkt und wörtlich übereinstimmen mit dem Programm der Volkspartei und kleinbürgerlichen Demokratie«. Als einziger »Internationalismus« tritt hinzu ein ebenfalls rein ideologisch-politisch ausgedrücktes, abstraktes

2 Siehe Vorwort zur Kritik der politischen Ökonomie von 1859.
3 Vgl. seinen im Anhang III abgedruckten Brief an Bebel vom 18./28. März 1875.

Bekenntnis zu dem Gedanken der »internationalen Völkerverbrüderung« (im endgültigen Programm umgewandelt in die »Verbrüderung der Menschen«!).

Dass ein Karl Marx, der sein ganzes Leben daran gesetzt hatte, für die Umwandlung des Sozialismus aus einer theoretischen Ideologie und praktischen Utopie in eine realistisch-materialistische Wissenschaft und Praxis zu wirken, durch ein solches Programm aufs tiefste enttäuscht und empört sein musste, ist ohne weiteres klar. So ist denn der ganze Programmbrief zu einer einzigen lodernden Anklageschrift gegen dieses nach Marxens ausgesprochener Überzeugung seinem ganzen Inhalt nach »durchaus verwerfliche, die Partei demoralisierende Programm« geworden. Die Theorie und Praxis des wissenschaftlichen Sozialismus ist materialistisch, der Programmentwurf ist lassalleanisch, d. h. ideologisch und utopisch. Aber selbst, wenn man hiervon noch absehen wollte und könnte, auch an und für sich genommen »taugt das Programm nichts«. Karl Marx hält es daher für seine »Pflicht«, ein solches theoretisch und praktisch gleich bodenloses Programm »auch nicht durch diplomatisches Stillschweigen anzuerkennen«, sondern es vielmehr mit größter Gründlichkeit zu »glossieren« und zu »kritisieren«.

5. Die dialektische Methode

Im höchsten Grade charakteristisch für die ganze Geistesart Marxens ist nun aber die *Form*, in der er seinen Entschluss, das Programm zu kritisieren, in dem Programmbrief zur Ausführung gebracht hat. Hier zeigen sich in besonders hellem Lichte die ungeheuren Vorzüge jener von Marx auch auf die theoretische Gedankenproduktion übertragenen »materialistischen« Methode, die man in Anknüpfung an den hergebrachten, und auch von Marx und Engels beibehaltenen Sprachgebrauch gewöhnlich die »dialektische Methode« nennt.[4] Nach der materialistischen Grundauffassung Marxens braucht man, wie zu jeder anderen Produktion, so auch zum Denken, einen bestimmten und konkreten Stoff, der zu Gedanken verarbeitet wird. Gänzlich unfruchtbar ist jenes Denken, welches lauter abstrakte Gedanken »ins Allgemeine« produziert. Auch beim Denken kann nur durch Anwendung der Denkkraft auf einen denkend zu bearbeitenden Gedankenstoff ein wirkliches, »materielles« Gedankenprodukt zustandegebracht werden. So kritisiert also Marx auch den vorliegenden Programmentwurf nicht etwa in der Weise, dass er nach der Aufdeckung des falschen und oberflächlichen allgemeinen Prinzips, welches allen seinen einzelnen Sätzen und Forderungen deutlich zugrunde liegt, diesem all-

4 Näheres darüber findet man in meinem demnächst erscheinenden Buch: »Die philosophischen Grundlagen des Marxismus«.

gemeinen Prinzip nun einfach das wahrere und tiefere Prinzip seines Materialismus in ebenso allgemeiner Form gegenüberstellt. Vielmehr geht er umgekehrt davon aus, zunächst jeden einzelnen Satz des Programmbriefes für sich in der ausführlichsten Weise zu kritisieren. In einer höchst kunstvollen Gedankenarbeit, deren einzelne Behauptungen auf den ersten Blick bisweilen als willkürliche Konstruktion oder doch als Haarspalterei erscheinen können, bei näherem Zusehen aber doch immer als wichtige und notwendige Schritte innerhalb des gesamten Gedankenganges sich erweisen, wird aus den zunächst oft ganz unverfänglich aussehenden Sätzen des Entwurfs alles das herausgeholt, was an grundsätzlichen Unklarheiten, schwächlicher Halbheit, phrasenhafter Nichtigkeit und Nichtswürdigkeit in ihnen verborgen liegt, so dass gerade dadurch *mittelbar* nun auch die abgrundtiefe Falschheit des allen diesen Sätzen zugrundeliegenden allgemeinen Prinzips in der eindringlichsten Weise klargestellt wird. So wird also der große grundsätzliche Gegensatz zwischen der materialistisch-Marxistischen und der ideologisch-Lassalleanischen Gesellschaftsauffassung, der in Wirklichkeit von Anfang bis zu Ende alle einzelnen Ausführungen des Programmbriefs beherrscht, in dem Brief selbst doch kaum irgendwo in allgemeiner Form ausgesprochen, sondern läuft nur als ein für den Kundigen überall deutlich sichtbarer roter Faden durch alle einzelnen »Randglossen« hindurch, sie zu festgeknüpfter Einheit verbindend. Niemals aber lässt es nun der *positive Dialektiker und Revolutionär Karl Marx* – diese herrlichste Eigenschaft seines Geistes tritt gerade im Programmbrief mit am klarsten zutage! – in der Ausführung seines kritischen Geschäftes bei einer bloßen *Negation* der dem Programmbrief anhaftenden Falschheiten und Schiefheiten bewenden. Vielmehr geht er stets noch einen Schritt darüber hinaus zu einer Darlegung oder doch kurzen Andeutung des *Positiven* und *Wahren*, was an die Stelle der von ihm kritisierten Falschheit und Schiefheit zu treten hat. Er begnügt sich nicht damit, die als Konsequenzen eines oberflächlichen und falschen Prinzips erkannten Sätze des Programms kritisch zu *widerlegen*, sondern diese Widerlegung geht am Ende über in eine positive *Entwicklung* der an ihre Stelle tretenden Konsequenzen des tieferen und wahreren Standpunktes der materialistischen Auffassung selbst und findet erst in dieser *positiven* Weiterentwickelung ihren für den »materialistischen Dialektiker« wahrhaft befriedigenden Abschluss.

Karl August Wittfogel (geb. 1896 in Woltersdorf bei Lüchow; gest. 1988 in New York) war ein marxistischer Soziologe, Asienforscher und Historiker. Er gehörte wie Karl Korsch zur Gründergeneration des Frankfurter »Instituts für Sozialforschung«.

Der Sohn eines Dorfschullehrers studierte ab 1914 an den Universitäten Leipzig, Berlin, München und Rostock Geographie, Geschichte und Psychologie sowie später zusätzlich Sinologie. Noch als Student trat Wittfogel 1918 der USPD bei und wechselte 1920 in die KPD. Anfang der Zwanziger Jahre arbeitete er als Volkshochschullehrer, versuchte sich als kommunistischer Theaterschriftsteller und publizierte erste politische Schriften. Sein Buch »Geschichte der bürgerlichen Gesellschaft«, das 1924 im Malik-Verlag erschien, fand unter intellektuellen Marxisten viel Anerkennung. 1925 wurde Wittfogel wissenschaftlicher Mitarbeiter des erwähnten »Instituts für Sozialforschung«. Seine Forschungen konzentrierten sich nun immer stärker auf die geopolitischen und ökonomischen Bedingungen in Asien, insbesondere in China. 1930 promovierte er an der Universität Frankfurt am Main mit der Arbeit »Die ökonomische Bedeutung der agrikolen und industriellen Produktivkräfte Chinas«. 1931 folgte das Buch »Wirtschaft und Gesellschaft Chinas«, worin er die Grundlagen der von ihm als asiatische Produktionsweise bezeichneten Merkmale etwa in Gestalt komplexer künstlicher Bewässerungsanlagen herausarbeitete.

Im März 1933 wurde Wittfogel verhaftet und von den Nationalsozialisten in die Konzentrationslager Esterwegen, Börgermoor und Lichtenburg verschleppt. Ende 1933 wurde er schwer krank aus der KZ-Haft entlassen und emigrierte 1934 in die USA. 1939 trat er aus der KPD aus, erhielt 1941 die US-Staatsbürgerschaft und 1947 schließlich eine Professur für Chinesische Geschichte an der Universität Seattle. 1957 veröffentlichte er sein wohl bekanntestes Werk »Die orientalische Despotie. Eine vergleichende Untersuchung totaler Macht«. Obwohl Wittfogel darin die kommunistischen Gesellschaftsmodelle in der Sowjetunion und der Volksrepublik China scharf kritisierte, wurde sein Buch in Kreisen der Studentenbewegung und besonders von Rudi Dutschke intensiv diskutiert.

Bei der »Geschichte der bürgerlichen Gesellschaft« von 1924 handelt es sich demnach um ein ausgesprochenes Frühwerk Wittfogels. Jedoch zeigt sich in dem hier folgenden Ausschnitt aus dem Zweiten Kapitel des Buches, worin es um die Frage nach der historischen Entstehung der Stadt geht, dass Wittfogel schon früh über den methodischen Tellerrand der bloßen Marx-Exegese hinausschaute und in seine Betrachtungen unter anderem auch die Arbeiten des Sozialwissenschaftlers Max Weber mit einbezog. ■

Karl August Wittfogel
Geschichte der bürgerlichen Gesellschaft
Von ihren Anfängen bis zur Schwelle der grossen Revolution

Zweites Kapitel Der »friedliche« Bürger

1. Wie ist die Stadt entstanden

a) »Die« Stadt ...

Mustert man mit vergleichendem Blick die Stadtformen der mittelalterlichen Gesamtgesellschaft, so kann man wohl infolge der außerordentlichen Fülle voneinander abweichender Bildungen zunächst jener Meinung werden, die allen Ausführungen Max Webers über die frühe Stadt letztlich zugrunde liegt: Städte freilich gibt es. »Die« Stadt jedoch gibt es nicht.

Weber, dem das Verdienst zukommt, innerhalb der bürgerlichen Sozialwissenschaft das Stadtproblem am großzügigsten in Angriff genommen zu haben, Weber stellt zum Beispiel der chinesischen gewerbetreibenden Amtsstadt, die ohne politisch-militärische Selbständigkeit ist, die selbstherrlichen Küstenstädte Altgriechenlands entgegen, deren Kraft und Glanz auf einheimischer Sklavenarbeit und kolonialer Ausbeutung beruhte. Er weist ferner darauf hin, dass die kriegerische und einen eigenen Staat bildende Stadt Italiens ein ganz anderes gesellschaftliches Gesicht zeigte als die nicht militarisierte englische Handelsstadt, die ihre politischen Angelegenheiten im Londoner Parlamente auszutragen gewohnt war. Schließlich aber weicht – immer nach dem gleichen Forscher – die mauerlose Großsiedlung Japans und die deutsche mittelalterliche Stadtfestung nochmals aufs grundlegendste in Form, Verfassung und Schicksal ab von den vorher aufgezählten Städten der anderen Landstriche und Erdteile.

Die Folgen unserer ersten Prüfung sind demnach höchst wunderbare: Anstatt uns eine begriffliche Klärung zu bringen, hat sie uns in einen Zustand bestürzter Ratlosigkeit versetzt.

Wir wollen indes die durch unsere methodische Aufstellung sichtbar gewordenen Schwierigkeiten – die für einen Teil der bürgerlichen Gelehrten nur deshalb nicht existieren, weil sie die Frage nach dem Wesen der Stadt niemals im vollen Umfange aufgerollt haben – wir wollen diese Schwierigkeiten, als jetzt noch unauflösbar, einstweilen auf die Seite schieben und uns dafür auf einem Umwege der Lösung des Problems anzunähern suchen.

Wir wollen eine einzige Stadt, nämlich die uns am nächsten liegende, die abendländisch-mittelalterliche, in ihrer tatsächlichen geschichtlichen Entstehung und Entwicklung verfolgen. Wir erwarten – und zwar mit guten Gründen – dass die Betrachtung des Schicksals dieser einen Stadtart uns am sichersten einen Ausweg aus jenem Labyrinth liefern wird, in das uns Max Weber so geschickt hineinzulocken gewusst hat.

Wir schränken also unsere anfangs gestellte Frage räumlich und zeitlich ein und fragen jetzt:

b) Wie ist die Stadt des europäischen Mittelalters, und wie ist speziell die deutsche mittelalterliche Stadt entstanden?

Ein ganzer Rattenkönig von Antworten tritt uns auf diese Frage entgegen.
Durch die Zunahme des Gewerbes – sagen die einen.
Durch Ausdehnung und lokale Festlegung des Handels – erklären die zweiten.
Durch die Bedürfnisse der reichen Fronherren (der weltlichen und der geistlichen) – meinen die dritten.
Durch die Bedürfnisse des Verkehrs und des Schutzes – behaupten die vierten.

c) Viele Ansichten – eine Wahrheit

Diese scheinbar recht weit auseinandergehenden Meinungen sind in Wirklichkeit nur vier verschiedene Seiten einer und derselben Sache.

Natürlich entstehen Städte überall nur auf einer bestimmten Entwicklungsstufe. Fischer, Sammler und Jäger bauen keine Städte. Erst die Sesshaftigkeit, ja erst die Bildung einer nicht mehr ganz primitiven Klassengesellschaft schafft die Voraussetzungen für eine gedeihliche Entfaltung städtischer Lebensverhältnisse. Das ist die erste und allerallgemeinste Voraussetzung.

Weiter. Die Stadt ist mehr als ein großes Dorf. Sie besteht nicht allein aus einer Anzahl beieinander hausender Ackerbauern, mag die Zahl dieser Bauern eine noch so stattliche sein. Die Städter müssen vielmehr ihren Lebensunterhalt wenigstens teilweise mittelbar, »künstlich«, durch Herstellung und Austausch nicht landwirtschaftlicher Produkte gewinnen. Zu einer richtigen Stadt gehören also: Handwerker und Händler. Eventuell auch Beamte und Rentenbezieher.

Drittens. Damit eine spezielle Produktion ihre Abnehmer findet, dazu bedarf es in der nichtkommunistischen Gesellschaft, soweit eine unentgeltliche Wegnahme nicht in Frage kommt, der Anhäufung einer entsprechenden Menge überschüssiger Gegenwerte. Diese war in Deutschland, wie im übrigen mittelalterlichen Europa, gewährleistet durch die großen feudalen Grundherren, die, gestützt auf ihre Fronrechte, einen ansehnlichen Schatz naturaler Tauschwerte in ihrer Hand vereinigten.

Dass endlich die Ansiedlungen solcher feudaler Großen, um die sich Handel und Gewerbe der bürgerlichen Frühzeit herumschließen, im Allgemeinen an Orten stattfinden, die dem Verkehr günstig sind, und dass diese Plätze zum Schutze der in ihnen aufgehäuften Werte mit Mauer und Burg befestigt zu werden pflegten, ist aus militärisch-politischen und handelstechnischen Gründen selbstverständlich.

So erfolgt denn also die Entstehung der mittelalterlichen Städte entweder neben den Pfalzen und Bischofssitzen kaufkräftiger Herren oder sonst, von diesen angeregt, in einer für Produktion und Gütertransport günstigen Siedlungslage. Ihre ersten und unentbehrlichen Bewohner sind, neben den feudalen Großkonsumenten, vermittelnde Händler und produzierende Handwerker. Wobei zu bemerken ist, dass die letzteren in den meisten Fällen Fronuntertanen der adeligen Stadtherren zu sein pflegen.

2. Und aus diesen Händlern und Fronhandwerkern ist auf friedlichem Wege das mittelalterliche Bürgertum hervorgegangen?

Eine Zeitlang ist die Stadt friedlich ökonomisch gewachsen. Die Stadtherren hatten mittelbar durch die erleichterte Tauschgelegenheit und unmittelbar durch die Gebühren, Abgaben und Gefälle von Markt und Handwerk die allersympathischsten Vorteile. Sie förderten daher die Entwicklung der jungen Städte nach Kräften und legten, wie schon erwähnt, an dafür geeigneten Punkten zahlreiche ähnliche städtische Siedlungen an. Sie gewährten sogar, um desto reichere Einnahmen zu erzielen, ihren Fronhandwerkern – natürlich gegen Entgelt – die persönliche Freiheit, ja, sie ließen die neuen Stadtbewohner, nach der schützenden Burg *Bürger* genannt, bis zu einem gewissen Grade Gericht und Verwaltung ihres Ortes selbst in die Hand nehmen.

Aber nur bis zu einem gewissen Grade. Mit zunehmender wirtschaftlicher Kraft der Städter wuchs auch deren Wille zur politischen Selbständigkeit. Und wenn es an diesem Punkte den Städtern nicht gelang, dem in Geldnot befindlichen Stadtherrn seine politischen und militärischen Rechte abzukaufen, dann war eine gewaltsame Auseinandersetzung zwischen ihnen und ihrem Herrn unvermeidbar.

3. Die Bürger setzten kühn revolutionäre Behörden neben die legalen Beamten des bisherigen Machthabers

Der Rat, die Schöffen und der Bürgermeister waren »bis zu einem gewissen Grade« von den Stadtherren begünstigte Instanzen. Sobald sie aber, wie die modernen Betriebsräte, begannen, sich wirklich entscheidende Befugnisse anzumaßen – und sie taten das natürlich um so mehr, je stärker die alte herrschaftliche Verfassung in Widerspruch mit den neuen Wirtschaftsbedingungen geriet – da wurden sie mit einem Male im höchsten Grade missliebig. Die Stadtherren verboten die Entwicklung der Ratsverfassung. Sie verboten die städtische Selbständigkeit. Sie verboten die Ausdehnung der Stadtwirtschaft auf das umgebende Land. (K. Lamprecht: »Deutsche Geschichte« III. Berlin 1913. S. 50.)

4. Natürlich lässt sich eine Revolution nicht verbieten!

Die proletarische nicht. Und ebensowenig hat sich die mittelalterliche frühbürgerliche Revolution verbieten lassen. Was man den Bürgern nicht freiwillig zugestand, das haben sie sich mit Blut, Mordbrennen und Hinterlist einfach mittels brutaler Gewalt genommen! Sie »usurpierten«, wie Max Weber sich ausdrückt, die ihnen verweigerte Selbständigkeit. Und wenn sie gegen ihre Widersacher siegreich gewesen waren, dann waren sie darauf bedacht, diesen die militärischen Machtmittel restlos aus der Hand zu schlagen. Das Bürgertum, das heutzutage aufheult, wenn man von der notwendigen Bewaffnung des Proletariats und einer gleichzeitigen Entwaffnung der weißen Banden spricht – es hat seine eigene Sonderexistenz damit eingeleitet, dass es »unrechtmäßig« die Macht ergriff, und dass es die fürstlich-bischöfliche Gegenrevolution entwaffnete.

»Eine der ersten, gewaltsam oder durch erzwungene oder erkaufte Privilegien der Kaiser und Bischöfe durchgesetzte politische Errungenschaft war die Schleifung der kaiserlichen, bischöflichen und stadtherrlichen Burgen innerhalb der Stadt, ihre Verlegung vor die Stadtmauern (so besonders in Privilegien der salischen Kaiser) und die Durchsetzung des Grundsatzes, dass innerhalb eines bestimmten Bezirkes um die Stadt Burgen nicht gebaut werden und dass der Kaiser und andere Stadtherren ein Recht, in der Stadt sich einzuquartieren, nicht besitzen sollten.« (M. Weber: »Wirtschaft und Gesellschaft.« Tübingen 1922. S. 537.)

Das Proletariat wird sich diese Lehren aus der revolutionären Jugendzeit seines Todfeindes wohl zu Herzen nehmen!

5. Die Stadt hat aber noch eine zweite Revolution in der Frühzeit des Bürgertums gesehen

Die ältesten Ratsherren und Stadtoberhäupter kamen nicht, oder doch nur zu einem verschwindenden Teil, aus den Reihen der arbeitenden Handwerker und Kleinhändler. Nein, die kapitalkräftigen Kaufleute, zu Geld gekommene Stadtbeamte und die ursprünglichen Besitzer städtischen Bodens, sie spielten die gesellschaftlich fahrende Rolle, indem sie, ökonomisch am leichtesten »abkömmlich« und am meisten von Einfluss – Verwaltung, Gericht und Herrschaft zunächst ziemlich ausschließlich in ihren Händen vereinigten. Aber die arbeitenden Klassen, als »Zünfte« organisiert[1], hatten, je mehr ihr Wohlstand wuchs, desto weniger Lust, sich von diesen Grundbesitzern, den alten »Geschlechtern«, auf dem Wege der Steuern ausplündern und mittels einer einseitigen Klassenjustiz und Verwaltung schikanieren zu lassen.

6. Die Zünfte bereiten also eine neue Revolution vor

In ihren Berufsverbänden werden sie mit zunehmender sozialökonomischer Bedeutung in immer strafferer Organisation diszipliniert und zusammengeschlossen. Durch eigene Gerichtsbarkeit und eigene Verwaltung haben sie gelernt, sich und andere in Ordnung zu halten. Und als gut geschulte »Infanteristen« bilden sie beim Aufkommen der neuen Landsknechtkriegstechnik eine furchtbare militärische Macht, gegen die die berittenen Geschlechter, die außerdem immer mehr verweichlichen, sich im Ernstfalle als durchaus unterlegen erweisen.

In Italien haben die Zünfte, der »popolo«, eine Zeitlang eine regelrechte bewaffnete Nebenregierung neben den Edlen, den »nobili«, aufrecht erhalten. Schließlich kam es überall zu gewaltsamen Zusammenstößen, die häufig zuerst mit einer Schlappe der andringenden Zünfte, auf die Dauer aber stets mit ihrem Siege über die der wirtschaftlich-sozialen Entwicklung hinderlichen Geschlechter endeten.

Dabei ließ es die bis dahin herrschende Klasse nicht an grausamen Terrorakten fehlen. Lamprecht spricht von »zahllosen Scheußlichkeiten«, die in Italien begangen seien. Aber auch für Deutschland muss er zugeben, dass der weiße Terror zum Teil »wild und grausam« war und »furchtbare Opfer« forderte.

»Im Jahre 1302 wurden zu Magdeburg zehn Altermänner der Zünfte lebendig verbrannt, 1380 wurden zu Jeperen 400 Personen verbrannt, 700 Personen in der Stadt selbst hingerichtet, 1400 nach Brügge geführt und dort

1 Nicht alle Arbeitenden gehörten den Zünften an. (Siehe S. 97 ff.)

enthauptet; in Brüssel hat man um das Jahr 1305 gar einige widerspenstige Anführer lebendig begraben.« (»Deutsche Geschichte« IV. Berlin 1911. S. 200.)

Es ist die alte Geschichte, die bei jeder Revolution wiederzukehren scheint, dass die aufsteigende Klasse großmütig und wenig blutdürstig, dass die bisher herrschenden Schichten mit konsequenter Rücksichtslosigkeit ihren Kampf zu führen pflegen.

7. Schliesslich haben dann doch die Träger des Fortschritts, die Zünfte, überall gesiegt

Jacob von Königshoven berichtet darüber von den Straßburger Kämpfen in seiner »Chronicke« folgendes:

»Zu diesen Zeiten stund die Gewalt der Städte bei den Edeln. Und unter den Edeln ward mancher so hochfahrend, (dass er), wenn von ihm ein Schneider oder ein Schuhmeister oder ein anderer Handwerksmann Pfennige heischte (Bezahlung für gelieferte Arbeit forderte), den Handwerksmann schlug und ihm Streiche gab. Dies währete also lange, bis daß die zwei Geschlechter, die Zörne und die von Mülheim, ein Geschelle (einen Streit) miteinander hatten. Da ward die Gewalt von den Edeln gezogen, und da wurden neue Gerichte gemachet und von jedem Handwerk einer in den Rat gesetzet, das vorher ungewöhnlich war.« (»Ein Jahrtausend deutscher Kultur.« Leipzig 1921. S. 136.)

Von der Spaltung der Zünfte in Meister und Gesellen und von der daraus folgenden dritten sozialen städtischen Bewegung des Mittelalters erzählen die Anmerkungen.

Pazifismus

Eugen Fischer (geb. 1881 in Balingen, gest. 1964 in Berlin), der sich, um nicht mit dem gleichnamigen Rassenforscher verwechselt zu werden auch Fischer-Baling nannte, war ein deutscher Theologe, Historiker und Bibliothekar. Ab 1900 studierte er Theologie und Philosophie in Tübingen. 1908 promovierte er in Berlin, im Jahr darauf erfolgte die Habilitation, woraufhin er bis 1913 als Privatdozent für Kirchengeschichte an der Berliner Universität lehrte. Wie fast alle der hier nachfolgend vorgestellten Autoren nahm Eugen Fischer die Nachricht vom Ausbruch des Weltkrieges im August 1914 mit patriotischer Begeisterung auf. Als Soldat wurde er 1915 schwer verwundet und daraufhin in die dem »Auswärtigen Amt« zugeordnete »Auslandsabteilung der Obersten Heeresleitung« versetzt. Dort verfasste er unter anderem Schriften, die der theologischen Grundlegung des Krieges aus deutscher Sicht dienen sollten.

Nach Kriegsende verblieb Fischer zunächst im »Auswärtigen Amt«, bis er 1919 in den »Untersuchungsausschuss für die Kriegsschuldfragen« berufen wurde. Für die Deutsche Nationalversammlung und ab 1920 den Reichstag sollte dieser Untersuchungsausschuss unter anderem klären, welche Vorgänge nach dem »Attentat in Sarajevo« im Verlauf des Juli 1914 schließlich zum Ausbruch des Krieges führten. 1928 veröffentlichte Eugen Fischer seine persönlichen Einschätzungen und Erkenntnisse im Buch »Die kritischen 39 Tage von Sarajewo bis zum Weltbrand«. Darin vertritt er einerseits die These, dass Russland die Hauptverantwortung am Kriegsausbruch trage, geht jedoch andererseits auch mit Kaiser Wilhelm II. und seinem Umfeld hart ins Gericht. Den letzten Kaiser charakterisiert er als einen willensschwachen Zauderer, der den Krieg zwar zu verhindern suchte, sich dabei jedoch trotz der Unterstützung durch seinen Reichskanzler

Theobald von Bethmann Hollweg nicht gegen den Generalstab um Helmut von Moltke durchzusetzen vermochte. Fischer rekonstruiert, wie die Generäle ihre Kriegsmaschinerie immer mehr ins Rollen brachten, bis der immermüde Kaiser ihnen schließlich vom Bett aus mit den Worten »So tut, was ihr wollt!« freie Hand gab.

Eugen Fischer wurde 1928 Leiter der Bibliothek des Deutschen Reichstages. Auf der Schwarzen Liste »Geschichte« vom 10. Mai 1933 erscheinen seine Veröffentlichungen sowohl unter »Fischer, Eugen« als auch unter »Fischer-Baling, E.« Die Verbrennung seiner Bücher hielt ihn jedoch nicht davon ab, sich noch 1933 erfolgreich der Administration des nationalsozialistischen Reichstagspräsidenten Hermann Göring anzudienen. ■

Eugen Fischer
Die kritischen 39 Tage
Von Sarajewo bis zum Weltbrand

Um fünf Uhr am Sonnabend, den 1. August, unterschrieb Wilhelm II. die Mobilmachung seines Reiches an dem Tisch, der aus Holz vom Flaggschiff Nelsons, des britischen Seehelden, gemacht war. Der Kriegsminister v. Falkenhayn, der mit Moltke daneben stand, sprach ein salbungsvolles Segenswort. Wie dem Kaiser zumute war, weiß nur er selbst. Auch er hatte, wenn nicht sein körperliches, so sein politisches Todesurteil geschrieben.

Da ereignete sich, als ob auf das Erhabene das Lächerliche wirklich folgen müßte, im Schloß noch eine wahrhaftige Posse. Nur daß die, die sie spielten, bitter ernst blieben und zankten, statt sich dem wohltuenden Lachen hinzugeben. Edward Grey, der englische Minister, übte sich noch dauernd in Formeln. Selbstverständlich. Sich so zu stellen, als bedeute Mobilmachung nicht Krieg, war die einzige Gebärde, die er annehmen, die einzige, die den in der öffentlichen Meinung doch keimenden Verdacht ersticken konnte, als habe russische Willkür den Krieg herausgefordert. Die englischen Minister hatten zwar schon am Mittwoch die Flotte nach ihren Kriegsstationen dampfen lassen. Am Donnerstag hatte Grey, wie wir uns erinnern, dem französischen Botschafter zugegeben, daß es Zeit sei, den gemeinsamen Kriegsplan in Gang zu bringen. Aber am Freitag, dem Freitag, an dem die russische Mobilmachung gegen Deutschland veröffentlicht wurde, erklärte das britische Kabinett, daß »niemand der Ansicht sei, daß durch den Streit im gegenwärtigen Stadium britische Verträge und Verpflichtungen berührt werden«. Das war, so schien es dem sich verzehrenden Vertreter Frankreichs in London, die niederschmetternde englische Antwort auf einen Brief des Präsidenten Poincaré an König

Georg vom Tag zu vor, in dem der Präsident den König beschwor, England möge an der Seite Frankreichs Stellung nehmen. Die englischen Minister ließen sich nicht rühren. Sie wußten, was sie ihrem Volk schuldig waren. Mit bewundernswerter Feinheit fühlten sie, daß die Zeit, England zu rufen, noch nicht gekommen war. Sie mußten abwarten, bis die Deutschen sichtbar, greifbar vorgingen und britische Interessen verletzten. Inzwischen blieb nichts übrig, als so zu tun, als wäre nicht nur England, sondern alle Welt noch frei, als wäre die Kriegsmaschine zwar geheizt und geschmiert, aber weit entfernt, zu arbeiten. Man knüpfte an die freundliche österreichische Antwort an, man ließ Herrn Sasonow seine Formel ändern, man richtete, wir erinnern uns, eine königliche Anfrage an den Zaren. Im Verlaufe dieses gleichgültig-fieberhaften Tuns, dieses immer noch rasenden Durcheinanders der Worte ohne Sinn, stellte der englische Außenminister dem Fürsten Lichnowsky am Telephon die Frage, ob Frankreich, falls es neutral bliebe, von Deutschland angegriffen würde. Grey brauchte die Antwort für den Ministerrat, der über die englische Haltung gegenüber Frankreich schlüssig werden sollte. Lichnowsky antwortete, er könne die Garantie, die der Minister fordere, übernehmen und wolle sofort nach Hause drahten.

Lichnowkys Telegramm kam zum Kanzler. In Bethmann muß sich unter dem Eindruck der wenigen Worte die Welt gedreht haben. Also er hatte Recht, Recht, Recht! England blieb neutral, hielt Frankreich neutral! Wenn man dem großen, schweren Mann einen Freudensprung zutrauen könnte, er hätte ihn jetzt gemacht. Alles war vergessen, die Frage an Frankreich, deren negative Beantwortung von Schoen soeben eingegangen war, der Kriegsplan des Generalstabes, der nur eine Lösung seiner Aufgabe, nur einen Aufmarsch, nur einen Angriff kannte. – Bethmann stürzt ins Auto, zum Schloß. Er kommt zum Kaiser, nachdem dieser die Mobilmachung unterschrieben und den Generalstabschef samt Kriegsminister soeben entlassen hat. England bleibt neutral –, schreit Bethmann, das Telegramm schwingend. Da dreht sich auch in des Kaisers Hirn die ganze Welt. Er will Frieden halten, Frieden, Frieden! Er mag im Augenblick der Unterschrift und in seinem Gebet gefühlt haben, wie der Krieg mit England als Feind und nachdem Italien wie Rumänien die Dreibundpflicht bestritten hatten, enden müsse. Frieden, Frieden! Er jagt einen Offizier hinter dem Generalstabschef her, der ihn einholt und zurückbringt. Nun beginnt der häßlichste Streit zwischen Generalstabschef, Kaiser und Kanzler, der vor dem Beginn eines Krieges möglich ist. Moltke sieht die Geistesverstörung der beiden, von denen einer sein Kriegsherr ist. Er erinnert an die Welt von vor zehn Minuten. Wir wissen doch, spricht er, was wir taten. Die Russen an der Grenze, bald vor den Toren. Die Franzosen mit ihnen verbündet. Die Antwort vom französischen Minister selbst, daß die Franzosen mit den Russen zusammengehen, ist da. Euer Majestät mußten die Mobilmachung befehlen, haben sie befohlen. Der Befehl wirkt. Die Truppen marschieren schon auf Luxemburg. Wir dürfen keine Minute verlieren. Es geht um unseren Aufmarsch. Wir müssen dort die Eisenbahn sofort in die Hand nehmen. Und General Emmich hat seinen Marschbefehl auf Lüttich. In drei Tagen ist er dort, muß er dort sein. Das Räderwerk des Aufmarsches ist so fein abgestimmt, daß der kleinste Eingriff alles verderben muß. – Aber hier bietet sich der Friede, schreit der Kanzler. Wir können doch diesen entsetzlichen Krieg nicht gewinnen. Und jetzt will England neutral bleiben, Frankreich neutral halten. Die Entente ist gebrochen. Sieg ohne Krieg und eine neue Zeit für Deutschland! – Der Kaiser hört. Er weiß kaum noch, was die beiden reden und streiten. Aber Friede, Friede! Wieder, wie drei Tage zuvor in Potsdam, erliegt er der Suggestion des Kanzlers. Er fühlt vielleicht auch, daß er seinen Generalstabschef nach dem Namen Moltke, nicht nach der Fähigkeit und Kraft, ausgesucht hat. Der Mann kommt von Karlsbad. Mag er gesund sein? Er sieht nicht so aus. – Geht es denn wirklich nicht, kommt es aus dem Mund des Kanzlers, daß wir gegen Rußland aufmarschieren und nur dort angreifen? – Nein, Nein, Nein! – Da greift der Kaiser des Kanzlers Frage auf. Änderung des Aufmarschplanes und Offensive gegen Rußland: ist es wirklich nicht möglich? – Der Generalstabschef erblaßt. Wenn so der Kriegsherr fragt, nach den zahllosen Vorträgen, die man ihm gehalten! – Nein, Majestät, es ist nicht möglich. Der Aufmarsch muß planmäßig ablaufen. Die Masse der Truppen muß zunächst nach Westen, dann erst könnten wir sie nach dem Osten hinüberwerfen. Wenn wir vorher eingreifen, so verfügen Sie über keine Armee, sondern über einen regellosen Haufen. – Da zuckt es selbstherrlich in des Kaisers Auge, wie es so oft gezuckt hat, wenn er auf eigener Unsicherheit betroffen wurde. »Diese Antwort hätte mir Ihr Onkel nicht gegeben«, sagt er zu dem unglücklichen pflichttreuen Träger eines berühmten Namens. – In diesem Augenblick, so sagt Frau v. Moltke, brach seine Kraft. Das Vertrauen des Kaisers hatte sie ihm gegeben, das Mißtrauen in diesem Augenblick schmetterte ihn nieder. – Schließlich befiehlt der Kaiser, die Division, die auf Luxemburg marschiert, anzuhalten. Der Vormarsch auf Belgien soll unterbleiben. – Ein Adjutant geht am Generalstabschef vorbei und gibt den unmittelbaren allerhöchsten Befehl durchs Telephon. Moltke läßt es geschehen. Er weiß, daß dieser Mummenschanz nicht eine Stunde dauern kann. Er geht, aber er ist gebrochen. Auf der Straße redet ihm Falkenhayn gut zu. Vergebens. Die Wunde sitzt tief. Doch im Generalstab angekommen, weigert er sich, den kaiserlichen Befehl schriftlich zu bestätigen. Nein, meine erste Kriegshandlung soll und wird nicht der Widerruf eines gegebenen Befehles sein!

Aber Kanzler und Kaiser spielten ihre neuen Rollen bis zum Ende weiter. Waren die Franzosen nicht mit den Russen verbündet? Ach ja. Und sie hatten sich auch soeben dazu bekannt. Da blieb wohl nichts übrig, als auch den russischen Krieg rückgängig zu machen? Natürlich. Die Dinge, die Begriffe, die Welt tanzte in diesen Köpfen einen wilden Reigen. Sie erinnerten sich, daß Pourtalès schon den Befehl hatte, die Kriegserklärung zu übergeben. Nun denn, ein Telegramm an den Zaren machte die Kriegserklärung wieder gut. Es ging ab und enthielt noch einmal die Bitte, der Zar möge seine Mobilmachung widerrufen.

Es war zehn Uhr geworden. Der Kaiser ging toderschöpft zu Bett. Im Auswärtigen Amt wurden die Telegramme ausgefertigt, darunter eins vom Kaiser an König Georg. Und schon ging wirklich der Mummenschanz zu Ende. Grey kam aus seinem Ministerrat und sprach mit Lichnowsky. Die deutsche Anwort oder richtiger Nichtantwort über Belgien sei sehr, sehr zu bedauern. Lichnowsky schauderte. War nicht davon die Rede gewesen, daß England Frankreich neutral halten wolle? Dann entfiel ja doch die ganze Frage wegen Belgien! Aber Grey sprach nur von Belgien. Was Frankreich betreffe, ja, in der Tat, meinte er, ob nicht vielleicht die französischen und deutschen Truppen sich mobilisiert, aber ohne etwas gegeneinander zu unternehmen, eine Zeitlang gegenüberliegen könnten? Lichnowsky verstand, daß Grey nichts mehr von seinem Versprechen wissen wollte. Eine Stunde später war das Ganze »aufgehoben« und, wie König Georg an den Kaiser telegraphierte, ein »Mißverständnis«. Am nächsten Morgen klärte Grey Lichnowsky auf. Er hatte erfahren, daß Frankreich nicht neutral bleiben könne. – Bethmann durfte die Wahrheit, sobald sie bekannt wurde, dem Generalstab nicht verschweigen und war in den Augen der Offiziere für immer gerichtet. Ins Schloß schickte Moltke nur noch seinen Adjutanten. Der Kaiser ließ ihn ins Schlafzimmer treten. Er hörte. Er wachte kaum auf. »So tut, was ihr wollt!« –

Zu dieser Zeit war in Petersburg die letzte Szene schon gespielt. Um sechs Uhr abends begab sich Graf Pourtalès auf den bittern Gang zu Sasonow. Aus den 12 Stunden gewährter Bedenkzeit waren 18 geworden. Der Minister und der Botschafter wußten, was sich abspielen würde. Die Feierlichkeit und Furchtbarkeit der Szene ergriff, wie begreiflich, den, der aktiv dabei zu sein hatte, mehr als den anderen. Dreimal zu fragen hatte sich der Graf vorgenommen. – Wollen Sie Ihre Mobilmachung zurücknehmen? – Nein, technisch unmöglich. – Wollen Sie Ihre Mobilmachung zurücknehmen? – Nein, unmöglich. – Wollen Sie Ihre Mobilmachung zurücknehmen? – Nein! – So bin ich beauftragt, zu erklären: »Seine Majestät der Kaiser, mein erhabener Herrscher, nimmt im Namen des Reiches die Herausforderung an und betrachtet sich im Kriegszustand mit Rußland.« Pourtalès überreichte das Schriftstück. Er hatte in seiner Erregung beide Fassungen, die ihm von Berlin telegraphiert waren, stehen lassen. So konnte Rußland wählen, ob es wegen Ablehnung des Ultimatums oder wegen Verweigerung der Antwort mit Deutschland im Kriege lag. Dann war der Botschafter mit seiner Kraft am Ende. Er trat ans Fenster, brach in Tränen aus und gab, die Hände ringend, seinem Schmerz darüber Ausdruck, daß er so Petersburg verlassen müsse, während der seiner Sache so sichere und überlegene Sasonow wartete, bis er sich wiederfand und ihm mit einer Umarmung des Mitleids entließ. – Wie ihm nachher das seltsame Telegramm seines Kaisers aus der Stunde des Berliner Satyrspiels vom russischen Außenminister telephonisch vorgelesen wurde, wußte Pourtalès nicht mehr, was er denken sollte. In drei Stunden ging sein Zug. Wenn noch etwas zu sagen sei, telegraphierte er nach Berlin, so möge sich die Regierung des italienischen Botschafters bedienen, der jetzt Deutschland in Petersburg vertrete.

Auch in *Frankreich* tobte vor der Mobilmachung ein Kampf zwischen Regierung und dem Chef des Generalstabes. Vorsicht, Vorsicht wegen England! Die eigene öffentliche Meinung befand sich in einem Zustand der Erregung, der verbürgte, daß hier kein Widerstand mehr zu erwarten war. Aber diese unerträglich langsamen Engländer! Der elegante Botschafter mit dem schiefen Zylinderhut, Lord Bertie, machte soeben Mitteilung von der eiskalten Feststellung der englischen Minister, daß die ganze Sache England noch nicht angehe. Jetzt nur nichts Herausforderndes tun! Der Generalissimus aber war genau in der Lage von Moltke. Das feine Räderwerk von Vormobilmachung und Mobilmachung griff so ineinander, daß er jetzt unter allen Umständen den Ausspruch der Mobilmachung brauchte. Er erklärte, den Oberbefehl niederzulegen, wenn die Regierung sich nicht entschließe. Drei Stunden berieten die Minister. Um Mittag hatten sie sich durchgerungen. Der deutsche Botschafter sollte die uns schon bekannte Antwort bekommen, daß Frankreich nach seinen Interessen handeln wolle, und der Kriegsminister erhielt die Ermächtigung zum Ausspruch der Mobilmachung. Die Wirkung würde, hoffte man, nicht gar so schlimm sein. Man hatte ein Mittel gefunden, um England zu beruhigen. Mobilmachen, wollte man sagen, lasse sich wegen der deutschen Drohung nicht vermeiden. Aber Frankreich beweise, daß seine Mobilmachung nur eine Gebärde des Friedens sei, indem es seine Truppen 10 km hinter der Grenze zurückhalte. Der Generalstabschef hatte diese Erklärung unbedenklich gefunden. Er rechnete damit, daß die Deutschen vorgingen. In England machte die Erklärung den gewünschten guten Eindruck. Die englischen Minister entschlossen sich, die französische Atlantikküste gegen deutsche Angriffe zur See zu schützen. Jetzt jubelte Paul Cambon. Halb könne eine Großmacht mit einer anderen nicht Krieg führen, rief er aus. Das sei der englischdeutsche Krieg. Er hatte recht. Dem deutschen Botschafter sagte der englische Ministerpräsident ganz harmlos, da Frankreich doch im Vertrauen auf England vor zwei Jahren alle seine Schiffe ins Mittelmeer geschickt habe, sei es eine englische Ehrenpflicht, jetzt die französische Küste zu schützen. Crowe, Nicolson und Grey hatten von Anfang an gewußt, daß sie tun müßten, was Rußland und Frankreich wollten. Nun war es offenbar. Doch noch nicht dem Lande. Denn was man beschlossen hatte, hieß ja noch nicht Krieg. Der englische Charakter wurde von Englands Ministern so gut, so richtig behandelt, wie kein Meister der Bühne es ausdenken könnte. Nur keine brutale Wahrheit! Nur etwas Verabscheuungswertes wie den Krieg nicht wollen, sondern müssen! – Der französische Kriegsminister wollte trotz der Ermächtigung den Befehl noch zurückhalten. Er wollte warten, bis die deutsche Mobilmachung heraus wäre. Man blieb dann doch dem Land gegenüber, dem man von Überfall sprach, bei der Wahrheit. Aber der Generalissimus kam und riß ihm den Befehl aus der Hand. So wurde die Mobilmachung in Frankreich eine Stunde früher ausgesprochen als in Deutschland. Kurz darauf kam wieder eines der englischen Friedensrezepte in seine Hand. Nein, erwiderte er kurz, nun sei es vorbei, der Mechanismus entblockt. Es war am Samstag, den 1. August.

Endlich schlug auch für *Grey* die Stunde der Erlösung aus einer Hölle von Geduldsprobe. Der deutsche Gesandte in Brüssel bekam am Sonntag den Befehl, das geheime Kuvert zu öffnen. Es enthielt die Mitteilung an die belgische Regierung, daß die deutsche die Gewißheit habe, der französische Generalstab beabsichtige, in Belgien einzumarschieren. Deutschland könne das nicht dulden. Das deutsche Heer wolle uns, müsse den Weg durch Belgien nehmen. Die deutsche Regierung erwarte, daß das Königreich diesen Durchmarsch gestatte. Dann werde sich die Freundschaft der beiden Mächte um so enger schließen. Nach Kriegsende solle Belgien nicht nur seine Staatshoheit ungeschmälert zurückerhalten, sondern könne vielleicht auch noch auf Kosten Frankreichs mit Gebiet entschädigt werden. Würde aber Belgien wider Erwarten einen anderen Entschluß fassen und Widerstand leisten, so müßte das als feindliche Handlung betrachtet, der Durchmarsch erzwungen und jede Bürgschaft für die Zukunft des Landes abgelehnt werden. Die belgische Regierung war auf diese Eröffnung seit vielen Jahren vorbereitet. England und Frankreich besaßen ihr Versprechen, daß sie die Neutralität des Landes bis zum Äußersten verteidigen würde. König Albert von Belgien telegraphierte voll moralischer Empörung an Kaiser Wilhelm und sandte einen SOS-Ruf an König Georg von England. Nun war für Grey der Augenblick da, die Angel hochzureißen. Er fragte schnell noch in Brüssel, ob die Deutschen nicht etwa schon die Grenze verletzt hätten, man möge ihm dergleichen raschestens melden. Damit freilich konnte er seinen Angelstock nicht schmücken. Aber er bekam von seinen Gegnern im Parlament, den Konservativen, die Aufforderung, England jetzt in den Krieg zu führen. Die Deutschen hatten mobilgemacht, die Deutschen bedrohten das neutrale Belgien. Die Stichworte genügten. Im Hause der Gemeinen, am Montag, den 3. August, riß Grey die Angel hoch. Die Stimmung in England war jetzt so echt und so einheitlich wie die in Deutschland unter dem Eindruck der russischen Mobilmachung. Grey konnte seinen Schriftwechsel mit dem französischen Botschafter von 1912, konnte die gemeinsamen militärischen Vorbereitungen der beiden Länder wie etwas Selbstverständliches bekennen. Alles erschien gerechtfertigt, nichts als Pflicht und weise Vorsicht. Er kündigte an, daß England die Neutralität des bedrohten Belgien verteidigen, daß England für den Vertrag, den vor bald hundert Jahren ein preußischer König geschlossen hatte und jetzt ein anderer brechen wollte, fechten werde bis zum letzten. Das ganze Haus jubelte Beifall. Grey hatte den schwersten aller Feldzüge zur Gewinnung der öffentlichen Meinung zu führen gehabt. Auch er konnte aufatmen. Er hatte ihn gewonnen.

An diesem dritten August leerte Deutschland den bitteren Kelch des Angreifenmüssens bis auf den Grund. Man mußte Frankreich, damit Belgiens wegen auch nach dieser Seite Kriegszustand geschaffen wurde, den Krieg erklären. Das Unglück wollte, daß eine Meldung der Kriegsphantasie – Französische Flieger über der Bahn bei Nürnberg! – in das Schriftstück hineingenommen wurde und die deutsche Kriegserklärung nun nicht nur der Empörung, sondern auch dem Spott und der Verachtung der Welt aussetzte.

Am Tag darauf erschien der englische Botschafter Goschen zweimal im Auswärtigen Amt, um erst dringend, dann ultimativ die Zurücknahme der Drohung gegen Belgien zu fordern. Am vierten August, nachts um zwölf Uhr, lief die Frist ab. Herr v. Jagow konnte nichts weiter tun, als die deutsche Zwangslage, die allein durch das Vorgehen Rußlands entstanden sei, wieder und wieder schildern. Der Einmarsch in Belgien müsse stattfinden, er finde zurzeit schon statt. Englischer Rechtssinn müsse das begreifen. – Was nützten die Reden? Gegen deutsche Not stand englisches Interesse. Die Russen hatten den Österreichern nicht geglaubt, daß Serbien nach dem Krieg noch so unabhängig sein würde wie zuvor. Die Engländer glaubten den Deutschen nicht die Wiederherstellung Belgiens. Und wenn sie sie geglaubt hätten! Und wenn Deutschland Belgien nicht betreten hätte! Frankreich durfte nicht fallen. Denn fiel es, dann gab es keine Grenze mehr für deutsche Macht und Übermacht! Aber Belgien lieferte den unantastbaren, formellen Rechtsgrund.

Die goldene Waage der Zeit ruhte in gleichen Schalen zwischen dem vierten und fünften August 1914. Eine Minute später befand sich England mit Deutschland im Krieg!

Henri Barbusse (geb. 1873 in Asnières-sur-Seine bei Paris; gest. 1935 in Moskau) war ein französischer Schriftsteller. Noch vor Ernst Jünger war Barbusse der eigentliche Schöpfer des Weltkriegs- oder Frontromans, der insbesondere während der Weimarer Republik ein nahezu eigenständiges Genre prägte.

Nach seinem Studium der französischen Literatur arbeitete Barbusse u.a. im Pressedienst des französischen Innenministeriums, als Verlagsangestellter, freier Journalist und verkehrte in Pariser Literaturkreisen.

Mit 41 Jahren meldete er sich 1914 als Kriegsfreiwilliger. Auf eigenen Wunsch hin wurde Barbusse schon bald in ein Linienregiment an der Front versetzt, mit dem er unter anderem bei Crouy und an der Artois-Front an schweren Kampfhandlungen teilnahm. In der Phase des Übergangs vom Bewegungs- zum Stellungskrieg erlebte Barbusse ein knappes Jahr lang das Töten, Sterben, Hungern, Frieren und Ausharren in der grausamen Welt der Schützengräben.

Nachdem er aus dem Militärdienst ausgeschieden war, veröffentlichte Barbusse 1916 sein Kriegstagebuch »Le feu«. 1918 erschien in der Schweiz die erste deutschsprachige Ausgabe unter dem Titel »Das Feuer. Tagebuch einer Korporalschaft« im Max Rascher Verlag. Das Buch wurde ein Welterfolg und erfuhr Auflagen in über 60 Sprachen. In Frankreich wurde Barbusse für »Le feu« noch während des Ersten Weltkrieges trotz seiner inzwischen kriegskritischen Haltung mit dem »Prix Goncourt« ausgezeichnet.

Durch das Erlebnis des Krieges wurde der Soldat und Schriftsteller Barbusse zum Pazifisten. Er engagierte sich unter anderem in der sozialistischen »Internationale der Ehemaliger Frontkämpfer (IAC)« und vertrat dabei zunehmend marxistische Positionen. 1923 wurde er Mitglied der französischen KP. Insbesondere seine antimilitaristische Haltung brachte ihm die Feindschaft der französischen Nationalisten ein. Als Grund für die Verfemung seines Werkes durch die Nationalsozialisten kam hinzu, dass es sich um die Darstellung eines Franzosen handelte.

In Barbusses Betrachtungen von den Schlachtfeldern des Ersten Weltkrieges, wovon im Folgenden Ausschnitte aus den Kapiteln 2, 23 und 24 zu lesen sind, wird die Unmittelbarkeit des Kampfes im Schützengraben spürbar – und dies nicht als heroische Überhöhung, sondern im Gegenteil als Erniedrigung des Menschen. Wer als Soldat verwundet im Schlamm eines Granattrichters liegt und wimmert, empfindet dabei sicherlich nichts Romantisches, sondern fühlt sich bald nur noch wie ein Bestandteil des zerfurchten Erdbodens, in den er sich eingräbt und verendet. »Hier und da eine längliche Erhebung – denn irgendwann nimmt die Erde die unbestatteten Toten sowieso in sich auf – nur ein Stück Stoff lugt hervor und zeugt davon, daß auf diesem Fleckchen Erde ein Mensch zugrunde gegangen ist«, beschreibt Henri Barbusse eine der Situationen, in der es keine Rolle mehr spielt, ob man im Krieg als Franzose, Engländer oder Deutscher gestorben ist. ■

Henri Barbusse
Das Feuer. Tagebuch einer Korporalschaft

Dem Gedächtnis der Kameraden, die an meiner Seite bei Crouy und auf der Höhe 119 gefallen sind. H. B.
[Motto des Buches]

2. In der Erde

Donner füllt den hohen, bleichen Himmel; jeder Einschlag, der einem der roten Blitze folgt, läßt dort, wo es noch dunkel ist, einen Feuerschein erkennen und eine Wolke, wo es tagt.

Hoch oben, ganz hoch und fern, hört man den Flug grausamer, unsichtbarer Vögel, die mit lautem, stoßweisem Brausen aufsteigen, die Erde zu betrachten.

Die Erde! Allmählich taucht diese Wüste, riesig und naß, aus dem grenzenlosen, bedrückenden Grau der Dämmerung. Pfützen und Trichter, deren Oberfläche in dem scharfen Morgenwind zittert; die Spuren, von marschierenden Truppen und Wagenzügen bei Nacht in die unfruchtbaren Felder gefurcht, ziehen sich wie Geleise hin und glänzen im fahlen Licht wie Stahlschienen; Schutthaufen sind da, in denen hier und dort zersplitterte Pfähle stecken, zerfetzte spanische Reiter liegen und Haufen von Draht, noch aufgerollt oder in wirren Bündeln. Wegen der Schlammbänke und der Wasserlachen könnte man meinen, ein riesengroßes, hier und dort überschwemmtes graues Tuch liege auf dem Meer. Es regnet nicht, aber alles trieft vor Nässe wie nach einem Wolkenbruch; sogar das Licht scheint sich in Tropfen aufgelöst zu haben.

In langen Gräben, netzartig angelegt, kauern die letzten Schatten der Nacht: der Schützengraben. Aus seinem glitschigen Grund löst sich bei jedem

Schritt zischend der Fuß, vor den Unterständen stinkt es vom Urin der Nacht. Aus den Erdlöchern schlägt einem, wenn man sich im Vorbeigehn darüberbeugt, fauliger Brodem entgegen.

Ich sehe aus den Seitenstollen Schatten auftauchen, die sich hin und her bewegen, riesige, unförmige Massen wie knurrende, tappende Bären. Das sind wir.

Wir sind eingemummt wie die Bewohner der Arktis. Wollzeug, Decken und Säcke hüllen uns ein, stehen von uns ab und blähen uns seltsam auf. Einige strecken sich, laut gähnend. Gerötete oder bleigraue Gesichter mit Schmutzstreifen wie Schmarren, trübe Augen, flackernd wie Irrlichter, die Lider verklebt; mit verwilderten Bärten oder Stoppeln am Kinn.

Tak! Tak! Bum! Gewehrschüsse, Artilleriefeuer. Über uns, überall peitscht es, dröhnt es, in Salven oder vereinzelten Schüssen. Dieses niederdrückende, flammende Gewitter hört nie auf, nie. Seit mehr als fünfzehn Monaten, seit fünfhundert Tagen liegt auf diesem Flecken Erde, wo wir sind, Gewehrfeuer und Artilleriebeschuß, vom Morgen bis zum Abend und vom Abend bis zum Morgen. Man hockt in der Erde, unter einem ewigen Schlachtfeld; aber wir achten so wenig darauf wie damals, in der fast märchenhaften Vergangenheit, auf das Ticken der Uhren in unseren Stuben, das wir nur noch wahrnahmen, wenn wir darauf lauschten.

[…]

23. Dienst

Wir stürzten und wälzten uns in den flachen überschwemmten Graben, den wir geschaufelt hatten. Wir preßten uns hinein, vergruben uns, tauchten ins Wasser und hielten die Spatenblätter über die Köpfe. Rechts, links, vorn, hinten krepierten die Granaten so nahe, daß uns jede Detonation gegeneinanderwarf und in der lehmigen Rinne durchrüttelte: Bald war es eine ununterbrochene Erschütterung; der Leib dieser düsteren Gosse bebte, in dem, in Rauchschwaden gehüllt, eine Menschenmenge lag und über ihr, vom aufblitzenden Licht beleuchtet, breiteten sich wie Schuppen die Spatenblätter. Sprengstücke und Splitter schwirrten von allen Seiten in lärmendem Durcheinander über das grell beschienene Feld. Schon in der ersten Sekunde dachten alle, was einige stammelnd aussprachen, das Gesicht an den Boden gepreßt: Diesmal sind wir im Eimer!

Dicht vor mir erhob sich einer und rief: »Bloß weg!«

Liegende Leiber befreiten sich halb aus dem Leichentuch des Schlamms, der in Klumpen von ihren Gliedern fiel und in triefenden Fetzen zu Boden floß, und diese schaurigen Gespenster schrien: »Fort, fort!«

Auf den Knien, auf allen vieren drängten sie nach einem schützenden Ort.

»Los! Macht doch! Los!«

Aber die lange Reihe kam nicht in Bewegung. Der rasende Jammer der Schreienden brachte sie nicht von der Stelle. Die am äußersten Ende rührten sich nicht und sperrten den andern den Weg.

Verwundete krochen über die Liegenden wie über Trümmer, und sie bespritzten die ganze Kompanie mit ihrem Blut.

Endlich erfuhren wir den Grund der irrsinnigen Unbeweglichkeit am Ende der Abteilung: »Dort liegt Sperrfeuer.«

Eine seltsame, gefesselte Panik mit wilden Schreien und starren Gebärden kam über die Leute, die dort lagen. Sie schlugen auf ihrem Platz um sich und schrien. Sowenig Schutz der flache Graben auch bot, niemand getraute sich aus der Vertiefung heraus, die uns hinderte, über die ebene Fläche vor dem Tod zu fliehen zu dem Quergraben hin, der dort irgendwo liegen mußte ... Die Verwundeten, die über die andern hinwegkriechen durften, wagten viel dabei; immer wieder wurde einer getroffen und brach zusammen.

Ein flammender Hagelschlag war über uns hereingebrochen und mischte sich in den Regen. In das übernatürliche Tosen geschleudert, bebten wir am ganzen Körper. Der häßlichste Tod stieg hernieder, hüpfte um uns herum und tauchte in Fluten von Licht. Seine Anwesenheit lenkte und zerrte die Aufmerksamkeit nach allen Seiten. Das Fleisch erwartete gefaßt das fürchterliche Opfer ...! Die Erregung, die uns niederzwang, war so stark, daß wir uns jetzt erst erinnerten, schon mehrmals dasselbe empfunden und diesen Geschoßregen mit seinem brüllenden Feuerbrand und seinem Gestank ertragen zu haben. Nur wenn man im Feuer liegt, kommt einem wirklich zum Bewußtsein, was man schon ertragen hat.

Unablässig krochen neue Verwundete vorüber und flohen trotz allem; sie jagten uns Angst ein, und wen sie berührten, der seufzte, weil er nur eins dachte: Hier kommen wir nicht heraus, keiner kommt hier heraus.

Plötzlich war ein wenig freier Raum in dieser Anhäufung von Menschen. Wir drängten rückwärts, machten uns davon.

Zuerst krochen, dann rannten wir, duckten uns in den Schlamm und ins Wasser, in dem sich Blitze oder ihr purpurner Widerschein spiegelten; wir strauchelten und stürzten über die Unebenheiten des Geländes, die das Wasser verdeckte, und glichen schweren, peitschenden, niederfallenden Geschossen, die von den niederzuckenden Blitzen dicht am Boden umhergejagt wurden.

Wir erreichten den Anfang des Laufgrabens, den wir auszuheben begonnen hatten.

Da ist kein Schützengraben mehr. Nichts ist da.

Tatsächlich, in der Ebene, in der wir zu schanzen begonnen hatten, fand das Auge keinen Schutz. Wir sahen die Ebene, eine riesige, wilde Wüste, auch dann nur, wenn die Leuchtkugeln mit stürmischem Flügelschlag darüberflogen. Der Schützengraben konnte nicht weit sein, denn wir waren in ihm hergekommen. Aber in welche Richtung sollten wir uns wenden, um ihn zu finden?

Der Regen fiel stärker. Einen Augenblick standen wir unschlüssig, grausig enttäuscht, am Rand des beschossenen, unbekannten Geländes; dann liefen wir auseinander. Die einen wandten sich nach links, die andern nach rechts, wieder andere liefen nach vorn und wurden schnell winzig klein und waren nur einen Augenblick noch in dem tosenden Regen zu sehen; flammende Rauchschleier und niederbrechende dunkle Fluten trennten sie voneinander …

Der Artilleriebeschuß über uns ließ nach. Er klang nur stärker von dort, wo wir vorher gelegen hatten. Aber von Sekunde zu Sekunde konnte er uns jeden Ausweg versperren und alles zermalmen.

Der Regen wurde immer wolkenbruchartiger; eine nächtliche Sintflut. Jetzt war es so finster geworden, daß die Leuchtkugeln nur bewölkte Ausschnitte und Wasserstreifen erhellten, zwischen denen wir ziellos hin und her liefen.

Ich weiß nicht mehr, wie lange ich mit der Gruppe, der ich mich angeschlossen hatte, umhergeirrt bin. Wir haben in wassergefüllten Granattrichtern gelegen. Unsere Blicke eilten uns voraus und tasteten das Gelände nach der Böschung, nach dem rettenden Graben ab, nach dem Schützengraben, der irgendwo in der Finsternis wie ein rettender Hafen liegen mußte.

Endlich erhob sich ein Schrei der Erlösung über das Toben des Krieges und der Elemente: »Ein Schützengraben!«

Aber die Böschung des Grabens schien lebendig. Menschen bewegten sich dort in wildem Durcheinander, befreiten sich und verließen den Graben.

»Bleibt ja nicht hier, Kameraden!« schrien die Fliehenden, »kommt nicht her, haut ab! Es ist grauenhaft! Alles stürzt ein. Die Schützengräben verrecken, die Unterstände ersaufen. Der Schlamm fließt überall rein. Morgen ist nichts mehr da. Hier wird es bald keine Schützengräben mehr geben!«

Wir machen uns davon. Wohin? Wir hatten vergessen, nach einem Weg zu fragen, und die triefendnassen Männer waren von der Finsternis ebenso schnell verschlungen worden, wie sie aufgetaucht waren.

Auch unsere kleine Gruppe verlor sich in dieser Verwüstung. Niemand wußte, mit wem er noch zusammen war. Jeder blieb auf sich selbst angewiesen: Bald stolperte der eine, bald taumelte der andere in die Nacht hinein und verschwand, irgendeiner rettenden Möglichkeit entgegenhastend.

Es ging Abhänge hinauf und hinunter. Ich sah vor mir gebückte, gekrümmte Menschen einen glitschigen Hang emporklettern, auf dem der Schlamm sie zurückzog, von dem sie Wind und Regen unter einer Kuppel fahler Blitze forttrieben.

Dann wieder taumelten wir in Morast und sanken bis zu den Knien ein. Wir hoben beim Gehen die Füße mit einem Geräusch wie beim Schwimmen. Wir schleppten uns mit letzter Anspannung vorwärts, und mit jedem Schritt ließ die Kraft beängstigend nach.

Jetzt glaubten wir, daß der Tod gekommen sei; aber da erreichten wir eine Lehmaufschüttung, die einen Sumpf durchschnitt. Wir gingen auf dem schmierigen Rücken des schmalen Eilands weiter, und ich erinnere mich, daß wir uns einmal, um von diesem aufgeweichten, gewundenen Pfad nicht abzurutschen, bückten und an Leichen festhalten mußten, die dort halb eingesunken lagen. Meine Hand fühlte Schultern, knochige Rücken, ein Gesicht, kalt wie ein Helm, und eine Pfeife, die ein Mund noch immer verzweifelt festhielt.

Als wird dort herunter waren und ratlos um uns blickten, hörten wir in unserer Nähe Stimmen.

»Stimmen! Hört ihr? Stimmen!«

Sie erschienen uns so vertraut, als ob sie uns beim Namen riefen. Wir gingen auf dieses brüderliche Menschengemurmel zu.

Die Worte klangen deutlicher; sie kamen ganz aus der Nähe, von dem Hügel dort, der uns eine Oase schien, und doch vermochten wir sie nicht zu verstehen. Die Laute vermengten sich und blieben unverständlich.

»Was sagen sie?« fragte einer von uns in überraschtem, seltsamem Ton.

Instinktiv blieben wir stehen, suchten nicht mehr nach einem Weg dorthin.

Ein Zweifel, ein würgender Gedanke packte uns. Dann vernahmen wir deutlich und klar auf deutsch: »Achtung! Zweites Geschütz Feuer!«

Weiter hinten beantwortete ein Abschuß diesen telephonisch gegebenen Befehl.

Bestürzt und erschrocken blieben wir wie angewurzelt stehen.

»Wo sind wir? Herrgott noch mal! Wo sind wir?«

Wir machten kehrt, trotz allem ganz langsam; wir flohen völlig erschöpft und enttäuscht; ermattet wie von vielen Wunden, und der Feind zog uns an ... Aber wir hatten gerade noch so viel Kraft, den süßen Gedanken, uns töten zu lassen, zurückzuweisen.

Wir erreichten irgendeine weite Ebene. Dort blieben wir stehen und warfen uns auf den Boden, am Fuß eines Erdhügels, und lehnten uns daran, unfähig, auch nur noch einen Schritt zu gehen.

Wir waren kaum noch Menschen, meine Kameraden und ich, und rührten uns nicht mehr.

Der Regen wusch uns das Gesicht, er rann uns den Rücken, die Brust herunter, drang durch den Stoff an die Knie und lief in die Stiefel.

Bei Tagesanbruch würden wir vielleicht tot oder gefangen sein. Aber wir waren nicht mehr fähig, uns zu rühren, zu denken.

24. Morgendämmerung

Dort, wo wir uns hingeworfen haben, erwarten wir den Tag. Er kommt langsam, eisig und düster und ergießt sich über die bleifarbene Ebene.

Es regnet nicht mehr. Die Wolken haben sich erschöpft. Die grau glänzende Ebene mit ihren trüben Wasserflächen scheint nicht nur aus der Nacht, sondern auch aus dem Meer aufzutauchen.

Halb betäubt und verschlafen öffnen wir hin und wieder die Augen, um sie sofort zu schließen; wir sind wie gelähmt, zerschlagen und steif. Wir erleben das Unglaubliche, die Wiedergeburt des Lichtes.

Wo sind die Schützengräben? Man sieht Seen und zwischen den Seen unbewegte milchige Wasserläufe.

Solche Wassermengen hatten wir nicht erwartet. Das Wasser ist Herr über alles, hat sich überallhin ausgebreitet, und die Prophezeiung der Männer in dieser Nacht ist in Erfüllung gegangen: Es gibt keine Schützengräben mehr, sie sind dort in den Kanälen versunken. Die Überschwemmung ist allgemein. Das Schlachtfeld schläft nicht, es ist tot. Möglicherweise gibt es irgendwo dort hinten noch Leben, aber so weit können wir nicht sehen. Mühsam, wie ein Kranker schwankend, richte ich mich halb auf, um mich umzublicken. Mein Mantel erdrückt mich durch seine Last. Neben mir liegen drei unförmige Gestalten. Die eine ist Paradis; ein unglaublicher Dreckpanzer umgibt ihn, und an seinem Koppel ist dort, wo sonst die Patronentaschen sitzen, eine Geschwulst. Er richtet sich auch auf. Die andern schlafen und liegen regungslos.

Was bedeutet diese Stille, diese gewaltige Stille? Kein Geräusch; nur dann und wann klatscht in dieser gespenstisch gelähmten Welt eine Erdscholle ins Wasser. Kein Schuß fällt mehr … Granaten würden auch nicht krepieren. Keine Kugeln, weil die Menschen …

Die Menschen, wo sind die Menschen?

Allmählich erkenne ich sie. Nicht weit von uns liegen einige und schlafen, vom Kopf bis zu den Füßen mit Schlamm bedeckt; sie sind beinahe zu Dingen geworden.

Weiter entfernt sehe ich andere, zusammengesunken und wie Schnecken an einer Böschung kleben, die das Wasser halb aufgesogen hat. Eine unbewegliche Reihe geschwollener Klumpen, nebeneinanderliegender Packen, von Wasser und Schlamm triefend, von der Farbe des Bodens, dem sie zugehören.

Ich mache eine Anstrengung, um das Schweigen zu unterbrechen; ich frage Paradis, der auch dorthin blickt: »Sind sie tot?«

»Das werden wir gleich sehen«, sagt er leise. »Bleiben wir noch einen Augenblick hier. Dann werden wir die Kraft finden hinzugehen.«

Wir blicken uns an und schauen dann auf die, die mit uns hier niedergesunken sind. Die Gesichter sehen so erschöpft aus, daß es keine Gesichter mehr sind; da ist nur etwas Verschmutztes, Ausgelöschtes, Zerschundenes, und im Kopf haben wir nur noch entzündete Flecke. Wir haben seit Kriegsbeginn nach allem möglichen ausgesehen – und dennoch, diesmal erkennen wir uns nicht mehr.

Paradis wendet den Kopf, starrt in eine andere Richtung. Plötzlich sehe ich, daß er zu zittern beginnt. Er streckt seinen starken, schmutzbedeckten Arm aus: »Dort … dort …«, sagt er.

Auf dem Wasser, das in einem besonders zerrissenen und zerklüfteten Abschnitt aus einem Schützengraben überfließt, ragen Klumpen wie runde Felsriffe.

Wir schleppen uns hin. Es sind Ertrunkene.

Ihre Köpfe und Arme hängen im Wasser. Die Rücken mit dem Lederzeug schimmern über der Oberfläche der kalkigen Flüssigkeit; ihre Waffenröcke aus blauem Tuch sind aufgebläht, die Füße hängen verdreht an den unförmig geschwollenen Beinen wie die schwarzen, riesigen Papiermachéfüße, die an den ballonartigen Beinen aufgeblasener Gummipuppen stecken.

Wie Seegras ragen auf einem Schädel unter Wasser die Haare empor. Dort ist ein Gesicht aufgetaucht: Der Kopf hat sich am Ufer verfangen, der Rumpf verschwindet in dem undurchsichtigen Grab. Das Gesicht ist zum Himmel gewandt. Die Augen sind zwei weiße Löcher, der Mund ein schwarzes. Die gelbe, aufgedunsene Haut dieser Maske ist weich und gefältet wie erkalteter Teig.

Das sind die Posten. Sie haben sich vor dem Schlamm nicht retten können. Die steile Grabenböschung war schlüpfrig, das Wasser darin stieg, langsam und unheilvoll, und trotz aller Bemühungen herauszukommen, zog es sie immer tiefer hinab. Sie sind gestorben, eingekrallt in die Erde, die ihnen entglitt.

Dort liegen unsere vordersten Gräben und auch die der Deutschen, beide gleich still, beide unter Wasser.

Wir gehen bis zu diesen aufgeweichten Resten über ein Gelände, das gestern noch eine Zone des Schreckens war, durch den fürchterlichen Raum, an dessen Beginn der unerhörte Schwung unseres letzten Angriffs erstarb – wo seit anderthalb Jahren die Kugeln und Granaten beinahe pausenlos die Luft durchschnitten hatten und wo in diesen Tagen von beiden Seiten ein schräger Platzregen wütend die Erde peitschte, von einem Horizont zum andern.

Jetzt herrscht auf dem Feld eine übernatürliche Ruhe. Überall liegen Gestalten, sie schlafen oder bewegen sich leise, heben einen Arm, heben den Kopf, erwachen wieder zum Leben oder gehen dem Tod entgegen.

Der feindliche Graben ist vollends zusammengestürzt und bildet zwischen Erdhügeln und versumpften, schlammigen Trichtern eine Linie von Lachen und Wasserlöchern. Hier und dort bewegen sich seine Ufer, zerbröckeln, überhängende Ränder brechen ab. An einer Stelle können wir hineinsehen.

In diesem gespenstischen Schlammbezirk erblicken wir keine Leichen. Aber dort, schrecklicher als ein Toter, ragt starr, verlassen, nackt und bleich wie das Kreidegestein ein Arm aus einem Loch, das durch das Wasser undeutlich in der Grabenwand zu erkennen ist. Der Mann wurde in seinem Unterstand ersäuft und fand nur noch Zeit, seinen Arm herauszustrecken.

In unserer Nähe sehen wir Erdanhäufungen, die auf den Überbleibseln der Böschung dieses untergegangenen Grabens nebeneinander liegen, es sind menschliche Wesen. Sind sie tot? Wir wissen es nicht. Auf jeden Fall liegen sie dort.

Sind es Deutsche oder Franzosen? Wir wissen es nicht.

Einer von ihnen hat die Augen geöffnet und blickt uns kopfschüttelnd an. Wir fragen ihn: »Franzose?« Dann: »Deutscher?«

Er antwortet nicht, schließt die Augen und fällt in einen todesähnlichen Schlaf. Wir haben nie erfahren, wer es war.

Erich Maria Remarque (eigentlich Erich Paul Remark; geb. 1898 in Osnabrück; gest. 1970 in Locarno/Schweiz) schilderte das Kriegserlebnis an der Westfront aus der Sicht eines deutschen Soldaten und wurde dafür nicht nur von den Nationalsozialisten, sondern auch von bürgerlich konservativen Kreisen heftig angefeindet. »Gegen literarischen Verrat am Soldaten des Weltkrieges. Für die Erziehung des Volkes im Geist der Wehrhaftigkeit. Ich übergebe dem Feuer die Schriften des Erich Maria Remarque«, so der siebente an den Scheiterhaufen des 10. Mai 1933 ausgerufene Feuerspruch.

Gegenstand der Anfeindung war Remarques 1928 zunächst als Vorabdruck in der »Vossischen Zeitung«, dann 1929 als Buch erschienener Roman »Im Westen nichts Neues«, der ähnlich wie Barbusses »Das Feuer« in kurzer Zeit zum Weltbestseller avancierte und 1930 in Hollywood verfilmt wurde.

Der Roman handelt vom jungen Soldaten Peter Bäumer, der sich 1914 quasi von der Schulbank als Kriegsfreiwilliger meldet und nach einer demütigenden Rekrutenausbildung das Grauen des Stellungskrieges an der Westfront erleben muss. Remarque kommt in seinem Buch zu der ernüchternden Bilanz, dass auf den Schlachtfeldern in den Jahren 1914 bis 1918 eine junge Generation physisch geopfert und seelisch zerstört wurde – und das für einen Krieg, der dieses Opfer nicht wert war und für ein Land, in dem die von der Front zurückgekehrten, traumatisierten Soldaten sich nach 1918 nicht mehr zurecht fanden.

Große Teile des während der Weimarer Republik nach wie vor kaisertreu gesinnten Bürgertums und insbesondere die Nationalsozialisten empfanden Remarques »Im Westen nichts Neues« als Provokation. Ihrer Sichtweise im Sinne der »Erziehung zur Wehrhaftigkeit« entsprachen eher solche Frontromane bzw. Erlebnisberichte wie »In Stahlgewittern« von Ernst Jünger oder »Sperrfeuer um Deutschland« und »Gruppe Bosemüller« von Werner Beumelburg, worin das Kriegserlebnis ritterlich oder männlich stilisiert und die gefallenen Frontsoldaten heroisiert wurden.

Nach Erscheinen von »Im Westen nichts Neues« wurde oft über Remarque behauptet, dass er gar kein Frontsoldat gewesen sei und seinem Buch folglich die Authentizität der Darstellung wie bei Ernst Jünger fehle. Abgesehen davon, dass eine solche

Authentizität sicherlich kein geeignetes Kriterium für die Bewertung eines Romans ist, wurde dabei bewusst verschwiegen, dass Erich Maria Remarque 1917 als junger deutscher Soldat von neunzehn Jahren an der Flandernschlacht teilnahm und er dabei schwer verwundet wurde. Neben seinen persönlichen Erlebnissen verarbeitete er in seinem Roman auch viele Erzählungen, die er aus Gesprächen mit anderen Soldaten an der Front und im Lazarett in Erinnerung behalten hatte.

Auch um den ständigen Anfeindungen zu entgehen, zog Remarque bereits 1932 in die Schweiz. Nachdem die Nationalsozialisten ihm die deutsche Staatsbürgerschaft entzogen hatten, emigrierte er 1939 in die USA, deren Staatsbürgerschaft er später annahm. Mit Ausnahme seines 1946 erschienen Romans »Arc de Triomphe« konnte Remarque nach 1933 nicht mehr an den Erfolg seines Romans »Im Westen nichts Neues« anknüpfen, der bis heute zu den bedeutendsten Antikriegsbüchern zählt.

Die folgende Passage handelt von der schrecklichen Angst und dem inneren Ekel, den viele Soldaten nicht nur davor empfinden, selbst getötet zu werden, sondern auch davor, einen Menschen sterben zu sehen, den man selbst getötet hat. ■

Erich Maria Remarque
Im Westen nichts Neues

Dieses Buch soll weder eine Anklage noch ein Bekenntnis sein.
Es soll nur den Versuch machen, über eine Generation
zu berichten, die vom Kriege zerstört wurde –
auch wenn sie seinen Granaten entkam.
[Motto des Buches]

Es soll eine Patrouille ausgeschickt werden, um festzustellen, wie weit die feindliche Stellung noch besetzt ist. Ich habe wegen meines Urlaubs irgendein sonderbares Gefühl den andern gegenüber und melde mich deshalb mit. Wir verabreden den Plan, schleichen durch den Draht und trennen uns dann, um einzeln vorzukriechen. Nach einer Weile finde ich einen flachen Trichter, in den ich mich hineingleiten lasse. Von hier luge ich aus.

Das Gelände hat mittleres Maschinengewehrfeuer. Es wird von allen Seiten bestrichen, nicht sehr stark, aber immerhin genügend, um die Knochen nicht allzu hoch zu nehmen.

Ein Leuchtschirm entfaltet sich. Das Terrain liegt erstarrt im fahlen Lichte da. Um so schwärzer schlägt hinterher die Dunkelheit wieder darüber zusammen.

Im Graben haben sie vorhin erzählt, es wären Schwarze vor uns. Das ist unangenehm, man kann sie schlecht sehen, außerdem sind sie als Patrouillen sehr geschickt. Sonderbarerweise sind sie oft ebenso unvernünftig; – sowohl Kat als auch Kropp haben einmal auf Patrouille eine schwarze Gegenpatrouille erschossen, weil die Leute in ihrer Gier nach Zigaretten unterwegs rauchten. Kat und Albert brauchen nur die glimmenden Zigarettenköpfe als Ziel zu visieren.

Neben mir zischt eine kleine Granate ein. Ich habe sie nicht kommen gehört und erschrecke heftig. Im gleichen Augenblick faßt mich eine sinnlose Angst. Ich bin hier allein und fast hilflos im Dunkeln – vielleicht beobachten mich längst aus einem Trichter hervor zwei andere Augen, und eine Handgranate liegt wurffertig bereit, mich zu zerreißen. Ich versuche mich aufzuraffen. Es ist nicht meine erste Patrouille und auch keine besonders gefährliche. Aber es ist meine erste nach dem Urlaub, und außerdem ist das Gelände mir noch ziemlich fremd.

Ich mache mir klar, daß meine Aufregung Unsinn ist, daß im Dunkel wahrscheinlich gar nichts lauert, weil sonst nicht so flach geschossen würde.

Es ist vergeblich. In wirrem Durcheinander summen mir die Gedanken im Schädel – ich höre die warnende Stimme meiner Mutter, ich sehe die Russen mit den wehenden Bärten am Gitter lehnen, ich habe die helle, wunderbare Vorstellung einer Kantine mit Sesseln, eines Kinos in Valenciennes, ich sehe quälend, scheußlich in meiner Einbildung eine graue, gefühllose Gewehrmündung, die lauernd lautlos mitgeht, wie ich auch den Kopf zu wenden versuche: mir bricht der Schweiß aus allen Poren.

Immer noch liege ich in meiner Mulde. Ich sehe auf die Uhr; es sind erst wenige Minuten vergangen. Meine Stirn ist naß, meine Augenhöhlen sind feucht, die Hände zittern, und ich keuche leise. Es ist nichts anderes als ein furchtbarer Angstanfall, eine einfach gemeine Hundeangst davor, den Kopf herauszustrecken und weiterzukriechen.

Wie ein Brei zerquillt meine Anspannung zu dem Wunsch, liegenbleiben zu können. Meine Glieder kleben am Boden. Ich mache einen vergeblichen Versuch; – sie wollen sich nicht lösen. Ich presse mich an die Erde, ich kann nicht vorwärts, ich fasse den Entschluß, liegenzubleiben.

Aber sofort überspült mich die Welle erneut, eine Welle aus Scham, Reue und doch auch Geborgenheit. Ich erhebe mich ein wenig, um Ausschau zu halten. Meine Augen brennen, so starre ich in das Dunkel. Eine Leuchtkugel geht hoch; – ich ducke mich wieder.

Ich kämpfe einen sinnlosen, wirren Kampf, ich will aus der Mulde heraus und rutsche doch wieder hinein, ich sage »du mußt, es sind deine Kameraden, es ist ja nicht irgendein dummer Befehl«, – und gleich darauf: »Was geht es mich an, ich habe nur ein Leben zu verlieren – «

Das macht alles dieser Urlaub, entschuldige ich mich erbittert. Aber ich glaube es selbst nicht, mir wird entsetzlich flau, ich erhebe mich langsam und stemme die Arme vor, ziehe den Rücken nach und liege jetzt halb auf dem Rande des Trichters.

Da vernehme ich Geräusche und zucke zurück. Man hört trotz des Artillerielärms verdächtige Geräusche genau. Ich lausche; – das Geräusch ist hinter mir. Es sind Leute von uns, die durch den Graben gehen. Nun höre ich auch gedämpfte Stimmen. Es könnte dem Tone nach Kat sein, der da spricht.

Eine ungemeine Wärme durchflutet mich mit einemmal. Diese Stimmen, diese wenigen, leisen Worte, diese Schritte im Graben hinter mir reißen mich mit einem Ruck aus der fürchterlichen Vereinsamung der Todesangst, der ich beinahe verfallen wäre. Sie sind mehr als mein Leben, diese Stimmen, sie sind mehr als Mütterlichkeit und Angst, sie sind das Stärkste und Schützendste, was es überhaupt gibt: es sind die Stimmen meiner Kameraden.

Ich bin nicht mehr ein zitterndes Stück Dasein allein im Dunkel – ich gehöre zu ihnen und sie zu mir, wir haben alle die gleiche Angst und das gleiche Leben, wir sind verbunden auf eine einfache und schwere Art. Ich möchte mein Gesicht in sie hineindrücken, in diese Stimmen, diese paar Worte, die mich gerettet haben und die mir beistehen werden.

*

Vorsichtig gleite ich über den Rand und schlängele mich vorwärts. Auf allen vieren schlurfe ich weiter; es geht gut, ich peile die Richtung an, schaue mich um und merke mir das Bild des Geschützfeuers, um zurückzufinden. Dann suche ich Anschluß an die andern zu bekommen.

Immer noch habe ich Angst, aber es ist eine vernünftige Angst, eine außerordentlich gesteigerte Vorsicht. Die Nacht ist windig, und Schatten gehen hin und her beim Aufflackern des Mündungsfeuers. Man sieht dadurch zu wenig und zu viel. Oft erstarre ich, aber es ist immer nichts. So komme ich ziemlich weit vor und kehre dann im Bogen wieder um. Den Anschluß habe ich nicht gefunden. Jeder Meter näher zu unserm Graben erfüllt mich mit Zuversicht – allerdings auch mit größerer Hast. Es wäre nicht schön, jetzt noch eins verpaßt zu kriegen.

Da durchfährt mich ein neuer Schreck. Ich kann die Richtung nicht mehr genau wiedererkennen. Still hocke ich mich in einen Trichter und versuche mich zu orientieren. Es ist mehr als einmal vorgekommen, daß jemand vergnügt in einen Graben sprang und dann erst entdeckte, daß es der falsche war.

Nach einiger Zeit horche ich wieder. Immer noch bin ich nicht richtig. Das Trichtergewirr erscheint mir jetzt so unübersichtlich, daß ich vor Aufregung überhaupt nicht mehr weiß, wohin ich mich wenden soll. Vielleicht krieche ich parallel zu den Gräben, das kann ja endlos dauern. Deshalb schlage ich wieder einen Haken.

Diese verfluchten Leuchtschirme! Sie scheinen eine Stunde zu brennen, man kann keine Bewegung machen, ohne daß es gleich um einen herum pfeift.

Doch es hilft nichts, ich muß heraus. Stockend arbeite ich mich weiter, ich krebse über den Boden weg und reiße mir die Hände wund an den zackigen Splittern, die scharf wie Rasiermesser sind. Manchmal habe ich den Eindruck, als wenn der Himmel etwas heller würde am Horizont, doch das kann auch Einbildung sein. Allmählich aber merke ich, daß ich um mein Leben krieche.

Eine Granate knallt ein. Gleich darauf zwei andere. Und schon geht es los. Ein Feuerüberfall. Maschinengewehre knattern. Jetzt gibt es vorläufig nichts anderes, als liegenzubleiben. Es scheint ein Angriff zu werden. Überall steigen Leuchtraketen. Ununterbrochen.

Ich liege gekrümmt in einem großen Trichter, die Beine im Wasser bis zum Bauch. Wenn der Angriff einsetzt, werde ich mich ins Wasser fallen lassen, so weit es geht, ohne zu ersticken, das Gesicht im Dreck. Ich muß den toten Mann markieren.

Plötzlich höre ich, wie das Feuer zurückspringt. Sofort rutsche ich nach unten ins Grundwasser, den Helm ganz im Genick, den Mund nur so weit hoch, daß ich knapp Luft habe.

Dann werde ich bewegungslos; – denn irgendwo klirrt etwas, es tappt und trappst näher, – in mir ziehen sich alle Nerven eisig zusammen. Es klirrt über mich hinweg, der erste Trupp ist vorbei. Ich habe nur den einen zersprengenden Gedanken gehabt: Was tust du, wenn jemand in deinen Trichter springt? – Jetzt zerre ich rasch den kleinen Dolch heraus, fasse ihn fest und verberge ihn mit der Hand wieder im Schlamm. Ich werde sofort losstechen, wenn jemand hereinspringt, hämmert es in meiner Stirn, sofort die Kehle durchstoßen, damit er nicht schreien kann, es geht nicht anders, er wird ebenso erschrocken sein wie ich, und schon vor Angst werden wir übereinander herfallen, da muß ich der erste sein.

Nun schießen unsere Batterien. In meiner Nähe schlägt es ein. Das macht mich irrsinnig wild, es fehlt mir noch, daß mich die eigenen Geschosse treffen; ich fluche und knirsche in den Dreck hinein; es ist ein wütender Ausbruch, zuletzt kann ich nur noch stöhnen und bitten.

Das Gekrach der Granaten trifft mein Ohr. Wenn unsere Leute einen Gegenstoß machen, bin ich befreit. Ich presse den Kopf an die Erde und höre das dumpfe Donnern wie ferne Bergwerksexplosionen – und hebe ihn wieder, um auf die Geräusche oben zu lauschen.

Die Maschinengewehre knarren. Ich weiß, daß unsere Drahtverhaue fest und fast unbeschädigt sind; – ein Teil davon ist mit Starkstrom geladen. Das Gewehrfeuer schwillt an. Sie kommen nicht durch, sie müssen zurück.

Ich sinke wieder zusammen, gespannt bis zum Äußersten. Das Klappern und Schleichen, das Klirren wird hörbar. Ein einzelner Schrei gellend dazwischen. Sie werden beschossen, der Angriff ist abgeschlagen.

*

Es ist noch etwas heller geworden. An mir vorüber hasten Schritte. Die ersten. Vorbei. Wieder andere. Das Knarren der Maschinengewehre wird eine ununterbrochene Kette. Gerade will ich mich etwas umdrehen, da poltert es, und schwer und klatschend fällt ein Körper zu mir in den Trichter, rutscht ab, liegt auf mir –

Ich denke nichts, ich fasse keinen Entschluß – ich stoße rasend zu und fühle nur, wie der Körper zuckt und dann weich wird und zusammensackt. Meine Hand ist klebrig und naß, als ich zu mir komme.

Der andere röchelt. Es scheint mir, als ob er brüllt, jeder Atemzug ist wie ein Schrei, ein Donnern – aber es sind nur meine Adern, die so klopfen. Ich möchte ihm den Mund zuhalten, Erde hineinstopfen, noch einmal zustechen, er soll still sein, er verrät mich; doch ich bin schon so weit zu mir gekommen und auch so schwach plötzlich, daß ich nicht mehr die Hand gegen ihn heben kann.

So krieche ich in die entfernteste Ecke und bleibe dort, die Augen starr auf ihn gerichtet, das Messer umklammert, bereit, wenn er sich rührt, wieder auf ihn loszugehen – Aber er wird nichts mehr tun, das höre ich schon an seinem Röcheln.

Undeutlich kann ich ihn sehen. Nur der eine Wunsch ist in mir, wegzukommen. Wenn es nicht bald ist, wird es zu hell; schon jetzt ist es schwer. Doch als ich versuche, den Kopf hochzunehmen, sehe ich bereits die Unmöglichkeit ein. Das Maschinengewehrfeuer ist derartig gedeckt, daß ich durchlöchert werde, ehe ich einen Sprung tue.

Ich probiere es noch einmal mit meinem Helm, den ich etwas emporschiebe und anhebe, um die Höhe der Geschosse festzustellen. Einen Augenblick später wird er mir durch eine Kugel aus der Hand geschlagen. Das Feuer streicht also ganz niedrig über das Terrain. Ich bin nicht weit genug von der feindlichen Stellung entfernt, um nicht von den Scharfschützen gleich erwischt zu werden, wenn ich versuche, auszureißen.

Das Licht nimmt zu. Ich warte brennend auf einen Angriff von uns. Meine Hände sind weiß an den Knöcheln, so presse ich sie zusammen, so flehe ich, das Feuer möge aufhören und meine Kameraden möchten kommen.

Minute um Minute versickert. Ich wage keinen Blick mehr zu der dunklen Gestalt im Trichter. Angestrengt sehe ich vorbei und warte, warte. Die Geschosse zischen, sie sind ein stählernes Netz, es hört nicht auf, es hört nicht auf.

Da erblicke ich meine blutige Hand und fühle jähe Übelkeit. Ich nehme Erde und reibe damit über die Haut, jetzt ist die Hand wenigstens schmutzig, und man sieht das Blut nicht mehr.

Das Feuer läßt nicht nach. Von beiden Seiten ist es jetzt gleich stark. Man hat mich bei uns wahrscheinlich längst verlorengegeben.

⋆

Es ist heller, grauer, früher Tag. Das Röcheln tönt fort. Ich halte mir die Ohren zu, nehme aber die Finger bald wieder heraus, weil ich sonst auch das andere nicht hören kann.

Die Gestalt gegenüber bewegt sich. Ich schrecke zusammen und sehe unwillkürlich hin. Jetzt bleiben meine Augen wie festgeklebt hängen. Ein Mann mit einem kleinen Schnurrbart liegt da, der Kopf ist zur Seite gefallen, ein Arm ist halb gebeugt, der Kopf drückt kraftlos darauf. Die andere Hand liegt auf der Brust, sie ist blutig.

Er ist tot, sage ich mir, er muß tot sein, er fühlt nichts mehr; – was da röchelt, ist nur noch der Körper. Doch der Kopf versucht sich zu heben, das Stöhnen wird einen Moment stärker, dann sinkt die Stirn wieder auf den Arm zurück. Der Mann ist nicht tot, er stirbt, aber er ist nicht tot. Ich schiebe mich heran, halte inne, stütze mich auf die Hände, rutsche wieder etwas weiter, warte – weiter, einen gräßlichen Weg von drei Metern, einen langen, furchtbaren Weg. Endlich bin ich neben ihm.

Da schlägt er die Augen auf. Er muß mich noch gehört haben und sieht mich mit einem Ausdruck furchtbaren Entsetzens an. Der Körper liegt still, aber in den Augen ist eine so ungeheure Flucht, daß ich einen Moment glaube, sie würden die Kraft haben, den Körper mit sich zu reißen. Hunderte von Kilometern weit weg mit einem einzigen Ruck. Der Körper ist still, völlig ruhig, ohne Laut jetzt, das Röcheln ist verstummt, aber die Augen schreien, brüllen, in ihnen ist alles Leben versammelt zu einer unfaßbaren Anstrengung, zu entfliehen, zu einem schrecklichen Grausen vor dem Tode, vor mir.

Ich knicke in den Gelenken ein und falle auf die Ellbogen. »Nein, nein«, flüstere ich.

Die Augen folgen mir. Ich bin unfähig, eine Bewegung zu machen, solange sie da sind.

Da fällt seine Hand langsam von der Brust, nur ein geringes Stück, sie sinkt um wenige Zentimeter, doch diese Bewegung löst die Gewalt der Augen auf. Ich beuge mich vor, schüttele den Kopf und flüstere: »Nein, nein, nein«, ich hebe eine Hand, ich muß ihm zeigen, daß ich ihm helfen will, und streiche über seine Stirn.

Die Augen sind zurückgezuckt, als die Hand kam, jetzt verlieren sie ihre Starre, die Wimpern sinken tiefer, die Spannung läßt nach. Ich öffne ihm den Kragen und schiebe den Kopf bequemer zurecht.

Der Mund steht halb offen, er bemüht sich, Worte zu formen. Die Lippen sind trocken. Meine Feldflasche ist nicht da, ich habe sie nicht mitgenommen. Aber es ist Wasser in dem Schlamm unten im Trichter. Ich klettere hinab, ziehe mein Taschentuch heraus, breite es aus, drücke es hinunter und schöpfe mit der hohlen Hand das gelbe Wasser, das hindurchquillt.

Er schluckt es. Ich hole neues. Dann knöpfe ich seinen Rock auf, um ihn zu verbinden, wenn es geht. Ich muß es auf jeden Fall tun, damit die drüben, wenn ich gefangen werden sollte, sehen, daß ich ihm helfen wollte, und mich nicht erschießen. Er versucht sich zu wehren, doch die Hand ist zu schlaff dazu. Das Hemd ist verklebt und läßt sich nicht beiseite schieben, es ist hinten geknöpft. So bleibt nichts übrig, als es aufzuschneiden.

Ich suche das Messer und finde es wieder. Aber als ich anfange, das Hemd zu zerschneiden, öffnen sich die Augen noch einmal, und wieder ist das Schreien darin und der wahnsinnige Ausdruck, so daß ich sie zuhalten, zudrükken muß und flüstern: »Ich will dir ja helfen, Kamerad, camarade, camarade, camarade –«, eindringlich das Wort, damit er es versteht.

Drei Stiche sind es. Meine Verbandspäckchen bedecken sie, das Blut läuft darunter weg, ich drücke sie fester auf, da stöhnt er.

Es ist alles, was ich tun kann. Wir müssen jetzt warten, warten.

*

Diese Stunden. – Das Röcheln setzt wieder ein – wie langsam stirbt doch ein Mensch! Denn das weiß ich: er ist nicht zu retten. Ich habe zwar versucht, es mir auszureden, aber mittags ist dieser Vorwand vor seinem Stöhnen zerschmolzen, zerschossen. Wenn ich nur meinen Revolver nicht beim Kriechen verloren hätte, ich würde ihn erschießen. Erstechen kann ich ihn nicht.

Mittags dämmere ich an der Grenze des Denkens dahin. Hunger zerwühlt mich, ich muß fast weinen darüber, essen zu wollen, aber ich kann nicht dagegen ankämpfen. Mehrere Male hole ich dem Sterbenden Wasser und trinke auch selbst davon.

Es ist der erste Mensch, den ich mit meinen Händen getötet habe, den ich genau sehen kann, dessen Sterben mein Werk ist. Kat und Kropp und Müller haben auch schon gesehen, wenn sie jemand getroffen haben, vielen geht es so, im Nahkampf ja oft –

Aber jeder Atemzug legt mein Herz bloß. Dieser Sterbende hat die Stunden für sich, er hat ein unsichtbares Messer, mit dem er mich ersticht: die Zeit und meine Gedanken.

Ich würde viel darum geben, wenn er am Leben bliebe. Es ist schwer, dazuliegen und ihn sehen und hören zu müssen.

Nachmittags um drei Uhr ist er tot.

Ich atme auf. Doch nur für kurze Zeit. Das Schweigen erscheint mir bald noch schwerer zu ertragen als das Stöhnen. Ich wollte, das Röcheln wäre wieder da, stoßweise, heiser, einmal pfeifend leise und dann wieder heiser und laut.

Es ist sinnlos, was ich tue. Aber ich muß Beschäftigung haben. So lege ich den Toten noch einmal zurecht, damit er bequemer liegt, obschon er nichts mehr fühlt. Ich schließe ihm die Augen. Sie sind braun, das Haar ist schwarz, an den Seiten etwas lockig.

Der Mund ist voll und weich unter dem Schnurrbart; die Nase ist ein wenig gebogen, die Haut bräunlich, sie sieht jetzt nicht mehr so fahl aus wie vorhin, als er noch lebte. Einen Augenblick scheint das Gesicht sogar beinahe gesund zu sein; – dann verfällt es rasch zu einem der fremden Totenantlitze, die ich oft gesehen habe und die sich alle gleichen.

Seine Frau denkt sicher jetzt an ihn; sie weiß nicht, was geschehen ist. Er sieht aus, als wenn er ihr oft geschrieben hätte; – sie wird auch noch Post von ihm bekommen – morgen, in einer Woche –, vielleicht einen verirrten Brief noch in einem Monat. Sie wird ihn lesen, und er wird darin zu ihr sprechen.

Mein Zustand wird immer schlimmer, ich kann meine Gedanken nicht mehr halten. Wie mag die Frau aussehen? Wie die Dunkle, Schmale jenseits des Kanals? Gehört sie mir nicht? Vielleicht gehört sie mir jetzt hierdurch! Säße Kantorek doch hier neben mir! Wenn meine Mutter mich so sähe –. Der Tote hätte sicher noch dreißig Jahre leben können, wenn ich mir den Rückweg schärfer eingeprägt hätte. Wenn er zwei Meter weiter nach links gelaufen wäre, läge er jetzt drüben im Graben und schriebe einen neuen Brief an seine Frau.

Doch so komme ich nicht weiter; denn das ist das Schicksal von uns allen; hätte Kemmerich sein Bein zehn Zentimeter weiter rechts gehalten, hätte Haie sich fünf Zentimeter weiter vorgebeugt –

⋆

Das Schweigen dehnt sich. Ich spreche und muß sprechen. So rede ich ihn an und sage es ihm. »Kamerad, ich wollte dich nicht töten. Sprängst du noch einmal hier hinein, ich täte es nicht, wenn auch du vernünftig wärest. Aber du warst mir vorher nur ein Gedanke, eine Kombination, die in meinem Gehirn lebte und einen Entschluß hervorrief; – diese Kombination habe ich erstochen. Jetzt sehe ich erst, daß du ein Mensch bist wie ich. Ich habe gedacht an deine Handgranaten, an dein Bajonett und deine Waffen; – jetzt sehe ich deine Frau und dein Gesicht und das Gemeinsame. Vergib mir, Kamerad! Wir sehen es immer zu spät. Warum sagt man uns nicht immer wieder, daß ihr ebenso arme Hunde seid wie wir, daß eure Mütter sich ebenso ängstigen wie unsere und daß wir die gleiche Furcht vor dem Tode haben und das gleiche Sterben und den gleichen Schmerz –. Vergib mir Kamerad, wie konntest du mein Feind sein. Wenn wir diese Waffen und diese Uniform fortwerfen, könntest du ebenso mein Bruder sein wie Kat und Albert. Nimm zwanzig Jahre von mir, Kamerad, und stehe auf, – nimm mehr, denn ich weiß nicht, was ich damit noch beginnen soll.«

Es ist still, die Front ist ruhig bis auf das Gewehrgeknatter. Die Kugeln liegen dicht, es wird nicht planlos geschossen, sondern auf allen Seiten scharf gezielt. Ich kann nicht hinaus.

»Ich will deiner Frau schreiben,« sage ich hastig zu dem Toten, »ich will ihr schreiben, sie soll es durch mich erfahren, ich will ihr alles sagen, was ich dir sage, sie soll nicht leiden, ich will ihr helfen und deinen Eltern auch und deinem Kinde – «

Seine Uniform steht noch halb offen. Die Brieftasche ist leicht zu finden. Aber ich zögere, sie zu öffnen. In ihr ist das Buch mit seinem Namen. Solange ich seinen Namen nicht weiß, kann ich ihn vielleicht noch vergessen, die Zeit wird es tilgen, dieses Bild. Sein Name aber ist ein Nagel, der in mir eingeschlagen wird und nie mehr herauszubringen ist. Er hat die Kraft, alles immer wieder zurückzurufen, es wird stets wiederkommen und vor mich hintreten können.

Ohne Entschluß halte ich die Brieftasche in der Hand. Sie entfällt mir und öffnet sich. Einige Bilder und Briefe fallen heraus. Ich sammle sie auf und will sie wieder hineinpacken, aber der Druck, unter dem ich stehe, die ganze ungewisse Lage, der Hunger, die Gefahr, diese Stunden mit dem Toten haben mich verzweifelt gemacht, ich will die Auflösung beschleunigen und die Quälerei verstärken und enden, wie man eine unerträglich schmerzende Hand gegen einen Baum schmettert, ganz gleich, was wird.

Es sind Bilder einer Frau und eines kleinen Mädchens, schmale Amateurphotographien vor einer Efeuwand. Neben ihnen stecken Briefe. Ich nehme sie heraus und versuche sie zu lesen. Das meiste verstehe ich nicht, es ist schlecht zu entziffern, und ich kann nur wenig Französisch. Aber jedes Wort, das ich übersetze, dringt mir wie ein Schuß in die Brust – wie ein Stich in die Brust –

Mein Kopf ist völlig überreizt. Aber so viel begreife ich noch, daß ich diesen Leuten nie schreiben darf, wie ich es dachte vorhin. Unmöglich. Ich sehe die Bilder noch einmal an; es sind keine reichen Leute. Ich könnte ihnen ohne Namen Geld schicken, wenn ich später etwas verdiene. Daran klammere ich mich, das ist ein kleiner Halt wenigstens. Dieser Tote ist mit meinem Leben verbunden, deshalb muß ich alles tun und versprechen, um mich zu retten; ich gelobe blindlings, daß ich nur für ihn dasein will und seine Familie, – mit nassen Lippen rede ich auf ihn ein, und ganz tief in mir sitzt dabei die Hoffnung, daß ich mich dadurch freikaufe und vielleicht hier doch noch herauskomme, eine kleine Hinterlist, daß man nachher immer noch erst einmal sehen könne. Und deshalb schlage ich das Buch auf und lese langsam: Gérard Duval, Typograph.

Ich schreibe die Adresse mit dem Bleistift des Toten auf einen Briefumschlag und schiebe dann plötzlich rasch alles in seinen Rock zurück.

Ich habe den Buchdrucker Gérard Duval getötet. Ich muß Buchdrucker werden, denke ich ganz verwirrt, Buchdrucker werden, Buchdrucker –

*

Nachmittags bin ich ruhiger. Meine Furcht war unbegründet. Der Name verwirrt mich nicht mehr. Der Anfall vergeht. »Kamerad«, sage ich zu dem Toten hinüber, aber ich sage es gefaßt. »Heute du, morgen ich. Aber wenn ich davonkomme, Kamerad, will ich kämpfen gegen dieses, das uns beide zerschlug: dir das Leben – und mir – ? Auch das Leben. Ich verspreche es dir, Kamerad. Es darf nie wieder geschehen.«

Die Sonne steht schräg. Ich bin dumpf vor Erschöpfung und Hunger. Das Gestern ist mir wie ein Nebel, ich hoffe nicht, hier noch hinauszugelangen. So döse ich dahin und begreife nicht einmal, daß es Abend wird. Die Dämmerung kommt. Es scheint mir rasch jetzt. Noch eine Stunde. Wäre es Sommer, noch drei Stunden. Noch eine Stunde.

Nun beginne ich plötzlich zu zittern, daß etwas dazwischenkäme. Ich denke nicht mehr an den Toten, er ist mir jetzt völlig gleichgültig. Mit einem Schlage springt die Lebensgier auf, und alles, was ich mir vorgenommen habe, versinkt davor. Nur um jetzt nicht noch Unglück zu haben, plappere ich mechanisch: »Ich werde alles halten, alles halten, was ich dir versprochen habe – «, aber ich weiß schon jetzt, daß ich es nicht tun werde.

Adrienne Thomas (eigtl. Hertha Adrienne Strauch, verh. Lesser und verh. Deutsch; geb. 1897 in St. Avold/Lothringen; gest. 1980 in Wien) gehört zu den wenigen Schriftstellerinnen, die das Erlebnis des Ersten Weltkrieges aus der Sicht einer Frau geschildert haben. Die Tochter eines jüdischen Kaufmanns wuchs in den lothringischen Städten St. Avold und Metz auf, die nach dem preußisch-französischen Krieg 1870/71 dem neu gegründeten Deutschen Reich einverleibt worden waren. Mit dem Kriegsausbruch 1914 wurde Metz zur Frontstadt und aus der siebzehn Jahre jungen Hertha Strauch wurde für die nächsten zwei Jahre eine Krankenschwester des Roten Kreuzes. Die Erlebnisse des Lazarettalltages und die Leiden der Metzer Zivilbevölkerung verarbeite sie später in ihrem Romandebüt »Die Katrin wird Soldat«, der 1930 im Propyläen Verlag erschien. Ihr autobiographisch angelegter Tagebuchroman gehörte zu den meistgelesenen Anti-Kriegsbüchern der späten Weimarer Republik und wurde in fünfzehn Sprachen übersetzt.

Es ist nicht nur ihre Sicht als Frau und ihre Liebe zu einem Franzosen, die aus den Berichten der Autorin in Gestalt der Erzählerin Katrin ein so einzigartiges historisches Dokument machen. Katrin erzählt vom deutsch-patriotischen Enthusiasmus unter den Metzer Juden, vom Grollen des Artilleriefeuers der 60 Kilometer entfernten Schlacht um Verdun und von den mit verwundeten Soldaten gefüllten Eisenbahnwaggons, die fast täglich von der Front im Lazarett eintreffen. Für den Kontext des Ersten Weltkrieges durchaus erstaunlich sind auch die Schilderungen der vielen Luftangriffe auf Metz und das Ausmaß, mit dem die verängstigte Zivilbevölkerung durch Bombenangriffe in Mitleidenschaft gezogen wird. Manches, was Adrienne Thomas hier über die Jahre 1914 bis 1916 schrieb, liest sich schon wie ein Bericht aus der Zeit des Zweiten Weltkrieges. Viele Menschen, die das Buch von Adrienne Thomas im Erscheinungsjahr 1930 lasen, ahnten nicht, dass ihnen der nächtliche Schauder des Grollens herannahender Bombengeschwader noch bevorstehen würde. ■

Adrienne Thomas
Die Katrin wird Soldat
Ein Roman aus Elsass-Lothringen

23. September 1914. Das jüdische Neujahrsfest ist vorüber. Ich war mit den Eltern in der Synagoge. Schrecklich, die vielen weinenden Frauen, deren Männer und Söhne nicht wie sonst auf sie warteten. Unten war die Hälfte der Betenden feldgrau, auch Österreicher waren darunter. Als die Thorarollen herumgetragen wurden, drängten sich die Feldgrauen, die zehn Gebote mit dem Gebettuch zu berühren, um es dann ehrfürchtig an die Lippen zu führen. Auch euer Gott wird euch nicht helfen: für viele unter euch ist es zum letzten Mal. Du sollst nicht töten!

Die Metzer Gemeinde genoss – weil sie dumm ist – die Sensation, unter ihren Andächtigen das erste Mal Juden in Offiziersuniform zu haben.

Heute Vormittag predigte nicht unser Oberrabbiner, sondern ein Feldgeistlicher. Er sagte, vielleicht seien unsere Soldaten zu Hohem ausersehen, vielleicht sollten sie das alte, böswillige Vorurteil beseitigen, das des Juden Treue und Hingabe an sein Vaterland nicht wahr haben wolle. Er sprach von der treuen Pflichterfüllung der jüdischen Soldaten im Felde, und wie sie zu Ruhm und Sieg ihr Teil beitragen … Als dann die Orgel spielte und unsere schönen alten Gesänge ertönten, sprach das stärker und wärmer zu mir als irgendwelche Worte.

Von der Gemeinde bekamen wir zwei feldgraue Gäste zugewiesen, der eine, ein Frankfurter Kaufmann, dem es bitter genug war, die Feiertage bei uns, und nicht bei Frau und Kindern verbringen zu müssen, der andere war ein Viehhändler aus Hannover. Viehhändler habe ich mir eigentlich ganz anders vorgestellt, dieser Herr Mai war sehr nett und lustig, nur ein bisschen zu kriegerisch. Er liegt in Waxy in den vordersten Stellungen und war nur zum Synagogenbesuch auf zwei Tage beurlaubt. Seltsam, sein blutiges Handwerk – er hatte viele Nahkämpfe mitgemacht und war bereits zum Unteroffizier befördert – machte keinen besonderen Eindruck auf ihn. Er sei jung, habe nach niemandem zu fragen, draußen das ungebundene Nomadenleben gefalle ihm ganz gut, und er sei außerdem fest überzeugt, er komme gesund und heil zurück. Natürlich spukt ihm auch »zu Hohem ausersehen« im Kopf herum: ich als Jude muss zuerst – ich als Jude darf nie – und so weiter. Ich denke mir, es ist der Unterschied vielleicht nicht so groß, wenn man im Frieden Tiere schlachtet und im Krieg Menschen. – Etwas angewidert sah ich zu, wie Herr Mai, pardon, Unteroffizier Mai, seine Kartoffeln mit dem Messer zerschnitt. Man soll nicht lachen über die tausenderlei ungeschriebenen Tischsittengesetze, man braucht sie ja nicht unbedingt einzuhalten; aber wo und wie man sie übertritt, das ist immer charakteristisch. –

Auf der Bahn Hochsaison. Transportzüge. Später Verwundete. Was mag hier los sein? Sie nehmen alle Truppen um Metz weg. Sind sie ihrer Sache hier oben so sicher? Heute hatten wir zwei illustre Gäste, zwei Generäle auf einmal. Die hab ich mir immer sehr bärbeißig vorgestellt; aber sie taten nicht annähernd so kriegerisch wie Herr Mai. »Darf ich um Auskunft bitten, mein gnädiges Fräulein, verpflegen Sie wohl ausnahmsweise auch mal Exzellenzen?« – »Sogar einen Armeeoberbefehlshaber! Es war bloß noch keiner da, Exzellenz.« Ich bekomme lachend den gewünschten Bescheid: die Herren gehören zu einem eben eingelaufenen Transportzug, den zu verpflegen sie uns bitten. Sie selbst kommen gleich mit zur Küche, sagen von unserer Suppe, sie sei direkt »wie zu Hause« und helfen sogar, Suppenteller an die Mannschaften weiterzureichen. Dabei passiert mir das Malheur, dass der ältere der Herren eine halbe Kelle Suppe über die rotgestreiften Hosen bekommt. Er wischt es ab, legt, mit einem schelmischen Blick zu Fräulein Langer hin, den Finger auf den Mund und sagt leise: »Wenn nur nie was anderes daraufkommt!« Derselbe nimmt mich bei der Hand, als ich, um Brote auszuteilen, vor die Tür will und die feldgraue Mauer davor kaum durchdringen kann: »Kommen Sie, liebes Kind, halten Sie sich nur an Exzellenzen, dann kommt man immer durch. Aber mit so schönen schwarzen Augen sicher erst recht!« Als sie sich verabschieden, unsere Hände schütteln und herzlich danken für »die köstliche Verpflegung und Gastfreundschaft«, muss ich an unseren Bahnhofsmajor denken, der sicher nicht drei Schritt ohne seinen Adjutanten geht, und für seine Untergebenen gilt als Umgangssprache nur Kasernenhofton; die Generäle sagten: »mein Sohn« oder »mein Junge« zu ihren Soldaten. Na ja!

Ich hätte übrigens sehr gerne gewusst, wohin ein Transport, geführt von zwei Kommandierenden, gehen könne. Die Soldaten wussten natürlich wie immer nichts über ihr Reiseziel, die Offiziere vermuteten Belgien oder Österreich. »Vom Krieg wissen wir eigentlich am wenigsten, wir machen ihn nur«, sagte mir lachend ein bärtiger Hauptmann.

[…]

19. September 1915. Die Mutte läutet. Wir wissen nicht warum, und es denkt auch niemand von uns daran, in die Stadt zu gehen, weil Flieger da sind.

Wir saßen am sonntäglichen Kaffeetisch, als Papa zu räsonieren begann: »Ich weiß gar nicht, was den Franzosen einfällt. Die kennen wohl überhaupt keine Tradition mehr? Zum Sonntagskaffee gehört ein Fliegerangriff. Wozu zahle ich meine Steuern?«

Da hat er nun seinen Willen. Wir hören seit einer Viertelstunde das Platzen der Schrapnells, sehen die wohlbekannten Wölkchen und das feine, singende Surren französischer Propeller.

Zu Suzanne wäre ich aber sowieso heute nicht gegangen. Ich kann natürlich meine Sonntage nun nicht mehr dort verbringen.

24. September 1915. Gegen halb zehn Uhr vormittags war ein ganzes Flugzeuggeschwader da. Post und Bahnhof waren Hauptziel. Es sollen diesmal Engländer gewesen sein, die ganz anders und viel routinierter manövrierten. Ich stand mit dem Glas auf dem Balkon und konnte beobachten, wie der Feind sich scheinbar zurückzog, um dann an den Verfolgern vorbei wieder erneut in der Richtung Bahnhof vorzustoßen. Es waren nur drei Bombenaufschläge zu vernehmen. Die Engländer zogen trotz glänzender Strategie unverrichtetersache wieder ab, überzeugten uns aber, wie phantastisch organisiert ihr Spionagesystem ist: noch nicht fünf Minuten war die Luft – im wahrsten Sinne des Wortes – rein, als man vom Bahnhof her Hurrarufe vernahm, die sich in der Straße fortpflanzten. Zwei Autos kamen von der Bahn durch unsere Straßen. Im zweiten saß der Kaiser in Feldgrau, der Kronprinz in der Uniform seiner Totenkopfhusaren mit hohem Tschako. Der Kaiser nickte und grüßte nach allen Seiten, ernst, aber viel freundlicher, als ich ihn zuvor gesehen habe, und der Kronprinz dankte strahlend liebenswürdig.

Natürlich wird es jetzt wieder heißen, Metz stecke voller Spione, anstatt dass sie endlich einsehen, dass diese Orientierungen sicher ganz woanders herstammen als von uns.

Der Kaiser ist unglaublich gealtert. Wir auch – soweit wir nicht tot sind – Majestät.

Nacht vom 24. zum 25. September 1915. Es schießt. Das Krachen und Dröhnen ist so stark, dass ich davon aufwachte. Es ist vier Uhr nachts. Die Rouleaus sind versehentlich nicht heruntergelassen, eine weiße Mondscheibe sieht wie ein fleischloser Schädel in mein Zimmer. –

Pausenlos feuern die Kanonen die ganze Nacht, donnernd und tobend versuchen die Franzosen – man weiß nicht zum wievielten Male – mit englischer Hilfe unsere Stadt zu holen. Die Fensterscheiben ächzen in ihren Rahmen.

Lippen, die mich geküsst haben, sind nicht mehr da, blaue, leuchtende Augen sinken tiefer und immer tiefer in ihre Höhlen – ich sehe es – ich sehe das Tag und Nacht vor mir – das Entsetzliche, das Unfassbare – Lucien – irgendwo in unbekannter Erde gibt es dich noch – Lucien! Noch! – Die Lippen sind nicht mehr da. –

26. September. So eine Nacht geht auch vorüber. Und das ganze Leben geht vorüber. Und das ist noch das Beste dran.

Einmal wird man nicht mehr aus Träumen hochfahren, weil eine geliebte Stimme geschrien hat, weil man ein geliebtes Gesicht sah, ein lebendes Gesicht mit grauenhaft offenen, lebenden Augen über der blutigen, zerfetzten Masse eines zermalmten Körpers.

Das wird man alles einmal nicht mehr träumen, wenn man erst selber nicht mehr da ist. Und das ist das Beste dran.

Die Franzosen feuern. Die Deutschen antworten. Man balgt sich um Metz. Man stirbt um Metz.

Franzosen und Engländern wurde ein Durchbruchsversuch vereitelt. In ungeheuren Massen kommt Verstärkung an die Front. Transporte – Transporte. Die Leute jubeln und singen nicht mehr. Unheimlich dieses feldgraue Knäuel, wenn es nicht singt und nicht schreit und aussieht und wirkt wie schlechte Statisterie eines Theaterstücks.

Rhabarber, Rhabarber:

»Einen zweiten Kriegswinter, Mensch! Aber nich zu knapp!«

»Quatsch nich! Das hier oben geht zum Schluss!«

»Mit uns – das kann schon sein. Die Chose geht weiter – «

Ein Hauptmann schnauzt einen Mann an. Der reißt zwar die Knochen zusammen, solang das Ungewitter über ihn wegprasselt. Als aber der Offizier sich wendet, sagt der Soldat mit der gleichgültigsten Miene der Welt: »Mir kann keen Aas so dumm kommen, wie ick's vertragen kann.«

Die Rote-Kreuz-Schwester nennen sie »Kille-kille« oder »Karbolmäuschen«. Der Gruß »Gott strafe England« hat einem andern Platz gemacht: »Auf Wiedersehn im Massengrab!«

Die Chose geht weiter.

Man schießt immer noch pausenlos. Eines unsrer Forts muss in Aktion getreten sein. Man sagt dann meist, es sei Fort Wagner. Es donnert, faucht und kracht. – Gegen sechs Uhr waren auch noch Flieger da. Der Generalstabsbericht von heute gibt »Teilerfolge der Franzosen«, den Verlust deutscher Geschütze zu.

Vielleicht, wenn wir morgen Früh aufwachen, sind wir Franzosen? Mir ist es längst egal. Ich habe keinen Einsatz mehr, ich spiele nicht mehr mit. Pour moi la guerre est finie.

[…]

25. Februar 1916. Und doch Kampf um Verdun. Furchtbares Artilleriefeuer bringt uns die Kunde davon. Gestern Nachmittag dachte man, das noch länger auszuhalten, sei unmöglich. Unaufhörliches Grollen in der Luft. Die Deutschen haben zehntausend Gefangene vor Verdun gemacht. Die Franzosen haben die blutigsten Verluste gehabt, die unseren waren »nicht so beträchtlich«. Vielleicht war auch einmal Lucien in »nicht so beträchtlich« miteinbezogen. – Man könnte wahnsinnig werden, so hier mit dem Gefühl der Ohnmacht zu sitzen. – Aber was soll denn geschehen, solange man in der Hauptstadt eines kriegführenden Landes auf den Dächern der Häuser auffordert, Sekt zu trinken?

26. Februar 1916. Während ich im Bad war, kam ein furchtbarer Fliegerangriff. Im nassen Badetuch, von Frau v. Wercht nur in einen wollenen Mantel und in eine Decke gewickelt, rannten wir alle in den Keller. Erst dort zog ich mir Strümpfe an. – Es war furchtbar. Wie kommt es, dass unser Haus nichts abbekommt? Rings herum hat es eingeschlagen, der Boden bebte und zitterte unter uns. »Um Gottes willen, Fräulein Catherine, ich möchte Sie ja nicht allein lassen, aber wenn Sie Herrn Lentz nicht bitten, mit uns in eine andere Gegend zu ziehen – man wird ja wahnsinnig!« jammerte Frau v. Wercht. Ich werde Papa bitten. Es war ganz furchtbar. Die Post ist wieder getroffen worden und Häuser, die keine zwanzig Schritt von uns entfernt sind.

Die Mutte hat geläutet, und von Verdun ist das Panzerfort Douaumont genommen worden. Vom 24. Brandenburgischen Infanterieregiment. In das Artilleriefeuer mischt sich jetzt der Lärm der gesprengten Blindgänger. Ich zähle sechs. – O, sonst haben sie diesmal gut getroffen.

27. Februar 1916. Zehn Minuten vor vier Uhr nachmittags kam ein allen Kanonendonner überbietender Schuss, der sich nun in längeren Abständen wiederholt. Das sind die deutschen 42-Zentimeter-Mörser vor Verdun. Mit so etwas gehen Menschen aufeinander los.

Ich habe mich wohl gestern bei der Kellerexkursion nach dem Bad erkältet, fiebere etwas und muss mich legen.

28. Februar 1916. Ich bin krank. Ich möchte schlafen, aber ich kann nicht. Sie sollen aufhören da draußen! Man hält das nicht aus. Wie Bestien gehen sie aufeinander los. Da – jetzt! Aber das sind doch keine Menschen!

Die Fliegerbomben haben einem Haus in der Hohenzollernstraße das ganze Dach abgerissen – ich habe es gesehen. Ein anderes, ein einstöckiges, ist von oben bis unten durchschlagen. Die Möbel liegen im Keller. Zwei Häuser neben uns ist eine Bombe in den Hof gefallen. – Eine Kellertreppe ist zerschmettert, keine Scheibe im Hause ist noch im Rahmen, Fensterkreuze zersplittert oder herausgerissen, Rouleaus hängen in Fetzen, Löcher sind im Pflaster, an den Wänden. Am alten Bahnhof ist keine Scheibe heil, der Boden aufgerissen. –

In die vierte Bayernkaserne fiel eine Bombe: vier Mann tot. Man erfährt nie, wieviel Opfer solch ein Fliegerangriff gefordert hat.

Papa will eine Wohnung mitten in der Stadt nehmen, möglichst nahe der Kathedrale. Hier in dieser gefährlichen Gegend will mich niemand mehr von meinen Bekannten besuchen kommen.

3. April 1916. Papa hat keine Wohnung mitten in der Stadt genommen, sondern er hat schweren Herzens Mamas Wünschen nachgegeben und ist ganz und gar nach Berlin übergesiedelt. Ich wehrte mich mit Händen und Füßen gegen den Wechsel, und als ich schließlich vor Aufregung krank wurde, wil-

ligte Papa endlich ein, dass ich noch den Sommer über hier bei Tante Hede und Onkel Franz bleiben darf.

Mein Plan stand längst fest, und ich habe ihn einen Tag nach Papas Abreise in die Tat umgesetzt: ich habe mich wieder bei dem Roten Kreuz gemeldet, und das große Lazarett eines Vorortes stellte mich als Schülerin ein. Ich arbeite seit März in Plantières, bin Lehrling auf dem Operationssaal, und zweimal in der Woche fahre ich zu einem Ausbildungskursus in die Stadt. Die Tage sind genau eingeteilt. Wir stehen um sechs Uhr auf, sind um sieben Uhr auf der Station, haben von zwei bis drei Uhr Mittagsruhe und von drei bis um acht wieder Dienst. Es ist aber für mich nicht anstrengend. Ich bin Arbeit gewöhnt, und ich mache sogar noch an meinen freien Nachmittagen Dienst. Wo sollte ich auch hingehen? Suzanne hat sich kriegstrauen lassen und ist bei ihrem Mann in Mainz. Sie ist sehr glücklich, schreibt mir oft, und sie ist der einzige Mensch, an dem ich noch hänge. Vielleicht, weil sie noch Lucien gekannt hat. Meine Eltern sind verzweifelt über mich. Während sich meine Schwester Jeanne mit einem Advokaten in Karlsruhe verlobt hat, mache ich ihnen nur Kummer. Sie sehen in mir eine verlorene Tochter oder mindestens doch eine, in deren Kopf nicht alles stimmt. Ich arbeite gegen ihren Willen im Lazarett, und aus pädagogischen Gründen bekomme ich nicht einen Pfennig Taschengeld von ihnen.

»Sieh doch zu, wie du fertig wirst ohne Deine Eltern. – Renne Dir nur gehörig Deinen Kopf ein – nachher wirst Du schon Dein Elternhaus zu schätzen wissen. – Dir ist es in Deinem ganzen Leben immer nur zu gut gegangen – wer keine Sorgen kennt, der macht sie sich – .« Das und Ähnliches steht in ihren Briefen. Wenn man es nicht anders weiß, kann man auch nicht anders schreiben.

Ich bin froh, ich habe meine Arbeit. Wenn man noch eine Nachtschwester, die erst um elf Uhr ihren Dienst antreten möchte, vertritt, kommt es vor, dass man nachher bis zum Morgen fest und traumlos schläft – obwohl man das Zimmer mit acht Kolleginnen teilt und das Bett mit Wanzen.

Plantières bei Metz, im Mai 1916. Ich habe mein Helferinnenexamen mit »Sehr gut« bestanden, und ich bin nun nicht mehr Laufjunge und Reinemachefrau auf dem Operationssaal, sondern ich arbeite auf der chirurgischen Station.

Wenn nur nicht das außerdienstliche Leben im Lazarett so abscheulich wäre. Jeder hängt jedem etwas an. Ich bin die einzige Lothringerin im Haus.

Die meisten Kolleginnen sind aus Ostpreußen, viele aus Berlin, der Rest sonstwo aus Norddeutschland. Vor ein paar Wochen bekamen wir aus der Etappe eine ostpreußische Oberstentochter. Sie war zwar an der Front, hat aber – um es mit ihren eigenen Worten zu sagen – »'n Toten noch nich jesehn!« – Dafür tut sie aber hier auf ihrem Schreibstubenposten überhaupt nichts. Eigentlich scheint mir Schwester Frida-Luise R … nur zu diesem Zwecke bei uns zu sein, einen recht forschen, militärischen Ton bei uns einzuführen – Antisemitismus Ehrensache! – und an den in der Etappe erkämpften, in der Etappe kämpfenden Bräutigam zu schreiben.

Meine Bereitwilligkeit, Vertretungen zu übernehmen, ist bei den Kolleginnen bekannt. Vielleicht komme ich deswegen so reibungslos mit ihnen aus. Mein freier Mittwochnachmittag steht bloß bei der Oberin im Buch. Auch mein Sonntagsausgang – alle vierzehn Tage, wie ein Dienstmädchen! – vergeht meist im Dienst, oder allenfalls besuch ich Suzannes Mutter. Wo sollte ich sonst hingehen? Hier im Hause sind fast nur junge Schwestern, zwei oder drei Jahre älter als ich; alle haben außer ihrem dienstlichen Leben noch ein privates. Ich habe nur das Lazarett.

Ernest Hemingway (geb. 1899 in Oak Park/USA; gest. 1961 in Ketchum/USA), der wohl bekannteste amerikanische Schriftsteller des 20. Jahrhunderts, erlebte den Ersten Weltkrieg an der Front zwischen Italien und Österreich-Ungarn. Mit ihm verbindet man heute oft den Roman »Der Alte Mann und das Meer«, für den er 1954 den Literaturnobelpreis erhielt, und seine Vorlieben für afrikanische Großwildjagden, blutige Stierkämpfe und den Angelsport.

Aus heutiger Sicht verblüfft es ein wenig, dass 1933 auch Hemingway mit einem seiner frühen Werke in das Visier der deutschen Bücherverbrenner geriet. Weder konnte man ihn wie andere seiner amerikanischen Schriftstellerkollegen mit einer marxistischen Überzeugung in Verbindung bringen, noch wäre er als Pazifist einzuordnen gewesen. Eher fühlte sich Hemingway zu den europäischen Kriegsschauplätzen geradezu hingezogen. Nach seinem freiwilligen Einsatz als Sanitätsfahrer im Ersten Weltkrieg, bei dem er zweimal schwer verwundet wurde, nahm Hemingway als Kriegsberichterstatter am Griechisch-Türkischen Krieg, am Spanischen Bürgerkrieg und am Zweiten Weltkrieg teil. Wie sehr ihn seine Kriegserlebnisse als Schriftsteller inspirierten, ist nicht nur solchen Romanen wie »Wem die Stunde schlägt« (1940) oder »Über den Fluß und in die Wälder« (1950) zu entnehmen, sondern auch seinen persönlichen Erinnerungen, die sich mitunter in einigen Briefen mit den fiktiven Charakteren seiner Romanen vermischten.

Der Eintrag auf der Schwarzen Liste »Schöne Literatur« vom 1. Mai 1933 lautet: »Hemingway: In einem weiten Land«. Tatsächlich lautet der Titel der entsprechenden deutschsprachigen Ausgabe von 1930 »In einem anderen Land«. Die Originalausgabe »A Farewell to Arms«, was soviel heißt wie »Abschied von den Waffen«, war ein Jahr zuvor in New York erschienen. Der Roman erzählt die Geschichte des US-Bürgers »Frederic Henry«, der 1917 als Sanitätsoffizier auf italienischer Seite am Krieg gegen Österreich-Ungarn teilnimmt. Im Lazarett fühlt sich »Frederic« zu der schottischen Krankenschwester Catherine Barkley hingezogen, die um ihren gefallenen Freund trauert. Erst nachdem Frederic selbst schwer verwundet wird, erwidert Catherine seine Liebe und es entbrennt eine leidenschaftliche

Affäre am und auch im Krankenbett. Als Catherine schwanger wird, versucht das Paar den Wirren des Krieges zu entkommen und als Familie glücklich zu werden. Frederic desertiert und es beginnt eine abenteuerliche Flucht, die schließlich in einer Tragödie endet.

Dass Hemingways Roman von den Nationalsozialisten verbrannt wurde, mag schon an seiner Perspektive als Amerikaner gelegen haben. Inhaltlich widersprach die Handlung des Romans und insbesondere der individuelle Charakter des »Frederic Henry« dem soldatischen Selbstverständnis der Nationalsozialisten. Die moralische Stärkung einer Sichtweise, in der ein Soldat sich für die Liebe zu einer Frau und gegen den Kriegsdienst zu entscheidet, war für die Nazis von Anfang an verwerflich und wäre im Sinne ihrer späteren »Kriegssonderstrafrechtsverordnung« als »Zersetzung der Wehrkraft« verfolgt worden. ■

Ernest Hemingway
In einem andern Land

Sechstes Kapitel

Ich war zwei Tage lang weg bei den Sanitätsposten. Als ich zurückkam, war es zu spät, und ich sah Miss Barkley erst am nächsten Abend. Sie war nicht im Garten, und ich mußte im Büro des Lazaretts warten, bis sie herunterkam. In dem Raum, der als Büro benutzt wurde, standen eine Menge Marmorbüsten auf bemalten hölzernen Säulen an der Wand. Auch die Halle, auf die das Büro mündete, war mit ihnen umsäumt. Sie hatten die typische Marmoreigenschaft, sie sahen eine wie die andere aus. Skulpturen schienen mir immer eine langweilige Angelegenheit, aber Bronzen sahen doch irgendwie aus. Marmorbüsten dagegen sahen immer wie Kirchhof aus. Trotzdem – es gab einen wunderbaren Kirchhof – den in Pisa. Genua hingegen war der Ort, um schlechte Marmorbüsten zu sehen. Dies war die Villa eines sehr wohlhabenden Deutschen gewesen, und die Büsten hatten ihn sicherlich allerhand gekostet. Wer sie wohl gemacht hatte und wieviel er wohl bekommen hatte. Ich versuchte herauszubekommen, ob es Familienmitglieder waren, oder was sonst, aber sie waren alle, eine wie die andere, klassisch. Es ließ sich nichts über sie aussagen. Ich saß auf einem Stuhl und hielt meine Mütze in der Hand. Wir sollten eigentlich auch in Gorizia Stahlhelme tragen, aber sie waren unbequem und in einer Stadt, die von der Zivilbevölkerung nicht geräumt war, zu widerlich theatralisch. Ich trug meinen, wenn ich zu den Sanitätssammelplätzen vorging, und hatte eine englische Gasmaske bei mir. Wir bekamen gerade die ersten. Es waren wirkliche Masken. Wir sollten außerdem einen Repetierrevolver tragen, selbst die Ärzte und Sanitätsoffiziere. Ich fühlte ihn gegen die Stuhllehne. Man konnte verhaftet werden, falls man ihn nicht offen sichtbar trug. Rinaldi trug eine Pistolentasche mit Toilettenpapier ausgestopft. Ich trug einen richtigen und fühlte mich als Schütze, bis ich mich in seinem Gebrauch übte. Es war eine Astra, 7.65 Kaliber, mit einem kurzen Lauf, und sie bockte so heftig, wenn man sie abdrückte, daß an Treffen gar nicht zu denken war. Ich übte damit und zielte unter die Scheibe und versuchte, den Stoß des lächerlich kurzen Laufes zu beherrschen, bis ich auf zwanzig Schritt mein Ziel im Umkreis von einem Meter treffen konnte, und dann fand ich es lächerlich, überhaupt einen Revolver zu tragen, und bald hatte ich ihn vergessen und ließ ihn gegen mein Kreuz baumeln ohne irgendein Gefühl; nur wenn ich englisch sprechende Leute traf, empfand ich ein unbestimmtes Schamgefühl. Jetzt saß ich auf einem Stuhl und irgend so'n Ordonnanzoffizier sah mich über seinen Schreibtisch mißbilligend an, während ich den Marmorfußboden, die Säulen mit den Marmorbüsten und die Fresken an den Wänden betrachtete und auf Miss Barkley wartete. Die Fresken waren nicht schlecht. Alle Fresken werden gut, wenn sie anfangen, sich abzuschälen und abzublättern.

Ich sah Catherine Barkley durch die Halle kommen und stand auf. Sie schien nicht groß, als sie mir entgegenkam, aber sie sah wunderschön aus.

»Guten Abend, Mr. Henry«, sagte sie.

»Wie geht es Ihnen?«, sagte ich. Der Ordonnanzoffizier hörte hinter seinem Schreibtisch zu.

»Wollen wir hier bleiben oder in den Garten gehn?«

»Lassen Sie uns hinausgehen, es ist viel kühler.«

Ich ging hinter ihr her, hinaus in den Garten; der Ordonnanzoffizier sah uns nach. Als wir auf der Kiesanfahrt standen, sagte sie: »Wo waren Sie?«

»Vorn bei den Sanitätsposten.«

»Sie konnten mich nicht benachrichtigen?«

»Nein«, sagte ich, »nicht gut. Ich dachte, ich käme gleich wieder zurück.«

»Du hättest es mich wissen lassen müssen, Schatz.«

Wir waren von der Anfahrt jetzt herunter und gingen unter den Bäumen. Ich nahm ihre Hände, blieb stehen und küßte sie.

»Können wir nicht irgendwohin gehen?«

»Nein«, sagte sie. »Wir können nur hier auf- und abgehen. Du warst so lange weg!«

»Heute ist der dritte Tag. Aber jetzt bin ich wieder da.«

Sie sah mich an. »Und du liebst mich?«

»Ja.«

»Nicht wahr, du hast doch gesagt, daß du mich lieb hast?«

»Ja«, log ich. »Ich hab dich lieb.« Ich hatte es nie vorher gesagt.

»Und du sagst Catherine zu mir?«

»Catherine.« Wir gingen ein Stückchen weiter und blieben unter einem Baum stehen.

»Sag: ich bin in der Nacht zu Catherine zurückgekommen.«

»Ich bin in der Nacht zu Catherine zurückgekommen.«

»Ach Liebling, nicht wahr, du bist zurückgekommen?«

»Ja.«

»Ich hab dich so lieb, und es war so schrecklich. Du gehst nicht weg, nicht wahr?«

»Nein, ich werd immer wiederkommen.«

»Oh, ich hab dich so lieb. Bitte tu deine Hand wieder dahin.«

»Sie war gar nicht weg.« Ich drehte sie so, daß ich ihr Gesicht sehen konnte, während ich sie küßte, und ich sah, daß sie die Augen geschlossen hielt. Ich küßte ihre beiden geschlossenen Augen. Ich dachte, daß sie vielleicht ein bißchen übergeschnappt sei. Mir sollte es recht sein. Mir war's gleich, was passierte. Dies war besser, als jeden Abend ins Offiziersbordell zu gehen, wo die Mädchen an einem raufkletterten und einem als Zeichen ihrer Zuneigung, zwischen den Ausflügen, die sie mit Offizierskameraden ins oberste Stockwerk unternahmen, die Mütze verkehrt rum aufsetzten. Ich wußte, daß ich Catherine Barkley nicht liebte und auch nicht die Absicht hatte, sie zu lieben. Dies war ein Spiel wie Bridge; man sprach, anstatt Karten zu spielen. Wie beim Bridge mußte man so tun, als ob man für Geld spielte, oder um irgendeinen Einsatz. Niemand hatte den Einsatz erwähnt. Mir war es gleich.

»Ich wünschte, wir könnten irgendwohin gehen«, sagte ich. Wie jedem Manne war es mir unangenehm, im Stehen lange zärtlich zu sein.

»Man kann nirgends hingehen«, sagte sie. Sie kam von weit her.

»Wir könnten uns vielleicht dort einen Augenblick hinsetzen.«

Wir saßen auf einer flachen Steinbank und ich hielt Catherine Barkleys Hand. Sie erlaubte nicht, daß ich meinen Arm um sie legte.

»Bist du sehr müde?«, fragte sie.

»Nein.«

Sie sah hinunter auf den Rasen.

»Wir spielen ein niederträchtiges Spiel, nicht wahr?«, sagte sie.

»Was für ein Spiel?«

»Sei nicht blöd.«

»Nicht absichtlich.«

»Du bist nett«, sagte sie. »Und du spielst es so gut, wie du eben kannst. Aber es ist ein niederträchtiges Spiel.«

»Weißt du immer, was andere Leute denken?«

»Nicht immer. Aber bei dir weiß ich's. Du brauchst mir nicht vorzumachen, daß du mich liebst. Damit ist's für heute abend vorbei. Möchtest du dich über irgendwas Bestimmtes mit mir unterhalten?«

»Aber ich hab dich wirklich lieb.«

»Bitte, laß uns doch nicht lügen, wenn's nicht notwendig ist. Ich hatte eine reizende kleine Szene, und jetzt geht's mir wieder vorzüglich. Du siehst, ich bin nicht verrückt und hab auch nicht den Kopf verloren. Nur manchmal ein bißchen.«

Ich preßte ihre Hand. »Liebe Catherine.«

»Jetzt klingt das sehr komisch – Catherine. Du sagst es ganz anders als er. Aber du bist sehr nett. Du bist ein sehr guter Junge.«

»Das hat der Priester auch gesagt.«

»Ja, du bist sehr gut, und du kommst mich wieder besuchen, ja?«

»Natürlich.«

»Und du brauchst wirklich nicht zu sagen, daß du mich liebst. Das ist alles für eine ganze Weile vorbei.« Sie stand auf und streckte mir ihre Hand entgegen. »Gute Nacht.«

Ich wollte sie küssen.

»Nicht«, sagte sie. »Ich bin schrecklich müde.«

»Gib mir trotzdem einen Kuß«, sagte ich.

»Ich bin schrecklich müde, Liebling.«

»Einen Kuß.«

»Willst du wirklich so gern?«

»Ja.«

Wir küßten uns und plötzlich riß sie sich los. »Nein. Gute Nacht, bitte, Liebling.« Wir gingen bis zur Tür und ich sah, wie sie hinein und durch die Halle ging. Ich sah gern zu, wenn sie sich bewegte. Sie ging weiter durch die Halle und ich ging weiter nach Hause. Es war eine heiße Nacht und oben in den Bergen ging allerhand vor. Ich beobachtete das Mündungsfeuer auf San Gabriele.

Ich blieb vor der Villa Rossa stehen. Die Fensterläden waren offen, aber drinnen war noch Betrieb. Jemand sang. Ich ging weiter, nach Hause. Rinaldi kam herein, während ich mich auszog.

»Aha«, sagte er: »Es geht nicht so gut. Das Kind steht vor einem Rätsel.«

»Wo warst du?«

»In der Villa Rossa. Es war sehr erbaulich, Kindchen. Wir haben alle gesungen. Und was hast du gemacht?«

»Die Engländer besucht.«

»Na, Gott sei Dank hab ich mich nicht mit den Engländern eingelassen.«

Siebentes Kapitel

Am folgenden Nachmittag kam ich von unserem vordersten Gebirgsposten zurück und hielt den Wagen beim Smistamento an, wo man die Verwundeten und Kranken nach ihren Papieren einteilte und wo die Papiere mit Vermerken für die verschiedenen Lazarette versehen wurden. Ich war gefahren und blieb sitzen und der Fahrer ging mit den Papieren hinein. Es war ein heißer Tag und der Himmel war sehr klar und blau und die Straße war weiß und staubig. Ich saß auf dem Führersitz unseres Fiat und döste. Ein Regiment marschierte auf der Straße an mir vorbei und ich sah zu, wie sie vorbeikamen. Die Leute waren heiß und schwitzten. Manche trugen ihre Stahlhelme, aber bei den meisten baumelten sie vom Tornister herunter. Die meisten Helme waren zu groß und gingen den Leuten, die sie aufhatten, beinahe über die Ohren. Die Offiziere trugen alle Helme, besser passende Helme. Es war die halbe Brigata Basilica. Ich erkannte sie an ihren rot und weiß gestreiften Kragenlitzen. Es kamen Nachzügler vorbei, lange, nachdem das Regiment vorüber war – Leute, die nicht mit ihrem Zug Schritt halten konnten. Sie schwitzten, waren staubig und müde. Manche sahen recht jämmerlich aus. Ein Soldat kam hinter den letzten Nachzüglern her. Er humpelte beim Gehen. Er blieb stehen und setzte sich an den Straßenrand. Ich stieg aus und ging zu ihm.

»Was ist los?«

Er sah mich an und stand auf.

»Ich geh schon weiter!«

»Was ist denn los?«

»... der Krieg.«

»Was ist denn mit deinem Bein?«

»Is nicht das Bein. Ich hab ’n Bruch.«

»Warum fährst du nicht mit dem Verwundetentransport?«, fragte ich. »Warum gehst du nicht ins Lazarett?«

»Die lassen mich ja nicht. Der Leutnant sagt, ich hätte das Bruchband mit Absicht verloren.«

»Laß mich mal fühlen.«

»Es steht ein ganzes Stück raus.«

»Auf welcher Seite?«

»Hier.«

»Huste mal«, sagte ich.

»Ich hab Angst, daß es schlimmer davon wird. Es ist doppelt so groß wie heute früh.«

»Setz dich«, sagte ich. »Sobald ich die Papiere für die Verwundeten hier habe, werde ich dich mitnehmen und dich bei deinem Sanitätsoffizier abladen.«

»Er sagt bestimmt, daß ich's mit Absicht gemacht habe.«

»Sie können dir nichts anhaben«, sagte ich. »Es ist doch keine Verletzung. Du hattest es doch schon vorher, nicht wahr?«

»Aber ich hab doch das Bruchband verloren.«

»Man wird dich in ein Lazarett schicken.«

»Kann ich nicht hierbleiben, Tenente?«

»Nein, ich hab keine Papiere für dich.«

Der Fahrer kam mit den Papieren für die Verwundeten, die wir im Wagen hatten, heraus.

»Vier für 105, zwei für 132«, sagte er. Es waren Lazarette jenseits des Flusses.

»Fahr du«, sagte ich. Ich half dem Soldaten mit dem Bruch neben uns auf den Sitz.

»Sprechen Sie Englisch?«, fragte er.

»Ja.«

»Wie gefällt Ihnen dieser Saukrieg?«

»Gemein.«

»Und ob's gemein ist. Himmel, ist das gemein!«

»Warst du drüben in den Staaten?«

»Gewiß doch. In Pittsburg. Ich wußte gleich, daß Sie Amerikaner sind.«

»Sprech ich denn kein gutes Italienisch?«

»Trotzdem, ich wußte sofort, daß Sie Amerikaner sind.«

»Noch ein Amerikaner«, sagte der Fahrer auf italienisch und sah den Mann mit dem Bruch an.

»Hören Sie mal, Herr Leutnant, müssen Sie mich beim Regiment abliefern?«

»Ja.«

»Nämlich weil der Stabsarzt weiß, daß ich'n Bruch habe. Ich hab das verdammte Bruchband weggeschmissen, damit's schlimmer wird und ich nicht wieder an die Front muß.«

»Ach so.«

»Können Sie mich nicht woanders einliefern?«

»Wenn's weiter vorn wäre, könnte ich dich in ein Feldlazarett bringen. Aber hier hinten brauchst du Papiere.«

»Wenn ich wieder zurückgehe, dann operieren sie mich einfach, und dann stecken sie mich die ganze Zeit über in die vorderste Linie.«

Ich dachte nach.

»Möchten Sie die ganze Zeit über im vordersten Graben liegen?«, fragte er.

»Nein.«

»Himmel nein; ist das nicht ein Saukrieg?«

»Hör mal zu«, sagte ich. »Steig aus und fall im Chausseegraben hin und schlag dir 'ne Beule am Kopf und ich hol dich dann auf 'm Rückweg und bring dich in ein Lazarett. Aldo, halt mal hier.« Wir hielten am Straßenrand. Ich half ihm herunter.

»Ich warte direkt hier, Herr Leutnant«, sagte er.

»Also bis nachher«, sagte ich. Wir fuhren weiter und passierten das Regiment ungefähr, nachdem wir eine Meile gefahren waren, dann kreuzten wir den Fluß, der milchigweiß von Schneewasser war und schnell durch die Brükkenpfosten floß, um auf die Straße, die durch die Ebene führte, zu kommen und die Verwundeten in den beiden Lazaretten einzuliefern. Auf dem Rückweg fuhr ich und fuhr schnell mit dem leeren Wagen, um den Mann aus Pittsburg aufzulesen. Zuerst kamen wir an dem Regiment vorbei, heißer und langsamer denn je, dann an den Nachzüglern. Dann sahen wir einen Sanitätswagen mit Pferden bespannt am Wege halten. Zwei Männer hoben den Bruchmann, um ihn einzuladen. Sie waren gekommen, um ihn zu holen. Er schüttelte den Kopf, als er mich sah. Sein Helm war ab, und seine Stirn blutete etwas unterm Haaransatz. Seine Nase war abgeschürft und die blutige Stelle sowohl wie sein Haar waren voller Staub.

»Sehen Sie sich nur meine Beule an, Herr Leutnant«, rief er. »Hilft alles nichts. Da sind sie, um mich zu holen.«

Als ich in die Villa zurückkam, war es fünf Uhr geworden und ich ging hinaus, wo die Wagen gewaschen wurden, um mich abzubrausen. Dann arbeitete ich meinen Bericht auf meinem Zimmer aus und saß dabei in Hosen und Unterhemd am offenen Fenster. In zwei Tagen war die Offensive angesetzt, und ich sollte mit den Wagen nach Plava. Es war lange her, daß ich nach Hause geschrieben hatte, und ich wußte, ich sollte schreiben, aber ich hatte es so lange nicht getan, daß es jetzt beinahe unmöglich war. Ich hatte keinen Stoff. Ich schickte ein paar Armee-Zona-di-Guerra-Postkarten weg und strich alles aus bis auf: ich bin gesund. Das erledigte die Angelegenheit. Diese Postkarten waren sicher in Amerika sehr beliebt; fremdartig und geheimnisvoll. Dies hier war eine fremdartige und geheimnisvolle Kriegszone, aber ich nahm an, daß die Kriegführung, verglichen mit früheren Kriegen gegen Österreich, direkt gut und zielbewußt war. Die österreichische Armee war geschaffen, um Napoleon zu Siegen zu verhelfen, jedem Napoleon. Ich wünschte, wir hätten einen Napoleon gehabt, aber statt dessen hatten wir Il Generale Cadorna, dick und blühend, und Vittorio Emmanuele, den winzigen Mann mit dem langen, dünnen Hals und dem Ziegenbart. Auf dem rechten Flügel hatten sie den Herzog von Aosta. Möglich, daß er zu gut aussah, um ein großer General zu sein, aber er sah wie ein Mann aus. Viele hätten ihn gern zum König gehabt. Er sah wie ein König aus. Er war der Onkel des Königs und befehligte die dritte Armee. Wir gehörten zur zweiten Armee. Bei der dritten Armee waren einige englische Batterien. Ich hatte zwei Artilleristen von dort in Mailand getroffen. Sie waren sehr nett, und wir verbrachten einen fabelhaften Abend zusammen. Sie waren groß und schüchtern und verlegen und genossen alles, was geschah. Ich wünschte mich zu den Engländern. Es wäre so viel einfacher gewesen. Aber ich wäre vielleicht getötet worden. Nicht bei den Sanitätern. Ja, selbst bei den Sanitätern. Englische Ambulanzfahrer wurden manchmal getötet. Nun, ich wußte, daß ich nicht getötet werden würde, nicht in diesem Krieg. Der hatte mit mir gar nichts zu tun. Er schien mir für mich nicht gefährlicher zu sein als ein Krieg auf der Filmleinwand. Trotzdem hoffte ich zu Gott auf ein schnelles Ende. Vielleicht war er im Sommer aus. Vielleicht brachen die Österreicher zusammen. Sie waren in allen früheren Kriegen zusammengebrochen. Was war denn eigentlich nur mit diesem Kriege los? Man sagte allgemein, mit den Franzosen sei es zu Ende. Rinaldi sagte, die Franzosen hätten gemeutert und es seien Truppen im Anmarsch auf Paris. Ich fragte ihn: »Und was ist dann passiert?« »Ach, man ist mit ihnen fertig geworden.« Ich wollte nach Österreich reisen ohne Krieg. Ich wollte in den Schwarzwald reisen. Ich wollte in den Harz reisen. Wo war denn überhaupt der Harz? Man kämpfte in den Karpaten. Dorthin wollte ich auf keinen Fall. Vielleicht war es aber auch dort schön. Wenn kein Krieg war, konnte ich nach Spanien. Die Sonne ging unter und der Tag kühlte ab. Nach dem Essen würde ich Catherine Barkley besuchen. Ich wünschte, sie wäre jetzt hier. Ich wünschte, ich wäre jetzt mit ihr in Mailand. Ich würde gern bei Cova essen und dann an dem heißen Abend die Via Manzoni hinuntergehen und den Damm überqueren und am Kanal abbiegen und mit Catherine Barkley ins Hotel gehen. Vielleicht würde sie das. Vielleicht würde sie sich vormachen, ich sei ihr gefallener Schatz, und wir würden vorn beim Haupteingang reingehen, und der Portier würde seine Mütze lüften, und ich würde an den Empfang gehen und den Schlüssel verlangen, und sie würde beim Lift stehen, und dann würden wir in den Lift einsteigen und der würde ganz langsam bei jeder Etage knacken und dann käme unsere Etage, und der Junge würde die Tür öffnen und dastehen, und sie würde aussteigen, und ich würde aussteigen, und wir würden den Gang zusammen hinuntergehen, und ich würde den Schlüssel in die Tür stekken und sie öffnen und hineingehen und den Telephonhörer abnehmen und eine Flasche Capri Bianca bestellen in einem silbernen Kühler voll Eis, und man würde schon das Eis gegen den Kühler schlagen hören, wenn er den Korridor entlang getragen würde, und der Junge würde anklopfen, und ich würde sagen, bitte, stellen Sie es nur draußen hin. Weil wir keine Kleider anhaben würden, weil es so heiß war, und das Fenster ist offen und die Schwalben fliegen über die Dächer der Häuser, und wenn es dann dunkel würde und man ans Fenster trat, jagten sehr kleine Fledermäuse über die Dächer, und über den Bäumen flogen sie ganz niedrig, und wir würden unsern Capri trinken und hätten die Tür abgeriegelt, und es ist heiß und nur ein Laken und die ganze Nacht, und wir würden uns die ganze Nacht über lieben in der heißen Nacht in Mailand. So sollte es eigentlich sein. Ich würde schnell essen und dann Catherine Barkley besuchen gehen.

Man sprach zuviel im Kasino, und ich trank Wein, weil wir uns heute abend nicht wie Brüder gefühlt hätten, wenn ich nicht auch ein bißchen getrunken und mit dem Priester über den Erzbischof Ireland gesprochen hätte, der anscheinend ein wahrer Edelmann war, und wenn ich nicht vorgegeben hätte, über die Ungerechtigkeit, die Ungerechtigkeiten, die er zu erleiden hatte und an denen ich als Amerikaner teilhatte und von denen ich niemals gehört hatte, Bescheid zu wissen. Es wäre unhöflich gewesen, nichts darüber zu wissen, nachdem ich so fabelhafte Erklärungen für die Ursachen bekommen hatte, die schließlich anscheinend auf Mißverständnissen beruhten. Ich fand seinen Namen herrlich, und er kam aus Minnesota und das ergab einen wunderbaren Namen: Ireland von Minnesota, Ireland von Wisconsin, Ireland von Michigan. Was es so reizvoll machte, war, daß es wie Eiland klang. Nein, das war es nicht. Es steckte mehr dahinter als das. Ja, Padre. Das stimmt, Padre. Vielleicht, Padre. Nein, Padre. Nun, es kann schon sein, Padre. Sie wissen mehr davon als ich, Padre. Der Priester war gut, aber langweilig. Die Offiziere waren nicht gut, aber langweilig. Der König war gut und langweilig. Der Wein war schlecht, aber nicht langweilig. Er wusch einem den Schmelz von den Zähnen und ließ ihn auf dem Gaumen zurück. »Und der Priester wurde eingelocht«, sagte Rocca, »weil man die dreiprozentigen Obligationen bei ihm fand. Natürlich war's in Frankreich. Hier hätte man ihn nie im Leben festgenommen. Er leugnete und behauptete, von den dreiprozentigen Obligationen nichts zu wissen. Das ist in Béziers passiert. Ich war da und las es in der Zeitung und ging ins Gefängnis und wollte den Priester besuchen. Es war ganz klar, daß er die Obligationen gestohlen hatte.« »Davon glaube ich kein Wort«, sagte Rinaldi.

»Ganz nach Belieben«, sagte Rocca. »Aber ich erzähle die Geschichte ja für unseren Priester hier. Sie ist sehr belehrend. Er ist ein Priester; er wird sie goutieren.«

Der Priester lächelte. »Nur weiter«, sagte er, »ich bin ganz Ohr.« »Natürlich konnte man nicht aller Obligationen habhaft werden, aber der Priester hatte alle dreiprozentigen Obligationen und einige Pfandbriefe bei sich, ich habe vergessen, was es alles war. Ich ging also ins Gefängnis; jetzt kommt die Pointe der Geschichte, und ich stand vor seiner Zelle, und ich sprach, als ob ich in der Beichte wäre: Padre, segne mich, denn du hast gesündigt.« Alles lachte schallenden Beifall.

»Und was hat er gesagt?«, fragte der Priester. Rocca überhörte dies und fuhr fort, mir den Spaß zu erklären.

»Nicht wahr, du siehst die Pointe?« Es schien ein fabelhafter Witz zu sein, man mußte ihn nur richtig verstehen. Man goß mir mehr Wein ein, und ich erzählte die Geschichte von dem englischen Muschkoten, den man unter die Brause gestellt hatte. Dann erzählte der Major die Geschichte von den elf Tschechoslowaken und dem ungarischen Unteroffizier. Nachdem ich noch mehr Wein getrunken hatte, erzählte ich die Geschichte von dem Jockei, der den Groschen fand. Der Major sagte, es gäbe eine italienische Geschichte, die so ähnlich sei, von einer Herzogin, die nachts nicht schlafen konnte. Hier verließ uns der Priester, und ich erzählte die Geschichte von dem Reisenden, der um fünf Uhr früh in Marseille ankam, als der Mistral blies. Der Major sagte, er hätte gehört, daß ich so ein ausgezeichneter Trinker sei. Ich leugnete. Er sagte, es wäre so und bei Bacchus' Leiche müsse festgestellt werden, ob es wahr sei oder nicht. Nicht Bacchus, sagte ich. Nicht Bacchus. Doch Bacchus, sagte er. Ich solle Glas um Glas mit Bassi Filippo Vicenza leeren. Bassi sagte, das sei keine Probe, denn er habe bereits doppelt soviel getrunken wie ich. Ich sagte, das sei eine gemeine Lüge, und Bacchus ja, oder Bacchus nein, Filippo Vicenza Bassi oder Bassi Filippo Vicenza hätte den ganzen Abend über keinen Tropfen getrunken und wie er denn nun eigentlich in Wirklichkeit hieße? Er sagte, ob mein Name Frederico Enrico sei oder Enrico Frederico? Ich sagte, Bacchus hin, Bacchus her, der Tüchtigste gewinnt, und der Major gab das Zeichen zum Anfangen und startete uns mit Rotwein in steinernen Krügen. Als wir halbwegs waren, mochte ich nicht mehr. Mir fiel ein, wo ich hingehen wollte.

»Bassi gewinnt«, sagte ich. »Er ist tüchtiger als ich, ich muß gehen.«

»Er muß wirklich«, sagte Rinaldi. »Er hat eine Verabredung. Ich kenne die ganze Geschichte.«

»Ich muß gehen.«

»Also einen andern Abend«, sagte Bassi. »Einen andern Abend, wenn du dich besser fühlst.« Er schlug mir auf die Schulter. Auf dem Tisch standen angezündete Kerzen. Alle Offiziere waren sehr glücklich. »Gute Nacht, meine Herren«, sagte ich.

Rinaldi ging mit mir heraus. Wir standen vor der Tür und er sagte: »Geh lieber nicht zu denen rauf, wenn du betrunken bist.« »Ich bin nicht betrunken, Rinini«, sagte ich, »wirklich nicht.« »Kau lieber vorher 'ne Kaffeebohne.«

»Unsinn.«

»Ich hol dir welche, Kindchen. Geh hier inzwischen auf und ab.« Er kam mit einer Handvoll gerösteter Kaffeebohnen zurück. »Kau die, Kindchen, und Gott sei mit dir.«

»Bacchus«, sagte ich.

»Ich werde dich bringen.«

»Ich bin wirklich ganz intakt.«

Wir gingen zusammen durch die Stadt, und ich kaute den Kaffee. Am Tor der Anfahrt, die zu der britischen Villa führte, sagte Rinaldi gute Nacht.

»Gute Nacht«, sagte ich. »Warum kommst du nicht mit rein?« Er schüttelte den Kopf. »Nein«, sagte er, »ich ziehe die einfacheren Freuden vor.«

»Noch besten Dank für die Kaffeebohnen.«

»Aber Kindchen, nichts zu danken.«

Ich ging die Auffahrt hinunter. Die Zypressen, die sie umsäumten, hatten scharfe, klare Umrisse. Ich blickte zurück und sah, wie Rinaldi mich beobachtete, und winkte ihm zu.

Ich saß in der Empfangshalle der Villa und wartete darauf, daß Catherine Barkley herunterkommen würde. Jemand kam den Gang herunter. Ich stand auf, aber es war nicht Catherine. Es war Miss Ferguson.

»Guten Abend«, sagte sie. »Catherine läßt Ihnen durch mich sagen, daß sie leider heute abend nicht kommen kann.«

»Das tut mir schrecklich leid. Hoffentlich ist sie nicht krank.«

»Es geht ihr nicht sehr gut.«

»Wollen Sie ihr bitte sagen, wie leid es mir tut?«

»Ja, gewiß.«

»Glauben Sie, daß es Sinn hat, wenn ich morgen komme, um sie zu besuchen?«

»Ja, sicher.«

»Danke vielmals«, sagte ich. »Gute Nacht.«

Ich ging zur Tür hinaus, und plötzlich fühlte ich mich einsam und leer. Meinen Besuch bei Catherine hatte ich sehr obenhin behandelt; ich hatte mich ein bißchen betrunken und ihn beinahe vergessen, aber als ich sie nicht sehen konnte, fühlte ich mich einsam und leer.

Arnold Zweig (geb. 1887 in Glogau/Schlesien; gest. 1968 in Ost-Berlin) schuf über dreißig Jahre hinweg unter dem Titel »Der große Krieg der weißen Männer« einen ganzen Romanzyklus über die Zeit des Ersten Weltkrieges: »Der Streit um den Sergeanten Grischa« (1927), »Junge Frau von 1914« (1931), »Erziehung vor Verdun« (1935), »Die Feuerpause« (1954) und »Die Zeit ist reif« (1957).

Von 1907 bis 1914 studierte der Sohn eines jüdischen Sattlermeisters unter anderem Germanistik, Philosophie und Psychologie an den Universitäten in Breslau, München, Berlin, Göttingen, Rostock und Tübingen. Noch während des Studiums, das er nicht abschloss, veröffentlichte Arnold Zweig seine ersten literarischen Arbeiten, darunter »Aufzeichnungen über eine Familie Klopfer« (1911), »Novellen um Claudia« (1912) und »Abigail und Nabal« (1912). Für seine Tragödie »Ritualmord in Ungarn« erhielt er 1915 den Kleistpreis.

Im Ersten Weltkrieg kämpfte Arnold Zweig ab 1915 als deutscher Soldat in Serbien, Belgien und Frankreich. Er war Teilnehmer der Schlacht um Verdun, bei der 1916 über 300 000 französische und deutsche Soldaten ums Leben kamen. In der Schlussphase des Krieges wurde Zweig in der Presseabteilung des Oberbefehlshabers der Ostfront eingesetzt.

Noch 1914 hatte Arnold Zweig mit »Die Bestie« einen Band mit Erzählungen veröffentlicht, der durchweg von deutsch-nationaler Kriegsbegeisterung geprägt war. Die schrecklichen Erfahrungen an der Front, insbesondere bei Verdun, führten jedoch auch bei Arnold Zweig zu einem grundlegenden Wandel seiner Überzeugungen, so dass er sich fortan als Pazifist verstand. Sein 1927 veröffentlichter Roman »Der Streit um den Sergeanten Grischa« handelt vom tragischen Schicksal des russischen Kriegsgefangenen Grigorij Iljitsch Paprotkin, der von seinen Freunden liebevoll Grischa genannt wird. Um sein neugeborenes Kind zu sehen, flieht Grischa aus dem Kriegsgefangenenlager. Von einer russischen Partisanin erhält er den Rat, sich im Falle seiner erneuten Gefangennahme durch die Deutschen als russischer Überläufer unter dem Namen »Bjuschew« auszugeben. Als Grischa tatsächlich wieder gefangen genommen wird, erweist sich der kleine Schwindel als äußerst verhängnisvoll. Er wird als russischer Spion zum Tode verurteilt. Auch der gerichtsfeste Beweis seiner wahren Identität und die Revision des Todesurteils können den jungen Vater nicht mehr retten. Grischa wird hingerichtet.

Vom Fall des Mordes am russischen Kriegsgefangenen hatte Zweig während seiner Tätigkeit beim »Oberkommando Ost« erfahren und die Geschichte bereits 1921 im Drama »Das Spiel um den Sergeanten Grischa« verarbeitet. Zweigs Roman beeindruckt durch die minutiöse Beobachtung des Innenlebens der deutschen Kriegsbürokratie mit ihren warmen Amtsstuben, in denen das Schicksal eines Soldaten an der Front nichts zählt, geschweige denn das Leben eines russischen Kriegsgefangenen. Wie dieser Apparat in seiner Monstrosität ein derartiges Eigenleben annehmen kann, dass jedes sittliche Grundempfinden eines aufgeklärten Staates und sogar geltendes Recht gebeugt werden, beschreibt Zweig unter anderem in der Person des Generalquartiermeisters Schieffenzahn, hinter dessen Charakterisierung man im Kapitel »Bildnis eines Selbstherrschers« die historische Figur Erich Ludendorffs wiedererkennen kann. ■

Arnold Zweig
Der Streit um den Sergeanten Grischa

Drittes Kapitel Bildnis eines Selbstherrschers

Das hohe Zimmer schmückte nichts als blaßblaue Wände. Unverschossene Vierecke deuteten auf vertriebene Bilder hin.

Generalmajor Schieffenzahn, im blauen Friedensrocke arbeitend, sah ausgezeichnet aus, von vorn. Dann lastete eine mauerartige Stirn über kleinen grauen Augen, die Nase wies ihren breiten herrscherhaften Ansatz, und fein und klug bog sich der Mund unter dem englischen Bärtchen, so daß ein majestätisches Doppelkinn vor dem generalstabsroten Kragen dem Ganzen als Sockel wohl anstand. Breitschultrig und hochgewachsen thronte er so an seinem Schreibtisch und strich mit blauem und rotem Bleistift Zeitungen an, die er rapid durchlas. Im Profil gesehn aber, vom großen Kachelofen her etwa, verlor er für den Kenner; die ganze Herrlichkeit fiel befremdend, nahezu peinlich ab. Er zeigte dann die feisten Wangen einer alten Dame und zu runde Schultern, Stirn und Kinn lagen gegeneinander in schlaffem Bogen, und aus dem ovalen Ganzen sprang die Nase, von zwei unangenehmen Falten unterstrichen, wie der Schnabel eines Papageien scharf heraus, da die Schreibebrille noch besonders ihren Sattel zerdrückte. Und wenn er aufstand, wie eben jetzt, um ein mit bläulichen Lettern bedrucktes Blatt auf einen Stoß gleichbearbeiteter abzulegen, schrumpfte seine Erscheinung: kurzbeinig in seinen schwarzen, rotgestreiften Hosen, allerdings mit kleinen Händen und Füßen, enthüllte er sich als Sitzriese, der gehend nicht größer war als ein durchschnittlich gewachsener Mann.

Von Albert Schieffenzahn hörte die Öffentlichkeit fast nur in Formeln wie: »der ausgezeichnete Mitarbeiter« oder »der ergebene Gehilfe«, wohinter ein berühmter Name folgte. Er trug in Wirklichkeit das Gehirn des gesamten Gebiets zwischen Ostsee und Karpathen in seinem kurzgeschorenen Schädel – nicht einen geniale Blitze emporsendenden Instinkt, sondern die erhellte Zentrale, die Stelle, an der alles Bewußtsein, Einsicht, Wille, Befehl ward. Hinter seiner Stirn ordnete sich systematisch ein ungeheures Wissen. Da er auf der Karte jedes Materialdepot, jede Lazarettstation, jede neu zu legende Bahn oder Straße vorausbestimmt hatte, beherrschte er diese Einzelheiten wie man auf geistigem Eigentum spielt. Ihm diente die bauende Phantasie eines Künstlers, der große Werke zu entwerfen und zu verwirklichen vermag.

Organisch formte über das Land hin sein gestaltender Wille. Ohne seine Einwilligung ward kein Soldatenheim errichtet, kein Kino hingestellt, kein Munitionsdepot auf Bohlen gelegt. Die Bahnlinien in seinem Gebiete, ihre Fahrpläne, ihre Leistungsfähigkeit, ihr Maschinen- und Wagenmaterial arbeiteten in seinem Kopfe wie die Stränge der Handlung in einem Drama. Empfing er von irgendwoher den Auftrag zu einer neuen Schöpfung, so rollte in diesem mächtigen Gehirn lückenlos alles ab, wessen ihre Durchsetzung bedurfte: in den ersten neun Monaten des Krieges Aufmarschpläne, Offensiven, der große Rückzug einer Armee über ein Stromnetz, die Eroberung des Landes; danach die allmähliche Durchgestaltung der Verwaltung eines Gebietes, von dem, als er sie in die Hand nehmen mußte, er nichts wußte als das Militärische: Lage und Stärke seiner Festungen, Armeekorps, Marschlinien, strategische Bahnen.

Plötzlich, mit unvorstellbarer Breite, Dichte und Schnelligkeit, nahm es in seinem Geiste Form an: seine Wälder und Ebenen, die Bestellungsmöglichkeiten seiner Feldstriche, die Bodenschätze, die Fabriken. Er schuf sich Sachverständige, die er zwang, Einzelheiten, Bücher, Aufsätze beizubringen, aus denen er Entfaltungsmöglichkeiten jedes Landesteils aufsog; danach verblüffte er diese Eingeweihten durch Fragen, die bewiesen, um wieviel machtvoller er, noch ohne Kenntnisse, in alle Bezirke und ihren Bedarf hineinsah als sie selbst. Die Währung des Landes war neu zu bauen; er baute sie. Ein System von Darlehenskassen über das Land nach der Notwendigkeit dichterer oder ländlicherer Bevölkerungskreise war zu schaffen; er schuf sie. Ein Schulsystem war völlig zu gestalten, und es richtete sich ein. Das Gesundheitswesen dieses vom Krieg verheerten Landstrichs wurde sein eigenstes Werk. Überall entstanden

Anstalten zur Entlausung und Entseuchung von Menschen und Kleidern, Bäder, Isolierbaracken, Lazarette. Er erzwang die größtmögliche Beweglichkeit fahrbarer Entkeimungsöfen. Er setzte deutsche Buchhandlungen in die Städte und lockte ein Netz von Feldbuchhandlungen hervor, dem er beständige Zufuhr wünschte. In sieben Sprachen, den sieben Sprachen des Landes, ward ein Zeitungswesen notwendig, Papierfabriken mußten dafür errichtet werden, überall begannen Druckerpressen zu spielen: deutsch, litauisch, polnisch, jüdisch, lettisch, esthnisch.

In seinem Kopfe, von ihm in die Karte gezeichnet, setzte zur Überwindung der ungeheuren Entfernungen der erste regelmäßige Flugdienst Europas neue Nervenbahnen zwischen Libau und Brest-Litowsk ein: alsbald bestrich mit den wenigstmöglichen Maschinen planmäßiger Luftverkehr bei jedem Wetter das breite Reich. Die Operationsabteilung des Stabes verdankte ihm, seiner allmächtigen Vorstellungskraft, die verblüffendsten Hinweise auf Einzelheiten; aber ebenso legte er auf die Errichtung von Mühlen an schnellströmenden Flüssen Wert, verlangte neue Kraftwerke, um Strom für die elektrische Beleuchtung großer Anlagen zu haben, und kontrollierte das weite und dichte Netz der Telephonleitungen zwischen der Front und seinem Schreibtisch und quer durch Deutschland weiter bis in den Standort der O.H.L.

An den Wänden seines Arbeitszimmers schilderten große Tabellen so genau als möglich die Völkerstämme des besetzten Gebietes mit ihren politischen Parteien, er griff dabei ruhig über nach Polen und selbst ins noch russische Rußland. In geheimen Aufzeichnungen lagen alle Fäden bloß, die von den einzelnen Gruppen im Lande zu verwandten Mächtepunkten in Deutschland bündelten. Er durchkreuzte mit dem Werkzeug der Verkehrspolitischen Abteilung die Anknüpfungen der Bevölkerung mit zivilen Gewalten des Reiches, dem Reichstag, der Regierung, den politischen Parteien. Kein Mensch von einiger Wichtigkeit überschritt die Grenze, ohne daß Albert Schieffenzahn sein Einreisegesuch mit »Ja« genehmigt hätte. Selbst die vielfältigen Kulte des Landes beeinflußte er – und damit auch ihre Schulen – indem er ihnen die Geldmittel neutraler Hilfswerke zukommen ließ oder widerrechtlich abdrosselte.

Seine Mitarbeiter vergötterten ihn. Seine hohe, umschleierte Stimme, stets höflich, übergab Anordnungen in Form von Bitten oder so, als habe er von seinem Gegenüber Anregung empfangen und gestalte sie nur aus. Die geistigen Strömungen unter den Mannschaften des umfangreichen Stabes, die Gepflogenheiten der Intellektuellen unter ihnen, die kleinen oder argen Bereicherungsversuche der Zugriffsfähigen wurden ständig von ihm eingesehen, ohne daß man seines Blickes gewahr wurde. Ununterbrochen gestaltete er das Land, förderte es, brachte es weiter; bald durch Vertilgung von Unkraut und Erprobung passender Dünger und Saaten, bald durch Schafzucht oder Imkerei, bald durch Stellung von Kriegsgefangenenkommandos für diese oder jene Industrie, durch Beschlagnahme von Kesseln, Maschinen, Häusern, Grundstükken.

Der Antrieb seines Tuns war eindeutig aussprechbar: er wünschte bei Friedensschluß dies Gebiet dem Deutschen Reiche in einem nutzbaren Zustande anzugliedern, so wie er schon jetzt seine Schienengleise auf deutsche Spurweite umarbeiten ließ. Ihm war vollständig klar, die Rolle der Deutschen auf der Erde habe erst begonnen; als das vorbestimmte Volk der Herrschaft, Schöpferlichkeit, Höherzüchtung standen sie in seinem Denkfeld. Er hatte niemals auch nur eine Stunde in westlichen oder südlichen Ländern verbracht; daher sah er sie alle unter den Winkeln seiner Lektüre, die er allerdings auf Wunscherfüllung hin, ohne es zu merken, auswählte. Eben jetzt kreuzte er befriedigt die Meinungen von Zeitungen und Geheimberichtern an, die als Auslandsnachrichten des Auswärtigen Amtes in solchen Druckblättern den eingeweihten Stellen zugingen, für Bestätigungen haltend, was doch nur, um Hoffnungen seiner Gesinnungsfreunde zu streicheln, berichtet wurde. Denn die Übersender unerwünschter Nachrichten fielen schnell in Ungnade, sie wußten nicht bei wem, und wurden beiseite geschoben, zurückberufen, oft ins Heer eingestellt, sie wußten nicht auf wessen Fügung.

Nichts ging ihn bei seinem Werke so wenig an wie die Wünsche, Absichten, Formkeime der Bevölkerung. Er, Schieffenzahn, verstand das Heil dieser Leute viel deutlicher als sie selbst. Sie hatten hinzunehmen und auszuführen, was er diktierte, auch wenn sie nichts einsahen. Unmündige waren sie, der Lenkung bedürftig wie die Masse der Gemeinen des Heeres, denen er im »vaterländischen Unterricht« seine Absichten, Gedanken, politischen Weisungen einhämmern ließ. Er hatte zu befehlen. Dafür trug er Verantwortung. Sie hatten zu gehorchen, zu folgen, sich zu ducken. Sie waren, geschah dies nicht, zu zertreten. Ganz von oben, wie aus ruhig schwebendem Fesselballon, übersah er sein Reich, seine Städte, Waldungen, Feldstriche, Menschenherden hier und dort und blieb dabei im Dunkeln.

Ehre, Ruhm, Anerkennung behauptete er nicht zu bedürfen. Ihm genügte Macht. Er liebte seine Zigarre, anständiges Essen, Bismarckanekdoten, einen Spazierritt fast ohne Begleitung, die Fahrt in einem seiner Stabsautos, so schnell als möglich so weit er wollte, leichte heitere Geselligkeit mit seinen Herren oder Gästen; er liebte seine maßlose Leistungskraft. Er haßte Widerstand, widersetzliche Gedanken, Trägheit, die Unbrauchbarkeit der Menschen, er haßte erbarmungslos den Aufruhr, die Zersetzung, westliches Gerede von Demokratie, die nihilistische niederträchtige Revolution des Ostens. Als im März, in jenen Tagen des ersten stillschweigenden Waffenstillstands, Russen und Deutsche einander in den Gräben besuchten, sich verbrüderten, war er binnen wenigen Tagen mit Befehlen an allen Punkten da, diesen Unfug auf die notwendigste Spionage einzuschränken, und als bei Jakobstadt der Kommandeur einer Stellung sechsunddreißig russische Besucher kurzerhand zu Gefangenen machte, zeichnete er ihn gleich danach aus und grinste befriedigt, als er durch Spione erfuhr, diese Nachricht sei in einer Welle von Empörung die ganze russische Ostfront hinabgerollt. Ungeduldig hatte er den Beginn der russischen Offensive belauert. In seinen Berichten ins Hauptquartier stand zwischen Worten Triumph über diesen letzten Versuch. Wie erwartet, brachen sie bei Smorgon und Brzezany vor. Er nickte. Das Dorf Krewo im Norden, Konjuchy im Süden gingen verloren – bitte sehr. Daß bei Jakobstadt ein plötzlicher Angriff, unvorhergesehen, die Besatzung jener Stellung in Wut austilgte, machte ihm Stirnrunzeln – peinlich. Dann hörte er vergnügt Einzelheiten der russischen Verluste unten an der Südecke. Dort lagen in unerhörter Ernte die letzten sturmwilligen russischen Divisionen als Totenhaufen. Nachstoß, Gegenstoß, Vorstoß der verbündeten Armeen brach los: österreichischer Entwurf, Schieffenzahnsche Durcharbeitung – Ablauf wunschgemäß. Der Einmarsch des ordnenden Deutschland in das zerfetzte und chaotische Rußland entfaltete sich unverdrossen. Schieffenzahn allein wußte seine Ziele – er hatte sie gesteckt – Kiew, Odessa, die Krim (Getreide, Schiffe, Schwarzes Meer). Er gedachte sich aus Rußland zu schneiden, was ihm beliebte. Er lachte über die Möglichkeit, Amerikaner könnten im Westen eine auch nur nennenswerte Rolle spielen; über den Schluß des Krieges dachte er läßlich. Ein Plan des österreichischen Chefs, Zusammenbruch im Westen durch einen Vorstoß in die Poebene und den Marsch in die französische Flanke von Italien aus, stand bereit. Vorher noch, September oder Oktober, nahm er sich Riga, Dorpat, Reval, vielleicht Petrograd, bestimmt Dünaburg.

Er empfing an diesem weißlich strahlenden Morgen einen Vertreter der Flottenleitung, um mit ihm Übereinstimmung der Operation zu Meer und Lande zu besprechen; an der Tür seines Vorzimmers schon flammte die rote Birne, die jedem Menschen auf Erden den Eintritt verbot. Als der Kapitänleutnant in seinem blau und goldenen Rock ihn verließ, konnte die Eroberung der Inseln Ösel und Dagö, des ganzen Rigaischen Meerbusens, nach Durchbrechung des Minenfeldes in einigen Monaten beginnen. Auf diesen letzten Vorsichtspunkt war freilich Wert zu legen. Unliebsam hatte die Leitung der Ostseegeschwader das Abenteuer von Baltisch-Port bezahlt: um einen völlig harmlosen Bahnhof zu beschießen, der freilich einmal eine entscheidende Monarchenstunde gesehen, brachen elf eben in Dienst gestellte Zerstörer zum Nachtangriff auf … vier davon kehrten in aller Stille zurück – Minen. Fünfhundert Ertrunkene.

Im Anschluß daran telephonierte er mit der V.P.A. über den nächsten Besuch deutscher Parlamentarier im Lande. Sie sei ihm verantwortlich dafür, daß keiner der Abgeordneten einen Schritt ohne die Begleitung eines ihm eigens beigegebenen Offiziers auch nur versuche. »Gut füttern, gut einstallen, gut führen«, sagte er abschließend mit behaglichem Lachen; er wollte die Reichstagswallache schon reiten. Eine Ordonnanz brachte ihm belegte Brote und Tee. Noch kauend besprach er mit Hauptmann Blaubert, dem Chef der Presseabteilung, Maßregeln, um unauffällig, trotz Burgfriedens und Zensur, linksstehende Zeitungen den Truppen und gar der Bevölkerung vorzuenthalten. Dies ließ sich durch Verteilungspläne und kluge Abstufung der Beförderungsschnelligkeit leicht handhaben – wenn es nur unbemerkt geschah. Wer lieber ein veraltetes Blatt der Demokratie als ein ganz frisches der rechten Parteien zu kaufen wünschte, der sollte nicht gehindert werden. Der rheinische Dichter Heinz Flügelig übrigens, Gefreiter unter Herrn Blaubert, schmückte sich zum Waffenrock mit hohem weißen Stehkragen, dergleichen durfte nicht vorkommen. Auch war die Verordnung, die nur beinverletzten Mannschaften das Anlegen von Wickelgamaschen gestattete, in Erinnerung zu bringen. Dann berichtete der Verbindungsoffizier der Operationsabteilung über die letzten schrecklichen Kämpfe auf Trembowla zu, nannte genau Verlustziffern der Russen, die Gefangenen; er trug Befehle mit sich fort, die den schnellstmöglichen Umbau des erbeuteten Geschützparks für deutsche Munition und die Unterweisung deutscher Kanoniere zum Bedienen der meist japanischen und amerikanischen Geschütze, aber auch Sammelstellen für messingne Geschoßkartuschen betrafen.

Danach, zwölf Uhr, empfing Schieffenzahn zu langer Unterredung den Abgeordneten Schilles, Ruhrrevier. Dieser Politiker, bleich, kinnbärtig, Mandelaugen über einem lasch fallenden Anzug, war freilich zu gleicher Zeit der größte Industrielle des Kontinents, Kohlenherr, Erzherr, Schiffsherr, Führer im Kampfe um die Annexion lothringischer Erze und nordfranzösischer Hütten. Er saß in dem einzigen Polsterstuhl des Zimmers, seine feine Hand schwach auf der Lehne. Sie sprachen miteinander achtungsvoll, sehr vorsichtig; beide sogen lange Pausen aus ihren Zigarren. Bei gleichen Interessen witterten sie voneinander verschiedene Ziele. Während der Magnat, den Kopf hin und her rückend, streng, leise, sachlich auf die Unterwerfung des gesamten Staates unter die Wünsche – er nannte sie Notwendigkeiten – der schweren Industrie, d.h. seiner selbst, hinsteuerte, wenn man den Krieg gewinnen wolle, lachte Schieffenzahn hinter der Hand über diese »Koofmichs«, die sich mit ihrem bißchen Geld der Staatsgewalt überzuordnen trachteten. Er gedachte, mit ihnen zu marschieren, so weit es ihm paßte, und sie im geeigneten Augenblick abzuhalftern, da schließlich und endlich die Macht bei den Bajonetten stand.

Er wußte nicht, daß der bleiche, wahrscheinlich ungesunde Melonenhutträger da seit einem Jahr bereits von der schweren Schwächung des Staatsgefüges aus operierte, die er seit der verlorenen Schlacht von Verdun mit Sicherheit erwartete. Für ihn drückte sich diese Minderung an Macht und Vertrauenswürdigkeit in einem Währungsfall aus. Nie mehr erlangte die deutsche Mark ihre volle Höhe von vor dem Kriege oder selbst ihres heutigen Wertes in Zürich zurück. Denn er verstand, weshalb sie an dieser neutralen Börse bei jeder Aussicht auf frühen Frieden sofort um Punkte stieg, aber alsbald zu sinken begann, wenn deutsche Siege, Siege wohlgemerkt, die Verlängerung des Krieges um noch eine Jahreszeit ansagten. Daraufhin machte er seit einem Jahre in wachsender Höhe bei der Reichsbank Markschulden. Er war sicher, für sich den Krieg in bar zu gewinnen.

Heute lispelte er mit Schieffenzahn zur Wohlfahrt des Vaterlandes über zwanzig- bis dreißigtausend Zivilarbeiter aus dem besetzten Gebiet, weil ihm die O.H.L. Sorgen seiner unzufriedenen und erbitterten Reklamierten wegen abnehmen wollte. Die Leute wurden eingezogen. Mit jüdischen, polnischen, litauischen Robotern sparte er außerdem noch gut ein Drittel der Löhne; und schließlich wünschte er (in Anwendung seiner Geldtheorien), daß die Darlehenskassen Ober-Ost den Angehörigen dieser neuen Arbeiter einen Teil des Lohnes selbsttätig vorschossen; nach Friedensschluß verrechnete man einfach die Ziffern. Sie stellten dann nur ungefähr die Hälfte des wahren Wertes dar, so daß ihm seine immer neu einströmenden Kriegslieferungen: Kanonen, Granaten, Schienen, Ausrüstungsgegenstände, Waggons, in Gold oder Schweizer Franken veranschlagt, hundertachtzig Prozent über den normalen und zugegebenen Gewinn abwarfen.

Diese Pläne im Hintergrunde seines fein ziselierten Verstandes, wickelte er den General in Bewunderung – aufrichtige Bewunderung – des Außerordentlichen, das hier geleistet wurde. Sie sprachen über diesen Aufbau als Kenner und verstanden sich überhaupt erst gut, als sie einander ihren vorsichtigen Haß gegen seine Reichstagskollegen und ihren Plan eines Friedensschritts eingestanden. Der Reichskanzler zwar, ein moralisch übersinniger Philosoph, der ja seine Majorsuniform anzog, wenn er Thronreden verlas, durch seine Belgienerklärung bei Kriegsausbruch aber unberechenbar geschadet hatte und immer weiter schadete, stand unmittelbar vor dem Abmarsch ins Dunkle. Aber da wühlten Abgeordnete der Mitte und der Linken, die auf die Sessel von Friedensministern zu streben schienen; und dem entschlossenen Programm vaterländischer Verbände, die um Deutschlands Zukunft willen sich auf keinerlei Erklärung, die Herausgabe Belgiens betreffend, einließen, liehen nur militärische Mächte ihren Schutz und Willen. Überhaupt durfte von innerpolitischen Vorgängen nicht die Rede sein – nämlich von jener Aufhebung des geltenden preußischen Wahlrechts, nach welchem, drei Steuerklassen zugrunde gelegt, Albin Schilles ungefähr ebensoviel Stimmgewalt im Staate besaß wie drei Millionen augenblicklich kämpfender Soldaten. Und er verabredete mit Schieffenzahn eine Anzahl flammender Artikel in den Armeezeitungen, wonach es eine Beleidigung des Frontheeres sei, ihm gewissermaßen Lohn für sein Heldentum anzubieten und die politischen Grundrechte des Mannes zur Scheidemünze im Kuhhandel der parlamentarischen Parteien herabzuwürdigen. Flüchtig lächelten sie einander einen Augenblick in die Gesichter, der blasse, magere Schwarzbart mit den schweren Augenlidern und der rosige, fleischige Schieffenzahn; und dann fuhren sie zu Tisch.

Schieffenzahn aß, seiner Gewohnheit gemäß, mit den Herren seines Stabes, ohne daß auf ihn gewartet werden durfte. Die Uhr zeigte halb drei; so lange hatte Gespräch und Verhandlung sie beansprucht. Der Eßraum des großen Kasinos, im Saale eines ehemaligen kleinen Palais des Grafen Branitzky untergebracht, schallte leer, einsam. Am Ende der Tafel verzehrte der Kriegsgerichtsrat Dr. Wilhelmi erbittert seinen Braten.

Er hatte bis vor einer Viertelstunde in den mittäglich verödeten Räumen seines heißen Büros auf Fräulein Emilie Paus geharrt, die kleine Paus mit den reizenden Beinen, die seit der Ablösung so vieler Schreiber unter den Damen des Hilfsdienstes als niedlicher Stern hervorleuchtete. Wilhelmi warb um Fräulein Paus. Da sie, kühnen Kopfes, schnell übersah, der dicke Wilhelmi werde sie schließlich heiraten, umgab sie ihn mit kitzelnden Absagen ihres liebreizenden Gesichtchens und unterhielt sich inzwischen sehr leichtsinnig mit einem jener Leutnants, die der liebe Gott in Bialystok zum Spaße von jungen Mädchen aufbewahrte. Gewiß, eines Tages Frau Landgerichtsdirektor Wilhelmi zu heißen, hatte ihn Emilie versetzt: versprochen, um halb zwei mit einem Aktenstück an seine Tür zu klopfen, dabei schon entschlossen, statt ihrer den mißfälligen Unteroffizier Barenscheen hinüberzuschicken, der es wagte, auch um sie zu werben. Auf die Minute drückte sie ihm sanftäugig ein beliebiges Aktenstück aus den bestaubten Stößen des Rückstands sorgsam gereinigt in die Hand: Herr Kriegsgerichtsrat erwarte noch vor Tisch diese Mappe. Es war die Sache »Paprotkin alias Bjuschew«. Ein scharfes und wüstes Donnerwetter des Vorgesetzten machte Herrn Barenscheen erbleichen. Aber das Aktenstück lag nun einmal entschnürt vor Wilhelmis Sitz. Wutbebend über die kleine Kanaille, in der leisen Hoffnung, sie doch noch klopfen und kichern zu hören, verwartete er die Essenszeit in seinem Sessel, anteillos, bald etwas aufmerksamer die Angelegenheit studierend, die der Kollege Posnanski ihm da vermacht. Der Fall war nicht ohne Reize. Das zuständige Etappengericht ließ sich durch zwei Telephonate leicht ermitteln. Der Rechtsverlauf ging ganz in Ordnung; der alte Lychow hielt sein Divisionsjus am Schnürchen. Wilhelmi – dies bewies schon sein Verlangen nach der schlanken niedlichen Emilie – verstand sich auf Feinheiten. Es gab viel fleischigere Damen in den Abteilungen, die sich, Abenteuer im Sinne hergekommen, einem Kriegsgerichtsrat leicht erschlossen hätten; »Offiziersmatratzen« nannte sie der freche Muschkote. Schließlich aber trat Wilhelmi allein und schwer geladen den Weg zum Kasino an, entschlossen, sich nach Tisch mit einigen Kognaks zu trösten. Was meinte die Person eigentlich? Manchmal machte sie ihm zärtliche Augen, ließ sich in den Arm nehmen, dann wieder foppte sie ihn. Vielleicht spielte sie die Dame, dann fing man sie, gings nicht anders, über das Standesamt ein. Nach dem Kriege kam ein Junggeselle ohnehin schlechter fort; Ihre Majestät drängte bei dem erlauchten Gatten auf die Bevorzugung Verheirateter – der Kaiser braucht immer Soldaten.

Entzückt sah Wilhelmi, welche Tischgenossen ihm sein Mißgeschick bescherte. Schieffenzahn und Albin Schilles, zwei der einflußreichsten Deutschen der Gegenwart, speisten mit ihm zu dritt Suppe, Hecht, Roastbeef mit frischen Gemüsen und einen Sahnenreispudding. Devot hörte er ihren Gelächtern zu: sie schüttelten Anekdoten. Beim schwarzen Kaffee gelang es ihm, selber zu Wort zu kommen und hübsch zugespitzt die ulkige Geschichte zu erzählen, die ihm, Aktenstücke enthalten Lebensläufe, heute von der Division Lychow zugegangen sei. »Der alte Lychow«, nickte Schieffenzahn und feixte ein wenig, »der Soldatenpapa.« – »In der Tat«, pflichtete Wilhelmi bereits lachend bei, »diesmal verschreibt man Seiten um einen gefangenen Russen!« Der Herr über hunderttausend Arbeiter zog die Brauen hoch und sah den Herrn über fast eine Million Männer ironisch an. Wilhelmi bekam das Wort und stellte mit gescheit-heiteren Wendungen dar: Ein Überläufer, polizeilich geklappt, entpuppt sich nach Todesurteil (laut Verordnung soundso) als Gefangener, Flüchtling aus einem unserer Lager. Die Division läßt ihn wirklich rekognoszieren, und Ober-Ost wird jetzt das zuständige Gericht ermitteln, um den Kerl Desertions wegen zu verknacken. Schilles bewunderte die Feinheit eines Heerwesens, das bei so großen Aufgaben in die detailliertesten Vorfälle greifen konnte. Schieffenzahn, die Zigarre im Mundwinkel, die Arme auf den Lehnen seines Sessels, blickte vom einen zum andern; dann gähnte er leicht, bat um Entschuldigung, räkelte sich und meinte: er könne ja irren, aber seiner Meinung nach sei dies eine politische Angelegenheit. »Es wäre sehr liebenswürdig, Herr Kriegsgerichtsrat, wenn Sie mir die Akten heute nachmittag zur Entscheidung überließen. Wenn ich sie um vier hätte?«

Wilhelmi, von so unmittelbarer Zusammenarbeit entzückt, verbeugte sich drei- oder viermal, begeistert. Er hatte Glück! Schieffenzahn war schließlich fünfmal soviel wert als Fräulein Paus, und auf dem Wege über solchen Glanz kriegte er sie vielleicht dennoch in sein einsames Bett.

Ernst Glaeser (geb. 1902 in Butzbach; gest. 1963 in Mainz) ist aufgrund seiner wechselhaften Biographie bis heute umstritten. Nachdem die Nazis seine Werke verbrannt und ihn ins Exil getrieben hatten, kehrte Ernst Glaeser 1939 nach fünfjähriger Emigration in das nationalsozialistische Deutschland zurück, wo er sich politisch instrumentalisieren ließ. 1940 wurde er zur Wehrmacht einberufen und war während des Zweiten Weltkrieges als Redakteur bei zwei Zeitschriften der Luftwaffe tätig und wirkte somit an der NS-Kriegspropaganda mit.

Wie anders las sich da sein 1928 erschienener Roman »Jahrgang 1902«, der von der politischen Rechten nicht nur wegen seiner militär- und kriegskritischen Motive, sondern auch wegen der in der Handlung zum Vorschein kommenden sexuellen Freizügigkeit verfemt wurde.

Nach seinem Studium unter anderem der Rechtswissenschaften, Philosophie und Germanistik hatte Glaeser zunächst als Dramaturg und Zeitungsredakteur gearbeitet. Von 1928 bis 1930 leitete er dann die Literaturredaktion des Südwestdeutschen Rundfunks. Danach arbeitete er bis 1933 als Lektor beim Propyläen Verlag. Parallel dazu veröffentlichte er seine ersten Romane, darunter »Überwindung der Madonna« (1924), »Frieden« (1930) oder »Das Gut im Elsaß« (1932).

Sein literarischer Durchbruch gelang ihm jedoch 1928 mit »Jahrgang 1902«. Der Roman handelt von den Generationenkonflikten derjenigen Geburtenjahrgänge, zu denen auch Ernst Glaeser gehörte. Sie waren mit dem Ersten Weltkrieg aufgewachsen, hatten jedoch nicht als Soldaten an seinen Kampfhandlungen teilgenommen, was ihnen von der älteren Generation auf maßregelnde Weise als großes Defizit zugeschrieben wurde. Zugleich hatte ihnen diese ältere Generation aber nach dem Zusammenbruch des Kaiserreiches ein Land im Zustand völliger Depression hinterlassen, dessen soziale Verwerfungen und Perspektivlosigkeit vor allem die Jüngeren zu spüren bekamen. Diese Situation schrie geradezu nach Protest gegen die im Alltag weiter bestehende wilhelminische Gesellschaftsordnung mit ihrer engstirnigen Kasernenmoral und den ständigen Gängeleien durch Lehrer an Gymnasien, die sich wegen ihrer Betonung der alten Sprachen »humanistisch« nannten.

Glaeser gelang es diesen Generationenkonflikt in der Figur des schon am Namen als autobiographisch zu erkennenden »Ernst« auf den Punkt zu bringen. Die zahlreichen Auflagen und fremdsprachigen Ausgaben sind ein Beleg dafür, dass »Jahrgang 1902« nicht nur im Deutschland der Wirtschaftskrise den Lebensnerv einer nach Orientierung suchenden Generation traf, – einer Generation, die in Deutschland wenig später zu einem Großteil den Verlockungen der nationalsozialistischen Ideologie erlag. ■

Ernst Glaeser
Jahrgang 1902

Homer und Anna

Damals schrieb mein Vater aus Kowno einen Brief, dessen Wortlaut ich wegen seiner Bedeutung für mich behalten habe: »Ich wünsche, daß mein Sohn der Realschule entnommen wird und in D. das humanistische Gymnasium besucht. Er wird dort den Geist der Antike kennen lernen und mag sich daran ein Beispiel nehmen. Denn ich will, daß mein Sohn in dieser schweren Zeit in erster Linie ein Charakter wird; Englisch und höhere Mathematik kann er sich später immer noch aneignen ...«

Ich sträubte mich gegen diesen Befehl. Obwohl mir der Krieg den letzten Freund genommen hatte, wollte ich nicht fort aus unserer Stadt. Ich kannte sie. Zu neuen Menschen und Beziehungen fehlte mir der Mut.

»Dein Sohn weigert sich, ein Charakter zu werden«, schrieb meine Mutter, die auf meiner Seite stand, an meinen Vater zurück. Seine Antwort war schmerzlich. Wir hatten ihrer heroischen Sentimentalität nichts entgegen zu setzen.

»Wenn unsere Jugend nicht begreift, daß wir nur ihr Bestes wollen, wenn sie unsere Sorge für sie verachtet und beginnt, nach ihrem eigenen Kopf zu leben – dann verdient sie es nicht, daß ihre Väter für ihre Zukunft hier draußen täglich ihr Leben riskieren ...«

Wir erschraken. Das war die Stimme der Front. Das war die Stimme jener Männer, die früher einmal unsere Väter waren, jetzt aber, seit Jahren von uns entfernt, fremd vor uns standen, beängstigend, groß, übermächtig, mit schweren Schatten, erdrückend wie ein Denkmal. Was wußten sie noch von uns? Sie wußten, wo wir wohnten, aber wie wir aussahen und dachten, das wußten sie nicht mehr.

Aber sie waren besser als wir, sie riskierten doch ihr Leben. Wir beugten uns und ich fuhr täglich mit dem Frühzug nach D. ins humanistische Gymnasium, um ein Charakter zu werden.

Das Gymnasium war ein roter Backsteinbau mit grauem Sandstein verputzt. Um seinen Hof, auf dem ein paar kümmerliche Linden in militärischer Ordnung herumstanden, lief ein großes Gitter gußeiserner Stäbe. Sie hatten die Form mittelalterlicher Lanzen, waren schwarz gestrichen und in einen Basaltsockel gegipst. Drohend stachen ihre nackten Spitzen in die frostharte Winterluft. Jeden, der vorüberging, zwangen sie zu einem ernsten gemessenem Gesicht. In den Giebel der Anstalt war in großen Marmorbuchstaben: »Wissen ist Macht« gemeißelt.

Die Gänge des Gebäudes waren dunkel und hohl. Wo etwas Licht genehmigt war, wirkte es grau. Selbst das Licht, das in die Höfe fiel, schien schon verbraucht. Grau waren die Wände, grau die Fenster, grau die Tafeln, grau das Einbandpapier der Bücher, grau die Farbe der Schüler, grau der Blick der Lehrer, grau und welk der Bart des Direktors. Es war verboten: 1. in den Gängen zu laufen, 2. mehrere Stufen der Treppe auf einmal zu nehmen, 3. während des Unterrichts zu lachen, 4. die Fenster ohne Genehmigung zu öffnen.

Kaum einer der Lehrer war unter 50 Jahren, die Jüngeren hatten alle eine Krankheit und waren deshalb noch mürrischer als die Alten. Die Gesunden standen alle im Feld. Sie wurden von den Schülern die Guten genannt.

Ich kam eine Klasse zurück und mußte obendrein noch Privatunterricht in Griechisch nehmen. Der Professor, der ihn mir gab, litt an Gicht. Er war sehr stolz darauf, daß er trotzdem noch seine »Pflicht« täte. Sie bestand darin, daß er mich und meine Kameraden täglich mit Partikeln und unregelmäßigen Verben quälte.

Der Krieg tat dieser Schule nichts an. Er wurde als historisches Kapitel behandelt, das noch nicht fertig geschrieben war und deshalb nicht für den Unterricht in Frage kam. Obwohl sehr oft der Vater eines Schülers fiel und die Zahl der Jungen, die mit schwarzen Florstreifen um den Arm in den Bänken saßen, sich mehrte, wurde darüber vom Katheder nicht gesprochen. Wie die Türme eines bürokratisierten Bildungsideals ragten die Professoren über uns und erteilten uns Zensuren in Griechisch und Latein, während wir Hunger hatten und uns in den Pausen unsere Frühstücksbrote stahlen. Und wenn auf dem Platz vor dem Gymnasium die Genesungskompagnie eines Landsturmbataillons Feldübungen veranstaltete, die scharfen Kommandos der Offiziere durch die Luft schnitten, die Fenster unter dem arroganten Knall der Platzpatronen zitterten, saßen wir in der engen Luft des Klassenzimmers und unterhielten uns über die Bewaffnung trojanischer Helden oder Caesars Reiterei.

Es gab Professoren, die von Verdun und seinen Opfern keine Ahnung hatten, dafür aber die Ausrüstung von Achills Myrmidonen bis ins Kleinste kannten. Wenn sie einmal vom Krieg sprechen mußten, so war das nichts als eine

Übersetzung aus Homer. Für sie gab es nur Helden, das andere war »Fußvolk«, dessen Aufgabe es war: »das Brachfeld blutig zu färben …« Hatten sie einen Sieg zu feiern, dann sprachen sie nur von den Generälen, die im Tagesbericht genannt waren. Sie gaben ihnen homerische Beiworte. »Die Schnellfüßigen«, das waren jene, die in Rußland dauernd vorrückten, ohne das Ziel des Krieges zu erreichen, während die »nervige Faust« jeden Ansturm in Frankreich niederhielt.

So wurde den Schülern der Krieg, wenn er überhaupt erwähnt wurde, jahrelang allegorisch verfälscht.

Aber als ich ankam, waren selbst diese Schüler, deren Väter fast nur Offiziere waren oder als hohe Beamte zivile Wortführer des Kriegs, ängstlich und nachdenklich geworden. Sie hatten oft Hunger. Sie begannen langsam gegen die Art ihrer Erzieher, die sich auf kein Gespräch über die Not einließen, zu rebellieren.

Dies offenbarte sich zuerst bei Homer.

An einem der grauen Wintertage des Dezembers 1917 – vielleicht der stärkste Hungermonat des Kriegs – lasen wir das »Gastmahl der Freier« aus der Odyssee. Der junge Mahr, ein schüchterner Junge, stand mit seinem Buch vor dem Katheder und übersetzte ziemlich unbeholfen die homerische Speisekarte dieses Gastmahls. Es war kalt, es gab wenig Kohlen, wir hatten unsere Mäntel an. Der Professor stand starr auf dem Katheder und kontrollierte den Mahr, ob er auch richtig übersetzte. Wir hatten unsere Spicker unter der Bank und verfolgten zitternd die homerische Speisekarte. Und plötzlich fing es an. Zuerst begann einer hinter mir leise »Ah …« zu machen, dann sah ich rechts von mir einen anderen heimlich schmatzen, andere verfolgten mit dem Finger aufgeregt die nahrhaften Verse, ich selbst spürte, wie mir der Speichel im Munde zusammenlief. Vorne stand Mahr und übersetzte.

Vor uns tanzten gebratene Hähne, Ochsen am Spieß, Zypernwein, der Nußkern zartester Butter, Eberrücken, in die man hineinschneidet, daß ihr Fett singend in rötlichen Blasen hochspritzt, wir schmeckten die prickelnde Impertinenz frischen Hammelfleischs, das trockne Zerblättern mattblau gekochter Fische, die wollüstige Weichheit der Lämmer von Ithaka, den aufregend schmeckenden Dotter der Vogeleier, aus Felsennestern gehoben – wir hörten aus Ziegenschläuchen den roten Wein schießen, das Blöken der Rinder, die kreischende Angst der Hähne, das dumpfe Gestampf der Ochsen, die im Hof von schweren, halb entblößten Knechten niedergehauen wurden, dazwischen das Flötenspiel verschüchterter Musikanten, das prächtige Gejohl der Freier – wir wühlten in diesen Versen, wir schmatzten die fleischprallen Metaphern nach und während unsere Gelenke schmal, unser Blut dünn, unsere Knochen kalklos waren, erlebten wir Homer zum erstenmal nicht als böses

Pensum – sondern körperlich, wie jede große Kunst. Der Speichel lief uns aus dem Mund, in unserer unterernährten Phantasie fühlten wir uns plötzlich als Freier, die, während ihnen der rotbraune Saft frischen Fleisches über die Lippen troff, um eine skythische Sklavin würfelten … Da traf uns wie ein Stich die dünne, kalte Stimme des Professors. »Mahr!«, schrie er, »Mahr, ὅτι heißt ›daß‹ und nicht ›weil‹!«

Mahr aber sagte gar nichts. Er hatte das Buch von seinen Augen genommen und während der Professor ihn anschrie, er solle fortfahren, murmelte er leise: »Ich kann nicht mehr …«

Da sprang der Professor vom Katheder herunter und lachte hämisch: »Aha, Sie sind wieder einmal nicht vorbereitet. Gut, setzen Sie sich!«, und er kritzelte mit hochgeschobener Brille eine Fünf sehr sorgfältig und, wie mir schien, ebenso wollüstig in sein Notizbuch. Mahr aber wagte wohl die erste Widerrede seines Lebens: »Doch, ich bin vorbereitet, aber das kann ich nicht mehr übersetzen, ich habe so Hunger …«

»Hunger?« Der Professor wandte sich um, als habe er das Wort zum erstenmal gehört.

»Hunger – was hat das mit dem Pensum zu tun??«

Dann stieß er Mahr an. »Setzen, setzen!!«, schritt zum Katheder zurück und begann mit seiner spinnigen Stimme zu verkünden: »Wir gehen jetzt zu dem nächsten Gesang über. Er behandelt den Tod der Freier. Achten Sie genau auf die Abweichungen des ionischen vom attischen Dialekt.«

Mahr schwankte auf seinen Platz zurück. Der Professor begann mit seinem spitzen Finger den Takt zu den neuen Hexametern zu schlagen, die er vorlas.

Da ereignete sich die erste Rebellion. In den hintersten Bänken fing es an. Gebrumm. Es setzte sich fort. Es verstärkte sich. Es wurde gescharrt und als der Professor »Ruhe« schrie, empfing ihn ein wütendes Gescharr und Gebrumm. Wir hielten alle die Köpfe gebeugt, als schämten wir uns, uns zu wehren, aber es gab keinen, der nicht brummte.

Mit einem Satz, den ich ihm niemals zugetraut hätte, stand der Professor unter uns. Wir brummten weiter. Er erwischte mich, riß mich aus der Bank und hieb mir zweimal hinter die Ohren. Aber es wurde weiter gebrummt. Schon warfen einige mit tintengetränkten Papierkügelchen nach ihm. Sein Kragen wurde fleckig. Seine Brille verschob sich, als er mich los ließ, schmiß ich ihm den Gummi ins Gesicht. Die Brille zersprang. Der Professor rannte aus dem Zimmer. Wir johlten ihm nach.

Wir hatten gesiegt. Wir hatten uns aufgelehnt. Und als 10 Minuten später der Direktor mit dem Professor zurückkam und nach langer giftiger Rede uns zwei Stunden Arrest aufbrummte und mir noch extra zwei Stunden Karzer, nahmen wir gern die Strafe an, denn wir hatten gezeigt, wie wir dachten. Ich war von diesem Augenblick an verloren. Ich schrieb dauernd fünf und war bald der schlechteste Schüler der Klasse. Ich konnte lernen, soviel ich wollte. Bald steckte ich auch diese zwecklose Bemühung auf, denn wenige Wochen nach diesem Vorfall hatte ich Anna kennen gelernt.

*

Anna war eine Schaffnerin. Keine aus Homer, eine wirkliche, eine von heute, auf der Eisenbahn.

Die letzten Ausmusterungen hatten den Bestand an Männern sehr dezimiert. Um sie zu ersetzen, versuchte man es mit der Anstellung von Frauen. Anna war eines dieser Experimente. Sie besorgte den Personenzug A 7708, mit dem ich jeden Morgen nach D. fuhr. Ich lernte sie durch ihre Stimme kennen.

Weihnachten 1917 war vorüber, die russische Revolution hatte auch in unserer Stadt das Fest sehr hoffnungsfreudig gestaltet. Zwar der Hunger blieb, aber die Stimmung hob sich, alle glaubten, Rußland hätte Revolution gemacht, damit Deutschland endlich siegte. In den Zeitungen las ich die Aufrufe der Sowjets, sie waren ähnlich gehalten wie der Brief von Augusts Vater über den Krieg als kapitalistischen Schwindel. Ich begriff nicht, warum man sich bei uns über diese Aufrufe freute, denn schon hörte ich die gleichen Worte von den Munitionsarbeitern, die morgens mit mir nach D. fuhren. Auch die Urlauber, die immer spärlicher von der Front kamen, sagten: »Man müßte es eigentlich so machen wie die Russen. Dann wäre der Schwindel vorbei …« Aber sie schimpften nur, sie taten nichts.

Es war an einem dieser grauen und kalten Morgen, ich saß zwischen den müden Munitionsarbeitern, als plötzlich hell und klingend eine Station ausgerufen wurde, eine uns allen gewohnte Station, ein dummer, abgestumpfter Name, dennoch horchten wir auf, der Name klang so neu, er wurde gezwitschert, getrillert, sehr lustig und froh in die trübe Morgenluft des hungrigen Januartags hineingesungen, daß wir alle die Köpfe hoben und aus Verlegenheit lächelten. Als ich das Fenster herunterließ, sah ich Anna auf dem Bahnsteig stehen, in brauner Joppe und eng anliegender Hose, die Mütze schief, über der Stirn einen Schwall gesunder, schwarzer Haare, tadellos stand sie da, selbstverständlich in der Haltung, und während ihr Atem weich und sichtbar in die Kälte strömte, blähte sie die Backen sehr wichtig, pfiff, warf dem griesgrämigen Stationsvorstand eine Kußhand zu und sprang mit einem Juchzer auf den anfahrenden Zug.

Von diesem Morgen an sah ich sie täglich. Wenn der Zug einlief, stellte ich mich immer in die Mitte des Perrons, vor einen Ölschuppen, dem gegenüber der Wagen Annas meistens hielt. Ich war beglückt, wenn ich sie sah, schon auf dem Wege zur Bahn freute ich mich auf ihr Gesicht. Ich wählte stets das Abteil neben ihr, auch wenn ich stehen mußte. Durch die rissige Schiebetür hörte ich ihre Stimme, sie sang sehr oft zwischen den Stationen. Ihr Lieblingslied war: »Was nützet mir ein schöner Garten, wenn andre drin spazieren gehen und pflücken mir die Röslein ab …« oder »Im Feldquartier auf hartem Stein streck' ich die müden Glieder …« Mit besonderer Wehmut wiederholte sie oft den letzten Vers:

»Und schießt mich eine Kugel tot,
Kann nicht mehr heimwärts wandern,
Dann wein dir nicht die Äuglein rot
Und nimm dir einen andern.
Nimm einen Burschen, frank und fein
Annemarie …
Es braucht ja nicht grad einer sein
Von meiner Kompagnie …
Von meiner Kompagnie …«

Draußen über den frostigen Feldern jagten die letzten Wolken der Nacht. Auf den Bänken im Abteil lagen die Arbeiter und schliefen. Ihre Kleider rochen nach Öl und Schweiß. Oft husteten sie im Schlaf, ihre Gesichter waren grau wie der Morgen und der Speichel, der aus ihrem Munde rann. Ich spähte durch die Ritzen. Nebenan, unter dem dünnen Gaslicht saß Anna und sang.

Bald überraschte mich ihre Stimme während der trostlosen Schulstunden, plötzlich erschien auf der Tafel, vor der der Professor die Stammwurzeln der unregelmäßigen Verben erklärte, ihr Gesicht. Ich wurde sehr häufig wegen Unaufmerksamkeit getadelt. Mittags, wenn die Schule zu Ende war, lief ich sofort an die Bahn, stellte mich vor die Tür des Wartesaals vierter Klasse und betrachtete Anna, die dort mit einigen alten Schaffnern an einem Tisch aus einem Kännchen ihre Suppe löffelte. Ich war sehr beglückt, wenn ich sie sah. – Trauer überfiel mich, erwiderte sie einen der Witze der vorübergehenden Soldaten.

Die Einteilung meines Tages verschob sich, die wenigen Stunden, an denen ich Anna sehen konnte, gaben dem Tag seinen Wert – alles andere war Wartezeit auf Anna. Unter dem Vorwand, meine Lektionen zu erledigen, schloß ich mich in mein Zimmer ein, legte mich aufs Bett und dachte an das Mädchen. Ich konnte Stunden so liegen und immer dasselbe denken. Man hat unermeßlich viel Zeit, wenn man liebt.

Daß ich sie jemals sprechen könne, glaubte ich nicht, aber es war schon ein süßes Glück, sie täglich zu sehen. Wenn ich auf dem Bett lag und ihr Gesicht vor mich hinzauberte, ergriff mich oft ein leichter Taumel, wie ihn August beschrieben hatte – Lachen und Weinen auf einmal oder fliegen – und während ich die Augen schloß und ihre Stimme hörte, ihren Mund sah, opferte ich der Erscheinung nach der geheimen, traurig-lüsternen Art der Knaben. Ich empfand das nicht als Sünde, ich dachte überhaupt nichts dabei, ich sah in diesen taumelnden Minuten Anna nur viel deutlicher als sonst und gerade dieses wollte ich ja …

Matt und glücklich schlief ich ein, meine Mutter, die diesen häufigen Schlaf bald bemerkte, war sehr bekümmert. Sie schob ihn auf den Hunger.

An einem hellen Morgen jedoch – es war März, in Frankreich begann die letzte Offensive – an einem dieser erwartungsvollen Morgen winkte mir Anna, als ich sie von meinem Ölschuppen aus betrachtete und nahm mich mit ins Dienstabteil. Der Zug war überfüllt. Ängstlich stieg ich ein und wartete, bis Anna den Zug fertig gemacht hatte. Als sie aufsprang und die Tür heftig hinter sich zuschlug, klopfte sie mir auf die Schulter und sagte: »Na, wir kennen uns doch.« Verlegen rückte ich ein Stück hinweg und stotterte, während mir das Blut bis in die Augen stieg: »Ja, ich habe Sie schon öfters gesehen …« Anna lachte und setzte sich neben mich. Heimlich betrachtete ich ihre Beine, deren tadellosem Schwung selbst die Wickelgamaschen nichts anhaben konnten, ihr Gesicht, in dem die dunklen Augen dauernd hin und her gingen, während der Mund in starker Ruhe auf etwas zu warten schien. Über der Brust trug sie eine große Uhrkette und das geflochtene Band der Signalpfeife, an dem sie spielte.

In dem Abteil war noch ein alter Schaffner, der an Gicht litt und zwischen den Stationen meistens schlief.

Plötzlich nahm Anna ihre Mütze ab und begann den schweren Knoten ihres Haares zu ordnen. Ich mußte ihr die Nadeln und die Kämme halten. Ich saß neben ihr und zitterte, hatte aber dennoch die Kraft, eine der Nadeln heimlich in meine Tasche zu stecken. Anna merkte es nicht, denn wir fuhren in eine Station, sie öffnete rasch die Tür und während sie vom Trittbrett sprang rief sie mir zu: »Einen Augenblick nur – ich bin gleich wieder da …«

Unauffällig holte ich die Nadel aus meiner Tasche und roch daran.

Als sie zurückkam, war ich schon mutiger geworden. Ich erzählte ihr kleine Geschichten aus der Schule, die Unnamen unserer Lehrer, ich erfand Streiche, phantasierte, dichtete – nur weil ich es nicht aushielt, ihr ohne Worte gegenüber zu sitzen.

Ich versuchte sie zum Lachen zu bringen, was nicht schwer war, denn Anna lachte gern.

Als wir in D. ankamen, sagte sie zu mir: »Du kannst jeden Tag zu mir kommen, weil du ein netter Junge bist. Steig nur ein, der alte Papa dort ist viel zu langweilig für mich. Er schläft fast nur …«

An diesem Morgen bekam ich bei der griechischen Lektion eine Stunde Arrest wegen wiederholter Unaufmerksamkeit.

Friedensbewegung

Bertha von Suttner (geb. 1843 in Prag; gest. 1914 in Wien) war eine österreichische Schriftstellerin, Pazifistin und Trägerin des Friedensnobelpreises. Sie entstammte einem böhmischen Adelsgeschlecht, ihr Vater Franz Graf Kinsky von Wchinitz und Tettau verstarb noch vor Berthas Geburt. Obwohl ihre Familie relativ mittellos war, genoss sie eine gute Schulbildung und fand 1873 eine Anstellung als Erzieherin der Töchter des Unternehmers und Freiherrn Karl von Suttner in Wien. Während dieser Tätigkeit verliebte sie sich in den sieben Jahre jüngeren Arthur Gundaccar von Suttner, den jüngsten Sohn ihrer Gastfamilie. Dessen Mutter versuchte die Liebschaft zu unterbinden, indem sie das Arbeitsverhältnis mit Bertha kündigte und ihr eine Tätigkeit als Sekretärin bei dem schwedischen Forscher und Erfinder Alfred Nobel in Paris vermittelte. Jedoch kehrte Bertha schon bald nach Wien zurück. Dort heiratete sie 1876 gegen den Willen seiner Eltern Arthur von Suttner, der daraufhin vorübergehend enterbt wurde. Auf Einladung einer georgischen Fürstin zog das junge Ehepaar in den fernen Kaukasus, wo sich beide nur mühsam mit schriftstellerischen und journalistischen Arbeiten über Wasser halten konnten. 1885 kehrte Bertha von Suttner mit ihrem Mann, der sich mit seiner Familie wieder versöhnte, nach Wien zurück. Vom elterlichen Gut in Harmannsdorf aus setzten beide ihre schriftstellerischen Arbeiten fort, wobei Bertha von Suttner ihre Interessen immer stärker auf friedenspolitische und pazifistische Themen richtete. In Paris traf sie 1886 Alfred Nobel wieder, der als Erfinder des Dynamits und Rüstungslieferant sehr viel Geld verdiente. Zwischen Suttner und Nobel entstand eine geistige Freundschaft und ein intensiver Briefwechsel, in dessen Folge Nobel seine Haltung zum Krieg revidierte. Er unterstützte Bertha von

Suttner in ihrem vielfältigen friedenspolitischen Engagement und stiftete auf ihr Anraten hin den heute sehr bedeutenden Friedensnobelpreises, der 1905 – neun Jahre nach dem Tod Alfred Nobels – an Bertha von Suttner verliehen wurde.

1889 erschien Suttners bekanntestes Werk »Die Waffen nieder!« Der Roman beschreibt die beängstigende Situation des Krieges aus Sicht der Ehefrau »Martha Althaus«. Nachdem die österreichische Gräfin bereits ihren Ehemann im Krieg verlor und im Alter von neunzehn Jahren zur Witwe wurde, heiratet sie mit dem Baron Friedrich Tilling nochmals einen Offizier der Österreichisch-Ungarischen Armee. Während der Kriege 1864 gegen Dänemark und 1866 gegen Preußen durchleidet Martha aus tiefer Sorge um ihren geliebten Mann mehrere Nervenzusammenbrüche. Der Krieg 1866 wird zudem zu einer Geißel für ihre ganze Familie. Marthas Geschwister sterben an der von Soldaten nach Österreich eingeschleppten Choleraepidemie, woraufhin auch ihr Vater vor Gram verstirbt. Ihr Mann Friedrich erkennt die seelische Notlage seiner Frau, verlässt die Armee und begleitet Martha bei ihren friedenspolitischen Aktivitäten. Der Heimsuchung des Krieges können sie jedoch nicht entrinnen. In Paris geraten Martha und Friedrich Anfang 1871 in die Wirren der Schlussphase des Deutsch-französischen Krieges. Friedrich wird irrtümlich als deutscher Spion verhaftet und wird standrechtlich erschossen. ■

Bertha von Suttner
Die Waffen nieder! Eine Lebensgeschichte

Sechstes Buch: 1870/71

Gern hätten wir Paris verlassen, denn der ganze von der Bevölkerung gezeigte Enthusiasmus berührte uns höchst peinlich. Aber der Weg nach Osten war nunmehr versperrt; auch hielt uns der Bau unseres Hauses zurück – kurz: wir blieben. Geselligen Umgang hatten wir beinahe keinen mehr. Alles was nur konnte, hatte Paris geflohen und unter den obwaltenden Umständen dachte auch unter den Zurückgebliebenen keiner daran, Einladungen auszuteilen. Nur einige unserer Bekannten aus literarischen Kreisen, die noch anwesend waren, suchten wir öfters auf. Gerade in dieser Phase des beginnenden Krieges war es Friedrich interessant, die betreffenden Urteile und Ansichten der hervorragenden Geister kennen zu lernen. Da war ein ganz junger Schriftsteller, der später zu solcher Berühmtheit gelangte, Guy de Maupassant, von dessen Äußerungen, die mir aus der Seele gesprochen waren, ich einige in die roten Hefte eintrug:

»Der Krieg – wenn ich nur an dieses Wort denke, so überkommt mich ein Grauen, als spräche man mir von Hexen, von Inquisition – von einem entfernten, überwundenen, abscheulichen, naturwidrigen Dinge. Der Krieg – sich schlagen! Erwürgen, niedermetzeln! Und wir besitzen heute – zu unserer Zeit mit unserer Kultur, mit dem so ausgedehnten Wissen, auf so hoher Stufe der Entwickelung, auf der wir angelangt zu sein glauben – wir besitzen Schulen, wo man lernt zu töten – auf recht große Entfernung zu töten, eine recht große Anzahl auf einmal.

... Das Wunderbare ist, daß die Völker sich dagegen nicht erheben, daß die ganze Gesellschaft nicht revoltiert bei dem bloßen Worte Krieg.

Jeder, der regiert, ist ebenso verpflichtet, den Krieg zu vermeiden, wie ein Schiffskapitän verpflichtet ist, den Schiffbruch zu vermeiden. Wenn ein Kapitän sein Schiff verloren hat, wird er vor ein Gericht gestellt und verurteilt, falls man erkennt, daß er sich Nachlässigkeit zuschulden kommen ließ. Warum wird die Regierung nach jedem erklärten Kriege nicht gerichtet? Wenn die Völker das verständen, wenn sie sich weigerten, ohne Grund sich töten zu lassen – dann wäre es mit dem Kriege aus.«

Und Erneste Renan ließ sich also vernehmen: »Ist es nicht herzzerreißend, zu denken, daß alles, was wir Männer der Wissenschaft in fünfzig Jahren aufzubauen bestrebt waren, mit einem Schlage zusammengestürzt ist: die Sympathien zwischen Volk und Volk, das gegenseitige Verständnis, das fruchtbare Zusammenarbeiten. Wie tötet ein solcher Krieg die Wahrheitsliebe! Welche Lüge, welche Verleumdung des einen Volkes wird nun nicht aufs neue in den nächsten fünfzig Jahren von dem anderen mit Begierde geglaubt werden und sie für unabsehbare Zeiten voneinander trennen! Welche Verzögerung des europäischen Fortschrittes! In hundert Jahren werden wir nicht wieder aufrichten können, was diese Menschen an einem Tage heruntergerissen haben.«

Ich hatte auch Gelegenheit, einen Brief zu lesen, den Gustave Flaubert in jenen ersten Julitagen, als eben der Krieg ausgebrochen war, an George Sand geschrieben hat. Hier ist er:

»Ich bin verzweifelt über die Dummheit meiner Landsleute. Die unverbesserliche Barbarei der Menschheit erfüllt mich mit tiefer Trauer. Dieser Enthusiasmus, der von keiner Idee beseelt ist, macht, daß ich sterben möchte, um ihn nicht mehr zu sehen. Der gute Franzose will sich schlagen: 1. weil er sich durch Preußen herausgefordert glaubt; 2. weil der natürliche Zustand des Menschen die Wildheit ist; 3. weil der Krieg ein mystisches Element in sich hat, das die Menschen fortreißt. Sind wir wieder zu den Rassekämpfen gekommen? Ich fürchte es ... Die schrecklichen Schlachten, die sich vorbereiten, haben nicht einmal einen Vorwand für sich. Es ist die Lust, sich zu schlagen, um sich zu schlagen. Ich beklage die gesprengten Brücken und Tunnels. All diese menschliche Arbeit, die verloren geht! Sie haben gesehen, daß ein Herr in der Kammer die Plünderung des Großherzogtums Baden vorgeschlagen hat. Ach, daß ich nicht bei den Beduinen sein kann!«

»Ach«, rief ich, als ich diesen Brief zu Ende gelesen, »daß wir nicht fünfhundert Jahre später geboren sind – das wäre doch besser als die Beduinen.«

»So lange werden die Menschen nicht mehr brauchen, um vernünftig zu werden«, entgegnete Friedrich zuversichtlich.

Das wäre jetzt das Stadium der Proklamationen und der Armeebefehle.

Immer wieder die alte Leier und immer wieder das zu Beifall und Begeisterung hingerissene Publikum. Über die in den Manifesten verbürgten Wege wird gejubelt, als wären dieselben bereits erfochten.

Am 28. Juli erließ Napoleon III. vom Hauptquartier in Metz folgende Urkunde. Auch diese habe ich eingetragen – nicht etwa aus geteilter Bewunderung – sondern aus Zorn über das ewig gleich hohle Phrasenwerk.

»Wir verteidigen Ehre und Boden des Vaterlandes. Wir werden siegen. Nichts ist zu viel für die ausharrenden Anstrengungen der Soldaten Afrikas, der Krim, Chinas, Italiens und Mexikos. Noch einmal werdet ihr beweisen, was eine französische Armee vermag, die von Vaterlandsliebe durchglüht ist. Welchen Weg immer wir außerhalb unserer Grenzen einschlagen, wir finden dort die ruhmreichen Spuren unserer Väter. Wir werden uns ihrer würdig zeigen. Von unseren Erfolgen hängt das Schicksal der Freiheit und der Zivilisation ab. Soldaten – tue jeder seine Pflicht und der Gott der Schlachten wird mit uns sein.«

»Le Dieu des armées« durfte natürlich nicht fehlen. Daß die Führer besiegter Heere schon hundertmal dasselbe gesprochen, das hindert die anderen nicht, bei jedem neuen Feldzug wieder dasselbe zu sprechen, und damit dasselbe Vertrauen zu wecken. Gibt es etwas Kürzeres und Schwächeres als das Gedächtnis der Völker?

Am 31. Juli verläßt König Wilhelm Berlin und erläßt nachstehendes Manifest:

»Indem ich heute zur Armee gehe, um mit ihr für die Ehre und für die Erhaltung unserer höchsten Güter zu kämpfen, erlasse ich eine Amnestie für politische Verbrecher. Mein Volk weiß mit mir, daß Friedensbruch und Feindschaft nicht auf unserer Seite waren. Aber herausgefordert, sind wir entschlossen, gleich unseren Vätern und in fester Zuversicht auf Gott den Kampf zu bestehen zur Errettung des Vaterlandes.«

Notwehr, Notwehr: das ist die einzig statthafte Art des Tötens; daher rufen beide Gegner: »Ich wehre mich.« Ist das nicht Widersinn? – Nicht so ganz – denn über beiden waltet eine dritte Macht, die Macht des überkommenen alten Kriegsgeistes. – Nur gegen den sich zu wehren, sollten alle sich verbünden …

[…]

» O Monsieur, o Madame – welches Glück, welche große Nachricht!« Mit diesen Worten stürzten eines Tages Friedrichs Kammerdiener und hinter ihm der Koch in unser Zimmer. Es war am Tage von Wörth.

»Was gibt's?«

»An der Börse ist eine Depesche angeschlagen: wir haben gesiegt. Die Armee des Königs von Preußen ist so gut wie vernichtet … Die Stadt schmückt sich mit dreifarbigen Fahnen – es soll heute abend illuminiert werden.«

Im Laufe des Nachmittags stellt sich jedoch heraus, daß die Nachricht eine falsche – ein Börsenmanöver – war. Ollivier hält von seinem Balkon aus eine Ansprache an die Menge.

Nun – desto besser. Wenigstens würde man nicht beleuchten müssen. Diese Freudenkundgebungen anläßlich »vernichteter Armeen« – d. h. anläßlich zahlloser zerrissener Leben und gebrochener Herzen – das hätte in mir auch wieder den Flaubertschen Wunsch erweckt: »Ach wär' ich doch bei den Beduinen!«

Am 7. August Unglücksbotschaft. Der Kaiser eilt aus St. Cloud nach dem Kriegsschauplatz. Der Feind ist ins Land gedrungen. Die Blätter können ihrer Entrüstung über die »Invasion« nicht heftig genug Ausdruck geben. Der Ruf »à Berlin!« – deuchte mir – bedeutete doch auch beabsichtigten Einfall – doch daran war nichts Entrüstendes; – daß aber die östlichen Barbaren in das schöne, gottgeliebte Frankreich einzufallen sich unterstanden: das war schier Wildheit, Frevel – dem mußte rasch gesteuert werden.

Der interimistische Kriegsminister erläßt ein Dekret, daß alle rüstigen Bürger von dreißig bis vierzig Jahren, welche der Nationalgarde noch nicht angehören, derselben sofort einverleibt werden müssen. Es bildet sich ein Ministerium der Landesverteidigung. Die bewilligte Kriegsanleihe von fünfhundert wird auf tausend Millionen erhöht. Ganz herzerfrischend ist es, wie opferfähig die Leute über das Geld und das Leben der anderen stets verfügen. Eine kleine finanzielle Unannehmlichkeit macht sich dem Publikum zwar sogleich fühlbar: wenn man Banknoten wechseln will, muß man dem Wechsler zehn Prozent zahlen – es ist nicht so viel Gold vorhanden, als die Bank von Frankreich Noten ausgeben darf.

Und jetzt, deutscherseits Sieg auf Sieg …

Die Physiognomie der Stadt Paris und ihrer Einwohner verändert sich. Statt der stolzen, prahlerischen, kampfesfrohen Laune tritt Bestürzung und grimmiger Zorn ein. Immer mehr verbreitet sich das Gefühl, daß eine Vandalenhorde über das Land niedergegangen – etwas Schreckhaftes, Unerhörtes, wie etwa eine Heuschreckenwolke oder sonst eine Naturplage. Daß sie mit ihrer Kriegserklärung die Plage selber heraufbeschworen, daß sie dieselbe für unerläßlich hielten, – damit ja nicht etwa ein Hohenzollern in ferner Zukunft auf die Idee kommen könne, um den spanischen Thron zu werben – das hatten sie vergessen. Über den Feind kommen entsetzliche Märchen in Umlauf. »Die Ulanen, die Ulanen«: das hat einen phantastisch-dämonischen Klang, beinahe als hieße es »das wilde Heer«. In der Einbildung der Leute nimmt diese Truppengattung ein teuflisches Wesen an. Wo immer von der deutschen Kavallerie ein kühner Streich ausgeführt wird, wird er den Ulanen zugeschrieben – eine Art Halbmenschen, ohne Sold, darauf angewiesen, von Beute zu leben. Neben den Schauergerüchten entstehen aber auch wieder Triumphgerüchte. Das Erfolglügen gehört mit zu den Chauvinistenpflichten. Natürlich: der Mut muß aufrecht erhalten werden. Das Gebot der Wahrhaftigkeit – wie so viele andere Sittengebote – verliert seine Gültigkeit im Kriege. Aus der Zeitung Le Volontaire diktierte mir Friedrich folgende Stelle für meine roten Hefte:

»Bis zum 16. August haben die Deutschen schon 144000 Mann verloren, der Rest ist dem Verhungern nahe. Aus Deutschland ziehen die letzten Reserven herbei, ›la landwehr et la landsturm‹; alte Männer von 60 Jahren mit Feuersteingewehren, an der rechten Seite eine ungeheure Tabaksdose, an der linken eine noch größere Schnapsflasche, im Munde eine lange tönerne Pfeife; keuchend unter der Last des Tornisters, auf welchem die Kaffeemühle und in welchem der Fliedertee nicht fehlen darf, ziehen sie hustend und sich schneuzend vom rechten an das linke Rheinufer, diejenigen verfluchend, welche sie den Umarmungen ihrer Enkel entrissen haben, um sie dem sicheren Tode entgegenzuführen.« – »Was die deutscherseits gebrachten Siegesnachrichten anbelangt – so sind dies die bekannten preußischen Lügen.«

Am 20. August verkündet Graf Palikao in der Kammer, daß drei gegen Bazaine vereinte Armeekorps in die Steinbrüche von Jaumont geworfen wurden. (Sehr gut! Sehr gut!) Zwar weiß niemand, was das für Steinbrüche seien, und wo selbe gelegen sind; und wie sich die drei Armeekorps darin verhalten, das macht sich auch niemand klar; aber von Mund zu Mund geht die frohe Botschaft: »Sie wissen schon? ... In den Steinbrüchen ...« – »Ja, ja, von Jaumont.« Keiner äußert einen Zweifel oder eine Frage: es ist, als ob alle aus der Gegend von Jaumont gebürtig wären und die armeeverschlingenden Steinbrüche so gut kennten, wie ihre Tasche.

Um diese Zeit tauchte auch das Gerücht auf, der König von Preußen sei aus Verzweiflung über den Zustand seines Heeres verrückt geworden.

Man hört nur noch Ungeheuerlichkeiten. Die Aufregung, das Fieber der Bevölkerung nimmt stündlich zu. Der Krieg »là-bas« hat aufgehört, als Waffenspaziergang betrachtet zu werden; man fühlt, daß die losgelassenen Gewalten jetzt Furchtbares über die Welt bringen – es ist nur noch von vernichteten Heeren, von wahnsinnigen Führern, von teuflischen Horden, von Kampf bis aufs Messer die Rede. Ich höre es donnern und grollen – was sich da erhebt, ist der Sturm der Wut und der Verzweiflung. Der Kampf um Bazeilles bei Sedan wird geschildert, als wären dort von den Bayern die unmenschlichsten Greuel verübt worden.

»Glaubst du das«, fragte ich Friedrich, »glaubst du das von den gutmütigen Bayern?«

»Es mag ja sein. Ob Bayer oder Turko, ob Deutscher, Franzose oder Indianer: der sich seines Lebens wehrende und zum Töten ausholende Krieger hat allemal aufgehört, –menschlich– zu sein. Was in ihm geweckt und gewaltsam aufgestachelt worden, ist ja eben die Bestie.«

Metz gefallen ... So lautete an jenem Tage die zwar noch verfrühte, aber einige Zeit später doch zur Wahrheit gewordene Nachricht, die in der Stadt wie ein einziger großer Schreckensschrei widerhallte.

Mir ist die Nachricht von der Einnahme einer Festung eher eine Erleichterung bringende Botschaft; denn ich denke: das gibt doch eine Entscheidung. Und danach nur – daß die blutige Partie aus sei – nur danach geht mein Sehnen. Aber nein: nichts ist noch entschieden – es sind ja noch mehr Festungen da. Nach einer Niederlage heißt es nur, sich aufraffen und doppelt kräftig entgegenhauen – das Glück der Waffen kann ja wechseln. Jawohl, bald dort, bald hier kann der Vorteil sein; wäre dabei nur nicht auf beiden Seiten der sichere Jammer, der sichere Tod.

Trochu fühlt sich veranlaßt, den Mut der Bevölkerung durch eine neue Proklamation zu heben und beruft sich darin auf einen alten Wahlspruch der Bretagne: »Mit Gottes Hilfe für das Vaterland.« Das klingt mir nicht eben neu – ich muß ähnlichem schon in anderen Proklamationen begegnet sein. Es verfehlt eben seine Wirkung nicht: die Leute sind begeistert. Jetzt heißt es, Paris in eine Festung umwandeln.

Paris Festung? Ich kann den Gedanken nicht fassen. Die Stadt, welche Viktor Hugo »la villelumiére« genannt, welche der Anziehungspunkt der ganzen zivilisierten, reichen, Kunst- und Lebensgenuß suchenden Welt ist, der Ausgangspunkt des Glanzes, der Mode, des Geistes – diese Stadt will sich nun »befestigen«, das heißt sich zum Zielpunkt feindlicher Angriffe, zur Scheibe der Beschießung machen, sich allem Verkehr abschließen und sich der Gefahr aussetzen, in Brand geschossen oder ausgehungert zu werden? Und das tun diese Leute »de gaité de coeur«, mit Opfermut, mit Freudeneifer, als gelte es die Vollbringung des nützlichsten, edelsten Werkes? Mit fieberhafter Hast wird an die Arbeit geschritten. Es müssen Wälle für Aufstellung von Mannschaften gebaut werden und Schießscharten eingeschnitten; ferner vor den Toren Gräben ausgehoben, Zugbrücken angelegt, Deckwerke neu errichtet, Kanäle überbrückt und mit Brustwehren angeschüttet, Pulvermagazine gebaut, und auf der Seine eine Flottille von Kanonenbooten aufgestellt werden. Welches Fieber von Tätigkeit, welcher Aufwand von Anstrengung und Fleiß; welche riesige Kosten von Arbeit und Geld! Wie das alles, für Werke der Gemeinnützigkeit verwendet, erfreulich und erhebend wäre – aber für den Zweck der Schadenzufügung, der Vernichtung – welche nicht einmal Selbstzweck, sondern strategischer Schachzug ist – es ist unfaßlich!

Um einer voraussichtlich langen Belagerung widerstehen zu können, verproviantiert sich die Stadt. Bis jetzt – allen Erfahrungen gemäß – hat es noch keine uneinnehmbaren Festungen gegeben; die Kapitulation ist stets nur eine Frage der Zeit. Und immer wieder werden Festungen errichtet, immer wieder werden sie mit Vorräten versehen, trotz der mathematischen Unmöglichkeit, sich auf die Dauer vor Aushungerung zu schützen.

Die getroffenen Maßregeln sind großartig. Es werden Mühlen eingerichtet und Viehparks angelegt, aber schließlich muß der Augenblick doch kommen, wo das Korn ausgeht und das Fleisch verzehrt ist. Aber so weit denkt man nicht; bis dahin ist der Feind über die Grenze zurückgedrängt oder im Lande vernichtet. Der vaterländischen Armee schließt sich ja das ganze Volk an. Alles meldet sich zum Dienst oder wird dazu herangezogen; so werden zur Besatzung von Paris sämtliche Feuerwehrleute des Landes berufen. In der Provinz mag es unterdessen brennen – was liegt daran? So kleine Unglücksfälle verschwinden, wo es sich um ein National-»desastre« handelt. Am 17. August sind schon 60 000 Pompiers in die Hauptstadt eingerückt. Auch die Matrosen werden einberufen, und täglich bilden sich neue Truppenkörper unter verschiedenen Namen: volontaires, éclaireurs, franctireurs.

In immer beschleunigterer Bewegung folgten einander nun die Ereignisse. Aber nur noch kriegerische Ereignisse. Alles andere ist aufgehoben. Rings um uns wird nichts anderes mehr gedacht als »mort aux Prussiens«. Ein Sturm des wilden Hasses sammelt sich an; noch ist er nicht losgebrochen, aber man hört ihn rauschen. In allen offiziellen Kundgebungen, in allem Gassenlärm, in allen öffentlichen Vorkehrungen – immer nur das eine Ziel: »mort aux Prussiens«. All' diese Truppen, regelmäßige und unregelmäßige, diese Munitionen, diese nach den Befestigungen drängenden Arbeiter mit ihren Werkzeugen und Karren, diese Waffentransporte; alles was man sieht und was man hört, das deutet in Formen und in Tönen, das blitzt und poltert, das funkelt und tost »mort aux Prussiens«. – Oder mit anderen Worten – dann klingt es freilich wie ein Ruf der Liebe und durchglüht auch weiche Herzen – »pour la patrie!« – aber es ist dennoch dasselbe.

Ich fragte Friedrich:

»Du bist doch preußischer Abstammung – wie berühren dich diese von allen Seiten laut werdenden feindlichen Gesinnungen?«

»Dieselbe Frage hast du schon im Jahre 1866 an mich gerichtet – und damals antwortete ich dir – wie auch heute – daß ich unter diesen Hassesäußerungen nicht als Landesangehöriger, sondern als Mensch leide. Fasse ich die Gesinnungen der Leute hier vom nationalen Standpunkt auf, so kann ich ihnen nur recht geben; sie nennen es la haine sacrée de l'ennemi – und diese Regung bildet einen wichtigen Bestandteil des kriegerischen Patriotismus. In diesem einen Gedanken gehen sie nun auf: ihr Land von dem feindlichen Einfall wieder zu befreien. Daß sie die Einfallenden auch durch ihre Kriegserklärung gerufen – das vergessen sie. Sie haben es ja auch nicht selber getan, sondern ihre Regierung, welcher sie aufs Wort geglaubt, daß sie es tun mußte, und jetzt verlieren sie keine Zeit mit Vorwürfen, mit Erwägungen, wer das Unglück heraufbeschworen; es ist nun einmal da und alle Kraft, alle Begeisterung wird darauf verwendet, es wieder abzuwenden, oder mit sorglosem Opfermut vereint zu Grunde zu gehen. Glaube mir, es liegt viel edle Liebesfähigkeit in uns Menschenkindern, schade nur, daß wir sie in den alten Feindschaftsgeleisen vergeuden … Und drüben, die gehaßten, die einfallenden, die ›rothaarigen, östlichen Barbaren‹ – was tun die? Sie sind herausgefordert worden und sie dringen in das Land derjenigen ein, welche das ihre zu überfallen drohten: ›á Berlin, á Berlin!‹ Erinnerst du dich noch, wie dieser Ruf die ganze Stadt durchschallte, sogar von den Dächern der Omnibusse herab?«

»Nun marschieren jene ›nach Paris!‹ Warum rechnen ihnen das die ›à Berlin‹ Rufer als Verbrechen an?«

»Weil es keine Logik und keine Gerechtigkeit geben kann in jenem Nationalgefühl, dessen oberster Grundsatz der ist: Wir sind wir – das heißt die ersten, die anderen sind Barbaren. Und jener Vormarsch der Deutschen von Sieg zu Sieg flößt mir Bewunderung ein. Ich bin doch auch Soldat gewesen und weiß, was an dem Begriffe Sieg für ein Zauber haftet, welcher Stolz, welcher Jubel da hineingelegt wird. Ist es doch das Ziel, der Lohn für alle gebrachten Opfer, für den Verzicht auf Ruhe und Glück, für das eingesetzte Leben.«

»Warum bewundern aber die überwundenen Gegner, die ja doch auch Soldaten sind und wissen, welcher Ruhm den Sieg begleitet, warum bewundern die ihre Überwinder nicht? Warum heißt es niemals in einem Schlachtbericht der verlierenden Partei: Der Feind hat einen glorreichen Sieg errungen!?«

»Weil – ich wiederhole es – der Kriegsgeist und der patriotische Egoismus die Verneinung aller Gerechtigkeit ist.«

So kam es – ich sehe es aus allen unseren in den roten Heften eingetragenen Gesprächen aus jenen Tagen – daß wir an gar nichts anderes dachten, denken konnten, als an den Verlauf des gegenwärtigen Völkerduells.

Unser Glück, unser armes Glück – wir hatten es, aber wir durften es nicht genießen. Ja, alles besaßen wir, was uns einen lieblichen Himmel auf Erden schaffen konnte: grenzenlose Liebe, Reichtum, Rang, den herrlich sich entwickelnden Knaben Rudolf, unser Herzenspüppchen Sylvia, Unabhängigkeit, reges Interesse an der Welt des Geistes ... aber das alles war wie hinter einen Vorhang gestellt. Wie durften, wie konnten wir an unseren Freuden uns laben, während um uns alles litt und zitterte, schrie und tobte? Das ist, als wollte man sich recht gütlich tun an Bord eines sturmgepeitschten Schiffes.

»Ein theatralischer Mensch, dieser Trochu«, berichtete mir Friedrich eines Tages – es war am 25. August – »Was wurde heute für ein Effekt-Coup ausgeführt? Darauf verfällst du nimmer.«

»Die Frauen zum Militärdienst einberufen?«, riet ich.

»Um Frauen handelt es sich wohl, aber sie sind nicht einberufen – im Gegenteil.«

»Also die Marketenderinnen abgeschafft – oder die barmherzigen Schwestern?«

»Noch immer nicht erraten. Abschaffung ist zwar dabei – und Marketenderinnen, insofern sie den Becher der Lust reichen, und barmherzig – in gewissem Sinn – sind die Abgeschafften auch; kurz – ohne weitere Charade: die Demimonde wird ausgewiesen.«

»Und das hat der Kriegsminister verfügt? Welcher Zusammenhang?« –

»Ich finde auch keinen, aber die Leute sind über die Maßregel entzückt. Einmal sind sie immer froh, wenn etwas geschieht: von jeder neuen Verordnung erwarten sie eine Wendung, wie manche Kranke, die jedes angewandte Mittel als mögliches Heilmittel begrüßen. Wenn das Laster aus der Stadt getrieben ist – meinen die Frommen – wer weiß, ob dann der Himmel nicht wieder seine Huld über die Bewohner ergießt? Und jetzt, da man sich auf die ernste, entbehrungsvolle Zeit der Belagerung vorbereitet, was sollen da die tollen, verschwenderischen Hetären? So erscheint den meisten – die Betroffenen ausgenommen – die Maßregel als eine würdevolle moralische und nebstbei noch eine patriotische, da eine große Anzahl dieser Frauen Fremde sind. Engländerinnen, Südländerinnen, ja sogar Deutsche – vielleicht Spioninnen darunter! Nein, nein, jetzt hat die Stadt nur Platz für ihre eigenen Kinder und nur für ihre tugendhaften Kinder!«

Am 28. August kam es noch schlimmer. Wieder eine Ausweisung: binnen drei Tagen hatten alle Deutsche Paris zu verlassen.

Das Gift, das tödliche, langwirkende, welches in dieser Maßregel lag, davon hatten die Rezeptschreiber wohl keine Ahnung: damit war der Deutschenhaß geweckt. Wie lange dieses Unglück noch über den Krieg hinaus furchtbare Früchte tragen sollte – das weiß ich heute. Von da ab waren Frankreich und Deutschland – diese zwei großen, blühenden, herrlichen Länder nicht mehr zwei Nationen, deren Heere einen ritterlichen Zweikampf ausfochten: in das ganze Volk drang der Haß für das ganze gegnerische Volk. Die Feindschaft ward zu einer Institution erhoben, die sich nicht auf die Dauer des Krieges beschränkt, sondern als »Erbfeindschaft« ihren Bestand unter kommenden Geschlechtern sichert.

Ausgewiesen – binnen drei Tagen die Stadt verlassen müssen –: ich hatte Gelegenheit zu sehen, wie hart, wie unendlich hart dieser Befehl manche brave, harmlose Familie traf. Unter den Geschäftsleuten, welche uns zu der Ausstattung unseres Heims Waren lieferten, befanden sich mehrere Deutsche: ein Wagenfabrikant, ein Tapezierer und ein Kunsttischler. Seit zehn bis zwanzig Jahren in Paris niedergelassen, wo sie einen häuslichen Herd gegründet, wo sie sich durch Heirat mit Parisern verschwägert hatten, wo sie alle ihre geschäftlichen Verbindungen besaßen – und jetzt mußten sie fort, binnen drei Tagen fort, ihr Haus verschließen; alles verlassen, was ihnen lieb und gewohnt war; ihr Vermögen, ihre Kundschaft, ihren Erwerb einbüßen – Bestürzt kamen die armen Wichte zu uns gerannt und teilten uns das Unglück mit, das sie betroffen; auch die Arbeit, die sie eben für uns zu liefern im Begriffe waren, mußte eingestellt, die Werkstätte geschlossen werden. Händeringend und mit Tränen in den Augen klagten sie uns ihr Leid: »Ich habe einen kranken alten Vater«, sagte der eine, »und meine Frau sieht täglich ihrer Niederkunft entgegen und in drei Tagen müssen wir fort!« – »Ich habe keinen Sou im Hause«, jammerte der andere, »alle meine Kunden, die mir Geld schulden, werden nicht so schnell ihre Verpflichtungen einhalten, und ich selbst kann nun meine Arbeiter, welche Franzosen sind, nicht auszahlen – noch acht Tage und ich hätte eine große Bestellung erledigt, die mich zum wohlhabenden Mann gemacht hätte – und jetzt muß ich alles im Stiche lassen …«

Und warum, warum war alles das über die Armen hereingebrochen? Weil sie einer Nation angehörten, deren Heer erfolgreich seine Pflicht tat, oder weil, – um in die Ursachenkette weiter zurückzugreifen – weil ein Hohenzollern vielleicht in Zukunft einen angetragenen spanischen Thron anzunehmen sich einfallen lassen könnte … Nein, auch dieses »weil« ist nicht bei der letzten Ursache angelangt, dasselbe deckt nur den Vorwand, nicht die Ursache zu jenem Kriege. –

Sedan! »Kaiser Napoleon hat seinen Degen übergeben.«

Die Nachricht überwältigte uns. Da war denn richtig eine große, geschichtliche Katastrophe eingetreten. Die französische Armee geschlagen – ihr Führer schwach und matt, so war die Partie denn aus – von Deutschland glänzend gewonnen. »Aus, aus!«, jubelte ich; »gebe es schon Leute, die das Recht hätten, sich Weltbürger zu nennen, die könnten heute ihre Fenster beleuchten; gäbe es schon Tempel der Humanität, aus diesem Anlaß müßten Tedeums gesungen werden – die Schlächterei ist aus!«

»Frohlocke nicht zu früh, mein Schatz«, mahnte Friedlich. »Dieser Krieg hat schon lange nicht mehr den Charakter einer auf dem Brette der Schlachtfelder gekämpften Partie – die ganze Nation kämpft mit. Für eine vernichtete Armee werden zehn neue aus dem Boden gestampft.«

»Wäre denn das gerecht? Es sind doch nur deutsche Soldaten ins Land gedrungen, nicht das deutsche Volk – also kann man ihnen nur wieder französische Soldaten gegenüberstellen.«

»Daß du immer wieder an Gerechtigkeit und Vernunft appellierst – du Unvernünftige – einem Rasenden gegenüber. Frankreich rast vor Schmerz und Zorn, und vom Standpunkt der Vaterlandsliebe ist sein Schmerz heilig, sein Zorn gerechtfertigt. Was sie nun auch Verzweifeltes tun – persönliche Ichsucht ist nicht dabei, sondern höchster Opfermut. Wenn nur die Zeit schon da wäre, wo die Tugendkraft, die dem Menschenverbande innewohnt, von der Vernichtungsarbeit ab- und der Beglückungsarbeit zugewendet würde! Aber dieser unselige Krieg hat uns von diesem Ziele wieder ein gutes Stück zurückgeschleudert.«

»Nein, nein – ich hoffe, der Krieg ist jetzt zu Ende.« »Wenn auch (was ich übrigens bezweifle), es sind die Saaten zu künftigen Kriegen gestreut – und wäre es nur die Hassessaat, welche die Ausweisung der Deutschen enthält. So etwas wirkt weit über das lebende Geschlecht hinaus.«

Der 4. September. Wieder ein Gewaltakt, ein Leidenschaftsausbruch – und zugleich wieder ein Heilmittel zur Rettung des Vaterlandes: der Kaiser wird abgesetzt. Frankreich erklärt sich als Republik. Was Napoleon III. und seine Armee getan: es gilt nicht. Fehltritte, Verrat, Feigheit – das alles haben einige Personen – der Kaiser und seine Generäle – verbrochen; das hat nicht Frankreich getan, dafür ist es nicht verantwortlich. Indem der Thron gestürzt ward, hat man die Blätter, worauf Metz und Sedan verzeichnet stehen, einfach aus dem Buche von Frankreichs Geschichte herausgerissen. Jetzt erst wird das Land selber Krieg führen, wenn anders Deutschland es wagt, die verruchte Invasion fortzusetzen ....

»Wie aber, wenn Napoleon gesiegt hätte?«, fragte ich, als mir Friedrich obige Mitteilungen gemacht.

»Dann hätten sie seinen Sieg und seinen Ruhm als des Landes Sieg und Ruhm aufgefaßt.«

»Ist das gerecht?«

»Kannst du dir diese Frage denn nicht abgewöhnen?«

Meine Hoffnung, daß die Katastrophe von Sedan den Feldzug zu seinem Ende gebracht, mußte ich bald schwinden sehen. Alles um uns gebärdete sich kriegerischer als je. Die Luft war mit wildem Groll und heißer Rachgier geladen. Groll gegen den Feind und beinahe ebenso gegen die gestürzte Dynastie. Die Schmähreden, die Pamphlete, die jetzt auf Kaiser und Kaiserin und auf die unglücklichen Feldherren regneten, die Verdächtigungen und Verleumdungen, der Schimpf, der Spott –: es war ekelerregend. Da glaubte die rohe Menge die ganze Niederlage vom Lande auf ein paar Menschen abzuwälzen; und nun diese Menschen zu Boden lagen, bewarf man sie mit Kot und Steinen – und jetzt erst würde das Land es zeigen, daß es unüberwindlich sei.

Die Vorbereitungen zur Verschanzung von Paris werden eifrig fortgesetzt. Die Gebäude in dem Gefechtsbereich der Haupt-Enceinte werden geräumt oder gar eingerissen. Die Umgebung wird zur Einöde. Truppen von Menschen ziehen von draußen mit ihrem Haushalt in die Stadt. O diese traurigen Züge von Wagen und Packpferden und beladenen Menschen, die da die Trümmer ihrer aufgestörten Herde durch die Straßen wälzen! Das hatte ich schon einmal in Böhmen gesehen, wo das arme Landvolk vor dem siegenden Feinde floh, und nun mußte ich in der fröhlichen, glänzenden Weltstadt das gleiche Jammerbild erschauen – es waren dieselben ängstlichen, trüben Mienen, dieselbe Mühseligkeit und Hast, dasselbe Weh.

Endlich, gottlob, wieder einmal eine gute Nachricht: Durch englische Vermittelung angeregt, wird in Ferrières eine Zusammenkunft zwischen Jules Favre und Bismarck veranstaltet. Da würde man doch zu einer Einigung, zu einem Friedensschluß gelangen!

Im Gegenteil! Die Kluft wird jetzt erst recht offenbar. Schon seit einiger Zeit wird von den deutschen Zeitungen die Besitznahme von Elsaß-Lothringen befürwortet. Man will das ehemals deutsche Land sich wieder einverleiben. Das historische Argument für den Anspruch auf diese Provinzen zeigt sich nur teilweise haltbar, daneben wird das strategische Argument vorgebracht: »als Bollwerk bei voraussichtlichen, zukünftigen Krisen unentbehrlich.« Und bekanntlich sind ja die strategischen Gründe die hochwichtigsten, unumstößlichsten – daneben darf sich ein ethischer Grund erst in zweiter Linie geltend machen. – Andererseits: die Kriegspartie war von Frankreich verloren worden; war es nicht billig, daß dem Gewinner ein Preis zufiel? Hätten im Falle ihres Erfolges die Franzosen nicht die Rheinprovinzen sich aneignen wollen? Wenn der Ausgang eines Krieges nicht für den einen oder den anderen Teil Gebietserweiterung zur Folge haben soll, wozu wird dann überhaupt Krieg geführt?

Unterdessen läßt das siegreiche Heer im Vormarsche sich nicht abhalten: die Deutschen sind schon vor den Toren von Paris. Die Abtretung Elsaß-Lothringens wird offiziell verlangt. Dagegen erhebt sich der bekannte Ausspruch: »Keinen Zoll unseres Territoriums – keinen Stein unserer Festungen« – (pas un pouce – pas une pierre).

Ja, ja – tausend Leben – nur keinen Zoll Erde. Das ist der Grundgedanke des patriotischen Geistes. »Man will uns demütigen«, riefen die französischen Patrioten, »eher wird sich das erbitterte Paris unter seinen Trümmern begraben.«

Fort, fort! entscheiden wir jetzt. Wozu ohne Notwendigkeit in einer belagerten fremden Stadt verbleiben, wozu unter Leuten leben, die von keinen anderen als Haß- und Rachegedanken erfüllt sind, die uns mit scheelen Blicken und oft mit geballten Fäusten betrachten, wenn sie uns deutsch reden hören? Freilich ohne Schwierigkeiten konnten wir jetzt nicht mehr aus Paris, aus Frankreich hinaus; man hatte überall Gefechtsgebiete zu passieren, der Eisenbahnverkehr war für Privatreisende häufig verschlossen, unseren Neubau im Stiche lassen, war auch nicht angenehm, aber gleichviel: unseres Bleibens war nicht mehr. – Eigentlich waren wir schon viel zu lange dageblieben, die Erregungen, die ich in letzter Zeit durchgemacht, hatten mich so stark erschüttert, daß meine Nerven darunter litten. Ich wurde häufig von Schüttelfrost und ein paarmal auch von Weinkrämpfen befallen.

Schon waren unsere Koffer verpackt und alles zur Abfahrt bereit, als ich wieder einen Anfall bekam, diesmal so heftig, daß ich ins Bett gebracht werden mußte.

Der herbeigeholte Arzt erklärte, daß ein Nervenfieber oder gar eine Gehirnentzündung im Anzug sei und man vorläufig nicht daran denken dürfe, mich den Strapazen einer Reise auszusetzen. –

Ich lag lange, lange Wochen danieder.

[…]

Inzwischen war der Winter hereingebrochen, eisigkalt. Jetzt erfuhr ich erst, was während meiner langen Bewußtlosigkeit alles vorgefallen. Die Hauptstadt des »Bruderlandes«, Straßburg, die »wunderschöne«, die »echt deutsche«, die »kerndeutsche Stadt« ist beschossen worden; ihre Bibliothek zerstört; im ganzen fielen 193722 Schüsse – vier oder fünf in der Minute.

Straßburg ist genommen.

– Das Land gerät in wilde Verzweiflung – jene Verzweiflung, welche in Raserei und Wahnsinn ausartet. Man schlägt im Nostradamus nach, um darin Prophezeiungen der jetzigen Ereignisse zu finden, und neue Seher lassen sich mit Weissagungen vernehmen. Ärger noch: Besessene treten auf: es ist wie ein Rückfall in mittelalterliche, höllenfeuer-durchzuckte Geistesnacht …

»Könnte ich zu den Beduinen!«, rief Gustav Flaubert. »Könnte ich in das halbbewußte Traumland meiner Krankheit zurück!«, so klagte ich. Jetzt war ich wieder gesund und mußte all das erfahren und erfassen, was Grauenvolles um uns vorging. Da begannen wieder die Eintragungen in die roten Hefte und ich finde folgende Notizen vor:

1. Dezember. Trochu setzt sich auf den Höhen von Champigny fest. 2. Dezember. Hartnäckiges Gefecht um Brie und Champigny. 5. Dezember Die Kälte wird immer strenger. Ach, die zitternden, blutenden, armen Wichte, die draußen im Schnee gebettet – sterben. Auch hier in der Stadt wird furchtbar an Kälte gelitten. Der Verdienst ist auf Null gesunken. Kein Feuerungsmaterial zu beschaffen. Was gäbe mancher drum, wenn er nur ein paar Stückchen Holz da hätte – und wäre es der gewisse Thron von Spanien …

21. Dezember. Ausfall aus Paris.

25. Dezember. Eine kleine Abteilung preußischer Kavallerie wird aus den Häusern der Ortschaften Trov und Sougé mit Flintenschüssen begrüßt (das ist Patriotenpflicht). General Kraatz befiehlt die Züchtigung dieser Ortschaften (das ist Kommandantenpflicht) und läßt brennen. »Anzünden« lautet das Kommandowort, und die Leute – vermutlich sanfte, gutmütige Burschen – gehorchen (das ist Soldatenpflicht) und legen den Brand an. Die Flammen schlagen zum Himmel und die armen Heimstätten stürzen krachend ein über Mann und Weib und Kind – über fliehende, weinende, brüllende und brennende Menschen und Tiere.

O du fröhliche, o du selige, o du heilige Weihnachtszeit!

Soll Paris nur ausgehungert werden, oder auch beschossen?

Gegen letztere Annahme sträubt sich das Kulturgewissen. Diese »ville-lumière«, dieser Anziehungspunkt aller Völker, diese glänzende Stätte der Künste – mit ihren unersetzlichen Reichtümern und Schätzen bombardieren wie die erste beste Zitadelle? Nicht denkbar; die ganze neutrale Presse (so erfuhr ich später) protestiert dagegen. Die Presse der Kriegspartei in Berlin hingegen ermuntert dazu: das sei das einzige Mittel, den Krieg zu Ende zu führen und die Seinestadt erobern – welcher Ruhm! Die Proteste übrigens sind es gerade, welche gewisse Kreise in Versailles bestimmen, diese strategische Maßregel – weiter ist ja eine Beschießung doch nichts – zu ergreifen. Und so geschah es, daß ich unterm 28. Dezember mit zitternden Zügen niederschrieb:

»Es ist da … Wieder ein dumpfer Schlag … Eine Pause – und wieder –«

Weiter schrieb ich nicht. Aber ich erinnere mich genau der Empfindungen jenes Tages. In dem »Es ist da« lag neben dem Schrecken eine gewisse Befreiung, eine Erleichterung, ein Nachlassen der beinah schon unerträglich gewordenen Nervenanspannung. Was man so lange teils erwartet und befürchtet, teils für menschenunmöglich gehalten – es war nun da.

Wir saßen beim Gabelfrühstück (das heißt, wir aßen Brot und Käse – die Lebensmittel waren schon karg), Friedrich, Rudolf, der Hofmeister und ich, als der erste Schlag erdröhnte. Wir alle erhoben betroffen die Köpfe und wechselten Blicke. Sollte dies? …

Aber nein – es war vielleicht ein zugefallenes Haustor oder sonst etwas. Nun war ja alles still. Wir nahmen das vorhin unterbrochene Gespräch wieder auf, ohne nur des Gedankens zu erwähnen, welchen jener Ton in uns erweckt hatte. Da – nach drei bis vier Minuten – kam er wieder. Friedrich sprang auf:

»Das ist die Beschießung«, sagte er und eilte ans Fenster.

Ich folgte ihm. Von der Straße drang ein Gemurmel herauf, Gruppen hatten sich gebildet: die Leute standen und horchten oder wechselten erregte Worte. Jetzt kam unser Kammerdiener in das Zimmer gestürzt – zugleich erklang eine neue Salve.

»Oh monsieur et madame – c'est le bombardement!«

Zu der offenen Tür herein drängten nunmehr sämtliche anderen Diener und Dienerinnen bis herab zum Küchenjungen. Bei solchen Katastrophen – Kriegs-, Feuer- oder Wassernot – da fallen alle gesellschaftlichen Schranken, da laufen alle Bedrohten zusammen. Viel mehr als vor dem Gesetze, mehr noch als vor dem Tode – der in seinen Bestattungszeremonien solche Standesunterschiede kennt – fühlen sich alle gleich vor der Gefahr. C'est le bombardement – c'est le bombardement! Jeder, der zu uns in das Zimmer herbeigeeilt kam, stieß diesen selben Ruf aus.

Es war entsetzlich – und dennoch, ich erinnere mich genau meiner Empfindung: ein gewisses bewunderndes Erschauern, eine Art Genugtuung, etwas so Gewaltiges zu erleben, mitten drin zu sein in dieser schicksalsschweren Begebenheit und vor der eigenen Lebensgefahr dabei nicht zu erbeben. Die Pulse schlugen mir, ich fühlte etwas wie – wie soll ich's nennen? – Stolz des Mutes.

Das Ding war übrigens weniger schauervoll, als es im ersten Augenblick geschienen. Keine brennenden Gebäude, keine angstschreienden Menschenhaufen, keinen unaufhörlich die Luft durchschwirrenden Bombenhagel – sondern immer nur dieses dumpfe, ferne, von langen und längeren Zwischenräumen getrennte Rollen. Man fing nach einiger Zeit beinahe an, sich daran zu gewöhnen. Die Pariser wählten als Spaziergangsziel solche Punkte, von welchen aus man die Kanonenmusik besser hören konnte. Hier und da fiel ein Geschoß auf die Straße und platzte, aber wie selten kam einer dazu, zufällig in der Nähe zu sein. Zwar fielen manche tödliche Bomben herab, aber in der Millionenstadt hörte man von diesen Fällen nur so vereinzelt, wie man auch sonst gewohnt ist, unter den Lokalnachrichten seiner Zeitung verschiedene Unglücksfälle zu vernehmen, ohne daß es einem besonders nahe ginge:

»Ein Maurer von einem vierstockhohen Gerüst gefallen«, oder »eine anständig gekleidete Frauensperson sich über das Brückengeländer in den Fluß gestürzt« u. dgl. m. Der eigentliche Kummer, der eigentliche Schrecken der Bevölkerung, das war nicht das Bombardement: das waren der Hunger, die Kälte, die Not. Aber eine solche Nachricht von einem unheilbringenden Geschoß hat mich tief erschüttert. Dieselbe kam in Form einer schwarzumrandeten Traueranzeige ins Haus:

»Herr und Frau N. geben Nachricht von dem Tode ihrer zwei Kinder François (8 Jahre alt) und Amélie (4 Jahre), welche eine durch das Fenster fliegende Bombe erschlagen hat. Um stille Teilnahme wird gebeten.«

»Stille« Teilnahme! Ich stieß einen lauten Schrei aus, nachdem ich das Blatt überflogen. Ein Gedanke, ein mit Blitzesschnelle vor meinem inneren Auge erscheinendes Bild zeigte mir den ganzen Jammer, der in dieser schlichten Traueranzeige lag ... ich sah unsere beiden Kinder, Rudolf und Sylvia – nein, es war nicht auszudenken!

Die Nachrichten, die man erhält, sind spärlich; alle Postkommunikation natürlich unterbrochen: nur durch Brieftauben und Luftballons wird mit der Außenwelt verkehrt. Die Gerüchte, die allenthalben auftauchen, sind der widersprechendsten Art. Man meldet siegreiche Ausfälle, oder man verbreitet die Kunde, daß der Feind schon im Begriffe sei, Paris zu erstürmen, um es an allen Ecken anzuzünden und dem Erdboden gleich zu machen; oder man versichert, daß, ehe man einen Deutschen in die Mauern dringen ließe, die Kommandanten der Forts sich selber und ganz Paris in die Luft sprengen würden. Es wird erzählt, daß die sämtliche Bevölkerung des Landes, namentlich aus dem Süden (»le midi se lève«) über die Belagerer im Rücken herfällt, um ihnen den Rückzug abzuschneiden und sie bis auf den letzten Mann zu vernichten.

Neben den falschen Nachrichten gelangen auch einige wahre – deren Richtigkeit sich später bestätigte – bis zu uns. So von einer auf der Straße von Grand Luce dicht an Le Mans ausgebrochenen Panik, wobei Greueltaten sich zutrugen: außer Rand und Band gekommene Soldaten warfen Verwundete aus den bereitstehenden Eisenbahnwaggons, um an deren Stelle Platz zu nehmen.

Von Tag zu Tag wird es schwerer, Lebensmittel zu beschaffen. Die Fleischvorräte sind erschöpft; es gibt schon längst keine Rinder und Schafe mehr in den angelegten Viehparks; bald sind auch alle Pferde verzehrt, und es beginnt die Periode, wo die Hunde und Katzen, die Ratten und Mäuse, schließlich auch die Tiere des jardin des plantes, selbst der so beliebte, arme Elefant als Speise dienen müssen. Brot ist beinah nicht mehr zu erlangen. Stunden- und stundenlang müssen die Leute vor den Bäckerläden in der Reihe harren, um ihre kleine Ration zu bekommen, doch die meisten gehen leer aus. Erschöpfung und Krankheiten machen reiche Todesernte. Während gewöhnlich in der Woche 1 100 Menschen starben, weisen die Pariser Sterbelisten jetzt wöchentlich 4–5 000 auf. Täglich also ungefähr 400 unnatürliche Todesfälle – das heißt also Morde. Wenn auch der Mörder kein einzelner war, sondern ein unpersönliches Ding, nämlich der Krieg, so sind es darum nicht minder Morde. Wen traf die Verantwortung? Etwa jene parlamentarischen Großsprecher, welche in ihren Hetzreden mit stolzem Pathos erklärten – wie dies Girardin in der Sitzung vom 15. Juli getan – daß sie »die Verantwortung eines Krieges vor der Geschichte auf sich nähmen«? Können denn eines Menschen Schultern stark genug sein, solche Verbrechenslast zu tragen? Gewiß nicht. Es fällt auch niemandem ein, die Prahler nachträglich beim Wort zu nehmen.

Eines Tages, es war um den 20. Januar herum, kam Friedrich, von einem Gang durch die Stadt heimgekehrt, mit erregter Miene in mein Zimmer.

»Nimm dein Eintragebuch zur Hand, meine eifrige Geschichtsschreiberin!«, rief er mir zu. »Heute gibt es einen wichtigen Posten.« Und er warf sich in einen Sessel.

»Welches meiner Bücher?«, fragte ich. »Das Friedensprotokoll?«

Friedrich schüttelte den Kopf:

»O, mit dem ist's Wohl für lange Zeit vorbei. Der Krieg, der jetzt gefochten wird, ist zu gewaltiger Natur, um nicht kriegerisch fortzuwirken. Auf der Seite der Besiegten hat er einen solchen Vorrat von Haß- und Rachesaaten ausgestreut, daß daraus eine künftige Kampfernte hervorwachsen muß und andererseits hat er für den Sieger solche großartige umwälzende Erfolge zustande gebracht, daß dort eine gleich große Saat von kriegerischem Stolze aufgehen wird.«

»Was ist denn so Bedeutendes geschehen?«

»König Wilhelm wurde in Versailles zum deutschen Kaiser ausgerufen. Es gibt jetzt ein Deutschland – ein einiges Reich – und ein mächtiges Reich. Das gibt einen neuen Abschnitt in der sogenannten Weltgeschichte. Und du kannst dir denken, wie in dem neuen, aus Massenarbeit hervorgegangenen Reiche diese Arbeit hoch in Ehren gehalten sein wird. Die beiden vorgeschrittensten Kulturländer des Festlandes sind es also hinfort, welche den Kriegsgeist pflegen werden – das eine, um den erhaltenen Schlag zurückzugeben: das andere, um die errungene Machtstellung zu bewahren; hier aus Haß, dort aus Liebe; hier aus Vergeltungssucht, dort aus Dankbarkeit – gleichviel: klappe dein Friedensprotokoll nur zu – auf lange Zeit hinaus stehen wir unter dem blutigen und eisernen Zeichen des Mars!«

»Deutscher Kaiser!«, rief ich – »das ist wahrlich großartig.« Und ich ließ mir die Einzelheiten dieses Ereignisses erzählen.

»Ich kann doch nicht umhin, Friedrich«, sagte ich, »mich über diese Nachricht zu freuen. So ist die ganze Schlachtarbeit doch nicht verloren gewesen, wenn daraus ein neues großes Reich hervorgegangen.«

»Vom französischen Standpunkt aber doppelt verloren ... Und wir beide hätten wohl das Recht, diesen Krieg nicht einseitig – von der deutschen Seite – zu betrachten. Nicht nur als Menschen, sogar nach engerem, nationalem Begriffe hätten wir das Recht, die Erfolge unserer Feinde und Unterwerfer von 1866 zu beklagen. Und dennoch, ich gebe dir zu, daß die erreichte Vereinigung des zerstückelten Deutschlands eine schöne Sache ist; daß diese Bereitwilligkeit der übrigen deutschen Fürsten, dem greisen Sieger die Kaiserkrone zu reichen, etwas Begeisterndes, Bewundernswertes hat. Es ist nur schade, daß eine solche Vereinigung nicht aus friedlichem, sondern aus kriegerischem Werke hervorgegangen ist. Wie also, wenn Napoleon III. die Herausforderung des 19. Juli nicht abgesendet hätte, wäre da in den Deutschen nicht genug Vaterlandsliebe, nicht genug Volkskraft, nicht genug Einigkeit gelegen, um aus sich heraus dasjenige zu bilden, worauf sie jetzt ihren Nationalstolz setzen werden: ›Ein einig Volk von Brüdern?‹ – Jetzt werden sie jubeln – des Dichters Wunsch ist erfüllt. Daß sie vor kurzen vier Jahren einander in den Haaren gelegen, daß es für Hannoveraner, Sachsen, Frankfurter, Nassauer und so weiter keinen ärgeren Haßbegriff gab als »Preußen« – das wird zum Glück vergessen sein. Dafür aber der Deutschenhaß, hier zu Lande, wie wird der nunmehr gedeihen!«

Mir schauderte.

»Das bloße Wort Haß«, begann ich –

»Ist dir verhaßt? Du hast recht. So lange dieses Gefühl nicht recht- und ehrlos gemacht wird, so lange gibt es keine menschliche Menschheit. Der Religionshaß ist überwunden, aber der Völkerhaß bildet noch einen Teil der bürgerlichen Erziehung. Und doch gibt es nur ein veredelndes, ein beglükkendes Gefühl hieneden – das ist die Liebe. Nicht wahr, Martha, davon wissen wir etwas zu erzählen?«

Ich lehnte meinen Kopf an seine Schulter und blickte zu ihm auf, während er mir zärtlich das Haar aus der Stirn strich.

»Wir wissen«, fuhr er fort, »wie süß es ist, wenn im Herzen so viel Liebe wohnt – füreinander, für unsere Kleinen, für alle Brüder der großen Menschenfamilie, denen man so gern, so gern das drohende Leid ersparen wollte ... Aber sie wollten nicht.«

»Nein, nein Friedrich – so umfassend ist mein Herz doch nicht. Die Hassenden alle kann ich nicht lieben.«

»Aber doch bemitleiden?«

In dieser Weise plauderten wir lange weiter. Ich weiß es noch heute so genau, weil ich damals öfters – neben den kriegerischen Ereignissen – auch Bruchstücke unserer daran geknüpften Gespräche in die roten Hefte eintrug. An jenem Tage haben wir auch wieder einmal von der Zukunft gesprochen: jetzt würde Paris kapitulieren müssen, der Krieg hatte ein Ende – und dann konnten wir wieder mit gutem Gewissen glücklich sein. Da überschauten wir die Gewährleistungen unseres Glücks. In den acht Jahren unserer Ehe nicht ein hartes, nicht ein unfreundliches Wort – so viel miteinander durchgelitten und durchgenossen – so war unsere Liebe, unser Einssein derart befestigt, daß eine Abnahme nicht mehr zu fürchten war. Im Gegenteile! – nur stets inniger würden wir uns aneinander schließen – jedes neue gemeinschaftliche Erlebnis gäbe zugleich ein neues Band ab. Wenn wir erst ein paar weißhaarige alte Leutchen geworden – mit welcher Freude konnten wir da auf die ungetrübte Vergangenheit zurückblicken, welch' goldig-milder Lebensabend lag dann noch vor uns!

Dieses Bild von dem glücklichen alten Pärchen, das wir einst abgeben sollten, hatte ich mir so oft und lebhaft vorgestellt, daß es sich mir ganz deutlich eingeprägt und sogar im Traum sich wiederholte, wie etwas wirklich Geschehenes. Mit verschiedenen Einzelheiten: Friedrich mit einem Samtkäppchen und einer Gartenschere ... ich weiß selber nicht warum, denn niemals hatte er Lust zur Gärtnerei gezeigt, und von einem Hauskäppchen war schon gar nie die Rede gewesen; – ich mit einem sehr kokett gesteckten schwarzen Spitzentuche auf dem silberweißen Haar, und als Umgebung eine von der untergehenden Sommersonne warm erleuchtete Parkpartie; dazu lächelnd getauschte freundliche Blicke und Worte: »Weißt du noch? ... Erinnerst du dich, damals als –«

Viele der vorangehenden Blätter habe ich mit Schaudern und mit Überwindung geschrieben. Nicht ohne inneres Entsetzen vermochte ich die Auftritte zu schildern, die ich auf meiner Fahrt nach Böhmen und während der Cholerawoche in Grumitz mitgemacht. Ich habe es getan, um einer Pflichtmahnung zu gehorchen. Ein geliebter Mund hat mir einst den feierlichen Befehl erteilt:

»Falls ich früher sterbe, mußt du meine Aufgabe übernehmen, für das Friedenswerk zu wirken.« –

Wäre mir dieses bindende Geheiß nicht geworden, nimmer hätte ich es über mich gebracht, die Schmerzenswunden meiner Erinnerungen so schonungslos aufzureißen. Jetzt bin ich aber bei einem Erlebnis angelangt, das ich berichten, nicht aber schildern will – nicht kann.

Nein, ich kann nicht, kann nicht!

Ich habe es versucht: zehn halbgeschriebene, zerrissene Blätter liegen auf dem Boden neben meinem Schreibtisch – ein Herzkrampf befiel mich – die

Gedanken stockten oder kreisten wild in meinem Hirn – ich mußte die Feder wegwerfen und weinen, bitter, heftig, kläglich weinen, wie ein Kind.

Jetzt, einige Stunden später, nehme ich meine Aufgabe wieder vor. Aber auf die Beschreibung der Einzelheiten nachstehenden Geschehnisses, auf Mitteilung dessen, was ich dabei empfunden – muß ich verzichten.

Die Tatsache genügt:

Friedrich – mein Einziger! – ward infolge eines bei ihm gefundenen Berliner Briefes der Spionage verdächtigt ... von einer fanatischen Rotte umringt »à mort – à mort le Prussien!« – vor ein Patriotentribunal geschleppt – – am 1. Februar 1871 – – – – standrechtlich erschossen.

Ludwig Quidde (geb. 1858 in Bremen; gest. 1941 im Exil in Genf) war einer der bedeutendsten Vordenker und Organisatoren der internationalen Friedensbewegung und Träger des Friedensnobelpreises. Obwohl sein Name im Vorfeld des 10. Mai 1933 noch nicht auf die Schwarzen Listen gesetzt wurde, ist die Verbrennung der Schriften Quiddes in Mannheim am 19. Mai 1933 belegt. Dort war bei Verlautbarung der Feuersprüche in abgewandelter Form zu hören: »Gegen Gesinnungslumperei und Landesverrat, für Hingabe an Volk und Staat; ich übergebe den Flammen die Schriften des Friedrich Wilhelm Foerster und Professor Quidde.«

Der Sohn eines begüterten Kaufmanns studierte Geschichte, Philosophie und Nationalökonomie an den Universitäten in Straßburg und Göttingen. 1881 promovierte Quidde mit der Arbeit »König Sigmund und das Deutsche Reich von 1410 bis 1419«. Zunächst schien alles auf eine erfolgreiche Laufbahn als Mediävist hinauszulaufen. Unter seinem Lehrer Julius Weizsäcker bearbeitete er die Edition spätmittelalterlicher Reichstagsakten, gründete 1888 die »Deutsche Zeitschrift für Geschichtswissenschaft« und wurde 1890 zum Professor ernannt.

Mit Veröffentlichung seines Pamphlets »Caligula – Eine Studie über römischen Cäsarenwahnsinn« verursachte Quidde 1894 einen handfesten Literaturskandal. »Caligula« war eine satirische Anspielung auf Kaiser Wilhelm II. und die wilhelminische Gesellschaftsordnung. Die Schrift erreichte 30 Auflagen und kostete den Autor seine wissenschaftliche Laufbahn. Quidde wurde nun gesellschaftlich geächtet und musste aufgrund einer weiteren öffentlichen Erklärung eine dreimonatige Haftstrafe wegen »Majetätsbeleidigung« absitzen.

Die Unabhängigkeit des väterlichen Erbes ermöglichte ihm jedoch eine rasche Neuorientierung. Sein friedenspolitisches Engagement, das er schon 1893 mit der noch anonym veröffentlichten Anklageschrift »Der Militarismus im heutigen Deutschen Reich« aufgenommen hatte, rückte nun in den Mittelpunkt von Quiddes Arbeit. Er wurde bayerischer Landesvorsitzender der linksliberalen »Deutschen Volkspartei« (ab 1910 »Fortschrittliche Volkspartei«), für die er von 1907 bis 1918 als Abgeordneter im Bayerischen Landtag vertreten war. Seit 1899 war er Leiter der deutschen Delegation bei den Weltfriedenskongressen, wo er mit Bertha von Suttner zusammentraf. Für den 20. Weltfriedenskongress 1913 erarbeitete er einen »Entwurf zu einem internationalen Vertrage über Rüstungsstillstand«, der jedoch kurz vor Ausbruch des Ersten Weltkrieges außerhalb der Friedensbewegung kein Gehör mehr fand. Von 1914 bis 1929 war Quidde Vorsitzender der »Deutschen Friedensgesellschaft«, von 1921 bis 1929 zudem Vorsitzender des »Deutschen Friedenskartells«. Die liberale »Deutsche Demokratische Partei« vertrat er 1919 als Abgeordneter in der Weimarer Nationalversammlung. 1927 wurde Ludwig Quidde der Friedensnobelpreis verliehen. 1933 floh er vor den Nationalsozialisten in die Schweiz, wo er in hohem Alter unter ärmlichen Bedingungen leben musste und 1941 verstarb.

Von seinen während der Weimarer Republik veröffentlichten Texten verdient die 1922 erschienene Broschüre »Völkerbund und Demokratie« bis heute besondere Beachtung. Quidde erläutert darin, warum der Krieg als politisches Mittel aus sittlichen Gründen zu ächten sei und wie auf Grundlage des 1920 eingerichteten »Völkerbundes«, der Vorgängerorganisation der heutigen »Vereinten Nationen« (UN), eine dauerhafte internationale Friedensordnung geschaffen werden kann. ■

Ludwig Quidde
Völkerbund und Demokratie

Der Gedanke, die Völker in einem Völkerbund zu vereinigen, der alle Streitigkeiten unter ihnen durch ein Rechtsverfahren regelt und der den Krieg ausschliesst, also die Gewinnung des »ewigen Friedens« durch das Mittel des Völkerbundes, die Überwindung des Krieges – dieser uralte Gedanke beruht auf einer *sittlichen Forderung*. Das darf man niemals vergessen, was auch immer von praktischen Gründen angegeben wird für die Notwendigkeit der friedlichen Verständigung, wie sehr uns auch gezeigt wird, etwa im Sinne von *Norman Angell*, dass der Krieg ein schlechtes Geschäft sei. Wir werden uns zur Vertretung der Völkerbundsidee propagandistisch an die einzelnen Klassen der Bevölkerung wenden, indem wir ihnen zu zeigen suchen, wie sehr sie an der Erhaltung des Friedens interessiert sind und wie der Krieg die Werte vernichtet, mit denen ihre Existenz zusammenhängt. Aber, wenn wir das immer wieder betonen und wenn wir mit vollem Recht diese Argumente benützen, so dürfen wir darüber nie vergessen: Der Ausgangspunkt und die bleibende Grundlage für das, was der Völkerbund schaffen soll, ist eine sittliche Forderung, ist *die sittliche Verurteilung des Krieges.*

Wir müssen *den sittlichen Abscheu gegen den Krieg* predigen und aus diesem muss sich das weitere ergeben. Wer nur aus Zweckmässigkeitsgründen der Forderung beitritt, der schwenkt wieder ab, wenn eine andere Zweckmässigkeitserwägung ihn mit der Idee des Krieges aussöhnt, wenn er glaubt, dabei sein Interesse zu finden. Das sind nur Hilfsmotive, nur Hilfsargumente. Das Dauernde, das Bleibende ist die sittliche Idee, dass der Krieg als solcher etwas verwerfliches ist, dass er im Widerspruch steht mit allem, was wir in der menschlichen Natur als wertvoll anerkennen, in Widerspruch zu allen sittlichen und religiösen Geboten.

Heilig ist uns das Menschenleben; der Krieg heisst Menschenleben zu Millionen vernichten. Not und Qualen lindern ist göttliches und menschliches Gebot; im Krieg fügen Menschen einander Qualen zu, entsetzlicher als alles, was die Natur an Grausamkeiten verursacht. Recht und Besitz, den friedlichen Erwerb jedes einzelnen schirmen, ist ein unbestrittenes Gebot unserer Rechtsordnung; der Krieg bedeutet brutale Missachtung des Rechts und sinnlose Zerstörung wirtschaftlicher Werte. Nicht die Kriegführenden sind Barbaren; der Krieg selbst ist die furchtbarste Barbarei und lässt gesittete Menschen wie Barbaren handeln.

Für jeden, der einem religiösen Bekenntnis anhängt und in einer Kirchengemeinschaft steht, dürfen wir uns auf die Lehren seiner Religion berufen, und für die grosse Mehrzahl unseres Volkes dürfen wir hinzufügen und betonen, dass unsere Verurteilung des Krieges durchaus *im Wesen christlicher Lehre begründet ist.*

Ich erinnere mich, wie stark der Eindruck war, als auf dem Friedenskongress in Boston 1904 in einer für uns Europäer sehr merkwürdigen Veranstaltung, einer Mischung von Gottesdienst, Konzert und Volksversammlung, aus der Bibel verlesen wurde, was dort über den Wert des Friedens gesagt ist. Es gehörte zu dem Eindruckvollsten, was ich auf jener Tagung mitgemacht habe. Empörend ist es, dass so viele von denen, die sich bei uns rühmen, die Träger und die getreuesten Bewahrer christlicher Lehre zu sein, den Krieg predigen und sich in den Dienst der Kriegspropaganda stellen, unerklärlich ist es aus dem Christentum und seiner Lehre, erklärlich nur daraus, dass ganz andere Motive, politische Motive den sittlichen Gedanken zurückgedrängt haben.

Nun sagt man uns dagegen: der Krieg sei doch auch ein *Element der göttlichen Weltordnung.* In diesem Sinne ist ebensogut jedes Übel, wie Krankheit, Pest, Laster, Verbrechen usw. auch ein Element der göttlichen Weltordnung. Der Gläubige kann darin doch nur die von Gott dem Menschen gesetzte Aufgabe sehen, den Kampf gegen diese Übel aufzunehmen und ihrer Herr zu werden.

Man sagt weiter, der Krieg habe die Aufgabe, die Menschheit sittlich zu reinigen und alles Faule wegzufegen, was in langer Friedenszeit sich in den Völkern entwickelt. Ich weiss nicht, ob nach den Erfahrungen dieses Krieges jemand noch den Mut haben wird, dieses Argument von der *sittlichen Reinigung* und vom *Stahlbad der Völker* vorzubringen. Jetzt sollte eigentlich doch jeder belehrt sein, dass der Krieg auch *moralisch verwüstend* wirkt, er sollte belehrt sein, dass in der Zeit der heutigen Technik auch das Heldenhafte im Kriege, wenn es auch im einzelnen vorhanden ist, als allgemeines Charakteristikum stark zurückgetreten ist, und dass, je stärker sich die Technik entwickelt, um so mehr das barbarische, verbrecherische Gemetzel das Uebergewicht gewinnt. Die moralischen Wirkungen auf die Völker, die erleben wir jetzt. Es ist nicht nötig, ein Wort darüber zu sagen, wie dieser Weltkrieg moralisch verwüstend gewirkt hat, bei den Siegern wie bei den Besiegten, im Kriege und über den Krieg hinaus. Was wir heute vor uns sehen von Erschütterung aller Rechtsbegriffe, von Zunahme der Verbrechen, insbesondere der Roheitsdelikte und der Eigentumsvergehen, von Zerstörung der alten selbstverständlichen Anforderungen an Treu und Glauben im Wirtschaftsleben, an Zuverlässigkeit und Unbestechlichkeit unserer Verwaltung, das ist nicht etwa eine Folge der Revolution, sondern eine Folge des Krieges (nur vielleicht gesteigert durch Niederlage und Revolution); denn alle diese Erscheinungen haben begonnen während des Krieges und die gleichen Entartungen zeigen sich in den Ländern der Sieger, ja zum Teil auch bei den Neutralen. Die Menschheit wird lange zu tun haben, bis sie diese Folgen überwunden haben wird.

Man darf auch nicht sagen, was hiermit einigermassen zusammenhängt, dass der Krieg ein Mittel sei für die *Auslese der Menschheit*. Ganz im Gegenteil. Ich weiss nicht, ob er jemals ein solches Mittel der Auslese gewesen ist. Heute sehen wir jedenfalls, dass der Krieg nicht eine Auswahl der Besten, der moralisch und körperlich Starken ist und damit eine Verbesserung der Rasse bedeutet, sondern dass er im Gegenteil diejenigen, die am leistungsfähigsten sind, der grössten Gefahr aussetzt, und jene schützt, die körperlich, geistig oder moralisch minderwertig sind. Dies liegt so klar zu Tage, dass man darüber nichts mehr zu sagen braucht. Der Krieg ist eine *negative Auslese* im Gegensatz zur Aufwärtsentwicklung der Menschheit.

Wenn die Überwindung des Krieges also eine sittliche Forderung ist, so gesellt sich dazu zweitens: Diese Überwindung des Krieges, die Herstellung einer Völkergemeinschaft, die den Frieden sichert, ist *heute eine wirtschaftliche Notwendigkeit geworden*. Eine wirtschaftliche *Notwendigkeit*, will ich in anderer Betonung wiederholen. Der Krieg vergangener Zeiten, so sehr er Einzelleben vernichtet hat und barbarisch war gegenüber der Existenz des einzelnen, war doch verhältnismässig erträglich, d. h. wirtschaftlich erträglich, so lange Völker und Länder sich in primitiven Wirtschaftszuständen, die im wesentlichen agrarischen Charakter trugen, befanden. Damals wurde das Land als solches nicht in der Weise zerstört und unbrauchbar gemacht auf Jahre hinaus, wie es heute mit den Mitteln der allermodernsten Technik in diesem Kriege geschehen ist; so viel auch verwüstet wurde, die Länder erholten sich verhältnismässig rasch. Das Wirtschaftsleben war nach seiner ganzen Struktur nicht in dem Maße empfindlich, wie heute. Das heutige Wirtschaftsleben mit seiner hochentwickelten Industrie und den Beziehungen und Verflechtungen der wirtschaftlichen Interessen aller Völker ist in viel höherem Maße verwundbar durch den Krieg, als das Wirtschaftsleben der alten Zeit. Dazu kommt, dass die moderne Technik den Krieg einen Grad der Zerstörung hat gewinnen lassen, wie man es in früheren Zeiten nie gekannt hat. Der Krieg, haben wir Pazifisten immer *gesagt,* ist mit der neueren Entwicklung trotz Rotem Kreuz und Haager Konventionen nicht etwa humaner geworden, sondern (so prophezeiten wir) wenn wir einmal einen Weltkrieg erleben werden, so wird dieser Krieg viel furchtbarer sein, als die Kriege der barbarischsten aller Zeiten es gewesen sind, dank eben dieser Entwicklung der Technik. Diese beiden Umstände, die grössere Empfindlichkeit des Wirtschaftslebens mit seiner hochentwickelten Industrie und mit der innigen Verflechtung der Interessen aller Völker auf der einen Seite und die Entwicklung der Kriegstechnik auf der anderen Seite, machen das, was für alle Zeiten eine sittliche Forderung ist, in der Gegenwart zu einer zwingenden wirtschaftlichen Notwendigkeit.

Nun erwidert man uns: Im Wirtschaftlichen liegen ja eben die Gründe für den Krieg; die Ursachen für die Entstehung des Krieges sind gegeben in der wirtschaftlichen Konkurrenz der Völker. Was haben wir darauf zu antworten? Wir dürfen sagen, dass diese wirtschaftlichen Interessengegensätze, die wir nicht leugnen, alle derart sind, dass man mit Mitteln des friedlichen Ausgleiches zwischen ihnen vermitteln kann, und dass viel stärker, als diese Interessengegensätze, heute die gemeinsamen wirtschaftlichen Interessen sind, so dass heute jedes Land viel stärker unter der Zerstörung der wirtschaftlichen Werte in einem anderen Lande leidet, als es durch die Zerstörung fremder Wirtschaft gewinnen kann. Überall wo die Völker in scharfer wirtschaftlicher Konkurrenz miteinander stehen, ist es bei einigem guten Willen durchaus möglich, eine Vereinigung der Interessen herbeizuführen, und sie zu gemeinsamen Unternehmungen zu verbinden. Das ist die Art, wie wir heute dieser Gegensätze Herr werden wollen, das ist das moderne Mittel im Gegensatz zu dem alten Mittel, einfach den Gegner, den Konkurrenten totzuschlagen, um dann allein übrig zu bleiben. Heute ist es in sehr vielen Fällen, in denen scheinbar eine solche Gegnerschaft der Interessen vorhanden ist, ein Irrtum der Leute, die nur das Allernächste sehen, dass ihnen nämlich der Konkurrent einen Teil ihrer

Geschäfte wegnimmt, es ist ein Irrtum, sage ich, dieser Leute, zu glauben, dass sie wirtschaftlich besser fahren durch Vernichtung des Gegners. Nein, sie übersehen, wie sehr sie selbst prosperieren, direkt und indirekt, durch das Blühen der fremden Wirtschaftsgemeinschaft, wie sehr sie selbst, mit Import und Export und durch all die vielen gemeinsamen Unternehmungen auf dem ganzen Erdenrund, Gewinn haben von dem Blühen dessen, der ihnen im Einzelfall als unbequemer Konkurrent gegenüber tritt. Also, es bleibt dabei: So wie heute die Welt geworden ist, so eng und so klein geworden durch die Entwicklung des Verkehrs, durch die Beseitigung all der Hindernisse der Entfernungen, so wie dadurch über die ganze Welt hinweg sich ein Netz, ein enggeknüpftes Netz der wirtschaftlich gemeinsamen Interessen zieht, und so wie andererseits die Technik des Krieges auf einem Grad angelangt ist der Verwüstungsmöglichkeiten, wie niemals zuvor, da ist das, was eine sittliche Forderung ist und war und immer sein wird, zu einer wirtschaftlichen Notwendigkeit geworden.

Dazu kommt nun drittens: Das, was wir fordern, die Überwindung des Krieges, der rohen Gewalt durch eine rechtliche Organisation, durch den Völkerbund, das *liegt zugleich in der Linie der rechtlichen Entwicklung der Menschheit*, ist eine Konsequenz dieser Entwicklung. Ich habe diesen Gedanken vor Jahren ausführlicher behandelt. Ich will jetzt nur kurz darauf hinweisen.

Die ganze Kulturentwicklung der Menschheit zeigt, von den allerersten Zeiten bis zur Gegenwart, in einem Jahrhunderte langen Kampfe, zu beobachten in unserer eigenen deutschen Geschichte, von alten germanischen Zeiten an bis in das 20. Jahrhundert, ein Zurückdrängen der Gewalt zu Gunsten des Rechts in eine immer engere Sphäre.

Die Gewalt war in den Anfängen der Kulturentwicklung ein erlaubtes Mittel, nicht ein Verbrechen, nicht eine Auflehnung, sondern ein Bestandteil der Rechtsordnung, um die Streitigkeiten der einzelnen untereinander auszutragen. In den Anfängen menschlicher Kultur herrscht die Blutrache, sich forterbend von Geschlecht zu Geschlecht, nicht nur ein Recht, eine geheiligte Pflicht. Dann wurde die Blutrache dem Volksrecht eingeordnet, von der Erfüllung rechtlicher Voraussetzungen abhängig.

Noch der alte germanische Staat vollzog in den wenigsten Fällen unmittelbar eine Strafe. Den einzelnen, den er verurteilte, machte er friedlos; er überliess es jedermann im Volke, ihn zu erschlagen. Der Übeltäter, der den Frieden verlor, wurde rechtlos und wurde hinausgestossen zu den Tieren des Waldes; niemand durfte ihm Nahrung geben oder ihn aufnehmen. Wenn er sich vergangen hatte, nicht nur gegen den einzelnen, sondern gegen die Allgemeinheit, so war jedermann verpflichtet, ihn niederzuschlagen. Und wenn er sich vergangen hatte gegen den einzelnen, so waren dieser und seine Sippe berechtigt, mit eigener Hand an ihm die Strafe zu vollziehen. Die Blutrache war ein Bestandteil der Rechtsordnung.

Von diesem Urzustand aus geht durch die ganze deutsche Entwicklung hindurch, durch die Zeiten der Völkerwanderung, durch die Zeiten des Fränkischen Reiches Karls des Grossen, durch das Mittelalter der deutschen Kaiserzeit und durch das spätere Mittelalter, in dem der Bündnisgedanke die Verfassung des Deutschen Reiches beherrschte, durch diese ganze mehr als ein Jahrtausend umspannende Entwicklung hindurch geht das Bemühen, die Gewalt als Bestandteil der Rechtsordnung zu beseitigen und an die Stelle zu setzen den rechtlichen Vollzug durch eine übergeordnete Strafgewalt. In jahrhundertlangen Verfassungskämpfen ist das allmählich durchgesetzt worden. Nach der Blutrache kam das Fehderecht, das auch noch ein Bestandteil der Rechtsordnung war. Es waren die zur Waffenführung *berechtigten* Glieder des Volkes einschliesslich der Städte, die unter gewissen Voraussetzungen das Recht der Fehde hatten. Das war keine Auflehnung gegen die Rechtsordnung. Dieses Fehderecht wurde im Laufe der Jahrhunderte überwunden. Am Ende der Entwicklung steht der »Ewige Landfriede« Maximilians, geschützt durch die Errichtung des Reichskammergerichts und die Organisation der Landfriedenskreise.

Aber die Territorien beanspruchten das Recht selbständiger Kriegführung: es wurde ihnen verbürgt im Westfälischen Frieden. Im Laufe der Jahrhunderte sind wir trotzdem zusammengewachsen zu einem Staat, zu einem Reich, das nun auch zwischen den Gliedern des Reiches die Gewalt als Rechtsmittel ausschloss und innerhalb seiner Grenzen Sicherheit gewährte gegen das Anrufen kriegerischen Ausgleiches für den Austrag der Interessenkonflikte.

In dieser Entwicklungslinie liegt offenbar, dass nun die rohe Gewalt auch vertrieben werden muss aus ihrem letzten Schlupfwinkel. Sie besteht noch, sie bestand noch bisher, als eine berechtigte, durch das Völkerrecht anerkannte Einrichtung in den Beziehungen der Völker untereinander, nicht mehr für die Beziehungen der einzelnen Personen untereinander, nicht mehr für die Ordnung des Verhältnisses zwischen den einzelnen Kreisen der Bevölkerung, nicht mehr zwischen den Gliedern eines Gemeinwesens, die zusammen eine grosse politische Gemeinschaft bilden. Aber sie bestand noch im Völkerrechtsverkehr. In der Linie der ganzen bisherigen Entwicklung liegt es, nun auch zwischen den Völkern das Recht an die Stelle der Gewalt zu setzen. Also wir fordern nicht etwas Utopisches, sondern wir fordern etwas, worauf die ganze bisherige Rechtsentwicklung hindrängt.

Was sagen nun die Gegner? Sie sagen uns: »Das ist doch Utopie. *Krieg hat es immer gegeben und wird es immer geben*. Die Völker können es sich nicht gefallen lassen, dass ihre Lebensinteressen und ihre Ehre unterworfen werden der rechtlichen Entscheidung irgend einer Stelle, mag sie noch so sehr mit den Garantien der Unparteilichkeit umgeben sein. *Die letzten Interessen, seine Lebensinteressen, seine nationale Ehre, muss ein Volk immer wahren dürfen mit dem Schwert in der Hand.* Darüber kann es niemand zum Richter machen.« So sagt man uns. Was antworten wir?

Dass der Krieg immer gewesen ist, beweist nicht, dass er immer sein wird. Diesen Einwand kann man erheben gegenüber jedem Übel in der Welt, das bisher die Menschheit geplagt hat. Dadurch werden wir uns niemals abhalten lassen, diese Übel der Menschheit ersparen zu wollen. Und was Euer Argument anlangt, dass ein Volk sich nicht herbeilassen könne, seine Lebensinteressen und seine Ehre einem Schiedsrichter und einem Fremden anzuvertrauen, sondern letztlich immer dafür einstehen müsse, mit seinem Leben und seiner Existenz, mit dem Schwerte in der Hand, so hat genau dasselbe gewiss der alte Germane gesagt, als man ihm zumutete, über seine persönliche Ehre und seine persönlichen Lebensinteressen zu Recht zu stehen vor Gericht; das war ihm ebenso unfassbar. Und trotzdem ist eine Staatsgewalt errichtet worden. Dasselbe hat dann der Ritter des Mittelalters gesagt, als man ihm zumutete, dass er nun zu Gericht stehen solle vor einem Gericht, in dem die Pfeffersäcke ebenso vertreten waren, wie er, der ritterlich Geborene. Und doch ist eine Rechtsordnung gekommen, die ihn unter sich gezwungen, die das Fehderecht unterdrückt hat. In der Gemeinschaft des Deutschen Reiches haben dann ebenso die einzelnen Staaten darauf verzichten müssen, ihre Interessen und ihre Ehre innerhalb des Reiches durch das Mittel des Krieges zu wahren. Sie haben erkannt, dass sie sich wohl dabei befinden. Und die Gegenfrage werden wir stellen: *Glaubt Ihr denn wirklich, dass der Krieg ein besseres Mittel ist, um Lebensinteressen und Ehre zu wahren, als eine Rechtsentscheidung, die mit allen Garantien der Unparteilichkeit, soweit es in Menschenkraft steht, umgeben ist?* Hat das wirklich die Erfahrung bestätigt, dass der Krieg ein taugliches Mittel sei, um Lebensinteressen und Ehre zu wahren? Haben wir irgend eine Gewähr dafür, dass der Ausgang des Krieges das Recht bestätigt, dass er dem sein Recht gibt, der gezwungen worden ist, seine Lebensinteressen und seine Ehre zu wahren? Ist der Krieg dafür nicht das alleruntauglichste Mittel, der Krieg, in dem die rohe Gewalt oder oft der Zufall entscheidet, wer Sieger bleibt? Sind für *berechtigte* Ansprüche die Garantien in einem rechtlichen Verfahren nicht weit grösser als bei dem eisernen Würfelspiel des Krieges?

Es ist eine ganz falsche Auffassung, die noch herrührt aus einer ganz falsch orientierten Moral, so ungefähr aus der Moral des studentischen Duells, wenn man sagt, dass man seine Ehre mit der Waffe in der Hand wahren müsse. Nein, die wirkliche Wahrung der Ehre ist damit gegeben, dass man selbst nicht der Ehre eines anderen zu nahe tritt, und dass man bei Angriff auf die eigene Ehre und die eigenen Interessen sich bereit erklärt, eine unparteiische Stelle entscheiden zu lassen und sich dieser Entscheidung zu unterwerfen. Selbst wenn im einzelnen Falle einmal ein falsches Urteil gefällt werden sollte, so wird es viel eher erträglich sein, als eine durch die brutale Gewalt der Waffen den Völkern aufgenötigte Entscheidung. Wenn wir auf den Weltkrieg und seinen Ausgang zurückblicken, wer wird nicht in Deutschland glauben, dass, wenn die Streitfragen, die zum Kriege Anlass gaben, einer schiedsgerichtlichen Entscheidung unterworfen wären – und wären die Vermittler selbst noch so parteiisch gegen uns gewesen – dass wir mehr zu unserem Recht gekommen wären und dass wir dabei besser gefahren wären, dass die Lebensinteressen und die Ehre des deutschen Volkes besser gewahrt worden wären als durch das Ergebnis des Krieges?

Noch zwei Einwände gegen die Annehmbarkeit und Durchführbarkeit des Völkerbundes erheben die Gegner. Sie sagen, *Deutschland* werde bei jeder schiedsgerichtlichen Entscheidung *im Nachteil* sein, da es die grosse Mehrheit aller Mächte zu Gegnern habe, und sie sagen weiter, für Vollstreckung der Urteile *fehle* im Völkerbund, anders als innerhalb der Staaten, *die vollziehende Gewalt.*

Der erste dieser beiden Einwände beweist nur die Unwissenheit derer, die ihn erheben. Die Haager Konventionen, an die wir für den Ausbau des Völkerbundes wieder anknüpfen müssen, gaben Gewähr für die *vollkommen unparteiliche Zusammensetzung jedes Schiedsgerichtes*, ganz einerlei, ob der Staat eine einzelne Macht oder die halbe Welt zu Gegnern hatte.

Was aber die *Vollzugsgewalt* anlangt, so will ich hier nicht eingehen auf die Vorschläge, die dem Völkerbund materielle *Mittel zur Erzwingung seiner Entscheidungen* in die Hand geben wollen. Ich verkenne nicht die Schwierigkeit dieser Frage. Bisher aber hat in allen Fällen die *moralische Autorität* internationaler Schiedssprüche genügt, um ihnen die Anerkennung auch der grossen Militärmächte zu sichern. Die Schwierigkeit hat immer nur darin gelegen, die Regierungen zur Anrufung der schiedsgerichtlichen Entscheidung zu bringen, nicht darin, die getroffene Entscheidung durchzuführen. Wenn einmal ein echter Völkerbund geschaffen sein wird, wird diese moralische Autorität noch gewaltig wachsen.

Friedrich Wilhelm Foerster (geb. 1869 in Berlin; gest. 1966 in Kilchberg/Schweiz) war ein deutscher Philosoph, Pädagoge und Pazifist. In Berlin als Sohn des Direktors der dortigen Sternwarte aufgewachsen, studierte Foerster Philosophie, Nationalökonomie und Psychologie an den Universitäten in Freiburg und Berlin. Zu seinen philosophischen Lehrern zählten die berühmten Neukantianer Alois Riehl und Eduard Zeller. 1893 promovierte Foerster in Berlin mit der Schrift »Der Entwicklungsgang der Kantischen Ethik bis zur Kritik der reinen Vernunft«. 1897 kehrte er Deutschland erstmals den Rücken, nachdem er wegen »Majestätsbeleidigung« drei Monate Festungshaft hatte verbüßen müssen.

Er ging in die Schweiz, wo er sich 1898 an der Universität Zürich mit der Arbeit »Willensfreiheit und sittliche Verantwortlichkeit« habilitierte. Nach Erlangung der Venia Legendi lehrte er 1913 zunächst als außerordentlicher Professor an der Universität Wien und folgte im Jahr darauf einem Ruf als ordentlicher Professor für Pädagogik und Philosophie an die Universität München. Mit Werken wie »Staatsbürgerliche Erziehung« (1910) und »Politische Ethik und Politische Pädagogik« (1918) schuf er die Grundlagen einer christlichen, sozialen und demokratisch motivierten »Politischen Bildung«, wie sie heute Geltung hat.

Im wilhelminischen Deutschland jedoch waren solche ethischen Kategorien wie die Verantwortung gegenüber dem eigenen Gewissen, ziviler Ungehorsam oder die Negierung von autoritärem Korpsgeist, so wie Foerster sie vertrat, etwas äußerst Subversives. Als er nach dem Ersten Weltkrieg zudem den Militarismus scharf kritisierte – genannt sei hier die Schrift »Mein Kampf gegen das nationalistische und militaristische Deutschland« von 1920 – und er von einer deutschen Mitschuld am Krieg sprach, wurde er an der Münchener Universität von nationalistischen Studenten immer heftiger attackiert. 1922 wurde Foerster durch einen ihm bekannten Offizier gewarnt, dass die rechtsextreme »Organisation Consul«, die hinter dem Mord an Walther Rathenau steckte, auch ihm nach dem Leben trachtete.

Foerster verließ daraufhin Deutschland ein weiteres Mal in Richtung Zürich, von wo er 1926 nach Frankreich übersiedelte. Nach der öffentlichen Verbrennung seiner Werke

entzogen ihm die Nationalsozialisten 1933 die deutsche Staatsbürgerschaft. Während der Besetzung Frankreichs durch deutsche Truppen floh Foerster 1940 in die USA, von wo er drei Jahre vor seinem Tod nochmals in die Schweiz zurückkehrte.
Aus seinem 1919 erschienenen Buch »Weltpolitik und Weltgewissen« ist im Folgenden eine Passage zu lesen, in der die christliche Fundierung der pazifistischen Argumentation Foersters deutlich wird. Dabei stellt er heraus, dass auch die Befürworter der sozialistischen Revolution einem Irrtum unterliegen, wenn sie glauben, die neue Gesellschaft ließe sich mit dem autoritären Herrschaftsinstrument der Waffengewalt, das ja gerade für das »alte System« kennzeichnend gewesen sei, herbeiführen. Foerster warnt vor den Folgen eines Bürgerkrieges und erkennt in ihm bereits die Vorzeichen einer neuerlichen von Deutschland ausgehenden imperialen Bedrohung. ■

Friedrich Wilhelm Foerster
Weltpolitik und Weltgewissen

Die revolutionäre und die gewaltlose Methode

In allen Schichten unseres Volkes gibt es heute Menschen, die im Anblick der scheinbar fast unüberwindlichen Widerstandskraft des alten Systems alle ihre Hoffnung auf den Ausbruch einer deutschen Revolution setzen. Sie machen sich nicht klar, daß es ja doch gerade dieses *Vertrauen auf die blinde Gewalt* ist, worin das Wesen des alten Systems beruht, und daß dessen Dauerhaftigkeit zu einem nicht geringen Teil eben dadurch zu erklären ist, daß selbst so viele von denen, die etwas Neues wollen, doch noch ganz in dem alten Zwangs- und Gewaltglauben steckengeblieben sind und dadurch unablässig, wenn auch unbewußt, die Autorität jener alten Methoden in Geltung erhalten – auch wenn sie diese Methoden für ganz neue Ziele benutzen wollen. Der Glaube an die Methoden der mechanischen Überwältigung kann nur durch den ganz konsequenten Glauben an das der Gewalt entgegengesetzte geistige Prinzip überwunden werden. Wer den äußeren Krieg nur durch den inneren Krieg überwinden zu können glaubt, der wird erleben, wie schnell aus der Heiligung der innerpolitischen Gewalt aufs neue der nach außen gerichtete Imperialismus geboren wird. In diesem Weltkonflikte geht es auf's Ganze, nicht auf die bloße Ablösung *einer* Form der Vergewaltigung durch eine andere; Heilung kommt nur in dem Maße, als das Programm der Verständigung aus einer bloßen äußeren Technik des Friedensschlusses zu einem sittlichen Bekenntnis geworden ist, das den gesamten menschlichen Interessenausgleich zu durchdringen beanspruсht. Die Gewaltmethode ist zugleich die *antisoziale* und *antidemokratische Methode*, bei der sich *ein* Wille rücksichtslos durchsetzt, statt daß *zwei* Willen *eins* werden – nur dort aber, wo diese Einheit von zwei Lebenskräften zustande kommt, nur dort wird »Vergesellschaftung« hervorgebracht, alles andere ist Zersprengung der menschlichen Gesellschaft, auch wenn für den Augenblick ein noch so blendender Scheinerfolg von Einheit und Ordnung geschaffen wird. Die Menschheit geht durch drei Entwicklungsphasen: In der ersten Phase herrscht die bloße Gewalt. In der zweiten Phase wird das Recht durch Gewaltmittel im Leben begründet; das auf solchem Grunde entstandene Recht aber vermag die echte Rechtsgesinnung noch nicht zu schaffen; für die dritte Phase, in der das Recht durch die gewaltlose Methode verwirklicht wird, scheint das Läuterungsfeuer dieses Krieges die Kulturmenschheit vorzubereiten. Die politische Philosophie der Arbeiterbewegung war vor dem Kriege noch ganz vom bloßen Machtgedanken durchdrungen; der vierte Stand vermochte sich von der allgemeinen Machtanbetung nicht frei zu halten und trug durch seine Tonart und seine Literatur dazu bei, jenen Machtkultus zu verstärken; in diesem Sinne ist die Sozialdemokratie mitschuldig am Imperialismus, auch wenn sie gegen ihn schrieb – denn nicht auf das, was man schreibt, kommt es an, sondern auf den innersten Geist, von dem eine bestimmte Propaganda getragen ist. *Mazzini* hat sehr treffend einmal bemerkt, daß alle modernen sozialen Reformbewegungen nur einen »Fetzen von der Demokratie« begriffen hätten: In der Tat ist die demokratische und soziale Idee von keiner Gruppe wahrhaft in alle ihre Konsequenzen ausgedacht und als universelles sittliches Programm festgelegt worden; statt dessen hat man soziale Forderungen und demokratische Ideen in antisozialer Tonart und mit undemokratischen Methoden verbreitet. Ein tragisches Beispiel dieser Inkonsequenz ist das Verhalten der *russischen Maximalisten*, die dadurch die Werbekraft der tieferen Ideen, denen die Besten unter ihnen dienen wollten, entscheidend geschwächt haben. Will die von unten heraufkommende soziale Bewegung mehr sein, als eine Bewegung zur Rache des Volkes an den Besitzenden oder zur Ersetzung des alten Gewaltregimentes durch ein neues Gewaltregiment, will sie wirklich die menschliche Gesellschaft erneuern, so müssen ihre Denker und ihre Führer den neuen Geist in der Art ihrer Auseinandersetzung mit den Trägern der alten Ordnung praktisch erweisen und darstellen: sie dürfen hier nicht einfach alle Fragen lediglich von einem ganz bestimmten Klasseninteresse aus beurteilen und behandeln, in der Meinung, dieses Interesse sei mit dem der Menschheit identisch; nein, sie müssen Gerechtigkeit und Menschlichkeit ganz konkret auch gegenüber den bisherigen Leitern und Organisatoren des Produktionsprozesses üben; gewiß mögen sie hier durch tiefgehende und weitausschauende Reformen alle unhaltbaren Herrschaftsverhältnisse und alle ungerechtfertigten Gewinne ausschalten, sie dürfen aber – wenn sie überhaupt »Gerechtigkeit« wollen und nicht nur das Ihrige suchen – nicht durch die schematische Härte einfacher Enteignungen ohne Rücksicht auf alle vorangegangenen Leistungen, Überlieferungen und Lebensgewohnheiten der Betroffenen die ganze Intelligenz und das gesamte Führerelement der bisherigen Gesellschaftsordnung gegen sich aufbringen und dadurch die Gesellschaft in zwei feindliche Hälften auseinanderreißen, von denen keine mehr irgendein Recht auf der Gegenseite anzuerkennen vermag. Dieser Bolschewikigeist ist jedenfalls nur eine andere Form des alten Kriegsgeistes, auch wenn er auf weltpolitischem Gebiete einmal zufällig für den Friedensschluß arbeitet; aus ihm kann nichts wirklich Neues hervorgehen, und wenn seine Vertreter sich über mangelnde Hilfe von seiten der ausländischen Arbeiterschaften beklagen, so übersehen sie eben, wie sehr ihre politische Methodik die nach einem neuen Geist lechzende Menschheit enttäuscht und ihnen die moralischen Sympathien geraubt hat, die ihnen bei ihren ersten Auftreten aus allen Klassen und Völkern entgegenkamen.

Die christliche Religion hat den staatlichen Gehorsam und die staatliche Ordnung geweiht; sie ist ihrem innersten Geist nach Gegnerin jeder Revolution, erstens weil sie aus der Anwendung der gewalttätigen Methode nichts als einen Augenblickserfolg kommen sieht, der auf keiner Seite die edleren Entschließungen zu wecken versteht, sondern nur Rachegefühle und Verstocktheit erzeugt, zweitens weil sie in der *Sicherstellung des Gehorsams gegenüber der Obrigkeit* auch eine pädagogische Vorbereitung für den Gehorsam gegenüber allen tieferen Gewissensmächten sieht: Die strenge Gesetzeswelt des Moses gilt ihr als notwendige Vorstufe in der Bändigung der ungeordneten Naturinstinkte des Menschen. Vielleicht bringt der Anblick der russischen Revolution und ihrer Fehler und Mißgriffe auch dem Ungläubigen die tiefe psychologische und soziologische und pädagogische Lebenswahrheit nahe, die hinter jener Stellungnahme des Christentums steht: Ist es uns allen bei der Beobachtung der revolutionären Entwicklung in Rußland nicht klar geworden, welche schlafenden Dämonen entfesselt werden, wo immer einer bestimmten staatlichen Ordnung der Gehorsam gekündigt wird? Haben wir nicht beobachten können, wie reißend schnell das Beispiel der Kündigung um sich greift und jeder beliebigen rechthaberischen Gruppe den Anlaß gibt, der Zentrale die Disziplin zu verweigern – bis schließlich die vollkommene Ochlokratie den Platz behauptet? Zu spät begreifen in solchem Falle die *Idealisten der Gewalt*, daß sie nur den *Dämonen der Gewalt* den Weg ins Freie geöffnet haben; zu spät erkennt man dann, daß es ein verhängnisvolles Beginnen ist, in einem Gemeinwesen den altgewohnten, geheiligten Respekt vor Gesetz und Ordnung, jene gewisse stillschweigende Verabredung gemeinsamer Unterordnung unter die Obrigkeit zu erschüttern, statt daß man *trotz aller Arbeit für die gründliche Umwandlung der Einrichtungen, doch den bestehenden Ordnungen unbedingten Gehorsam leistet.* Gehört es vielleicht auch zum »Schutz der Schwachen«, daß man die gesellschaftliche Auflösung, die notwendig jeder Revolution folgt, voraussieht und lieber das Letzte daransetzt, um im Rahmen der bestehenden Ordnung das Neue zum Durchbruch zu bringen, als daß die Girondisten der Empörung den Jakobinern der Empörung das Beispiel geben, wobei dann stets die Jakobiner durch noch radikalere Elemente gestürzt werden, bis ein Chaos eintritt, aus dem nur ein Caesar die gesellschaftliche Ordnung retten kann? Freilich kann es Situationen geben, in denen die Verstocktheit der Machthabenden und die rechtlose Unterdrückung aller geordneten Kritik und Reformarbeit so groß ist, daß sich den Naturmächten der Auflehnung nicht mehr Halt gebieten läßt – Volksführer und Reformer aber mögen sich über den positiven sozialen Wert solcher Explosionen keine Illusion machen und darum lieber von Anfang an darauf hinarbeiten, daß die Volksbewegung nicht die geistig-sittliche Gemeinschaft mit den anderen Klassen preisgibt, vielmehr durch die Art ihres Auftretens die besten Elemente der oberen Klassen für sich zu gewinnen sucht. Man darf sagen, daß ein hoher sittlicher Stand der Volksorganisation schließlich doch immer auch in den anderen Klassen ein wachsendes Entgegenkommen hervorruft und die Bildung einer neuen öffentlichen Meinung ermöglicht, deren moralischer Druck dann der Reform die Wege öffnet: wo der Widerstand scheinbar undurchdringlich ist, da fehlt wohl meistens auch der Volksbewegung noch die vertrauenserweckende Reife, und es ist besser, zuerst hier mit stiller aufbauender Arbeit zu beginnen, als politisch unreife Massen in gewalttätige Aktionen hineinzuhetzen.

In dieser Zeit wilder Trennung des Menschen vom Menschen wird in weiten Kreisen ein kleines grünes Heft mit dem Titel »Aus Leben und Lehre des Bahaismus« herumgegeben.[1] Schlägt man das Büchlein auf, so findet man die Lehre des Abdul Baha aus Akka, die nichts anderes predigt, als das liebevolle Einswerden aller Menschen zu einem Brudervolke und die entsprechende Lebensführung und »Wortführung« jedes einzelnen. Man fragt sich: Warum eine neue Gemeinschaft? Ist uns diese Lehre nicht längst im Christentum gegeben? Die Antwort darauf ist, daß es sich für die Verkünder jener Lehre nicht um eine neue Religion handelt, die an die Stelle des Alten treten soll, sondern um ein Band, das auch den Nichtchristen mit dem Christen, den Mohammedaner mit dem Juden, den Buddhisten mit den Parsen verbündet, ja das überhaupt der großen Sehnsucht der Zeit, aus dem Hassen und aus der unmenschlichen Entfremdung zwischen Rassen und Klassen, Religionen und Parteien heraus-

1 Bahai-Verlag, Hamburg 1918.

zukommen. In den ersten Zeiten der christlichen Gemeinde war das christliche Bekenntnis die unbedingte Gewähr einer erneuerten Beziehung von Mensch zu Mensch, und gerade dies verlieh dem Christentum seine, die Gesellschaft erneuernde Kraft. Auch hat allein das Christentum die geistige Gewalt, die allerschwersten inneren und äußeren Hemmungen der Menschenliebe zu überwinden. Aber inmitten der heutigen Windstille des christlichen Geistes, in der so viele Christen innerpolitisch und außerpolitisch ganz in den Geist der allgemeinen Verhetzung gefallen sind, und in der so Volksschichten überhaupt außerhalb des Christentums stehen, vermag ein solcher neuer Mittelpunkt der uralten Liebeslehre ungeahnte Anregung zu spenden, – schon allein dadurch, daß er einem *tieferregten Bedürfnis der vom Hassen und Schelten übersättigten Menschennatur* Ausdruck und Wegweisung gibt. Es ist ganz zweifellos, daß weder die weltpolitische Not, noch die soziale Not der gegenwärtigen Menschheit ihre Lösung finden kann, wenn jetzt nicht inmitten aller Parteien und Organisationen »*Führer zur Menschlichkeit*« erweckt werden – Menschen, die im Kampfe für ihre Ueberzeugungen, Interessen und Rechte von der bloßen Ichwut ablassen, mit fremden Bedingtheiten menschlich umgehen, fremde Interessen ritterlich sicherstellen und alles Trennende im Geiste eines höheren Friedens besprechen. Der »*Kampf ums Dasein*« ist beim modernen Menschen seit einigen Jahrzehnten eine alles durchdringende, geradezu krankhafte Vorstellung geworden, die allmählich alles zersetzt hat, was man einst Kultur nannte; die reine Tierheit ist über uns gekommen – und diese uns alle belastende Tierheit will man nun auch innerpolitisch im alten Stile der Überwältigung des Menschen durch den Menschen in eine Welt der Gerechtigkeit verwandeln. Das alles ist ein toller Wahn, ein Fiebertraum der gequälten Menschheit: Rettung kann nur aus dem tiefsten Lebensquell der Liebe kommen – die Kultur wird zu einem Schutthaufen werden oder es wird das Verlangen nach »caritas« in Taten und Worten mit ganz neuer Inbrunst die ausgekälteten Seelen erfassen und an die Stelle all der ohnmächtigen Versuche treten, mit den alten Mitteln das große Grundproblem des Zusammenlebens zu lösen, vor das diese Katastrophe die Menschheit gestellt hat.

Emil Julius Gumbel (geb. 1891 in München; gest. 1966 in New York) enthüllte als Publizist mit mathematischer Präzision das Ausmaß der durch Rechtsextremisten während der Weimarer Republik begangenen politischen Morde und deren Duldung seitens der deutschen Justiz.

Gumbel wuchs als Sohn jüdischer Eltern in München auf und studierte dort ab 1910 Mathematik und Staatswissenschaften.

1913 promovierte er an der Universität München mit der statistischen Arbeit »Über die Interpolation des Bevölkerungsstandes«. 1914 meldete er sich als Kriegsfreiwilliger und wurde durch die Erfahrungen an der Front zum Pazifisten. Im Herbst 1915 ging Gumbel nach Berlin, wo er sich an der Universität nochmals als Student immatrikulierte, um mathematische Übungen zu besuchen. Er engagierte sich im pazifistischen »Bund Neues Vaterland« und arbeitete neben dem Studium bei der »Flugzeugmeisterei Adlerhof« und bei »Telefunken«. Im Jahr ihrer Ausgründung trat Gumbel 1917 der USPD bei, von der er 1920 zur SPD übertrat. Ab 1918 schrieb er Artikel für die Zeitschrift »Weltbühne« und begann seine publizistische Tätigkeit zu verstetigen. 1921 und 1922 erschienen seine berühmten Schriften »Zwei Jahre Mord« und »Vier Jahre politischer Mord«. Darin deckte er das krasse Missverhältnis zwischen Morden und dafür verhängte Strafen mit rechtem beziehungsweise linkem Täterhintergrund auf und konnte präzise belegen, das die Justiz »auf dem rechten Auge blind« war.

Gleichzeitig führte Gumbel seine akademische Arbeit als Mathematiker weiter. An der Universität Heidelberg habilitierte er sich 1923 mit einer Arbeit über die »Theorie statistischer Verteilungsfunktionen«. Seiner Lehrtätigkeit in Heidelberg konnte Gumbel jedoch nur für kurze Zeit ungestört nachgehen, denn 1924 erschien zum einen sein Buch »Verschwörer«, in dem er die kriminellen Verstrickungen von Offizieren der Reichswehr in die politischen Morde rechtsextremer Geheimbünde nachwies. Hinzu kam, dass Gumbel in Heidelberg während einer Versammlung der pazifistischen »Deutschen Friedensgesellschaft« über die deutschen Gefallenen des Ersten Weltkrieges äußerte, dass sie »ich will nicht sagen auf dem Felde der Unehre gefallen sind, aber doch auf grässliche Weise ums Leben kamen«. Für die Worte »auf dem Felde der Unehre gefallen«

wurde Gumbel in der Folgezeit heftigsten Anfeindungen ausgesetzt. Die Universität entzog ihm kurzzeitig die Lehrerlaubnis und leitete ein Disziplinarverfahren gegen ihn ein. Auch seine zwischenzeitlichen Forschungsaufenthalte im Ausland konnten den vor allem von Seiten nationalistischer Studenten gegen ihn inszenierten Krawallen kein Ende bereiten. Als Gumbel 1930 verfahrensüblich endlich zum außerordentlichen Professor ernannt wurde, kam es in Heidelberg zu derart heftigen Ausschreitungen, dass die Universität kurzzeitig geschlossen werden musste. Eine Polemik Gumbels gegen ein Kriegerdenkmal wurde vom Senat der Universität schließlich zum Anlass genommen, ihm 1932 die Lehrbefugnis zu entziehen. Anführer der Studentenkrawalle gegen Gumbel war der Heidelberger NS-Studentenführer Gustav Adolf Scheel, der auch die Bücherverbrennung in Heidelberg am 17. Mai 1933 organisierte und später bei der SS Karriere machte. Emil Gumbel wurde 1933 ausgebürgert. Er emigrierte zunächst nach Frankreich und 1940 in die USA, wo er an der Columbia Univerity in New York lehrte und 1958 das bedeutende mathematische Werk »Statistics of Extremes« veröffentlichte.

In dem folgenden Abschnitt aus Gumbels Buch »Verschwörer« geht es um die Hintergründe der Attentate auf pro-demokratische Politiker der Weimarer Republik: Matthias Erzberger (Zentrumspartei), Philipp Scheidemann (SPD, überlebte das Attentat) und Walther Rathenau (DDP). ■

Emil Julius Gumbel
Verschwörer. Beitrag zur Geschichte und Soziologie der deutschen nationalistischen Geheimbünde seit 1918

2. Die grossen politischen Attentate

»Diese zarten süßen Knaben haben nicht bloß gelernt, zu lieben und sich lieben zu lassen, nicht bloß zu tanzen und zu singen, sondern auch Dolche zu zücken und Gift zu mischen.«
Cicero gegen Catilina.

Die im folgenden geschilderten Morde und Attentate sind nur ein ganz kleiner Ausschnitt aus einer viel größeren Zahl. Denn schon vor und neben diesen großen organisierten Morden hat es in Deutschland Hunderte von (man könnte sagen) kleineren Morden gegeben. Ihre Täter stammen aus den Freikorps, den Studentenverbindungen, der Reichswehr, also aus den mit den Geheimbünden liierten Gesellschaftskreisen. In der vom Reichsjustizministerium dem Reichstag am 4. Dezember 1923 vorgelegten Denkschrift sind 281 Fälle aufgezählt, in denen das Verfahren durch Freispruch oder geringfügige Verurteilung der Täter zum Abschluß kam. Rechnet man dazu noch die Fälle, in denen das Verfahren noch schwebt, so kommt man auf mindestens 339 offiziell anerkannte Fälle, wo Republikaner von Rechtsstehenden umgebracht wurden. Doch ist auch diese Zahl zweifellos noch zu gering.[1] Die Justiz hat unter dem Einfluß der Vertreter des ancien régime in allen diesen Fällen instinktiv in dem Ermordeten ihren Feind gesehen, in dem Mörder aber das Mitglied der guten Gesellschaft, die zu schützen ihre Aufgabe und ihre Pflicht war. Damit hat sie in hervorragender Weise den Geheimbünden den Weg gebahnt.

Ein ganzes System von Sondergesetzgebungen, Ausnahmegerichten, Amnestien, Verfügungen, Verordnungen ist ausgearbeitet worden, um die Veranstalter monarchistischer Putsche zu schützen, die Rädelsführer kommunistischer Putsche oder einfacher Hungerkrawalle mit stärksten Gefängnisstrafen zu belegen. Vom ersten Tag an hat die offizielle Politik der Republik nur den Feind links gesehen, den Feind rechts aber mit gutmütigem Schmunzeln gewähren lassen und, falls dies unumgänglich nötig war, zugelassen, daß er mit falschen Pässen und wohlgespicktem Geldbeutel die Grenze verließ.

Erzberger

Erzberger war, um den Ausgang seines Prozesses mit Helfferich abzuwarten, als Minister zurückgetreten und hatte sich aus dem öffentlichen Leben zurückgezogen. Am 26. August 1921 wurde er bei einem Spaziergang im Badeort Griesbach im Schwarzwald von zwei jungen Leuten überfallen und erschossen. Sein Begleiter, der Abgeordnete Dietz, wurde verwundet. Als er schon am Boden lag, vergewisserten sich die Mörder durch weitere Schüsse (im ganzen 12), daß er auch wirklich tot sei. Dann entflohen sie.

Als Mörder wurden Heinrich Schulz und Heinrich Tillessen ermittelt. Beide waren frühere Offiziere, dann kamen sie in den Stab der Marinebrigade Ehrhardt. (»Berliner Tageblatt«, 21. September 1921.) Zuletzt arbeiteten sie in der landwirtschaftlichen Zentralgenossenschaft bei Geheimrat Heim. Sie waren Mitglieder des Deutschvölkischen Schutz- und Trutzbundes, der Arbeitsgemeinschaft Oberland und der Organisation C. (Mitteilung des bad. Staatspräsidenten Dr. Trunk, 22. September 1921.)

Nach der Ermordung Erzbergers spielten sich innerhalb der Münchener Polizeidirektion interessante Vorgänge ab. Es war festgestellt worden, daß

1 Vgl. E. J. Gumbel: »Vier Jahre politischer Mord«, Malik-Verlag, Berlin.

die Mörder von München aus das Attentat vorbereitet hatten und nach vollbrachter Tat auch dorthin zurückgekehrt waren. Erst als die badische Staatsanwaltschaft die Personalien der Mörder festgestellt und die nach München führenden Spuren aufgenommen hatte, waren die beiden plötzlich wieder von München verschwunden. (»Berliner Tageblatt«, 2. September 1921.) Es ist also anzunehmen, daß die badische Staatsanwaltschaft der Münchner Polizeibehörde den Aufenthalt der Mörder Erzbergers meldete. Von dieser Meldung sind die Mörder in Kenntnis gesetzt worden und haben sich dann Hals über Kopf auf die Flucht gemacht. Es ist vermutet worden, daß die Benachrichtigung durch Beamte der damals Herrn Pöhner unterstehenden Münchener Polizei erfolgt sei. Denn eine Privatperson war von den Spuren, die die badische Staatsanwaltschaft aufgedeckt hatte, wohl kaum unterrichtet. Nach langem Zögern hat die badische Staatsanwaltschaft eigene Angestellte nach München geschickt. Nur ihrem Zugriff ist es zu verdanken, daß wenigstens bei der Haussuchung in München Material über die rechtsradikalen Terrororganisationen gefunden worden ist.

Schulz und Tillessen besaßen falsche Pässe auf den Namen Schwind und Trost. Sie flüchteten nach Ungarn. Als sie in Budapest eine Depesche an den Rechtsanwalt Dr. Adolf Müller in München aufgaben, wurden sie erkannt und verhaftet, aber auf telephonische Anordnung des Oberstadthauptmannes Dr. Hetheny wieder freigelassen. Vergleiche die Aussage des Kriminalinspektors Schumacher im Prozeß. (»Berliner Tageblatt«, 9. Juni 1922.)

Der frühere Kapitänleutnant Manfred von Killinger, der Vorgesetzte von Schulz und Tillessen in der Organisation C (offiziell: bayrische Holzverwertungsgesellschaft) wurde angeklagt, den Mördern Beistand geleistet zu haben. Er hatte nämlich ihre Koffer in Verwahrung genommen, Briefe in Empfang genommen und auch nach dem Mord mit beiden verkehrt. Killinger war ursprünglich Offizier gewesen, dann hatte er gegen die bayrische Räterepublik gekämpft und den Kapp-Putsch mitgemacht.

Nach seiner Verhaftung fand man bei ihm einen Versuch einer Paßfälschung. Am 13. Juni 1922 wurde er vom Schwurgericht Offenburg freigesprochen.

»Wir wollen auf dem Posten sein, wir wollen die Republik mit aller Macht schützen. Wir müssen aber nicht nur die Exzesse abwehren, sondern auch ihre Quellen verstopfen.« So sprach der Reichskanzler Dr. Wirth am 4. September 1921. Aber nichts dergleichen geschah. Das Verfahren gegen die Organisation C, das damals eingeleitet wurde, schwebt heute noch. Die einzige Verurteilung, die bis jetzt in der Erzbergersache erfolgte, betrifft den verantwortlichen Redakteur des »Offenburger Tageblatts«, Franz Huber. Dieser wurde nämlich, weil er Teile der Anklageschrift veröffentlicht hatte, zu 1000 Mark (4 Goldmark) Geldstrafe verurteilt. (»Berliner Tageblatt«, 17. August 1922.)

Das Attentat auf Scheidemann

Am Nachmittag des 4. Juni 1922, Pfingstsonntag, wurde auf Philipp Scheidemann, Oberbürgermeister von Kassel, ein Attentat verübt, als er mit seinen Angehörigen in der Nähe von Wilhelmshöhe spazierenging. Der Kaufmann Hans Hustert aus Elberfeld überholte ihn und versuchte, ihm Blausäure gegen das Gesicht zu spritzen. Scheidemann schoß zweimal, ohne zu treffen, und fiel dann in Ohnmacht.

Interessant ist die Haltung der deutschnationalen Presse zu dem Attentat. So schreibt die »Deutsche Tageszeitung« vom 6. Juni 1922 unter der Überschrift: »Der Mord mit der Klistierspritze«, daß an diesem Vorkommnis die Komik überwiege und daß es sich nur um einen Dummenjungenstreich handle. Ernst seien nur die Schüsse Scheidemanns. »Hätte Scheidemann den dummen Jungen, der ihn bespritzte, erschossen, so hätte er einen Totschlag auf dem Gewissen, für eine Angelegenheit, die nicht mehr als eine Tracht Prügel oder ein paar Maulschellen verdient hätte.« Die »Deutsche Zeitung« vom selben Tage schreibt, daß kein Anzeichen für ein politisches Attentat vorhanden sei, und es sei seltsam, daß ein Fanatiker einen Politiker mit einem »*Gummibällchen* voll verdünnter Blausäure« töten wollte. Die »Hamburger Nachrichten« vom selben Tage sprechen von »Himbeerlimonade«. Die »Schlesische Tagespost«: »von der weibischen Angst um das eigene behagliche Leben, bis zur Veranstaltung von Schießübungen auf harmlose Bürger, ist doch ein weiter Schritt, mit dem sich der Herr Oberbürgermeister auf die Stufe des röteren Genossen Hölz stellt.« Die Krone aber verdient der »Reichsbote« vom 8. Juni 1922: »Wie vordem der Mord an Erzberger, so soll jetzt der Anschlag auf Scheidemann, der nach seiner Art und den Begleitumständen *den Verdacht bestellter Arbeit* erwecken könnte, dazu dienen, die Meinung der deutsch empfindenden Kreise mit Gewalt zu unterdrücken.« Es ist die allgemeine Technik dieser Presse, bei politischen Attentaten das Opfer als einen Verbrecher, den Mörder entweder als harmlosen Jungen oder gar als einen Agenten des angeblichen Opfers hinzustellen.

Neben Hustert hatte Karl Oehlschläger an dem Attentat mitgewirkt. Auftraggeber war wahrscheinlich Karl Tillessen, der auch in die Ermordung Rathenaus verwickelt war. Ihre Täterschaft wurde im Zusammenhang mit dem Verfahren gegen die Organisation C entdeckt. Hustert war zuerst Kriegsfreiwilliger, dann bei der Sicherheitswehr und der politischen Polizei in Elberfeld, dann im oberschlesischen Selbstschutz der Sturmkompagnie Koppel. Dort hat er Oehlschläger kennengelernt. Oehlschläger war früher Offizier, bis zum Herbst 1922 bei der Brigade Ehrhardt und kämpfte mit den »erwachenden Magyaren« in Ungarn. Dann war er in Lockstedt bei der Siedlung der Eisernen Division, vom Mai bis Herbst 1921 im oberschlesischen Selbstschutz. Nach kurzem Aufenthalt bei einer Arbeitsgemeinschaft der Brigade Ehrhardt in Oberbayern war er Sicherheitsbeamter bei einer kaufmännischen Firma in Elberfeld. Beide waren Mitglieder der Organisation C und des Deutschvölkischen Schutz- und Trutzbundes. Ende April 1922 zogen sie nach Kassel zu einer Frau v. Schlieben und gaben sich als Reisende für eine Papierfabrik aus. Sie fielen dadurch auf, daß sie lange schliefen, keine Geschäfte machten, keine Briefe empfingen, aber im Besitz nicht unerheblicher Geldmittel waren. Sie zahlten regelmäßig mit Tausendmarkscheinen (27 Goldmark). Jeder hatte ein Päckchen davon. Oehlschläger will 40 000 (1 080 Goldmark), Hustert 6 000 Mark (162 Goldmark) gespart haben. Sie empfingen mehrfach Besuch von einem gewissen Alfred Günther aus Elberfeld, einem Angehörigen der Organisation C. Am Abend vor dem Mord kam ein unbekannt gebliebener Mann. Angeblich hat Oehlschläger ihm Geld geliehen. Wahrscheinlicher ist, daß dieser Besuch ihnen die für den Mord ausgemachte Belohnung übergeben hat.

Interessant sind einige Einzelheiten der Tat. So spielten sie Karten, der Verlierende sollte die Tat ausführen. Doch gerieten sie darüber in Streit. Oehlschläger meinte: »Ich werfe den ganzen Laden hin und mache nicht mehr mit.« Darauf antwortete Hustert: »*Laß mir die Sache und das Geld hier*, dann mache ich es.« Man sieht die idealen Motive. Im Moment der Tat verlor Oehlschläger den Mut und übergab die Spritze an Hustert, der die Tat ausführte. Bei der Verhandlung hielt Oehlschläger eine genau präparierte Rede und erzählte, daß er die Spritze und den Gedanken an das Attentat von dem berühmten großen Unbekannten, einem Mann aus Ungarn, erhalten habe. Typisch für Oehlschläger sind seine pathologischen Überwertigkeitsideen: »Gott hat mir diese Waffe in die Hand gedrückt.« Beide leugneten entschieden, das Attentat im Auftrage vorgenommen zu haben. Sie behaupteten, aus eigenem Antriebe auf Grund der Überzeugung gehandelt zu haben, die sie als Mitglieder des Schutz- und Trutzbundes gewonnen hatten.

Oehlschläger wurde am 6. Dezember 1922 vom Staatsgerichtshof (Vorsitzender Senatspräsident Dr. Schmidt) wegen Mordversuchs und wegen Vergehens gegen die Verordnung über den Waffenbesitz zu 10 Jahren 1 Monat Zuchthaus, Hustert wegen Mordversuchs zu 10 Jahren Zuchthaus verurteilt. Beiden Angeklagten wurden die bürgerlichen Ehrenrechte auf die Dauer von 10 Jahren aberkannt und die Kosten des Verfahrens auferlegt.

Wegen Begünstigung des Oehlschläger wurde Gerhard Hahn aus Görlitz zu 6 Monaten Gefängnis verurteilt. Günther wurde nach dem Sturm der Nationalsozialisten auf das Hotel Grünewald in München verhaftet. (28. Februar 1923.) Da das Ausführungsgesetz zum Gesetz zum Schutz der Republik in Bayern aufgehoben ist, ist es jedoch sehr wohl möglich, daß gegen ihn nicht vorgegangen wird.

Als Ganzes ist der Ausgang des Verfahrens trotz der langjährigen verhängten Freiheitsstrafen doch eine große Niederlage der heutigen Justiz. Wesentlich sind nicht die beiden Angeklagten, sondern die hinter ihnen stehenden Kreise. Woher hatten die beiden persönlich Mittellosen die großen Geldmittel, über die sie verfügten? Woher stammte das Gift? Wer ist der Unbekannte, der sie am Tage vor dem Morde besuchte? Wer hat sie angestiftet? All diese Fragen, und gerade auf sie hätte sich das Gericht konzentrieren müssen, sind unbeantwortet. Erst ihre Beantwortung hätte eine Aufklärung des Attentats und eine Sühne dargestellt. Leider hat das Gericht sich nicht mit der nötigen Schärfe gerade auf diesen Punkt konzentriert und hat sogar im Urteil diesen Zusammenhang als nicht bewiesen bezeichnet.

Walther Rathenau

Als Rathenau, Minister des Äußern, am 24. Juni 1922 von seiner Villa im Grunewald ins Auswärtige Amt fahren wollte, wurde sein Auto von einem anderen, von dem Studenten Ernst Werner Techow geleiteten Auto, in dem der Oberleutnant a. D. Erwin Kern und Hermann Fischer saßen, überholt. Kern und Fischer schossen mit einer Maschinenpistole auf Rathenau und warfen eine Handgranate auf ihn. Rathenau war sofort tot. Das Auto hatten die Großindustriellen Johann und Franz Küchenmeister aus Freiberg in Sachsen, Mitglieder des Deutschvölkischen Schutz- und Trutzbundes, zur Verfügung gestellt. Techow, Kern und Fischer waren früher Mitglieder der Brigade Ehrhardt, dann der Organisation C und waren am Kapp-Putsch beteiligt gewesen. Die Maschinenpistole hatte Christian Ilsemann, Sekretär des Schutz- und Trutzbundes in Schwerin, geliefert. Der angebliche Leutnant Willy Günther, ein Psychopath und Deserteur, hatte den Plan mit ausgearbeitet und die Garage vermittelt.

Beihilfe leistete der Gymnasiast Hans Gerd Techow (16 Jahre). Der ehemalige Kadett Ernst v. Salomon (20 Jahre) vermittelte die Verbindung mit Waldemar Niedrig (22 Jahre), der ursprünglich das Auto lenken sollte. Das Auto stand in Berlin bei den Garagenbesitzern Schütt und Distel.

Nach der Tat erzählte Techow ihnen: »Die Sache hat geklappt, Rathenau liegt. Wir haben es getan, um die Roten zum Angriff zu reizen. *Uns ging das Geld aus.*« Dann fuhr er in seinen Tennisklub. Techow floh auf das Gut seines Onkels Behrens. Von diesem wurde er der Polizei übergeben. Behrens erhielt darauf eine Menge Drohbriefe.

Einige Worte zur Charakterisierung der am Attentat Beteiligten. Heinz Stubenrauch, ein 17jähriger Gymnasiast, war der Urheber eines eigenen Mordplanes gegen Rathenau. Er war bereits im zarten Alter von 15 Jahren Mitglied des Bundes der Aufrechten. Er ist ein typisches Beispiel für die militaristische Einstellung der Jugend. Große Worte, wie »Glanz des Königtums, Geist von Potsdam« und ähnliche Phrasen, die sie in der Schule lernen, verführen sie dazu, in solchen Attentaten eine Gelegenheit zu herrlicher Pflichterfüllung zu sehen.

Ernst Werner Techow, zur Zeit der Begehung der Tat erst 21 Jahre alt, hatte den Kapp-Putsch in der Brigade Ehrhardt unter Führung von Manfred v. Killinger mitgemacht. Er war Mitglied der Skagerrak-Gesellschaft des Deutschen Offiziersbundes, des Deutschvölkischen Schutz- und Trutzbundes und des Deutschnationalen Jugendbundes. Sein Bruder, Hans Gerd Techow, war Mitglied des deutschen Vereins, des Deutschvölkischen Schutz- und Trutzbundes, des Deutschnationalen Jugendbundes, des Vaterländischen Vereins Heringsdorf und vorübergehend der Organisation C. Schon mit 15 Jahren war er Vorsitzender des Deutschnationalen Jugendbundes Groß-Berlin. Dann hat er sich am Kapp-Putsch beteiligt, hielt, um sich in das rechte Licht zu setzen, Reden auf der Straße und sammelte Kreise von Schülern um sich. Ernst von Salomon war Mitglied des Verbandes nationalgesinnter Soldaten, und ebenfalls am Kapp-Putsch beteiligt.

Tillessen war vom Anfang bis zum letzten Tag Mitglied der Marinebrigade Ehrhardt, dann im Verband nationalgesinnter Soldaten, im Neudeutschen Bund und hat verschiedene nationalsozialistische Arbeitervereine gegründet. Vom Neudeutschen Bund erhielt er eine monatliche Aufwandentschädigung von 3000 Mark (180 Goldmark); aber dies Geld reichte nicht entfernt, wenn er reisen mußte. Daher wandte er sich für die einzelnen Reisen an Herren, von denen er wußte, daß sie »national« gesinnt waren und bekam so die nötigen Gelder, Empfehlungen, Einladungen usw. Hartmut Plaaß war Schriftführer des Vereins nationalgesinnter Soldaten, Mitglied des Neudeutschen Bundes und der Nationalsozialistischen Arbeiterpartei. Auch er war am Kapp-Putsch beteiligt. Beide haben alle Einzelheiten des Mordplanes gekannt.

Die interessanteste Persönlichkeit ist Willy Günther. Im Krieg hat er sich als Deserteur und Urkundenfälscher ausgezeichnet, gab sich als türkischer Leutnant aus, wurde entlarvt, wegen Fahnenflucht bestraft. Jetzt versuchte er, dies durch nationale Betätigung wiedergutzumachen. Er nahm am Kapp-Putsch teil und bekam dadurch Fühlung mit Oberst Bauer und Ludendorff. Er war Mitglied des Bundes der Aufrechten, des Deutschbundes, des Deutschen Offiziersbundes, des Treubundes, des Schutz- und Trutzbundes und des Deutschnationalen Jugendbundes. Auf einem »Nestabend« dieses Bundes ließ er sich als Mörder Rathenaus feiern. In seinem Besitz fanden sich Briefe von Helfferich, Ludendorff, Jagow und Oberst Bauer. Einer der zehn Briefe Ludendorffs begann »Lieber Günther« und endete »Mit herzlichem Gruß«.

Kern und Fischer wurden nach langem Suchen am 18. Juli auf der Burg Saaleck bei Kösen in der Wohnung des Schriftstellers Dr. Hans Wilhelm Stein von der Polizei gestellt. Kern fiel bei der Schießerei mit den Beamten, Fischer erschoß sich selbst. Ihre letzten Worte waren ein Hoch auf Ehrhardt. Am 3. Oktober begann die Verhandlung vor dem Staatsgerichtshof in Leipzig. Günther, bei dem am meisten die Gefahr bestand, daß er aus der Schule plaudern könnte, bekam von unbekannter Hand eine Sendung von Pralinés, die mit Arsen vergiftet waren. Er gab davon den anderen Angeklagten, mit denen er während der Verhandlung verkehren durfte. Zum Teil erkrankten sie daran. Die Absender konnten nicht festgestellt werden. Der Erfolg war augenblicklich: Die Organisation war geschützt, alle schwiegen. Am 14. Oktober wurden Ernst Werner Techow wegen Beihilfe zum Mord zu 15 Jahren Zuchthaus und 10 Jahren Ehrverlust, Hans Gerd Techow zu 4 Jahren und 1 Monat Gefängnis, Günther zu 8 Jahren Zuchthaus und 10 Jahren Ehrverlust, Niedrig und v. Salomon zu 5 Jahren Zuchthaus und 5 beziehungsweise 4 Jahren Ehrverlust, Ilsemann wegen Verstoßes gegen die Waffenverordnung, Schütt und Distel wegen Begünstigung zu je 2 Monaten Gefängnis, Tillessen und Plaaß wegen Nichtanzeige eines drohenden Verbrechens zu 3 beziehungsweise 2 Jahren Gefängnis verurteilt. Ernst Werner Techow wurde von der Anklage der Mittäterschaft freigesprochen. (Vorsitzender Dr. Hagens, Staatsanwalt Dr. Ebermayer.)

Gegen Tillessen schwebt noch eine Untersuchung wegen Beihilfe bei dem Attentat auf Scheidemann und wegen Befreiung der Kriegsverbrecher Boldt und Dittmar. Auf die Organisation C wurde bei der Beweisaufnahme nicht näher eingegangen.

Dr. Stein wurde von der Anklage der Begünstigung freigesprochen. Es wurde ihm geglaubt, daß Kern und Fischer ohne sein Wissen und während seiner Abwesenheit in die Burg eingestiegen sind. Der Kapitänleutnant Wolfgang Dietrich aus Erfurt, der Kern und Fischer begünstigte, indem er ihnen Kleider zur Flucht verschaffte, wurde zu 6 Monaten Gefängnis verurteilt.

Johann Küchenmeister, bei dem ein Waffenlager gefunden worden war, und einer der Beteiligten, Günther Brandt, sind flüchtig. Das Waffenlager bei Küchenmeister bestand aus 5 Karabinern, Modell 98, 6 leichten Maschinengewehren, 6 schweren Maschinengewehren, 49 Kisten von verschiedenen Arten Munition, 20 Gurten, teilweise mit Munition, 15 Maschinengewehr-Traggurte, 2 Minenwerfer, 2 Schutzschilde, 2 Lafetten, 4 Wurfschilde, 1 Deichsel, 4 Richtstangen, 7 Schläuche, 4 Räder zum Maschinengewehr usw. Küchenmeister wurde später in Tirol verhaftet, aber die österreichische Regierung lehnte seine Auslieferung ab.

Das Verfahren gegen den 17jährigen Primaner Stubenrauch, der als erster den Plan gehabt hatte, Rathenau zu ermorden, wurde eingestellt. Er besucht weiter sein Gymnasium in Steglitz.

Am 10. Oktober 1923 wurde beim Staatsgerichtshof in Leipzig gegen den Studenten Peters aus Neukloster, den kaufmännischen Angestellten Gottfried Wiede aus Wehningen und den Kaufmann Paul Busch aus Lenzen verhandelt. Sie waren beschuldigt, in ihren Heimatorten die Mörder Rathenaus Kern und Fischer beherbergt zu haben, so daß es ihnen möglich war, zunächst zu entkommen. Der Student Karl Bauer hatte die Mörder zu ihnen geschickt. Bei dem Verhör behaupteten sie, nicht gewußt zu haben, daß die von ihnen Unterstützten die Mörder Rathenaus waren, wenn sie es aber gewußt hätten, so hätte ihre Offiziersehre es ihnen verboten, sie zu verraten. Peters und Wiese wurden zu 8 Monaten, Busch zu einem Jahr Gefängnis verurteilt.

Für Techow wurden in der Technischen Hochschule Liebesgaben gesammelt. Man sieht, wie weit in der öffentlichen Meinung die Bejahung des politischen Mordes verbreitet ist. Denn dies geschah ganz öffentlich. Techow unternahm aus dem Gefängnis Sonnenburg im Dezember 1922 zusammen mit einem früheren Fliegerleutnant Schauer einen Fluchtversuch. Es war ihnen gelungen, mit der Außenwelt in Verbindung zu treten, sich einen Plan des Zuchthauses sowie einen Zivilanzug zu verschaffen und sich in den Besitz ausreichender ausländischer Geldmittel zu setzen. Techow war so sicher, daß er im Gefängnis damit renommierte, daß er nicht mehr lange dort sein werde. Dadurch kam die Sache auf, Schauer wurde zu 2 Jahren Zuchthaus, der beteiligte Werkmeister Hartmann und der Bankbeamte Huld zu einem Jahr Zuchthaus verurteilt.

Carl von Ossietzky (geb. 1889 in Hamburg; gest. 1938 in Berlin) war ein pazifistischer Publizist, Herausgeber der »Weltbühne« und Träger des Friedensnobelpreises. Seine Bildung eignete sich Ossietzky autodidaktisch an. Er verließ die Realschule 1904 ohne Abschluss. Durch Vermittlung seines Förderers, des Hamburger Senators Max Predöhl, erhielt von Ossietzky 1907 eine Anstellung als Hilfsschreiber bei der Justizverwaltung. Dieser Form des Broterwerbs versuchte er jedoch schon bald zu entkommen, um Journalist zu werden. Er trat 1908 der »Deutschen Friedensgesellschaft« bei, wurde Mitglied der linksliberalen Partei »Demokratische Vereinigung«, für deren Wochenzeitung »Das freie Volk« Ossietzky ab 1911 regelmäßig Artikel schrieb. 1913 heiratete er die englische Frauenrechtlerin Maud Lichfield-Wood. Nachdem er 1914 für einen seiner Artikel wegen »Beleidigung der Militärjustiz« zu einer hohen Geldstrafe verurteilt worden war, wurde Ossietzky 1916 als Soldat einberufen und als Infanterist an der Westfront eingesetzt. Die Teilnahme an der Schlacht von Verdun bestärkte ihn in seiner pazifistischen Grundhaltung.

1919 zog Ossietzky mit seiner Frau nach Berlin, um dort eine Stelle als Sekretär der »Deutschen Friedensgesellschaft« anzutreten, die er jedoch 1920 wieder aufgab. Gemeinsam mit Kurt Tucholsky, Emil Julius Gumbel, Georg Friedrich Nicolai und weiteren Pazifisten gründete Ossietzky im Herbst 1919 den »Friedensbund der Kriegsteilnehmer«, der unter dem Leitspruch »Nie wieder Krieg!« schon bald annähernd dreißigtausend Mitglieder zählte.

Von 1920 bis 1924 schrieb Ossietzky zunächst als freier Journalist, dann als fester Redakteur für die zum »Verlag Rudolf Mosse« gehörende linksliberale »Berliner Volkszeitung«. Nach dem missglückten Versuch zur Gründung einer »Republikanischen Partei« und kurzfristigen journalistischen Tätigkeiten bei der Zeitschrift »Das Tage-Buch« und dem Berliner »Montag-Morgen« kam Ossietzky 1926 endlich zu der von Siegried Jacobsohn herausgegebenen Wochenzeitschrift »Die Weltbühne«. Nach Jacobsohns Tod übernahm er 1927 die Redaktionsleitung der Zeitschrift. Die Autorenliste der »Weltbühne« enthielt so viele bedeutende Namen, dass sie hier nicht aufgezählt werden können. Fast alle von ihnen fanden sich

1933 auf den »Schwarzen Listen« der verbrannten Literatur wieder.
Ossietzkys wöchentlich erscheinende Artikel zeichneten sich aus durch intellektuellen Witz und eine konsequent demokratische, kritische, politisch linke aber undogmatische Haltung. Den von ihm unermüdlich kritisierten Abbau demokratischer Grundrechte in der Zeit der Präsidialkabinette bekam Ossietzky selbst zu spüren, als er 1931 zusammen mit dem Weltbühnen-Autor Walter Kreiser, der 1929 in einem Artikel die illegale Rüstungspolitik der Reichswehr aufgedeckt hatte, wegen »Verrats militärischer Geheimnisse« zu eineinhalb Jahren Gefängnis verurteilt wurde.
Am 10. Mai 1932 – ein Jahr vor den Bücherverbrennungen – musste Ossietzky seine Haftstrafe antreten, aus der er Ende Dezember 1932 vorzeitig entlassen wurde. In den Wochen der NS-Machtübernahme konnte Ossietzky durch seine Leitartikel ein letztes Zeichen gegen die heraufkommende Diktatur setzen. Am 28. Februar 1933 wurde er erneut verhaftet, die »Weltbühne« kurz darauf verboten. Es folgten qualvolle Jahre der KZ-Haft, darunter in den Konzentrationslagern Sonnenburg und Esterwegen.
1936 wurde Ossietzky rückwirkend für das Jahr 1935 der Friedennobelpreis verliehen, den er nicht persönlich entgegen nehmen durfte. Jedoch trug die weltweite Aufmerksamkeit dazu bei, dass Ossietzky 1936 aus dem KZ entlassen wurde. 1938 starb er in einem Berliner Krankenhaus an den Folgen der schweren Misshandlungen und einer Tuberkuloseerkrankung, die er sich im KZ zugezogen hatte.
In dem nun folgenden Artikel »Antisemiten«, der im Juli 1932 in der »Weltbühne« erschien, setzt Carl von Ossietzky sich mit den Argumentationsformen des Antisemitismus auseinander, wie er vor 1933 von völkisch-nationalistischen Autoren wie Adolf Bartels, Hans Blüher und Wilhelm Stapel verbreitet wurde. Auf scharfsinnige Weise prognostiziert Ossietzky dabei, wie mit intellektuell verbrämtem Rassismus bewusst Pogromstimmungen erzeugt und schließlich Menschen umgebracht werden. ■

Carl von Ossietzky
Antisemiten

Zu den Dingen, von denen die republikanische Linke kaum mehr zu sprechen pflegt, gehört auch der Antisemitismus. Die Presse begnügt sich damit, seine Existenz zuzugestehen, ohne sich über seine Erscheinungsformen näher auszulassen; gelegentlich nur werden einige allzu knotige Exzesse niedriger gehängt. Im Ganzen ist man bereit, wie so vieles andre auch Israel still zu opfern. Die Menschen- und Bürgerrechte des Juden sind, wenn nicht angefochten, so doch wieder Gegenstand lebhafter Diskussion. Wieder ist es der Konterrevolution gelungen, das Thema aufzunötigen; sie hatte die Initiative, und die Demokratie sucht nur dadurch, dass sie nicht mitmacht, den Eindruck zu erwecken, als gäbe es die ganze Diskussion nicht.

Der Antisemitismus ist dem Nationalismus blutsverwandt und dessen bester Alliierter. Die beiden gehören zusammen. Denn ein Volk, das sich ohne Territorium und ohne materielle Autorität zweitausend Jahre in der Weltgeschichte herumtreibt, ist eine lebendige Widerlegung aller nationalistischen Ideologie, die den Begriff der Nation ausschließlich von machtpolitischen Voraussetzungen abhängig macht. Niemals hat der Antisemitismus in der Arbeiterschaft Wurzel gefasst, er war von je Sache des Mittelstandes und des kleinen Bauerntums; heute, wo sich diese Schichten in ihrer größten Krise befinden, ist er ihnen zu einer Art von Religion geworden, mindestens zu einem Religionsersatz. Nationalismus und Antisemitismus bestimmen das innere politische Bild Deutschlands. Sie sind die großen revolutionär kreischenden Jahrmarktsorgeln des Faschismus, welche das viel leisere Tremolo der sozialen Reaktion übertönen.

Vor etwa fünfundzwanzig Jahren war die antisemitische Welle der Stoeckerzeit schon abgeebbt. Im Reichstag saß eine antisemitische Fraktion, die an Stärke und parlamentarischer Haltung etwa der heutigen Wirtschaftspartei entsprach. Der Radauantisemitismus lag bei dem berüchtigten Grafen Pückler-Tschirne, dem sogenannten Dreschgrafen, der indessen keine Bewegung repräsentierte, sondern nur den eignen wirren Kopf und in allgemeinem Gelächter unterging, als er in einer Hotelhalle mit einem jüdischen Geschäftsreisenden in Tätlichkeiten geriet und dabei fürchterlich verhauen wurde. Der intellektuelle Antisemitismus lag dagegen bei Houston Stewart Chamberlain, der in den »Grundlagen des XIX. Jahrhunderts« die nach Bayreuth gedrungenen Phantasien Gobineaus aktualisierte und aus der Sprache eines harmlosen Snobismus in die eines modernen zugkräftigen Mystagogentums übersetzte. Ein Ausläufer dieses Kreises war der Kunstschriftsteller Arthur Moeller van den Bruck, der mit einem noch heute lesenswerten Werke »Die Deutschen« eine Typologie des deutschen Wesens versuchte und dessen Buch »Das Dritte Reich« einer Bewegung das Schlagwort gegeben hat, obgleich es sich hier um keine dröhnende Agitationsschrift handelt, sondern um ein politikfremdes Lamento von monotoner Melancholie.

Der literarische Antisemitismus von heute hat sich insofern besser gedeckt, als er nicht mehr mit längst als brüchig erkannten Rassetheorien aufwartet und auch mit dem »Ariertum« und dem »nordischen Menschen« nicht mehr viel hermacht. Gobineau wollte von Hakon Jarl abstammen, und das Bayreuther Parvenütum der Jahrhundertwende suchte seinen Stammbaum möglichst bis in die Wikingerzeit zu verfolgen; mit alledem wagen heute nur noch subalterne Broschürenschreiber zu kommen. Die antisemitische Literatur dieser Jahre, soweit sie sich nicht ausschließlich auf die rohe Hetze stellt, sondern Anspruch auf geistige Wertung erhebt, begnügt sich im Ganzen damit, ein feierliches Deutschtum zu postulieren, das sich jedoch bei kritischer Betrachtung wie einer der schönen Götter Epikurs in schimmernden Dunst auflöst. In dieser Phraseologie spielt das »Blut« eine große Rolle; das »Blut«, die unveränderliche Substanz, bestimmt das Schicksal der Völker und Menschen. An den Geheimgesetzen des »Blutes« werden sich Germanen und Judäer entgegenstehen bis ans Ende der Tage, werden sie sich niemals mischen können, werden sie sich ewig innerlich fremd bleiben müssen. Das ist mehr balladenhaft als tief, und eine reale Völkerbetrachtung lässt sich nicht so schwach fundamentieren. Denn »deutsch« und »jüdisch« et cetera sind keine in mythischer Vorzeit festgemauerten Kategorien, sondern durchaus fließende Begriffe, die mit den der allgemeinen historischen Dynamik unterliegenden geistigen und ökonomischen Voraussetzungen auch die Inhalte wechseln. Was hat der Dürerdeutsche etwa mit dem Rokokodeutschen zu tun? Was der amerikanisierte Stalinrusse der Pjatiletka mit dem trägen Oblomowrussen der sechziger Jahre? Alles, was der literarische Antisemitismus aufbietet, bleibt wolkig und flockig. Er unterscheidet sich in dieser Unbestimmtheit nicht von dem Neokonservativismus oder der heute beliebten nationalen Romantik. Wir wollen uns im Folgenden mit einigen Dokumenten eines literarisch aufgemachten Antisemitismus beschäftigen, nicht weil wir diese für besondere Leistungen halten, wohl aber weil sie wie das berühmte Lazarettpferd alle Krankheiten der Gattung vereinen und weil einzelne der dort versuchten Formulierungen rapide umlaufen und Unfug anrichten.

Wenn ich meinem Krawattenmacher an den wucherischen Hals will, so genügt, wenn die eigne Empörung nicht auslangt, ein Flugzettel aus irgendeinem Braunen Haus. Wenn ich dagegen nach einem Grunde zur Abrechnung mit meinem Nachbarn, dem alten jüdischen Augenarzt, suche, der ein Wohltäter der Menschen ist, so muss ich, um zu erfahren, warum er trotzdem mein und aller Feind ist, schon zu einem Buche von Hans Blüher greifen.

Was ist aus dem Propheten des »Wandervogels« geworden? Was aus dem Entdecker der geschichtsbildenden Kraft der Männerbünde, einem Schriftsteller von wirklich produktiven Einfällen also – ? Es erfordert Mühe, mit der »Erhebung Israels gegen die christlichen Güter« (Hanseatische Verlagsanstalt, Hamburg) zu Ende zu kommen. Wiederholt ist gesagt worden, dass in Herrn Charles Maurras, dem eisenklirrenden Bayard der Action Française, ein heimlicher Spaßvogel steckt. Auch bei Blüher fragt man sich immer wieder, ob hier nicht die satirische Laune eines Mystifikators der klugen Welt eine Nase gedreht hat. Wenn Blüher wie ein royalistischer Ultra, wie ein intellektueller Janusschauer herumfuchtelt, wenn er wie ein schottischer Jakobit, wie ein evangelischer Ulstermann, wie ein Kavalier aus der Vendée für den sakralen Charakter des Königtums die Klinge hebt, dann ist wirklich ein kleiner Zweifel an der Ernsthaftigkeit der Attitüde berechtigt. Da liest man es so: »Die einzige für einen Christen wirklich annehmbare Verfassung ist das Gottesgnadentum des Königs.« – »... so wie die deutsche Seele nicht ohne Kaiser und Reich zu leben vermag.« – »... es gibt keine republikanische Geschichtsauffassung. Diese führt nur, gestützt durch die korruptiven Gedankengänge des Judentums, ein vorübergehendes Dasein in den amtlichen Publikationen und der hörigen Presse.«

Gut gebrüllt, Herr Elard von Blüher!

»Jeder Jude, ganz gleichgültig, welchen Willens er ist oder zu sein glaubt, untersteht diesem Sendungsauftrag des messianischen Reiches, vertreten durch den jeweilig regierenden Fürsten der Verbannung.« – »Dieser Fall liegt auch vor bei den sogenannten ›Protokollen der Weisen von Zion‹. Auch hier besagt die Echtheit oder Unechtheit gar nichts, sondern nur ihr intelligibler Inhalt. Dieser aber ist wie bei jenem Erlass des Fürsten der Verbannung unbedingt wahr. Denn das Judentum hat danach gehandelt.« – »Henry Fords hochwichtiges Buch über den ›Internationalen Juden‹ ist überwiegend richtig, aber es steht kein wahres Wort drin ...«

Das ist wirklich ungewollte Travestie. Wir werden durch Astrologie, Magie und Mantik und die ganzen furchtbaren Geheimnisse des Freimaurertums geschleift, das alles wirkt etwas komisch und auch etwas blamabel – einen Kopf, der vielen etwas bedeutet hat und noch bedeutet, auf der Tour von Mathilde Ludendorff zu sehen. Doch dann zeigt sich plötzlich ein zergrübeltes und zerquältes Intellektuellengesicht, an der innern Ehrlichkeit ist kein Zweifel erlaubt. Blüher hält auf Abstand gegen den politischen Antisemitismus, es fallen ein paar klatschende Hiebe auf Hitler, aber sosehr er sich auch bemüht, die Würde des geistigen Menschen zu wahren, er rettet sie nur in der schriftstellerischen Form, nicht in den Mitteln der Argumentation. So geht es oft ebenso platt und wüst zu wie in einer beliebigen Sechserbroschüre: »Soll man hier sagen: eine deutsche Frau, der es möglich ist, ihr Geheimnis den Blicken eines jüdischen Arztes preiszugeben und seine Eingriffe willenlos zu dulden, hat so viel an Instinkt verloren, daß man auf sie verzichten muß? Oder soll man lieber hier doch noch warnen ...? Die Unerträglichkeit dieser Vorstellung: der Jude am Lebenstor der deutschen Rasse ist kaum zu überbieten.«

Was hat Blüher nun dem Judentum vorzuwerfen? Versuchen wir zusammenzufassen: Das Judentum zehrt die germanische Substanz auf. Das Judentum kann die Figur eines andern Volkes annehmen. Es gibt eine »organisch-plastische Begabung der jüdischen Substanz zur Mimikry. Das Judentum hat etwas Entscheidendes zu verbergen.« Blüher will weder mit politischem noch mit wirtschaftlichem Antisemitismus etwas zu tun haben. Der »jüdische Sendungsauftrag«, von dem er fabelt und wobei er sich auf mittelalterliche Pergamente stützt, ist ausschließlich religiös. Deshalb gibt es auch keine wirkliche Verständigung: »Wie das Dasein der primären Rasse im Judentum auf die Spitze nach oben getrieben worden ist, so das der sekundären nach unten. Der wissende Jude gibt es ohne weiteres zu, daß die Tiefengrade, die sein Volk erreichen kann, erheblich unter denen der andern Völker liegen und daß gewissermaßen der Mittelstand fehlt. Zehn verfluchte Stämme und zwei heilige! Mit den verfluchten haben wir es im täglichen Leben zu tun, und die zwei heiligen leiten die Politik des Reiches Jehuda gegen uns. Nur mit diesen also kann man sich ernsthaft auseinandersetzen, nur sie sind unser eigentlicher Feind. Wie töricht der Antisemitismus ist, wenn er etwa meint: es gäbe auch anständige Juden, und die seien selbstverständlich ausgenommen – erhellt wohl zur Genüge aus diesem Sachverhalt.«

Damit wären wir also wieder bei der Weisheit des Großinquisitors angelangt: »Tötet sie alle, Gott kennt die Seinen!« Damit holt sich der Gläubige das gute Gewissen, selbst gegen den besten Juden die Hand zu erheben. Deshalb wirkt es nicht konsequent und nicht einmal mutig, wenn Blüher selbst, nachdem er jeglichen Gedanken der Versöhnung unbarmherzig in die Wüste getrieben hat, etwas verlegen stehenbleibt und keine Antwort darauf gibt, was nun in der Praxis geschehen soll. Wir erfahren es auch nicht bei dem Schriftsteller, den Blüher einen der »wenigen echten Antisemiten« nennt, die es in Deutschland gebe, bei Herrn Dr. Wilhelm Stapel, der einige frühere Artikel aus seiner Zeitschrift in einer Broschüre »Antisemitismus und Antigermanismus« (Hanseatische Verlagsanstalt, Hamburg) gesammelt hat. Bleibt Blüher bei aller seiner Verranntheit doch immer ein seltsames und oft ergreifendes Bild des in Zeitstürmen verwehten geistigen Menschen, ein Diener der Finsternis zwar, aber doch mit einem paracelsischen Kern, so ist der Herr Dr. Stapel einfach der wildgewordene Pauker, der Oberlehrer, der sich als Prophet aufgetan hat. Herr Stapel wird von Bewunderern für die beste Feder der Rechten gehalten, und ich gebe zu, Herr Dr. Stapel verfügt über reiche Ausdrucksformen, er wäre indessen ein viel besserer Schriftsteller, wenn er nicht so rhetorisch bewegt schriebe und seine Bildung nicht so prätentiös auftischte. Er legt wie ein von seinem Publikum verwöhnter Redner Pausen ein, wo er auf Beifall wartet. Ein seltenes Zitat trägt er so zeremoniös auf wie der Ober eine besonders teure Platte mit zwei neuen blütenweißen Servietten, und vor seinen eignen Pointen tanzt er mit wehenden Rockschößen her wie David vor der Bundeslade. Der Schriftsteller soll sich ernst nehmen, jawohl – aber nicht so furchtbar wichtig.

Auch Stapel lehnt einen Antisemitismus aus wirtschaftlichen Gründen ab. Er will auch die Juden nicht ausbürgern. Nur soll auf Distanz gehalten werden, zum Beispiel sollen sich die Juden nicht um Politik kümmern, und im Übrigen regelt auf beiden Seiten guter Takt die Grenzverhältnisse. Nur ist manchmal der Kampf unausweichlich: »Den Kampf der ›rohen Gewalt‹ nennt der Jude das handfeste ›Rittertum‹ der Antisemiten.« »Wir werten den Geist höher als den Leib. Aber nicht immer ist der Geist bei den ›Geistigen‹, sondern oft auch bei dem wackern und ehrlichen Mann, der die gottgesegnete Kraft seiner Arme für sein braves Gefühl, über dessen Berechtigung er nicht erst einen Philosophen fragen muß, gebraucht. Ich bin nicht unter allen Umständen geneigt, einem begabten Tintenspritzer, bloß weil er vom sichern Ort aus mit ›Geist‹ arbeitet, den moralischen Vorzug zu geben vor einem wackern Kämpfer, der immerhin sein Leib und Leben der Gefahr aussetzt.«

Es hat sich bisher noch nirgends gezeigt, dass bei Pogromen – so nennt man nämlich gewisse mit jüdischen Mitbürgern gesuchte Auseinandersetzungen – die Angreifer ihr Leib und Leben der Gefahr ausgesetzt hätten. Diese wackern und ehrlichen Hansen haben die gottgesegnete Kraft ihrer Arme gewöhnlich nur in Gesellschaft angewandt, wenn sie fünfzig gegen fünf standen. Herr Dr. Stapel predigt die Distanz, aber er selbst hat eine merkwürdige Neigung, immer wieder Tuchfühlung mit dem Reiche Jehuda zu suchen. Sein Takt hindert ihn nicht an einem so bizarren Versuch: »Ich machte einmal in einer überwiegend von Juden besuchten Versammlung das Experiment, am Schluß meiner Debatterede in einem zugespitzt formulierten, aber nichts als die bloße Tatsache enthaltenden Satze auf die Tötung Jesu durch die Juden hinzuweisen. Der Satz wirkte explosiv. Es gab einen plötzlichen und heftigen Aufruhr der Gefühle durch den ganzen Saal hin, eine heiße, kochende, unbeschreibliche Empörung, die völlig verschieden war von den Empörungen, die man etwa in deutschen Arbeiterversammlungen erleben kann. Während ich dann beobachtend durch den Saal auf meinen Platz ging, umwehte mich diese heiße, brennende, haßvolle Empörung auf das heftigste. Aus Gesprächen, die ich nachher mit einzelnen mir auf die Straße folgenden Juden führte, wurde es mir ganz deutlich, daß durch das Anschlagen dieses Komplexes Angst- und Wutgefühle sowie schreckhafte Vorstellungen aus der Zeit der mittelalterlichen Judenverfolgungen wach geworden waren.«

Was sollte mit diesem Experiment bewiesen werden? Gar nichts wird damit gegen die jüdischen Versammlungsbesucher bewiesen, die mit Recht empört waren. Wohl aber wird sehr viel gegen Herrn Stapel selbst bewiesen, nämlich, dass er, der in einer modernen großstädtischen Versammlung, in einem Saal mit Dampfheizung und elektrischer Beleuchtung, ein Argument aus der Begriffs- und Empfindungswelt der mittelalterlichen Hexen- und Juden und Ketzerrichter gebraucht, damit selbst in diese Kategorie gehört. Er ist zu selbstgefällig, um den entstandenen Krach anders als in einem für ihn triumphalen Sinne zu deuten. Er bildet sich ein, ein paar hundert Judäer demaskiert zu haben, und hat sich doch nur dadurch kompromittiert, indem er öffentlich zeigte, was bei ihm unter der Schwelle des Bewusstseins ruht. Wer hat es nicht schon erlebt, dass einmal ein Ahnungsloser in einem psychologisch geschulten Kreise seine Träume erzählte, aus denen der Erfahrene schnell seine Schlüsse ziehen konnte? Herr Stapel glaubt, auf einige hundert jüdische Gesichter mitten im nüchternen Alltag den Flackerschein lange verglommener Scheiterhaufen gezaubert zu haben. Aber er hat nur den Scheiterhaufen im eignen Hirn peinlich offenbart.

Diese um des Vaterlandes Wohl besorgten Antisemiten erinnern alle an die Prinzessin auf der Erbse. Warum machen ihnen die paar Juden so viel Unruhe? Auf hundert Deutsche kommt ein Jude, das betont auch Stapel; dennoch: »Ein Stückchen Saccharin von der Größe eines Stecknadelkopfes genügt, um ein Glas Wasser zu versüßen. Es kommt nicht nur auf die Masse, sondern auf die chemischen Eigenschaften an. Ist auf unsern Hochschulen auch nur ein Jude unter hundert oder bei unsern Theatern, im Kunsthandel, in den Zeitungen?«

Ich habe von Deutschland keine so geringe Vorstellung wie der heiße Patriot. So dünn und farblos ist Deutschland nicht, um durch eine fremde chemische Eigenschaft gleich in seiner Natur bedroht zu werden. Wenn Juden in akademischen Berufen prozentual stark vertreten sind und auch einige kulturelle Schlüsselstellungen innehaben, so frage ich den, der sich darüber beschwert: Was hat Deutschland denn in der Zeit seiner höchsten Prosperität, in der Kaiserzeit nämlich, für eine Auslese seiner begabten armen Jungen getan? Das Judentum hat auch in schlechten Zeiten für seine fördernswerten Kinder immer Mittel übrig gehabt. Aber die deutschen Jungen aus dem Proletariat, die mussten früh aufs Feld oder in die Fabrik; Kraft, die nicht hochkam. Das einzige Sprungbrett, das der Klassenstaat bot, war die Unteroffiziersschule. Übrigens wird in vielen Ländern der kulturelle Wettbewerb mit Menschen andern Stammes als anfeuernd, mindestens nicht als lästig empfunden. In der englischen Presse und Literatur dominieren zum Beispiel die beweglichen Keltenköpfe. Und in der Schule haben wir die Weisheit des Großen Kurfürsten bewundern gelernt, weil er die französischen Refugiés in Preußen aufnahm. Dieser energische Hohenzollern hat gewiss nicht unter dem Minderwertigkeitskomplex des heutigen deutschen Nationalismus gelitten.

Immer wieder kehren bei Stapel die Worte »Volkstum« und »Volk« wieder. Sie ersparen ihm, mit etwas Mystik verbrämt, viele Beweise. Wie Blüher verzichtet Stapel darauf, mit dem Begriff »Rasse« zu operieren. Er weiß, dass es damit keine Lorbeeren zu holen gibt. Aber es ist nicht weniger nebelhaft, wenn er ständig jüdisches gegen deutsches »Volkstum« stellt. Auch hier spielt die leidige Ökonomie eine Rolle. Das »Volkstum« eines kleinen jüdischen Angestellten ist nicht das gleiche wie das seines jüdischen Chefs, der drei Autos hat. Das »Volkstum« des jüdischen Proleten wird sicher erwachen, wenn ein paar Hakenkreuzlümmel die gottgesegnete Kraft ihrer Arme an ihm erproben wollen. Ob dies gleiche Bewusstsein jedoch in ihm rege wird, wenn man seinen Chef so mitnimmt – wir können es nicht untersuchen. Es ist auch ein Irrtum der nationalistischen Theorie, dass wir den ganzen Tag »als Deutscher«, »als Jude« et cetera herumlaufen. Der heutige Berufsmensch ist ganz anders fixiert. Überhaupt ist »Volkstum« kein Begriff, mit dem sich viel anfangen lässt. Staat und Wirtschaft bestimmen das Schicksal des einzelnen im weitesten Sinne und geben die Stichworte für die Trennung in Parteien, während der soziale Alltag die allgemeingültigen Denk- und Lebensformen prägt. »Volkstum« lässt sich nicht auf eine Nation von mehreren Dutzend Millionen anwenden, »Volkstum« ist ein vorwiegend landschaftlich begrenzter Begriff, durchsetzt von bäuerlichen Erinnerungen. Es gibt kein »deutsches Volkstum«, wohl aber eines der deutschen Stämme, wohl ein thüringisches, rheinisches oder bayrisches. Es gibt kein britisches, französisches oder spanisches »Volkstum«, wohl aber eines von Schottland, von der Normandie oder von Viscaya. Es gibt nicht einmal einen genormten deutschen Judentyp.

Der schwäbische Jude ist anders als der aus Hamburg oder Lübeck, und das nicht, weil das Judentum so besonders anpassungsfähig ist, sondern weil der Prägestock der engern Umwelt sich immer noch stärker erweist als eine mitgebrachte Tradition.

»Die Menschheit ist nicht die Summe der Menschen, sondern der Völker … Das eigentümliche Gebilde ›Volk‹ ist nicht ein wesenloser Begriff, ist auch nicht wie Verein oder Staat nur ein Werk des menschlichen Willens; sondern es ist eine naturhafte, gewachsene oder zusammengewachsene Einheit, wie der Baum, das Korallenriff, der Bienenschwarm.«

Falsch, falsch und nochmals falsch. Nur der einzelne ist naturgewachsen, nicht das Volk. Das Volk ist ein menschlicher Organisationsbegriff. Die Natur hat die Bäume wachsen lassen, aber nicht die Grenzpfähle. Die Natur hat die Tiere in ihrem Plan, aber nicht den Käfig, in den der Mensch sie einsperrt. Es macht der Natur nichts aus, ob der Mensch au pair auf dem Kokosbaum haust oder in einer von Professor Taut entworfenen Siedlung. Die Natur ist indifferent.

Selbstverständlich wäre Stapels scharfsinnige Untersuchung nicht vollständig ohne ein kräftig Wörtlein zur Verjudung der Literatur.

»Wie Lessing sich einst gegen das Franzosentum wehrte, so wehren wir uns heute mit Recht gegen das Judentum.« Halt. Selbst wenn die Gleichstellung Franzosentum – Judentum widerspruchslos hinzunehmen wäre: Lessing hatte das historische Recht auf seiner Seite, denn er verhalf der jungen deutschen Literatur zum Durchbruch. Lessing hat aber nicht nur gegen Voltaire gekämpft, sondern außerdem noch für einen andern Ausländer, nämlich Shakespeare. Seit hundert Jahren observieren misstrauische Literaten die angebliche jüdische Überfremdung unserer Literatur. Seit hundert Jahren muss sich jeder Autor von Belang die physische Kontrolle durch dummdreiste Präputial-Inspizienten gefallen lassen. Und was ist nun dabei herausgekommen? Da ist der alte Judenriecher Adolf Bartels, der sich jetzt schon zwei Menschenalter das Plastron vollsabbert – was hat er denn mit seinen Denunziationen bewirkt? Seit Jahrzehnten sind alle anerkannten Dichter als Juden oder Halbjuden verstänkert worden, aber hat denn dieser ganze Aufwand auch nur einem einzigen wertvollen, unverfälscht deutschblütigen Dichter den Weg geebnet? Haben die Herren auch nur einen einzigen entdeckt? Wen denn –? Artur Dinter lässt schön grüßen.

»Sehr deutlich« spürt Stapel jüdischen Tonfall in den Schriften von Karl Marx. Es ist mir noch nie aufgefallen, dass das Kommunistische Manifest gemauschelt wäre. Aber auch der Ökonomist Ferdinand Fried wittert Ähnliches. Nach Fried ist der eigentliche Begründer des wissenschaftlichen Sozialismus der »Wuppertaler Patriziersohn« Friedrich Engels, der sich dann leider von dem Juden Marx »überschatten« ließ. Was Stapel mit Heinrich Heine aufstellt, ist ein Zirkus für sich. Um an Heines Lyrik die jüdischen Bestandteile zu demonstrieren, wendet er ein Verfahren an, das nichts Philologisches mehr an sich hat, sondern ganz der wissenschaftlichen Kriminalistik entnommen scheint. Stapel knöpft sich die arme »Loreley« vor, indem er sie einer höchst detektivischen Sprachanalyse unterwirft, die natürlich seine These erhärtet. Zwar lässt er bestehen, dass Heine ein großer Wortkünstler war, aber als Intellektueller doch unfähig, ein deutsches Volkslied zu dichten. Diese Resultate präsentiert er mit der moralischen Genugtuung eines übelgelaunten Polizeiarztes, der bei einer missliebigen Frauensperson, nachdem man ihr keinen Taschendiebstahl nachweisen konnte, wenigstens Gonokokken gefunden hat. Stapel konfrontiert die raffinierte jüdische Loreley Heines mit einer viel keuschern Loreley-Edition Eichendorffs. Dann beginnt er zu vergleichen und zu messen und fährt in der Hitze des Gefechtes den beiden Mädchen dabei unter die Kleider, dass es eine Freude ist, das zu sehen. »Während die Reime Eichendorffs etwas Verhaltenes, Geheimnisvolles, Weites haben, haben die Reime Heines etwas Spitzes, Scharfes, ja fast etwas Heiseres. Bezeichnend ist für den Juden die Häufung von K- und G-Lauten, also von Gutturalen an dieser Stelle –«

Ein Gedicht, mag man es sympathisch finden oder nicht, ist jedenfalls kein Kriminalvergehen, das vergisst dieser beflissene Forscher. Es kann deshalb auch nicht analysiert werden wie ein am Tatort zurückgelassenes blutiges Taschentuch. Übrigens will ich mich verpflichten, nach diesem Rezept mühelos festzustellen, dass ein frommer Choralsänger, nach der für ihn charakteristischen Häufung von Ä- und Ü-Lauten zu schließen, von Hühneraugen geplagt war, dass ein feuriger Liebesdichter sich mit Hämorrhoiden quälen musste und dass Stapel, bei dem die offenen Laute überwiegen, sich danach Gott sei Dank einer heitern und unbeschwerten Verdauung erfreut.

Und nun kommt ein Humoristikum ganz großen Ranges: »Man gebe sich der Innervation des Satzes: ›Ich weiß nicht, was soll es bedeuten‹ hin, sofort fahren uns die Worte in die Arme und zwingen uns zu einem Zucken der Achseln, während die Handflächen auseinandergehen: eine typisch jüdische Geste. Und der Schluß mit dem ›Ich glaube …‹ und dem ›und das hat mit ihrem Singen die Loreley getan‹ ist ein Musterbeispiel der jüdischen Sentimentalität, der Sentimentalität des schräg gehaltenen (ein wenig nach hinten geneigten) Kopfes mit dem verlorenen Blick, aus welcher Stellung der Jude sofort mit einem Sprung, mit einem Witzwort heraushupfen kann; denn diese Sentimentalität ist der Ironie benachbart, sie hat nicht das Schwerblütige der deutschen Sentimentalität.« […]

Es ist viel Finsternis, viel Wirrwarr und noch mehr unfreiwillige Komik bei dieser Art von geistigem Antisemitismus. Ich versichere dem hochgelahrten Herrn Doktor: so unheimlich ich auch über die ihm geglückte kühne Synthese von Literaturkritik und Kriminalistik habe lachen müssen, so reicht doch das Vergnügen dieser Stunden bei weitem nicht an das Bedauern heran, dass es heute notwendig geworden ist, sich mit solchem Mumpitz abgeben zu müssen. Herr Stapel ist gewiss nur ein larmoyanter Schönredner, das, was man im Kirchenwesen einen Damenprediger nennt. Aber auch einem härteren Intellekt würde es nicht gelingen, einen geistigen Antisemitismus zu statuieren. Denn der Geist ist gewiss kein sanftes Lämmerschwänzchen und kann sich sehr wohl mit der Gewalt vertragen. Aber niemals ist der Geist mit der Vergewaltigung einer Minderheit, der sich nichts andres vorwerfen lässt als ein mit mehr oder weniger Recht vermutetes Anderssein. Niemals wird der Antisemitismus ein andres Symbol finden als den Knüppel.

Hans Blüher und Wilhelm Stapel beschwören beide emphatisch, weder die physische noch geistige Misshandlung der Juden zu versuchen, auch nicht deren bürgerliche Entrechtung. Die Herren vergessen den Zeithintergrund und welche Resonanz sie finden können. Heute braucht sich kein schwachnerviger

Skribler selbst zu bemühen. Ein gutgezieltes Wort genügt, um Hände in Bewegung zu bringen. In dieser Zeit liegt viel Blutgeruch in der Luft. Der literarische Antisemitismus liefert nur die immateriellen Waffen zum Totschlag. Das Weitere mögen dann die wackern und ehrlichen Hansen mit ihrer gottgesegneten Kraft besorgen. Kommt es aber einmal wirklich zum Pogrom, so hat sich Blüher die folgende etwas primitive Sicherung geschaffen: »Und es ist überhaupt einer der größten politischen Aktivposten, die das Reich Jehuda mit seiner Blutsverfluchung für sich buchen kann, daß es fast jederzeit in der Lage ist, die Gastvölker in das Fluchbereich zu verstricken.

Und das geschieht dadurch, daß sie sie zum Pogrom reizen und damit schuldig machen.«

Totgeschlagenwerden ein Aktivposten? Jedenfalls ist der Jude schuldig, auch wenn er mit zerbrochenem Schädel auf dem Pflaster liegt, von zehnfacher Übermacht zur Strecke gebracht. Nun behauptet Stapel zwar: »Taktvolle Juden und taktvolle Deutsche stören einander nicht.« Das hört sich ganz annehmbar an, aber wie es mit Stapels Takt beschaffen ist, davon hat uns seine Erzählung, was er in einer Versammlung an Provokation der jüdischen Besucher geleistet hat, eine immerhin bedenkliche Probe gegeben. Sollte es also wirklich einmal zu Peinlichkeiten kommen, so hat Hans Blüher für diesen Fall ja schlüssig dargelegt, dass der Jude sowieso verdammt ist. Ihm ein Leid antun bedeutet also nur, einen von Gott vorgesehenen Tatbestand erfüllen.

Diese literarischen Antisemiten müssen in einem argen Dilemma herumlaufen. Sie bewegen sich immer am Rande des Pogroms, sie naschen gleichsam davon, aber sie scheuen sich, so aktiv zu werden wie weniger intellektuell beschwerte Zeitgenossen. Warum so schüchtern, meine Herren? Geben Sie sich doch einen Ruck, entbinden Sie das Stück Pöbel in sich, das in jedem Antisemiten steckt! Nehmen Sie doch den Pferdeapfel auf, werfen Sie ihn dem jüdischen Mitbürger ins Gesicht und rufen Sie »Saujud« hinter ihm her! Sie werden Erleichterung fühlen und, da wir in Deutschland leben, auch ein Gericht finden, das Ihrer bedrängten Seelenlage Verständnis entgegenbringt. Diese kleine Anstrengung befreit Sie von einem hässlichen, kotigen Stück Atavismus und enthebt Sie der unangenehmen Verpflichtung, Bücher zu schreiben, deren subjektive Redlichkeit nicht bezweifelt werden soll, die jedoch durch ihre verquollene Art durchaus geeignet sind, die allgemeine Verlogenheit in diesem Lande noch zu vergrößern. Statt dessen findet Stapel Herzenstöne, die an die berühmte Proklamation des neuhebräischen Klassikers Erich Ludendorff »An die Jiden in Paulen!« erinnern. »Jüdische Mitbürger!«, ruft Stapel mit seiner unleidlichen Prädikantensalbung aus, »vergesset doch nie, wo Gott die Grenze gezogen hat!« Was soll das? Lass doch den Herrgott aus dem Spiel, Pharisäer – !

Ernst Toller (geb. 1893 in Samotschin/Posen; gest. 1939 durch Suizid im Exil in New York) war ein deutsch-jüdischer Dramatiker, Revolutionär und Pazifist. Der Sohn eines jüdischen Kaufmanns hatte gerade das Realgymnasium in Bromberg absolviert und sich an der französischen Universität Grenoble eingeschrieben, als im August 1914 der Erste Weltkrieg ausbrach. Toller verließ das Land, in dem er eigentlich studieren wollte, um nun als Soldat gegen es zu kämpfen. Er meldete sich als Kriegsfreiwilliger und drängte aus patriotischer Euphorie darauf an vorderster Front eingesetzt zu werden. Als Artillerist nahm er über ein Jahr direkt an den Kampfhandlungen teil, erhielt Tapferkeitsauszeichnungen und wurde befördert. Während der Schlacht um Verdun erlitt Toller 1916 einen Nervenzusammenbruch. Nach seiner Freistellung vom Militärdienst begann er 1917 an der Universität München Jura und Philosophie zu studieren. Im Mai 1917 nahm Toller auf Einladung des Verlegers Eugen Diederich an der »Lauensteiner Tagung« teil, wo er in Diskussionen mit Max Weber erstmals öffentlich für die Beendigung des Krieges eintrat. Noch 1917 zog er über Heidelberg, wo er bei Max Weber studierte, nach Berlin. Dort traf er auf den bayerischen USPD-Politiker Kurt Eisner, dem er zurück nach München folgte, um sich im Januar 1918 am Munitionsarbeiterstreik zu beteiligen. Im Zuge der Novemberrevolution beteiligte sich Toller an der Leitung der bayerischen Arbeiter- und Soldatenräte. Nach der Ermordung Kurt Eisners übernahm er dessen Amt als der Vorsitzende der bayerischen USPD. Im April und Mai 1919 gehörte Ernst Toller neben weiteren Schriftstellern und Intellektuellen wie Erich Mühsam und Gustav Landauer zu den führenden Köpfen der »Münchner Räterepublik«. Trotz seiner Überzeugung als Pazifist war Toller dabei unter anderem als Abschnittkommandant für den Aufbau der »Roten Garde« zuständig. Nach der Niederschlagung der Münchner Räterepublik entkam Ernst Toller nur dank seines Strafverteidigers, des USPD-Vorsitzenden Hugo Haase und durch die Zeugenaussage Max Webers einem Todesurteil. Er wurde zu fünf Jahren Festungshaft verurteilt, die er von 1919 bis 1924 im Gefängnis Niederschönenfeld verbrachte.

Während der Haftzeit schrieb Toller zahlreiche Gedichte und Dramen, darunter »Masse-Mensch«, »Die Maschinenstürmer« und »Der deutsche Hinkemann«. Seine expressionistischen Stücke entwickelten sich auf deutschen Bühnen zu Publikumserfolgen, während ihr Autor weiterhin im Gefängnis saß. Nach seiner Entlassung 1924 zog Toller nach Berlin. 1927 wurde in Hamburg sein Stück »Hoppla, wir leben!«, das er zusammen mit dem Regisseur Erwin Piscator inszenierte, uraufgeführt. Zum Ende der Weimarer Republik nahmen die Bedrohungen der Nationalsozialisten gegen Toller massiv zu. Er erhielt Morddrohungen, Joseph Goebbels erklärte ihn öffentlich zum »Staatsfeind«, die Aufführungen seiner Stücke wurden durch Schlägertrupps der SA gestört. Nach der NS-Machtübernahme emigrierte Toller 1933 zunächst in die Schweiz und 1934 über England in die USA. Als Entgegnung auf die Bücherverbrennung veröffentlichte er 1933 einen offenen Brief an Joseph Goebbels. Darin schrieb er: »Sie geben vor, daß Sie und der deutsche Geist identisch sind, aber Ihre Taten sind die Ächtung der Ideen Goethes und Lessings, Herders und Schillers, Wielands und Rankes und aller jener Männer, die um die reinsten Werte Deutschlands gerungen haben und sie in die Welt trugen. Ich las in diesen Tagen Ihre künstlerischen Werke und die Ihrer Pgs. Daß Sie ein schlechtes Deutsch schreiben, will ich Ihnen nicht zum Vorwurf machen, Gewalt verleiht noch kein Talent, daß Sie aber die deutschen Theater zwingen, diese armseligen Werke zu spielen, ist kläglich.«

Ebenso couragiert war auch Tollers Rede vor dem »11. Internationalen PEN-Kongress«, der Ende Mai 1933 im jugoslawischen Ragusa stattfand. Dort klagte er vor der Weltöffentlichkeit den politischen Terror des NS-Regimes in Deutschland an und gedachte der Namen jener Autoren, die zum damaligen Zeitpunkt bereits in Konzentrationslager verschleppt worden waren. Neben literarischen Größen wie Kurt Tucholsky, Stefan Zweig und Walter Hasenclever teilte Ernst Toller im Exil schließlich das tragische Schicksal jener Autoren, die in der Fremde gänzlich verzweifelten. Am 22. Mai 1939 nahm er sich in einem Hotel in New York das Leben.

Tollers in den Zwanziger Jahren auf zahlreichen Bühnen gespieltes Stück »Masse-Mensch« handelt von den revolutionären Entwicklungen des Jahres 1919 und vom moralischen Dilemma revolutionärer Gewalt. »Sonja Irene L.«, im Stück stets mit »Die Frau« angetextet, fühlt sich dem Proletariat solidarisch verbunden. Den Weg des blutigen Klassenkampfes will sie jedoch nicht mitgehen. Anhand des nun folgenden »Dritten Bildes« wird nachvollziehbar, wie ernsthaft Toller sich als »revolutionärer Pazifist« der Frage nach der Verantwortbarkeit des Anwendens, aber auch des Unterlassens von Gewalt in politischen Entscheidungen gestellt hat. ■

Ernst Toller
Masse-Mensch. Ein Stück aus der sozialen Revolution des 20. Jahrhunderts

Drittes Bild

Die Bühne bleibt dunkel.

MASSENCHÖRE <wie aus der Ferne>
Wir ewig eingekeilt
In Schluchten steiler Häuser.
Wir preisgegeben
Der Mechanik höhnischer Systeme.
Wir antlitzlos in Nacht der Tränen.
Wir ewig losgelöst von Müttern,
Aus Tiefen der Fabriken rufen wir:
Wann werden Liebe wir leben?
Wann werden Werk wir wirken?
Wann wird Erlösung uns?

Die Bühne erhellt sich. Angedeutet: Großer Saal. Auf der Tribüne ein langer schmaler Tisch. Links sitzt die Frau. Im Saal Arbeiter und Arbeiterinnen dicht gedrängt.

GRUPPE JUNGER ARBEITERINNEN
Und Schlacht speit neue Schlacht!
Kein Zaudern mehr mit jenen Herren,
Nicht Schwanken und nicht schwachen Pakt.
Einer Schar Genossen Auftrag:
In die Maschinen Dynamit,
Und morgen fetzen die Fabriken in die Luft,
Maschinen pressen uns wie Vieh in Schlachthaus,
Maschinen klemmen uns in Schraubstock,
Maschinen hämmern unsre Leiber Tag für Tag
Zu Nieten … Schrauben …
Schrauben … drei Millimeter … Schrauben … fünf Millimeter,
Dörren unsre Augen, lassen Hände uns verwesen
Bei lebendigem Leibe …
Nieder die Fabriken, nieder die Maschinen!

VEREINZELTE RUFE IM SAAL
Nieder die Fabriken, nieder die Maschinen!

Am Tisch auf der Tribüne erhebt sich die Frau.

DIE FRAU
Einst Blinde noch und angefallen
Von Marterkolben saugender Maschinen,
Verzweifelt schrie ich jenen Ruf.
Es ist ein Traum, der eure Blicke hemmt,
Ein Traum von Kindern, die vor Nacht erschreckt.
Denn seht: Wir leben zwanzigstes Jahrhundert.
Erkenntnis ist:
Fabrik ist nicht mehr zu zerstören.
Nehmt Dynamit der ganzen Erde,
Laßt eine Nacht der Tat Fabriken sprengen,
Im nächsten Frühjahr wärn sie auferstanden
Und lebten grausamer als je.
Fabriken dürfen nicht mehr Herr,
Und Menschen Mittel sein.
Fabrik sei Diener würdigen Lebens!
Seele des Menschen bezwinge Fabrik!

GRUPPE JUNGER ARBEITER
So sollen die und wir verkommen.
Sieh, unsre Worte zerstriemen sich in Wut und Rache,
Die Herren hauen sich Paläste,
Da Brüder in den Schützengräben faulen.
Und Tanz quillt auf und Wiesen, bunte Spiele,
In Nächten lesen wir davon und heulen auf!
Und Sehnsucht ist in uns nach Wissen ...
Das Höchste nahmen sie,
Und es ward böse.
Nur manchmal in Theatern springt es uns entgegen
Und ist so zart ... und schön ... und höhnisch wieder!
In Schulen haben unsre Jugend sie zerstört,
In Schulen unsre Seelen zerbrochen.
Einfache Not ists, die wir rufen ...
Riecht wohl – diese Not gebeizter Dämpfe!
Wer sind wir heute?
Wir wollen nicht warten!

EINE GRUPPE VON LANDARBEITERN
Verstoßen hat man uns von unsrer Mutter Erde,
Die reichen Herren kaufen Erde sich wie feile Dirnen,
Belustgen sich mit unsrer gnadenreichen Mutter Erde,

Stoßen unsre rauhen Arme in Rüstungsfabriken.
Wir aber siechen, von Scholle entwurzelt,
Die freudlosen Städte zerbrechen unsre Kraft.
Wir wollen Erde!
Allen die Erde!

MASSE IM SAAL
Allen die Erde!

DIE FRAU
Durch die Quartiere ging ich.
Von Schindeldächern tropfte grauer Regen,
An Stubenwänden schossen Pilze aus der Feuchte.
Und eine Kammer traf ich, saß darin ein Invalide,
Der stotterte: »da draußen war es besser fast ...
Hier leben wir im Schweinekober ...
Nicht wahr ... im Schweinekober?« ...
Und schamhaft Lächeln fiel aus seinen Augen.
Und mit ihm schämt ich mich.
Den Ausweg, Brüder, wollt ihr wissen?
Ein Ausweg bleibt uns Schwachen,
Uns Hassern der Kanonen:
Der Streik! kein Handschlag mehr,
Streik unsre Tat!
Wir Schwachen werden Felsen sein der Stärke,
Gewaltlos werden wir die Ketten sprengen,
Und keine Waffe ist gebaut, die uns besiegen könnte.
Ruft unsre stummen Bataillone!
Ich rufe Streik!
Hört ihr:
Ich rufe Streik!
Der Moloch frißt das sechste Jahr die Leiber,
Auf Straßen brechen Schwangere zusammen,
Vor Hunger sind sie nicht mehr fähig.
Zu tragen Last der Ungebornen,
In euren Stuben stiert die Not,
Stiert Seuche, Wahnsinn, Hunger, grüner Hunger.
Dort aber, schaut nach dort:
Die Börsen speien Bacchanalien,
Sekt überströmt errungene Siege,
Wollüstig Prickeln tanzt Geschehen

Um goldene Altäre. Und draußen?
Saht ihr das fahle Antlitz eurer Brüder?
Fühlt ihr die Leiber,
Klamm im abendlichen
Feuchten Frost?
Riecht ihr Verwesung Hauch?
Hört ihr die Schreie? frage ich.
Hört ihr den Ruf?
»Die Reihe ist an euch!
Wir angekettet an Kanonenrohre,
Ohnmächtige wir,
Wir schrein euch zu:
Ihr! seid uns Helfer!
Ihr: seid die Brücke!!«
Hört ihr! Ich rufe Streik!
Wer weiter Rüstungswerkstatt speist,
Verrät den Bruder. Was sage ich: verrät?
Er tötet eignen Bruder.
Und Frauen ihr!
Kennt ihr Legende jener Weiber,
Die ewig fruchtlos,
Weil sie Waffen mitgeschmiedet?
Denkt eurer Männer draußen!
Ich rufe Streik!

MASSE IM SAAL
Wir rufen Streik!
Wir rufen
Streik!

Aus der Masse im Saal eilt der Namenlose auf die Tribüne, stellt sich rechts an den Tisch.

DER NAMENLOSE
Wer Brücke bauen will,
Muß auch für Pfosten sorgen.
Streik ist heute Brückensteg, dem Pfosten fehlen.
Wir brauchen mehr als Streik.
Das Kühnste angenommen.
Durch Streik erzwingt ihr Frieden,
Einen Frieden.
Schafft Ruhepause nur. Nicht mehr.

Der Krieg muß enden
In alle Ewigkeit!
Doch vorher letzten, rücksichtslosen Kampf!
Was nützts, wenn ihr den Krieg beendet?
Auch Friede, den ihr schafft,
Läßt euer Los unangetastet.
Hie Friedensmaske, altes Los!
Hie Kampf und neues Los!
Ihr Toren, brecht die Fundamente,
Brecht Fundamente! rufe ich.
Dann mag die Sintflut
Das verweste Haus, durch goldne Ketten
Vor Verfall bewahrt, fortschwemmen.
Wir bauen wohnlicher System.
Den Arbeitern gehören die Fabriken
Und nicht dem Monsieur Kapital.
Vorbei die Zeit, da er auf unsern krummen Rücken
Nach fernen Schätzen gierig Umschau hielt
Und fremdes Volk versklavte, Kriege sann,
Papierne Lügenmäuler kreischen ließ:
»Fürs Vaterland! Fürs Vaterland!«
Doch immer mitschwang wahre Melodie:
»Für mich! Für mich!«
Vorbei die Zeit!
Ein Ruf der Massen aller Länder:
Den Arbeitern gehören die Fabriken!
Den Arbeitern die Macht!
Alle für Alle!
Ich rufe mehr als Streik!
Ich rufe: Krieg!
Ich rufe: Revolution!
Der Feind dort oben hört
Auf schöne Reden nicht.
Macht gegen Macht!
Gewalt … Gewalt!

EINE STIMME
Waffen!

DER NAMENLOSE
Ja, nur Waffen braucht ihr!

Drum holt sie euch, erstürmt das Stadthaus!
Der Kampfruf: Sieg!

DIE FRAU
Hört mich!
Ich will …

DER NAMENLOSE
Schweigen Sie, Genossin!
Mit Händedruck, Gebet und brünstgen Bitten
Erzeugt man keine Kinder.
Schwindsüchtge werden nicht gesund durch Wassersuppen,
Zum Bäumefällen brauchts die Axt.

DIE FRAU
Hört mich …
Ich will nicht neues Morden.

DER NAMENLOSE
Schweigen Sie, Genossin.
Was wissen Sie?
Sie fühlen unsre Not, ich geb es zu.
Doch waren Sie zehn Stunden lang im Bergwerk,
In blinden Kammern Kinder heimatlose,
Zehn Stunden Bergwerk, abends jene Kammern,
So Tag für Tag das Los der Massen?
Sie sind nicht Masse!
Ich bin Masse!
Masse ist Schicksal.

MASSE IM SAAL
Ist Schicksal …

DIE FRAU
Doch überlegen Sie,
Masse ist ohnmächtig.
Masse ist schwach.

DER NAMENLOSE
Wie fern Sie der Erkenntnis sind!
Masse ist Führer!
Masse ist Kraft!

MASSE IM SAAL
Ist Kraft.

DIE FRAU
Gefühl zwängt mich in Dunkel,
Doch mein Gewissen schreit mir: Nein!

DER NAMENLOSE
Schweigen Sie, Genossin!
Der Sache willen.
Was gilt der Einzelne,
Was sein Gefühl,
Was sein Gewissen?
Die Masse gilt!
Bedenken Sie: ein einzger blutiger Kampf
Und ewig Frieden.
Kein Maskentand, wie früher Frieden,
Wo unter Hülle Krieg,
Krieg der Starken gegen Schwache,
Krieg der Ausbeutung, Krieg der Gier.
Bedenken Sie: aufhört das Elend!
Bedenken Sie: Verbrechen werden Märchen,
An Morgenhorizonten leuchtet Freiheit aller Völker!
Glauben Sie, daß leicht ich rate?
Krieg ist Notwendigkeit für uns.
Ihr Wort bringt Spaltung,
Um der Sache willen
Schweigen Sie.

DIE FRAU
Du … bist … Masse
Du … bist … Recht

DER NAMENLOSE
Die Brückenpfosten eingerammt, Genossen!
Wer in den Weg sich stellt, wird überrannt!
Masse ist Tat!

MASSE IM SAAL
hinaus stürmend.

Tat!!!

Die Bühne verdunkelt sich.

Moderne in Literatur und Wissenschaft

Alfred Kerr (eigentl. Kemper; geb. 1867 in Breslau; gest. 1948 in Hamburg) war ein deutsch-jüdischer Schriftsteller und der bedeutendste deutschsprachige Theaterkritiker seiner Zeit. Ab 1887 studierte der Sohn eines jüdischen Unternehmers in Berlin Geschichte, Philosophie und Germanistik. Schon während des Studiums veröffentlichte er erste journalistische Texte unter anderem in der »Vossischen Zeitung«. 1894 erfolgte die Promotion mit einer Arbeit über die Lyrik des jungen Clemens Brentano unter dem Titel: »Godwi. Ein Kapitel deutscher Romantik«, die Kerr 1898 publizierte.

Von 1895 bis 1933 schrieb Alfred Kerr ununterbrochen Theaterkritiken in namhaften Zeitungen wie »Die Nation«, »Der Tag«, »Berliner Tageblatt« und »Frankfurter Zeitung«. Zusammen mit dem Verleger Paul Cassirer gab er ab 1911 zudem die Kulturzeitschrift »Pan« heraus. Wie kaum ein Kritiker vor ihm begleitete Kerr durch seine Expertisen über Jahrzehnte die Entwicklungen im Werk von Dramatikern aus ganz Europa. Er öffnete den deutschen Theatern internationale Horizonte vom irischen Dramatiker George Bernhard Shaw über den Norweger Henrik Ibsen, den Russen Gorki bis hin zum Franzosen Henri Becque. Er beförderte den Erfolg von Autoren wie Gerhard Hauptmann, Frank Wedekind und Ludwig Fulda. Und wie es sich für einen großen Kritiker gehört, hatte Kerr auch ebenso große Feinde. Erinnert sei an seine publizistischen Fehden mit Maximilian Harden, Herbert Ihering und Karl Kraus.

1917 erschienen erstmals Kerrs »Gesammelte Schriften« in zwei Reihen: »Die Welt im Drama« (fünf Bände) und »Die Welt im Licht« (zwei Bände). Im selben Jahr trat Kerr neben seiner Eigenschaft als Kritiker erstmals auch als Dichter in Erscheinung, indem er den Gedichtband »Die Harfe« veröffentlichte. Im Verlauf der Zwanzigerjahre veröffentlichte Kerr weitere Bände mit persönlichen Reflexionen und Reiseberichten. Genannt sei hier das Buch »Es sei wie es wolle, Es war doch schön!« von 1928.

Den Nationalsozialisten war der ihnen verhasste Alfred Kerr an den Scheiterhaufen des 10. Mai 1933 ein eigener »Feuerspruch« wert: »Gegen dünkelhafte Verhunzung der deutschen Sprache, für Pflege des kostbarsten Gutes unseres Volkes! Ich übergebe der Flamme die Schriften von Alfred Kerr.« Diese Worte waren nicht nur zutiefst boshaft, sondern schlicht unsachlich und begründeten das dumpfe Kulturverständnis einer Zeit, in der die deutschen Bühnen – von Ausnahmen wie Gustav Gründgens abgesehen – im völkischen Mief provinzieller Stückeschreiber wie Dietrich Eckart, Hanns Johst oder Kurt Eggers erstickten.

Alfred Kerr floh im Februar 1933 im alter von 65 Jahren aus Deutschland. Stationen seines Exils waren Prag, Wien, Lugano, Zürich, Paris und London. Er engagierte sich im »Freien Deutschen Kulturbund« und wurde Vorsitzender des »Deutschen P. E. N.-Clubs im Exil« in London. Nach Kriegsende 1945 schrieb Kerr wieder für namhafte deutsche Tageszeitungen. 1947 nahm er die britische Staatsbürgerschaft an. Am 12. Oktober 1948 starb er in Hamburg während einer Vortragsreise durch Deutschland.

Der von Kerr ausgewählte Text »Technik des realistischen Dramas« ist dem ersten Band der Reihe »Die Welt im Drama« entnommen. Es handelt sich, wie Kerr selbst einführt, um eine seiner frühen Veröffentlichungen aus dem Jahr 1891 und wirft ein Licht auf die fachlichen Standards, mit denen er als Kritiker arbeitete. ■

Alfred Kerr
Technik des realistischen Dramas

Das folgende System der realistischen Dramentechnik ist in den Anfängen der Bewegung niedergeschrieben. Es erschien 1891, in der Vossischen Zeitung. Dieser junge Versuch, die technisch neuen Phänomene zu prüfen, sie zu begründen oder anzufechten, enthält Punkte (etwa die Darlegung über den Monolog), die keines Kampfes mehr bedürftig sind.

Drei Lustren vergingen; eheu, fugaces, Postume, Postume, labuntur anni. Staunend liest der Verfasser, wie es nötig war, Dinge klarzustellen, die heute das Durchschnittspublikum erster Aufführungen am Schnürchen hat.

… Über den Monolog-Abschnitt hinaus enthält das System Punkte, die unabhängig vom realistischen Drama Geltung haben: für das Drama.

I.

Was zeigt eine Gegenüberstellung der neueren Romantechnik und der neueren Dramentechnik?

Der Roman hat für seinen neuen Inhalt keine neuen Formen geschaffen. Nur scheinbare Ansätze hierzu sind vorhanden. Nicht in Betracht kommt die

Methode, innere Vorgänge nur in ihren äußeren Wirkungen zu zeigen: sie ist trotz allem theoretischen Lärmen noch in keinem einzigen Roman durchgeführt worden. Hie und da aber strebt man danach, die Romanhandlung grade so darzustellen, wie sie von einer bestimmten Person des Romans wahrgenommen wird; alle Ereignisse vom Standpunkt eines und desselben Menschen zu schildern, welcher im Zentrum der Begebenheiten steht. Der Grund für dieses Verfahren ist neben dem Streben nach größerer Einheitlichkeit das Streben nach größerer Wahrscheinlichkeit: man hält es für wahrscheinlicher, dass der Schriftsteller seine Bekanntschaft mit den geschilderten inneren und äußeren Vorgängen einer einzigen Person verdankt, als dass er, eine Art von *diable boiteux*, durch die Zimmerdecken vieler Wohnungen und die Schädeldecken vieler Menschen blickend sich die genaue Kenntnis örtlich getrennter und gleichzeitiger Ereignisse verschaffen könnte. Der günstigste Fall vom Standpunkt dieser rationalistischen Erwägung wäre also der, wo die wahrnehmende Romanfigur und der Erzähler eins sind: der Ichroman, dessen Technik auch Spielhagen als die glaubwürdigste aller möglichen gepriesen hat. Aber diese beiden Formen zentralisierender Romantechnik sind uralt, und unter den Führern des modernen Realismus zeigt Dostojewsky im Raskolnikow weder die erste noch die zweite, – Zola vollends bietet in jedem Werk ein Musterbeispiel ausgedehntester Dezentralisation.

Ein wenig anders liegen die Dinge auf dem Gebiete des Dramas. Hier ist mit dem veränderten Gehalt eine einzige große Umwandlung des Gefäßes zwar gleichfalls nicht eingetreten. Aber kleine Veränderungen haben stattgefunden, augenfälliger, wichtiger und zahlreicher als beim Roman. Und im Gegensatz zu ihm ist es hier gerade der führende Geist Ibsen, welcher die Veränderungen zur Tat macht. Es handelt sich auch hier zum Teil um Dinge, die schon früher vereinzelt auftraten; aber wenn sie das neurealistische Drama nicht zum erstenmale anwendet: es wendet sie zum erstenmal in einer bestimmten Kombination an, und es macht ihre Anwendung zum Grundsatz.

II.

Zwei Prinzipien beherrschen die neue Technik. Das eine kennzeichnet sich durch das Streben nach Realismus: die Art, wie sich die Vorgänge auf der Bühne abwickeln, soll der Art des wirklichen Lebens nahekommen. Das zweite Prinzip steht mit dem Realismus in gar keinem ursächlichen Zusammenhang. Es ist eine Begleiterscheinung des realistischen Dramas, nicht eine Folge seines realistischen Wesens. Dennoch kann es bei einer Untersuchung der Technik des realistischen Dramas nicht ausgeschieden werden: beide Prinzipien sind in der Kunstübung der Führer untrennbar. Untrennbar in der Praxis: in der Theorie sind es getrennte Welten. An einem gewissen Punkte stoßen sie aufeinander zu einem Kampf um Dasein oder Untergang. Ich versuche diesen Punkt aufzuzeigen …

Zuerst eine Antwort auf die Frage, welche Seiten der neuen Technik aus Gründen des Realismus entstanden sind. Eine Eigentümlichkeit negativen Charakters, die hier sofort in die Augen springt und die wichtiger ist, als sich vorschnelles Laientum träumen lässt, ist der Wegfall des Monologs. Ist diese Erscheinung etwas Zufälliges, oder ist sie auf ein bewusstes Streben zurückzuführen? Eine Entscheidung im Sinne des zweiten Teils der Frage ergibt sich mit Notwendigkeit dann, sobald erwiesen wird, dass die realistische Dramatik den Monolog selbst da, wo er aus technischen oder inhaltlichen Rücksichten unvermeidlich scheint, umgeht und durch etwas anderes ersetzt. Das ist der Fall, das Ersatzmittel ist die Pantomime.

In der »Frau vom Meere«, in den »Stützen der Gesellschaft« findet sich überhaupt nichts Monologartiges. In »Gespenstern« aber ist eine merkwürdige Szene enthalten. Der Pastor hat eine Unterredung mit Regine, und die lebensfrohe Tochter des Kammerherrn setzt ihm zu mit ihren koketten Annäherungen, so dass der Vortreffliche, ein wenig erstaunt, sie bittet, Frau Alving zu rufen. Bis Frau Alving kommt, bleibt der Pastor allein auf der Bühne. Jeder Schablonendramatiker hätte Herrn Pastor Manders jetzt vor sich hinreden lassen: »Ein eigentümliches Mädchen, diese Regine … Ich hätte ihr das gar nicht zugetraut! … Einen Augenblick schien sie mir wirklich gradezu gefährlich zu sein … Doch? vielleicht täusche ich mich in ihr; man soll über seine Nebenmenschen nicht vorschnell urteilen … (Nach einer Weile:) Sieh da, was hat Frau Alving hier für unchristliche Zeitschriften?! …« – usw. usw. nach der bekannten Melodie. Bei Ibsen findet sich nichts als einige szenische Andeutungen: »Pastor Manders (geht ein paar Mal im Zimmer auf und ab; steht dann einige Augenblicke mit den Händen auf dem Rücken im Hintergrunde und sieht in den Garten hinaus. Darauf kommt er wieder an den Tisch, nimmt ein Buch und sieht das Titelblatt an, stutzt, sieht dann noch mehrere an) »Hm – ja, ja« – da erscheint Frau Alving.

Offenbar hat hier der Dichter den Monolog mit vollster Beflissenheit vermieden. Und auf durchaus gleichgeartete Fälle stoßen wir bei Dramatikern, die von Ibsen beeinflusst wurden. Strindberg lässt im »Vater« ein notwendiges szenisches Alleinsein der Laura durch die Tätigkeit stummen Geldzählens ausfüllen, und er greift weiterhin lieber zu dem Verlegenheitsbehelf, die Großmutter aus dem Nebenzimmer nach einer sehr belanglosen Tasse Tee rufen zu lassen, als dass er seiner Heldin in dieser Situation Worte in den Mund legt. In dasselbe Kapitel gehört der Köchin Christine lautloses Hantieren, während sich Fräulein Julie mit ihrem Geliebten im Tanze weidet. Am auffallendsten aber ist die Scheu vor dem Monolog bei Gerhart Hauptmann, der im »Friedensfest« sechzehn Zeilen lang Vorschriften erteilt für eine stumme Solopantomime des verbissenen Spötters Robert. Nicht nur die verschiedenartigsten Empfindungen sollen hier zum Ausdruck kommen – das erregte Schwanken Roberts, ob er Frau Buchner nacheilen soll oder nicht, darauf ein stumpfsinniger Gleichmut, der sich in resigniertem Tabakrauchen kundtut, dann wieder eine Stimmung voll verzweifelten Hohns, die ein bitteres Auflachen beim Anblick des Christbaums verrät – sogar Tatsachen will der Dichter durch diese Gebärdensprache dem Zuschauer vermitteln, Tatsachen, die bis dahin unbekannt waren und jetzt als erregendes Moment in die Handlung eintreten, wie die Leidenschaft Roberts für Ida: Robert muss eine Handarbeit der künftigen Schwägerin ergreifen und küssen, um seine Gefühle für sie anzuzeigen ... Aber auch Dramatiker, die nicht von Ibsen abhängig sind, zeigen die gleiche Scheu vor dem Monolog; die nicht nur ein Erbteil germanischer Autoren ist. Das beweist ein flüchtiger Blick auf die letzten Arbeiten des jüngeren Dumas. Die Ursache einer so allgemein auftretenden Erscheinung ist überall die gleiche. Sie liegt in dem Streben nach Wahrheit; einfach deshalb duldet der realistische Dramatiker keine Selbstgespräche im Drama, weil Selbstgespräche im Leben nicht gehalten werden.

Werden sie das nicht? ... Unter Umständen doch. Unter Umständen gestattet darum auch der Bühnenrealist den Monolog. In zwei Fällen. Entweder es handelt sich um primitive Äußerungen, wie sie jedem gleichwie gearteten Menschen beim Alleinsein entschlüpfen können: ein solcher Fall ist gezeigt worden. Oder die Gestalten, denen ein Selbstgespräch in den Mund gelegt wird, sind ihrem Charakter oder ihrer augenblicklichen Verfassung nach wirklich angetan, etwas derartig Ungewöhnliches zu tun. Warum soll ein Wahnsinniger nicht mit sich selbst reden? Warum also soll Strindberg aufhören Realist zu sein, wenn er seinen wahnsinnigen Rittmeister mit sich selbst reden lässt? Oder warum Gerhart Hauptmann, wenn er Helene Krause nach der Flucht ihres Geliebten in fürchterlicher Aufregung entsetzte Worte hervorstoßen lässt? Hjalmar Ekdal darf in halb bekneiptem und seelisch zerrüttetem Zustande, auch wenn er allein ist, sehr wohl einige Flüche gegen Relling murmeln, und wenn auf Rosmersholm Frau Helseth hin und wieder monologisiert – alte Weiber pflegen so zu tun – so hat auch das eine psychologische Berechtigung. In »Nora« steht Ibsen noch nicht auf der Höhe dieser Technik; aber es lässt sich nicht verkennen, dass die Größe seiner Abneigung gegen den Monolog in direktem Verhältnis steht zur zeitlichen Annäherung seines Schaffens an die Gegenwart.

III.

Der Monolog im herkömmlichen Sinne also? das künden alle Zeichen? soll fallen. Was wird dabei verloren werden? Gustav Freytag sagt, der Monolog vertrete das lyrische Element im Drama. Das wird kaum wahr sein; ich wüsste nicht, wo in dem kühl reflektierten Mordplan Franz Moors das lyrische Element steckt. Aber, der Monolog scheint für die Äußerung geheimer Empfindungen das einzige Mittel im Drama. Er scheint es wirklich nur; er ist es nicht. Zunächst vermag er überhaupt kein treues Abbild innerer Vorgänge zu geben. Ganz abgesehn von der Tatsache, dass man nicht laut zu denken pflegt, begibt sich der menschliche Gedanken- und Empfindungsverlauf mit so reißender Geschwindigkeit, dass man an inneren Vorgängen in einer Minute mehr erleben, als in einer halben Stunde aussprechen kann; das Wort vermag mit dem Geiste nicht Schritt zu halten. Und dann – warum sollen innere Begebenheiten nicht anders als gerade durch den Monolog ausgedrückt werden können? Warum nicht in der von Otto Ludwig geforderten Art, dass innerhalb des Gesprächs eine Reihe von psychologischen Zügen unabsichtlich zum Ausdruck kommt, dass man an den »Gebärden der Rede« merkt, was in der Person vorgeht? Wozu ein Verfahren auf Kosten der Wahrscheinlichkeit wählen, wenn man das gleiche Ziel auf einem besseren Weg erreichen kann? Immerhin – man wird hier stürmische Einwände erheben. Man wird an die großen Werke großer Meister erinnern. Man wird (um bald den stärksten Treffer auszuspielen) auf den Faustmonolog hinweisen, auf die Monologe Hamlets und vernichtende Fragen stellen. So wundersam erschütternden Verkündigungen des menschlichen Herzens wagt man das Recht des Daseins zu bestreiten? Man will es unmöglich machen, dass Ähnliches je wieder eine Stätte im Drama finde?

Im Drama? Es handelt sich nur um das realistische Drama! Dass das andere mit anderm Maßstabe zu messen ist, mit einem weniger rationalistischen, ist selbstverständlich: wo ich neun Unwahrscheinlichkeiten habe, nehme ich eine zehnte mit in Kauf. Begebenheiten, die zeitlich weit hinter uns liegen, können wir fast niemals ganz realistisch darstellen: das realistische Drama wird somit im Wesentlichen das in der Gegenwart spielende Drama sein. Aus diesem allerdings werden wir den Monolog, sofern er nicht unter den erwähnten zwei Bedingungen psychologisch begründet ist, verbannen. Wer aber eine grundsätzliche Scheidung für unberechtigt hält zwischen der Technik des modernen und des historischen Dramas, der vergisst, dass ein solcher Unterschied in Wirklichkeit längst gemacht und im Prinzip anerkannt ist. Oder schreibt man bei uns Dramen aus der Gegenwart in Versen? Würde Sudermanns »Ehre« in Jamben eine andere als parodistische Wirkung hervorbringen? Doch in der Sprache Wildenbruchscher Heerführer, Freytagscher Fabier lassen wir uns rhythmische Gebundenheit gern gefallen ... Hier mag auch der Monolog fortbestehen.

[...]

VIII.

Es bleibt ein letztes Mittel zu kennzeichnen, das dem Wahrheitsstreben moderner Dramenkunst dient: die Sprache. Das kann in knappen Zügen geschehn: die Handhabung der Sprache zur Erzielung realistischer Wirkungen – wieder nicht ein Erzeugnis, sondern nur ein Grundsatz moderner Technik – ist ja sehr alt. Die gröbste Art des sprachlichen Realismus ist die zeitweilige Anwendung des Dialekts: schon das 16. Jahrhundert ließ die deutschen Bauern des Theaters im Gegensatz zu Vornehmeren ihr ländliches Platt reden. Eine etwas höhere Stufe realistischer Sprachverwertung trat gleichfalls früh in gewissen Situationen auf: in Augenblicken des Sterbens und der Verlegenheit; hier suchte selbst eine Technik, die noch in den Kinderschuhen stand, durch die bekannten Gedankenstriche und Punkte, abgebrochene Sätze und zusammenhanglose Worte eine Art Situationscharakteristik hervorzurufen. Aber noch bei Lessing kommt die Sprache im Schauspiel nicht sonderlich gut weg. Im Aufbau des Dramas den Stürmern und Drängern um Turmhöhe überlegen, steht er im realistischen Gebrauch der Rede fast ebenso tief unter ihnen. Sein Just, der doch ein ungeschlachter Packknecht ist, darf noch Sätze sprechen, wie sie nur ein philosophischer Kopf zurechtgeklügelt haben kann. »So gewiß«, sagt er zu Tellheim, »so gewiß ich Ihnen schuldig bin, so gewiß Sie mir nichts schuldig werden können, so gewiß sollen Sie mich nun nicht verstoßen.« Die Kraftgenies brachten durch ihre Abwendung vom sprachlich Korrekten Herzlichkeit, Lebendigkeit, Naturalismus in das Drama, doch eine feinere psychologische Verwertung der Sprache gelang erst den Charakteristikern des 19. Jahrhunderts. Auf ihnen fußt die moderne Kunst Ibsens, die Bestrebungen jener in sich umfassend und großartig fortbildend. Vom »Erbförster« zur »Wildente« ist ein weiter Weg.

Das neue Drama trachtet nach immer größerer Differenzierung der Sprache, die sich einmal streng nach dem Wesen der redenden Gestalten, dann nach dem Wesen der Situation richtet. Da nun das Drama Menschen vorführt, die ihrem Beruf nach nicht immer Oberlehrer sind, so sprechen sie auch nicht wie diese in vorsichtig geordneten Mustersätzen, sondern mit allen den kleinen syntaktischen und logischen Nachlässigkeiten, welche die Sprache des Lebens zeigt. Ibsen vor allem hat jene raffinierte Unordnung in der Redeweise eingeführt, die es erst glaublich macht, dass die vorgeführten Gestalten ihre Worte nicht auswendig gelernt haben. Papierene Wendungen wie sie etwa Paul

Lindau noch braucht? »Bin ich nicht Deine Dich zärtlich liebende Schwägerin?« – können wir heute kaum mehr ernst nehmen. Hauptmann und die Verfasser der »Familie Selicke« sind über Ibsen hinausgegangen; ihr subtiler Sprachnaturalismus greift dem Schauspieler zuweilen unnötig vor.

Zwei starke ästhetische Reizmittel scheinen allerdings bei den sprachlichen Grundsätzen der modernen Technik wegzufallen: Die poetisch-pathetische Rede und die geistreiche Rede. Sie fallen tatsächlich nicht weg. Nur dass sie nicht mehr ohne Begründung angewandt werden. Die pathetische Rede würden wir überdies nicht schwer entbehren: Wenn uns eine dargestellte Leidenschaft hinreißen soll, muss es heute weit eher eine halb verhaltene, wider Willen elementarisch-ruckweise sich äußernde sein als ein glatt, dahinströmendes edel-schönes Pathos. Dennoch ist das Pathos aus dem modernen Drama nicht verbannt; dem Rittmeister August Strindbergs, dem exaltierten Mann, fehlt dieses Symptom der Exaltation nicht, und der unsterbliche Hjalmar Ekdal darf reden von dem »armen, schiffbrüchigen Greis«, von der »Pistole, welche eingriff in die Geschichte des Ekdalschen Geschlechts,« und von »des Lebens ewiger Nacht«.

Ebenso wird die »geistreiche« Rede von der modernen Technik nur da angewandt, wo sich ihre Existenz begründen lässt. Wenn in der hagestolzen Abendgesellschaft des Großhändlers Werle allerhand Witzworte fallen, so sind sie dem Dichter nicht Selbstzweck, sondern nur Mittel zur Charakterisierung ihrer Urheber. Wenn ein gewiegter Weltmann, wie der Gerichtsrat Brack, sich im Gespräch mit Hedda Gabler pointierterer Wendungen bedient, ist auch das völlig begründet. Unbegründet aber, folglich unrealistisch ist das Verhalten jenes aufdringlichen Kaffeekönigs aus Indien, der sämtliche Pointen, welche sein Verfasser im Lauf eines Jahres gesammelt hat, an einem Abend zum Besten gibt, ohne doch im Ganzen als ein Geisthascher gezeichnet zu sein. Es wäre sehr hübsch, wenn die Backfische des Tiergartenviertels vor anmutiggefeilten Aphorismen und paradox-graziösen Wendungen sprühten, aber sie tun es nur bei Oskar Blumenthal; im Leben nicht. In französischen Dramen lassen wir uns diese Eigentümlichkeit noch gefallen: wir können uns im schlimmsten Fall weismachen, die scharfe Feinheit der Rede entspreche dem Charakter jenes Volkes, den wir so sicher nicht kennen wie den eignen. Dass aber bei uns die Leute so unmenschlich geistreich nicht sind, wissen wir ganz genau … Und deshalb läuft bei den germanischen Völkern die geistreiche Rede des Dramas in der Mehrzahl der Fälle dem Realismus entgegen. –

Alle diese Eigenschaften des realistischen Dramas verdankten ausgesprochenermaßen dem Wirklichkeitsstreben ihr Dasein. Drei andere gesellen sich zu ihnen, die allein auf ästhetische Gründe zurückzuführen sind und zum Teil dem Realismus ins Gesicht schlagen.

IX.

Die erste verträgt sich mit ihm noch sehr gut. Es ist das Streben, innerhalb des Dramas einen *Kommentar zu vermeiden.* Positiv ausgedrückt: Die Neigung, das Publikum Schlüsse ziehen zu lassen. Nur in beschränktem Sinne zeigt sich das bei der Tendenz des Dramas. Diese allgemeine Wahrheit, die hinter dem vorgeführten besonderen Fall steht, erkennen zu lassen, ohne sie in Worte zu kleiden – es sind seltene Vögel unter den Dramen, welche das vermögen. Strindbergs »Fräulein Julie« vermag es. Aber noch in einem späten Ibsen wie in der »Frau vom Meere« tritt der bekannte Wink mit dem Zaunpfahl ein, der unmittelbar dozierende Hinweis auf die Grundidee. »Dein Sehnen und Trachten nach dem Meere«, sagt Wangel sehr deutlich zu Ellida, »Dein Zug nach ihm hin – diesem fremden Mann – das war der Ausdruck für ein erwachendes und wachsendes Verlangen nach Freiheit ...«.

Aber es gibt auch eine Tendenz einzelner Szenen. Sie kann zwar gleichfalls einen symbolischen Ausdruck finden – wie in den »Einsamen Menschen« in der Episode mit dem Bienchen, das in die Vockeratsche Wohnung fliegt, – aber sie muss es nicht. Sie kann einfach in einem Urteil bestehn, das sich aus den dargestellten Vorgängen ergibt. Dieses Urteil auszusprechen, ist die Methode der alten Schule. Es vom Hörer oder Leser finden zu lassen, Grundsatz der neuen.

Wenn Hjalmar Ekdal, über Ginas Vergangenheit unterrichtet, einen tiefen Schmerz zur Schau trägt und dabei fortwährend Butterbrote isst, so fällt es dem Dichter nicht ein, die Erläuterung zuzufügen, dass Hjalmars Zerknirschung nicht weit her ist: die Folgerung ziehen wir selbst.

Lessing noch glaubte anders verfahren zu müssen. Als der Prinz von Guastalla die schöne Emilia in der Messe zu treffen eilt, kommt ihm Camillo Rota in die Quere. »Was ist sonst?«, fragt der Prinz, »etwas zu unterschreiben?« – »Ein Todesurteil wäre zu unterschreiben.« »Recht gern« ... Für das Empfinden unserer Tage ist mit diesen Worten die Tendenz der Szene erschöpft. Lessing lässt den Rota kommentierend zufügen: »Recht gern? – Ein Todesurteil recht gern? – Ich hätt' es ihn in diesem Augenblick nicht mögen unterschreiben lassen, und wenn es den Mörder meines einzigen Sohnes betroffen hätte. – Recht gern! Recht gern! – Es geht mir durch die Seele, dieses gräßliche, ›Recht gern!‹« Hielt der Vater der realistischen Technik diesen Zusatz für das Publikum seiner Zeit für notwendig: wir können ihn heut entbehren.

Worauf beruht aber die Überlegenheit des ersten Verfahrens vor dem zweiten? – Auf nichts anderem als dem ästhetischen Reiz des Schlüsseziehens. Bei einer ganzen Gattung von Dingen, die uns ästhetisch ergötzen, besteht der Grund des Ergötzens einzig darin, dass wir eine Folgerung machen. Lessing selbst hilft mir zum Beweise. Der Satz: »Trill, Du bist ein Bastard« hat gar keinen ästhetischen Reiz. Er gewinnt ihn mit einem Schlage, sobald sein Inhalt gefolgert werden muss. Dann heißt es:

Bald willst du, Trill, und bald willst du dich nicht beweiben,
Bald dünkt dich's gut, bald nicht, ein Hagestolz zu bleiben.
Ich soll dir raten? Wohl! Tu, was dein Vater tat:
Bleib frei; heirate nicht! – Da hast du meinen Rat.

In dieser indirekten Form ausgedrückt, besäße der Satz, wohlgemerkt, auch dann ästhetischen Reiz, wenn die Versform fehlte. Die Ursache dieses Reizes aber liegt nicht nur in der Freude am eigenen Scharfsinn, dem es gelungen ist, das Ungesagte herauszufinden: sie liegt auch in der Freude darüber, dass es überhaupt, möglich ist, etwas deutlich zu sagen, ohne es doch auszusprechen. Die Lustempfindung ist nicht nur eine subjektiv-egoistische: sie ist auch eine harmlos-objektive.

X.

Während hier alles der Art des wirklichen Geschehens entspricht – denn auch im Leben werden die möglichen Forderungen aus den Begebenheiten nicht immer ausgesprochen – *widerstreiten* die beiden letzten Eigentümlichkeiten des realistischen Dramas dem *Realismus*. Dennoch treten sie grade bei den hervorragendsten Technikern der realistischen Schule am konsequentesten auf.

Zurückzuführen sind auch sie auf ästhetische Gründe: sie sind die Befolgung von Gesetzen, welche die theoretischen Bemühungen des 18. Jahrhunderts der dramatischen Kunst gewonnen haben … Diese Gesetze werden in Geltung bleiben, und auch Herrn Arno Holz ist es bisher praktisch noch nicht gelungen, sie umzustoßen. Nicht eine Aufforderung zu ihrer Beseitigung bedeutet der Hinweis auf ihren Gegensatz zum Realismus: er bedeutet die Feststellung der Grenze, wo die Möglichkeit der Lebensnachahmung im Drama aufhört.

Die erste der beiden Eigenschaften besteht in der ausschließlichen *Aneinanderreihung wesentlicher Momente*. Nur dasjenige wird im Drama vorgeführt, in höchster Meisterschaft von den Neueren bei Ibsen, was für die Begreiflichkeit der Handlung nötig ist. Daher die Scheu vor Episoden, vor allem zwecklosen. Im Leben selbst verläuft eine Handlung niemals ganz für sich, ganz herausgelöst aus der Fülle der übrigen Begebenheiten. Im Leben stoßen wir somit auch bei der Betrachtung einer Handlung niemals bloß auf solche Momente, die zu ihrer Verständlichmachung geeignet sind: es fließen in den Beobachtungsprozess eine Menge von Wahrnehmungen ein, die mit der beobachteten Handlung in gar keinem Zusammenhang stehn, außer dem des gleichzeitigen Geschehens. Während man also in der Wirklichkeit, um eine Handlung für sich zu begreifen, erst vieles Nichtzugehörige aussondern muss, bietet der dramatische Dichter von vornherein seine Handlung herausgeschält und befreit von allem Zufälligem. Darin liegt der Widerspruch zum Realismus. Je staunenswerter die knappe Kunst des Dichters wird, desto größer wird dieser Widerspruch. Er ist unlösbar.

Nicht anders liegen die Dinge bei der *zeitlichen Einheit* des Dramas. »Gespenster« spielen in 18 Stunden. In der »Wildente« wie in »Hedda Gabler« ist der größte Zeitraum zwischen zwei Akten eine Nacht. Das »Friedensfest« nimmt 24 Stunden in Anspruch; ebenso viel »Der Vater«. »Fräulein Julie« spielt in einer einzigen Nacht. Dumas, der im »Fils naturel« die Handlung noch auf zwei Jahrzehnte verteilte, drängt sie in der modernen »Francillon« auf weniger als 24 Stunden zusammen. Überall das klare Streben, die zeitliche Ausdehnung der dramatischen Begebenheit möglichst klein zu wählen.

Nicht in dieser Tatsache liegt der Widerspruch. Er liegt in ihrer Verbindung mit einer andern. In jenen 24 oder 48 Stunden, in denen die besten realistischen Dramen spielen, sollen wirklich grade alle diejenigen vorgeschichtlichen und sonstigen Momente, die für das volle Verständnis der Handlung unerlässlich sind, von den auftretenden Personen erwähnt werden? Alle sollen erwähnt werden? Und alle grade in diesen letzten 24 Stunden?

Im Leben kommt es nicht vor, dass in der letzten Frist vor einer Katastrophe oder einem glücklichen Ereignis alle zum Verständnis dieses Vorgangs notwendigen Punkte von den Beteiligten rekapituliert werden, so dass sich einem Unvertrauten, der plötzlich in diesen Kreis versetzt wird, nicht nur die lückenlose, weit zurückliegende Vorgeschichte, sondern auch die lückenlose, abgestufte Charakteristik aller Personen in diesen letzten Stunden deutlich offenbarte. Hier ist ein zweiter Punkt, über den der Realismus nicht hinwegkam.

Wenn ich so in zwei bestimmten Punkten die Möglichkeit einer realistischen Technik geleugnet habe, so bleibt doch die Gestalt des modernen Dramas entwicklungsfähig. Vielleicht steht es erst am Anfang seiner Entwicklung: es ist erst hundert Jahre alt. Noch schwört man auf Ibsen. Aber wie es ein Irrtum ist, von der »dauernden vorbildlichen Geltung« der Literatur des 18. Jahrhunderts zu reden, so wär' es kurzsichtig und unhistorisch, das Ibsensche Drama als ein unverrückbares Muster für künftige Zeiten hinzustellen. Auch hier werden Wandlungen geschehn. Vielleicht bereiten sie sich schon vor.

1891, 5. Juli.

Sigmund Freud (geb. 1856 in Freiberg/Mähren; gest. im Exil in London 1939) war ein österreichisch-jüdischer Nervenarzt und Begründer der Psychoanalyse. Selten zuvor haben die Erkenntnisse eines Wissenschaftlers die belletristische Literatur so nachhaltig beeinflusst, wie die Thesen Freuds über die Psyche des Menschen. Seine Erklärungsmodelle z.B. über die im Unterwusstsein wirkenden Triebe, insbesondere den Sexualtrieb (Libido) und den Destruktionstrieb oder über Traumatisierungen und deren Verdrängung gehören heute zum Standartrepertoire schriftstellerischen Arbeitens.

Von seiner Ausbildung her war Sigmund Freud Arzt. 1873 nahm er an der Universität Wien das Studium der Medizin auf, das er 1881 mit einer Doktorarbeit »Über das Rückenmark niederer Fischarten« abschloss. Während seiner anschließenden Tätigkeit als Arzt am »Allgemeinen Krankenhaus« in Wien vertiefte er seine Forschungen auf dem Gebiet der Neuropathologie und habilitierte sich 1885 mit einer Zusammenstellung »Histologischer und klinischer Arbeiten«. Während eines Aufenthaltes an einer psychiatrischen Klinik in Paris beschäftigte er sich mit dem Phänomen seelischer Erkrankungen bei Frauen ohne organischen Befund und erprobte Behandlungstechniken mittels Hypnose und Suggestion. Zurück in Wien verstetigte er seine Forschungen und Therapieformen als Privatdozent an der Universität, durch Eröffnung einer eigenen Praxis und als Leiter der neurologischen Abteilung im »Öffentlichen Kinder-Krankeninstitut«.

Nach weiteren gemeinsamen Studien mit seinem Kollegen Josef Breuer über Hysterie und intensiver Lektüre der Arbeiten des französischen Neurologen Hippolyte Bernheim verdichtete sich Freuds Grundannahme, dass wesentliche Motive menschlichen Handelns und Leidens im Unbewussten begründet liegen. Seit 1896 benutzte Freud in seinen Vorträgen und Publikationen den Begriff »Psychoanalyse«. 1900 erschien dann mit »Die Traumdeutung« eines der Hauptwerke Sigmund Freuds.

Als Jude und Vordenker einer neuen wissenschaftlichen Disziplin hatte Sigmund Freud es sehr schwer, in universitären Kreisen Anerkennung zu finden. Dies machte sich u.a. daran bemerkbar, dass er ungebührlich lange – nämlich siebzehn Jahre seit seiner Habilitation – warten musste, bis man ihm 1902 aufgrund seiner herausragenden internationalen Reputation den Titel eines »außerordentlichen Professors« nicht mehr länger vorenthalten konnte. Im selben Jahr rief er die »Psychologische Mittwochsgesellschaft« ins Leben, zu der sich seine Anhänger regelmäßig in Freuds Wohnung trafen und diskutierten. Aus der »Psychologischen Mittwochsgesellschaft« ging 1908 die »Wiener Psychologische Vereinigung« hervor. 1910 beteiligte sich Freud an der Gründung der »Internationalen Psychoanalytischen Vereinigung«, unter deren Dach mit dem »Zentralblatt für Psychoanalyse« nun auch eine offizielle Fachzeitschrift erschien.

Im Laufe der Jahre wurden Freuds Thesen von seinen Schülern, darunter Alfred Adler, Carl Gustav Jung und Wilhelm Reich, aufgegriffen und zum Teil kontrovers weiterentwickelt. Dabei geriet er mit seinen Schülern nicht selten in Streit, woraufhin diese eigenständige psychologische Schulen begründeten. Freud beharrte jedoch nicht nur auf seiner Lehre, sondern entwickelte sie in zahlreichen Publikationen weiter. Zu nennen sind z. B. seine Arbeiten »Totem und Tabu« (1913), »Jenseits des Lustprinzips« (1920), »Massenpsychologie und Ich-Analyse« oder »Das Ich und das Es« (1923). Obwohl er eine einseitige Politisierung seiner Thesen immer ablehnte, beschäftigte sich Sigmund Freud in den Zwanzigerjahren zunehmend auch mit gesellschaftlichen und religiösen Phänomenen, so in seinem religionskritischen Aufsatz »Die Zukunft einer Illusion« (1927) und in dem Essay »Das Unbehagen der Kultur« (1930), worin er u. a. auf die Thesen der so genannten »Freudomarxisten« reagierte.

Von Seiten der völkischen Bewegungen und der Nationalsozialisten wurden Freud und die Psychoanalyse heftig attackiert. Ein Merkmal dieser Anfeindungen war die stereotype Gleichsetzung von Freuds Identität als Jude mit seinen wissenschaftlichen Erkenntnissen über die menschliche Sexualität. Bei der Verbrennung seiner Bücher am 10. Mai 1933 lautete der Feuerspruch: »Gegen seelenzerfasernde Überschätzung des Trieblebens. Für den Adel der menschlichen Seele. Ich übergebe dem Feuer die Schriften der Schule Sigmund Freud.«

Im März 1938 wurde Österreich von deutschen Truppen besetzt. Im Alter von 82 Jahren und von langer Krebserkrankung gezeichnet entschloss sich Freud zur Emigration nach London, wo er am 23. September 1939 verstarb.

Freuds Aufsatz »Die Verdrängung« erschien erstmals 1915 und behandelt einen der Grundbegriffe seiner Psychoanalyse. ■

Sigmund Freud
Die Verdrängung

Es kann das Schicksal einer Triebregung werden, daß sie auf Widerstände stößt, welche sie unwirksam machen wollen. Unter Bedingungen, deren nähere Untersuchung uns bevorsteht, gelangt sie dann in den Zustand der *Verdrängung*. Handelte es sich um die Wirkung eines äußeren Reizes, so wäre offenbar die Flucht das geeignete Mittel. Im Falle des Triebes kann die Flucht nichts nützen, denn das Ich kann sich nicht selbst entfliehen. Später einmal wird in der Urteilsverwerfung (*Verurteilung*) ein gutes Mittel gegen die Triebregung gefunden werden. Eine Vorstufe der Verurteilung, ein Mittelding zwischen Flucht und Verurteilung ist die Verdrängung, deren Begriff in der Zeit vor den psychoanalytischen Studien nicht aufgestellt werden konnte.

Die Möglichkeit einer Verdrängung ist theoretisch nicht leicht abzuleiten. Warum sollte eine Triebregung einem solchen Schicksal verfallen? Offenbar muß hier die Bedingung erfüllt sein, daß die Erreichung des Triebzieles Unlust an Stelle von Lust bereitet. Aber dieser Fall ist nicht gut denkbar. Solche Triebe gibt es nicht, eine Triebbefriedigung ist immer lustvoll. Es müßten besondere Verhältnisse anzunehmen sein, irgendein Vorgang, durch den die Befriedigungslust in Unlust verwandelt wird.

Wir können zur besseren Abgrenzung der Verdrängung einige andere Triebsituationen in Erörterung ziehen. Es kann vorkommen, daß sich ein äußerer Reiz, z. B. dadurch, daß er ein Organ anätzt und zerstört, verinnerlicht und so eine neue Quelle beständiger Erregung und Spannungsvermehrung ergibt. Er erwirbt damit eine weitgehende Ähnlichkeit mit einem Trieb. Wir wissen, daß wir diesen Fall als *Schmerz* empfinden. Das Ziel dieses Pseudotriebes ist aber nur das Aufhören der Organveränderung und der mit ihr verbundenen Unlust. Andere, direkte Lust kann aus dem Aufhören des Schmerzes nicht gewonnen werden. Der Schmerz ist auch imperativ; er unterliegt nur noch der Einwirkung einer toxischen Aufhebung und der Beeinflussung durch psychische Ablenkung.

Der Fall des Schmerzes ist zu wenig durchsichtig, um etwas für unsere Absicht zu leisten. Nehmen wir den Fall, daß ein Triebreiz wie der Hunger unbefriedigt bleibt. Er wird dann imperativ, ist durch nichts anderes als durch die Befriedigungsaktion zu beschwichtigen, unterhält eine beständige Bedürfnisspannung. Etwas wie eine Verdrängung scheint hier auf lange hinaus nicht in Betracht zu kommen.

Der Fall der Verdrängung ist also gewiß nicht gegeben, wenn die Spannung infolge von Unbefriedigung einer Triebregung unerträglich groß wird. Was dem Organismus an Abwehrmitteln gegen diese Situation gegeben ist, muß in anderem Zusammenhang erörtert werden.

Halten wir uns lieber an die klinische Erfahrung, wie sie uns in der psychoanalytischen Praxis entgegentritt. Dann werden wir belehrt, daß die Befriedigung des der Verdrängung unterliegenden Triebes wohl möglich und daß sie auch jedesmal an sich lustvoll wäre, aber sie wäre mit anderen Ansprüchen und Vorsätzen unvereinbar; sie würde also Lust an der einen, Unlust an anderer Stelle erzeugen. Zur Bedingung der Verdrängung ist dann geworden, daß das Unlustmotiv eine stärkere Macht gewinnt als die Befriedigungslust. Wir werden ferner durch die psychoanalytische Erfahrung an den Übertragungsneurosen zu dem Schluß genötigt, daß die Verdrängung kein ursprünglich vorhandener Abwehrmechanismus ist, daß sie nicht eher entstehen kann, als bis sich eine scharfe Sonderung von bewußter und unbewußter Seelentätigkeit hergestellt hat, und daß *ihr Wesen nur in der Abweisung und Fernhaltung vom Bewußten besteht.* Diese Auffassung der Verdrängung würde durch die Annahme ergänzt werden, daß vor solcher Stufe der seelischen Organisation die anderen Triebschicksale, wie die Verwandlung ins Gegenteil, die Wendung gegen die eigene Person, die Aufgabe der Abwehr von Triebregungen bewältigen.

Wir meinen jetzt auch, Verdrängung und Unbewußtes seien in so großem Ausmaße korrelativ, daß wir die Vertiefung in das Wesen der Verdrängung aufschieben müssen, bis wir mehr von dem Aufbau des psychischen Instanzenzuges und der Differenzierung von Unbewußt und Bewußt erfahren haben. Vorher können wir nur noch einige klinisch erkannte Charaktere der Verdrängung in rein deskriptiver Weise zusammenstellen, auf die Gefahr hin, vieles anderwärts Gesagte ungeändert zu wiederholen.

Wir haben also Grund, eine *Urverdrängung* anzunehmen, eine erste Phase der Verdrängung, die darin besteht, daß der psychischen (Vorstellungs-)Repräsentanz des Triebes die Übernahme ins Bewußte versagt wird. Mit dieser ist eine *Fixierung* gegeben; die betreffende Repräsentanz bleibt von da an unveränderlich bestehen und der Trieb an sie gebunden. Dies geschieht infolge der später zu besprechenden Eigenschaften unbewußter Vorgänge.

Die zweite Stufe der Verdrängung, die *eigentliche Verdrängung*, betrifft psychische Abkömmlinge der verdrängten Repräsentanz oder solche Gedankenzüge, die, anderswoher stammend, in assoziative Beziehung zu ihr geraten sind. Wegen dieser Beziehung erfahren diese Vorstellungen dasselbe Schicksal wie das Urverdrängte. Die eigentliche Verdrängung ist also ein Nachdrängen. Man tut übrigens unrecht, wenn man nur die Abstoßung hervorhebt, die vom Bewußten her auf das zu Verdrängende wirkt. Es kommt ebensosehr die Anziehung in Betracht, welche das Urverdrängte auf alles ausübt, womit es sich in

Verbindung setzen kann. Wahrscheinlich würde die Verdrängungstendenz ihre Absicht nicht erreichen, wenn diese Kräfte nicht zusammenwirkten, wenn es nicht ein vorher Verdrängtes gäbe, welches das vom Bewußten Abgestoßene aufzunehmen bereit wäre.

Unter dem Einfluß des Studiums der Psychoneurosen, welches uns die bedeutsamen Wirkungen der Verdrängung vorführt, werden wir geneigt, deren psychologischen Inhalt zu überschätzen, und vergessen zu leicht, daß die Verdrängung die Triebrepräsentanz nicht daran hindert, im Unbewußten fortzubestehen, sich weiter zu organisieren, Abkömmlinge zu bilden und Verbindungen anzuknüpfen. Die Verdrängung stört wirklich nur die Beziehung zu einem psychischen System, dem des Bewußten.

Die Psychoanalyse kann uns noch anderes zeigen, was für das Verständnis der Wirkungen der Verdrängung bei den Psychoneurosen bedeutsam ist. Z. B., daß die Triebrepräsentanz sich ungestörter und reichhaltiger entwickelt, wenn sie durch die Verdrängung dem bewußten Einfluß entzogen ist. Sie wuchert dann sozusagen im Dunkeln und findet extreme Ausdrucksformen, welche, wenn sie dem Neurotiker übersetzt und vorgehalten werden, ihm nicht nur fremd erscheinen müssen, sondern ihn auch durch die Vorspiegelung einer außerordentlichen und gefährlichen Triebstärke schrecken. Diese täuschende Triebstärke ist das Ergebnis einer ungehemmten Entfaltung in der Phantasie und der Aufstauung infolge versagter Befriedigung. Daß dieser letztere Erfolg an die Verdrängung geknüpft ist, weist darauf hin, worin wir ihre eigentliche Bedeutung zu suchen haben.

Indem wir aber noch zur Gegenansicht zurückkehren, stellen wir fest, es sei nicht einmal richtig, daß die Verdrängung alle Abkömmlinge des Urverdrängten vom Bewußten abhalte. Wenn sich diese weit genug von der verdrängten Repräsentanz entfernt haben, sei es durch Annahme von Entstellungen oder durch die Anzahl der eingeschobenen Mittelglieder, so steht ihnen der Zugang zum Bewußten ohne weiteres frei. Es ist, als ob der Widerstand des Bewußten gegen sie eine Funktion ihrer Entfernung vom ursprünglich Verdrängten wäre. Während der Ausübung der psychoanalytischen Technik fordern wir den Patienten unausgesetzt dazu auf, solche Abkömmlinge des Verdrängten zu produzieren, die infolge ihrer Entfernung oder Entstellung die Zensur des Bewußten passieren können. Nichts anderes sind ja die Einfälle, die wir unter Verzicht auf alle bewußten Zielvorstellungen und alle Kritik von ihm verlangen und aus denen wir eine bewußte Übersetzung der verdrängten Repräsentanz wiederherstellen. Wir beobachten dabei, daß der Patient eine solche Einfallsreihe fortspinnen kann, bis er in ihrem Ablauf auf eine Gedankenbildung stößt, bei welcher die Beziehung zum Verdrängten so intensiv durchwirkt, daß er seinen Verdrängungsversuch wiederholen muß. Auch die neurotischen Symptome müssen der obigen Bedingung genügt haben, denn sie sind Abkömmlinge des Verdrängten, welches sich mittels dieser Bildungen den ihm versagten Zugang zum Bewußtsein endlich erkämpft hat.

Wie weit die Entstellung und Entfernung vom Verdrängten gehen muß, bis der Widerstand des Bewußten aufgehoben ist, läßt sich allgemein nicht angeben. Es findet dabei eine feine Abwägung statt, deren Spiel uns verdeckt ist, deren Wirkungsweise uns aber erraten läßt, es handle sich darum, vor einer bestimmten Intensität der Besetzung des Unbewußten haltzumachen, mit deren Überschreitung es zur Befriedigung durchdringen würde. Die Verdrängung arbeitet also *höchst individuell*; jeder einzelne Abkömmling des Verdrängten kann sein besonderes Schicksal haben; ein wenig mehr oder weniger von Entstellung macht, daß der ganze Erfolg umschlägt. In demselben Zusammenhang ist auch zu begreifen, daß die bevorzugten Objekte der Menschen, ihre Ideale, aus denselben Wahrnehmungen und Erlebnissen stammen wie die von ihnen am meisten verabscheuten, und sich ursprünglich nur durch geringe Modifikationen voneinander unterscheiden. Ja, es kann, wie wir's bei der Entstehung des Fetisch gefunden haben, die ursprüngliche Triebrepräsentanz in zwei Stücke zerlegt worden sein, von denen das eine der Verdrängung verfiel, während der Rest, gerade wegen dieser innigen Verknüpftheit, das Schicksal der Idealisierung erfuhr.

Dasselbe, was ein Mehr oder Weniger an Entstellung leistet, kann auch sozusagen am anderen Ende des Apparates durch eine Modifikation in den Bedingungen der Lust-Unlustproduktion erzielt werden. Es sind besondere Techniken ausgebildet worden, deren Absicht dahin geht, solche Veränderungen des psychischen Kräftespieles herbeizuführen, daß dasselbe, was sonst Unlust erzeugt, auch einmal lustbringend wird, und sooft solch ein technisches Mittel in Aktion tritt, wird die Verdrängung für eine sonst abgewiesene Triebrepräsentanz aufgehoben. Diese Techniken sind bisher nur für den Witz genauer verfolgt worden. In der Regel ist die Aufhebung der Verdrängung nur eine vorübergehende; sie wird alsbald wiederhergestellt.

Erfahrungen dieser Art reichen aber hin, uns auf weitere Charaktere der Verdrängung aufmerksam zu machen. Sie ist nicht nur, wie eben ausgeführt, *individuell*, sondern auch im hohen Grade *mobil*. Man darf sich den Verdrängungsvorgang nicht wie ein einmaliges Geschehen mit Dauererfolg vorstellen, etwa wie wenn man etwas Lebendes erschlagen hat, was von da an tot ist; sondern die Verdrängung erfordert einen anhaltenden Kraftaufwand, mit dessen Unterlassung ihr Erfolg in Frage gestellt wäre, so daß ein neuerlicher Verdrängungsakt notwendig würde. Wir dürfen uns vorstellen, daß das Verdrängte einen kontinuierlichen Druck in der Richtung zum Bewußten hin ausübt, dem durch unausgesetzten Gegendruck das Gleichgewicht gehalten werden muß. Die Erhaltung einer Verdrängung setzt also eine beständige Kraftausgabe voraus, und ihre Aufhebung bedeutet ökonomisch eine Ersparung. Die Mobilität der Verdrängung findet übrigens auch einen Ausdruck in den psychischen Charakteren des Schlafzustandes, welcher allein die Traumbildung ermöglicht. Mit dem Erwachen werden die eingezogenen Verdrängungsbesetzungen wieder ausgeschickt.

Wir dürfen endlich nicht vergessen, daß wir von einer Triebregung erst sehr wenig ausgesagt haben, wenn wir feststellen, sie sei eine verdrängte. Sie kann sich unbeschadet der Verdrängung in sehr verschiedenen Zuständen befinden, inaktiv sein, d. h. sehr wenig mit psychischer Energie besetzt, oder in wechselndem Grade besetzt und damit zur Aktivität befähigt. Ihre Aktivierung wird zwar nicht die Folge haben, daß sie die Verdrängung direkt aufhebt, wohl aber alle die Vorgänge anregen, welche mit dem Durchdringen zum Bewußtsein auf Umwegen einen Abschluß finden. Bei unverdrängten Abkömmlingen des Unbewußten entscheidet oft das Ausmaß der Aktivierung oder Besetzung über das Schicksal der einzelnen Vorstellung. Es ist ein alltägliches Vorkommnis, daß ein solcher Abkömmling unverdrängt bleibt, solange er eine geringe Energie repräsentiert, obwohl sein Inhalt geeignet wäre, einen Konflikt mit dem bewußt Herrschenden zu ergeben. Das quantitative Moment zeigt sich aber als entscheidend für den Konflikt; sobald die im Grunde anstößige Vorstellung sich über ein gewisses Maß verstärkt, wird der Konflikt aktuell, und gerade die Aktivierung zieht die Verdrängung nach sich. Zunahme der Energiebesetzung wirkt also in Sachen der Verdrängung gleichsinnig wie Annäherung an das Unbewußte, Abnahme derselben wie Entfernung davon oder Entstellung. Wir verstehen, daß die verdrängenden Tendenzen in der Abschwächung des Unliebsamen einen Ersatz für dessen Verdrängung finden können.

In den bisherigen Erörterungen behandelten wir die Verdrängung einer Triebrepräsentanz und verstanden unter einer solchen eine Vorstellung oder Vorstellungsgruppe, welche vom Trieb her mit einem bestimmten Betrag von psychischer Energie (Libido, Interesse) besetzt ist. Die klinische Beobachtung nötigt uns nun zu zerlegen, was wir bisher einheitlich aufgefaßt hatten, denn sie zeigt uns, daß etwas anderes, was den Trieb repräsentiert, neben der Vorstellung in Betracht kommt und daß dieses andere ein Verdrängungsschicksal erfährt, welches von dem der Vorstellung ganz verschieden sein kann. Für dieses andere Element der psychischen Repräsentanz hat sich der Name *Affektbetrag* eingebürgert; es entspricht dem Triebe, insofern er sich von der Vorstellung abgelöst hat und einen seiner Quantität gemäßen Ausdruck in Vorgängen findet, welche als Affekte der Empfindung bemerkbar werden. Wir werden von nun an, wenn wir einen Fall von Verdrängung beschreiben, gesondert verfolgen müssen, was durch die Verdrängung aus der Vorstellung und was aus der an ihr haftenden Triebenergie geworden ist.

Gern würden wir über beiderlei Schicksale etwas Allgemeines aussagen wollen. Dies wird uns auch nach einiger Orientierung möglich. Das allgemeine Schicksal der den Trieb repräsentierenden *Vorstellung* kann nicht leicht etwas anderes sein, als daß sie aus dem Bewußten verschwindet, wenn sie früher bewußt war, oder vom Bewußtsein abgehalten wird, wenn sie im Begriffe war, bewußt zu werden. Der Unterschied ist nicht mehr bedeutsam; er kommt etwa darauf hinaus, ob ich einen unliebsamen Gast aus meinem Salon hinausbefördere oder aus meinem Vorzimmer oder ihn, nachdem ich ihn erkannt habe, überhaupt nicht über die Schwelle der Wohnungstür treten lasse.[1] Das Schicksal des quantitativen Faktors der Triebrepräsentanz kann ein dreifaches sein, wie uns eine flüchtige Übersicht über die in der Psychoanalyse gemachten Erfahrungen lehrt: Der Trieb wird entweder ganz unterdrückt, so daß man nichts von ihm auffindet, oder er kommt als irgendwie qualitativ gefärbter Affekt zum Vorschein, oder er wird in Angst verwandelt. Die beiden letzteren Möglichkeiten stellen uns die Aufgabe, die *Umsetzung* der psychischen Energien der *Triebe* in *Affekte* und ganz besonders in *Angst* als neues Triebschicksal ins Auge zu fassen.

Wir erinnern uns, daß Motiv und Absicht der Verdrängung nichts anderes als die Vermeidung von Unlust war. Daraus folgt, daß das Schicksal des Affektbetrags der Repräsentanz bei weitem wichtiger ist als das der Vorstellung und daß dies über die Beurteilung des Verdrängungsvorganges entscheidet. Gelingt es einer Verdrängung nicht, die Entstehung von Unlustempfindungen oder Angst zu verhüten, so dürfen wir sagen, sie sei mißglückt, wenngleich sie ihr Ziel an dem Vorstellungsanteil erreicht haben mag. Natürlich wird die mißglückte Verdrängung mehr Anspruch auf unser Interesse erheben als die etwa geglückte, die sich zumeist unserem Studium entziehen wird.

Wir wollen nun Einblick in den Mechanismus des Verdrängungsvorganges gewinnen und vor allem wissen, ob es nur einen einzigen Mechanismus der Verdrängung gibt oder mehrere und ob vielleicht jede der Psychoneurosen durch einen ihr eigentümlichen Mechanismus der Verdrängung ausgezeichnet ist. Zu Beginn dieser Untersuchung stoßen wir aber auf Komplikationen. Der

---

1 Dieses für den Verdrängungsvorgang brauchbare Gleichnis kann auch über einen früher erwähnten Charakter der Verdrängung ausgedehnt werden. Ich brauche nur hinzuzufügen, daß ich die dem Gast verbotene Tür durch einen ständigen Wächter bewachen lassen muß, weil der Abgewiesene sie sonst aufsprengen würde (s. oben).

Mechanismus einer Verdrängung wird uns nur zugänglich, wenn wir aus den Erfolgen der Verdrängung auf ihn zurückschließen. Beschränken wir die Beobachtung auf die Erfolge an dem Vorstellungsanteil der Repräsentanz, so erfahren wir, daß die Verdrängung in der Regel eine *Ersatzbildung* schafft. Welches ist nun der Mechanismus einer solchen Ersatzbildung, oder gibt es hier auch mehrere Mechanismen zu unterscheiden? Wir wissen auch, daß die Verdrängung *Symptome* hinterläßt. Dürfen wir nun Ersatzbildung und Symptombildung zusammenfallen lassen, und wenn dies im ganzen angeht, deckt sich der Mechanismus der Symptombildung mit dem der Verdrängung? Die vorläufige Wahrscheinlichkeit scheint dafür zu sprechen, daß beide weit auseinandergehen, daß es nicht die Verdrängung selbst ist, welche Ersatzbildungen und Symptome schafft, sondern daß diese letzteren als Anzeichen einer *Wiederkehr des Verdrängten* ganz anderen Vorgängen ihr Entstehen verdanken. Es scheint sich auch zu empfehlen, daß man die Mechanismen der Ersatz- und Symptombildung vor denen der Verdrängung in Untersuchung ziehe.

Es ist klar, daß die Spekulation hier weiter nichts zu suchen hat, sondern durch die sorgfältige Analyse der bei den einzelnen Neurosen zu beobachtenden Erfolge der Verdrängung abgelöst werden muß. Ich muß aber den Vorschlag machen, auch diese Arbeit aufzuschieben, bis wir uns verläßliche Vorstellungen über das Verhältnis des Bewußten zum Unbewußten gebildet haben. Nur um die vorliegende Erörterung nicht ganz unfruchtbar ausgehen zu lassen, will ich vorwegnehmen, daß 1. der Mechanismus der Verdrängung tatsächlich nicht mit dem oder den Mechanismen der Ersatzbildung zusammenfällt, 2. daß es sehr verschiedene Mechanismen der Ersatzbildung gibt, und 3. daß den Mechanismen der Verdrängung wenigstens eines gemeinsam ist, die *Entziehung der Energiebesetzung* (oder *Libido*, wenn wir von Sexualtrieben handeln).

Ich will auch unter Einschränkung auf die drei bekanntesten Psychoneurosen an einigen Beispielen zeigen, wie die hier eingeführten Begriffe auf das Studium der Verdrängung Anwendung finden. Von der *Angsthysterie* werde ich das gut analysierte Beispiel einer Tierphobie wählen. Die der Verdrängung unterliegende Triebregung ist eine libidinöse Einstellung zum Vater, gepaart mit der Angst vor demselben. Nach der Verdrängung ist diese Regung aus dem Bewußtsein geschwunden, der Vater kommt als Objekt der Libido nicht darin vor. Als Ersatz findet sich an analoger Stelle ein Tier, das sich mehr oder weniger gut zum Angstobjekt eignet. Die Ersatzbildung des Vorstellungsanteiles [der Triebrepräsentanz] hat sich auf dem Wege der *Verschiebung* längs eines in bestimmter Weise determinierten Zusammenhanges hergestellt. Der quantitative Anteil ist nicht verschwunden, sondern hat sich in Angst umgesetzt. Das

Ergebnis ist eine Angst vor dem Wolf an Stelle eines Liebesanspruches an den Vater. Natürlich reichen die hier verwendeten Kategorien nicht aus, um den Erklärungsansprüchen auch nur des einfachsten Falles von Psychoneurose zu genügen. Es kommen immer noch andere Gesichtspunkte in Betracht.

Eine solche Verdrängung wie im Falle der Tierphobie darf als eine gründlich mißglückte bezeichnet werden. Das Werk der Verdrängung besteht nur in der Beseitigung und Ersetzung der Vorstellung, die Unlustersparnis ist überhaupt nicht gelungen. Deshalb ruht die Arbeit der Neurose auch nicht, sondern setzt sich in einem zweiten Tempo fort, um ihr nächstes, wichtigeres Ziel zu erreichen. Es kommt zur Bildung eines Fluchtversuches, der eigentlichen *Phobie*, einer Anzahl von Vermeidungen, welche die Angstentbindung ausschließen sollen. Durch welchen Mechanismus die Phobie ans Ziel gelangt, können wir in einer spezielleren Untersuchung verstehen lernen.

Zu einer ganz anderen Würdigung des Verdrängungsvorganges nötigt uns das Bild der echten *Konversionshysterie*. Hier ist das Hervorstechende, daß es gelingen kann, den Affektbetrag zum völligen Verschwinden zu bringen. Der Kranke zeigt dann gegen seine Symptome das Verhalten, welches Charcot »*la belle indifférence des hystériques*« genannt hat. Andere Male gelingt diese Unterdrückung nicht so vollständig, ein Anteil peinlicher Sensationen knüpft sich an die Symptome selbst, oder ein Stück Angstentbindung hat sich nicht vermeiden lassen, das seinerseits den Mechanismus der Phobiebildung ins Werk setzt. Der Vorstellungsinhalt der Triebrepräsentanz ist dem Bewußtsein gründlich entzogen; als Ersatzbildung – und gleichzeitig als Symptom – findet sich eine überstarke – in den vorbildlichen Fällen somatische – Innervation, bald sensorischer, bald motorischer Natur, entweder als Erregung oder als Hemmung. Die überinnervierte Stelle erweist sich bei näherer Betrachtung als ein Stück der verdrängten Triebrepräsentanz selbst, welches wie durch *Verdichtung* die gesamte Besetzung auf sich gezogen hat. Natürlich decken auch diese Bemerkungen den Mechanismus einer Konversionshysterie nicht restlos auf; vor allem ist noch das Moment der *Regression* hinzuzufügen, das in anderem Zusammenhang gewürdigt werden soll.

Die Verdrängung der [Konversions-]Hysterie kann als völlig mißglückt beurteilt werden, insofern sie nur durch ausgiebige Ersatzbildungen ermöglicht worden ist; mit Bezug auf die Erledigung des Affektbetrages, die eigentliche Aufgabe der Verdrängung, bedeutet sie aber in der Regel einen vollen Erfolg. Der Verdrängungsvorgang der Konversionshysterie ist dann auch mit der Symptombildung abgeschlossen und braucht sich nicht wie bei Angsthysterie zweizeitig – oder eigentlich unbegrenzt – fortzusetzen.

Ein ganz anderes Ansehen zeigt die Verdrängung wieder bei der dritten Affektion, die wir zu dieser Vergleichung heranziehen, bei der *Zwangsneurose*.

Hier gerät man zuerst in Zweifel, was man als die der Verdrängung unterliegende Repräsentanz anzusehen hat, eine libidinöse oder eine feindselige Strebung. Die Unsicherheit rührt daher, daß die Zwangsneurose auf der Voraussetzung einer Regression ruht, durch welche eine sadistische Strebung an die Stelle der zärtlichen getreten ist. Dieser feindselige Impuls gegen eine geliebte Person ist es, welcher der Verdrängung unterliegt. Der Effekt ist in einer ersten Phase der Verdrängungsarbeit ein ganz anderer als später. Zunächst hat diese vollen Erfolg, der Vorstellungsinhalt wird abgewiesen und der Affekt zum Verschwinden gebracht. Als Ersatzbildung findet sich eine Ichveränderung, die Steigerung der Gewissenhaftigkeit, die man nicht gut ein Symptom heißen kann. Ersatz- und Symptombildung fallen hier auseinander. Hier erfährt man auch etwas über den Mechanismus der Verdrängung. Diese hat wie überall eine Libidoentziehung zustande gebracht, aber sich zu diesem Zwecke der *Reaktionsbildung* durch Verstärkung eines Gegensatzes bedient. Die Ersatzbildung hat also hier denselben Mechanismus wie die Verdrängung und fällt im Grunde mit ihr zusammen, sie trennt sich aber zeitlich, wie begrifflich, von der Symptombildung. Es ist sehr wahrscheinlich, daß das Ambivalenzverhältnis, in welches der zu verdrängende sadistische Impuls eingetragen ist, den ganzen Vorgang ermöglicht.

Die anfänglich gute Verdrängung hält aber nicht stand, im weiteren Verlaufe drängt sich das Mißglücken der Verdrängung immer mehr vor. Die Ambivalenz, welche die Verdrängung durch Reaktionsbildung gestattet hat, ist auch die Stelle, an welcher dem Verdrängten die Wiederkehr gelingt. Der verschwundene Affekt kommt in der Verwandlung zur sozialen Angst, Gewissensangst, Vorwurf ohne Ersparnis wieder, die abgewiesene Vorstellung ersetzt sich durch *Verschiebungsersatz*, oft durch Verschiebung auf Kleinstes, Indifferentes. Eine Tendenz zur intakten Herstellung der verdrängten Vorstellung ist meist unverkennbar. Das Mißglücken in der Verdrängung des quantitativen, affektiven Faktors bringt denselben Mechanismus der Flucht durch Vermeidungen und Verbote ins Spiel, den wir bei der Bildung der hysterischen Phobie kennengelernt haben. Die Abweisung der Vorstellung vom Bewußten wird aber hartnäckig festgehalten, weil mit ihr die Abhaltung von der Aktion, die motorische Fesselung des Impulses, gegeben ist. So läuft die Verdrängungsarbeit der Zwangsneurose in ein erfolgloses und unabschließbares Ringen aus.

Aus der kleinen, hier vorgebrachten Vergleichsreihe kann man sich die Überzeugung holen, daß es noch umfassender Untersuchungen bedarf, ehe man hoffen kann, die mit der Verdrängung und neurotischen Symptombildung zusammenhängenden Vorgänge zu durchschauen. Die außerordentliche Verschlungenheit aller in Betracht kommenden Momente läßt uns nur einen Weg zur Darstellung frei. Wir müssen bald den einen, bald den anderen Gesichtspunkt herausgreifen und ihn durch das Material hindurchverfolgen, solange seine Anwendung etwas zu leisten scheint. Jede einzelne dieser Bearbeitungen wird an sich unvollständig sein und dort Unklarheiten nicht vermeiden können, wo sie an das noch nicht Bearbeitete anrührt; wir dürfen aber hoffen, daß sich aus der endlichen Zusammensetzung ein gutes Verständnis ergeben wird.

Arthur Schnitzler (geb. 1862 in Wien; gest. 1931 in Wien) war einer der zentralen Autoren der »Wiener Moderne«. Er wuchs in einer angesehenen, vom bürgerlichen Wiener Judentum geprägten Arztfamilie auf. Der Familientradition folgend nahm er 1879 an der Wiener Universität das Studium der Medizin auf, das er 1885 mit der Promotion abschloss. Er arbeitete in Wien unter anderem als Assistenzarzt bei seinem Vater und stieß zur Autorengruppe »Jung-Wien«, mit deren Mitgliedern Richard Beer-Hoffmann, Hugo von Hoffmannsthal und Hermann Bahr er sich anfreundete. Der Tod des Vaters 1893 ermöglichte es Schnitzler, sich verstärkt seinem eigentlichen Wunschberuf Schriftsteller zu widmen. Moralische Skepsis und wissenschaftlicher Positivismus sind zwei der Grundmotive, mit denen Schnitzler in seinen frühen Stücken und Novellen die Gesellschaft der K.u.K.-Monarchie kritisch charakterisierte. Ein innovatives Merkmal seiner literarischen Charaktere war die sprachliche Darstellung psychischer Phänomene. Dabei ließ sich Schnitzler von seiner Freundschaft mit dem Arzt und Begründer der Psychoanalyse Sigmund Freud inspirieren, wobei Freud auch von Schnitzler lernte.

1896/97 schrieb Schnitzler sein Stück »Reigen«. Obwohl es nur einen kleinen Ausschnitt aus seinem Lebenswerk bildet, ist der »Reigen« bis heute für Viele das einzige bekannte Stück Schnitzlers. Es besteht aus zehn Dialogen zwischen Mann und Frau, die sich sexuell vereinigen, wobei die sich aus den jeweiligen gesellschaftlichen Hintergründen der Partner (wie z.B. Dirne und Soldat oder Dichter und Schauspielerin) ergebenden Gesprächsverläufe rings um den Liebesakt die eigentliche Handlung bilden.
Erst 1903 veröffentlichte Schnitzler die erste für den Buchhandel bestimmte Ausgabe des »Reigen« und sorgte damit erwartungsgemäß für einen Literaturskandal. In Preußen wurde die Buchausgabe 1905 verboten. Erst 1920 konnte der »Reigen« in Berlin und 1921 in Wien uraufgeführt werden. In beiden Hauptstädten kam es zu vorübergehenden richterlichen Verboten und zu Ausschreitungen in den Theateraufführungen, die von antisemitischen Anfeindungen gegen den Autor begleitet waren. Arthur Schnitzler zog daraufhin teilweise die Aufführungsgenehmigungen seines Stückes zurück.
Die Veröffentlichung der Novelle »Leutnant Gustl« hatte 1901 zur Fol-

ge, dass Schnitzler wegen Verletzung des »Ehrenkodexes« als Reserveoffizier der österreichisch-ungarischen Armee degradiert wurde. Als eine damals ebenfalls innovative Erzählform wurde »Leutnant Gustl« von Schnitzler durchgehend als innerer Monolog arrangiert. Der Text folgt dem ununterbrochenen Assoziationsstrom einer einzigen Person und fördert dabei verborgene seelische Regungen wie sexuelles Verlangen, Ressentiment und verletztes Ehrgefühl zutage. Die Handlung beginnt am Schluss eines abendlichen Konzertes, wo der junge Leutnant Gustl an der Garderobe von einem Bäckergesellen »dummer Bub« genannt wird. Begleitet von einem Sturm innerer Gefühlsaufwallung fasst Gustl daraufhin den Entschluss, am nächsten Morgen Suizid zu begehen. ■

Arthur Schnitzler
Leutnant Gustl

Ist das ein Gedränge! Lassen wir die Leut' lieber vorbeipassieren ... Elegante Person ... ob das echte Brillanten sind? ... Die da ist nett ... Wie sie mich anschaut! ... O ja, mein Fräulein, ich möcht' schon!.. O, die Nase! – Jüdin ... Noch eine ... Es ist doch fabelhaft, da sind auch die Hälfte Juden ... nicht einmal ein Oratorium kann man mehr in Ruhe genießen ... So, jetzt schließen wir uns an ... Warum drängt denn der Idiot hinter mir? Das werd' ich ihm abgewöhnen ... Ah, ein älterer Herr! ... Wer grüßt mich denn dort von drüben? ... Habe die Ehre, habe die Ehre! Keine Ahnung hab' ich, wer das ist ... das Einfachste wär', ich ging gleich zum Leidinger hinüber nachtmahlen ... oder soll ich in die Gartenbaugesellschaft? Am End' ist die Steffi auch dort? Warum hat sie mir eigentlich nicht geschrieben, wohin sie mit ihm geht? Sie wird's selber noch nicht gewußt haben. Eigentlich schrecklich, so eine abhängige Existenz ... Armes Ding! – So, da ist der Ausgang ... Ah, die ist aber bildschön! Ganz allein? Wie sie mich anlacht. Das wär' eine Idee, der geh' ich nach! ... So, jetzt die Treppen hinunter ... Oh, ein Major von Fünfundneunzig ... Sehr liebenswürdig hat er gedankt ... Bin doch nicht der einzige Offizier hier gewesen ... Wo ist denn das hübsche Mädel? Ah, dort ... am Geländer steht sie ... So, jetzt heißt's noch zur Garderobe ... Daß mir die Kleine nicht auskommt ... Hat ihm schon! So ein elender Fratz! Laßt sich da von einem Herrn abholen, und jetzt lacht sie noch auf mich herüber! – Es ist doch keine was wert ... Herrgott, ist das ein Gedränge bei der Garderobe! ... Warten wir lieber noch ein bissel ... So! Ob der Blödist meine Nummer nehmen möcht'? ...

»Sie, zweihundertvierundzwanzig! Da hängt er! Na, hab'n Sie keine Augen? Da hängt er! Na, Gott sei Dank! ... Also bitte!« ... Der Dicke da verstellt einem schier die ganze Garderobe ... »Bitte sehr!« ... »Geduld, Geduld!« Was sagt der Kerl? »Nur ein bissel Geduld!«

Dem muß ich doch antworten ... »Machen Sie doch Platz!«

»Na, Sie werden's auch nicht versäumen!« Was sagt er da? Sagt er das zu mir? Das ist doch stark! Das darf ich mir nicht gefallen lassen! »Ruhig!« »Was meinen Sie?«

Ah, so ein Ton? Da hört sich doch alles auf! »Stoßen Sie nicht!«

»Sie, halten Sie das Maul!« Das hätt' ich nicht sagen sollen, ich war zu grob ... Na, jetzt ist's schon g'scheh'n! »Wie meinen?«

Jetzt dreht er sich um ... Den kenn' ich ja! – Donnerwetter, das ist ja der Bäckermeister, der immer ins Kaffeehaus kommt ... Was macht denn der da? Hat sicher auch eine Tochter oder so was bei der Singakademie ... Ja, was ist denn das? Ja, was macht er denn? Mir scheint gar ... ja, meiner Seel', er hat den Griff von meinem Säbel in der Hand ... Ja, ist der Kerl verrückt? ... »Sie Herr ...« »Sie, Herr Leutnant, sein S' jetzt ganz stad.« Was sagt er da? Um Gottes willen, es hat's doch keiner gehört? Nein, er red't ganz leise ... Ja, warum laßt er denn meinen Säbel net aus? ... Herrgott noch einmal ... Ah, da heißt's rabiat sein ... ich bring' seine Hand vom Griff nicht weg ... nur keinen Skandal jetzt! ... Ist nicht am End' der Major hinter mir? ... Bemerkt's nur niemand, daß er den Griff von meinem Säbel hält? Er red't ja zu mir! Was red't er denn?

»Herr Leutnant, wenn Sie das geringste Aufsehen machen, so zieh' ich den Säbel aus der Scheide, zerbrech' ihn und schick' die Stück' an Ihr Regimentskommando. Versteh'n Sie mich, Sie dummer Bub?«

Was hat er g'sagt? Mir scheint, ich träum'! Red't er wirklich zu mir? Ich sollt' was antworten ... Aber der Kerl macht ja Ernst – der zieht wirklich den Säbel heraus. Herrgott – er tut's! ... Ich spür's, er reißt schon dran. Was red't er denn? ... Um Gottes willen, nur kein' Skandal – – Was red't er denn noch immer?

»Aber ich will Ihnen die Karriere nicht verderben ... Also, schön brav sein! ... So, hab'n S' keine Angst, 's hat niemand was gehört ... es ist schon alles gut ... so! Und damit keiner glaubt, daß wir uns gestritten haben, werd' ich jetzt sehr freundlich mit Ihnen sein! – Habe die Ehre, Herr Leutnant, hat mich sehr gefreut – habe die Ehre.«

Um Gottes willen, hab' ich geträumt? ... Hat er das wirklich gesagt? ... Wo ist er denn? ... Da geht er ... Ich müßt' ja den Säbel ziehen und ihn zusammenhauen – Um Gottes willen, es hat's doch niemand gehört? ... Nein, er hat ja nur ganz leise geredet, mir ins Ohr ... Warum geh' ich denn nicht hin und hau' ihm den Schädel auseinander? ... Nein, es geht ja nicht, es geht ja nicht ... gleich hätt' ich's tun müssen ... Warum hab' ich's denn nicht gleich getan? ... Ich hab's ja nicht können ... er hat ja den Griff nicht auslassen, und er ist zehnmal stärker als ich ... Wenn ich noch ein Wort gesagt hätt', hätt' er mir wirklich den Säbel zerbrochen ... Ich muß ja noch froh sein, daß er nicht laut geredet hat! Wenn's ein Mensch gehört hätt', so müßt' ich mich ja *stante pede* erschießen ... Vielleicht ist es doch ein Traum gewesen ... Warum schaut mich denn der Herr dort an der Säule so an? – hat der am End' was gehört? ... Ich werd' ihn fragen ... Fragen? – Ich bin ja verrückt! – Wie schau' ich denn aus? – Merkt man mir was an? – Ich muß ganz blaß sein. – Wo ist der Hund? – Ich muß ihn umbringen! ... Fort ist er ... Überhaupt schon ganz leer ... Wo ist denn mein Mantel? ... Ich hab' ihn ja schon angezogen ... Ich hab's gar nicht gemerkt ... Wer hat mir denn geholfen? ... Ah, der da ... Dem muß ich ein Sechserl geben ... So! ... Aber was ist denn das? Ist es denn wirklich gescheh'n? Hat wirklich einer so zu mir geredet? Hat mir wirklich einer »dummer Bub« gesagt? Und ich hab' ihn nicht auf der Stelle zusammengehauen? ... Aber ich hab' ja nicht können ... er hat ja eine Faust gehabt wie Eisen ... ich bin ja dagestanden wie angenagelt ... Nein, ich muß den Verstand verloren gehabt haben, sonst hätt' ich mit der anderen Hand ... Aber da hätt' er ja meinen Säbel herausgezogen und zerbrochen, und aus wär's gewesen – alles wär' aus gewesen! Und nachher, wie er fortgegangen ist, war's zu spät ... ich hab' ihm doch nicht den Säbel von hinten in den Leib rennen können.

Was, ich bin schon auf der Straße? Wie bin ich denn da herausgekommen? – So kühl ist es ... ah, der Wind, der ist gut ... Wer ist denn das da drüben? Warum schau'n denn die zu mir herüber? Am Ende haben die was gehört ... Nein, es kann niemand was gehört haben ... ich weiß ja, ich hab' mich gleich nachher umgeschaut! Keiner hat sich um mich gekümmert, niemand hat was gehört ... Aber gesagt hat er's, wenn's auch niemand gehört hat; gesagt hat er's doch. Und ich bin dagestanden und hab' mir's gefallen lassen, wie wenn mich einer vor den Kopf geschlagen hätt'! ... Aber ich hab' ja nichts sagen können, nichts tun können; es war ja noch das einzige, was mir übrig geblieben ist: stad sein, stad sein! ... 's ist fürchterlich, es ist nicht zum Aushalten; ich muß ihn totschlagen, wo ich ihn treff'! ... Mir sagt das einer! Mir sagt das so ein Kerl, so ein Hund! Und er kennt mich ... Herrgott noch einmal, er kennt mich, er weiß, wer ich bin! ... Er kann jedem Menschen erzählen, daß er mir das g'sagt hat! ... Nein, nein, das wird er ja nicht tun, sonst hätt' er auch nicht so leise geredet ... er hat auch nur wollen, daß ich es allein hör'! ... Aber wer garantiert mir, daß er's nicht doch erzählt, heut' oder morgen, seiner Frau, seiner Tochter, seinen Bekannten im Kaffeehaus. – – Um Gottes willen, morgen seh' ich ihn ja wieder! Wenn ich morgen ins Kaffeehaus komm', sitzt er wieder dort wie alle Tag' und spielt seinen Tapper mit dem Herrn Schlesinger und mit dem Kunstblumenhändler ... Nein, nein, das geht ja nicht, das geht ja nicht ... Wenn ich ihn seh', so hau' ich ihn zusammen ... Nein, das darf ich ja nicht ... gleich hätt' ich's tun müssen, gleich! ... Wenn's nur gegangen wär'! Ich werd' zum Obersten geh'n und ihm die Sache melden ... ja, zum Obersten ... Der Oberst ist immer sehr freundlich – und ich werd' ihm sagen: Herr Oberst, ich melde gehorsamst, er hat den Griff gehalten, er hat ihn nicht aus'lassen; es war genau so, als wenn ich ohne Waffe gewesen wäre ... – Was wird der Oberst sagen? – Was er sagen wird? – Aber da gibt's ja nur eins: quittieren mit Schimpf und Schand' – quittieren! ... Sind das Freiwillige da drüben? ... Ekelhaft, bei der Nacht schau'n sie aus, wie Offiziere ... sie salutieren! – Wenn die wüßten – wenn die wüßten! ... Da ist das Café Hochleitner ... Sind jetzt gewiß ein paar Kameraden drin ... vielleicht auch einer oder der andere, den ich kenn' ... Wenn ich's dem ersten Besten erzählen möcht', aber so, als wär's einem andern passiert? ... – Ich bin ja schon ganz irrsinnig ... Wo lauf ich denn da herum? Was tu' ich denn auf der Straße? – Ja, aber wo soll ich denn hin? Hab' ich nicht zum Leidinger wollen? Haha, unter Menschen mich niedersetzen ... ich glaub', ein jeder müßt' mir's anseh'n ... Ja, aber irgendwas muß doch gescheh'n ... Was soll denn gescheh'n? ... Nichts, nichts – es hat ja niemand was gehört ... es weiß ja niemand was ... in dem Moment weiß niemand was ... Wenn ich jetzt zu ihm in die Wohnung ginge und ihn beschwören möchte, daß er's niemandem erzählt? ... – Ah, lieber gleich eine Kugel vor den Kopf, als so was! ... Wär' so das Gescheiteste! ... Das Gescheiteste? Das Gescheiteste? – Gibt ja überhaupt nichts anderes ... gibt nichts anderes ... Wenn ich den Oberst fragen möcht', oder den Kopetzky – oder den Blany – oder den Friedmair: – jeder möcht' sagen: Es bleibt dir nichts anderes übrig! ... Wie wär's, wenn ich mit dem Kopetzky spräch'? ... Ja, es wär' doch das Vernünftigste ... schon wegen morgen ... Ja, natürlich – wegen morgen ... um vier in der Reiterkasern' ... ich soll mich ja morgen um vier Uhr schlagen ... und ich darf's ja nimmer, ich bin satisfaktionsunfähig ... Unsinn! Unsinn! kein Mensch weiß was, kein Mensch weiß was! – Es laufen viele herum, denen ärgere Sachen passiert sind, als mir ... Was hat man nicht alles von dem Deckener erzählt, wie er sich mit dem Rederow geschossen hat ... und der Ehrenrat hat entschieden, das Duell darf stattfinden ... Aber wie möcht' der Ehrenrat bei mir entscheiden? – Dummer Bub – dummer Bub ... und ich bin dagestanden –! heiliger Himmel, es ist doch ganz egal, ob ein anderer was weiß! ... *ich* weiß es doch, und das ist die Hauptsache! *Ich* spür', daß ich jetzt wer anderer bin, als vor einer Stunde – *Ich* weiß, daß ich satisfaktionsunfähig bin, und darum muß ich mich totschießen ... Keine ruhige Minute hätt' ich mehr im Leben ... immer hätt' ich die Angst, daß es doch einer erfahren könnt', so oder so … und daß mir's einer einmal ins Gesicht sagt, was heut' abend gescheh'n ist! – Was für ein glücklicher Mensch bin ich vor einer Stund' gewesen … Muß mir der Kopetzky die Karte schenken – und die Steffi muß mir absagen, das Mensch! – Von so was hängt man ab … Nachmittag war noch alles gut und schön, und jetzt bin ich ein verlorener Mensch und muß mich totschießen … Warum renn' ich denn so? Es lauft mir ja nichts davon … Wieviel schlagt's denn? … 1, 2, 3, 4, 5, 6, 7, 8, 9, 10, 11 … elf, elf … ich sollt' doch nachtmahlen geh'n! Irgendwo muß ich doch schließlich hingeh'n … ich könnt' mich ja in irgendein Beisl setzen, wo mich kein Mensch kennt – schließlich, essen muß der Mensch, auch wenn er sich nachher gleich totschießt … Haha, der Tod ist ja kein Kinderspiel … wer hat das nur neulich gesagt? … Aber das ist ja ganz egal …

Ich möcht' wissen, wer sich am meisten kränken möcht'? … die Mama, oder die Steffi? … die Steffi … Gott, die Steffi … die dürft' sich ja nicht einmal was anmerken lassen, sonst gibt »er« ihr den Abschied … Arme Person! – Beim Regiment – kein Mensch hätt' eine Ahnung, warum ich's getan hab' … sie täten sich alle den Kopf zerbrechen … warum hat sich denn der Gustl umgebracht? – Darauf möcht' keiner kommen, daß ich mich hab' totschießen müssen, weil ein elender Bäckermeister, so ein niederträchtiger, der zufällig stärkere Fäust' hat … es ist ja zu dumm, zu dumm! – Deswegen soll ein Kerl wie ich, so ein junger, fescher Mensch … Ja, nachher möchten's gewiß alle sagen: das hätt' er doch nicht tun müssen, wegen so einer Dummheit; ist doch schad'! … Aber wenn ich jetzt wen immer fragen tät', jeder möcht' mir die gleiche Antwort geben … und ich selber, wenn ich mich frag' … das ist doch zum Teufelholen … ganz wehrlos sind wir gegen die Zivilisten … Da meinen die Leut', wir sind besser dran, weil wir einen Säbel haben … und wenn schon einmal einer von der Waffe Gebrauch macht, geht's über uns her, als wenn wir alle die geborenen Mörder wären … In der Zeitung möcht's auch steh'n: … »Selbstmord eines jungen Offiziers«… Wie schreiben sie nur immer? … »Die Motive sind in Dunkel gehüllt«… Haha! … »An seinem Sarge trauern« … – Aber es ist ja wahr … mir ist immer, als wenn ich mir eine Geschichte erzählen möcht' … aber es ist wahr … ich muß mich umbringen, es bleibt mir ja nichts anderes übrig – ich kann's ja nicht drauf ankommen lassen, daß morgen früh der Kopetzky und der Blany mir ihr Mandat zurückgeben und mir sagen: wir können dir nicht sekundieren! … Ich wär' ja ein Schuft, wenn ich's ihnen zumuten möcht' … So ein Kerl wie ich, der dasteht und sich einen dummen Buben heißen läßt … morgen wissen's ja alle Leut' … das ist zu dumm, daß ich mir einen Moment einbilde, so ein Mensch erzählt's nicht weiter … überall wird er's erzählen … seine Frau weiß's jetzt schon … morgen weiß es das ganze Kaffeehaus … die Kellner werd'n's wissen … der Herr Schlesinger –

die Kassierin – – Und selbst wenn er sich vorgenommen hat, er red't nicht davon, so sagt er's übermorgen … und wenn er's übermorgen nicht sagt, in einer Woche … Und wenn ihn heut nacht der Schlag trifft, so weiß ich's … ich weiß es … und ich bin nicht der Mensch, der weiter den Rock trägt und den Säbel, wenn ein solcher Schimpf auf ihm sitzt! … So, ich muß es tun, und Schluß! – Was ist weiter dabei? – Morgen nachmittag könnt' mich der Doktor mit 'm Säbel erschlagen … so was ist schon einmal dagewesen … und der Bauer, der arme Kerl, der hat eine Gehirnentzündung 'kriegt und war in drei Tagen hin … und der Brenitsch ist vom Pferd gestürzt und hat sich 's Genick gebrochen … und schließlich und endlich: es gibt nichts anderes – für mich nicht, für mich mich nicht! – Es gibt ja Leut', die's leichter nähmen … Gott, was gibt's für Menschen! … Dem Ringeimer hat ein Fleischselcher, wie er ihn mit seiner Frau erwischt hat, eine Ohrfeige gegeben, und er hat quittiert und sitzt irgendwo auf'm Land und hat geheiratet … Daß es Weiber gibt, die so einen Menschen heiraten! … – Meiner Seel', ich gäb' ihm nicht die Hand, wenn er wieder nach Wien käm' … Also, hast's gehört, Gustl: – aus, aus, abgeschlossen mit dem Leben! Punktum und Streusand drauf! … So, jetzt weiß ich's, die Geschichte ist ganz einfach … So! Ich bin eigentlich ganz ruhig … Das hab' ich übrigens immer gewußt: wenn's einmal dazu kommt, werd' ich ruhig sein, ganz ruhig … aber daß es so dazu kommt, das hab' ich doch nicht gedacht … daß ich mich umbringen muß, weil so ein … Vielleicht hab' ich ihn doch nicht recht verstanden … am End' hat er ganz was anderes gesagt … Ich war ja ganz blöd von der Singerei und der Hitz' … vielleicht bin ich verrückt gewesen, und es ist alles gar nicht wahr? … Nicht wahr, haha, nicht wahr! – Ich hör's ja noch … es klingt mir noch immer im Ohr … und ich spür's in den Fingern, wie ich seine Hand vom Säbelgriff hab' wegbringen wollen … Ein Kraftmensch ist er, ein Jagendorfer … Ich bin doch auch kein Schwächling … der Franziski ist der einzige im Regiment, der stärker ist als ich …

Die Aspernbrücke … Wie weit renn' ich denn noch? – Wenn ich so weiterrenn', bin ich um Mitternacht in Kagran … Haha! – Herrgott, froh sind wir gewesen, wie wir im vorigen September dort eingerückt sind. Noch zwei Stunden, und Wien … todmüd' war ich, wie wir angekommen sind … den ganzen Nachmittag hab' ich geschlafen wie ein Stock, und am Abend waren wir schon beim Ronacher … der Kopetzky, der Ladinser und … wer war denn nur noch mit uns? – Ja, richtig, der Freiwillige, der uns auf dem Marsch die jüdischen Anekdoten erzählt hat … Manchmal sind's ganz nette Burschen, die Einjährigen … aber sie sollten alle nur Stellvertreter werden – denn was hat das für einen Sinn? Wir müssen uns jahrelang plagen, und so ein Kerl dient ein Jahr und hat genau dieselbe Distinktion wie wir … es ist eine Ungerechtigkeit! – Aber was geht mich denn das alles an? – Was scher' ich mich denn um solche Sachen? – Ein Gemeiner von der Verpflegungsbranche ist ja jetzt mehr als ich … ich bin ja überhaupt nicht mehr auf der Welt … es ist ja aus mit mir … Ehre verloren, alles verloren! … Ich hab' ja nichts anderes zu tun, als meinen Revolver zu laden und … Gustl, Gustl, mir scheint, du glaubst noch immer nicht recht dran? Komm' nur zur Besinnung … es gibt nichts anderes … wenn du auch dein Gehirn zermarterst, es gibt nichts anderes! – Jetzt heißt's nur mehr, im letzten Moment sich anständig benehmen, ein Mann sein, ein Offizier sein, so daß der Oberst sagt: Er ist ein braver Kerl gewesen, wir werden ihm ein treues Andenken bewahren! … Wieviel Kompagnien rücken denn aus beim Leichenbegängnis von einem Leutnant? … Das müßt' ich eigentlich wissen … Haha! wenn das ganze Bataillon ausrückt, oder die ganze Garnison, und sie feuern zwanzig Salven ab, davon wach' ich doch nimmer auf! – Vor dem Kaffeehaus, da bin ich im vorigen Sommer einmal mit dem Herrn von Engel gesessen, nach der Armee-Steeple-Chase … Komisch, den Menschen hab' ich seitdem nie wieder geseh'n … Warum hat er denn das linke Aug' verbunden gehabt? Ich hab' ihn immer drum fragen wollen, aber es hätt' sich nicht gehört … Da geh'n zwei Artilleristen … die denken gewiß, ich steig' der Person nach … Muß sie mir übrigens anseh'n … O schrecklich! – Ich möcht' nur wissen, wie sich so eine ihr Brot verdient … da möcht' ich doch eher … Obzwar in der Not frißt der Teufel Fliegen … in Przemysl – mir hat's nachher so gegraut, daß ich gemeint hab', nie wieder rühr' ich ein Frauenzimmer an … Das war eine gräßliche Zeit da oben in Galizien … eigentlich ein Mordsglück, daß wir nach Wien gekommen sind. Der Bokorny sitzt noch immer in Sambor und kann noch zehn Jahr dort sitzen und alt und grau werden … Aber wenn ich dort geblieben wär', wär' mir das nicht passiert, was mir heut passiert ist … und ich möcht' lieber in Galizien alt und grau werden, als daß … als was? als was? – Ja, was ist denn? was ist denn? – Bin ich denn wahnsinnig, daß ich das immer vergeß'? – Ja, meiner Seel', vergessen tu' ich's jeden Moment … ist das schon je erhört worden, daß sich einer in ein paar Stunden eine Kugel durch'n Kopf jagen muß, und er denkt an alle möglichen Sachen, die ihn gar nichts mehr angeh'n? Meiner Seel', mir ist geradeso, als wenn ich einen Rausch hätt'! Haha! ein schöner Rausch! ein Mordsrausch! ein Selbstmordsrausch! – Ha! Witze mach' ich, das ist sehr gut! – Ja, ganz gut aufgelegt bin ich – so was muß doch angeboren sein … Wahrhaftig, wenn ich's einem erzählen möcht', er würd' es nicht glauben. – Mir scheint, wenn ich das Ding bei mir hätt' … jetzt würd' ich abdrücken – in einer Sekunde ist alles vorbei … Nicht jeder hat's so gut – andere müssen sich monatelang plagen … meine arme Cousin', zwei Jahr ist sie gelegen, hat sich nicht rühren können, hat die gräßlichsten Schmerzen g'habt – so ein Jammer! … Ist es nicht besser, wenn man das selber besorgt? Nur Obacht geben heißt's, gut zielen, daß einem nicht am End' das Malheur passiert, wie dem Kadett-Stellvertreter im vorigen Jahr … Der arme Teufel, gestorben ist er nicht, aber blind ist er geworden … Was mit dem nur geschehen ist? Wo er jetzt lebt? – Schrecklich, so herumlaufen, wie der – das heißt: herumlaufen kann er nicht, g'führt muß er werden – so ein junger Mensch, kann heut noch keine Zwanzig sein … seine Geliebte hat er besser getroffen … gleich war sie tot … Unglaublich, weswegen sich die Leut' totschießen!

STEFAN ZWEIG (geb. 1881 in Wien; gest. 1942 durch Suizid im Exil in Petropolis/Brasilien) war ein österreichisch-jüdischer Schriftsteller, der als Novellist, Erzähler, Essayist, Lyriker, Dramatiker, Romancier und Biograph ein sehr breites Spektrum literarischer Genres bearbeitete.

Zweig wuchs in einer großbürgerlichen Wiener Unternehmerfamilie auf. Ab 1900 studierte er in Wien und Berlin Philosophie, Germanistik und Romanistik und promovierte 1904 mit der Arbeit »Die Philosophie des Hippolyte Taine«. Bereits 1901 hatte Zweig mit »Silberne Saiten« einen ersten Gedichtband veröffentlicht. Größere Aufmerksamkeit erlangten die Bände mit seinen frühen Novellen und Erzählungen, so zum Beispiel »Die Liebe der Erika Ewald« (1904), »Brennendes Geheimnis« (1911) und »Erstes Erlebnis. Vier Geschichten aus Kinderland«. Beeinflusst vom französischen Symbolismus fand Zweig hier zu dem ihn auszeichnenden feinsinnig-intuitiven Stil, wobei der Betrachtung psychischer Regungen in der Entwicklung zwischenmenschlicher Beziehungen besondere Bedeutung zukam.

Die finanzielle Unabhängigkeit nutzte Zweig zu längeren Reisen u.a. nach Indien und Amerika. Während des Ersten Weltkrieges wurde er untauglich gemustert und im Archiv des Kriegsministeriums eingesetzt. Auch ohne das Grauen des Krieges selbst erlebt zu haben, nahm er eine zunehmend pazifistische Haltung ein. Nach seiner Beurlaubung und Entlassung aus dem Dienst im Kriegsministerium 1917 ging er nach Zürich. Dort verfasste er Artikel u.a. für die »Neue Freie Presse«. 1918 wurde in Zürich sein kriegskritisches Stück »Jeremias« uraufgeführt. Im Jahr darauf kehrte er nach Österreich zurück, wo er bis 1933 in Salzburg wohnte. In seine literarische Arbeit flossen nun verstärkt politische Themen ein, wobei er im Nationalismus das Grundübel seiner Zeit erblickte. Zweigs Visionen für ein geeintes Europa fanden im 1927 erschienen Buch »Sternstunden der Menschheit« einen Höhepunkt.

Das Erstarken der NS-Bewegung in Österreich und eine polizeiliche Durchsuchung seines Hauses bewogen Stefan Zweig 1934 dazu, nach London zu emigrieren. 1940 zog er weiter nach Südamerika. Der Glaube an den endgültigen Verlust seiner kulturellen Heimat ließ ihn immer mehr verzweifeln. Die »Schachnovelle«, an der Zweig seit Ende der Drei-

ßigerjahre gearbeitet hatte, erschien im Dezember 1942 und erlangte später eine Millionenauflage. Es war ein Meisterwerk der Exilliteratur und das Vermächtnis seines Autors, denn Zweig hatte sich bereits am 22. Februar 1942 zusammen mit seiner Frau Lotte das Leben genommen.
»Die Gouvernante«, woraus die folgende Textpassage entnommen ist, erschien 1911 im Novellenband »Erstes Erlebnis. Vier Geschichten aus Kinderland«. Die Geschichte handelt von der tiefen emotionalen Bindung zweier Kinder aus großbürgerlichem Elternhaus zu ihrem Kindermädchen. Als »das Fräulein« nach einer scharfen Zurechtweisung durch die Mutter der Kinder plötzlich weg ist, schlägt die längst eingetretene Entfremdung der beiden Mädchen zu ihren Eltern in offene Feindschaft um. Während die Eltern »das Fräulein« nur als Teil ihres Personals behandelten, müssen die Kinder durch ihren Weggang den Verlust eines geliebten Menschen verkraften. ■

Stefan Zweig
Die Gouvernante

Die beiden Kinder sind nun allein in ihrem Zimmer. Das Licht ist ausgelöscht. Dunkel liegt zwischen ihnen, nur von den Betten her kommt ein leiser weißer Schimmer. Ganz leise atmen die beiden, man möchte glauben, sie schliefen.

»Du!«, sagt da eine Stimme. Es ist die Zwölfjährige, die leise, fast ängstlich, in das Dunkel hinfragt. »Was ists?« antwortet vom anderen Bett die Schwester. Ein Jahr nur ist sie älter.

»Du bist noch wach. Das ist gut. Ich … ich möchte dir gern etwas erzählen …«

Keine Antwort kommt von drüben. Nur ein Rascheln im Bett. Die Schwester hat sich aufgerichtet, erwartend blickt sie herüber, man kann ihre Augen funkeln sehn.

»Weißt du … ich wollte dir sagen … Aber sag du mir zuerst, ist dir nicht etwas aufgefallen in den letzten Tagen an unserm Fräulein?«

Die andere zögert und denkt nach. »Ja«, sagt sie dann, »aber ich weiß nicht recht, was es ist. Sie ist nicht mehr so streng. Letzthin habe ich zwei Tage keine Aufgaben gemacht, und sie hat mir gar nichts gesagt. Und dann ist sie so, ich weiß nicht wie. Ich glaube, sie kümmert sich gar nicht mehr um uns, sie setzt sich immer abseits und spielt nicht mehr mit, so wie früher.«

»Ich glaube, sie ist sehr traurig und will es nur nicht zeigen. Sie spielt auch nie mehr Klavier.« Das Schweigen kommt wieder. Da mahnt die Ältere: »Du wolltest etwas erzählen.«

»Ja, aber du darfst es niemandem sagen, wirklich niemandem, der Mama nicht und nicht deiner Freundin.« »Nein, nein!« Sie ist schon ungeduldig. »Was ists also!« »Also ... jetzt, wie wir schlafen gegangen sind, ist mir plötzlich eingefallen, dass ich dem Fräulein nicht ›Gute Nacht!‹ gesagt habe. Die Schuhe hab ich schon ausgezogen gehabt, aber ich bin doch hinüber in ihr Zimmer, weißt du, ganz leise, um sie zu überraschen. Ganz vorsichtig mach ich also die Tür auf. Zuerst hab ich geglaubt, sie ist nicht im Zimmer. Das Licht hat gebrannt, aber ich hab sie nicht gesehn. Da plötzlich – ich bin furchtbar erschrocken – hör ich jemand weinen und seh auf einmal, dass sie ganz angezogen auf dem Bett liegt, den Kopf in den Kissen. Geschluchzt hat sie, dass ich zusammengefahren bin. Aber sie hat mich nicht bemerkt. Und da hab ich die Tür ganz leise wieder zugemacht. Einen Augenblick hab ich stehenbleiben müssen, so hab ich gezittert. Da kam es noch einmal ganz deutlich durch die Tür, dieses Schluchzen, und ich bin rasch heruntergelaufen.«

Sie schweigen beide. Dann sagt die eine ganz leise: »Das arme Fräulein!« Das Wort zittert hin ins Zimmer wie ein verlorener dunkler Ton und wird wieder still.

»Ich möchte wissen, warum sie geweint hat«, fängt die Jüngere an. »Sie hat doch mit niemand Zank gehabt in den letzten Tagen, Mama lässt sie endlich auch in Ruh mit ihren ewigen Quälereien, und wir haben ihr doch sicher nichts getan. Warum weint sie dann so?« »Ich kann es mir schon denken«, sagt die Ältere. »Warum, sag mir, warum?«

Die Schwester zögert. Endlich sagt sie: »Ich glaube, sie ist verliebt.«

»Verliebt?« Die Jüngere zuckt nur so auf. »Verliebt? In wen?«

»Hast du gar nichts bemerkt?«

»Doch nicht in Otto?«

»Nicht? Und er nicht in sie? Warum hat er denn, der jetzt schon drei Jahre bei uns wohnt und studiert, uns nie begleitet und jetzt seit den paar Monaten auf einmal täglich? War er je nett zu mir oder zu dir, bevor das Fräulein zu uns kam? Den ganzen Tag ist er jetzt um uns herum gewesen. Immer haben wir ihn zufällig getroffen, zufällig, im Volksgarten oder Stadtpark oder Prater, wo immer wir mit dem Fräulein waren. Ist dir denn das nie aufgefallen?«

Ganz erschreckt stammelt die Kleine:

»Ja ... ja, natürlich hab ichs bemerkt. Ich hab nur immer gedacht, es ist ...« Die Stimme schlägt ihr um. Sie spricht nicht weiter. »Ich hab es auch zuerst geglaubt, wir Mädchen sind ja immer so dumm. Aber ich habe noch rechtzeitig bemerkt, dass er uns nur als Vorwand nimmt.« Jetzt schweigen beide. Das Gespräch scheint zu Ende. Beide sind in Gedanken oder schon in Träumen. Da sagt noch einmal die Kleine ganz hilflos aus dem Dunkel: »Aber warum weint sie dann wieder? Er hat sie doch gern. Und ich hab mir immer gedacht, es muss so schön sein, wenn man verliebt ist.«

»Ich weiß nicht«, sagt die Ältere ganz träumerisch, »ich habe auch geglaubt, es muss sehr schön sein.«

Und einmal noch, leise und bedauernd, von schon schlafmüden Lippen weht es herüber: »Das arme Fräulein!« Und dann wird es still im Zimmer.

***

Am nächsten Morgen reden sie nicht wieder davon, und doch, eine spürt es von der andern, dass ihre Gedanken das gleiche umkreisen. Sie gehen aneinander vorbei, weichen sich aus, aber doch begegnen sich unwillkürlich ihre Blicke, wenn sie beide von der Seite die Gouvernante betrachten. Bei Tisch beobachten sie Otto, den Cousin, der seit Jahren im Hause lebt, wie einen Fremden. Sie reden nicht mit ihm, aber unter den gesenkten Lidern schielen sie immer hin, ob er sich mit ihrem Fräulein verständige. Eine Unruhe ist in beiden. Sie spielen heute nicht, sondern tun in ihrer Nervosität, hinter das Geheimnis zu kommen, unnütze und gleichgültige Dinge. Abends fragt nur die Eine, kühl, als ob es ihr gleichgültig sei: »Hast du wieder etwas bemerkt?« »Nein«, sagt die Schwester und wendet sich ab. Beide haben irgendwie Angst vor einem Gespräch. Und so geht es ein paar Tage weiter, dieses stumme Beobachten und Im-Kreise-Herumspüren der beiden Kinder, die unruhig und unbewusst sich einem funkelnden Geheimnis nahe fühlen.

Endlich, nach ein paar Tagen, merkt die Eine, wie bei Tisch die Gouvernante Otto leise mit den Augen zuwinkt. Er nickt mit dem Kopf Antwort. Das Kind zittert vor Erregung. Unter dem Tisch tastet sie leise an die Hand der älteren Schwester. Wie die sich ihr zuwendet, funkelt sie ihr mit den Augen entgegen. Die versteht sofort die Geste und wird auch unruhig.

Kaum dass sie aufstehn von der Mahlzeit, sagt die Gouvernante zu den Mädchen: »Geht in euer Zimmer und beschäftigt euch ein bisschen. Ich habe Kopfschmerzen und will für eine halbe Stunde ausruhen.«

Die Kinder sehen nieder. Vorsichtig rühren sie sich an mit den Händen, wie um sich gegenseitig aufmerksam zu machen. Und kaum ist die Gouvernante fort, so springt die Kleinere auf die Schwester zu:

»Pass auf, jetzt geht Otto in ihr Zimmer.«

»Natürlich! Darum hat sie uns doch hineingeschickt!«

»Wir müssen vor der Tür horchen!«

»Aber wenn jemand kommt?«

»Wer denn?«

»Mama.«

Die Kleine erschrickt. »Ja dann ...«

»Weißt du was? Ich horche an der Tür, und du bleibst draußen im Gang und gibst mir ein Zeichen, wenn jemand kommt. So sind wir sicher.«

Die Kleine macht ein verdrossenes Gesicht. »Aber du erzählst mir dann nichts!«

»Alles!«

»Wirklich alles ... aber alles!«

»Ja, mein Wort darauf. Und du hustest, wenn du jemanden kommen hörst.«

Sie warten im Gang, zitternd, aufgeregt. Ihr Blut pocht wild. Was wird kommen? Eng drücken sie sich aneinander.

Ein Schritt. Sie stieben fort. In das Dunkel hinein. Richtig: es ist Otto. Er fasst die Klinke, die Tür schließt sich. Wie ein Pfeil schießt die Ältere nach und drückt sich an die Tür, ohne Atemholen horchend. Die Jüngere sieht sehnsüchtig hin. Die Neugierde verbrennt sie, es reißt sie vom angewiesenen Platz. Sie schleicht heran, aber die Schwester stößt sie zornig weg. So wartet sie wieder draußen, zwei, drei Minuten, die ihr eine Ewigkeit scheinen. Sie fiebert vor Ungeduld, wie auf glühendem Boden zappelt sie hin und her. Fast ist ihr das Weinen nah vor Erregung und Zorn, dass die Schwester alles hört und sie nichts. Da fällt drüben, im dritten Zimmer, eine Tür zu. Sie hustet. Und beide stürzen sie weg, hinein in ihren Raum. Dort stehen sie einen Augenblick atemlos, mit pochenden Herzen.

Dann drängt die Jüngere gierig: »Also ... erzähle mir.«

Die Ältere macht ein nachdenkliches Gesicht. Endlich sagt sie, ganz versonnen, wie zu sich selbst: »Ich verstehe es nicht!«

»Was?«

»Es ist so merkwürdig.«

»Was ... was ...?« Die Jüngere keucht die Worte nur so heraus. Nun versucht die Schwester sich zu besinnen. Die Kleine hat sich an sie gepresst, ganz nah, damit ihr kein Wort entgehen könne.

»Es war ganz merkwürdig ... so ganz anders, als ich mir es dachte. Ich glaube, wie er ins Zimmer kam, hat er sie umarmen wollen oder küssen, denn sie hat zu ihm gesagt: ›Lass das, ich hab mit dir Ernstes zu bereden.‹ Sehen habe ich nichts können, der Schlüssel hat von innen gesteckt, aber ganz genau gehört habe ich. ›Was ist denn los?‹, hat der Otto darauf gesagt, doch ich hab ihn nie so reden hören. Du weißt doch, er redet sonst gern so frech und laut, das hat er aber so zaghaft gesagt, dass ich gleich gespürt habe, er hat irgendwie Angst. Und auch sie muss gemerkt haben, dass er lügt, denn sie hat nur ganz leise gesagt: ›Du weißt es ja schon.‹ – ›Nein, ich weiß gar nichts.‹ – ›So‹, hat sie da gesagt – und so traurig, so furchtbar traurig – ›und warum ziehst du dich denn auf einmal von mir zurück? Seit acht Tagen hast du kein Wort mit mir geredet, du weichst mir aus, wo du kannst, mit den Kindern gehst du nicht mehr, kommst nicht mehr in den Park. Bin ich dir auf einmal so fremd? O, du weißt schon, warum du dich auf einmal fernhältst.‹ Er hat geschwiegen und dann gesagt: ›Ich steh jetzt vor der Prüfung, ich habe viel zu arbeiten und für nichts anderes mehr Zeit. Es geht jetzt nicht anders.‹ Da hat sie zu weinen angefangen und hat ihm dann gesagt, unter Tränen, aber so mild und gut: ›Otto, warum lügst du denn? Sag doch die Wahrheit, das habe ich wirklich nicht verdient um dich. Ich habe ja nichts verlangt, aber geredet muss doch darüber werden zwischen uns zweien. Du weißt es ja, was ich dir zu sagen habe, an den Augen seh ich dirs an.‹ – ›Was denn?‹, hat er gestammelt, aber ganz, ganz schwach. Und da sagte sie …«

Das Mädchen fängt plötzlich zu zittern an und kann nicht weiterreden vor Erregung. Die Jüngere presst sich enger an sie. »Was … was denn?«

»Da sagte sie: ›Ich hab doch ein Kind von dir!‹« Wie ein Blitz fährt die Kleine auf: »Ein Kind! Ein Kind! Das ist doch unmöglich!« »Aber sie hat es gesagt.« »Du musst schlecht gehört haben.«

»Nein, nein! Und er hat es wiederholt; genau so wie du ist er aufgefahren und hat gerufen: ›Ein Kind!‹ Sie hat lange geschwiegen und dann gesagt: ›Was soll jetzt geschehn?‹ Und dann …«

»Und dann?«

»Dann hast du gehustet, und ich hab weglaufen müssen.«

Die Jüngere starrt ganz verstört vor sich hin. »Ein Kind! Das ist doch unmöglich. Wo soll sie denn das Kind haben?«

»Ich weiß nicht. Das ist es ja, was ich nicht verstehe.«

»Vielleicht zu Hause, wo … bevor sie zu uns herkam. Mama hat ihr natürlich nicht erlaubt, es mitzubringen, wegen uns. Darum ist sie auch so traurig.«

»Aber geh, damals hat sie doch Otto noch gar nicht gekannt!«

Sie schweigen wieder, ratlos, unschlüssig herumgrübelnd. Der Gedanke peinigt sie. Und wieder fängt die Kleinere an: »Ein Kind, das ist ganz unmöglich! Wieso kann sie ein Kind haben? Sie ist doch nicht verheiratet, und nur verheiratete Leute haben Kinder, das weiß ich.«

»Vielleicht war sie verheiratet.«

»Aber sei doch nicht so dumm. Doch nicht mit Otto.«

»Aber wieso …?«

Ratlos starren sie sich an.

»Das arme Fräulein«, sagt die Eine ganz traurig. Es kommt immer wieder dieses Wort, ausklingend in einen Seufzer des Mitleids. Und immer wieder flackert die Neugier dazwischen.

»Ob es ein Mädchen ist oder ein Bub?«

»Wer kann das wissen.«

»Was glaubst du … wenn ich sie einmal fragen würde … ganz, ganz vorsichtig …«

»Du bist verrückt!«

»Warum … sie ist doch so gut zu uns.«

»Aber was fällt dir ein! Uns sagt man doch solche Sachen nicht. Uns verschweigt man alles. Wenn wir ins Zimmer kommen, hören sie immer auf zu sprechen und reden dummes Zeug mit uns, als ob wir Kinder wären, und ich bin doch schon dreizehn Jahre. Wozu willst du sie fragen, uns sagt man ja doch nur Lügen.«

»Aber ich hätte es so gern gewusst.«

»Glaubst du, ich nicht?«

»Weißt du … was ich eigentlich am wenigsten verstehe, ist, dass Otto nichts davon gewusst haben soll. Man weiß doch, dass man ein Kind hat, so wie man weiß, dass man Eltern hat.«

»Er hat sich nur so gestellt, der Schuft. Er verstellt sich immer.«

»Aber bei so etwas doch nicht. Nur … nur … wenn er uns etwas vormachen will …«

Da kommt das Fräulein herein. Sie sind sofort still und scheinen zu arbeiten. Aber von der Seite schielen sie hin zu ihr. Ihre Augen scheinen gerötet, ihre Stimme etwas tiefer und vibrierender als sonst. Die Kinder sind ganz still, mit einer ehrfürchtigen Scheu sehen sie plötzlich zu ihr auf. »Sie hat ein Kind«, müssen sie immer wieder denken, »darum ist sie so traurig.« Und langsam werden sie es selbst.

***

Am nächsten Tag, bei Tisch, erwartet sie eine jähe Nachricht. Otto verlässt das Haus. Er hat dem Onkel erklärt, er stände jetzt knapp vor den Prüfungen, müsse intensiv arbeiten, und hier sei er zu sehr gestört. Er würde sich irgendwo ein Zimmer nehmen für diese ein, zwei Monate, bis alles vorüber sei.

Die beiden Kinder sind furchtbar erregt, wie sie es hören. Sie ahnen irgendeinen geheimen Zusammenhang mit dem Gespräch von gestern, spüren mit ihrem geschärften Instinkt eine Feigheit, eine Flucht. Wie Otto ihnen Adieu sagen will, sind sie grob und wenden ihm den Rücken. Aber sie schielen hin, wie er jetzt vor dem Fräulein steht. Der zuckt es um die Lippen, aber sie reicht ihm ruhig, ohne ein Wort, die Hand.

Ganz anders sind die Kinder geworden in diesen paar Tagen. Sie haben ihre Spiele verloren und ihr Lachen, die Augen sind ohne den munteren, unbesorgten Schein. Eine Unruhe und Ungewissheit ist in ihnen, ein wildes Misstrauen gegen alle Menschen um sie herum. Sie glauben nicht mehr, was man ihnen sagt, wittern Lüge und Absicht hinter jedem Wort. Sie blicken und spähen den ganzen Tag, jede Bewegung belauern sie, jedes Zucken, jede Betonung fangen sie auf. Wie Schatten geistern sie hinter allem her, vor den Türen horchen sie, um etwas zu erhaschen, eine leidenschaftliche Bemühung ist in ihnen, das dunkle Netz dieser Geheimnisse abzuschütteln von ihren unwilligen Schultern oder durch eine Masche in die Welt der Wirklichkeit wenigstens einen Blick zu tun. Der kindische Glaube, diese heitere, unbesorgte Blindheit, ist von ihnen abgefallen. Und dann: sie ahnen aus der Schwüle der Geschehnisse irgendeine neue Entladung und haben Angst, sie könnten sie versäumen. Seit sie wissen, dass Lüge um sie ist, sind sie zäh und lauernd geworden, selbst verschlagen und verlogen. Sie ducken sich in der Nähe der Eltern in eine nun geheuchelte Kinderhaftigkeit hinein und flackern dann auf in eine jähe Beweglichkeit. Ihr ganzes Wesen ist aufgelöst in eine nervöse Unruhe, ihre Augen, die früher einen seichten Glanz sanft trugen, scheinen funkelnder und tiefer. So hilflos sind sie in ihrem steten Spähen und Spionieren, dass sie gegenseitig inniger werden in ihrer Liebe. Manchmal umarmen sie einander plötzlich stürmisch aus dem Gefühl ihrer Unwissenheit, nur dem jäh aufquellenden Zärtlichkeitsbedürfnis überschwenglich nachgebend, oder sie brechen in Tränen aus. Anscheinend ohne Ursache ist ihr Leben mit einem Male eine Krise geworden.

Unter den vielen Kränkungen, für die ihnen erst jetzt das Gefühl erweckt worden ist, spüren sie eine am meisten. Ganz still, ohne Wort haben sie sich verpflichtet, dem Fräulein, das so traurig ist, möglichst viel Freude zu bereiten. Sie machen ihre Aufgaben fleißig und sorgsam, helfen sich beide aus, sie sind still, geben kein Wort zur Klage, springen jedem Wunsch voraus. Aber das Fräulein merkt es gar nicht, und das tut ihnen so weh. Ganz anders ist sie geworden in letzter Zeit. Manchmal, wenn eines der Mädchen sie anspricht, zuckt sie zusammen wie aus dem Schlaf geschreckt. Und ihr Blick kommt dann immer erst suchend aus einer weiten Ferne zurück. Stundenlang sitzt sie oft da und schaut träumerisch vor sich hin. Dann schleichen die Mädchen auf den Zehen herum, um sie nicht zu stören, sie spüren dumpf und geheimnisvoll: jetzt denkt sie an ihr Kind, das irgendwo in der Ferne ist. Und immer mehr, aus den Tiefen ihrer nun erwachenden Weiblichkeit, lieben sie das Fräulein, das jetzt so milde geworden ist und so sanft. Ihr sonst frischer und übermütiger Gang ist nun bedächtiger, ihre Bewegungen vorsichtiger, und die Kinder ahnen in all dem eine geheime Traurigkeit. Weinen haben sie sie nie gesehen, aber ihre Lider sind oft gerötet. Sie merken, dass das Fräulein den Schmerz vor ihnen geheimhalten will, und sind verzweifelt, ihr nicht helfen zu können.

Und einmal, wie sich das Fräulein zum Fenster hin abgewandt hat und mit dem Taschentuch über die Augen fährt, fasst die Kleinere plötzlich Mut, ergreift leise ihre Hand und sagt: »Fräulein, Sie sind so traurig die letzte Zeit. Nicht wahr, wir sind doch nicht schuld daran?«

Das Fräulein sieht sie bewegt an und streift ihr mit der Hand über das weiche Haar. »Nein, Kind, nein«, sagt sie. »Ihr gewiss nicht.« Und küsst sie sanft auf die Stirn.

***

Lauernd und beobachtend, nichts außer acht lassend, was sich im Umkreis ihrer Blicke rührt, hat eine in diesen Tagen, plötzlich ins Zimmer tretend, ein Wort aufgefangen. Gerade ein Satz war es nur, denn die Eltern haben sofort das Gespräch abgebrochen, aber jedes Wort entzündet in ihnen jetzt tausend Vermutungen. »Mir ist auch schon so etwas aufgefallen«, hat die Mutter gesagt. »Ich werde sie mir dann ins Verhör nehmen.« Das Kind hat es zuerst auf sich bezogen und ist, fast ängstlich, zur Schwester geeilt, um Rat, um Hilfe. Aber mittags merken sie, wie die Blicke ihrer Eltern prüfend auf dem unachtsam verträumten Gesicht des Fräuleins ruhen und sich dann begegnen.

Nach Tisch sagt die Mutter leichthin zum Fräulein: »Bitte, kommen Sie dann in mein Zimmer. Ich habe mit Ihnen zu sprechen.« Das Fräulein neigt leise den Kopf. Die Mädchen zittern heftig, sie spüren, jetzt wird etwas geschehen.

Und sofort, wie das Fräulein hineingeht, stürzen sie nach. Dieses An-den-Türen-Kleben, das Durchstöbern der Ecken, das Lauschen und Belauern ist für sie ganz selbstverständlich geworden. Sie spüren gar nicht mehr das Hässliche und Verwegene daran, sie haben nur einen Gedanken, sich aller Geheimnisse zu bemächtigen, mit denen man ihnen den Blick verhängt.

Sie horchen. Aber nur ein leises Zischeln von geflüsterten Worten hören sie. Ihr Körper zittert nervös. Sie haben Angst, alles könnte ihnen entgehen.

Da wird drin eine Stimme lauter. Es ist die ihrer Mutter. Bös und zänkisch klingt sie:

»Haben Sie geglaubt, dass alle Leute blind sind, dass man so etwas nicht bemerkt? Ich kann mir denken, wie Sie Ihre Pflicht erfüllt haben mit solchen Gedanken und solcher Moral. Und so jemandem habe ich die Erziehung meiner Kinder anvertraut, meiner Töchter, die Sie, weiß Gott wie, vernachlässigt haben …«

Das Fräulein scheint etwas zu erwidern. Aber zu leise spricht sie, als dass die Kinder verstehen könnten.

»Ausreden, Ausreden! Jede leichtfertige Person hat ihre Ausrede. Das gibt sich dem ersten Besten hin und denkt an nichts. Der liebe Gott wird schon weiterhelfen. Und so jemand will Erzieherin sein, Mädchen heranbilden. Eine Frechheit ist das. Sie glauben doch nicht, dass ich Sie in diesem Zustande noch länger im Hause behalten werde?«

Die Kinder horchen draußen. Schauer rinnen über ihren Körper. Sie verstehen das alles nicht, aber es ist ihnen furchtbar, die Stimme ihrer Mutter so zornig zu hören, und jetzt als einzige Antwort das leise, wilde Schluchzen des Fräuleins. Tränen quellen auf in ihren Augen. Aber ihre Mutter scheint nur erregter zu werden.

»Das ist das Einzige, was Sie wissen, jetzt zu weinen. Das rührt mich nicht. Mit solchen Personen hab ich kein Mitleid. Was aus Ihnen jetzt wird, geht mich gar nichts an. Sie werden ja wissen, an wen Sie sich zu wenden haben, ich frag Sie gar nicht danach. Ich weiß nur, dass ich jemanden, der so niederträchtig seine Pflicht vernachlässigt hat, nicht einen Tag mehr in meinem Hause dulde.«

Nur Schluchzen antwortet, dieses verzweifelte, tierisch wilde Schluchzen, das die Kinder draußen schüttelt wie ein Fieber. Nie haben sie so weinen hören. Und dumpf fühlen sie, wer so weint, kann nicht unrecht haben. Ihre Mutter schweigt jetzt und wartet. Dann sagt sie plötzlich schroff: »So, das habe ich Ihnen nur sagen wollen. Richten Sie heute Ihre Sachen und kommen Sie morgen früh um Ihren Lohn. Adieu!«

Die Kinder springen weg von der Tür und retten sich hinein in ihr Zimmer. Was war das? Wie ein Blitz ist es vor ihnen niedergefahren. Bleich und schauernd stehen sie da. Zum ersten Mal ahnen sie irgendwie die Wirklichkeit. Und zum ersten Mal wagen sie etwas wie Auflehnung gegen ihre Eltern zu empfinden.

»Das war gemein von Mama, so mit ihr zu reden«, sagt die Ältere mit verbissenen Lippen.

Die Kleine schrickt noch zurück vor dem verwegenen Wort. »Aber wir wissen doch gar nicht, was sie getan hat«, stottert sie klagend.

»Sicher nichts Schlechtes. Das Fräulein kann nichts Schlechtes getan haben. Mama kennt sie nicht.«

»Und dann, wie sie geweint hat. Angst hat es mir gemacht.«

»Ja, das war furchtbar. Aber wie auch Mama mit ihr geschrien hat. Das war gemein, ich sage dir, das war gemein.«

Sie stampft auf mit dem Fuß. Tränen verhüllen ihr die Augen. Da kommt das Fräulein herein. Sie sieht sehr müde aus.

»Kinder, ich habe heute Nachmittag zu tun. Nicht wahr, ihr bleibt allein, ich kann mich auf euch verlassen? Ich sehe dann abends nach euch.«

Sie geht, ohne die Erregung der Kinder zu merken. »Hast du gesehen, ihre

Augen waren ganz verweint. Ich verstehe nicht, dass Mama mit ihr so umgehen konnte.«

»Das arme Fräulein!«

Es klingt wieder auf, mitleidig und tränentief. Verstört stehn sie da. Da kommt ihre Mutter herein und fragt, ob sie mit ihr spazieren fahren wollen. Die Kinder weichen aus. Sie haben Angst vor Mama. Und dann empört es sie, dass ihnen nichts über die Verabschiedung des Fräuleins gesagt wird. Sie bleiben lieber allein. Wie zwei Schwalben in einem engen Käfig schießen sie hin und her, erdrückt von dieser Atmosphäre der Lüge und des Verschweigens. Sie überlegen, ob sie nicht hinein zum Fräulein sollen und sie fragen, mit ihr reden über alles, dass sie dableiben solle und dass Mama unrecht hat. Aber sie haben Angst, sie zu kränken. Und dann schämen sie sich: alles, was sie wissen, haben sie ja erhorcht und erschlichen. Sie müssen sich dumm stellen, dumm, wie sie es waren bis vor zwei, drei Wochen. So bleiben sie allein, einen endlosen langen Nachmittag, grübelnd und weinend und immer diese schreckhaften Stimmen im Ohr, den bösen, herzlosen Zorn ihrer Mutter und das verzweifelte Schluchzen des Fräuleins.

Abends sieht das Fräulein flüchtig zu ihnen herein und sagt ihnen Gute Nacht. Die Kinder zittern, da sie sie hinausgehen sehen, sie möchten ihr gerne noch etwas sagen. Aber jetzt, da das Fräulein schon bei der Tür ist, wendet sie sich selbst plötzlich – wie von diesem stummen Wunsch zurückgerissen – noch einmal um. Etwas glänzt in ihren Augen, feucht und trüb. Sie umarmt beide Kinder, die wild zu schluchzen anfangen, küsst sie noch einmal und geht dann hastig hinaus.

In Tränen stehen die Kinder da. Sie fühlen, das war ein Abschied.

»Wir werden sie nicht mehr sehen!«, weint die Eine. »Pass auf, wenn wir morgen von der Schule zurückkommen, ist sie nicht mehr da.«

»Vielleicht können wir sie später besuchen. Dann zeigt sie uns auch sicher ihr Kind.«

»Ja, sie ist so gut.«

»Das arme Fräulein!« Es ist schon wieder ein Seufzer ihres eigenen Schicksals.

»Kannst du dir denken, wie das jetzt werden wird ohne sie?«

»Ich werde nie ein anderes Fräulein leiden können.«

»Ich auch nicht.«

»Keine wird so gut mit uns sein. Und dann …«

Sie wagt es nicht zu sagen. Aber ein unbewusstes Gefühl der Weiblichkeit macht sie ihnen ehrfürchtig, seit sie wissen, dass sie ein Kind hat. Beide denken immer daran, und jetzt schon nicht mehr mit dieser kindischen Neugier, sondern im Tiefsten ergriffen und mitleidig.

»Du«, sagt die eine, »hör zu!«

»Ja.«

»Weißt du, ich möchte dem Fräulein noch gerne eine Freude machen, ehe sie weggeht. Damit sie weiß, dass wir sie gern haben und nicht so sind wie Mama. Willst du?«

»Wie kannst du noch fragen!«

»Ich hab mir gedacht, sie hatte doch weiße Rosen so gern, und da denk ich, weißt du, wir könnten ihr morgen früh, ehe wir in die Schule gehen, ein paar kaufen, und die stellen wir ihr dann ins Zimmer.«

»Wann aber?«

»Zu Mittag.«

»Da ist sie sicher schon fort. Weißt du, da lauf ich lieber ganz in der Früh hinunter und hole sie rasch, ohne dass es jemand merkt. Und die bringen wir ihr dann hinein ins Zimmer.«

»Ja, und wir stehen ganz früh auf.«

Sie nehmen ihre Sparbüchsen, schütten redlich ihr ganzes Geld zusammen. Nun sind sie wieder froher, seit sie wissen, dass sie dem Fräulein ihre stumme, hingebungsvolle Liebe noch werden zeigen können.

***

Ganz zeitig stehen sie dann auf. Wie sie, die schönen vollen Rosen in der leicht zitternden Hand, an die Tür des Fräuleins pochen, antwortet ihnen niemand. Sie glauben das Fräulein schlafend und schleichen vorsichtig hinein. Aber das Zimmer ist leer, das Bett unberührt. Alles liegt in Unordnung herum verstreut, auf der dunklen Tischdecke schimmern ein paar Briefe.

Die beiden Kinder erschrecken. Was ist geschehen?

»Ich gehe hinein zu Mama«, sagt die Ältere entschlossen. Und trotzig, mit finsteren Augen, ganz ohne Angst pflanzt sie sich vor ihrer Mutter auf und fragt: »Wo ist unser Fräulein?«

»Sie wird in ihrem Zimmer sein«, sagt die Mutter ganz erstaunt.

»Ihr Zimmer ist leer, das Bett ist unberührt. Sie muss schon gestern Abend weggegangen sein. Warum hat man uns nichts davon gesagt?«

Die Mutter merkt gar nicht den bösen, herausfordernden Ton. Sie ist blass geworden und geht hinein zum Vater, der dann rasch im Zimmer des Fräuleins verschwindet.

Er bleibt lange aus. Das Kind beobachtet die Mutter, die sehr erregt scheint, mit einem steten zornigen Blick, dem ihre Augen nicht recht zu begegnen wagen.

Da kommt der Vater zurück. Er ist ganz fahl im Gesicht und trägt einen Brief in der Hand. Er geht mit der Mutter hinein ins Zimmer und spricht drinnen mit ihr leise. Die Kinder stehen draußen und wagen auf einmal nicht mehr zu horchen. Sie haben Angst vor dem Zorn des Vaters, der jetzt aussah, wie sie ihn nie gekannt hatten.

Ihre Mutter, die jetzt aus dem Zimmer tritt, hat verweinte Augen und blickt verstört. Die Kinder kommen ihr, unbewusst, wie von ihrer Angst gestoßen, entgegen und wollen sie wieder fragen. Aber sie sagt hart: »Geht jetzt in die Schule, es ist schon spät.«

Und die Kinder müssen gehen. Wie im Traum sitzen sie dort vier, fünf Stunden unter all den anderen und hören kein Wort. Wild stürmen sie nach Hause zurück.

Dort ist alles wie immer, nur ein furchtbarer Gedanke scheint die Menschen zu erfüllen. Keiner spricht, aber alle, selbst die Dienstboten, haben so eigene Blicke. Die Mutter kommt den Kindern entgegen. Sie scheint sich vorbereitet zu haben, ihnen etwas zu sagen. Sie beginnt: »Kinder, euer Fräulein kommt nicht mehr, sie ist …«

Aber sie wagt nicht zu Ende zu sprechen. So funkelnd, so drohend, so gefährlich sind die Augen der beiden Kinder in die ihren gebohrt, dass sie nicht wagt, ihnen eine Lüge zu sagen. Sie wendet sich um und geht weiter, flüchtet in ihr Zimmer hinein.

Nachmittags taucht plötzlich Otto auf. Man hat ihn hergerufen, ein Brief für ihn war da. Auch er ist bleich. Verstört steht er herum. Niemand redet mit ihm. Alle weichen ihm aus. Da sieht er die beiden Kinder in der Ecke kauern und will sie begrüßen.

»Rühr mich nicht an!«, sagt die eine, schauernd vor Ekel. Und die andere spuckt vor ihm aus. Er irrt noch verlegen, verwirrt eine Zeit lang herum. Dann verschwindet er.

Keiner spricht mit den Kindern. Sie selbst wechseln kein Wort. Blass und verstört, rastlos, wie Tiere in einem Käfig, wandern sie in den Zimmern herum, begegnen sich immer wieder, sehen sich in die verweinten Augen und sagen kein Wort. Sie wissen jetzt alles. Sie wissen, dass man sie belogen hat, dass alle Menschen schlecht und niederträchtig sein können. Sie lieben ihre Eltern nicht mehr, sie glauben nicht mehr an sie. Zu keinem, wissen sie, werden sie Vertrauen haben dürfen, nun wird sich auf ihre schmalen Schultern die ganze Last des ungeheuren Lebens türmen. Wie in einen Abgrund sind sie aus der heiteren Behaglichkeit ihrer Kindheit gestürzt. Noch können sie das Furchtbare, das um sie geschehen ist, nicht fassen, aber ihr Denken würgt daran und droht sie damit zu ersticken. Fiebrige Glut liegt auf ihren Wangen, und sie haben einen bösen, gereizten Blick. Wie frierend in ihrer Einsamkeit irren sie auf und ab. Keiner, nicht einmal die Eltern, wagt mit ihnen zu sprechen, so furchtbar sehen sie jeden an, ihr unablässiges Herumwandern spiegelt die Erregung, die in ihnen wühlt. Und eine schreckhafte Gemeinsamkeit ist in den beiden, ohne dass sie zusammen sprechen. Das Schweigen, das undurchdringliche, fraglose Schweigen, der tückische verschlossene Schmerz ohne Schrei und ohne Träne macht sie allen fremd und gefährlich. Niemand kommt ihnen nahe, der Zugang zu ihren Seelen ist abgebrochen, vielleicht auf Jahre hinaus. Feinde sind sie, fühlen alle um sie, und entschlossene Feinde, die nicht mehr verzeihen können. Denn seit gestern sind sie keine Kinder mehr.

An diesem Nachmittag werden sie älter um viele Jahre. Und erst, wie sie dann abends im Dunkel ihres Zimmers allein sind, erwacht in ihnen die Kinderangst, die Angst vor der Einsamkeit, vor den Bildern der Toten und dann eine ahnungsvolle Angst vor unbestimmten Dingen. In der allgemeinen Erregung des Hauses hat man das Zimmer zu heizen vergessen. So kriechen sie fröstelnd zusammen in ein Bett, umschlingen sich fest mit den mageren Kinderarmen und pressen die schmalen, noch nicht aufgeblühten Körper eine an die andere, wie um Hilfe zu suchen vor ihrer Angst. Noch immer wagen sie nicht mitsammen zu sprechen. Aber jetzt bricht die Jüngere endlich in Tränen aus, und die Ältere schluchzt wild mit. Eng umschlungen weinen sie, baden sich das Gesicht mit den warmen, zaghaft und dann rascher niederrollenden Tränen, fangen, Brust an Brust, die eine der anderen schluchzenden Stoß auf und geben ihn schauernd zurück. Ein einziger Schmerz sind die beiden, ein einziger weinender Körper im Dunkel. Es ist nicht mehr das Fräulein, um das sie weinen, nicht die Eltern, die nun für sie verloren sind, sondern ein jähes Grauen schüttelt sie, eine Angst vor alledem, was nun kommen wird aus dieser unbekannten Welt, in die sie heute den ersten erschreckten Blick getan haben. Angst haben sie vor dem Leben, in das sie nun aufwachsen, vor dem Leben, das dunkel und drohend vor ihnen steht, wie ein finsterer Wald, den sie durchschreiten müssen. Immer dämmerhafter wird ihr wirres Angstgefühl, traumhaft fast, immer leiser ihr Schluchzen. Ihre Atemzüge fließen nun sanft ineinander wie vordem ihre Tränen. Und so schlafen sie endlich ein.

Franz Werfel (geb. 1890 in Prag; gest. 1945 im Exil in Beverly Hills/USA) war einer der bedeutendsten expressionistischen Schriftsteller des 20. Jahrhunderts. Der Sohn eines deutschböhmisch-jüdischen Handschuhfabrikanten empfing 1903 in der Prager Mayslsynagoge die »Bar Mizwa«.

Durch sein tiefgläubiges Kindermädchen Barbara Simunkova wurde er jedoch fast noch stärker vom katholischen Christentum geprägt. Seinem Kindermädchen widmete er unter anderem den 1929 erschienenen Roman »Barbara und die Frömmigkeit«.

Sein literarisches Talent wurde von Max Brod entdeckt, auf dessen Vermittlung 1911 Werfels Gedichtsband »Der Weltfreund« erschien. Nicht zuletzt dank des Achtungserfolgs dieses Bandes, wurde er 1912 vom Leipziger Verleger Kurt Wolff, der wie kein anderer Verleger vor 1933 die expressionistische Literatur förderte, als Lektor eingestellt. Werfel beteiligte sich 1913 editorisch an der Anthologiereihe »Der jüngste Tag«, in der so bedeutende Vertreter expressionistischer Lyrik wie Georg Heym und Franz Kafka Werke beisteuerten.

Während des Ersten Weltkrieges wurde Werfel als Unteroffizier an der galizischen Ostfront, im Kriegspressequartier in Wien und an der italienischen Front eingesetzt. Im Wien der untergehenden K.u.K.-Monarchie traf Werfel auf die Milieus der künstlerischen Moderne. Hier beschäftigte er sich mit Freuds Psychoanalyse, Otto Gross' Sexualtheorie und lernte die Verführungskünste der Alma Mahler kennen. Alma war die Witwe des Komponisten Gustav Mahler, seit 1915 Ehefrau von Walter Gropius und nebenher Geliebte berühmter Maler und Dichter. Wie Franz Werfel selbst immer wieder betonte, verlieh ihm das Verhältnis mit Alma große literarische Schöpfungskraft. Und tatsächlich feierte Werfel 1924 mit seinem Werk »Verdi. Roman der Oper« – der Stoff über den Komponisten Giuseppe Verdi hatte ihn über zehn Jahre beschäftigt – einen Welterfolg. Hinzu kamen während der zwanziger Jahre Romane wie »Der Abituriententag. Die Geschichte einer Jugendschuld« (1928), Erzählungen wie »Der Tod des Kleinbürgers« (1927), Novellenbände wie »Geheimnis eines Menschen« (1927) oder Lyrik wie in »Neue Gedichte« (1928). Gleichzeitig wurden Werfels Dramen, darunter die Stücke »Spiegelmensch« oder »Juarez und Maximili-

an«, von so namhaften Regisseuren wie Max Reinhard inszeniert.
So zum Erfolgsautor avanciert heiratete Franz Werfel 1929 seine Muse Alma, die seither den Namen »Mahler-Werfel« trug. Im selben Jahr nahm er die Arbeit an seinem historischen Roman »Die vierzig Tage des Musa Dagh« auf. Der Roman wurde ein Epos über den von den Türken während des Ersten Weltkrieges an den Armeniern verübten Völkermord. »Die vierzig Tage des Musa Dagh« erschien nach intensiver Schreib- und Recherchearbeit im November 1933 und hätte eine wirksame Mahnung an die Deutschen sein können, wäre er nicht von den Nationalsozialisten alsbald verboten worden. Zuvor hatten sie seine Bücher öffentlich verbrannt und Werfel selbst aus der »Preußischen Akademie der Künste« ausgeschlossen. Nach der Besetzung Österreichs durch deutsche Truppen im März 1938 emigrierte Franz Werfel nach Frankreich. Nachdem 1940 deutsche Truppen auch in Frankreich einfielen, floh er zusammen mit Alma sowie mit Heinrich Mann und dessen Frau Nelly auf abenteuerliche Weise zu Fuß über die Pyrenäen durch Spanien nach Portugal. Von dort emigrierten sie in die USA. Noch 1940 hatte Werfel im französischen Lourdes gelobt, ein Buch über die »Heilige Bernadette« zu schreiben, sollte er von den Nazis verschont bleiben. »Das Lied von Bernadette« erschien 1941 – ebenfalls ein Meisterwerk deutschsprachiger Exilliteratur – und wurde 1942 in der englischsprachigen Fassung »The Song of Bernadette« ein Bestseller. Am 26. August 1945 starb Franz Werfel an den Folgen eines Herzinfarkts. Postum erschien 1946 sein letzter Roman »Stern der Ungeborenen«.
Aus der 1927 veröffentlichten Erzählung »Der Tod des Kleinbürgers« stammt die folgende Textpassage. Sie handelt von »Karl Fiala«, der sterbend im Krankenhaus liegt und mit letzter Kraft versucht sein 65. Lebensjahr zu vollenden, obwohl das medizinisch so gut wie ausgeschlossen ist. Doch nur wenn er diesen Stichtag noch erlebt, erhält »Herrn Fialas« Familie dessen Lebensversicherung ausgezahlt. Zu allem Überfluss liegt der Versicherungsvertreter »Herr Schlesinger« im selben Krankenzimmer und reagiert äußerst genervt auf die immer selbe Frage »Fialas«. ■

Franz Werfel
Der Tod des Kleinbürgers

»Und wenn der Tod vor Vollendung des fünfundsechzigsten Lebensjahres erfolgt, was erhalten die Angehörigen dann?«

Diese Worte waren wahrlich die Frucht juristischer Überlegung und viele Tage lang geschliffen worden in Fieber und Schmerzen. Aber Herrn Schlesinger erfaßte, als er sie hörte, Tollwut, wie er sie nie bei gesundem Leib gekannt hatte. Wozu er aus Schwäche nicht fähig gewesen, er fuhr auf, er warf die Decke ab, er kniete im Bette. Die Augen quollen hervor, und seine Zähne schlugen aufeinander vor Haß. Denn dort im Nachbarbette lag nicht irgend ein Herr Fiala, dort lag solch ein Schwächling, wie er selbst, dort lag *sein* verpfuschtes Leben, dort lag der Mißerfolg, dort lag die stickige Wohnung, der er selber nie entronnen war, dort lag das Elend, die Fessel, die Sinnlosigkeit, das alltägliche Ersticken! Und trunken von diesem Haß, von gieriger Rachsucht, seine Worte nicht mehr kennend, schrie er auf:

»Vollenden Sie ... vollenden Sie ... gefälligst Ihr fünfundsechzigstes Lebensjahr! Widrigenfalls erfolgt ein Dreck, ein Dreck, ein Dreck!!! Wenn Sie auch zu Rothschild und Gott beten ... ein Dreck erfolgt ...!«

Nun aber wälzte sich Schlesinger zurück und begann leise zu jammern, zu flehen und um Hilfe zu rufen. Der Wärter kam. Der Arzt kam. Eine Injektion machte dem Weinkrampf ein Ende. Nach einer Stunde nähte er wieder, aber jetzt mit sehr eiligen Stichen, an seinem unsichtbaren Sack.

Doch Fiala nähte nicht. Noch immer lag der Kalender auf seinen Knieen. Das vom Fieber und von der Auflösung grauenvoll gezeichnete Altmännergesicht starrte, nun schon erhaben, auf die Glühbirnen oben. Aber zwischen den Brauen verschärfte sich deutlich die gewaltige Falte, ein düsteres Willensmal, das an dem Gesunden niemand je wahrgenommen hatte.

VI

Das Wunder ereignete sich, nachdem an Fiala schon die Sterbesakramente gespendet waren. Er hatte sie mit vollem Bewußtsein, doch mit kühler Sachlichkeit entgegengenommen wie eine Arznei, wenn auch eine himmlische. In der Nacht darauf schien er in Agonie zu verfallen und der verantwortliche Arzt gab den Auftrag, ihn ruhig sterben zu lassen. Bis zur nächsten Mittagsstunde werde sich der exitus wahrscheinlich vollzogen haben. Dies geschah in der zweiten Dezemberwoche. Man ließ Fiala ungeschoren und bei der Visitation am Vormittag widmete der Professor dem Sterbenden keinen Blick mehr.

Nach dem Mittagessen endlich ging der Wärter ins Zimmer, um nachzusehen, ob man den Assistenzarzt holen könne, damit er den Tod konstatiere. Der Mann liebte derartige Scherereien nicht und war entschlossen, nach Vorschrift die Leiche so schnell wie möglich sich vom Halse zu schaffen.

Tatsächlich trat er auch zehn Minuten später ins Zimmer des Assistenten ein, aber er meldete, der Kranke sei nicht tot, sondern säße selbsttätig im Bette und habe mit vernehmlicher Stimme Milch verlangt. Der Arzt war ernsthaft ungehalten über die Renitenz des Sterbenden. Es kam natürlich manchmal vor, daß man sich in der Zeitbemessung irrte. Aber Wohlwollen erzeugte solche Unpünktlichkeit der Natur keineswegs. Der Assistent sah drein, wie ein hoher Staatsbeamter, der einer Partei gegenüber sich irgendeinen Formfehler hat zuschulden kommen lassen, und eine ungezwungen ablehnende Haltung einnimmt, um ja keine Betretenheit zu zeigen. Es war ihm, als sei nicht nur die Medizin, sondern die Autorität schlechtweg blamiert. Er fand den Moribunden natürlich nicht im Bette sitzend vor, – das mußte der Wärter geträumt haben, – aber es war nicht zu leugnen, daß eine deutliche Stimme um Milch bat. Der Assistent stellte sich sogleich auf die neuen Tatsachen ein. Ein seltener Fall zwar wars, daß ein Mensch in diesem Alter so dicht vor der Pforte des Hades wieder umkehren wollte, aber dafür wars ein Fall, und an dem »Fall« konnte sich die verletzte Autorität schadlos halten. Der Doktor – nur nebenbei sei bemerkt, daß er am Anfang einer großen Karriere stand und übers Jahr die Dozentur erwartete, – der Doktor gab allerhand brummende Laute mutigen Zuspruchs und derber Ermunterung von sich, wie er sie sonst nur bei seiner Privatpraxis verwandte. Er stellte fest, daß Atmung, Herztätigkeit, Kräftezustand, wenn auch am äußersten Rand des Verfalls, so doch immerhin vorhanden waren, und daß zum Überfluß die Pupillen scharf reagierten, die Zunge sprach, das Sensorium also nicht für getrübt zu gelten hatte. In dem künftigen Dozenten erwachte eine wohlige Neugier, der wissenschaftliche Spieltrieb, und während er fast leidenschaftlich allerlei Labe-, Kraft-, Anregungs-, Aufpeitschungsmittel und deren Verwendung aufs Papier warf, durchblitzten seinen Kopf eigenartige Gedanken zu diesbezüglichen Publikationen. Der Assistent war jung und in seinem Gemüt hielt der literarische dem praktischen Ehrgeiz noch die Waage.

Während der nächsten Woche hatte es wirklich den Anschein, daß durch weise Injektionen, Kräftigungs- und Ernährungsmethoden das Leben des Verlorenen zu fristen, ja vielleicht zu retten sei, da auch die Symptome seiner Leiden abzuklingen schienen. Die Täuschung endete damit, daß einige Tage vor Weihnachten sich eine allgemeine Sepsis einstellte: Vergiftung des Blutes, Verwesung bei schlagendem Herzen.

Und jetzt wurde Fialas Organismus ein wirklicher »Fall« und fast eine Sensation. Denn noch immer starb er nicht.

Von Tag zu Tag wuchs das ärztliche Interesse und jeden Morgen wurden auf den Gängen Bulletins verlautbart, so, als kämpfe nicht Herr Fiala, sondern ein Held dieser Erde mit dem Tode. Einzelheiten sogar wurden mit größter Teilnahme angehört und weitergegeben:

Es hieß, der Kranke wehre sich selbst bei größten Schmerzen gegen Morphium. In den Stunden, da sein Bewußtsein umschleiert sei, strebe er immer aus dem Bette und mache den Eindruck eines Suchenden. Nahrung verweigere er niemals, trotzdem sein Inneres nur mehr *eine* Wunde, *ein* tobender Eiterherd sei. Unter diese wahren Tatsachen mischten sich natürlich auch Legenden, die beim Wartepersonal besonderen Anklang fanden. Sie schrieben dem Ärmsten herkulische Kräfte zu. Einer Krankenschwester habe er mit umklammerndem Griffe der Skeletthand fast das Gelenk gebrochen. Sie selbst könnte es jederzeit bestätigen.

Herr Wotawa, der durch so viele Jahre mit dem Kranken bekannt war, mußte immerzu den Kopf schütteln:

»Wenn mans bedenkt: Ein Siemandl! Hat sich immer vor seinen Weibern gefürchtet. Und will nicht sterben!«

Indessen lag das brennende und faulende Fleisch da, unwissend seines Ruhms, ein Museumsstück des Todeskampfes. Gerne hätten ihm Mitleidige den Rest gegeben. Aber selbst der Bewußtlose noch schlug um sich, wenn er die Nähe einer Morphiumspritze spürte.

Während des Vormittags wollte das Zimmer dieses Museumsstückes nicht leer werden. Neugierige, Spitalsbrüder, Ärzte kamen und gingen. Professoren sogar führten ihre Studenten herbei und suchten den absonderlichen Todesprozeß zu definieren. Auch die Psychiater ließen sichs nicht nehmen, einen Blick auf Fiala zu werfen, ob etwa sein phantasierender Mund aus dem dunkelsten Dunkel der so langsam absterbenden Seele nichts Brauchbares zutage fördere. Man erlebte ja hier den Tod unter Zeitlupe gleichsam.

Damals lehrte an der Universität ein alter Herr, ein Skandinavier, namens Cornelius Caldevin, ein sehr beliebter und gesuchter Herzspezialist. Er gab seinen Patienten unerklärlichen Mut, ganz jenseits ihres guten oder schlechten Zustands. Diese mutspendenden Kräfte mochten ein seelsorgerisches Talent in Caldevin sein. Denn tatsächlich war er ein in die Medizin entsprungener Theologe und dieser unterjochte Theologe meldete sich im Alter. Die Kollegen belächelten die leichte Salbung und die frei-angefrömmelten Allgemeinheiten seines Vortrages. Er war ein genialer Diagnostiker, eine Leuchte des Fachs, ein erfolgreicher Forscher, ein Arzt von reichster Erfahrung, so daß man ihm gern seine »unwissenschaftlichen« Nebenbemerkungen nachsah. Auch Caldevin kam mit einigen Studenten an das Lager Fialas. Und es war eine höhere Schönheit in der Geste, mit der dieser alte Arzt seine Hand auf die Stirn des Elenden legte, von der er sie erst wieder löste, als er davonging. Auch sprach er leise, fast flüsternd, während es allgemeine Gepflogenheit in diesem Zimmer war, laut zu sprechen, da man nicht glaubte, hörende Ohren vor sich zu haben.

Dies waren die Worte Caldevins, soweit sie verständlich wurden, denn er flüsterte nicht nur, sondern hatte auch eine unklare und stockende Sprechweise:

»Sehen Sie nur ... meine Herren ... Sehen Sie nur dieses Herz!«

Und er lauschte dem Puls:

»Wohl, es arbeitet noch ... Etwas arbeitet noch ... Meine Freunde ... Das Herz des Menschen ... Das ist nicht nur ... Nun ja ... Das anatomische Herz ... Das funktionelle Organ ... Die Maschine, wie wir gelernt haben ... Angekurbeltes Leben, unabhängig vom Willen ... und so weiter ... Meine Herren ... Da ist etwas in uns ... was König des Herzens ist.«

»Herzkönig!«

Eine gemeine Stimme unter den Studenten hatte diesen Witz gemacht. Der alte Herr schwieg plötzlich ganz eingeschüchtert. Auch hatte ihn jetzt der Blick jenes strebsamen Assistenten getroffen. Das verwirrte ihn und er konnte kein Wort mehr sagen.

Der Assistent aber fühlte eine unerklärliche Wut und zischte in sich hinein:

»Trottel.«

[...]

In diesen Tagen floh Frau Fiala gern die Einsamkeit ihrer Küche. Sie besuchte Nachbarn, sie saß bei der Hausbesorgerin, sie stand bei der Greißlerin, und je mehr Mitleid sie fand, je mehr weinte sie. Allen erzählte sie von den schrecklichen Erlebnissen, die ihr Tag und Nacht begegneten. Einmal hatte sie *sein* Hut angeschaut als wie mit wilden Augen. Ein andermal war *sein* Rock dagehangen, still und leer, aber plötzlich verwandelte sich der vorwurfsvolle Rock, und sie sei in Ohnmacht gefallen. Auch war er ihr schon »erschienen«.

Man sieht, noch während der lange und seltsame Todeskampf wogte, glaubte Frau Fiala ihren Mann schon abgeschieden. In gewissen Stunden wiederum schaute sie die Leute höhnisch an und rief, ganz aufgebracht, man werde schon sehen, das Mannerl könne noch sehr leicht gesund werden und der ganzen bösen Welt einen Possen spielen. Wie aber auch immer die Stimmung war, sie weinte, weinte mechanisch und regelmäßig.

Weniger regelmäßig und mit der Zeit immer seltener wurden ihre Krankenbesuche. Sie konnte ja nicht helfen, der Weg war weit, sie alt, die Elektrische teuer; Speisen zu bringen hatte keinen Sinn, und vor allem, sein Anblick erschütterte sie so fürchterlich, daß sie selbst vor Gram jedesmal krank ward.

Von den drei Nächsten wars also nur Franzl, der Tag und Nacht im Spital verbrachte. Anfangs hatte man ihn fortweisen wollen, aber er verstand es, sich nützlich zu machen, so nahmen denn die Wärter, wenn Inspektion kam, ihn selbst unter ihren Schutz.

Ein Glück war es, daß Fialas Gehalt weiterlief und die Firma aus eigenem Antrieb eine Remuneration von drei Millionen gesandt hatte. Die Alte verwandte bei ihren Unterhaltungen einen Teil dieses Geldes schon für das Begräbnis. Denn es war klar, daß dem Ihrigen ein schönes Begräbnis dritter Klasse gebühre, und daß trotz Ungunst der Zeit sein Grab kenntlich gemacht werden müsse.

Der Geist Frau Fialas war leider ebenso kurzsichtig wie ihre Augen weitsichtig waren und zum Lesen nicht taugten. Jetzt, da sie mit Klara allein lebte, da sie die Schwester nicht mehr verteidigen mußte, jetzt wuchs die Angst vor ihr namenlos und auch ein hilfloser Haß: denn das spürte sie doch, daß sie der Bösen nun ohne Schutz für immer verfallen war.

Sie hatte Klara bisher nicht eingeweiht. Aber so schwer zu entziffern war die Schreibmaschinenschrift, so schwer zu verstehen die klauselreiche Sprache der –Tutelia–. Stundenlang saß sie in der Küche und buchstabierte. Doch wie sehr sie auch die Brille rückte und an der Schürze putzte, sinnlos wolkte der Schriftsatz vor ihren Augen. Klara war jünger, hatte bessere Augen und einen besseren Kopf. »Hat ja immer gut gelernt und gerechnet, die Kluge!« Aber gerade diese Klugheit war die Gefahr. Frau Fiala kämpfte noch eine Weile um ihre Selbständigkeit. Doch von Tag zu Tag unwiderstehlicher ward Klaras Übermacht, wenn sie heimkam, ihren Beute-Pack in die Ecke schleuderte, wie ein Teufel um die Küche fuhr, wild in die Töpfe guckte, Diebstahl und Koffereinbrüche feststellte und schallenden Skandal auf den Gang trug.

Eines Abends konnte Frau Fiala Unsicherheit und Geheimnis nicht länger ertragen. Und sie zeigte der Schwester die Polizze. Klara ging vor die Wohnungstür und hielt das Papier unters Stiegenlicht. Schief, fast beim Ohr saß der Knoten ihres schmutzigen Kopftuches, ihre Augen blinzelten, die Nase schnaubte und im offenen Munde zeigte sich eine begehrliche Zunge. Sie las das Dokument zweimal und dreimal, dann steckte sie es ein:

»Gleich gehe ich damit zu meinem Herrn Doktor!«

Frau Fiala wurde mißtrauisch:

»Was willst du, Klarinka?«

Klarinka aber lachte auf und machte empörte Anstalten, ihrer Schwester das Papier ins Gesicht zu werfen:

»Da! Glaubst du, ich will deinen Schmutz behalten! Kriegst ja eh nichts dafür!«

Marie Fialas Stimme begann demütig zu zittern:

»Was sagst du? Warum kriege ich nichts?«

Klara aber verbarg den gehässigen Triumph nicht:

»Weils da steht! Wenn der Karl vor dem fünften Jänner stirbt, kriegst nichts ...«

Eine tiefe Kränkung wandelte Klara an, als sie den Kontrakt wieder zu sich steckte:

»Nur weil ich brav bin, nur weil ich eine Gute bin, gehe ich zu meinem Herrn Doktor.«

Frau Fiala kehrte in ihre Küche zurück. Sie setzte sich auf die Kiste, dort wo immer Franzl sitzt, und versuchte einen Gedanken, *den* Gedanken zu fassen. Nach einer halben Stunde etwa dämmerte es in ihrer grauen Seele. Wie ein elektrischer Strom ging ein Schreck ihr durch den Körper, so stark, daß sie Metall auf der Zunge schmeckte. Es war der erste und einzige Schreck vor Gott, den sie in ihrem Leben empfand.

Etwas Ungeheures ging vor. Man konnte es gar nicht erdenken. Ihr Mann, der schon längst tot war, starb nicht. Wegen der Versicherung erzwang er das Leben. Ihretwegen, die ihn längst aufgegeben und vertan hatte! Sie taumelte auf, kleine sinnlose Schreie stieß sie aus, und wie sie war, ohne Umhang, lief sie in den Winter. Hausbesorger und Greißlerin starrten ihr nach.

VII

[...]

»Melde gehorsamst, Ableben erfolgt!«

Man wird ihm seinen Ort anweisen im goldenen Zug, der durch die Straßen fliegt.

Höchste Zeit ist es schon. Der Nebel hat sich verwandelt. Im Hausflur herrscht er als dicker Rauch, von Glut und Flammen durchflochten. Aber wer vertritt jetzt den Weg? Die Straße hat frei zu sein! Hier wird kein Spalier geduldet. Zwischen ihm und dem Herannahenden, dem Herrlichen, muß offene Bahn sein. Doch die Menge umtanzt ihn. Sie will den Erlösten zurück ins qualmende Tor stoßen, wohin er nicht mehr gehört. Und jetzt sieht er die Menge. Da kocht sein ganzes Leben auf in Zorn und Verzweiflung. Hundert Maries und fünfhundert Klaras drängeln ihn in sein Gefängnis zurück, da er doch ausgeharrt und längst gesiegt hat. Alle Maries tragen Kränze in der Hand und weinen. Alle Klaras schwingen tückische Besen gegen sein Gesicht. Sie versuchen heimlich seine Hände mit Vorkriegsspagat zu fesseln. Die Hexen sind schuld. Immer haben sie ihn eingesperrt. Jetzt, wo die Ablösung näher und näher dröhnt, auch jetzt wollen sie flennend und fluchend ihm den Weg verstellen. Aber Gott sei Dank! Sein Arm ist wieder stark und die Kugel seines Stabes blitzt ...

Zusammengesunken auf dem Stuhl sitzt Frau Fiala und starrt auf das Grauen des Todes, der nicht kommen will. Mit Gewalt mußte man die Schreiende in den letzten Tagen, wenn der Abend kam, aus dem Zimmer zerren. Jetzt ist Fiala längst kein »Fall« mehr. Auch diese Sensation hat sich abgebraucht. Ein Herzmuskel ist stärker, der andere schwächer, und Roßnaturen sind selten, aber noch lange kein Wunder. Das Weib starrt regungslos auf den Hügel Verwesung dort unter der Decke, der mit jagendem Atem in seiner eigenen Jauche liegt, ohne daß jemand ihn reinigt. Auf dem Kissen ruht das gelbe Haupt, die Riesenstirn eines Kirchenvaters. Die Frau kennt dieses fremde Haupt nicht mehr. Manchmal zuckt der Dulder zusammen und versucht, Bewegungen zu machen. Die Hände wollen unters Kissen fahren, und die Beine rühren sich unter dem Tuch.

Klara ist eingetreten und beginnt der versteinerten Schwester eine Standpredigt zu halten, sie solle jetzt endlich nach Hause gehen, das Sitzen und Schauen bringe nichts ein. Alle drei Minuten erscheint Franzl in der Tür. Seine Augen starren vorwärts, als müsse er mit sich kämpfen, den Vater anzuschaun. Plötzlich, im Verlauf ihrer Rede, erhebt Klara nach gewohnter Art scharf ihre Stimme. Da ist es, als ob das Wesen, das den Namen Fiala trägt, erwachen würde. Aufgerissene Augen stieren die Weiber an und es sind fremde Augen nicht mehr. Der Körper bäumt sich im Bette, und jäh, mit einem Ruck unmöglicher Kraft, fahren graue behaarte Stöcke unter der Decke hervor und versuchen heldenhaft Boden zu fassen. Und jetzt, einen kehligen Siegeslaut ausstoßend, steht hoch aufgerichtet ein wüster Riese da, der die Spinnenarme hebt wie zum Schlag. Ein stampfender Schritt gelingt noch, dann stürzt die Gestalt in sich zusammen, ein Knochenhaufen.

Hier endet der Bericht vom Sterben des Kleinbürgers Karl Fiala. Zwei Tage über sein Ziel war er hinausgerannt wie ein guter Läufer. Denn man schrieb den siebenten Januar schon. Unverzüglich schafften die Wärter, nach flüchtiger Todesfeststellung, die Leiche an den Ort, wohin sie gehörte, gleich einem Unrat, der allzu lange im Wege gelegen war.

Als die Witwe das fremde Gesicht nicht mehr sah, konnte sie zu ihrem Glück wieder weinen. Das Sterbebett stand nun leer. Klara, die so oft bemerkt hatte, daß die Hand des Gequälten etwas unterm Kissen suche, und die, wenn sie ein Traum nicht täuschte, einmal ein Goldstück hervorblinken sah ...,... sie trat nun, Tränen hinaufschnaubend, wie unversehens an die Lagerstatt. Laut klagend und mit schmerzzuckenden Fingern begann sie das verödete Kissen zu streicheln. Da fühlte sie plötzlich die suchenden Gelenke ehern umkrallt. Sie keifte auf. »Du verdammter Bub! Ich will dir nichts nehmen! Marinka! Gib Achtung!«

Franzl hob stumm das Kissen auf und steckte die beiden wertlosen Gegenstände in seine Tasche. Es war ein leerer Kalenderblock und die schmutzige Borte irgendeiner verschollenen Uniform.

Oskar Maria Graf (geb. 1894 in Berg am Starnberger See; gest. 1967 im Exil in New York) war ein deutscher Schriftsteller, der für seine betont bayerische Lebensart bekannt war. Als Elfjähriger musste er in der väterlichen Bäckerei bereits schwer arbeiten. Nach dem Tod des Vaters übernahm 1906 Oskars älterer Bruder Max den Bäckereibetrieb. Vor den Schlägen seines brutalen Bruders floh Graf 1911 nach München, um Schriftsteller zu werden. Dieser Berufswunsch erschien auch gar nicht sehr abwegig, nachdem er 1910 als Bäckerlehrling von sechzehn Jahren beim »Reclam Verlag« für seine Besprechung von Turgenjews »Gedichte in Prosa« einen Preis gewonnen hatte. Dennoch musste er sich in München zunächst als Gelegenheitsarbeiter durchschlagen. Noch 1911 wurde Graf im Milieu der »Schwabinger Bohème« heimisch, kam in Kontakt mit der Gruppe »Tat« um Erich Mühsam, las anarchistische Literatur und freundete sich mit dem Maler Georg Schrimpf und dem Schriftsteller Franz Jung an. Zusammen mit Schrimpf ging er 1912/13 auf Wanderschaft durch die Schweiz und Italien.

Auf seine Einberufung als Soldat 1914 und den Einsatz an der Ostfront reagierte Graf im Januar 1916 mit Befehlsverweigerung. Er wurde in eine Irrenanstalt eingewiesen und Ende 1916 als »dienstuntauglich« entlassen. Um sich als Pazifist von dem gleichnamigen Kriegsmaler Oskar Graf abzusetzen, wählte er 1917 den Zusatznamen »Maria«. Die revolutionären Umwälzungen in Bayern 1918/19 versuchte Oskar Maria Graf aktiv mitzugestalten. Ein lyrischer Beitrag hierzu war sein 1918 veröffentlichter Gedichtband »Die Revolutionäre«. Nach einer kurzen Ehe, aus der 1918 seine Tochter Annemarie hervorging, lernte Oskar Maria Graf 1919 seine langjährige Lebenspartnerin und spätere Ehefrau Mirjam Sachs kennen, die bis zu ihrem Tod 1959 an seiner Seite blieb.

Trotz zahlreicher Veröffentlichungen gelang ihm erst 1927 mit seinem Roman »Wir sind Gefangene« der literarische Durchbruch. Erst jetzt konnte Graf vom Beruf als Schriftsteller leben und mit seinen weiteren Büchern, darunter »Bayerisches Dekameron« (1928) oder »Kalendergeschichten« (1929), ein breiteres Lesepublikum ansprechen. Der einträglichen Existenz als gefragter Schriftsteller bereiteten die Nationalsozialisten jedoch ein jähes Ende. Von einer Vortragsreise nach Wien im Februar 1933 kehrte Oskar Maria Graf nicht mehr nach Deutschland zurück. Legendär wurde sein Aufruf »Verbrennt mich!«, den er am 12. Mai 1933 in der Wiener »Arbeiter-Zeitung« veröffentlichte. Irrtümlicherweise ging er davon aus, die Nazis hätten seine Bücher nicht verbrannt, sondern sogar empfohlen. Dabei konnte er nicht wissen, dass sein Name seit Anfang Mai 1933 auf den »Schwarzen Listen« von Wolfgang Herrmann stand. Nach Wien waren die tschechischen Städte Brünn und Prag weitere Stationen seines Exils. 1938 floh Oskar Maria Graf mit Mirjam Sachs über die Niederlande in die Vereinigten Staaten, wo er sich in New York niederließ. Dort beteiligte er sich u.a. an der Gründung des »Aurora-Verlages«, der das Programm des bedeutenden »Malik-Verlages« im Exil fortsetzen sollte. Nach 1945 unternahm er noch vier Mal Vortragsreisen nach Europa, wobei er auch Deutschland besuchte. Ständiger Wohnsitz blieb jedoch das Exil in New York, wo Oskar Maria Graf 1967 kurz vor seinem 73. Geburtstag verstarb.

»Wir sind Gefangene« ist bis heute das bekannteste Werk Grafs. Der Roman trägt unverkennbar autobiographische Züge und handelt zunächst von der Flucht aus der Enge der Provinz mit ihren fest gefügten Traditionen und familiären Hierarchien – einer Welt also, die von völkischen Autoren gerne idealisiert und dem angeblich verderblichen Leben in der Großstadt vorgezogen wurde. Graf sieht das in seinem Roman genau umgekehrt. Er enthüllt die vordergründig heile Welt der Provinz als das schlimmste Joch, das einem progressiv denkenden, heranwachsenden Menschen widerfahren kann. ■

Oskar Maria Graf
Wir sind Gefangene
Ein Bekenntnis aus diesem Jahrzehnt

Epilog

Zehn Jahre war ich alt, als einer in mein Leben trat, erzogen von Soldaten, Unteroffizieren und Offizieren und meine Erziehung in die Hand nahm. Zehn Jahre, als einer zu befehlen begann, mich anschrie, prügelte und noch mehr prügelte.

Zehn Jahre war ich alt, als ich anfing zu wissen, was Zwang ist und anfing, ihn zu hassen, sinnlos zu hassen.

Zehn Jahre war ich alt und ging in die fünfte Klasse der Volksschule, als wir nach bestandener erster Beichte für die Kommunion vorbereitet wurden. Der Pfarrer, der uns unterrichtete, erzählte uns von der ungeheuren Wandlung, die uns der Empfang des Leibes Gottes bringen würde. Er beschrieb durch viele Beispiele die Qualen der unwürdig Empfangenden, der »Gottesräuber«.

Es gab da plötzliche Blitzschläge aus heiterem Himmel auf solche Sünder, lebenslängliches Unglück, Kranksein, Ruhelosigkeit, Lähmungen. Das nagende Gewissen trieb die Gottesräuber in die Welt hinaus, ließ sie Verbrechen begehen. Sie endeten nicht selten im Zuchthaus, und nach dem Tode winkte die ewige Qual, die Hölle.

Und auf der Seite der Büßenden, der Reinen, war Ruhe, Glück, waren Wunder und Verklärungen.

Ich lauschte begierig. Ich lernte. Ich hütete mich vor jeder Sünde, lebte in einer ständigen, gespannten Angst, etwas erleben zu müssen, wodurch meine Seele Schaden empfinge. Ich schlief oft bis tief in die Nacht hinein nicht und lispelte in einem fort Gebete. Ich redete einfältig mit Gott. Ich spülte nach jeder Mahlzeit meinen Mund aus, putzte fanatisch meine Zähne. Nicht nur in eine reine Seele sollte Gott Einzug halten, sondern auch in einen reinen Magen.

Ich vergaß oft alles, bekam Prügel vom Lehrer und zu Hause. Ich hatte Angst, Angst, Angst! –

Wenn ich allein war, überfiel mich eine irre Verzückung, eine besinnungslose Freude, wenn ich mir ausmalte, wie ich sei, wenn der Herr in mich gekommen wäre.

Ich spürte keine Prügel, alles Um-mich war verloschen. Ich hatte ein Gefühl, als sei alles schwebende Unwirklichkeit um mich. –

Doch dann kam wieder die Angst, die furchtbare Angst vor der plötzlichen Versündigung und auf einmal – ein bohrendes Mißtrauen, ein Grauen vor allen Menschen. –

Meine Mutter war sehr fromm. Sie hatte oft und oft Gott empfangen und war unverändert geblieben. Meine Geschwister waren leichtzüngig, hatten viele Male Gott empfangen, aber man sah ihnen nichts an. Alle Dorfleute waren fromm oder sündhaft, aber alle, alle hatten Gott geschluckt, oft und oft, und nichts an ihnen zeugte von einer Wandlung.

Mein Vater fluchte, daß oft das ganze Haus bebte, trank, fuhr jedes Jahr in einen berühmten Wallfahrtsort und empfing nach der Beichte den Leib des Herrn – betrank sich hernach in irgendeinem Bräu und fluchte am andern Tag genauso wie vorher, lästerte Gott. Nichts hatte ihn geändert. Alle Menschen nahmen Gott und wieder Gott in sich auf und keinen erfaßte die Verklärung, keiner hatte sich geändert. Alle blieben gleich, vollkommen gleich! –

Ich wurde irr.

Was war das? *Das!! Das,* daß alle gleich blieben nach dem Empfang der Hostie, daß man keinem etwas ansah?

Das, daß Gott keine Spuren an den Empfangenden zeigte? –

Ich sah meinen Vater an, meine Mutter, meine Geschwister, die Dorfleute, alle, alle.

Und auf einmal packte mich das Entsetzen.

Alle waren Gottesräuber! Allen lauerte der Teufel auf. Alle waren der Hölle verschrieben. Alle mußten ewig, ewig, ewig brennen, leiden, brennen, leiden!!

Ich weinte oft tief in der Dunkelheit. Ich hatte Angstträume. Ich versteckte mich im Heu, wenn mein Vater fluchte, und mein Herz stand oft jäh still, denn jeden Augenblick konnte, *mußte* ein Blitz aus heiterem Himmel niederstürzen. Konnte, mußte mein Vater für immer jäh verstummen oder tot umfallen. Konnte! Mußte!! –

Ich versteckte mich, ließ rufen und rufen und gab nicht an. Ich aß nichts mehr. Ich schlief kaum noch. Ich schrie plötzlich in der Nacht laut auf und fühlte mich nur geborgen beim Religionsunterricht in der Schule. –

Dann kam die heilige Handlung.

Ich weiß nicht mehr, wie ich mich verhielt. Ich fühlte eine Oblate auf meiner Zunge und schluckte sie hinunter. Und riß die Augen weit auf.

Jetzt mußte ich strahlen! Jetzt mußte etwas in mir zu brennen anfangen! – –

Wir schritten in die Betstühle zurück. Meine Glieder bewegten sich genau wie vorher. Ich schwebte nicht. Ich sah alles genauso, fühlte alles genauso, wie ich es immer gesehen und gefühlt hatte.

Es hatte sich nichts geändert! Nichts, gar nichts!!

Der Pfarrer hatte gelogen! Gelogen!

Es gab keinen Gott in einer Hostie. Es gab überhaupt keinen! Es war alles Lüge! Lüge! Lüge! Lüge!

Es gab keinen Blitzschlag aus heiterem Himmel, keine Hölle! Meine Angst, mein Beten, mein Weinen – alles, alles war umsonst gewesen!

Es gab keinen Gott, keine Ruhe, kein Wunder, keine Verklärung! Es gab gar nichts! – *Gar nichts!!* –

⋆

Niemand ist einsamer als ein werdender Mensch mit unvorbereitetem Herzen. Niemand wartet mehr auf das Wunder und auf die Liebe, als er! –

Knapp siebzehn Jahre war ich alt. Shakespeare und Schopenhauer, Tolstoj und Stirner, Heine und Strindberg, Nietzsche und Maupassant, Balzac und Wedekind, Ibsen, Zola und Flaubert hatte ich gelesen, Schiller und Grabbe, Bakunin und Herzen – Bücher und Bücher.

Ganze lange Stellen daraus kannte ich auswendig, zitierte sie oft, liebte sie, wurde bis zum Weinen bewegt durch sie und berauschte mich daran. Und sagte die Worte fast wie ein wohltuendes Gebet und kannte sie nicht. –

Durch die nächtlichen Straßen der Stadt lief ich voll ungewisser Unruhe. Immer und immer wieder drängte sich dieses *eine* dumpfe, quälende Gefühl zwischen meine verworrenen Gedanken: Du gehörst zu niemandem und niemand gehört zu dir! Du bist allein und ganz überflüssig.

Unlust und Mißmut kamen und wurden so groß, so zersetzend, so schrecklich, daß ich schier vor meiner eigenen Jämmerlichkeit zu fliehen versuchte. Ab und zu schaute ich fast bittend auf die vorübergehenden Menschen, erschrak jäh, blickte hastig weg, wie einer, der Angst hat, das Verborgenste in sich zu verraten, ging schneller, ziellos weiter, eine Straße lang und wieder zurück, um ein Häusergeviert und wieder zurück, fing den Gang abermals von vorne an und wußte zuletzt wirklich kaum noch, wo ich war, stand, weshalb ich ging und überhaupt auf der Welt war.

»Komm mit!«, sagte auf einmal eine Prostituierte zu mir. Zum erstenmal in meinem ganzen Leben!

Ich glotzte sie an, alles in mir stockte, dann flogen und flammten meine Glieder.

Sie lächelte alt, nickte und ich ging mit ihr. Wir kamen auf ihr Zimmer. Sie knipste das Licht an. Ich wankte, fiel um sie, umklammerte sie wild, wollte sie küssen und lieben, wie nur ein junger Mensch erstmalig liebt.

»Au! Geh weg! Du zerreißt mir ja die Bluse! … Langsam! … Nur nicht gleich so stürmisch!« wehrte sie ab und verlangte Geld. Ich ließ sie aus, meine Arme, mein ganzer Körper wurden wie lahm. Dumm und stocksteif blieb ich stehen und ließ mit mir geschehen. Sie nahm sich selber das Geld aus der Börse, entkleidete sich sachlich und legte sich hin. Es verschwamm alles, es versank. Wie ein Hitzklumpen fiel ich auf ihren kalten Leib. Nichts hörte ich mehr, als ihr heiseres, häßliches Kichern.

Langsam, ganz langsam kehrte alles wieder. Die grüne Tapete, das gelbe Licht, der Diwan und das breit auseinandergeflossene, fleischige Gesicht. Ich richtete mich auf und blieb todtraurig neben ihr sitzen. Ich wollte lächeln, aber mein Gesicht schien gefroren, ich wollte reden und begann zu schlottern. Ich warf meinen heißen Kopf in ihre Brust und verschluckte das Weinen. Ich fing auf einmal an, mein Leben zu erzählen, stammelte, brach ab und umspannte noch hilfloser ihren Körper. Die Tränen brachen furchtbar aus mir.

»Nimm alles! Tu' alles mit mir! Du! Du! Ich hab' dich so gern! Du! Du! Ich möcht' dich heiraten! Ich muß dich haben! Du! Du! Ich arbeit', ich mach' alles! Du! Du! Ich kann nicht mehr anders! Du! Du! Du hast es gut bei mir! Du! Du!« heulte ich in sie hinein, brüllte, schluchzte.

Es war, als zerginge ich langsam.

Sie erzitterte erschrocken, löste sich hastig los und stand auf. Ängstlich und ärgerlich sah sie mich an, murrte und brummte. Rasch warf sie ihre Kleider über, zog mich hoch, half mir ins Jackett und brachte mich eilig auf die Straße.

»Sei doch still, Kerl! Sei still, sag ich! Still! ... Da, da grad' aus! Geh nur! Geh! Geh bloß weiter!« waren ihre letzten Worte und entsetzt lief sie davon.

Finster war es rundherum. Drohend ragten die massigen Hauswände in den dunklen Himmel. Ich tappte weiter. Weiter in eine grausige Verlassenheit hinein.

Die blieb und blieb. – – – –

*

Die Wunder waren gestorben. Glaube und Liebe waren zu nichts geworden. Hoffnung schien Unsinn.

Zur Verlassenheit gesellten sich das Mißtrauen gegen jede innere Regung, die Feindschaft gegen die Welt und der furchtsame Haß gegen alle Menschen. Klugheit und List dünkten mir die einzigen Waffen, sich gegen alle Anstürme zu wehren. Winzig klein wurde mein Kreis und hieß nur noch: Ich.

Ganz plump: Ich. – –

Schwätzer und Besessene versuchten mich zu ändern. Ich ließ mich scheinbar belehren, heuchelte Freundschaft, machte mir ihre überzeugendsten Redewendungen und Gedankenkniffe zunutze und blieb der gleiche.

Ideen und Ereignisse drangen heran. Ich verschloß mich ihnen nicht, o nein! Ich fand sie unterhaltlich und belächelte sie tief zu innerst ungläubig. Das letzte hieß ja doch immer nur: Wehre dich! Wehre dich, sonst wirst du zerstampft! Friß oder werde gefressen!

Der Krieg kam und war mir nichts als eine einzige Narretei. Dieser galt es so schnell wie möglich auszuweichen. Sie geschah für irgendwen, und ich wollte nur für *mich* geschehen. – – – –

*

Es war 1917. Mit beharrlicher List hatte ich mich vom Militär befreit. Ich war wieder in der Stadt. Wieder rann das Leben. Nichts hatte sich geändert. Die Fabrikarbeit, die Arbeiter, der Meister, die Logisfrau, Scheinheiligkeit, Speichelleckerei, Muckertum, Mißtrauen aller gegen alle und Berechnung auf eigenen Vorteil – alles war gleich geblieben.

Und ich?

Weshalb war ich frei?

War ich denn frei?

Nein! Tausendmal nein!!

Hatte ich wenigstens etwas gewonnen? Hatte ich wem genützt durch mein Tun? Wirkte ich als irgendein Beispiel?

Nein! Tausendmal nein!!

Also wieder nur die Leere. Also wieder nur das plumpe Ich.

Ein Ekel stieg auf in mir. Ein noch größerer Haß gegen mich und alles Leben um mich.

Ich schritt dumpf durch die Straßen. Es lachte jemand. Jäh zuckte es auf in mir: Jetzt aufspringen! Sich auf einen Menschen stürzen, ihn niedermachen! Viele, viele Menschen niedermachen, erwürgen!! Und dann wieder eingesperrt werden, ins Irrenhaus oder ins Zuchthaus. Ganz gleich wo! Nur noch alleiniger sein, ganz allein!!

Verzweifelt, ruhelos ging ich in meinem Zimmer auf und ab. Auf und ab. Die ganze Nacht.

»Was bin ich?«

»Was will ich?«

»Wem nütze ich?«

Immerzu, immerzu. Und ebensooft: »Nichts! Nichts! Niemandem!«

Verbissen und irr.

Und plötzlich: »Und *bin* doch! *Will* doch! Nütze, nütze, nütze – nütze? – *Wem? Wem!?«*

»Wem« stand auf, übermächtig. – – – –

Der Tag fiel durch das Fenster. Ich packte meinen Koffer, schrieb einen Brief an den Bäckermeister und wollte fliehen.

Aber zu was, wohin und vor wem denn? –

Ich zerriß den Brief, machte mich fertig und ging wieder zur Arbeit. Die ewige Gleichmäßigkeit des Weiterlebens floß über alles hin. – –

Ich las wieder Bücher, ich versuchte es mit den Frauen, ich heiratete, ich vermischte mich mit allen möglichen Menschen, ich tobte und trank mit ihnen Tag und Nacht, ich galt als originell und bestärkte mit verschwiegener Eitelkeit und gewiegtem Instinkt diese Ansicht über mich – aber ich war nicht weniger verlassen. Ich fing zu schreiben an. »Mensch«, notierte ich mir einmal, »das ist seit Anbeginn das Stieselhafteste und Unsinnigste, was es gibt. Jedes Tier, jede Pflanze, der Regentropfen selbst ist vernünftiger, froher und freier. Für all' dieses gibt es nur ein Sein und damit ist's genug. *Wir* aber bilden uns mehr ein, und das ist unser ganzes Trauerspiel.«

Leben wollte ich, leben! Sein wollte ich, nur sein, sonst nichts. –

⋆

Es war kurz nach der Erschießung Levinés. Ich ging durch den Englischen Garten. Ein Arbeiter, der mit mir auf Zelle 13 gewesen war, traf mich. Wir schauten uns in die Augen, vorsichtig und fast mißtrauisch.

Er nickte kurz grüßend und wollte weiter.

»Kamerad, wir kennen uns,« sagte ich. Er hielt zögernd inne, maß mich abermals scheu und lächelte schwermütig. Jetzt schien ihm wieder alles einzufallen.

»Ja, Jesus, ja«, sagte er und ging mit mir.

Wir spazierten einsilbig durch die vielen bummelnden Leute, bogen in einen dunklen, verlassenen Weg ein und setzten uns nach einer Weile auf eine Bank. Er redete erst ganz gleichgültige Worte und lugte immerfort forschend herum, als befürchte er unsichtbare Lauscher. Es wurde still und stiller. Der Park schien leer, in den Zweigen schüttelte sich ab und zu ein schlafender Vogel, und von der fernen Stadt herüber drang mitunter das Surren der Straßenbahnen. Er holte Atem, beugte sich näher zu mir und faßte mich am Arm. Der Mond fiel auf sein verhetztes Gesicht.

»Weißt du noch? ... Den Kastenberger?«, raunte er halblaut.

Ich nickte und fragte: »Ja, was ist aus ihm geworden?«

»Er hat auf dem Transport wieder zu toben angefangen ... Sie haben ihn erschlagen«, erzählte er.

»Hm«, machte ich kopfschüttelnd und wurde eiskalt.

»Meinen Vater haben sie im Hofbräukeller erschossen ... Meine Frau hat eine Frühgeburt gehabt und ist nicht mehr recht«, keuchte er weiter und fing ein wenig zu stottern an: »Ich bin vier Jahr' im Feld gewesen ... Dreimal verwundet ... Ich hab' nie was von der Revolution wissen wollen ... Lauter lange Zeugnisse hab' ich ... Im Betrieb hat jeder ein Gewehr gekriegt ... Ich hab's am dreißigsten April wieder dort eingeliefert ... am andern Tag haben sie mich aus dem Bett geholt ... Auf dem ganzen Hinweg zur Polizei haben sie auf mich eingehaut ... Es – es gibt keinen Herrgott nicht!« Die Tränen kamen ihm, er schluckte, stockte. Er knickte zusammen und lehnte sich an meine Seite. Ich hielt ihn aufrecht. Er weinte zerstoßen.

»Recht hat er gehabt, der Leviné ... Wir sind zu viel für sie ... Wir sind bloß Tote auf Urlaub, jaja ... Hätten sie mich lieber auch erschossen«, stammelte er weiter. –

Ich konnte nichts sagen, ich ließ ihn lehnen, wie er lehnte und rührte mich nicht. Er senkte den Kopf und rieb sich die Augen aus, sein Hut fiel auf den Boden. Er ließ ihn liegen. Ich streichelte ihm auf einmal etliche Male schweigend über den Kopf. Er wurde langsam ruhiger. Wir hockten da, aneinandergelehnt, in der Dunkelheit, wie zwei Übriggebliebene auf einem Stück ausgestorbener Welt.

»So verdrossen muß man nicht sein, Kamerad ... Es ist nichts umsonst gewesen«, brachte ich nach langer Zeit heraus und stand auf: »Komm, gehn wir ...«

Er atmete schwer und erhob sich ebenfalls. Wir gingen. Ich empfand leise, daß er nach und nach fester auftrat, daß sich sein Körper mehr und mehr straffte. Er blieb stehen und hob die Faust, ganz seltsam, ganz ungewohnt.

»Wenn's wieder angeht, dann kämpf' ich … Ich kämpf', bis ich hin bin … Dann weiß ich wenigstens, es geht für uns!«, rief er dumpf und grollend. Und eigentümlich getragen setzte er hinzu: »Die Stunde kommt!«

Ich erzitterte leicht und ließ ihn nicht aus den Augen. Er wandte sich hastig an mich und drückte mir die Hand. Stumm und eilsam ging er in der Dunkelheit weiter. Ich blieb stehen, besann mich, wollte ihm rufen, ihm nach und schritt heimwärts. Immer heißer wurde mein Herz. Alle Bilder sah ich wieder, die sich in meine Gedanken geprägt hatten: Die Massen der Straßen, das Arbeiterheer, die düsteren Züge der Verhafteten, die Leichen der Erschossenen und diesen *einen* Kameraden. Und alles wurde noch schärfer und noch unauslöschlicher. Und dieser eine Mann mit der erhobenen Faust wurde Legion.

»Die Stunde kommt!«, jubelte ich unwillkürlich.

»Es ist nichts umsonst gewesen!«, wiederholte ich ergriffen.

Mein winziger Kreis zerbarst. Ich war mehr als bloß »Ich«. Ein großes Glück durchströmte mich. –

⋆

Aus vielen Erschütterungen waren halbe und ganze Erkenntnisse geworden. Die Furchtbarkeiten lagen Jahre zurück.

Als Handwerksbursche wanderte ich einmal durch die Dünen am Meer. Nacht war es. Plötzlich fing's zu regnen an, zu donnern, zu blitzen. Und das nahe Meer grollte. Kein Baum, kein Licht. Finsternis, nichts als Finsternis und Regen, Regen, Regen, Geheul, Blitzen, Donnern. Immer furchtbarer, grausamer. Rasender Sturmwind. Peitschender Regen.

Regen, der mich auf einmal hinwarf wie ein hilfloses Blatt. Tief in den Schlamm preßte und auf meinen zitternden Körper niedersauste mit einer Gewalt, wie ich sie nie wieder erlebte. Regen, der mich erbarmungslos begrub. Lebendig, gänzlich wehrlos, verlassen.

Und die bebende Erde, der krachende Himmel, die brennende Luft, der rasende Wind! Und das Meer zischte, heulte, türmte sich hochauf und fiel klatschend nieder. Ich schrie, brüllte, weinte. Es krachte, bebte, surrte, zischte, peitschte. Da streckte ich mich ohnmächtig aus und preßte willenlos meine Hände betend ineinander, schrie, schrie:

»Gott!«

Dann verlor ich die Besinnung. –

Als ich aufwachte, war es still. Wie ein schwebender Flor lag die Luft ringsum. Ich arbeitete mich aus dem Kot und sah in die strahlende Helle.

Und brach ins Knie. – – – – – – – – – –

Vollkommen erschöpft kam ich nach langem Marsch in einer kleinen Stadt an. Etliche Mark hatte ich noch. In einem kleinen Wirtshaus blieb ich über Nacht. Als ich auf das Zimmer kam und Tinte und Feder auf dem Tisch sah, befiel mich plötzlich der Drang, an einen Menschen zu schreiben. Fast besinnungslos nahm ich aus meiner Brusttasche einen letzten Rest Briefpapier.

Alle Müdigkeit war fort. Die Feder flog. Gehackt waren die Sätze, regellos, geschleudert.

Als ich zu Ende war, überflog ich die Blätter, las einmal, zweimal – dreimal und begann zu weinen.

Übermannt von Müdigkeit legte ich mich unausgekleidet aufs Bett und versuchte zu schlafen, schloß die Augen fest, fast gewaltsam.

Aber es ging nicht.

Ich zitterte, fröstelte, zuckte.

Ich erhob mich abermals, zündete Licht an, nahm die Feder in die Hand und begann zu schreiben.

Auf einmal war mir etwas unwirklich klar. Eine seltsame Ruhe überfiel mich. Meine Glieder schmerzten. Die Augen brannten. Ich schrieb. – – –

Das Ende brach zusammen hinter mir.
Anfang hat morgenfrisch die Tore aufgetan.
Der Boden unter meinen Füßen klingt,
und hoffend straffen sich die Schritte.
Noch einmal aber raste ich, um ins Vergangne auszuschauen,
und sehe Brüder aus dem Nebel näher kommen,
auf gleichem Weg und gleichgebeugt von Last und Prüfung.
Auf ihre Stirnen hat das Tägliche und alle stumme Not der Zeit
ein helles *»Doch«* geschrieben. –
Wir sehen uns nur an
und schreiten weiter, Mann für Mann.
Denn jenes Ewige, das Gott so züchtigt, weil er es unendlich liebt,
ist tief in unserm Blut geblieben
und strahlt uns wie ein Gnadenlicht voran. – – – –

⋆

Über ein Lächeln hinweg schickte ich an das Fräulein diesen Gruß: »Ich liebe Dich! Ich liebe Dich unendlich! Ich komme wieder zurück sobald als möglich. Wunder und Rettung, Glaube und Hoffnung sind hereingebrochen. Ich liebe Dich! Ich liebe Dich unendlich …

Ende

Hermann Kesten (geb. 1900 in Podwoloczyska/Galizien; gest. 1996 in Basel/Schweiz) war ein Schriftsteller und Verlagslektor. Mit seinen frühen Romanen zählte er vor 1933 zu den Protagonisten der »Neuen Sachlichkeit«.

Obwohl er in Galizien zur Welt kam, wurde Hermann Kesten nicht durch das galizische Judentum geprägt. Er war vier Jahre alt, als seine Eltern mit ihm nach Nürnberg zogen, wo er aufwuchs. Wie Ernst Glaeser gehörte Hermann Kesten zu den Geburtsjahrgängen, denen die Fronterfahrung des Ersten Weltkriegs zwar erspart blieb, die es dafür aber nicht minder schwer hatten, sich von der zerrütteten Gesellschaftsordnung ihrer Elterngeneration abzusetzen.

Nach dem Abitur studierte Kesten ab 1919 zunächst Jura und Nationalökonomie, später Geschichte, Germanistik und Philosophie in Erlangen und Frankfurt am Main. Das Studium brach er 1923 ab, half vorübergehend im Geschäft seiner Mutter aus und unternahm eine Reise nach Nordafrika. Nach der Veröffentlichung seiner Novelle »Vergebliche Flucht« in der »Frankfurter Zeitung« zog Kesten 1927 nach Berlin. Im Jahr darauf erschien im Kiepenheuer Verlag sein Debütroman »Josef sucht die Freiheit«, der 1928 für den Kleist Preis nominiert wurde. Dieses Werk war als erster Teil eines Romanzyklus unter dem Titel »Das Ende eines großen Mannes« angelegt, dem als weitere Teile die Romane »Ein ausschweifender Mensch« (1929), »Glückliche Menschen« (1931) und »Der Scharlatan« (1932) folgten. Neben seiner Autorentätigkeit konnte Kesten im berliner Kiepenheuer Verlag unter der Leitung von Fritz Landshoff und Walter Landauer auch als Lektor reüssieren.

Nach der Vertreibung 1933 setzte Kesten seine Zusammenarbeit mit Walter Landauer im Exil fort. Gemeinsam bauten sie die deutschsprachige Abteilung des niederländischen Verlages »Allert de Lange« zu einem der wichtigsten Exilverlage aus. Kestens Einsatz für die Exilliteratur war nicht zuletzt dadurch besonders verdienstvoll, weil er emigrierte Autorinnen und Autoren regelrecht aufsuchte und sie durch neue Verlagsverträge nicht selten aus drückender Armut befreite. Aus einem Internierungslager in Südfrankreich floh Herman Kesten 1940 in die USA, wo er sein Engagement für die deutschsprachige Exilliteratur fortsetzte und 1949 die amerikanische

Staatsangehörigkeit annahm. 1953 kehrte er nach Europa zurück, wobei er bis 1977 in Rom und danach in der Nähe von Basel lebte. Zwischen 1972 und 1976 war Herrmann Kesten Präsident des »P. E. N.-Zentrums der Bundesrepublik Deutschland«, dessen Ehrenpräsident er bis zu seinem Tod 1996 blieb.

Der Roman »Josef sucht die Freiheit« handelt von den ambivalenten Gefühlen, die sich bei Jugendlichen zwischen den Erwartungen der Eltern und dem Bewusstwerden eigenständiger Bedürfnisse ergeben. Josef ist dreizehn Jahre alt und belauscht aus einer verborgenen Nische heraus die Gespräche der Erwachsenen in seinem Elternhaus. Zu seiner Verzweiflung muss er dabei feststellen, dass seine Eltern ein verlogenes Doppelleben führen. Seine Mutter hat Geldsorgen und ein Verhältnis mit einem anderen Mann. Auch sein Vater scheint die Mutter nicht mehr zu lieben. Als Josef darüber weint, versucht der Vater sein Kind zu trösten. Dies ist der Moment, wo Josef die Fesseln seiner kindlichen Unmündigkeit sprengt. Er stellt seinen Vater zur Rede. ■

Hermann Kesten
Josef sucht die Freiheit

Das war es! Das gab es, hier, vor ihm, mitten in seinem Zimmer, in dem er schlief, lebte und wohnte, das gab es, böse Menschen! O! Wie konnte man das Leben noch tragen! Wie konnte er Mama noch ins Auge schauen, wenn man sie so beschimpfte und nichts trat ein, nichts geschah, die Decke stürzte nicht nieder über der Stirn von Übeltätern, der Himmel stürzte nicht nieder über der Stirn von Übeltätern, nichts geschah, nicht einmal er wagte es unter sie zu treten, groß, rächend, strafend irgendwie, unter sie zu treten, zu sagen, einfach, schlicht: Ich habe alles gehört und … und … und … weil er nicht wußte, was er hätte weitersagen, weitertun sollen, deshalb schwieg er, trat nicht vor, blieb versteckt, heimlich wie ein Dieb oder wie ein Sünder vor Gott.

So redete er es sich ein. Aber im Innersten wußte er selber genau, und es brannte ihn, daß es nicht dies war, nein, daß er einfach Angst hatte, Angst vor Prügeln, vor Gelächter, vor Scheltworten, Angst für sich, was ihn abhielt, seine Pflicht zu tun. Und er schämte sich seiner selber zutiefst. Er verachtete sich. Er haßte die Ketten, die ihn fesselten. Er schluchzte: »Freiheit! Wäre ich nur frei! …« Um es in aller Kürze zu sagen: Er tat nichts.

Streicher, Streicher lächelte wenigstens. Er ging ruhig zur Türe, lächelte auf eine ausgesucht unverschämte Art der zitternden Thinka und dem bebenden

Onkel ins Gesicht, sagte, um des guten Abgangs willen, noch dies: »Ich schone euch vielleicht noch um meiner Luise, um Ihres lieben Schwesterchens willen, Thinka?« Dabei zog er seine dicke Brieftasche heraus, schwenkte sie, Geldscheine blitzten, Onkel Roß trat wie magisch gezogen, näher, niemand wußte, ob er Streichern hinauswerfen oder ihm bloß die Brieftasche mit dem Geld entreißen wolle, Streicher, etwas erblassend, ging. Die Türe schloß sich. Es war plötzlich eine starke Stille spürbar.

Dann sagte Onkel Roß, halblaut: »Seine Luise? Was soll das heißen? Thinka. Ich frage dich zum letzten Male? Was soll das heißen?«

»Ich weiß es nicht!«, sagte Thinka ganz leise.

»Also komm!«, sagte Onkel Roß. »Gehen wir!«

»Wohin?«, fragte Thinka.

»Aber doch ins Café?«, sagte Onkel Roß.

Thinka zögerte, sagte: »Heute? Jetzt?«

»Aber du hast doch so viel Geld bekommen!«, erwiderte lachend Onkel Roß, »das muß gefeiert werden. Hast du das Geld bei dir?«

»Ja«, sagte Thinka. Dann gingen sie.

Dann war es ruhig. Dann lauschte Josef noch eine Weile, dann kroch er aus seiner Nische hervor, etwas verstaubt, dann ging er in die Mitte des Zimmers, sah sich um, dann trat er an den Tisch heran, an seine Ecke, dann begann er hastig eine Schaumrolle zu essen, er steckte rasch die silberne Mark zu sich, Onkel Roß hatte sie auffallenderweise liegen gelassen, es war dies offenbar ein Beweis von Gefühl, Josef stopfte einige Erdbeeren in den Mund, drehte sich um, sah aufs zerwühlte Bett, stürzte sich plötzlich aufs Bett, schluckte, kaute, schluchzte auf und begann zu weinen, lauter, heftiger, heulte, wie es nur Kinder können, maßlos den Schmerz fühlend und maßlos sich hingebend dem Gefühl des Schmerzes. Lange weinte er so, daß er gar nicht merkte, daß jemand still eingetreten war, an der Tür stehengeblieben war, seufzend, und daß er es erst gewahrte, als sein Vater sich aufs Bett setzte zu ihm, seine Hand ergriff und die kleine schmutzige Knabenfaust zärtlich zu streicheln anhob.

Josef wollte seine Hand wegziehen, was nutzte ihm jetzt Streicheln? Er bedurfte eines anderen. Josef wollte die Hand wegziehen, wollte nicht mehr die Wärme spüren, die liebende Eltern um ihre Kinder tun, wollte nicht falsch getröstet werden, und es ist allen Kindern bekannt, daß alle Eltern falsch trösten, was verstehen Eltern von Kindern, wenigstens wenn die Kinder schon größer geworden sind, dachte Josef. Josef wollte seine Hand wegziehen, er tat es nicht. Warum nicht? Er erkannte, weil er nicht frei war.

Ein wenig schluchzte Josef noch, des Übergangs wegen, wie konnte man denn plötzlich vom Weinen ins Reden kommen, wie war das alles überhaupt so merkwürdig, dies Nacheinander, dies Traurig sein und danach lachen, und danach weinen und schweigen, und danach reden und laut sein, plötzlich schien Josef die Welt, die ihm gestern noch so einfach vorkam, so seltsam und verworren, so voller Untiefen, wie die Flüsse, in denen man so leicht ertrank, dies ganze Leben schien ihm enorm gefährlich, ja sogar verkürzt, es war lange nicht mehr wie Asien, auch Rußland war viel zu weit, ja die Stadt, sogar die Stadt schien zu groß, ihm erschien sein Leben plötzlich so groß wie die Stube, so eng wie die Stube, so eisern wie sein Bett, so verstaubt und mißduftend wie die Nische, so ungerecht und so schuldig wie sein Vater.

Und der kam ihn zu trösten, ihm Worte zu geben, hohle Worte und billiges Streichen der Hand, statt ihm zu helfen, statt Taten zu tun, wie sie eines Vaters, eines Gatten würdig waren, er wollte trösten, der schuld war an der Trostbedürftigkeit.

Da Josef der Meinung war, dem offiziellen Dienste der Tränen sei Genüge geboten, wandte er sich auf, wandte sich halb dem Vater zu, jenem guten Dr. phil. Eugen Bar zu, und sagte mit einer Stimme, etwas bedeckt von Tränen, das machte sie rührend, sagte, immerhin mit Pathos, so daß der famose shakespeareliebende Dr. Bar anfangs ein wenig ironisch lächelte: »Vater«, sagte Josef, nicht Papa, wie er ihn sonst nannte, er sagte: »Vater! Warum tust du das? Warum duldest du das? Du läßt es geschehen, Vater, du bist ein schlechter Vater, Vater.«

Herr Dr. Bar hörte auf zu lächeln, tat die Ironie beiseite, fragte: »Warum quälst du dich, mein Junge? Wie? Du weinst? So ein großer Junge weint? Denn du bist kein Kind mehr, Josef, du bist dreizehn Jahre alt, heute, Josef, und schon weinst du?«

Josef erwiderte unwillig, weil man von der Sache abkam, es ist wahr, es schien als wolle man zur Liebe abkommen, aber was kümmerte jetzt die Liebe den armen Josef, jetzt wollte er die Sache, die Sache wollte ihn, darum erwiderte er: »Was geht es dich an, wenn ich weine, Vater? Ich weine nicht für dich. Ich weine nur mir allein. Aber ich sehe schon. Man muß dich aufrütteln, Vater. Du wirst doch gut sein, Vater? Du wirst doch von Anfang an gut sein? Du willst doch ein guter Vater sein, wenn du auch bloß ein schlechter Vater bist? Ich liebe dich, Vater. Würde ich das tun, wenn du nicht mich liebtest?«

»Hat dich jemand geschlagen?«, fragte Dr. Bar. »Hat man dich beleidigt? Ist es der Schule wegen? Oder deine … Mutter? Weinst du um … deiner Mutter willen?«

»Du liebst sie … nicht?«, fragte Josef.

»Das geht dich nichts an. Meine Liebe geht dich nichts an«, sagte der Vater. Er lächelte schon wieder, wenn auch fast ganz ohne Ironie. Aber man muß zugeben, es ist schwierig für Erwachsene, Kinder völlig ernst zu nehmen.

Meist verstehen das nur die trostlosen Erwachsenen, die sich selber nicht völlig ernst nehmen.

Josef aber hatte genug. Es ist ungeheuerlich. Man tut sich genug Gewalt an, um die Schamlosigkeit zu ertragen, mit der die Erwachsenen, die Älteren sich als die Besitzer und Herren der Erde und der Menschheit aufführen, man ist als junger Mensch gefangen genug in der Umkettung derer, die früher da waren, auf dem grünen oder asphaltierten Boden der Erde, Jugend ist nichts als Sklaverei, aus der man sich zu befreien, von der man loszukommen ringt in eine, man ahnt es, in eine zweifelhafte Freiheit, dennoch ertrug gerade heute, gerade jetzt Josef nicht mehr die Leichtfertigkeit, die Maske der Überlegenheit an seinem Vater, er nahm die Hand aus den großen Händen seines Vaters heraus, er ging von ihm fort, er ging um den Tisch herum und stellte sich dem Vater, der auf dem Bette saß, gerade gegenüber, aber zwischen beiden stand der hölzerne Tisch.

Zum dritten Male fragte Josef im Glanze seiner neuen dreizehn Jahre erstrahlend, ernst und unerbittlich, mit der Geste des Richters, die eine wesentlich jugendliche Geste ist, fragte den sitzenden Delinquenten Vater: »Warum bist du so böse?«

Da begriff der Vater, er sah dem Jungen, seinem Jungen, er hatte ihn gemacht, das glaubte er fest, und jetzt mehr als je, obwohl Strindberg sagte, kein Vater wisse ..., Vater sah dem Jungen ins funkelnde Auge, bravo, dachte er, bravo, du hast Feuer, aber ach, dachte er, er leidet, könnte ich ihm doch helfen, er wünscht es so sehnlich von mir, er erwartet es von mir, müßte er doch nicht schon heute lernen, daß es uns so schwer, ja meistens fast unmöglich ist, einander zu helfen, wenn wir einander leiden sehen.

»Warum sagst du, daß ich böse bin?«, fragte er.

»Weil du anders bist als die Väter. Weil du kein regulärer Vater bist. Was bist du überhaupt für ein Vater? Nicht weil du uns so wenig Geld gibst, frage ich das, aber warum bist du nicht bei uns? Warum lebst du nicht mit Mama und uns? Warum liebst du Mama nicht? Warum, wenn du doch unser Vater bist, hast du uns allein gelassen?«

»Das tue ich alles«, sagte ernst der Vater wie zu einem Erwachsenen, »das tue ich, weil ich die Freiheit liebe.«

»Die Freiheit«, schrie da Josef, plötzlich wie es schien begeistert, »Vater, du, liebst du auch die Freiheit?«

»Ich liebe sie«, sagte der Vater.

Aber da hörte Josefs Gesicht auf, Entzücken zu spiegeln, er zog ein mürrisches Gesicht, es sah fast aus, als wären Falten im Gesichte dieses Kindes, und halblaut fragte er ohne besonderen Nachdruck: »Was ist das, Freiheit?«

»Ein Kompromiß, mein lieber Junge«, sagte Vater. Ich weiß nicht, ob du verstehst, was das Wort Kompromiß heißt?«

»Ja«, sagte Josef, »ich kenne das Wort. Wenn man zu schwach ist zu erreichen, was man zuerst und von allem Anfang an wollte, oder wenn es unmöglich scheint, dann schließt man ein Kompromiß, das heißt, man begnügt sich mit der Hälfte oder noch weniger. Es ist eine Art Verrat an seinen eigenen Idealen.«

»Ja«, sagte Vater, »es ist die einzige Möglichkeit, zu existieren und kein Narr oder Schuft zu sein.«

»Vater«, fragte Josef, »aber mich liebst du doch?«

»Ja, mein Junge, ich liebe dich sehr.«

»Aber warum … das … alles …?«

»Weil ich in Gefahr geriet, mich selbst zu verlieren, mein Junge. Und wenn wir uns selbst verloren haben, wenn wir für uns selber nichts mehr taugen, sind wir auch andern nichtsnutzig. Deine Mutter und ich vertrugen uns plötzlich nicht mehr. Wir hörten auf, uns zu lieben.«

»Wie?«, fragte Josef, »man liebt sich, und plötzlich liebt man sich nicht mehr?«

»So ist es, mein Junge.«

»So ist es also möglich, daß du aufhören wirst, mich zu lieben?«

»Nein, Josef, das ist nicht möglich.«

Aber darauf hörte Josef gar nicht. Er dachte nur, es ist möglich, aufzuhören zu lieben. Morgen, vielleicht schon morgen liebe ich meinen Vater nicht mehr. Oder meine Mutter nicht mehr. Richtig. Das ist wahr. Der Onkel Roß. Gestern habe ich ihn noch geliebt und heute nicht mehr. Wie schmerzlich das ist, dachte Josef.

»Du willst also nicht zurückkommen zu uns, Vater?«, fragte er.

»Niemals«, sagte Dr. Bar. Und Josef erschauerte. ›Niemals‹, das Wort erschreckte ihn.

»Sage, Vater«, fragte er wieder, »ist es wahr, daß du ein Proletarier bist?«

»Wer sagt das?«

»Max Meerrettig hat es gesagt, heute früh, weil du ein Sozialdemokrat bist, meint er.«

»Aber ist denn ein Proletarier kein Mensch?«, fragte Papa.

»Ich weiß es nicht«, sagte Josef, »aber ich glaube, es ist eine Schande.«

»Ja, ist es denn ein Unrecht, kein Geld zu haben?«, fragte Papa.

Und Josef antwortete: »Nein, aber eine Dummheit. Und es wird hart bestraft.«

»Von wem?«

»Von der Gesellschaft, vom Staat. Mit Hunger, mit Gefängnis, mit Religionsunterricht, mit Steuern, mit schlechten Gesetzen, mit falschem Gericht, mit frühzeitigem Tod, mit unwürdiger Arbeit, mit schlechtem Essen, mit billigen Genüssen, mit der Zweitrangigkeit einer Deklassierung, mit dem Schulzwang, mit dem Zwang des Militärdienstes, mit der ganzen giftigen Kasernierung des modernen Lebens.«

»Wer hat dir das beigebracht, Junge?«

»Niemand, Vater. Sehen das nicht alle Menschen?«

»Wenn du nicht ein kleiner Junge von dreizehn Jahren wärst, hieße man dich einen Anarchisten und würde dich einsperren, wenn du das laut sagtest.«

Josef fragte: »Du siehst es also anders, Vater?«

Vater erwiderte: »Natürlich!«

»Aber daß Proletarier sein eine Schande, ein Unrecht ist, daß es nicht gut ist, arm zu sein und arbeiten zu müssen, das gibst du zu?«

»Nein!«, sagte Vater.

»Warum läßt du mich denn keinen Proletarier werden? Warum tust du mich in ein Gymnasium, wo ich gezwungen werde, neun Jahre hinzuwerfen, um Dinge zu lernen, die ich in drei Jahren lernen könnte, nur weil es Dummköpfe gibt, die neun Jahre brauchen, um brauchbare Dummköpfe zu werden?«

John Dos Passos (geb. 1896 in Chicago/USA; gest. 1970 in Baltimore/USA) war ein moderner amerikanischer Schriftsteller, Journalist und Maler. Der Sohn eines erfolgreichen, aus Portugal stammenden Rechtsanwalts wuchs bei seiner Mutter in Virginia auf. Ab 1913 studierte er an der Elite-Universität in Harvard. Nach der Promotion reiste er 1916 nach Spanien, um dort Kunst und Architektur zu studieren. Gegen Ende des Weltkrieges wurde er bei den Sanitätstruppen der französischen- und der US-Armee eingesetzt – eine Tätigkeit, die ihn zum Pazifisten werden ließ und deren Erlebnisse er u.a. in seinem Antikriegs-Roman »Three Soldiers« von 1921 verarbeitete.

Anfang der Zwanzigerjahre bereiste John Dos Passos als Korrespondent verschiedener Zeitungen u.a. Mexiko und den Orient. Er war fasziniert vom neuen Gesellschaftsmodell der Sowjetunion, sympathisierte offen mit dem Marxismus und kritisierte die soziale Spaltung der amerikanischen Gesellschaft. Sein 1925 erschienener Roman »Manhattan Transfer« wurde ein Welterfolg und von der progressiven Kritik als eine der beachtlichsten erzählerischen Innovationen der literarischen Moderne aufgenommen. Neben »Ulysses« von James Joyce und »Berlin Alexanderplatz« von Alfred Döblin zählt »Manhatten Transfer« noch heute zu den Klassikern des modernen Großstadtromans.

Als Stimme des sozialen Gewissens im Amerika der herannahenden Weltwirtschaftskrise, schrieb Dos Passos seit 1926 Artikel für die politisch links stehende Zeitschrift »New Masses«. Besondere Bekanntheit erlangte sein Artikel »Facing the Chair« von 1927, worin er sich für die Freilassung der beiden zu Unrecht und aus politischen Motiven zum Tode auf dem Elektrischen Stuhl verurteilten Anarchisten Sacco und Vanzetti einsetzte. 1930 erschien mit »The 42nd Parallel« der erste Band seiner Romantrilogie »U.S.A«, die er mit den weiteren Bänden »Nineteen Nineteen« (1932) und »The Big Money« (1936) vervollständigte. Mit der »U.S.A.-Trilogie« schuf Dos Passos ein einzigartiges Portrait des Amerikas von der Jahrhundertwende bis zum Beginn der Weltwirtschaftkrise. Neben dem bekannteren Roman »Manhattan Transfer« ist sie Dos Passos' eigentliches Hauptwerk und markiert zugleich die Phase seiner inneren Abwendung vom Marxismus.

Der folgende Ausschnitt aus dem IV. Kapitel von »Manhattan Transfer«

vermittelt einen Eindruck davon, wie Dos Passos die Weltmetropole New York mit ihren Wolkenkratzern und bunten Reklamewänden beschreibt und wie es ihm dabei gelingt, die dort herumlungernden und -laufenden Menschen mit ihren Lebensgeschichten und meist pessimistischen Gedanken in das Gesamtbild einzufügen. ■

John Dos Passos
Manhattan Transfer

IV Wolkenkratzer

Der junge Mann ohne Beine hat mitten auf dem südlichen Bürgersteig der 14. Straße haltgemacht. Er trägt einen blauen gestrickten Sweater und eine blaue Zwirnmütze. Seine Augen starren nach oben und weiten sich, bis sie das kreideweiße Gesicht ausfüllen. Über dem Himmel treibt ein lenkbares Luftschiff, schimmernde Stanniolzigarre, verschwommen in ferner Höhe, stößt sanft in den regenfeuchten Himmel und die weichen Wolkenstreifen. Der junge Mann ohne Beine rührt sich nicht von der Stelle, auf die Arme gestützt, mitten auf dem südlichen Bürgersteig der 14. Straße. Zwischen ausschreitenden Beinen, mageren Beinen, Watschelbeinen, Beinen in Frauenröcken und Hosen und Knickerbockers, verharrt er regungslos, auf seine Arme gestützt, und blickt zu dem Luftschiff hinauf.

Arbeitslos verließ Jimmy Herf das Pulitzer Building. Neben einem Stoß rosaroter Zeitungen auf dem Bordstein blieb er stehen, holte tief Atem, blickte zu dem glitzernden Schaft des Woolworth empor. Es war ein sonniger Tag, der Himmel war blau wie ein Rotkehlchenei. Er wandte sich nach Norden und marschierte los. Als er sich vom Woolworth entfernte, zog der Wolkenkratzer sich wie ein Teleskop in die Länge. Nordwärts spazierte er durch die Stadt der leuchtenden Fenster, durch die Stadt der zerwühlten Alphabete, durch die Stadt der vergoldeten Ladenschilder.

Kleberbrot – Frühlingssäfte ... Proppevoll von goldener Üppigkeit. – Jedes Bißchen ein Genüßchen – DER KÖNIG DER BROTE – Kleberbrot voller Frühling. Nirgendwo bekommst du besseres Brot zu kaufen als PRINCE ALBERT. Getriebener Stahl, Aluminium, Kupfer, Nickel, getriebenes Eisen. Jeder liebt natürliche Schönheit. WIE GESCHENKT – dieser Anzug bei Gumpel – billigste Bezugsquelle in ganz New York. Bewahren Sie sich Ihren Backfischteint ... JOE KISS – Anlasser, Scheinwerfer, Zündkerzen, Batterien ...

Immer wieder fing er an zu glucksen vor unterdrücktem Gekicher. Es war elf. Er war nicht zu Bett gewesen. Das Leben stand kopf; er war eine Fliege, die über die Decke einer umgestülpten Stadt spaziert. Er hatte seine Stellung hingeworfen, er hatte heute, morgen, übermorgen und überübermorgen nichts zu tun. Was raufgeht, muß runter, aber noch wochenlang nicht, noch monatelang nicht. Kleberbrot – Frühlingssäfte …

Er ging in eine Frühstücksstube, bestellte Schinken und Ei, Röstbrot und Kaffee, aß vergnügt, jeden Bissen gründlich auskostend. Seine Gedanken liefen wild durcheinander wie eine Weide voll einjähriger Fohlen, die der Sonnenuntergang verrückt macht. Am Nebentisch dozierte monoton eine Stimme:

»Sitzengelassen … Und ich sage Ihnen, wir mußten ordentlich aufräumen. Alle haben sie Ihrer Kirche angehört. Wir wußten Bescheid. Man hatte ihm geraten, sie aufzugeben. Er sagte: ›Nein, ich werde es durchkämpfen …‹«

Herf stand auf. Er mußte weiter. Er ging auf die Straße hinaus, den Speckgeschmack in den Zähnen.

Unser Eildienst deckt den Bedarf des Frühlings. Ach du lieber Gott, den Bedarf des Frühlings decken. Keine Dosen, nein, Sir, aber beste Qualität in jeder milden Pfeifenfüllung … SOCONY … Eine Kostprobe sagt mehr als eine Million Worte. Der gelbe Bleistift mit dem roten Ring. Mehr als eine Million Worte, mehr als eine Million Worte. »Na schön, her mit der Million … Nimm ihn aufs Korn, Ben!« – »Die Yonkersbande ließ ihn für tot auf einer Parkbank liegen. Sie hatten ihn überfallen, aber nichts bei ihm gefunden als eine Million Worte …« – »Aber Jimps, ich habe die Bücherweisheiten und das Proletariat so gründlich satt, kannst du das denn nicht verstehen …?«

Proppevoll von goldener Üppigkeit. Frühling.

Dick Snows Mutter besaß eine Schuhkartonfabrik. Sie machte Bankrott und er mußte die Schule verlassen und begann an den Straßenecken herumzulungern. Der Verkäufer am Limonadenstand sagte ihm Bescheid. Er hatte zwei Anzahlungen geleistet, Perlohrringe für eine kleine schwarzhaarige Jüdin mit den Kurven einer Mandoline. In der Hochbahnstation lauerten sie dem Bankboten auf. Er fiel übers Drehkreuz und blieb dort hängen. In einem Ford-Sedan fuhren sie mit der Aktentasche weg. Dick Snow blieb zurück und leerte seinen Revolver in den Bauch des Toten. In der Hinrichtungszelle deckte er den Bedarf des Frühlings, indem er ein Gedicht an seine Mutter schrieb, das im »Evening Graphic« abgedruckt wurde.

Mit jedem tiefen Atemzug schluckte Herf Gerumpel und Geratter und bunte Phrasen, bis er anzuschwellen begann, dick und wulstig dahinstolpernd wie eine Rauchsäule über den Aprilstraßen, Blick in die Fenster der Werkstätten, Knopffabriken, Mietskasernen; er fühlt den Schmutz der Bettlaken und das glatte Schwirren der Drehbänke, schreibt Schimpfwörter auf Schreibmaschinen zwischen den Fingern der Stenotypistinnen, wirft die Preiszettel in Kaufhäusern durcheinander. Zuinnerst sprudelt er wie Sodawasser in süßem

Aprilsirup, Erdbeeren, Sarsaparilla, Schokolade, Kirschen, Vanille, schaumtriefend durch die milde benzinblaue Luft. Vierundvierzig Stockwerke fällt er hinunter, daß es ihm den Magen umdreht, schmettert zu Boden. Gesetzt den Fall, ich kaufte mir einen Revolver und tötete Ellie, würde ich dann auch den Bedarf des April decken und in der Hinrichtungszelle ein Gedicht über meine Mutter schreiben, das im »Evening Graphic« abgedruckt wird?

Er schrumpfte zusammen, bis er so klein war wie ein Staubkorn, suchte sich mühsam einen Weg über die Klippen und Felsblöcke in dem tosenden Rinnstein, kletterte an Strohhalmen hinauf, wich Motorölseen aus.

Er saß auf dem Washington Square, den der Mittag rosa färbte, und blickte durch den Bogen die Fünfte Avenue entlang. Das Fieber war versickert. Ihm war kühl, er war müde. Ein anderer Frühling ... Du lieber Gott, vor wieviel Jahren war es gewesen, daß er vom Friedhof kam und die blaue Makadamstraße entlangging, wo die Feldsperlinge sangen und das Schild stand: YONKERS. In Yonkers habe ich meine Kindheit begraben, in Marseille, den Wind im Gesicht, habe ich meine Flegeljahre in den Hafen versenkt. Wo in New York soll ich meine Zwanzigerjahre begraben? Vielleicht sind sie deportiert worden und mit der Ellis-Island-Fähre auf die hohe See hinausgefahren, die Internationale singend.

Das Grollen der Internationale über dem Wasser, seufzend in den Nebel verebbt.

Deportiert

Ein junger Journalist namens James Herf, wohnhaft 12. Straße West 190, hat kürzlich seine Zwanzigerjahre verloren. Durch Gerichtsbeschluß wurden sie nach Ellis Island überstellt, um als unerwünschte Ausländer deportiert zu werden. Die vier Jüngsten, Sascha, Michael, Nikolaus und Wladimir, hatten bereits eine Zeitlang unter der Beschuldigung anarchistischer Umtriebe in Untersuchungshaft gesessen. Nummer fünf und Nummer sechs wurden des Vagabundierens beschuldigt. Die Ältesten, Bill, Tony und Joe, wurden wegen verschiedener Delikte in Haft behalten, unter anderem wegen Mißbrauchs des häuslichen Züchtigungsrechts, Brandstiftung, Überfall und Prostitution.

Sämtliche Angeklagten wurden der Übertretung, Zuwiderhandlung und sträflicher Unterlassung für schuldig befunden.

Die Verhandlung ist eröffnet. Angeklagter! ... Ich finde die Beweise unzulänglich, sagte der Richter und schenkte sich ein Schnäpschen ein. Der Gerichtsschreiber, der einen altmodischen Cocktail umrührte, war plötzlich mit Weinlaub bewachsen, und der Gerichtssaal roch nach blühenden Trauben, und der Schmugglerkönig nahm die Stiere bei den Hörnern und führte sie über die Stufen des Gerichtsgebäudes hinunter, und die Stiere muhten sanft. »Der hohe Gerichtshof vertagt sich bis zum Nimmermehrstag!« rief der Richter, als er Gin in seiner Wärmflasche fand. Die Reporter stießen auf den Bürgermeister, wie er, in ein Leopardenfell gehüllt, als Statue der Bürgertugend posierte, den Fuß auf dem Rücken der orientalischen Tänzerin Prinzessin Fifi. Ihr Berichterstatter lehnte sich aus dem Fenster des Bankiersklubs in Gesellschaft seines Onkels, Jefferson T. Merivale, eines der bekanntesten Klubmitglieder von New York, und zweier gut gepfefferter Lammkoteletts. Unterdessen improvisierten die Kellner in aller Eile ein Orchester, wobei sie die Schmerbäuche der Gausenheimers als Pauken benutzten. Der Oberkellner entzückte seine Zuhörer durch eine wirklich entzückende Wiedergabe von »My Old Kentucky Home«, wobei er zum ersten Male die resonanzstarken Glatzen der sieben Aufsichtsräte der Milchpanscher-G. m. b. H. von Delaware als Xylophon benutzte. Und die ganze Zeit hindurch führte der Schmugglerkönig in purpurnen Sporthöschen und blaubebändertem Zylinderhut die Bullen über den Broadway in einer Anzahl von zwei Millionen dreihundertundzweiundvierzigtausendfünfhundertundeins.

Als sie die Spuyten Duyvil erreichten, ersoffen sie unaufhaltsam, Reihe um Reihe, bei dem Versuch, nach Yonkers zu schwimmen.

Und während ich hier sitze, dachte Jimmy Herf, juckt mich in meiner Seele die Druckerschwärze wie ein Ausschlag, ich sitze da, pockennarbig von Lettern. Er stand auf. Ein kleiner gelber Hund lag zusammengekuschelt und schlummernd unter der Bank. Der kleine gelbe Hund sah sehr zufrieden aus.

»Was mir fehlt, ist Schlaf«, sagte Jimmy laut.

»Was willst du denn mit dem Ding machen, Dutch, willst du es versetzen?«

»Francie, nicht für eine Million würde ich diese kleine süße Pistole hergeben.«

»Um Gottes willen, sprich mir jetzt nicht von Geld ... Nächstens wird ein Schutzmann sie in deiner Hüfttasche sehen und dich nach dem Waffengesetz festnehmen.«

»Der Bulle, der mich hoppnehmen kann, der ist noch nicht geboren ... Reden wir nicht mehr darüber.«

Francie begann zu wimmern. »Aber Dutch, was sollen wir denn machen, was sollen wir denn machen?«

Plötzlich steckte Dutch die Pistole ein und sprang auf. Ruckartig ging er auf dem Asphaltweg hin und her. Es war ein nebliger und rauher Abend. Autos, welche die kotige Straße entlangfuhren, woben ein endlos verfitztes Flackern spinnwebiger Lichter zwischen die Skelette der Sträucher.

»Himmelherrgott, du machst mich nervös mit deinem Winseln und Heulen

… Halt doch endlich den Mund!« Verdrossen setzte er sich wieder zu ihr. »Ich habe mir eingebildet, etwas raschelt in den Büschen … Dieser gottverdammte Park wimmelt von Bullen … In der ganzen miesen Stadt kann man nirgendwo hingehen, ohne daß man bespitzelt wird.«

»Mir wäre das alles egal, wenn ich mich nicht so elend fühlen würde. Ich kann keinen Bissen mehr essen, ohne mich zu übergeben, und ich habe immerzu Angst, die Kolleginnen werden was merken.«

»Aber ich habe dir doch gesagt, daß ich schon weiß, wie das alles zu ordnen ist, ja? Ich verspreche dir, in ein paar Tagen ist alles prima geordnet … Wir fahren weg und heiraten. Wir fahren nach dem Süden … Bestimmt gibt es anderswo Arbeit … Mir wird kalt, komm weg von hier …«

»Ach, Dutch«, sagte Francie mit müder Stimme, während sie den schmutzglitzernden Asphaltweg entlangschritten, »glaubst du, daß wir jemals wieder so viel Spaß haben werden wie früher?«

»Momentan sind wir unten durch, aber das heißt nicht, daß es immer so bleiben muß. Ich habe schließlich die Gasangriffe im Wald von Oregon überlebt, ja? In den letzten paar Tagen habe ich mir allerlei ausgeknobelt.«

»Dutch, wenn du dich hoppnehmen läßt, bleibt mir nichts übrig, als ins Wasser zu gehen.«

»Habe ich dir nicht schon gesagt, daß mich keiner hoppnehmen wird?«

Mrs. Cohen, eine gebeugte alte Frau mit braunem Gesicht, gefleckt wie ein Lederapfel, steht neben dem Küchentisch, die knorrigen Hände über dem Bauch gefaltet. Sie wiegt sich in den Hüften, während sie mit einem endlosen quengligen Strom jiddischer Worte Anna herunterputzt, die triefäugig-verschlafen vor einer Tasse Kaffee sitzt. »Wenn du verflucht gewesen wärst schon in der Wiege, wär's besser gewesen – wenn du wärst tot auf die Welt gekommen … Oi, warum habe ich vier Kinder großgezogen, daß sie alle miteinander nichts taugen, Agitatoren und Straßenhuren und Strolche …! Benny zweimal im Gefängnis, und Sol, Gott mag wissen, wo er Unfug treibt, und Sarah, verflucht soll sie sein, versunken in Sünde, schmeißt die Beine bei Minski, und jetzt du, der Schlag soll dich treffen, wie du da auf dem Stuhl sitzt, stehst Streikposten für die Schneiderinnen, gehst durch die Straßen, schamlos, mit einem Plakat auf dem Rücken.«

Anna tunkte einen Bissen Brot in den Kaffee und schob ihn in den Mund. »Ach, Mamme, das verstehst du nicht«, sagte sie mit vollem Mund.

»Verstehen? Hurerei und Sünde verstehen …? Oi, warum bleibst du nicht bei deiner Arbeit und hältst den Mund und steckst still deinen Lohn ein? Gut verdient hast du immer und hättest anständig heiraten können, bevor du meschugge geworden bist und dich herumgetrieben hast auf dem Tanzboden mit einem Goi. Oioi, daß ich Töchter großgezogen hab, ich alte Frau, die kein anständiger Mann in sein Haus führen möcht und heiraten ...«

Anna stand auf und schrie: »Das geht dich nichts an ... Ich habe immer regelmäßig meinen Anteil an der Miete gezahlt. Du meinst, eine Frau ist nichts anderes wert, als eine Sklavin zu sein und sich ihr Leben lang die Finger wund zu schinden ... Ich bin anderer Meinung, hörst du? Untersteh dich nicht, mich auszuschimpfen ...«

»Oi, du redst auf deine alte Mutter zurück! Wenn Salomon noch am Leben wär, dann hätte er dich mit dem Stecken verhauen. Lieber tot auf die Welt kommen als auf deine Mutter zurückreden wie ein Goi, geh, schau, daß du wegkommst, aber schnell, bevor ich dich verfluche.«

»Gut, ich gehe.« Anna lief durch den schmalen, mit Koffern verstellten Korridor ins Schlafzimmer und warf sich auf ihr Bett. Ihre Wangen brannten. Still lag sie da und versuchte nachzudenken.

Aus der Küche kam das wilde, monotone Schluchzen der alten Frau.

Anna setzte sich auf. In dem Spiegel an der gegenüberliegenden Wand erblickte sie ein verzerrtes, tränenbeflecktes Gesicht, zerzaustes, strähniges Haar. »Mein Gott, wie ich aussehe«, seufzte sie. Als sie aufstand, verfing sich ihr Absatz im Saum ihres Kleides. Das Kleid zerriß mit einem scharfen Geräusch. Anna setzte sich auf die Bettkante und weinte und weinte. Dann flickte sie sorgfältig den Riß im Kleid mit winzigen präzisen Stichen. Das Nähen beruhigte sie. Sie setzte den Hut auf, puderte sich ausgiebig die Nase, legte ein wenig Rot auf die Lippen, schlüpfte in den Mantel und verließ das Haus. Der April entlockte den Straßen der East Side unerwartete Farben. Von einem Schubkarren voller Ananas stieg eine süße, üppige Frische auf. An der Ecke stieß sie auf Rose Segal und Lillian Diamond, die am Limonadenstand Coca-Cola tranken.

»Anna, trink ein Coke mit uns«, riefen sie unisono.

»Ja, wenn ihr mir eins spendiert, ich bin pleite.«

»Na, hast du denn nicht dein Streikgeld bekommen?«

»Ich habe alles der Alten gegeben ... Aber es hat keinen Zweck, sie schimpft ja doch den ganzen Tag. Sie ist schon zu alt.«

»Hast du gehört, daß bewaffnete Männer in Ike Goldsteins Werkstatt eingebrochen sind und alles kurz und klein geschlagen haben? Alles haben sie mit Hämmern kurz und klein geschlagen und ihn bewußtlos auf einem Haufen Kleiderstoff liegenlassen.«

»Das finde ich schrecklich.«

»Ich sage, es geschieht ihm recht.«

»Aber es ist nicht in Ordnung, ihm sein Eigentum kurz und klein zu schlagen. Wir leben schließlich genauso davon wie er.«

»Ein schönes Leben … Ich bin schon fast daran krepiert«, sagte Anna und knallte das leere Glas auf die Theke.

»Sachte, sachte«, sagte der Mann in der Bude. »Passen Sie auf mein Geschirr auf.«

»Aber das schlimmste war«, fuhr Rose Segal fort, »während sie oben bei Goldstein hausten, flog eine Niete zum Fenster raus und ist neun Stockwerke runtergefallen und hat einen Feuerwehrmann getroffen, der grade mit der Spritze vorüberfuhr, so daß er tot aufs Pflaster fiel.«

»Warum haben sie denn das gemacht?«

»Einer hat sie wohl nach einem anderen geschmissen, und da ist sie zum Fenster rausgeflogen.«

»Und hat einen Feuerwehrmann totgeschlagen.«

Anna sah Elmer die Straße entlangkommen, das schmale Gesicht vorgereckt, die Hände in den Taschen des zerfransten Mantels versteckt. Sie ließ die beiden Mädchen stehen und ging ihm entgegen.

»Wolltest du zu uns? Geh bloß nicht hin, die Alte schimpft wieder ganz fürchterlich … Wenn ich sie nur bei den ›Töchtern Israels‹ unterbringen könnte. Ich kann sie nicht mehr ertragen.«

»Dann gehen wir rüber und setzen uns auf den Platz«, sagte Elmer. »Spürst du nicht den Frühling?«

Sie sah ihn von der Seite an. »Und ob ich ihn spüre! Ach, Elmer, wenn nur der Streik schon vorbei wäre … Es macht mich verrückt, den ganzen Tag zu faulenzen.«

»Aber Anna, der Streik ist die große Chance des Arbeiters, die Hochschule des Arbeiters. Er gibt uns die Möglichkeit, zu studieren und zu lesen und in die Stadtbibliothek zu gehen.«

»Aber man glaubt doch immer, in ein paar Tagen ist er zu Ende, und was sollte es denn überhaupt für einen Zweck haben, in die Bibliothek zu gehen?«

»Je gebildeter man ist, desto mehr kann man seiner Klasse nützen.«

Sie setzten sich auf eine Bank, mit dem Rücken zum Spielplatz. Der Himmel über ihren Köpfen schimmerte mit Perlmuttflocken des Sonnenuntergangs. Schmutzige Kinder schrien und krakeelten über die asphaltierten Wege.

»Oh«, sagte Anna und blickte zum Himmel auf, »ich möchte ein Pariser Abendkleid haben, und ich möchte, daß du einen Smoking hast, und dann gehen wir essen in ein flottes Restaurant und gehen ins Theater und können uns alles leisten.«

»Das wäre schon möglich, wenn wir in einer anständigen Gesellschaft leben würden … Dann werden auch die Arbeiter froh und lustig sein können, nach der Revolution.«

»Aber, Elmer, was hat es dann noch für einen Zweck, wenn wir alt und zänkisch sind wie meine Alte?«

»Es wird unsern Kindern zugute kommen.«

Anna richtete sich kerzengerade auf. »Ich werde nie Kinder haben«, stieß sie zwischen den Zähnen hervor, »nie, nie, nie.«

Alice berührte seinen Arm, während sie sich umdrehten, um das Schaufenster einer italienischen Konditorei zu betrachten. Auf jeder der mit bunten Anilinblumen und Zuckerguß geschmückten Torten stand ein Osterlamm aus Zukker mit der Auferstehungsfahne. »Jimmy«, sagte sie und richtete ihr kleines, ovales Gesichtchen zu ihm empor, die Lippen allzu rot wie die Rosen auf den Torten, »du mußt dich um Roy kümmern ... Er muß sich Arbeit suchen. Ich werde verrückt, wenn er mir noch länger zu Hause herumhockt und Zeitung liest und sein unerträgliches miesepetriges Gesicht zieht ... Du weißt, was ich meine ... Er hat Respekt vor dir.«

»Aber er bemüht sich doch um Arbeit.«

»Eigentlich bemüht er sich gar nicht, das weißt du doch.«

»Er bildet es sich ein. Wahrscheinlich hat er eine sonderbare Vorstellung von sich selber ... Aber ich bin gerade der Richtige, um von Arbeit zu sprechen ...«

ALFRED DÖBLIN (geb. 1878 in Stettin; gest. 1957 in Emmendingen bei Freiburg im Breisgau) war ein moderner, deutscher Schriftsteller und Nervenarzt. Mit seinem berühmten Roman »Berlin Alexanderplatz« schuf er das deutsche Pendant zum amerikanischen Großstadtromans »Manhattan Transfer« von John Dos Passos.

Döblin wuchs zunächst in seiner Geburtsstadt Stettin auf. Nachdem sein Vater, der deutsch-jüdische Schneidermeister Max Döblin, die Familie verlassen hatte, zog Alfred 1888 mit seiner Mutter nach Berlin. Dort legte er 1900 das Abitur ab und begann an der Berliner Universität Medizin zu studieren. An der Universität Freiburg promovierte Döblin 1905 mit der Arbeit »Gedächtnisstörungen bei der Korsakoffschen Psychose«. Danach arbeitete er in verschiedenen Kliniken als Assistenzarzt. Während seiner Tätigkeit im Berliner »Urban-Krankenhaus« 1908 bis 1911 verliebte er sich in die Medizinstudentin Erna Reiss, die er 1912 heiratete. Zuvor hatte Döblin 1911 in Berlin eine eigene Arztpraxis eröffnet, worin er bis zu seiner Emigration 1933 Patienten behandelte.

Schon während seines Studiums begann Döblin erste an der Neoromantik orientierte Romane zu schreiben. Durch seine Freundschaft mit Hervath Walden, für dessen kunstkritische Zeitschrift »Der Sturm« er ab 1910 Beiträge schrieb, wurde Döblin vom Expressionismus beeinflusst. Die Veröffentlichung seines Novellenbandes »Die Ermordung der Butterblume« (1913) und die drauf folgenden Romane »Die drei Sprünge des Wang-Lung« (1915), »Wadzeks Kampf mit der Dampfturbine« (1918) und »Wallenstein« (1920) machten Alfred Döblin zu einem der führenden Vertreter des Berliner Expressionismus. Ein charakteristisches Merkmal seines Erzählstils ist die »Depersonation«, wobei Döblin hinsichtlich der damit gemeinten literarischen Auflösung von personaler Identität und Individualität auch auf seine Kenntnisse als Nervenarzt zurückgriff.

Während des Ersten Weltkrieges wurde Döblin in Elsass-Lothringen als Militärarzt eingesetzt. Bei seiner Rückkehr nach Berlin Ende 1918 wurde er Zeuge der blutigen Kämpfe zwischen Anhängern der Revolution und Freikorps-Soldaten. Seine Erlebnisse verarbeitete er später im vierbändigen Roman »November 1918«.

Während der Weimarer Republik trat Döblin verstärkt als Publizist in Er-

scheinung. Er schrieb Film- und Theaterkritiken für das »Prager Tageblatt« und veröffentlichte unter dem Pseudonym »Linke Poot« politische Essays in der »Berliner Rundschau«. 1924 engagierte er sich als Vorsitzender des »Schutzverbandes Deutscher Schriftsteller« und beteiligte sich im Folgejahr an der Gründung der »Gruppe 1925«, einem Zusammenschluss politisch links stehender Schriftsteller.
1929 erschien »Berlin Alexanderplatz. Die Geschichte vom Franz Biberkopf«. Der Roman wurde ein Welterfolg, kam 1931 mit Heinrich George in der Hauptrolle in die Kinos und stellt seither an Bekanntheit das weitere literarische Werk Döblins in den Schatten. Seine ebenfalls während der Zwanzigerjahre erschienenen Werke, darunter der Roman »Berge, Meere und Giganten« (1924), der Bericht »Reise nach Polen« (1925) oder das Versepos »Manas« (1927) sind heute meist nur noch in Fachkreisen bekannt.
Gegenüber den Nationalsozialisten, die ihn seit Jahren als »dekadent« und »Asphaltliteraten« anfeindeten, bewies Döblin noch im Februar 1933 viel Zivilcourage. Als einziger der anwesenden Schriftsteller während einer Sitzung der »Abteilung für Dichtkunst« in der »Preußischen Akademie der Künste« protestierte er gegen den Ausschluss des bisherigen Vorsitzenden Heinrich Mann.
Wenige Tage später musste Döblin aus Deutschland fliehen. Erste Stationen seines Exils waren Zürich und Paris, wo er 1936 die französische Staatsbürgerschaft annahm. Nach dem Einmarsch deutscher Truppen in Frankreich floh er 1940 über Südfrankreich, Spanien und Portugal in die USA. Nach Kriegsende kehrte er noch 1945 über Paris als französischer Kulturoffizier nach Deutschland zurück. 1949 beteiligte er sich an der Gründung der »Akademie der Wissenschaften und der Literatur« in Mainz. Er förderte junge, literarische Talente, unter ihnen Günter Grass. Jedoch enttäuschte ihn die politische Entwicklung und das gesellschaftliche Klima der Adenauer-Ära so sehr, dass sich Döblin 1953 dazu entschloss, nochmals nach Paris zu emigrieren. Nach langer Krankheit starb Alfred Döblin am 26. Juni 1957 im deutschen Landeskrankenhaus Emmendingen.
Der Großstadtroman »Berlin Alexanderplatz« handelt vom ehemaligen Strafgefangenen Franz Bieberkopf, der bei seiner Entlassung aus dem Gefängnis den Vorsatz fasst, »anständig« zu werden und sich in Berlin ein neues Leben aufzubauen. Dies durchzuhalten, stellt sich für ihn jedoch als sehr schwer heraus. Franz Biberkopf erhält keine reale Chance. So gerät er immer wieder an falsche Freunde. Dass er zu allem Unglück auch noch aus einem fahrenden Auto gestoßen wird und dabei seinen Arm verliert, steht wie ein Symbol für das beschleunigte Leben einer Gesellschaft, in der Menschen, die ihre Hände für ehrliche Arbeit an-

bieten, ausgestoßen werden. Doch Franz Biberkopf will nicht aufgeben. Im folgenden Textausschnitt startet er seinen dritten Versuch, sich seinen Traum vom seriösen Leben doch noch zu erfüllen. ■

Alfred Döblin
Berlin Alexanderplatz
Die Geschichte vom Franz Biberkopf

Dritte Eroberung Berlins

So ist zum drittenmal Franz Biberkopf nach Berlin gekommen. Das erstemal wollten die Dächer abrutschen, die Juden kamen, er wurde gerettet. Das zweitemal betrog ihn Lüders, er soff sich durch. Jetzt, das drittemal, der Arm ist ihm ab, aber er wagt sich kühn in die Stadt. Mut hat der Mann, doppelten und dreifachen Mut.

Herbert und Eva haben ihm ein schönes Gelddepot hinterlassen, der Kneipwirt unten bewahrt es auf. Aber Franz nimmt nur ein paar Pfennig, dazu beschließt er: von dem Geld will ich nichts nehmen, ich muß mir selbständig machen. Er geht auf die ›Wohlfahrt‹ und verlangt Unterstützung. »Da müssen wir erst recherchieren.« »Und was mach ich inzwischen?« »Kommen Sie in ein paar Tagen wieder.« »In ein paar Tagen kann einer verhungert sein.« »So rasch verhungert keiner in Berlin, damit kommen sie alle. Gibt außerdem kein Geld, bloß Marken, und die Miete bezahlen wir von hier, und die Wohnung stimmt doch?«

Da geht Franz wieder runter von der ›Wohlfahrt‹, und wie er unten ist, fallen ihm die Schuppen von den Augen: recherchieren, sag mal, recherchieren, die werden vielleicht auch nach meinem Arm recherchieren und wie das gekommen ist. Er steht vor einem Zigarrenladen und grübelt: die werden fragen, was mit meinem Arm ist, wer bezahlt hat und wo ich gelegen habe. Das können die fragen. Und dann, wovon ich die letzten Monate gelebt habe. Warte mal.

Er grübelt und zieht weiter: was macht man da? Wen soll ich jetzt fragen, wie soll ich das jetzt machen, und von die ihrem Geld will ich auch nich leben.

Da sucht er zwei Tage zwischen Alex und Rosenthaler Platz herum nach Meck, mit dem könnt er sprechen; und am zweiten Abend findet er ihn auch am Rosenthaler Platz. Sie kucken sich an. Franz will ihm die Hand schütteln – wie haben sie sich damals nach der Lüdersgeschichte begrüßt, die Freude, und jetzt – Meck gibt ihm zögernd die Hand, drückt nicht. Franz will wieder anfangen mit der linken Hand zu schütteln, da macht der kleine Meck so ein ernsthaftes Gesicht; was hat der Junge, hab ich dem was getan? Und sie gehen die Münzstraße rauf und gehen und gehen, und wieder zurück die Rosenthaler Straße, und Franz wartet immer, ob Meck nicht nach dem Arm fragen wird. Aber nicht mal danach fragt er, der sieht immer beiseite. Vielleicht seh ich dem zu dreckig aus. Da fängt Franz lustig an und fragt nach der Cilly, was die macht.

Ach, der gehts gut, wie solls der nicht gut gehen, und Meck erzählt lang und breit von der. Franz strengt sich an, zu lachen. Und noch immer fragt der nicht nach dem Arm, und da leuchtet es plötzlich in Franz, und er fragt: »Du verkehrst wohl noch in die Kneipe da in der Prenzlauer?« Macht Meck geringschätzig: »Ja, manchmal.« Da weiß Franz und geht langsam und bleibt hinter Meck zurück: dem hat Pums was erzählt von mir oder Reinhold oder Schreiber, und der hält mich auch für einen Einbrecher. Und wenn ich jetzt sprechen wollte, müßte ich ihm alles erzählen, aber da kann er lange warten, das tu ich nicht.

Und Franz gibt sich einen Ruck und steht vor Meck: »Na, Gottlieb, dann wolln wir uns verabschieden, ick muß nach Haus, ein Krüppel muß früh in die Klappe.« Meck sieht ihn zum erstenmal voll an, nimmt die Pfeife aus dem Mund, will ihn was fragen, aber Franz winkt ab, ist nichts zu fragen, und hat ihm schon die Hand gegeben und ist weg. Und Meck kratzt sich den Kopf und denkt, den muß ich mir mal vorknöppen, und ist unzufrieden mit sich.

Franz Biberkopf marschiert über den Rosenthaler Platz, freut sich und sagt: Was soll det ganze Quatschen, ich muß Geld verdienen, was soll mich Meck, ich muß zu Geld kommen.

[...]

Auch ein Mädchen taucht auf, Franz Biberkopf ist wieder komplett

Sie geben Franzen den Segen für alles, was er tut. Eva, die Franzen noch immer liebt, möchte ihm gern ein Mädel zuschanzen. Er sträubt sich, det Mädel kenn ich, nee, det kennste nich, Herbert kennt sie ooch nich, von woher kennste sie denn, nee, sie ist doch noch gar nicht lange in Berlin, die is aus Bernau, da is sie immer bloß abends mal rübergekommen am Stettiner Bahnhof, da hab ich sie mal getroffen und hab ihr gesagt: du kommst unter die Räder, Kind, wenn de det nich läßt und immer rüberfährst, hier in Berlin kann sich keener so halten. Hat sie gesagt und gelacht, sie will sich ja bloß amüsieren. Na siehste, Franz – Herbert kennt die Geschichte schon, Emil ooch –, eenmal sitzt sie dann da um 12 im Café. Ick geh ran und frag ihr: na, wat machste fürn Gesicht, Mädel, mach man hier keene Wellen. Da heult sie mir wat vor, hat sie uff die Wache gemußt, hat keene Papiere gehabt, mündig ist sie ooch noch nicht, nach Hause traut sie sich nicht. Wo sie in Stellung ist, haben sie sie rausgeschmissen, weil die Polizei gefragt hat, und die Mutter hat ihr ooch rausgeschmissen. Sagt sie: Bloß weil ick mir ein bißchen amüsier? Wat soll man abends in Bernau?

Emil hört wie immer mit aufgestützten Armen zu und sagt dazu: »Da hat das Mädel ganz recht. Ick kenn Bernau ooch. Abends is da nischt los.«

Eva: »Na, nu kümmere ick mir ein bißchen um das Mädel; nachm Stettiner Bahnhof darf sie mir nich mehr hin.«

Herbert raucht eine Importe: »Wenn du ein Mann bist, der wat versteht, Franz, dann kannste, wer weeß, aus dem Mädel wat machen. Ich hab sie gesehen. Hat Rasse.«

Emil meint: »Bißchen jung, aber Rasse hat sie. Feste Knochen.« Sie kübeln weiter.

Von diesem Mädchen, das prompt am nächsten Mittag an seine Tür klopft, ist Franz auf den ersten Blick entzückt. Eva hat ihn lecker gemacht, er möchte auch Eva eine Freude tun. Aber die ist auch wirklich schnieke, prima, eins a, so was stand noch nicht drin in seinem Kochbuch. Sie ist eine kleine Person, sieht im weißen leichten Kleidchen mit bloßen Armen wie ein Schulmädchen aus, hat sanfte, langsame Bewegungen, ist unmerklich gleich neben ihm. Sie ist kaum eine halbe Stunde da, da kann er sich das kleine Luder nicht mehr aus seiner Stube wegdenken. Emilie Parsunke heißt sie eigentlich, aber heißen möchte sie lieber Sonja, so hat Eva immer zu ihr gesagt, weil sie so russische Backenknochen hat. »Und Eva«, meint das Mädel bettelnd, »Eva heißt ja auch nicht Eva, die heißt auch Emilie wie ich. Hats mir ja selbst gesagt.«

Franz schaukelt sie auf seinem Schoß und beguckt sich das zierliche, aber straffe Wunder und staunt, was ihm der liebe Gott für Glück ins Haus schickt. Das geht im Leben rauf und runter, wunderbar. Den Mann, der Eva so getauft hat, kennt er, das war er selbst, sie war sein Mädel vor der Ida, wär er lieber bei Eva geblieben. Na, nu hat er die hier.

Die heißt aber bei ihm bloß einen Tag Sonja, dann bettelt er, er kann so fremde Namen nicht leiden. Wenn sie aus Bernau is, kann sie ja auch anders heißen. Er hätte ja schon viele Mädels gehabt, das kann sie sich ja wohl denken, aber noch keene, die Marie hieß. Sone möchte er gern haben. Da nennt er sie denn nun ›sein Miezeken‹.

Und es dauert nicht lange – so in den Juli rein –, da erlebt er mit ihr was Schönes. Es kommt kein Kind an, und sie ist auch nicht krank. Es ist was anderes, was Franz bis an die Knochen geht, aber es wird nicht schlimm. Damals fährt Stresemann nach Paris, oder fährt er vielleicht nicht hin, in Weimar stürzt die Decke vom Telegraphenamt ein, und vielleicht gondelt auch ein stellungsloser Kerl seiner Braut nach, die ist mit einem andern nach Graz gefahren, und dann wird der Kerl die beiden totschießen und sich selber eine Kugel in den Kopf. Solche Dinge passieren bei jeder Witterung, auch das große Fischsterben in der Weißen Elster gehört dazu. Wenn man so was liest, staunt man; ist man dabei, so kommts einem gar nicht so großartig vor; passiert eigentlich in jedem Haus was.

Franz steht oft vor der Pfandkammer Alte Schönhauser Straße, drin in der Präpelstube verhandelt er mit dem und jenem, man kennt sich, Franz studiert die Zeitungsrubrik: Einkäufe, Verkäufe; mittags trifft er sich mit Mieze. Da fällt ihm einmal auf, daß Mieze so sehr abgehetzt zu Aschinger am Alex kommt, wo sie essen. Sie sagt, sie hat verschlafen – aber irgend was stimmt ihm bei dem Mädel nicht. Er vergißt es auch wieder, das Mädel ist so zart, daß mans nicht glauben kann, und in ihrer Stube ist alles so sauber und manierlich mit Blumen und Läppchen und Bändern wie bei einem kleinen Mädchen. Und immer ist schön gelüftet und mit Lavendelwasser gespritzt, daß er eine ordentliche Freude hat, wenn sie abends zusammen nach Hause kommen. Und im Bett, da ist sie sanft wie eine Feder, jedesmal so ruhig und zart und glücklich wie zuerst. Und immer ist sie ein bißchen ernst, und ganz wird er aus ihr nicht klug: Ob die was denkt, wenn sie so dasitzt und gar nichts tut, und was sie denkt. Fragt er sie, so sagt sie immer und lacht: sie denkt gar nichts. Man kann doch nicht den ganzen Tag was denken. Das findet er nu auch.

Aber da ist an der Tür draußen ein Briefkasten mit Franzens Namen, dem falschen: Franz Räcker, denn den gibt er immer für Inserate und für die Post an. Da erzählt ihm nun einmal Mieze: sie hat deutlich gehört, wie der Briefträger am Vormittag was in den Kasten geworfen hat, und wie sie hingeht, ist nichts drin. Franz wundert sich und fragt, was das sein soll. Da meint Mieze, den Brief muß eben einer rausgeangelt haben; das sind die Leute von drüben, die kucken immer durch das Guckloch, und da werden sie gesehen haben, wie der Briefträger kommt, und dann haben sie ihn eben rausgeholt. Franz kriegt einen roten wütenden Kopf, denkt: nanu, sind da welche hinter mir her, und geht abends rüber. Klopft, steht da eine Frau, sagt gleich, sie will mal ihren Mann holen. Das ist ein alter Mann – die Frau ist jünger, der Mann wohl 60, die Frau 30. Den fragt Franz, ob hier vielleicht ein Brief abgegeben ist, irrtümlicherweise, für ihn. Sieht der Mann seine Frau an: »Ist hier ein Brief abgegeben? Ick komm eben nach Hause.« »Nee, bei mir ist keener abgegeben.« »Wann solls gewesen sein, Mieze?« »So gegen elf; der kommt immer gegen elf.« Sagt die Frau: »Ja, der kommt immer gegen elf. Aber das Fräulein nimmt doch immer selber die Post ab, wenn welche kommt, der klingelt doch immer.« »Woher wissen Sie denn det so genau? Ick hab ihn mal getroffen auf der Treppe, und dann hat er mir einen gegeben; den hab ich ooch in den Kasten getan.« »Det weeß ich nicht, ob Sie den in den Kasten getan haben. Bloß daß er ihn Ihnen gegeben hat, hab ich gesehen. Na, wat solln wir denn nu dabei?« Franz: »Also, hier ist keen Brief vor mir, Räcker ist mein Name, hier ist kein Brief abgegeben worden?« »Jott behüte, wie werd ick denn Briefe für fremde Leute annehmen. Briefkasten haben wir nicht, sehen Sie, wie oft kommt der Mann zu uns.« Franz zieht mißmutig mit Mieze ab, hebt die Mütze: »Tschuldigen Sie man, Nabend.« »Nabend, Nabend.«

Franz und Mieze reden dann hin und her von der Sache. Franz überlegt, ob die Leute ihn vielleicht bespitzeln, er will mal Herbert und Eva davon erzählen. Er schärft Mieze ein, dem Briefträger zu sagen, er soll klingeln. »Ich tu es, Franzeken, aber manchmal kommt ein Neuer, Aushilfe.«

Und wie nach ein paar Tagen Franz eines Mittags nach Hause kommt, unversehens, Mieze ist schon zu Aschinger gegangen, da erfährt Franz die Lösung, etwas ganz Neues – ebendas, was ihm in die Knochen fährt, aber sehr weh tut es ihm doch nicht. Er geht in die Stube, die ist natürlich leer, sauber, aber eine Schachtel mit feinen Zigarren steht für ihn da, Mieze hat einen Zettel draufgelegt: ›für Franzeken‹, und zwei Flaschen Allasch. Franz ist glücklich, er denkt, wie dat Mädel mit dem Geld haushält, so was müßte man heiraten, und ist ganz voll Wonne, und was sagste, einen kleinen Piepmatz hat sie mir ooch gekauft, det is ja, als wenn ich Geburtstag hätte, na warte, mein Mäusken, ich will dir ooch. Und er sucht in seinen Taschen nach Geld, da klingelts, ja, das ist der Briefträger, kommt heute aber verflucht spät, ist ja schon 12, werd ich ihm mal selbst sagen.

Und Franz geht auf den Korridor, öffnet die Tür, horcht ins Haus, kein Briefträger da. Er wartet, kommt nicht, na, vielleicht sitzt der bei jemand. Franz nimmt den Brief raus und geht in die Stube. Da liegt in dem offenen Kuvert noch ein geschlossener Brief, und dabei ein Zettel, eine verstellte Querschrift:

»Falsch abgegeben«, und ein unleserlicher Name. Der ist also doch von drüben gekommen, hinter wem spionieren die nu her. Der geschlossene Brief ist adressiert an: »Sonja Parsunke, bei Herrn Franz Räcker.« Det ist aber merkwürdig, von wem kriegt sie denn die Briefe, aus Berlin, ist ein Mann. Und schreibt da einer, es geht eisig durch Franz: »Herzgeliebter Schatz, wie lange läßt du einen auf Antwort lauern –« Er kann nicht weiterlesen, sitzt – und da stehen die Zigarren, der kleene Kanarienbauer.

Und da geht Franz runter, geht nicht zu Aschinger, geht zu Herbert und ist ganz weiß und zeigt dem den Brief. Der tuschelt nebenan mit Eva. Dann kommt auch schon Eva rein, schenkt Herbert noch einen Kuß, schiebt ihn ab und hängt sich Franzen an den Hals: »Na, Franzeken, krieg ich ooch n Kuß?« Der glotzt sie an. »Laß mir doch.« »Franzeken, nen Kuß. Wir sind doch alte Freunde.« »Na, Mensch, wat is denn, benimm dir, was soll sich Herbert denken.« »Den hab ick eben rausgeschmissen; komm mal, kannst ihn suchen.« Sie führt Franzen durch die Stube, Herbert ist weg, nu ja, soll er weg sein. Eva macht die Tür zu: »Dann kannste mir doch n Kuß schenken.« Dann schlingt sie sich um ihn, sie ist im Moment in einem wilden Brand.

»Mädel, Mädel«, keucht Franz, »du bist wohl verrückt, was willste denn von mir?« Aber sie ist außer sich, er kann auch nichts machen gegen sie, staunt, stößt sie weg. Dann schaltet sich in ihm etwas um! Er weiß nicht, was los ist mit Eva, es ist eine einzige Wut und Wildheit in ihnen beiden. Mit Bissen in den Armen und an den Hälsen liegen sie nachher nebeneinander, sie mit dem Rücken quer über seine Brust.

Franz grunzt: »Du, ist wirklich Herbert nicht da?« »Gloobst es nicht.« »Ist doch ne Schweinerei von mir, gegen meinen Freund.« »Du bist son süßer Mann, ick bin so verliebt in dir, Franz.« »Mensch, und du wirst lauter Flecke kriegen da oben am Hals.« »Ick könnt dir ufffressen, so gern hab ick dir. Und wie du vorhin ankamst, mit dem Brief, Mensch, ich wär dir beinah vor Herbert an den Hals gesprungen.« »Eva, wat wird bloß Herbert sagen, wenn er die Flecke sieht nachher, das wird grün und blau.« »Weeß er ja gar nicht. Ich geh nachher zu meinem Bankier, und dann sag ick, ick habs von dem.« »Det is schön, Eva, na, denn biste meine gute Eva. Ich kann sone Schweinerei nicht leiden. Aber wat sagt der Bankier, wenn der det sieht?« »Und wat sagt die Tante und die Großmutter, Mensch, bist du ängsterlich, sowat.«

Dann hat die Eva sich zurechtgelegt, den Franz beim Kopf gefaßt, noch mächtig abgeknutscht, auch an seinen Schulterstumpf hat sie ihre heißen Backen gelegt. Dann nimmt sie den Brief, zieht sich an, setzt sich den Hut auf: »Jetzt geh ick, weeßte, was ick mache, ich gehe jetzt zu Aschinger und red mit der Mieze.« »Nee, Eva, warum denn?« »Weil ick will. Bleib mal hier. Ich bin bald wieder da. Laß mir doch meinen Willen, Mensch. Ich werd mir doch um son junges Mädel kümmern können, die keine Erfahrung hat und hier in Berlin. Also Franz –« Und küßt ihn nochmal und wäre beinah wieder in Hitze geraten, aber sie richtet sich auf und läuft weg. Franz versteht nichts.

Das ist einhalb zwei Uhr; um einhalb drei ist sie schon wieder da, ernst, ruhig, aber zufrieden, hilft Franzen, der eingeschlafen ist, in seine Sachen, wischt ihm das verschwitzte Gesicht mit ihrem Parfüm ab. Dann legt sie los, sitzt auf der Kommode, raucht Zigaretten: »Also die Mieze, hat die gelacht, Franz. Ich laß auf die nischt kommen.« Da staunt Franz. »Nee, Franz, aus dem Brief mach ick mir gar nichts. Sie hat noch bei Aschinger gesessen und auf dir gewartet. Dann hab ick ihr den Brief gezeigt. Und dann hat sie gefragt, ob du dich nicht über den Schnaps gefreut hast und über den Kanarienvogel.« »Na ja.« »Nu hör mal zu. Ich kann dir sagen, die hat nicht mit der Wimper gezuckt. Die hat mir tadellos gefallen. Det ist ein gutes Mädel. Ich hab dir keinen Bowel angeschmiert.« Franz ist finster und ungeduldig; was denn eigentlich ist. Eva hopst runter, klopft ihm aufs Knie: »Bist ein Süßer, Franzeken. Verstehste denn nicht, n Mädel will doch ooch was für ein Mann tun. Wat hat sie denn davon, wenn du den ganzen Tag rumgehst, Geschäfte machst und so, und sie kocht dir Kaffee, macht die Stube und weiter nischt. Die will dir wat schenken, die will wat haben von dir, det du dir freust. Und darum macht sie det.« »Darum? Det läßt du dir aufdrehen. Darum betrügt sie mir?« Da wird Eva ernst: »Von Betrügen ist keene Rede. Das hat sie gleich gesagt: kommt nicht in Frage. Wenn ihr da einer schreibt, da is nischt dabei, Franz, das kommt vor, daß mal einer hängen bleibt, und dann schreibt er, det is dir doch keene Neuigkeit, na.«

Langsam, langsam geht Franz ein Licht auf. Ah, da bin ich, so läuft der Hase. Sie merkt, daß er zu verstehen anfängt. »Natürlich. Wat denn. Sie will Geld verdienen. Und hat sie nicht recht? Ick verdien mir auch mein Geld. Und det et ihr nich paßt, sich grade von dir ernähren zu lassen, wo du noch obendrein nich so richtig kannst mit dem Arm.« »So so.« »Hat sie mir gleich gesagt. Hat nicht mit der Wimper gezuckt. Du, det ist ein feines Mädel, auf die kannste dir verlassen. Du sollst dir schonen, sagt sie, wo du det alles gehabt hast dies Jahr. Und vorher, Mensch, ist et dir doch auch nich besonders gegangen, draußen, Tegel, weeßt schon. Sie würde sich ja schämen, dich so abrackern zu lassen. Da arbeitet sie für dir. Traut sich bloß nichts zu sagen.«

»So so«, nickt Franz und hat den Kopf auf die Brust sinken lassen. »Du glaubst gar nicht«, Eva ist bei ihm, streichelt ihm den Rücken, »wie das Mädel an dir hängt. Mir willste ja nicht. Oder – willste mir, Franz?«

Er faßt sie um die Taille, sie setzt sich vorsichtig auf seinen Schoß, er kann sie ja nur mit einem Arm festhalten, er drückt seinen Kopf an ihre Brust, sagt leise: »Du bist ein gutes Weib, Eva, bleib bei Herbert, der kanns brauchen, ist ein guter Kerl.« Vor Ida war sie seine Freundin, nicht daran rühren, nicht nochmal anfangen; Eva versteht. »Und dann gehst du jetzt zu Mieze, Franzeken. Sie sitzt noch immer bei Aschinger oder ist vor der Tür. Sie will nicht mehr nach Haus kommen, wenn du sie nicht willst.«

Sehr still, sehr zart hat Franz sich von Eva verabschiedet. Vor Aschinger an der Seite vor einem Photographenkasten sieht er die kleine Mieze stehn, am Alex. Franz stellt sich auf die andere Seite, vor den Bauzaun, und sieht sie lange von hinten an. Sie geht zur Ecke, Franz verfolgt sie mit den Blicken. Es ist eine Entscheidung, es ist eine Wendung. Seine Füße setzen sich in Bewegung. Er sieht sie an der Ecke im Profil. Wie klein sie ist. Sie hat braune Haferlschuh.

Paß auf, jetzt wird sie gleich einer anquatschen. Die kleine stumpfe Nase. Sie sucht. Ja, von drüben bin ich gekommen, von Tietz her, hat mich aber nicht gesehen. Ein Brotwagen von Aschinger steht im Weg. Franz geht am Bauzaun entlang bis zur Ecke, wo die Sandhaufen liegen; sie machen Zement. Jetzt wird sie ihn sehen können, aber sie sieht nicht rüber. Ein älterer Herr kuckt sie immer an, sie sieht an ihm vorbei, wandert weiter nach Loeser und Wolff zu. Franz geht über den Damm. Er ist immer zehn Schritt hinter ihr und wird in der Entfernung festgehalten. Es ist ein sonniger Julitag, eine Frau bietet ihm einen Strauß Blumen an, er gibt 20 Pfennig und hat die Blumen in der Hand und geht noch nicht näher. Noch immer nicht. Aber die Blumen riechen schön, sie hat ihm heute welche in die Stube gestellt and einen Kanarienbauer und einen Schnaps.

Da wendet sie. Hat ihn sofort gesehen, er hat Blumen in der Hand, er ist doch gekommen. Und fliegt auf ihn zu, ihr Gesicht glüht, einen Augenblick glüht, flammt es auf, wie sie die Blumen in seiner linken Hand sieht. Dann blaßt es ab, es bleiben rote Flecken zurück.

In ihm paukt das Herz. Sie faßt ihn unter den Arm, sie gehen über das Trottoir nach der Landsberger Straße rüber und sagen kein Wort. Sie schielt öfter nach den Feldblumen, die er in der Hand hält, aber Franz geht aufrecht mit ihr. Der Autobus 19 donnert vorbei, gelb, zweistöckig, von oben bis unten besetzt, an dem Bauzaun rechts klebt ein altes Plakat. Reichspartei für Gewerbetreibende und Kaufleute, man kommt nicht über den Damm, die Wagen vom Polizeipräsidium her haben grade Durchfahrt. Drüben an der Säule mit ›Persil‹ fühlt Franz, daß er noch den Blumenstrauß hat, und will ihn ihr geben. Und während seine Augen auf seine Hand sehen, fragt er sich noch, seufzt es in ihm, es ist noch nicht entschieden: geb ich ihr die Blumen, geb ich ihr sie nicht? Ida, was hat das mit Ida zu tun, Tegel, ich hab das Mädel so lieb.

Und auf der kleinen Insel mit der Persilsäule muß er ihr die Blumen in die Hand drücken. Sie hat oft bittend zu ihm aufgeblickt, er hat nicht gesprochen, jetzt umklammert sie seinen linken Unterarm und hält seine Hand hoch, drückt sie an ihr Gesicht, das wieder aufflammt. Die Hitze von ihrem Gesicht strömt in ihn. Dann steht sie allein da, läßt den Arm schlaff sinken, ihr Kopf legt sich wie von selbst auf die linke Schulter. Sie haucht Franzen zu, der sie erschrocken um die Hüfte hält. »Nischt, Franz. Laß man.« Und sie gehen schräg über den Damm, wo man das Kaufhaus Hahn abreißt, und weiter. Mieze marschiert schon wieder ganz stramm. »Wat stehste denn, Mieze?« Sie preßt Franzens Arm: »Ich habe mir so geängstigt vorhin.« Sie dreht den Kopf beiseite, die Tränen sind ihr in die Augen geschossen, aber das Mädel kann sehr rasch lachen, bevor er was merkt, es waren schreckliche Stunden.

Oben auf seiner Stube sind sie, das Mädel sitzt in ihrem weißen Kleid vor ihm auf dem Schemel, die Fenster haben sie aufgemacht, es ist glühheiß geworden, eine ganz dicke Schwüle, in Hemdsärmeln sitzt er auf dem Sofa, sitzt und sieht sich immer das Mädel an. Wie er in sie verliebt ist; ich bin ja so froh, daß sie da ist, was hast du für hübsche Händchen, Mädel, ich kauf dir auch ein Paar Glacés, paß mal auf, und dann sollst du ne Bluse kriegen, mach was du willst, es ist ja so schön, daß du da bist, ich bin ja so froh, daß du wieder da bist, Mensch. Und er wühlt seinen Kopf auf ihrem Schoß. Er zieht sie herüber zu sich, kann sich nicht genugtun, sie anzusehen, zu drücken, das Mädel zu fühlen. Jetzt bin ich wieder ein Mensch, jetzt bin ich wieder ein Mensch, nee, ick laß dir nicht, ick laß dir nicht, und da kann passieren, was will. Er macht den Mund auf: »Mädel, Miezeken, du kannst machen, wat du willst, ich laß dir nicht.«

Wie glücklich sie sind. Sie sehen sich, die Schultern umschlungen, den Kanarienvogel an. Mieze sucht nach ihrer Tasche, zeigt Franzen den Brief von heut mittag: »Und über den Quatsch haste dir uffgeregt, wat der schreibt?« Sie zerknautscht ihn, schmeißt ihn rückwärts auf die Erde: »Mensch, von sowat kann ich dir n ganzes Paket geben.«

Fritz von Unruh (geb. 1885 in Koblenz; gest. 1970 in Diez an der Lahn) war ein expressionistischer deutscher Schriftsteller. Eigentlich sollte der Sohn des adligen preußischen Generals Karl von Unruh in die Fußstapfen seines Vater treten. Dafür wurde er schon als Kind in die Kadettenschule nach Plön geschickt, wo er gemeinsam mit den Söhnen des Kaisers Prinz Wilhelm und Prinz Oskar unterrichtet wurde. Obwohl er Ambitionen hatte, Schriftsteller zu werden, trat von Unruh zunächst als Offizier in den Dienst des kaiserlichen Garderegiments in Berlin. Diesen Posten musste er jedoch räumen, als ruchbar wurde, dass 1911 sein Drama »Offiziere« in Berlin vom modernen Regisseur Max Reinhardt aufgeführt werden sollte. Einen für die kaiserliche Autorität noch subversiveren Charakter hatte sein Stück »Louis Ferdinand Prinz von Preußen« von 1913. Es wurde von der Zensur kurzerhand verboten. Dennoch erhielt Fritz von Unruh für das Stück 1914 den Kleistpreis zuerkannt.

Sein gebrochenes Verhältnis zum preußischen Militär konnte von Unruh 1914 nicht davon abhalten, sich als Kriegsfreiwilliger an die Front zu melden. Entsprechend seiner Ausbildung als Offizier wurde er als Bataillons- und Kompaniechef eingesetzt und nahm an den Schlachten an der Marne und bei Verdun teil. Das Kriegserlebnis und eine schwere Verwundung 1916 verarbeitete Fritz von Unruh u.a. in seinem Stück »Opfergang«. Er wurde überzeugter Pazifist und kehrte dem Militär endgültig den Rücken.

Während der Zeit der Weimarer Republik wurde er ein erfolgreicher Dramatiker. Seine zeitkritischen, expressionistischen Stücke wurden auf vielen Bühnen gespielt. Gegen das Erstarken der NS-Bewegung engagierte sich Fritz von Unruh, indem er 1931 der pro-republikanischen von Gewerkschaften und SPD gebildeten »Eisernen Front« beitrat.

Um dem politischen Terror der Nationalsozialisten zu entkommen, emigrierte er schon vor deren Machtübernahme. Stationen seines Exils wurden Italien (bis 1935), Frankreich (bis 1939) und schließlich die USA. Ähnlich wie Alfred Döblin empfand auch Fritz von Unruh den konservativen Konsens in Westdeutschland nach seiner Rückkehr 1948 als zu restaurativ. Er emigrierte 1954 erneut in die Vereinigten Staaten, kehrte jedoch 1962 endgültig nach Deutschland zurück.

Die Komödie »Zero« von 1932 parodiert die Mentalität des »Kasino-Kapitalismus« zur Zeit der untergehenden Weimarer Republik. Passend dazu spielen die drei Akte des Stückes in Monte Carlo, wo eine abgehobene und im Überfluss lebende Gesellschaft sich im Spielsaal trifft oder sich rings um das Kasino am eigenen Luxus langweit. Die Rahmenhandlung wird getragen vom bevorstehenden »Großereignis« des Autorennens. Im 3. Akt ist es endlich soweit. In der »Kurve C der Rennbahn« lassen sich die Honoratioren ihre Zuschauerplätze zuweisen: »Bitte, rechts, Euer Majestät«. Auf subtile Weise streifen die Dialoge immer wieder politische Themen. Teils andeutend, aber auch mit schockierender Eindeutigkeit thematisiert Fritz von Unruh dabei die heraufkommende Gefahr des Nationalsozialismus. »Deutschland will Raum« und »Darum geht es unter«, konnte man da 1932 schon lesen. Und es wird noch konkreter:« »Auf dem Potsdammer Platz werden Schafe weiden ...« ■

Fritz von Unruh
Zero. Eine Komödie

III. Akt

Eine Kurve – Rechts an ihr eine Tribüne mit Fahnenmasten usw. Eine Treppe führt hinunter. Unter ihr Verstützungen. Ein Bartisch. Hochspannungsmasten. Arbeiter schichten in letzter Hast aus Sandsäcken Schutzmauern am Kurvenrand. Man sieht Aenne, auf einem Barhocker Limonade saugend, ein Buch lesen.

LAUTSPRECHER: Achtung! Achtung! Achtung! In 37 Minuten wird Major Segrave zu seinem Weltrekord starten.
(*Bewegung. – Monsi eilt mit Sekretär heran*)
ANGST: Hier, Herr Direktor, dies ist die Kurve C ...
(*Ein Transparent, auf dem C elektrisch leuchtet, wird über der Tribüne hochgezogen*)
MONSI: Um des Teufels willen! Werfen Sie kein Streichholz weg! (er hebt es auf) Erst brannte es, jetzt? schwarz ... Schwarzpulver! Ha, ha! Die Kurve C ...!
(*Photographen, Reporter und Kurgäste die Treppe hinauf*)
I. REPORTER: Unerhört! Jetzt soll der Präsident der Republik Kuba rechts vom Fürsten von Monaco sitzen und der Kaiser Kulalonkong links. Das ist eine Beleidigung des Begriffes Republik!
II. REPORTER: Republik? Das ist eine Beleidigung für die herannahenden Fürstlichkeiten ...
I. REPORTER: Republik? Eine Beleidigung? im Jubeljahr Washingtons?

II. REPORTER: Washington? Washington! – Washington Sie sich die Hände! Washington? – Ist doch kein Fashington! Washington ...! Und in unserem souveränen Fürstentum ... (*vorbei*)
MONSI: Ja, ja, Herr Angst, haben Sie mal darüber nachgedacht, diese Erdkruste ist nicht dicker als das Häutchen überm Ei! Haben Sie keine Angst, Herr Angst? Unter Ihren Stiefeln: alles feuerflüssig, Schwefel! Heiße Gase! Urstoff! Expansionslüsterne Atome! Herr Angst, werfen Sie nur kein brennendes Zündholz fort ...
ANGST (*ängstlich*): Herr Generaldirektor, eben hörte ich von einem Berliner, der ganze Kurfürstendamm sei unterhöhlt ... alle Häuser aus Gips ... lauter olle Klamotten ... der prächtige Plunder fiele bald zusammen ...
MONSI: Ja, ja, ja ... Aber hier, Herr Angst, unter der Kurve C, da ist Fels drunter! Goldener Rivierafels! (*Lautsprecher usw.* – Monsi erregt) Ich muß die Fürstlichkeiten auf die Renntribüne führen ... Die Exgekrönten im Exil ... ha, ha, (*ab mit Sekretär*)
(*Zurufe und Hinaufschauen nach dem Transparent. Auf ihm erscheint, von der Menge umringt, von Paul geschoben, Segraves Rennwagen. Man hört: Bravo! Paul spricht: »105 Liter, da sind noch 30 ...« er schraubt ein Ventil zu. Winken und Klatschen*)
SCHNELL (*deutet auf eine große, schwarze Null auf dem Rennwagen im Transparent*): Zero! Eine Null! Weil Segrave nachher so rasch vorüberflitzen wird, daß er nicht mehr zu sehen ist. Ha, ha, Null, das ist die Überwindung des Menschen durch die Maschine ...
(*Das Bild verschwindet auf dem Transparent und das C wird wieder sichtbar. Man hört afrikanische Querpfeifen und*
Trommeln ... Monsi führt die gekrönten Häupter in zirkusartigem Aufmarsch heran)
MONSI (*in forciertem Übermut, in grauem Gehrock und grauem Zylinder*): Wie befehlen Euer Hoheit? Untertänigst. Natürlich. Seine kaiserliche Hoheit meinen, man röche im Föhn den Frühling von Afrika herüber ... ganz recht, Prinzessin, in dieser Richtung liegt Marokko. (*er stellt vor*) Seine Majestät, der Kaiser Kulalonkong. (*Beifall*) Höchstderselbe geruhte eben zu äußern, er besäße einen weißen Elefanten, der 60 Kilometer in der Stunde liefe. Und einen Vogel Strauß, der noch schneller liefe ... Seine Majestät wünschen, daß unser Segrave seinen nächsten Geschwindigkeitsrekord vor Höchstdero Alabasterpalais in ... (*er küßt dem Kaiser die Hand, während auf dem Transparent ein indisches Märchenschloß sichtbar wird*) im Hintergrund der Urwald, wir im Smoking als Zuschauer alle beim Mokka in einem Purpurzelt inmitten der schreienden Tropennacht ... Nein, Euer Erlaucht, die kleinen Affen sterben vor Heimweh bei uns, nur die großen Affen halten sich in Europa ... Wie befehlen Allerdurchlauchtigste Fürstin? (*Sekretär Angst flüstert Monsi etwas ins Ohr*) Zu wem? dem Prince of Wales? Wo? Oben im Kastell? Seine Kaiserliche Hoheit

möge heruntersteigen. Unerhört! Das Pfund sinkt, und ich soll zu ihm hinaufklettern? Meine Ahnen waren Spanier ... Dies ist die Rache für die Armada ... Ha, ha ... Jawohl! Jeden ereilt es ... (*Paul kommt*)

ARZT: Von Segrave?

PAUL: Er rennt nicht. (*Bestürzung*)

MONSI: Ha, ha! Rennt nicht? (*tastet, faßt sich dann*) Guter Witz! Kenn ich. Jedes Mal! Zur Erhöhung der Spannung!

'ne Gelderpressung! Kennen wir. Ha, ha ... (*sehr nervös*) Seine Majestät wünschen ... das Festprogramm ... (*er überreicht es dem Kaiser*) Untertänigst, und unmittelbar vor dem Start werden die Glocken der Peters-Basilika im Radio erklingen. Alsdann hat uns der bekannte Röntgenologe und Sportarzt unseres Helden ... (*mit einer Verbeugung zum Arzt*) eine Überraschung vorbehalten: Der erste, geglückte Herzröntgenfilm. (*Zylinderbewegung usw.*)

ARZT: Ich werde mir erlauben, Ihnen das Herz Segraves vorzuführen. (*Beifall*) Wie es arbeitet, wie es sich königlich dreht in der Lunge, – das haben wir mit der Kamera festgehalten.

(*Lautsprecher: Achtung! Achtung! In 30 Minuten usw.*)

MONSI (*während alles auf die Tribünen strömt*): Bitte, rechts, Euer Majestät! Rechts, Kaiserliche Hoheit! Rechts, rechts, meine Prinzen und Grafen ... Nein, nicht links, rechts! rechts ... (er führt die Fürstlichkeiten eilig auf die Tribünen ... Wenzel kommt mit einem Portier angerannt)

PORTIER: Dort! der in der Generalsuniform – das ist der Fürst von Monaco ... Rasch, rasch hinterher ...

WENZEL (*in höchster Aufregung*): Mann! Mann! Aber erst der Kragen! (*während er sich einen neuen Kragen einknöpft*) Herr Concierge! Sie sind der einzige Mensch in Monte Carlo! Voilà un homme! Ich werde über Sie in meiner Obstzeitung einen Artikel schreiben! Oh! die wird viel gelesen, sogar in Tokio. Der gegenwärtige Mikado interessiert sich für meine Kirschzuchtideen. Mann! Bald hab ich's heraus! Schwarze Blüten! rabenschwarze Blüten! (*freudig*) Na? na? Die ganze Obstgegend rabenschwarz, soweit man sieht ... Nicht weiß, alle Obstbäume rabenschwarz. Na? na?

REPORTER (*suchend, vorbei. Stutzt vor Wenzel*): Ha! Herr Wenzel? Geht's auf den Selbstmörderfriedhof von Monte Carlo? (*er knipst ihn*)

WENZEL: O nein! Wir sind noch nicht am Ende! Der Herr Concierge hat mir 30 Frs. gepumpt und einen neuen Kragen. Jeden hab' ich angepumpt, aber keiner ... Nur der Herr Concierge! Ja, jetzt enthüllt es sich ... wie in Amerika: Der Mensch ohne Geld in der Tasche, der Mensch Wenzel ... 'ne Null! (*Ein Engländer atemlos*)

EIN ENGLÄNDER (*packt Wenzel am Rock*): Ist es wahr? Sie haben einen Napoleonsbecher zu verkaufen?

WENZEL (*stolz*): Deswegen eile ich eben zum Fürsten von Monaco! Sogar mit gepumptem Kragen. Zufällig besitze ich dieses silberne Becherlein. (*er zeigt es triumphierend*) Da! Unsere Liegnitzer Grenadiere haben es bei Waterloo erbeutet ... Der Fürst ist der größte Napoleonsammler, den es gibt ...
(*Aufgeregte Rufe, Pfiffe usw. Lissy, verzweifelt suchend*)
LISSY (*zum Reporter*): Tableau! Mein Mann ist im Gerichtssaal den Gendarmen durchgebrannt ...
WENZEL: Fortuna? Hätten Sie eine Nacht mit mir geschlafen!
LISSY: Ich dachte, Sie hätten sich längst totgeschossen ...
WENZEL: Oh, wir sind noch nicht am Ende! (*zum Engländer*) Ich verlange 100000 Frs. dafür! (*Kußhände zu Lissy*) Und dann! – In solcher Nacht wie dieser ... (*Wenzel ab, von Engländer und Reporter gefolgt. Wie Lissy weiter will, quetscht sich Funke unter den Tribünen vor. Lissy schreit auf*)
FUNKE (*vor ihr*): Psst! Psst!
LISSY: Unglaublich!
FUNKE: Lissy! Ich verlange auch keine Kinder mehr! Hier verzichte ich auf dieses höchste Mannesglück, Vater zu werden –
LISSY: Du verzichtest? – Ich verzichte!
FUNKE: Dein Wille geschehe! Amen! selbst wenn Du es Dir in den Kopf gesetzt hättest, daß der Floh ein Säugetier ist, weil er Blut saugt, so sei er's! – Nur erspar mir diese Schande!
LISSY: Ersparen? Komisch! Etwa wieder von vorne die ganze Piesackerei?
FUNKE: Du bist Dir offenbar noch nicht klar – Ich muß mich auf die Anklagebank setzen ... Kreuzdonner! Meine Ehre! L'honneur! Prestige! Name!
LISSY: Prestige? Name? L'honneur? Ha! Piesacker! Rechthaber!
FUNKE: Rechthaber? Was Du sagst, soll hinfort für mich ein goldenes Wort sein! Kreuzdonner! Lissy! Lieschen! Sprich für mich vor Gericht!
LISSY: Verlaß Dich drauf!
FUNKE: Sage Du es dem Richter, daß ich immer ein moralischer Mensch war ... Elisabeth! ich bin doch ein moralischer Mensch!
LISSY: Moralisch? Und spazierst nackt herum am öffentlichen Strand? Pfui!
FUNKE: Kreuzdonner! Ich war in eine Falle gelockt! Und zwar von keinem Erzengel, von einem Erzschuft! Treu und Glauben ...
LISSY: Treu und Glauben? Ha! Mir die Teppiche wegnehmen! Den Brillantring vom Finger! Den Pelzmantel! ... (*plötzlich*) Gendarmen!
FUNKE: Willst Du mich denn ruinieren? Kreuzdonner! Und in meinem 50. Jahr?
LISSY: Die Scheidung will ich!
FUNKE: Aber die Jubiläumsnummer des Ehewart ist doch schon im Satz! ...
LISSY: Hallo! He!

FUNKE (*klammert sich an Lissy*): Mein Piepmatz! Vögelchen! Elschen! die Ehe! Du! Wir müssen uns lieben! Denn Du bist Du, und ich bin ich! Mein Schätzchen!
LISSY (*macht sich frei*): Hallo! Hier steht er! Leute! Hier! Hier!
FUNKE: Eher sterbe ich – (*packt sie*) Aber Du mit mir!
LISSY: Hilfe! Hilfe!
(*Von allen Seiten Gendarmen, Anwälte usw. Funke wird wie ein tobender Stier überwältigt und gefesselt*)
FUNKE (*zu Lissy*): Elende! – Ins Paradies kommst Du nicht! –
GENDARMEN: Vorwärts! – Vorwärts! – (*Funke wird abgeführt*)
FUNKES VERTEIDIGUNG (*zu Lissy*): Er ist doch immerhin Ihr Gatte …
LISSY: Sind Sie mit ihm verheiratet oder ich? – (*sie folgt Funke nach dem Gericht*)
FUNKES VERTEIDIGUNG: Die Verteidigung legt strengste Verwahrung ein, – daß unser Klient mit Handschellen abgeführt wird …
PROKURATOR: Das ist Sache der Gendarmen. – Sie können anketten. – Sie brauchen es aber nicht … – Sie dürfen es machen, wie sie wollen. (*Lautsprecher: Achtung! Achtung! in 20 Minuten usw. – Alle horchen, – eilen dann ins Gericht. Während der Mixer summend mixt, liest Änne*)
ÄNNE: »Und der Herr sprach: es ist ein Geschrei zu Sodom und Gomorrha, – das ist groß ob ihrer Sünden und gar schwer.« Jonnie, – glaubst Du an die Lüge oder an die Wahrheit?
JONNIE: Ich? … only – Cocktail …
ÄNNE: Sag, gibt es eine Gerechtigkeit?
JONNIE: Eine gerechte mixture – Mischung –
ÄNNE: Ist denn alles hier Lüge? Gilt das nicht mehr? (*deutet auf die Bibel*)
JONNIE (*liest*): Moses 3? Ha, ha. »Gott der Gerechte!« Ha, ha. (*mixt weiter – singt dazu*)
ÄNNE (*liest*): »Und er sendete zween Engel, und sie kamen gen Sodom des Abends, Lot aber saß unter dem Tor. Mache Dich auf, sprach der Engel« – (*steht auf*) Ja, das werde ich! Jonnie, dieses Vieh, der Reporter – (*stiert*) 500 Frs. Gerichtskosten … 500 Frs.! (*liest*) »Darum sendete der Herr den Vernichtungsengel …«
(*Birjinski hetzt mit Röhren und Konservenbüchsen im Arm von der Tribüne herab an ihr vorbei*)
Schatz, wohin rennst Du?
BIRJINSKI (*erschrickt, dann*): Wo wohnst Du?
ÄNNE: Fünf Minuten weit …
BIRJINSKI: Eigene Wohnung?
ÄNNE: Sogar mit eigener Küche … Zwei Zimmer habe

ich vermietet ... an Freundinnen ... zerrissene Hände? die Hose kaputt?
BIRJINSKI: Kannst Du mich verstecken?
ÄNNE: Du! Ja! Kannst die ganze Nacht bei mir bleiben, vertreib mir die Grillen. Schatz! Bist blaß? Ja! Komm! Hab Liköre, Zigaretten.. Ich glaub, Du hast Geist ... stimmts? Du wirst mir das erklären ... warum der Richter – –
BIRJINSKI: Lauf! Hinter der Fortunastatue hab' ich einen Fahrradschlauch vergessen ... Bring ihn mir ...
ÄNNE: Schatz! Ich habe solche Grillen ... (*Änne ab. Birjinski huscht nach links an die Hochspannung zwischen den Fahnenmasten und bastelt. Hinter ihm taucht der Reporter auf mit Monsi*)
SCHNELL: Wo ist Segrave? 19 Minuten. Flink, Herr Generaldirektor! Vorher noch ein schönes Interviewchen? Legen Sie los! Also!? Was für Gefühle? (*entdeckt plötzlich Birjinski, stürzt auf ihn los*) Mund halten! Lippen zu! Ihr Gesicht! Hm! Köstlich! Al Capone! Verbrechen! Wollust! Mystik! Das Antlitz Europas 1932 ... (*während er kurbelt*) Ich gebe es gleich durch den Ozeansender.
(*Schnell hetzt über die Treppe davon – Lautsprecher: Achtung! Achtung! In 17 Minuten usw. – Monsi in Schlapphut mit hochgestelltem Kragen unter der Verstützung*)
MONSI: Psst! Jungchen! Meister Birjinski! Wo stecken Sie, mein Jungchen! Gib 'n Laut! Jungchen!
BIRJINSKI: Laß mich arbeiten ... Hab's noch nicht an die Lichtleitung angeschlossen ...
MONSI: Eine Röhre? Konservenbüchsen?
BIRJINSIKI (*nervös*): Ich warte auf einen Schlauch. Muß noch mehr Schwarzpulver rein.
MONSI (*faßt sich in den Kragen*): Sechs Taschenlampenbatterien?
BIRJINSKI: Würden Sie den Schoß der Erde zerreißen, daß er nie mehr gebären kann ...!
MONSI: Aber, Jungchen, keine Flüche! Ein Fluch ist ein Fluch!
BIRJINSKI: Wo ist der Glühzünder? Warum kommt die Hure nicht zurück mit dem Fahrradschlauch?
MONSI: Du hast die Batterie mit Draht zusammengebastelt? (*plötzlich*) Dort! Lauter Brände! Glutrot! Haushoch! Jungchen, Unerhörtes ist in mir ...!
BIRJINSKI: Schon gelindes Fieber? (*Segrave kommt*)
SEGRAVE: Was bastelt Ihr da wie Hexen überm Kreuzweg?
MONSI (*erschrocken, ablenkend*): Noch nicht im Dreß?
SEGRAVE: Hat mein Monteur Sie nicht erreicht? – (*Angst klettert von den Tribünen*)
ANGST: Wo ist der Rennfahrer? auf allen Plätzen scharren und trampeln

sie schon. Ungeduld! Ungeduld! 50 000 Menschen atemlos auf den Tribünen!
BIRJINSKI: 50 000 Menschen? Ich brauche Rum! Viel Rum! (*Lautsprecher: Achtung! – Achtung! – in 14 Minuten wird Major Segrave ...*)
SEGRAVE: Nicht zu seinem Weltrekord starten. (*lachend ab*)
ANGST: Und das Rennen?
MONSI: Der Start wird um 10 Minuten verschoben ... Beschäftigen Sie das Publikum: Film! – Musik! – Fort! – fort! – (*Angst hetzt auf die Tribüne zurück*) Inzwischen ... – ich rede mit ihm ... (*eilt weg, – prallt auf Engel*) Was will dieser graue Mann ...?
(*J.M. Engel, ein lordähnlich angezogener Herr, schlendert Kakteen betrachtend vorbei. – Monsi versucht ihm auszuweichen.*)
ANGST: Was springt der Herr Generaldirektor? (*Angst folgt. Krah kommt mit Gymnasiastin wie ein Triumphator*)
KRAH (*ausgelassen zum Kellner*): Fiat justitia – pereat mundus ... Sie werden diesen nackten Philogermanen verknacken – so wahr ich Tatzeuge war! ... Jonnie, wie gibt man 24 000 Mark am schnellsten aus? Mache er mir Vorschläge! (*Er studiert die Speisekarte*) Oje, oje habe ich eben geredet vor Gericht! Gott, hätte sich der Cicero gekränkt. Eine klassische Rede! »Hohes Gericht«, fing ich an, »man bindet sich nicht auf ewig.« Gott, hat das Eindruck gemacht! Gott, haben diese Gesetzesschnadahüpfer Augen gemacht! 'ne Trüffel? Echt? Noch nie gegessen.
(*Mi stellt sich an die Bar und schält sich eine Orange, Krah plötzlich*)
Gott, möcht ich arm sein! Jetzt schmeckt mir die Zigarre noch. Bin ich reich, dann gehört der Stuhl mir. Ich möchte arm bleiben! Aber ich werde reich! Jonnie! 'n Kognak! Aber deutschen Kognak! (*zu Mi*) Es gibt nämlich Leute, die verlieren im Alkohol ihre Potenz. Ich – im Gegenteil! Ich werde nur potenter ... Noch 'n Glas. (*zum Mixer*) Eine Gymnasiastin. Ich lag mit ihr auf dem Sofa – hatte Münchener Bier getrunken – süßes Bier, brrr! Ist das süß! (*flüstert*) Im Hotelzimmer wird die Mi plötzlich aggressiv – Gott, hab ich das lieb! Eine Frau! und 'n Kopf! Sie ist für den Krieg! eine Heidin!
(*Der Mixer serviert eine Trüffel*)
MI: Pi!
KRÄH: Mi! Eine Trüffel! Eine echte Trüffel! Die größte Delikatesse ... Hum! Mulmig! wie Erde! Feuchte Erde ... Gott, schmeckt das gut. (*zum Mixer*) Wie ißt man die? Suppe dazu? oder nicht? Koste, Mi! Gott, wie das schmeckt! Noch 120 Jahre den Bolschewismus aufhalten können! Geht alles kaput! In 300 Jahren vielleicht beginnt wieder Kultur im Osten ... Aber wir, für unser Leben, alles vorbei. Gott, bin ich traurig! –
MI: Pi!

KRAH: Oje, oje, bin ich traurig!
MIXER: Die Herren Advokaten …
(*Schwede mit Gästen und Advokaten aus dem Gericht*)
EIN ADVOKAT: Ein Mann, der den Ehewart verlegt, ist ein moralisches Bollwerk!
EIN ANDERER ADVOKAT: Aber die vollständige Entblößung! Bedenken Sie doch!
SCHWEDE: Ha, ha … Wir nennen das: die Rückgängigmachung des Sündenfalles … (*sieht Krah, reibt sich freudig die Hände*) Liebster! Wir haben ihn freigekriegt …
KRAH (*knallt hoch*): Ist er freigesprochen? was? freige …
SCHWEDE: Unter allgemeiner Akklamation …
KRAH: Freigesprochen? (*rückt vom Tisch, glotzt, schiebt dann Teller und Gläser fort*) Oje, oje, wer bezahlt nun die Trüffel? (*springt plötzlich vom Tisch fort und flieht – Mi folgt – Angst mit Diener von der Tribüne zu Monsi, der verzweifelt ankommt*)
ANGST: Schon fünf Minuten vorbei! – Herr Generaldirektor, – startet er nun?
MONSI: Er sitzt auf seinem Kühler und zählt Geld –. Vielleicht stimmt ihn das Großkreuz vom weißen Elefanten um! – Voran! – vorwärts! – Schicken Sie das Rennkomitee zum Maharadscha! – (*Diener ab –, Monsi dreht sich um*) Da! Immer hinter mir her. Der graue Mann …
ANGST (*hält Monsi fest*): Das ist doch … (*flüstert Monsi etwas in's Ohr. – J.M. Engel mit Kakteen im Arm*)
ENGEL: Ist es erlaubt, Herr Kurdirektor, Ihnen über Ihre exotischen Pflanzen ein Kompliment zu machen?
MONSI (*wie Espenlaub*): Bin ich Ihnen nicht schon einmal auf der Promenade begegnet?
ENGEL: Ja, was ist friedlicher, freundlicher, als Gärtnerei und Blumenpflege? (*verbeugt sich*) Josef Maria Engel …
ANGST: Der Todesengel … Ha, ha …
ENGEL (*vor Kakteen*): Diese Euphorbia virosa besitze ich auch …
MONSI: In Köln, nicht wahr? Ich hörte, Sie verwenden in Köln noch die Guillotine aus der französischen Revolution?
ENGEL: Ich bin im Urlaub, mein Herr. – Da, bei dieser Form der Bocasana entwickeln die Aereolen lange, weiße Haare, wie ein weißer Pelz. Ha, ha …
MONSI: Herr Angst erzählte mir, Sie hätten dem Massenmörder den Kopf abgehackt …
ENGEL: Abgehackt? Ich hatte die Ehre, die menschliche Gerechtigkeit wieder herzustellen …

MONSI (*nervös*): Sehr gut, sehr gut … »Ein kühler Lustreiz auf dem Nacken« … Hoho! … Monsieur Guillotins Worte … Ein kühler Lustreiz, so pries er dem Konvent doch seine Maschine an. Ja, ja. Ein Lustreiz …
ENGEL: Pernicia regina. Entzückend, diese Stachelbüschel …
MONSI: Wenn schon für den Hingerichteten ein Lustreiz, was muß da erst der Henker empfinden?
ENGEL: Ich bin Staatsbeamter und empfinde nichts.
(*Änne kommt mit einem Fahrradschlauch, es wetterleuchtet – sie hält sich vor Windstößen ihren Rock zusammen*)
ÄNNE: Das bläst aber heut vom Meer …
MIXER: Keine Bange! Der Cyklon kommt nicht hoch.
ÄNNE: Ich dacht' schon, die Welt geht unter … (*ab unter die Verstützung*)
ENGEL: Ja, wir geh'n unter …
ANGST: Meinen Sie's auch?
ENGEL: Klar, Babylon ging unter, Assyrien, Ägypten, natürlich geh'n wir auch unter … Auf dem Potsdamer Platz werden Schafe weiden … Ha, ha …
MIXER: Größere als jetzt? (*Gelächter*)
ENGEL: Entweder ein Volk will Raum, oder es will Zeit –
ANGST: Deutschland will Raum …
ENGEL: Darum geht es unter … wie Sparta und Athen.
MONSI: Es wetterleuchtet, Herr Angst! Wo sind Sie? Angst! Angst!
ENGEL: Angst? ich? warum? mein Beruf ist das einzig Konstante in den nächsten dreitausend Jahren! Ha, ha …
MONSI: Zehn Jahre sind wie hundert Jahre. Alles ändert sich unter der Hand …
ENGEL: Diese gedrungene Kugelform erinnert mich an mein Töchterchen … Mi! d. h. Maria. Wie weich die Haut behaart ist. Aus Jamaika – zierliche Blüten. 24 Grad Celsius. Ja, ja … Ich habe nur eine einzige Angstvision: wer heiratet die Tochter eines Scharfrichters?
(*Blitze usw. – Kellner räumen Tische ab. – Krah flieht mit Mi unter die Verstützung*)

HEINRICH MANN (geb. 1871 in Lübeck; gest. 1950 im Exil in Santa Monica/USA) verstand es wie kein anderer Autor seiner Zeit, das wilhelminische Deutschland und seine besonderen Charaktere literarisch zu portraitieren und zu parodieren. Bereits mit seinem 1904 erschienen Roman »Professor Unrat«, worin er die bornierte Boshaftigkeit eines Gymnasiallehrers gegenüber seinen Schülern beschreibt, sorgte Heinrich Mann in seiner Heimatstadt Lübeck für einen Skandal.

Die NS-Zensoren vom »Kampfbund für deutsche Kultur« begründeten im Juni 1933 das Verbot seiner Bücher mit den erstaunlichen Worten: »Ressentiment-erfüllter Schriftsteller, der seine grosse Begabung dazu benutzt, das nationale Deutschland lächerlich zu machen; z. T. auch zersetzend.« Bei allem ideologischen Hass mochten also selbst einige Nationalsozialisten Heinrich Mann nicht sein literarisches Talent absprechen. Sein Talent war auch das Einzige, was ihm noch blieb, nachdem er bereits im Februar 1933 aus der Preußischen Dichterakademie geworfen und ins Exil getrieben worden war.

Umso ärgerlicher ist es, dass Heinrich Mann heute oft allzu schnell im direkten Vergleich mit seinem Bruder Thomas abgewertet wird. Es handelt sich doch – Brüder hin oder her – um Autoren, die ihre gemeinsamen Erlebnisräume aus der Kindheit und Jugend literarisch höchst unterschiedlich verarbeitet haben. Bis heute stören sich viele Leser an Heinrich Manns Mut zum politisch pointierten Urteil, so auch in seinem Roman »Der Untertan«, den er 1914 fertig stellte und erst 1918 veröffentlichen konnte. Als »das Herbarium des deutschen Mannes« bezeichnete Kurt Tucholsky dieses Meisterwerk: »Hier ist er ganz: in seiner Sucht, zu befehlen und zu gehorchen, in seiner Rohheit und in seiner Religiosität, in seiner Erfolganbeterei und in seiner namenlosen Zivilfeigheit.« Diesen Typus beschreibt Heinrich Mann anhand der Figur des Diederich Heßling und arbeitet dabei ein literarisches Portrait heraus, das dem des deutschen Kaisers Wilhelm II. immer ähnlicher wird.

Der folgende Textausschnitt ist eine Schlüsselszene des Romans und beschreibt Diederich Heßlings Zeit bei der studentischen Verbindung Neuteutonia. Dafür haben die NS-Studenten und die Burschenschaften Heinrich Mann natürlich besonders gehasst. Am Scheiterhaufen auf dem Berliner Opernplatz schrie am 10. Mai 1933 ein NS-Student: »Gegen Dekadenz und moralischen Verfall! Für Zucht und Sitte in Familie und Staat!« und warf unter Ausrufung seines Namens die Werke von Heinrich Mann in die Flammen. ■

Heinrich Mann
Der Untertan

Als er einmal die Löwenapotheke betrat, stand hinter dem Ladentisch sein Schulkamerad Gottlieb Hornung. »Ja, ich spiel hier den Sommer über 'n bißchen Apotheker«, erklärte er. Er hatte sich sogar schon aus Versehen vergiftet und sich dabei nach hinten zusammengerollt wie ein Aal. Die ganze Stadt hatte davon gesprochen! Aber zum Herbst ging er nun nach Berlin, um die Sache wissenschaftlich anzufassen. Ob denn in Berlin was los sei. Hocherfreut über den Besitz seiner Überlegenheit, fing Diederich an, mit seinen Berliner Erlebnissen zu prahlen. Der Apotheker verhieß: »Wir beide zusammen stellen Berlin auf den Kopf.«

Und Diederich war schwach genug, zuzusagen. Die kleine Universität ward verworfen. Am Ende des Sommers – Hornung hatte noch einige Tage zu praktizieren – kehrte Diederich nach Berlin zurück. Er mied das Zimmer in der Tieckstraße. Vor Mahlmann und den Göppels flüchtete er bis nach Gesundbrunnen hinaus. Dort wartete er auf Hornung. Aber Hornung, der seine Abreise gemeldet hatte, blieb aus; und als er endlich kam, trug er eine grün-gelb-rote Mütze. Er war sofort von einem Kollegen für eine Verbindung gekeilt worden. Auch Diederich sollte ihr beitreten; es waren die Neuteutonen, eine hochfeine Korporation, sagte Hornung; allein sechs Pharmazeuten waren dabei. Diederich verbarg seinen Schrecken unter der Maske der Geringschätzung, aber es half nichts. Er solle Hornung nicht blamieren, der von ihm gesprochen habe; einen Besuch wenigstens müsse er machen. »Aber nur einen«, sagte er fest.

Der eine dauerte, bis Diederich unter dem Tisch lag und sie ihn fortschafften. Als er ausgeschlafen hatte, holten sie ihn zum Frühschoppen; Diederich war Konkneipant geworden.

Und für diesen Posten fühlte er sich bestimmt. Er sah sich in einen großen Kreis von Menschen versetzt, deren keiner ihm etwas tat oder etwas anderes von ihm verlangte, als daß er trinke. Voll Dankbarkeit und Wohlwollen erhob er gegen jeden, der ihn dazu anregte, sein Glas. Das Trinken und Nichttrinken, das Sitzen, Stehen, Sprechen oder Singen hing meistens nicht von ihm selbst ab. Alles ward laut kommandiert, und wenn man es richtig befolgte, lebte man mit sich und der Welt im Frieden. Als Diederich beim Salamander zum ersten Male nicht nachklappte, lächelte er in die Runde, beinahe beschämt durch die eigene Vollkommenheit!

Und das war noch nichts gegen seine Sicherheit im Gesang! Diederich hatte in der Schule zu den besten Sängern gehört und schon in seinem ersten Liederheft die Seitenzahlen auswendig gewußt, wo jedes Lied zu finden war. Jetzt brauchte er in das Kommersbuch, das auf großen Nägeln in der Lache von Bier lag, nur den Finger zu schieben und traf vor allen anderen die Nummer, die gesungen werden sollte. Oft hing er den ganzen Abend mit Ehrerbietung am Munde des Präses: ob vielleicht sein Lieblingsstück darankäme. Dann dröhnte er tapfer: »Sie wissen den Teufel, was Freiheit heißt«, hörte neben sich den dicken Delitzsch brummen und fühlte sich wohlig geborgen in dem Halbdunkel des niedrigen altdeutschen Lokals, mit den Mützen an der Wand, angesichts des Kranzes geöffneter Münder, die alle dasselbe tranken und sangen, bei dem Geruch des Bieres und der Körper, die es in der Wärme wieder ausschwitzten. Ihm war, wenn es spät ward, als schwitze er mit ihnen allen aus demselben Körper. Er war untergegangen in der Korporation, die für ihn dachte und wollte. Und er war ein Mann, durfte sich selbst hochachten und hatte eine Ehre, weil er dazugehörte! Ihn herausreißen, ihm einzeln etwas anhaben, das konnte keiner! Mahlmann hätte sich einmal herwagen und es versuchen sollen: zwanzig Mann wären statt Diederichs gegen ihn aufgestanden! Diederich wünschte ihn geradezu herbei, so furchtlos war er. Womöglich sollte er mit Göppel kommen, dann mochten sie sehen, was aus Diederich geworden war, dann war er gerächt!

Gleichwohl gab ihm die meiste Sympathie der Harmloseste von allen ein, sein Nachbar, der dicke Delitzsch. Etwas tief Beruhigendes, Vertrauengestattendes wohnte in dieser glatten, weißen und humorvollen Speckmasse, die unten breit über die Stuhlränder quoll, in mehreren Wülsten die Tischhöhe erreichte und dort, als sei nun das Äußerste getan, aufgestützt blieb, ohne eine andere Bewegung als das Heben und Hinstellen des Bierglases. Delitzsch war, wie niemand sonst, an seinem Platz; wer ihn dasitzen sah, vergaß, daß er ihn je auf den Beinen erblickt hatte. Er war ausschließlich zum Sitzen am Biertisch eingerichtet. Sein Hosenboden, der in jedem anderen Zustand tief und melancholisch herabhing, fand nun seine wahre Gestalt und blähte sich machtvoll. Erst mit Delitzschs hinterem Gesicht blühte auch sein vorderes auf. Lebensfreude überglänzte es, und er ward witzig.

Ein Drama entstand, wenn ein junger Fuchs sich den Scherz machte, ihm das Bierglas wegzunehmen. Delitzsch rührte kein Glied, aber seine Miene, die dem geraubten Glase überallhin folgte, enthielt plötzlich den ganzen, stürmisch bewegten Ernst des Daseins, und er rief in sächsischem Schreitenor: »Junge, daß de mir nischt verschüttest! Was entziehst de mir überhaupt mein' Läbensunterhalt! Das ist 'ne ganz gemeine, böswilliche Existenzschädichung, und ich kann dich glatt verklaachen!«

Dauerte der Spaß zu lange, senkten sich Delitzschs weiße Fettwangen, und er bat, er machte sich klein. Sobald er aber das Bier zurück hatte: welche allumfassende Aussöhnung in seinem Lächeln, welche Verklärung! Er sagte: »De bist doch ä gutes Luder, de sollst läm, prost!« – trank aus und klopfte mit dem Deckel nach dem Korpsdiener: »Herr Oberkörper!«

Nach einigen Stunden geschah es wohl, daß sein Stuhl sich mit ihm umdrehte und Delitzsch den Kopf über das Becken der Wasserleitung hielt. Das Wasser plätscherte, Delitzsch gurgelte erstickt, und ein paar andere stürzten, durch seine Laute angeregt, in die Toilette. Noch ein wenig sauer von Gesicht, aber schon mit frischer Schelmerei, rückte Delitzsch an den Tisch zurück.

»Na, nu geht's ja wieder«, sagte er; und: »Wovon habt 'r denn geredt, während ich anderweitig beschäftigt war? Wißt ihr denn egal nischt wie Weibergeschichten? Was koof ich mir für die Weiber?« Immer lauter: »Nich mal ä sauern Schoppen kann 'ch mir dafür koofen. Sie, Herr Oberkörper!«

Diederich gab ihm recht. Er hatte die Weiber kennengelernt, er war mit ihnen fertig. Unvergleichlich idealere Werte enthielt das Bier.

Das Bier! Der Alkohol! Da saß man und konnte immer noch mehr davon haben, das Bier war nicht wie kokette Weiber, sondern treu und gemütlich. Beim Bier brauchte man nicht zu handeln, nichts zu wollen und zu erreichen, wie bei den Weibern. Alles kam von selbst. Man schluckte: und da hatte man es schon zu etwas gebracht, fühlte sich auf die Höhen des Lebens befördert und war ein freier Mann, innerlich frei. Das Lokal hätte von Polizisten umstellt sein dürfen: das Bier, das man schluckte, verwandelte sich in innere Freiheit. Und man hatte sein Examen so gut wie bestanden. Man war »fertig«, war Doktor! Man füllte im bürgerlichen Leben eine Stellung aus, war reich und von Wichtigkeit: Chef einer mächtigen Fabrik von Ansichtskarten oder Toilettenpapier. Was man mit seiner Lebensarbeit schuf, war in tausend Händen. Man breitete sich, vom Biertisch her, in die Welt aus, ahnte große Zusammenhänge, ward eins mit dem Weltgeist. Ja, das Bier erhob einen so sehr über das Selbst, daß man Gott fand!

Gern hätte er es jahrelang so weitergetrieben. Aber die Neuteutonen ließen ihn nicht. Fast vom ersten Tage an hatten sie ihm den moralischen und materiellen Wert einer völligen Zugehörigkeit zur Verbindung geschildert; allmählich aber gingen sie immer unverblümter darauf aus, ihn zu keilen. Vergebens berief sich Diederich auf seine anerkannte Stellung als Konkneipant, in die er sich eingelebt habe und die ihn befriedige. Sie entgegneten, daß der

Zweck des studentischen Zusammenschlusses, nämlich die Erziehung zur Mannhaftigkeit und zum Idealismus, durch das Kneipen allein, soviel es auch beitrage, noch nicht ganz erfüllt werde. Diederich zitterte; nur zu gut erkannte er, worauf dieses hinauslief: Er sollte pauken! Schon immer hatte es ihn unheimlich angeweht, wenn sie mit ihren Stöcken in der Luft ihm die Schläge vorgeführt hatten, die sie einander beigebracht haben wollten; oder wenn einer von ihnen eine schwarze Mütze um den Kopf hatte und nach Jodoform roch. Jetzt dachte er gepreßt: ›Warum bin ich dabeigeblieben und Konkneipant geworden! Nun muß ich ran.‹

Er mußte. Aber gleich die ersten Erfahrungen beruhigten ihn. Er war so sorgsam eingewickelt, behelmt und bebrillt worden, daß ihm unmöglich viel geschehen konnte. Da er keinen Grund hatte, den Kommandos nicht gerade so willig und gelehrig nachzukommen wie in der Kneipe, lernte er fechten, schneller als andere. Beim ersten Durchzieher ward ihm schwach: über die Wange fühlte er es rinnen. Als er dann genäht war, hätte er am liebsten getanzt vor Glück. Er warf es sich vor, daß er diesen gutmütigen Menschen gefährliche Absichten zugetraut hatte. Gerade der, den er am meisten gefürchtet hatte, nahm ihn unter seinen Schutz und ward ihm ein wohlgesinnter Erzieher.

Wiebel war Jurist, was ihm allein schon Diederichs Unterordnung gesichert hätte. Nicht ohne Selbstzerknirschung sah er die englischen Stoffe an, in die Wiebel sich kleidete, und die farbigen Hemden, von denen er immer mehrere abwechselnd trug, bis sie alle in die Wäsche mußten. Das Beklemmendste aber waren Wiebels Manieren. Wenn er mit leichter, eleganter Verbeugung Diederich zutrank, klappte Diederich, und seine Miene war leidend vor Anstrengung, tief zusammen, verschüttete die eine Hälfte und verschluckte sich mit der andern. Wiebel sprach mit leiser, arroganter Feudalstimme.

»Man kann sagen, was man will«, bemerkte er gern, »Formen sind kein leerer Wahn.«

Für das F in »Formen« machte er seinen Mund zu einem kleinen schwarzen Mausloch und stieß es langsam geschwellt heraus. Diederich unterlag jedesmal wieder dem Schauer von so viel Vornehmheit. Alles an Wiebel dünkte ihm erlesen: daß die rötlichen Barthaare ganz oben auf der Lippe wuchsen, und seine langen, gekrümmten Nägel – nach unten gekrümmt, nicht, wie bei Diederich, nach oben; der starke männliche Duft, der von Wiebel ausging, auch seine abstehenden Ohren, die die Wirkung des durchgezogenen Scheitels erhöhten, und die katerhaft in Schläfenwulste gebetteten Augen. Diederich hatte das alles immer nur im unbedingten Gefühl des eigenen Unwertes mit angesehen. Seit aber Wiebel ihn anredete und sich sogar zu seinem Gönner machte, war es Diederich, als sei ihm erst jetzt das Recht aufs Dasein bestätigt. Er hatte Lust, dankbar zu wedeln. Sein Herz weitete sich vor glücklicher Bewunderung. Wenn seine Wünsche sich so hoch hinausgewagt hätten, auch er hätte gern solchen roten Hals gehabt und immer geschwitzt. Welch ein Traum, säuseln zu können wie Wiebel!

Und nun durfte Diederich ihm dienen, er war sein Leibfuchs! Stets wohnte er Wiebels Erwachen bei, suchte ihm seine Sachen zusammen – und da Wiebel infolge unregelmäßiger Bezahlung mit der Wirtin schlecht stand, besorgte Diederich ihm den Kaffee und reinigte ihm die Schuhe. Dafür durfte er mitgehn auf allen Wegen. Wenn Wiebel ein Bedürfnis verrichtete, hielt Diederich draußen Wache, und er wünschte sich nur, seinen Schläger dazuhaben, um ihn schultern zu können.

Wiebel hätte es verdient. Die Ehre der Korporation, in der auch Diederichs Ehre und sein ganzes Selbstbewußtsein wurzelten, am glänzendsten vertrat Wiebel sie. Er schlug sich, mit wem man wollte, für die Neuteutonia. Er hatte das Ansehen der Verbindung erhöht, denn er sollte einst einen Vindoborussen koramiert haben! Auch hatte er einen Verwandten beim Zweiten Garde-Grenadierregiment Kaiser Franz Joseph; und sooft Wiebel seinen Vetter von Klappke erwähnte, machte die ganze Neuteutonia eine geschmeichelte Verbeugung. Diederich suchte sich einen Wiebel in der Uniform eines Gardeoffiziers vorzustellen; aber so viel Vornehmheit war nicht auszudenken. Eines Tages dann, wie er mit Gottlieb Hornung, weithin duftend, vom täglichen Frisieren kam, stand an der Straßenecke Wiebel mit einem Zahlmeister. Kein Irrtum: es war ein Zahlmeister – und als Wiebel ihr Kommen bemerkte, drehte er ihnen den Rücken. Auch sie wendeten und machten sich stumm und stramm davon, ohne einander anzusehen und ohne eine Bemerkung. Jeder vermutete, daß auch der andere die Ähnlichkeit des Zahlmeisters mit Wiebel festgestellt habe. Und vielleicht kannten die übrigen schon längst den wahren Sachverhalt? Aber allen stand die Ehre der Neuteutonia hoch genug, um zu schweigen, ja, um das Erblickte zu vergessen. Als Wiebel das nächstemal »mein Vetter von Klappke« sagte, verbeugten Diederich und Hornung sich mit den anderen, geschmeichelt wie je.

Schon hatte Diederich Selbstbeherrschung gelernt, Beobachtung der Formen, Korpsgeist, Eifer für das Höhere. Nur mit Mitleid und Widerwillen dachte er an das elende Dasein des schweifenden Wilden, das früher das seine gewesen war. Jetzt war Ordnung und Pflicht in sein Leben gebracht. Zu genau eingehaltenen Stunden erschien er auf Wiebels Bude, im Fechtsaal, beim Friseur und zum Frühschoppen. Der Nachmittagsbummel leitete zur Kneipe über; und jeder Schritt geschah in Korporation, unter Aufsicht und mit Wahrung peinlicher Formen und gegenseitiger Ehrerbietung, die gemütvolle Derbheit nicht ausschloß. Ein Kommilitone, mit dem Diederich bisher nur offiziellen Verkehr unterhalten hatte, stieß einst mit ihm vor der Toilette zusammen, und obwohl sie beide kaum noch geradestehen konnten, wollte keiner den Vortritt annehmen. Lange komplimentierten sie sich – bis sie plötzlich, im gleichen Augenblick vom Drang überwältigt, wie zwei zusammenprallende Eber durch die Tür brachen, daß ihnen die Schulterknochen knackten. Das war der Beginn einer Freundschaft. In menschlicher Lage einander nähergekommen, rückten sie nachher auch am offiziellen Kneiptisch zusammen, tranken Schmollis und nannten sich »Schweinehund« und »Nilpferd«.

Nicht immer zeigte das Verbindungsleben seine heitere Seite. Es forderte Opfer; es übte im männlichen Ertragen des Schmerzes. Delitzsch selbst, der Quell so mancher Heiterkeit, verbreitete Trauer in der Neuteutonia. Eines Vormittags, wie Wiebel und Diederich ihn abzuholen kamen: er stand am Waschtisch und sagte noch: »Na da. Habt 'r heit aach so ä Durscht?« – plötzlich, ehe sie zugreifen konnten, fiel er hin, mitsamt dem Waschgeschirr. Wiebel befühlte ihn: Delitzsch regte sich nicht mehr.

»Herzklaps«, sagte Wiebel kurz. Er ging stramm zur Klingel. Diederich hob die Scherben auf und trocknete den Boden. Dann trugen sie Delitzsch auf das Bett. Dem formlosen Gejammer der Wirtin gegenüber verharrten beide in streng kommentmäßiger Haltung. Unterwegs zur Erledigung des Weiteren – sie marschierten im Takt nebeneinander – sagte Wiebel mit straffer Todesverachtung: »So was. Kann jedem von uns passieren. Kneipen ist kein Spaß. Das kann sich jeder gesagt sein lassen.«

Und mit allen anderen fühlte Diederich sich gehoben durch Delitzschs treue Pflichterfüllung, durch seinen Tod auf dem Felde der Ehre. Mit Stolz folgten sie dem Sarge; »Neuteutonia sei 's Panier« stand in jeder Miene. Auf dem Friedhof, die umflorten Schläger gesenkt, hatten alle das in sich vertiefte Gesicht des Kriegers, den die nächste Schlacht dahinraffen kann, wie die vorige den Kameraden; und was der Erste Chargierte von dem Geschiedenen rühmte: er habe in der Schule der Mannhaftigkeit und des Idealismus den höchsten Preis errungen, das erschütterte jeden, als gelte es ihm selbst.

Hiermit ging Diederichs Lehrzeit zu Ende, denn Wiebel trat aus, um sich auf den Referendar vorzubereiten; und fortan hatte Diederich die von ihm übernommenen Grundsätze selbständig zu vertreten und sie den Jüngeren einzupflanzen. Er tat es im Gefühl hoher Verantwortlichkeit und mit Strenge. Wehe dem Fuchs, der es verdient hatte, in die Kanne zu steigen. Keine fünf Minuten vergingen, und er mußte sich an den Wänden hinaustasten. Das Schreckliche geschah, daß einer vor Diederich aus der Tür ging. Seine Buße waren acht Tage Bierverschiß. Nicht Stolz oder Eigenliebe leiteten Diederich: einzig sein hoher Begriff von der Ehre der Korporation. Er selbst war nur ein Mensch, also nichts; jedes Recht, sein ganzes Ansehen und Gewicht kamen ihm von ihr. Auch körperlich verdankte er ihr alles: die Breite seines weißen Gesichts, seinen Bauch, der ihn den Füchsen ehrwürdig machte, und das Privileg, bei festlichen Anlässen in hohen Stiefeln, mit Band und Mütze aufzutreten, den Genuß der Uniform! Wohl hatte er noch immer einem Leutnant Platz zu machen, denn die Körperschaft, der der Leutnant angehörte, war offenbar die höhere; aber wenigstens mit einem Trambahnschaffner konnte er furchtlos verkehren, ohne Gefahr, von ihm angeschnauzt zu werden. Seine Männlichkeit stand ihm mit Schmissen, die das Kinn spalteten, rissig durch die Wangen fuhren und in den kurz geschorenen Schädel hackten, drohend auf dem Gesicht geschrieben – und welche Genugtuung, sie täglich und nach Belieben einem jeden beweisen zu können! Einmal bot sich eine unerwartet glänzende Gelegenheit. Zu dritt, mit Gottlieb Hornung und dem Dienstmädchen ihrer Wirtin, waren sie beim Tanz in Halensee. Seit einigen Monaten teilten die Freunde sich eine Wohnung, mit der ein ziemlich hübsches Dienstmädchen verbunden war, machten ihr beide kleine Geschenke und gingen des Sonntags gemeinsam mit ihr aus. Ob Hornung es so weit bei ihr gebracht hatte wie er selbst, darüber hatte Diederich seine privaten Vermutungen. Offiziell und von Verbindungs wegen war es ihm unbekannt.

Rosa war nicht übel angezogen, auf dem Ball fand sie Bewerber. Damit Diederich noch eine Polka bekam, war er genötigt, sie daran zu erinnern, daß er ihr die Handschuhe gekauft habe. Schon machte er zur Einleitung des Tanzes seine korrekte Verbeugung, da drängte sich unversehens ein anderer dazwischen und polkte mit Rosa von dannen. Betreten sah Diederich ihnen nach, im dunklen Gefühl, daß er hier werde einschreiten müssen. Bevor er sich aber regte, war ein Mädchen durch die tanzenden Paare gestürzt, hatte Rosa geohrfeigt und sie in unzarter Weise von ihrem Partner getrennt. Dies sehen und auf Rosas Räuber losmarschieren, war für Diederich eins.

»Mein Herr«, sagte er und sah ihm fest in die Augen, »Ihr Benehmen ist unqualifizierbar.«

Der andere erwiderte: »Wenn schon.«

Überrascht von dieser ungewöhnlichen Wendung eines offiziellen Gesprächs, stammelte Diederich: »Knote.«

Der andere erwiderte prompt: »Schote« – und lachte dabei. Durch so viel Formlosigkeit vollends aus der Fassung gebracht, wollte Diederich sich schon verbeugen und abtreten; aber der andere stieß ihn plötzlich vor den Bauch – und gleich darauf wälzten sie sich zusammen am Boden. Umringt von Gekreisch und anfeuernden Zurufen, kämpften sie, bis man sie trennte. Gottlieb Hornung, der Diederichs Klemmer suchen half, rief: »Da reißt er aus« – und war schon hinterher. Diederich folgte. Sie sahen den anderen mit einem Begleiter gerade noch in eine Droschke steigen und nahmen die nächste. Hornung behauptete, die Verbindung dürfe das nicht auf sich sitzen lassen. »So was kneift und bekümmert sich nicht mal mehr um die Dame.«

Diederich erklärte: »Was Rosa betrifft, die ist für mich erledigt.«

»Für mich auch.«

Die Fahrt war aufregend. »Ob wir nachkommen? Wir haben einen lahmen Gaul.« – »Wenn der Prolet nun nicht satisfaktionsfähig ist?« Man entschied: »Dann hat die Sache offiziell nicht stattgefunden.«

Der erste Wagen hielt im Westen vor einem anständigen Haus. Diederich und Hornung trafen ein, wie das Tor zugeschlagen ward. Entschlossen postierten sie sich davor. Es ward kühl, sie marschierten hin und her vor dem Hause, zwanzig Schritte nach links, zwanzig Schritte nach rechts, behielten immer die Tür im Auge und wiederholten immer wieder dieselben ernsten und weittragenden Reden. Nur Pistolen kamen hier in Frage! Diesmal war die Ehre der Neuteutonia teuer zu bezahlen! Wenn es nur kein Prolet war!

Endlich kam der Portier zum Vorschein, und sie nahmen ihn ins Verhör. Sie suchten ihm die Herren zu beschreiben, fanden aber, daß die beiden keine besonderen Kennzeichen hatten. Hornung, noch leidenschaftlicher als Diederich, blieb dabei, daß man warten müsse, und noch zwei Stunden lang marschierten sie hin und her, dann bogen aus dem Hause zwei Offiziere. Diederich und Hornung rissen die Augen auf, ungewiß, ob hier nicht ein Irrtum vorlag. Die Offiziere stutzten. Einer schien sogar zu erbleichen. Da entschloß Diederich sich. Er trat vor den Erbleichten hin. »Mein Herr –«

Die Stimme versagte ihm. Der Leutnant sagte, verlegen: »Sie irren sich wohl.«

Diederich brachte hervor: »Durchaus nicht. Ich muß Genugtuung fordern. Sie haben sich –«

»Ich kenne Sie ja gar nicht«, stammelte der Leutnant. Aber sein Kamerad flüsterte ihm etwas zu. »So geht das nicht« – er ließ sich von dem anderen die Karte geben, legte seine eigene dazu und überreichte sie Diederich. Diederich gab die seine her; dann las er: »Albrecht Graf Tauern-Bärenheim«. Da nahm er sich nicht mehr die Zeit, auch die andere zu lesen, sondern begann kleine, eifrige Verbeugungen zu vollführen. Der zweite Offizier wandte sich inzwischen an Gottlieb Hornung.

»Mein Freund hat den Scherz natürlich ganz harmlos gemeint. Er wäre selbstverständlich zu jeder Genugtuung bereit; ich will nur feststellen, daß eine beleidigende Absicht nicht vorliegt.«

Der andere, den er dabei ansah, hob die Schultern. Diederich stammelte: »O danke sehr.«

»Damit ist die Sache wohl erledigt«, sagte der Freund; und die beiden Herren entfernten sich.

Diederich stand noch da, die Stirne feucht und mit befangenen Sinnen. Plötzlich seufzte er tief auf und lächelte langsam.

Nachher auf der Kneipe war die Rede nur von diesem Vorfall. Diederich rühmte den Kommilitonen das wahrhaft ritterliche Verhalten des Grafen.

»Ein wirklicher Edelmann verleugnet sich doch nie.«

Er machte den Mund klein wie ein Mausloch und stieß, in langsamer Schwellung, die Worte hervor: »F-Formen sind doch kein leerer Wahn.«

Immer wieder rief er Gottlieb Hornung als Zeugen seines großen Augenblickes auf.

»So gar nichts Steifes, wie? Oh! Auf einen doch immerhin gewagten Scherz kommt es solchem Herrn nicht an. Eine Haltung dabei: t-hadellos, kann ich euch sagen. Die Erklärungen Seiner Erlaucht waren so durchaus befriedigend, daß ich meinerseits unmöglich –: Ihr begreift, man ist kein Rauhbein.«

Alle begriffen es und bestätigten Diederich, daß die Neuteutonia in dieser Sache durchaus anständig abgeschnitten habe. Die Karten der beiden Edelleute wurden bei den Füchsen umhergereicht und zwischen den gekreuzten Schlägern am Kaiserbild befestigt. Kein Neuteutone, der sich heute nicht betrank.

Erich Kästner (geb. 1899 in Dresden; gest. 1974 in München) erschien am 10. Mai 1933 in Berlin persönlich bei der Verbrennung seiner Bücher. Unter Verlautbarung des Feuerspruches »Gegen Dekadenz und moralischen Verfall. Für Zucht und Sitte in Familie und Staat ...« sah er, wie seine Werke in die Flammen geworfen wurden. Später erinnerte sich Kästner: »Ich stand vor der Universität, eingekeilt zwischen Studenten in SA-Uniform, den Blüten der Nation, sah unsere Bücher in die zuckenden Flammen fliegen und hörte die schmalzigen Tiraden des kleinen abgefeimten Lügners. Begräbniswetter hing über der Stadt.«

Als Sohn eines Sattlermeisters und einer Heimarbeiterin wuchs Erich Kästner in Dresden auf. Ab 1913 machte er eine Ausbildung zum Volksschullehrer. 1917 wurde er zum Militärdienst einberufen. Durch den harten Drill der Wehrausbildung erlitt Kästner eine Herzkrankheit, an der er lebenslang laborierte. Nach Kriegsende holte er das Abitur nach und begann 1919 an der Leipziger Universität u.a. die Fächer Germanistik, Geschichte, Philosophie und Zeitungskunde zu studieren. Sein Studium finanzierte er sich mit Artikeln in der »Neuen Leipziger Zeitung«, wo er 1922 eine feste Anstellung erhielt. 1925 schloss er sein Studium mit der Doktorarbeit »Die Erwiderungen auf Friedrichs des Großen Schrift ›De la littérature allemande‹« ab. Die Veröffentlichung eines Gedichtes mit erotischem Inhalt führte 1927 zur Entlassung Kästners bei der »Neuen Leipziger Zeitung«. Im selben Jahr zog er nach Berlin, wo er für seine publizistischen Ansprüche eine offenere und modernere Medienlandschaft vorfand als in Leipzig. Als ein freier Journalist schrieb er u.a. für die »Vossische Zeitung«, das »Berliner Tageblatt« und für »Die Weltbühne«.

1928 veröffentlichte Kästner den Lyrikband »Herz auf Taille« mit Gedichten aus seiner Leipziger Zeit. Durch seine weiteren Gedichtbände »Lärm im Spiegel« (1929), »Ein Mann gibt Auskunft« (1930) und »Gesang zwischen den Stühlen« (1932) wurde Kästner bis 1933 zu einem der wichtigsten Vertreter der »Gebrauchslyrik«, die seit Ende der Zwanzigerjahre den Stil der Neuen Sachlichkeit mit prägte. Ein weiterer Schwerpunkt seines literarischen Schaffens waren Kästners Kinderbücher. Sein 1929 erschienenes Kinderbuch »Emil und die Detektive« hat bis heute viele Generationen junger Leser begleitet. Das Buch erreichte in Deutschland eine Millionenauflage und war vor 1933 so erfolgreich, dass selbst die Nationalsozialisten nicht wagten, es sofort zu verbieten. Auf der Schwarzen Liste »Schöne Literatur« von Wolfgang Herrmann stand bei »Kaestner, Erich« daher der Zusatz »alles außer: Emil«. Die NS-Zensoren glaubten offenbar durch derlei Zugeständnisse eine Rebellion in den Kinderzimmern abwenden zu können. Jedoch nahmen sie den jungen Lesern Kästners weitere Kinderbücher wie »Arthur mit dem langen Arm« (1931) »Pünktchen und Anton« (1931) oder »Das fliegende Klassenzimmer« (1933). Und bald war auch »Emil und die Detektive« aus den Buchhandlungen und öffentlichen Bibliotheken verschwunden.

Nach der Machtübernahme der Nationalsozialisten blieb Erich Kästner in Deutschland. Er wurde mehrfach von der Gestapo verhört, veröffentlichte seine weiteren Bücher im Ausland, schrieb unter Pseudonym und ließ sich auch auf Kompromisse mit dem NS-Kulturbetrieb ein, die ihm später verübelt wurden. So schrieb Kästner 1942 mit einer »Ausnahmegenehmigung« des ansonsten gegen ihn verhängten Schreibverbots das Drehbuch für den Ufa-Film »Münchhausen«. Das Schicksal, ein verfemter Schriftsteller zu sein, bekam Kästner im NS-Staat jedoch deutlich zu spüren. Später erinnerte er sich: »Es ist ein merkwürdiges Gefühl, ein verbotener Schriftsteller zu sein und seine Bücher nie mehr in den Regalen und Schaufenstern der Buchläden zu sehen. In keiner Stadt des Vaterlands. Nicht einmal in der Heimatstadt. Nicht einmal zu Weihnachten, wenn die Deutschen durch die verschneiten Straßen eilen, um Geschenke zu besorgen. Zwölf Weihnachten lang! Man ist ein lebender Leichnam«. Nach 1945 konnte Kästner mit seinem Kinderroman »Das doppelte Lottchen« (1949) noch einmal an seinen Erfolg von vor 1933 anknüpfen.

Die folgenden Gedichte sind den Bänden »Herz auf Taille«, »Lärm im Spiegel« und der Zeitschrift »Die Weltbühne« entnommen«. Obwohl schon achtzig Jahre alt, sind sie, wenn es um Themen wie Bankiers oder Jugendarbeitslosigkeit geht, als »Gebrauchslyrik« auch heute noch von Nutzen. ■

Erich Kästner
Gedichte

Die andere Möglichkeit

Wenn wir den Krieg gewonnen hätten,
mit Wogenprall und Sturmgebraus,
dann wäre Deutschland nicht zu retten
und gliche einem Irrenhaus.

Man würde uns nach Noten zähmen
wie einen wilden Völkerstamm.
Wir sprängen, wenn Sergeanten kämen,
vom Trottoir und stünden stramm.

Wenn wir den Krieg gewonnen hätten,
dann wären wir ein stolzer Staat.
Und preßten noch in unsern Betten
die Hände an die Hosennaht.

Die Frauen müßten Kinder werfen.
Ein Kind im Jahre. Oder Haft.
Der Staat braucht Kinder als Konserven.
Und Blut schmeckt ihm wie Himbeersaft.

Wenn wir den Krieg gewonnen hätten,
dann wär der Himmel national.
Die Pfarrer trügen Epauletten.
Und Gott wär deutscher General.

Die Grenze wär ein Schützengraben.
Der Mond wär ein Gefreitenknopf.
Wir würden einen Kaiser haben
und einen Helm statt einem Kopf.

Wenn wir den Krieg gewonnen hätten,
dann wäre jedermann Soldat.
Ein Volk der Laffen und Lafetten!
Und ringsherum wär Stacheldraht.

Dann würde auf Befehl geboren.
Weil Menschen ziemlich billig sind.
Und weil man mit Kanonenrohren
allein die Kriege nicht gewinnt.

Dann läge die Vernunft in Ketten.
Und stünde stündlich vor Gericht.
Und Kriege gäbs wie Operetten.
Wenn wir den Krieg gewonnen hätten –
zum Glück gewannen wir ihn nicht!

(aus: *Die Weltbühne*, 25. Jahrgang, 1929.)

Das Riesenspielzeug

Es gibt eine Million jugendliche Erwerbslose

Eins habt ihr leider nicht bedacht:
daß Kinderhaben auch verpflichtet.
Ihr wart auf uns nicht eingerichtet,
ihr habt uns nur zur Welt gebracht.

Ihr habt uns mancherlei gelehrt,
Latein und Griechisch, bestenfalles,
nun sind wir groß, doch das ist alles.
Und was ihr lehrtet, ist nichts wert.

Ihr habt uns in die Welt gesetzt.
Wer hatte euch dazu ermächtigt?
Wir sind nicht existenzberechtigt
und fragen euch: Und was wird jetzt?

Schon sind wir eine Million!
Wir waren fleißig und gelehrig.
Und ihr? Ihr schickt uns, minderjährig,
fürs ganze Leben in Pension.

Wir leben wie im Krankenhaus
und lassen uns von euch verwalten.
Wir werden von euch ausgehalten
und halten das nicht länger aus!

Sind wir denn da, um nichts zu tun?
Wir, die gebornen Arbeitslosen,
verlangen Arbeit, statt Almosen
und fragen euch: Und was wird nun?

Einst wußtet ihr noch euren Text,
als ihr uns noch für Puppen hieltet

und wie mit Spielzeug mit uns spieltet.
Doch wir sind Spielzeug, welches wächst!

Auf eigne Rechnung und Gefahr
will jeder, was er lernte, nützen.
Die Tage regnen in die Pfützen,
und jede Pfütze wird ein Jahr.

Die Zeit ist blind und blickt uns an.
Die Sterne ziehn uns an den Haaren.
Das ganze Leben ist verfahren,
noch ehe es für uns begann.

Vernehmt den Spruch des Weltgerichts:
Ihr gabt uns seinerzeit das Leben,
jetzt sollt ihr ihm auch Inhalt geben!

Daß ihr uns liebt, das nützt uns nichts.

(aus: *Die Weltbühne*, 27. Jahrgang, 1931.)

Lob der Volksvertreter

Man hält sie, wenn sie schweigen, für Gelehrte.
Nur ist das Schweigen gar nicht ihre Art.
Sie haben vor der Brust Apostelbärte
und auf den Eisenbahnen freie Fahrt.

Ihr seht sie eilends in den Reichstag schreiten.
Das Wohl des Volkes fördert ihren Gang.
Und würdet Ihr sie noch ein Stück begleiten,
dann merktet Ihr: sie gehn ins Restaurant.

Sie fürchten Spott, sonst nichts auf dieser Welt!
Und wenn sie etwas tun, dann sind es Fehler.
Es ist, zum Glück, nicht alles Hund, was bellt.
Sie fürchten nur die Wahl und nicht die Wähler.

Ihr Leben währet zirka siebzig Jahre,
und wenn es hochkommt –. Doch das tut es nie!
Das Volk steht auf vor jedem grauen Haare.
Das Volk steht immer auf! Das wissen sie.

(aus: *Lärm im Spiegel*)

Fantasie von Übermorgen

Und als der nächste Krieg begann,
da sagten die Frauen: Nein!
und schlossen Bruder, Sohn und Mann
fest in der Wohnung ein.

Dann zogen sie, in jedem Land,
wohl vor des Hauptmanns Haus
und hielten Stöcke in der Hand
und holten die Kerls heraus.

Sie legten jeden übers Knie,
der diesen Krieg befahl:
die Herren der Bank und Industrie,
den Minister und General.

Da brach so mancher Stock entzwei.
Und manches Großmaul schwieg.
In allen Ländern gab's Geschrei,
und nirgends gab es Krieg.

Die Frauen gingen dann wieder nach Haus,
zum Bruder und Sohn und Mann,
und sagten ihnen, der Krieg sei aus!
Die Männer starrten zum Fenster hinaus
und sahn die Frauen nicht an …

(aus: *Lärm im Spiegel*)

Hymnus auf die Bankiers

Der kann sich freuen, der die nicht kennt!
Ihr fragt noch immer: Wen?
Sie borgen sich Geld für fünf Prozent
und leihen es weiter zu zehn.

Sie haben noch nie mit der Wimper gezuckt.
Ihr Herz stand noch niemals still.
Die Differenzen sind ihr Produkt.
(Das kann man verstehn, wie man will.)

Ihr Appetit ist bodenlos.
Sie fressen Gott und die Welt.
Sie säen nicht. Sie ernten bloß.
Sie schwängern ihr eignes Geld.

Sie sind die Hexer in Person
und zaubern aus hohler Hand.
Sie machen Gold am Telephon
und Petroleum aus Sand.

Das Geld wird flüssig. Das Geld wird knapp.
Sie machen das ganz nach Bedarf.
Und schneiden den andern die Hälse ab.
Papier ist manchmal scharf.

Sie glauben den Regeln der Regeldetrie
und glauben nicht recht an Gott.
Sie haben nur eine Sympathie.
Sie lieben das Geld. Und das Geld liebt sie.
(Doch einmal macht jeder Bankrott!)

Anmerkung: Die Konsumenten sind die linke Hand des gesellschaftlichen Organismus, die Produzenten sind die rechte Hand. Die Bankiers sind die Heimlichkeiten zwischen den beiden.

(aus: *Lärm im Spiegel*)

Kennst du das Land, wo die Kanonen blühen?

Kennst Du das Land, wo die Kanonen blühn?
Du kennst es nicht? Du wirst es kennenlernen!
Dort stehn die Prokuristen stolz und kühn
In den Bureaus, als wären es Kasernen.

Dort wachsen unterm Schlips Gefreitenknöpfe.
Und unsichtbare Helme trägt man dort.
Gesichter hat man dort, doch keine Köpfe.
Und wer zu Bett geht, pflanzt sich auch schon fort!

Wenn dort ein Vorgesetzter etwas will
– und es ist sein Beruf etwas zu wollen –
Steht der Verstand erst stramm und zweitens still.
Die Augen rechts! Und mit dem Rückgrat rollen!

Die Kinder kommen dort mit kleinen Sporen
Und mit gezognem Scheitel auf die Welt.
Dort wird man nicht als Zivilist geboren.
Dort wird befördert, wer die Schnauze hält.

Kennst Du das Land? Es könnte glücklich sein.
Es könnte glücklich sein und glücklich machen!
Dort gibt es Äcker, Kohle, Stahl und Stein
Und Fleiß und Kraft und andre schöne Sachen.

Selbst Geist und Güte gibt's dort dann und wann!
Und wahres Heldentum. Doch nicht bei vielen.
Dort steckt ein Kind in jedem zweiten Mann.
Das will mit Bleisoldaten spielen.

Dort reift die Freiheit nicht. Dort bleibt sie grün.
Was man auch baut, – es werden stets Kasernen.
Kennst Du das Land, wo die Kanonen blühn?
Du kennst es nicht? Du wirst es kennenlernen!

(aus: *Herz auf Taille*)

Knigge für Unbemittelte

Ans deutsche Volk, von Ulm bis Kiel:
Ihr eßt zu oft! Ihr eßt zuviel!
Ans deutsche Volk, von Thorn bis Trier:
Ihr seid zu faul! Zu faul seid Ihr!

Und wenn sie euch den Lohn entzögen!
Und wenn der Schlaf verboten wär!
Und wenn sie euch so sehr belögen,
daß sich des Reiches Balken bögen!
Seid höflich und sagt Dankesehr.

Die Hände an die Hosennaht!
Stellt Kinder her! Die Nacht dem Staat!
Euch liegt der Rohrstock tief im Blut.
Die Augen rechts! Euch geht's zu gut.

Ihr sollt nicht denken, wenn ihr sprecht!
Gehirn ist nichts für kleine Leute.
Den Millionären geht es schlecht.
Ein neuer Krieg käm ihnen recht.
So macht den Ärmsten doch die Freude!

Ihr seid zu frech und zu begabt!
Seid taktvoll, wenn ihr Hunger habt!
Rasiert euch besser! Werdet zart!
Ihr seid kein Volk von Lebensart.

Und wenn sie euch noch tiefer stießen
und würfen Steine hinterher!
Und wenn sie euch verhaften ließen
und würden nach euch Scheibe-schießen!
Sterbt höflich und sagt Dankesehr.

(aus: *Herz auf Taille*)

Kurt Tucholsky (geb. 1890 in Berlin; gest. 1935 durch Suizid im Exil in Göteborg/Schweden) war ein deutscher Schriftsteller und Publizist. Für die Nationalsozialisten und die politische Rechte war er einer der meistgehassten Autoren während der Weimarer Republik. Mit Witz und Scharfsinn vermochte er es wie kein anderer Publizist seiner Zeit, die Nazis in seinen Texten zu widerlegen und lächerlich zu machen. Entsprechend groß war deren Rachsucht. Bei Ausrufung der Feuersprüche am 10. Mai 1933 sparten sich die NS-Studenten Tucholskys Werke bis zum Schluss auf. Als dann seine Werke an der Reihe waren, auf den Scheiterhaufen gestoßen zu werden, überschlug sich die Stimme des »9. Rufers« vor Erregung. Er brüllte: »Gegen Frechheit und Anmaßung. Für Achtung und Ehrfurcht vor dem unsterblichen deutschen Volksgeist. Verschlinge Flamme auch die Schriften der Tucholsky und Ossietzky«. Dass Kurt Tucholsky hier gemeinsam mit seinem Weggefährten Carl von Ossietzky genannt wurde, macht deutlich, dass sich der Feuerspruch auch gegen die von beiden herausgegebene Zeitschrift »Die Weltbühne« richtete. Tucholsky und Ossietzky, die während der Weimarer Republik bis zur Verzweiflung für die Demokratie plädierten und gegen das Erstarken der politischen Rechten angeschrieben hatten, sollten den Tag der Bücherverbrennung um keine fünf Jahre überleben.

Schon als Schüler veröffentlichte Kurt Tucholsky in der satirischen Beilage »Ulk« des »Berliner Tageblatts« erste Texte. Ab 1909 studierte er Jura in Berlin und Genf und promovierte 1915 mit der Arbeit »Die Vormerkung aus § 1179 BGB. und ihre Wirkungen«. Als Student stand er der SPD nahe und schrieb Artikel für deren Zeitung »Vorwärts«. 1912 erschien seine Erzählung »Rheinsberg – Ein Bilderbuch für Verliebte«. Ab 1913 schrieb Tucholsky für die von Siegfried Jacobsohn begründete Theater-Zeitschrift »Die Schaubühne«, die nach ihrer Erweiterung zu einer »Wochenschrift für Politik-Kunst-Wirtschaft« 1918 in »Die Weltbühne« umbenannt wurde. Für seine Artikel in der »Schaubühne« legte sich Tucholsky die Pseudonyme »Ignaz Wrobel«, »Peter Panter« und »Theobald Tiger« zu. Später wählte er noch das Pseudonym »Kaspar Hauser« hinzu.

Ab April 1915 nahm Tucholsky als Soldat am Ersten Weltkrieg teil. Bis 1918 wurde er als Armierungssoldat an der Ostfront, Kompanieschreiber, Redakteur einer Soldatenzeitschrift und bei der »Politischen Polizei« in Rumänien eingesetzt.

Nach Kriegsende übernahm Tucholsky Ende 1918 für eineinhalb Jahre den Posten des Chefredakteurs bei der erwähnten Zeitungsbeilage »Ulk. Illustriertes Wochenblatt für Humor und Satire«. Bis 1923 schrieb er zeitweise für mehrere Zeitungen gleichzeitig, verfasste Texte für Revuen und Kabaretts und veröffentlichte die Sammelbände »Fromme Gesänge« (1919) und »Träumereien an Preußischen Kaminen« (1920). Zudem engagierte er sich politisch u.a. in der USPD, im »Friedensbund der Kriegsteilnehmer« und trat als Redner bei mehreren Friedenskundgebungen auf.

Die finanziell desolate Lage während der Inflation und eine persönliche Krise veranlassten Tucholsky 1923 dazu, sich nach einer alternativen Tätigkeit in der Wirtschaft umzusehen. Nach knapp einjähriger Beschäftigung als Privatsekretär in einem Bankhaus wandte er sich jedoch wieder seiner Berufung als Publizist zu und ging im Frühjahr 1924 als Korrespondent der »Weltbühne« und der »Vossischen Zeitung« nach Paris. Seither kam er nur noch für kürzere Aufenthalte nach Deutschland. Zum Beispiel leitete er nach dem Tod von Siegfried Jacobsohn Ende 1926 für wenige Monate kommissarisch die Redaktion der »Weltbühne«. Dem Andenken Jacobsohns widmete er sein 1927 erschienenes »Pyrenäenbuch«.

Bis Anfang der Dreißigerjahre veröffentlichte Tucholsky weitere Sammelbände mit Gebrauchslyrik und gesellschaftskritischen Essays, so »Mit 5 PS« (1928), »Das Lächeln der Mona Lisa« (1929) und »Lerne lachen ohne zu weinen« (1931). Ein wahres Sittengemälde der Weimarer Republik unter dem Reichspräsidenten Paul von Hindenburg gelang ihm 1929 mit dem Bilderbuch »Deutschland, Deutschland über alles«, worin er das soziale Elend der Arbeiterfamilien mit der restaurativen Selbstherrlichkeit der wilhelminischen Eliten kontrastierte.

Gezeichnet von chronischen Kopfschmerzen und einem Nasenleiden verlegte Tucholsky 1929 seinen Lebensmittelpunkt nach Schweden, wo er in Hindås bei Göteburg eine kleine Villa bezog. Die Eindrücke während seines Schweden-Aufenthaltes im Sommer 1929 inspirierten ihn zu der Erzählung »Schloß Gripsholm. Eine Sommergeschichte«, die 1931 im »Rowohlt Verlag« erschien.

Im selben Jahr erschien in der »Weltbühne« Tucholskys Artikel »Der bewachte Kriegsschauplatz«. Darin urteilte er über die Schlachtfelder des Ersten Weltkrieges: »Da gab es vier Jahre lang ganze Quadratmeilen Landes, auf denen war der Mord obligatorisch, während er eine halbe Stunde davon entfernt ebenso streng verboten war. Sagte ich: Mord? Natürlich Mord. Soldaten sind Mörder.« Dieser letzte bis heute viel zitierte und umstrittene Satz führte dazu, dass sich Carl von Ossietzky als verantwortlicher Redakteur 1932 vor Gericht verantworten musste. Nach der Machtübernahme der Nationalsozialisten und der Verbrennung seiner Bücher wurde Kurt Tucholsky im August 1933 vom Deutschen Reich ausgebürgert. In der Folgezeit setzte er sich durch Briefe mit dafür ein, dem in Deutschland inhaftierten Carl von Ossietzky den Friedensnobelpreis zu verleihen. Die Nachricht von der Zusprechung dieser hohen Auszeichnung an seinen Weggefährten Ende 1936 hätte ihm möglicherweise neuen Mut gegeben. Dafür war es jedoch zu spät. Tucholsky hatte sich am 21. Dezember 1935 das Leben genommen.

Hier folgt eine kleine Kostprobe seiner Texte aus den Bänden »Mit 5 PS« und »Lerne Lachen ohne zu weinen«, die 1929 und 1931 erschienen sind. ■

Kurt Tucholsky
Aus: Mit 5 PS

Wir sind fünf Finger an einer Hand.
Der auf dem Titelblatt und:
Ignaz Wrobel. Peter Panter. Theobald Tiger. Kaspar Hauser.

Aus dem Dunkel sind diese Pseudonyme aufgetaucht, als Spiel gedacht, als Spiel erfunden – das war damals, als meine ersten Arbeiten in der »Weltbühne« standen. Eine kleine Wochenschrift mag nicht viermal denselben Mann in einer Nummer haben, und so erstanden, zum Spaß, diese *homunculi*. Sie sahen sich gedruckt, noch purzelten sie alle durcheinander; schon setzten sie sich zurecht, wurden sicherer, sehr sicher, kühn – da führten sie ihr eigenes Dasein. Pseudonyme sind wie kleine Menschen; es ist gefährlich, Namen zu erfinden, sich für jemand anders auszugeben, Namen anzulegen – ein Name lebt. Und was als Spielerei begonnen, endete als heitere Schizophrenie.

Ich mag uns gern. Es war schön, sich hinter den Namen zu verkriechen und dann von Siegfried Jacobsohn solche Briefe gezeigt zu bekommen:

> »Sehr geehrter Herr! Ich muß Ihnen mitteilen, daß ich Ihr geschätztes Blatt nur wegen der Arbeiten Ignaz Wrobels lese. Das ist ein Mann nach meinem Herzen. Dagegen haben Sie da in Ihrem Redaktionsstab einen offenbar alten Herrn, Peter Panter, der wohl das Gnadenbrot von Ihnen bekommt. Den würde ich an Ihrer Stelle …«

Und es war auch nützlich, fünfmal vorhanden zu sein – denn wer glaubt in Deutschland einem politischen Schriftsteller Humor? dem Satiriker Ernst? dem

Verspielten Kenntnis des Strafgesetzbuches, dem Städteschilderer lustige Verse? Humor diskreditiert.

Wir wollten uns nicht diskreditieren lassen und taten jeder seins. Ich sah mit ihren Augen, und ich sah sie alle fünf: Wrobel, einen essigsauern, bebrillten, blaurasierten Kerl, in der Nähe eines Buckels und roter Haare; Panter, einen beweglichen, kugelrunden, kleinen Mann; Tiger sang nur Verse, waren keine da, schlief er – und nach dem Kriege schlug noch Kaspar Hauser die Augen auf, sah in die Welt und verstand sie nicht. Eine Fehde zwischen ihnen wäre durchaus möglich. Sie dauert schon siebenunddreißig Jahre.

Woher die Namen stammen –?

Die alliterierenden Geschwister sind Kinder eines juristischen Repetitors aus Berlin. Der amtierte stets vor gesteckt vollen Tischen, und wenn der pinselblonde Mann mit den kurzsichtig blinzelnden Augen und dem schweren Birnenbauch dozierte, dann erfand er für die Kasperlebühne seiner »Fälle« Namen der Paradigmata.

Die Personen, an denen er das Bürgerliche Gesetzbuch und die Pfändungsbeschlüsse und die Strafprozeßordnung demonstrierte, hießen nicht A und B, nicht: Erbe und nicht Erblasser. Sie hießen Benno Büffel und Theobald Tiger; Peter Panter und Isidor Iltis und Leopold Löwe und so durchs ganze Alphabet. Seine Alliterationstiere mordeten und stahlen; sie leisteten Bürgschaft und wurden gepfändet; begingen öffentliche Ruhestörung in Idealkonkurrenz mit Abtreibung und benahmen sich überhaupt recht ungebührlich. Zwei dieser Vorbestraften nahm ich mit nach Hause – und, statt Amtsrichter zu werden, zog ich sie auf.

Wrobel – so hieß unser Rechenbuch; und weil mir der Name Ignaz besonders häßlich erschien, kratzbürstig und ganz und gar abscheulich, beging ich diesen kleinen Akt der Selbstzerstörung und taufte so einen Bezirk meines Wesens.

Kaspar Hauser braucht nicht vorgestellt zu werden.

Das sind sie alle fünf.

Und diese fünf haben nun im Lauf der Jahre in der »Weltbühne« gewohnt und anderswo auch. Es mögen etwa tausend Arbeiten gewesen sein, die ich durchgesehen habe, um diese daraus auszuwählen – und alles ist noch einmal vorbeigezogen ... Vor allem der Vater dieser Arbeit: Siegfried Jacobsohn.

Wie uns aus

deutschnationalen Kreisen mitgeteilt wird, hat sich der bekannte Kommunistenführer Ignaz Wrobel nach Paris begeben. Wir erfahren dazu folgende Einzelheiten:

Die Ankunft Wrobels gestaltete sich besonders feierlich. Ministerpräsident Poincaré empfing Wrobel in Gemeinschaft mit allen seinen Kollegen, dem diplomatischen Korps der Feindbundstaaten, den Erzbischöfen von St. Emilion und St. Beaujolais sowie dem Polizeipräfekten von Paris. Wrobel wurde vermittels einer Ansprache begrüßt und ins Hotel geführt, wo er auf einem Tisch die Monatsapanage der französischen Regierung vorfand.

Wrobel soll in Paris ein gradezu gotteslästerliches Leben führen. Er steht spät auf, macht einen Morgenspazierritt auf seiner Schimmelstute »Karin Michaelis« und nimmt das Frühstück im Moulin Rouge ein. Gegen Mittag zieht er sich meist mit einem pornographischen Roman zurück, schlummert und liest dann die Abendzeitungen. Nachts treibt er Unzucht, und zwar hauptsächlich mit galizischen Jüdinnen, da sogar die Pariser Dirnen ihre Weigerung ausgesprochen haben, sich Wrobel zur Verfügung zu stellen. W. bezieht außer den Geldern der französischen Regierung noch erhebliche Zuschüsse der sozialistischen, kommunistischen und klerikalen Partei Frankreichs. Bezeichnenderweise verkehrt er in den ersten Häusern der Stadt, so in einem sehr eleganten Palais der rue Chabanais. Wrobel trinkt täglich zwei bis drei Flaschen Sekt, den er sich aus Deutschland nachschicken läßt, und ist inzwischen völlig französiert: er trägt Apachenkostüm, schwarzen, stumpfen Zylinder und nennt sich Pierre Pantin.

Wir gönnen den Franzosen die Neuerwerbung dieses Mannes, der endlich heimgefunden hat, und bedauern nur, daß er nicht gleichzeitig den Relativitätsjuden Einstein sowie die Juden von Unruh, Gerhart Hauptmann und Wirth mitgenommen hat. Aber was nicht ist, kann ja noch werden. Das Ganze ist ein erneuter, klarer Beweis für die Richtigkeit der deutschen Dolchstoßlegende.

Olle Germanen

Papa ist Oberförster,
Mama ist pinselblond;
Georg ist Klassen-Oerster,
Johann steht an der Front
  der Burschenschaft
  »Teutonenkraft«.
Bezahlen tut der Olle.
Was Wotan weihen wolle!

Verjudet sind die Wälder,
verjudet Jesus Christ.
Wir singen über die Felder,
wie das so üblich ist,

in Reih und Glied
das Deutschland-Lied.
Nachts funkelt durch das Dunkel
Frau Friggas Frost-Furunkel.

Die Vorhaut die soll wachsen,
in Köln und Halberstadt;
wir achten selbst in Sachsen,
daß jeder eine hat.
Ganz zudenrein
muß Deutschland sein.
Und haben wir zu saufen:
Laß Loki luhig laufen!

Wer uns verlacht, der irrt sich.
Uns bildet früh und spät
für 1940
die Universität.

Wer waren unsre Ahnen?
Kaschubische Germanen.
Die zeugten zur Erfrischung
uns Promenadenmischung.
Drum drehten wir
zum Beten hier
die nationale Rolle.
Was Wotan weihen wolle –!

Gebet nach dem Schlachten

Kopf ab zum Gebet!

Herrgott! Wir alten vermoderten Knochen
sind aus den Kalkgräbern noch einmal hervorgekrochen.
Wir treten zum Beten vor dich und bleiben nicht stumm.
Und fragen dich, Gott:

Warum –?

Warum haben wir unser rotes Herzblut dahingegeben?
Bei unserm Kaiser blieben alle sechs am Leben.
Wir haben einmal geglaubt ... Wir waren schön dumm ...!
Uns haben sie besoffen gemacht ...

Warum –?

Einer hat noch sechs Monate im Lazarett geschrien.
Erst das Dörrgemüse und zwei Stabsärzte erledigten ihn.
Einer wurde blind und nahm heimlich Opium.
Drei von uns haben zusammen nur einen Arm …

Warum –?

Wir haben Glauben, Krieg, Leben und alles verloren.
Uns trieben sie hinein wie im Kino die Gladiatoren.
Wir hatten das allerbeste Publikum.
Das starb aber nicht mit …

Warum –? Warum –?

Herrgott!
Wenn du wirklich der bist, als den wir dich lernten:
Steig herunter von deinem Himmel, dem besternten!
Fahr hernieder oder schick deinen Sohn!
Reiß ab die Fahnen, die Helme, die Ordensdekoration!
Verkünde den Staaten der Erde, wie wir gelitten,
wie uns Hunger, Läuse, Schrapnells und Lügen den Leib zerschnitten!
Feldprediger haben uns in deinem Namen zu Grabe getragen.
Erkläre, daß sie gelogen haben! Läßt du dir das sagen?
Jag uns zurück in unsre Gräber, aber antworte zuvor!
Soweit wir das noch können, knien wir vor dir – aber leih uns dein Ohr!
Wenn unser Sterben nicht völlig sinnlos war,
verhüte wie 1914 ein Jahr!
Sag es den Menschen! Treib sie zur Desertion!

Wir stehen vor dir: ein Totenbataillon.
Dies blieb uns: zu dir kommen und beten!

Weggetreten!

Aus: Lerne lachen ohne zu weinen

Zur soziologischen Psychologie der Löcher

Daß die wichtigsten Dinge durch Röhren gethan werden. Beweise: erstlich die Zeugungsglieder, die Schreibfeder und unser Schießgewehr.
Lichtenberg

Ein Loch ist da, wo etwas nicht ist.

Das Loch ist ein ewiger Kompagnon des Nicht-Lochs: Loch allein kommt nicht vor, so leid es mir tut. Wäre überall etwas, dann gäbe es kein Loch, aber auch keine Philosophie und erst recht keine Religion, als welche aus dem Loch kommt. Die Maus könnte nicht leben ohne es, der Mensch auch nicht: es ist beider letzte Rettung, wenn sie von der Materie bedrängt werden. Loch ist immer gut.

Wenn der Mensch »Loch« hört, bekommt er Associationen: manche denken an Zündloch, manche an Knopfloch und manche an Goebbels.

Das Loch ist der Grundpfeiler dieser Gesellschaftsordnung, und so ist sie auch. Die Arbeiter wohnen in einem finstern, stecken immer eins zurück, und wenn sie aufmucken, zeigt man ihnen, wo der Zimmermann es gelassen hat, sie werden hineingesteckt, und zum Schluß überblicken sie die Reihe dieser Löcher und pfeifen auf dem letzten. In der Ackerstraße ist Geburt Fluch; warum sind diese Kinder auch grade aus diesem gekommen? Ein paar Löcher weiter, und das Assessorexamen wäre ihnen sicher gewesen.

Das merkwürdigste an einem Loch ist der Rand. Er gehört noch zum Etwas, sieht aber beständig in das Nichts, eine Grenzwache der Materie. Das Nichts hat keine Grenzwache: während den Molekülen am Rande eines Lochs schwindlig wird, weil sie in das Loch sehen, wird den Molekülen des Loches … festlig? Dafür gibt es kein Wort. Denn unsre Sprache ist von den Etwas-Leuten gemacht; die Loch-Leute sprechen ihre eigne.

Das Loch ist statisch; Löcher auf Reisen gibt es nicht. Fast nicht.

Löcher, die sich vermählen, werden ein Eines, einer der sonderbarsten Vorgänge unter denen, die sich nicht denken lassen. Trenne die Scheidewand zwischen zwei Löchern: gehört dann der rechte Rand zum linken Loch? oder der linke zum rechten? oder jeder zu sich? oder beide zu beiden? Meine Sorgen möcht ich haben.

Wenn ein Loch zugestopft wird: wo bleibt es dann? Drückt es sich seitwärts in die Materie? oder läuft es zu einem andern Loch, um ihm sein Leid zu klagen – wo bleibt das zugestopfte Loch? Niemand weiß das: unser Wissen hat hier eines.

Wo ein Ding ist, kann kein andres sein. Wo schon ein Loch ist: kann da noch ein andres sein?

Und warum gibt es keine halben Löcher –?

Manche Gegenstände werden durch ein einziges Löchlein entwertet; weil an einer Stelle von ihnen etwas nicht ist, gilt nun das ganze übrige nichts mehr. Beispiele: ein Fahrschein, eine Jungfrau und ein Luftballon.

Das Ding an sich muß noch gesucht werden; das Loch ist schon an sich. Wer mit einem Bein im Loch stäke und mit dem andern bei uns: der allein wäre wahrhaft weise. Doch soll dies noch keinem gelungen sein. Größenwahnsinnige behaupten, das Loch sei etwas Negatives. Das ist nicht richtig: der Mensch ist ein Nicht-Loch, und das Loch ist das Primäre. Lochen Sie nicht; das Loch ist die einzige Vorahnung des Paradieses, die es hienieden gibt. Wenn Sie tot sind, werden Sie erst merken, was leben ist. Verzeihen Sie diesen Abschnitt; ich hatte nur zwischen dem vorigen Stück und dem nächsten ein Loch ausfüllen wollen.

Ein älterer, aber leicht besoffener Herr

– Wie Sie mich hier sehn, bin ick nämlich aust Fensta jefalln. Wir wohn Hochpachterr, da kann sowat vorkomm. Es ist wejn den Jleichjewicht. Bleihm Se ruhich stehn, lieber Herr, ick tu Sie nischt – wenn Se mir wolln mah aufhehm ... so ... hopla ... na, nu jeht et ja schon. Ick wees jahnich, wat mir is: ick muß wat jejessen ham ...!

Jetrunken? Ja, det auch ... aber mit Maßen, immer mit Maßen. Es wah – ham Sie n Auhrenblick Sseit? – es handelt sich nämlich bessüchlich der Wahlen. Hips ... ick bin sossusahrn ein Opfer von unse Parteisserrissenheit. Deutschland kann nich untajehn; solange es einich is, wird es nie bebesiecht! Ach, diss wah ausn vorjn Kriech ... na, is aber auch janz schön! Wenn ick Sie n Sticksken bejleiten dürf ... stützen Sie Ihnen ruhig auf mir, denn jehn Sie sicherer!

Jestern morjen sach ick zu Elfriede, wat meine Jattin is, ick sahre: »Elfriede!«, sahr ick, »heute is Sonntach, ick wer man bißken rumhörn, wat die Leite so wählen dhun, man muß sich auf den Laufenden halten«, sahr ick – »es is eine patt ... patriotische Flicht!« sahr ick. Ick ha nämlich ’n selbständjen Jemieseladn. Jut. Sie packt ma n paar Stulln in, und ick ßottel los.

Es wücht ein ja viel jebotn, ssur Sseit ... so ville Vasammlungen! Erscht war ich bei die Nazzenahlsosjalisten. Feine Leute. Mensch, die sind valleicht uffn Kien! Die janze Straße wah schwarz ... un jrien ... von de Schupo ... un denn hatten da manche vabotene Hemden an ... dies dürfen die doch nich! »Runta mit det braune Hemde!« sachte der Wachtmeister zu ein. »Diß iss ein weißes

Hemde!« sachte der. »Det is braun!« sachte der Jriene. Der Mann hat ja um sich jejampelt mit Hände und Fieße; er sacht, seine weißen Hemden sehn imma so aus, saubrer kann a nich, sacht a. Da ham sen denn laufen lassen. Na, nu ick rin in den Saal. Da jabs Brauselimmenade mit Schnaps. Da ham se erscht jeübt: Aufstehn! Hinsetzn! Aufstehn! Hinsetzn! weil sie denn nämlich Märsche jespielt ham, und die Führers sind rinjekomm – un der Jöbbels ooch. Kenn Sie Jöbbels? Sie! Son Mann is det! Knorke. Da ham die jerufen: »Juden raus!« un da habe ick jerufen: »Den Anwesenden nadhierlich ausjenomm!« un denn jing det los: Freiheit und Brot! ham die jesacht. Die Freiheit konnte man jleich mitnehm – det Brot hatten se noch nich da, det kommt erscht, wenn die ihr drittes Reich uffjemacht ham. Ja. Und scheene Lieda ham die –!

Als die liebe Morjensonne
schien auf Muttans Jänseklein,
zoch ein Rejiment von Hitla
in ein kleines Städtchen ein ...!

Na, wat denn, wat denn ... man witt doch noch singen dürfn! Ick bin ja schon stille – ja doch. Und der Jöbbels, der hat ja nich schlecht jedonnert! Un der hat eine Wut auf den Thälmann! »Is denn kein Haufen da?« sacht er – »ick willn iebern Haufn schießen!« Und wir sind alle younge Schklavn, hat der jesacht, und da hat er ooch janz recht. Und da war ooch een Kommenist, den ham se Redefreiheit jejehm. Ja. Wie sen nachher vabundn ham, war det linke Oohre wech. Nee, alles wat recht is: ick werde die Leute wahrscheinlich wähln. Wie ick rauskam, sachte ick mir: Anton, sachte ick zu mir, du wählst nazzenahlsosjalistissch. Heil!

Denn bin ick bei die Katholschen jewesn. Da wollt ick erscht jahnich rin ... ick weeß nich, wie ick da rinjekomm bin. Da hat son fromma Mann am Einjang jestandn, der hatte sich vor lauter Fremmichkeit den Krahrn vakehrt rum umjebunden, der sacht zu mir: »Sind Sie katholischen Jlaubens?«, sacht er. Ick sahre: »Nich, daß ick wüßte ...« – »Na«, sacht der, »wat wollen Sie denn hier?« – »Jott«, sahre ick, »ick will mir mal informieren«, sahre ick. »Diß is meine Flicht des Staatsbirjers.« Ick sahre: »Einmal, alle vier Jahre, da tun wa so, als ob wa täten ... diß is ein scheenet Jefiehl!« – »Na ja«, sacht der fromme Mann, »diß is ja alles jut und scheen ... aber wir brauchen Sie hier nich!« – »Nanu ...!«, sahre ick, »sammeln Sie denn keene Stimm? Wörben Sie denn nich um die Stimm der Stimmberechtichten?«, sahre ick. Da sacht er: »Wir sind bloß eine bescheidene katholische Minderheit«, sacht er. »Und ob Sie wähln oder nich«, sacht er, »desderwejn wird Deutschland doch von uns rejiert. In Rom«, sacht er, »is et ja schwierijer ... aber in Deutschland ...« sacht er. Ick raus. Vier Molln hak uff den Schreck jetrunken.

Denn wak bei die Demokratn. Nee, also … ick hab se jesucht … durch janz Berlin hak se jesucht. »Jibbs denn hier keene Demokraten?«, frahr ick eenen. »Mensch!«, sacht der. »Du lebst wohl uffn Mond! Die hats doch nie jejehm! Und nu jippse iebahaupt nich mehr! Jeh mal hier rin«, sacht er, »da tacht die Deutsche Staatspachtei – da is et richtich.« Ick rin. Da wah ja so viel Jugend … wie ick det jesehn habe, mußt ick vor Schreck erscht mal 'n Asbach Uralt trinken. Aber die Leute sinn richtich. Sie – det wa jroßachtich! An Einjang hattn se lauter Projamms zu liejn … da konnt sich jeder eins aussuchen. Ick sahre: »Jehm Sie mir … jehm Se mia ein scheenet Projamm für einen selbständigen Jemieseladen, fier die Interessen des arbeitenden Volkes«, sahre ick, »mit etwas Juden raus, aber hinten wieder rin, und fier die Aufrechterhaltung der wohlerworbenen Steuern!« – »Bütte sehr«, sacht det Frollein, wat da stand, »da nehm Sie unsa Projramm Numma siemundfürrssich – da is det allens drin. Wenn et Sie nicht jefällt«, sacht se, »denn kenn Siet ja umtauschn. Wir sind jahnich so!« Diß is eine kulante Pachtei, sahre ick Ihn! Ick werde die Leute wahrscheinlich wähln. Falls et sie bei der Wahl noch jibbt.

Denn wak bei die Sozis. Na, also ick bin ja eijentlich, bei Licht besehn, ein alter, jeiebter Sosjaldemokrat. Sehn Se mah, mein Vata war aktiva Untroffssier … da liecht die Disseplin in de Familie. Ja. Ick rin in de Vasammlung. Lauta klassenbewußte Arbeita wahn da: Fräser un Maschinenschlosser un denn ooch der alte Schweißer, der Rudi Breitscheid. Der is so lang, der kann aus de Dachrinne saufn. Det hat er aba nich jetan – er hat eine Rede jehalten. Währenddem daß die Leute schliefen, sahr ick zu ein Pachteigenossn, ick sahre: »Jenosse«, sahre ick, »woso wählst du eijentlich SPD –?« Ick dachte, der Mann kippt mir vom Stuhl! »Donnerwetter«, sacht er, »nu wähl ick schon ssweiunsswanssich Jahre lang diese Pachtei«, sacht er, »aber warum det ick det dhue, det hak ma noch nie iebalecht! – Sieh mal«, sachte der, »ick bin in mein Bessirk ssweita Schriftfiehra, un uff unse Ssahlahmde is det imma so jemietlich; wir kenn nu schon die Kneipe, un det Bier is auch jut, un am erschten Mai, da machen wir denn n Ausfluch mit Kind und Kejel und den janzen Vaein … und denn ahms is Fackelssuch … es is alles so scheen einjeschaukelt«, sacht er. »Wat brauchst du Jrundsätze«, sacht er, »wenn dun Apparat hast!« Und da hat der Mann janz recht. Ick werde wahrscheinlich diese Pachtei wähln – es is so ein beruhjendes Jefiehl. Man tut wat for de Revolutzjon, aber man weeß janz jenau: mit diese Pachtei kommt se nich. Und das is sehr wichtig fier einen selbständjen Jemieseladen!

Denn wah ick bei Huchenberjn. Sie … det hat ma nich jefalln. Wer den Pachteisplitter nich ehrt, is det Janze nich wert – sahr ick doch imma. Huchenberch perseenlich konnte nich komm … der hat sich jrade jespaltn. Da hak inzwischen n Kimmel jetrunken.

Denn wak noch bei die kleinern Pachteien. Ick wah bei den Alljemeinen Deutschen Mietabund, da jabs hellet Bia; und denn bei den Tannenberchbund, wo Ludendorff mitmacht, da jabs Schwedenpunsch; und denn bei die Häußerpachtei, die wähln bloß in Badehosn, un da wah ooch Justaf Nahrl, der is natürlicher Naturmensch von Beruf; und denn wack bei die Wüchtschaftspachtei, die sind fier die Aufrechterhaltung der pollnschen Wüchtschaft – und denn wark blau … blau wien Ritter. Ick wollt noch bei de Kommenistn jehn … aber ick konnte bloß noch von eene Laterne zur andern Laterne … Na, so bink denn nach Hause jekomm.

Sie – Mutta hat valleicht n Theater jemacht! »Besoffn wie son oller Iiijel –!«, hat se jesacht. Ick sahre: »Muttacken«, sahre ick, »ick ha det deutsche Volk bei de Wahlvorbereitung studiert.« – »Besoffn biste!«, sacht se. Ick sahre: »Det auch …«, sahre ick. »Aber nur nehmbei. Ick ha staatspolitische Einsichten jewonn!«, sahre ick. »Wat wißte denn nu wähln, du oller Suffkopp?«, sacht se. Ich sahre: »Ick wähle eine Pachtei, die uns den schtarkn Mann jibt, sowie unsan jeliebtn Kaiser und auch den Präsidenten Hindenburch!«, sahr ick. »Sowie bei aller Aufrechterhaltung der verfassungsjemäßichten Rechte«, sahr ick. »Wir brauchen einen Diktator wie Maxe Schmeling oder unsan Eckner«, sahre ick. »Nieda mit den Milletär!«, sahre ick, »un hoch mit de Reichswehr! Und der Korridor witt ooch abjeschafft«, sahre ick. »So?«, sacht se. »Der Korridor witt abjeschafft? Wie wißte denn denn int Schlafzimmer komm, du oller Süffel?«, sacht se. Ick sahre: »Der Reichstach muß ufflejelöst wern, das Volk muß rejiern, denn alle Rechte jehn vom Volke aus. Na, un wenn eener ausjejang is, denn kommt a ja sobald nich wieda!«, sahre ick. »Wir brauchen eine Zoffjett-Republik mit ein unumschränkten Offsier an die Spitze«, sahre ick. »Und in diesen Sinne werk ick wähln.« Und denn bin ick aust Fensta jefalln.

Mutta hat ohm jestanden und hat jeschimpft …! »Komm du mir man ruff«, hat se jebrillt. »Dir wer ick! Du krist noch mal Ausjang! Eine Schande is es –! Komm man ja ruff!« Ick bin aba nich ruff. Ick als selbstänjdja Jemieseladen weeß, wat ick mir schuldich bin. Wollen wa noch ne kleene Molle nehm? Nee? Na ja … Sie missn jewiß ooch ze Hause – die Fraun sind ja komisch mit uns Männa! Denn winsch ick Sie ooch ne vajniechte Wahl! Halten Sie die Fahne hoch! Hie alleweje! Un ick wer Sie mal wat sahrn: Uffjelöst wern wa doch … rejiert wern wa doch …

Die Wahl is der Rummelplatz des kleinen Mannes! Det sacht Ihn ein Mann, der det Lehm kennt! Jute Nacht–!

Klaus Mann (geb. 1906 in München; gest. 1949 durch Suizid im Exil in Cannes/Frankreich) schuf mit »Der fromme Tanz« das literarische Coming-out des deutschsprachigen Homosexuellenromans. Was sein berühmter Vater Thomas Mann sich sowohl im »Tonio Kröger« (1903) als auch im Privatleben nur als dezente Schwärmerei und inneren Widerstreit zugestand, das wurde von Klaus Mann gleich einer Befreiung sowohl literarisch als auch körperlich ausgelebt. Bedenkt man, dass im Erscheinungsjahr von »Der fromme Tanz« 1925 aufgrund des »§ 175 StGB« (Verbot homosexueller Handlungen) durch deutsche Gerichte so viele Aburteilungen erfolgten wie in keinem anderen Jahr der Weimarer Republik, so muss man dem Mut des damals neunzehn Jahre jungen Autors großen Respekt zollen.

Klaus Mann war das zweite von insgesamt sechs Kindern aus der Ehe von Thomas und Katja Mann (geborene Pringsheim). Er wuchs in wohlhabenden, bildungsbürgerlichen Verhältnissen in München auf. Zeitlebens verband ihn ein inniges Verhältnis zu seiner Schwester Erika und seiner Mutter Katja. Er besuchte das Münchner »Wilhelmsgymnasium« und das Internat »Odenwaldschule Oberhambach«. 1923 brach er die Schule ab und verlobte sich im Jahr darauf mit Pamela Wedekind, der Tochter des Schriftstellers Frank Wedekind. Mit ihr zusammen zog er 1924 nach Berlin und avancierte in kurzer Zeit zu einem gefeierten Autor.

Binnen einen Jahres veröffentlichte er 1925 neben seinem Debütroman »Der fromme Tanz«, den Band mit Erzählungen »Vor dem Leben« und das Theaterstück »Anja und Esther«. Mit der Ankündigung »Dichterkinder spielen Theater« wurde »Anja und Esther« im Oktober 1925 in den Münchner- und Hamburger Kammerspielen aufgeführt, wobei Klaus Mann mit seiner Schwester Erika, Pamela Wedekind und Gustav Gründgens selbst auf der Bühne stand. Gründgens, der 1926 Erika Mann heiratete, beteiligte sich auch als Regisseur und Schauspieler an Klaus Manns 1927 in Leipzig uraufgeführter Komödie »Revue zu Vieren«. Nachdem das Stück jedoch bei der Kritik durchfiel, stieg Gründgens nach wenigen Aufführungen aus der Tournee-Besetzung aus.

Zusammen mit Erika unternahm Klaus Mann mehrmonatige Weltreisen, hielt sich oft in Paris auf und schloss zahlreiche Bekanntschaften mit namhaften Schriftstellern wie André Gide, Schauspielern wie Emil Jannings oder Regisseuren wie Friedrich Wilhelm Murnau. Obgleich heute kaum noch bekannt, war die Anzahl seiner Veröffentlichungen vor der Emigration beachtlich, darunter Stücke wie »Gegenüber von China« (1929), »Geschwister« (1930) oder »Athen« (1932). Nach »Alexander. Roman der Utopie« (1929) verdient vor allem der Roman »Treffpunkt im Unendlichen« Erwähnung. Erschienen im Jahr vor der NS-Machtübernahme, verarbeitete Klaus Mann darin über die Erzählstränge Drogen, Suizid und Liebe die Erfahrungswelt jener »Verlorenen Generation«, von der in ähnlicher Weise bereits bei Ernst Glaeser und Hermann Kesten die Rede war.

Noch im Januar 1933 gründeten Klaus und Erika Mann zusammen mit der Schauspielerin Therese Giehse und dem Pianisten Magnus Henning in München das politische Kabarett »Die Pfeffermühle«, das nach der Vertreibung durch die Nationalsozialisten Ende September 1933 im Exil in Zürich wiedereröffnete.

Klaus Mann, der 1938 nach zahlreichen Aufenthaltsorten in Europa in die USA emigrierte, wurde zu einem der wichtigsten Vertreter der deutschsprachigen Exilliteratur. Erinnert sei an die Romane »Symphonie Pathétique« (1935), »Mephisto« (1936) und »Der Vulkan« (1939), die allesamt im »Querido Verlag« erschienen. Bezeichnenderweise durfte »Mephisto«, worin Klaus Mann die zweifelhafte Karriere seines ehemaligen Schwagers Gustav Gründgens als Theaterintendant im NS-Staat verarbeitete, in der Bundesrepublik erst 1981 im Buchhandel erscheinen.

Als Korrespondent der US-Armee kehrte er 1945 kurzzeitig nach Deutschland zurück. Klaus Mann war ein Getriebener seiner Zeit. Gezeichnet von jahrelanger Drogenabhängigkeit und geplagt von Selbstzweifeln und Enttäuschungen als Schriftsteller nahm er sich am 21. Mai 1949 in Südfrankreich das Leben.

»Der fromme Tanz. Das Abenteuerbuch einer Jugend« handelt von »Andreas Magnus«, der achtzehnjährig nach Berlin zieht, um seinen künstlerischen Neigungen nachzugehen, und sich dort unglücklich in Niels verliebt. Dass er von »Paulchen« begehrt wird, kann »Andreas« kaum trösten, wenn er zusehen muss, wie »Niels« mit »Fräulein Franziska« ins Bett geht. ■

Klaus Mann
Der fromme Tanz
Das Abenteuerbuch einer Jugend

4

Das ist das große Pensionszimmer: mit Zigarettenrauch ist es angefüllt, und zwischen dem Zigarettenrauch spielt das Grammophon auf dem kleinen Tischchen. Mit dem Rauche steigen die Melodien zur Decke, die wilden, klirrenden, knackenden und die schmachtenden, schleppenden. Hellgrauer Rauch und künstliches Klappern von Kastagnetten. Süße Saxophon- und Geigenmusik machen die Luft dicht und beladen.

Vier Menschen sitzen, alle ziemlich weit voneinander entfernt, im großen Zimmer verteilt – vier Menschen im raucherfüllten Pensionszimmer. Zwei von ihnen erheben sich, da das Grammophon besonders raffiniert schmachtet und lockt, treffen sich in der Mitte des Zimmers, umschlingen sich, ohne etwas zu sagen und rhythmisch schreiten sie auf und ab.

Niels tanzt einen Tango mit Fräulein Franziska, während Andreas und Paulchen ihnen zuschauen dabei. Da sich die Musik nun aber einen besonders innigen und zärtlichen Aufschwung gibt, stehen die beiden auch auf, umschlingen sich auch und tanzen ihrerseits miteinander, allerdings schiefer, hingegebener, weniger nach der Regel als das erste Paar, welches sich, wohl unterm Einfluß der Dame, mehr aufs Korrekte beschränkt. Paulchen und Andreas wandern mit langen, exaltierten Schritten, die Köpfe schräg gegeneinander gelegt, über den Teppich – aber Niels und Franziska drehen sich währenddem mitten im Raum mit winzig kleinen Schrittchen im Kreis, wobei sie sich plötzlich fester umschlungen halten und mit ernsten Augen das verwirrend leidenschaftliche Spiel ihrer Fußspitzen beobachten. – So erfordert's der Tango.

Sobald die Musik abbricht, lassen Paulchen und Andreas sich los, verneigen sich, hastig lächelnd, noch voreinander, und dann geht jeder an seinen Platz. Aber Niels läßt seinen Arm um Fräulein Franziskas Taille liegen, und nebeneinander setzen sie sich aufs Bett. –

Sie redeten ein wenig, aber ihre Worte kamen aus großer Entfernung, und es war, als könnte der eine die des anderen nicht hören. »Du sitzt ja so komisch«, sagte Fräulein Franziska zu Andreas hinüber, »so gebückt – –.« Und sie versuchte zu lachen. Und von wo ganz anders her ließ sich Paulchens hohe Stimme vernehmen: »Die Tangos vom vorigen Jahr waren trotz allem sympathischer –«, während Niels plötzlich um Zigaretten bat.

Sie saßen mit gesenkten Stirnen wie vor einem Wind, und ihre Blicke kreuzten sich wie ihre Worte. Während Paulchens glanzlose Augen matt auf Andreas lagen, schaute dieser ganz bewegungslos zu Niels hinüber. Fräulein Franziska ließ den schwarzen Blick nicht von Andreas' Gesicht, als wollte sie es ganz und gar erkennen, und trotzdem zuckte sie nicht zusammen unter Niels Berührung, der sie mit beiden Händen streichelte, dicht an sie gelehnt, so daß sie den frischen Duft seines Haares atmen konnte, und der ganz deutlich und hell zu ihr sagte: »So gut wie heute hast du mir noch nie gefallen –.«

Sie wehrte sich auch nicht, als er sie dann aufs Bett hinunterzog, ruhig ließ sie's geschehen. Aber noch im Sinken blieb ihr starrer Blick auf Andreas. – Und Niels, beinahe schon auf ihr liegend, flüsterte über ihr mit geschlossenen Augen und verwirrtem Haar: »Jetzt woll'n wir aber das Licht ausmachen –.« Und während es schon dunkel wurde, sah sie noch seinen Mund, der halb geöffnet war, als müsse er trinken.

Paulchen flüsterte zähneklappernd aus seinem Hintergrund – und hatte doch nicht den Mut zu schreien –: »Nein, das dürft ihr nicht tun – nein, das ist eine Gemeinheit gegen Andreas – den ganzen Abend hab' ich es kommen sehen – nicht, nicht – – «, wimmerte er, als schlüge ihn jemand, aber die Geräusche vom Bett übertönten seine kleine Stimme und waren größer als sie.

Da lief er, zitternd am ganzen Leib, zu Andreas hin, der reglos in sich versunken saß, als könnte er sich jetzt nie mehr – niemals mehr bewegen. In der tiefen Dunkelheit kniete Paulchen sich bei ihm nieder, kauerte sich hin und streichelte immerfort seine Füße, während er, ohne doch sein Gesicht sehen zu können, fiebrig zu ihm hinaufsprach. »Das verüble ich Fräulein Franziska«, redete er, an seine Knie geschmiegt, »auf deinem Bett noch dazu – das ist von diesem Niels perfid gehandelt – .« Und, da Andreas sich gar nicht rührte, schon näher bei seinem Gesicht und halb zu ihm hinauf sich hebend: »Sitz nicht so starr – ich bin ja da – – .«

Und während Niels vom Bett herüberlachte und stöhnte, redete dieses blasse, verstörte Pierrotgesicht mit leisen, wirren Worten auf Andreas ein. »Ich bin doch da«, klagte die arme, quiekende Stimme, »heute will ich dir's sagen – heut' siehst du ja was du an diesem Niels hast, diesem Dreckskerl. – Erst habe ich es gar nicht so gemerkt, wie ich dich kennengelernt habe – ich habe gedacht, wir wollten recht gemütlich beisammen sein, als gute Kollegen, und du wärst mir sympathisch. – Sonst fliege ich doch gar nicht so leicht auf jemand«, sagte er und fand nur törichte Worte für seines Herzens Verstörung, die er nicht begreifen und deuten konnte. »Das ist das erstemal, seit ich denken kann – ach, wenn du mein Freund werden könntest.« – Drüben krachte das Bett und Andreas erschauerte wie in einem schweren Traum. Aber er begriff, daß kein Traum so schwer sein konnte und keiner so wirr als dieses Leben, in dem wir einsam sind. – Und da der zu seinen Füßen, der Blasse, Hilflose keine

Antwort bekam, ließ er die Stuhllehne los an der er sich hochgereckt hatte, sank auf den Fußboden zurück und zog sich dort ganz in sich zusammen. – Das Stöhnen und gebrochene Singen vom Bett her wurde jetzt leiser. Die arme, kleine Rede Paulchens versiegte wie ein Wässerlein im Teppich. »Und sonst fliege ich doch nicht so leicht auf einen – – .«

Andreas alleine saß noch unverändert, die Hände wie tot im Schoß und ein wenig vorgestreckt den Kopf als habe er ein Gesicht, das ihn erschütterte. Nur die Lippen bewegte er eilig und als wollte er beten. Aber er fand keine Worte, sie vergingen in der Stille des Zimmers.

Er stand langsam auf und ging langsam zum Bett hinüber. Ein ganz schwaches, erstes Morgenlicht fiel von den Fenstern her auf die Schlafenden. Andreas stand neben ihnen und sah sie an. Sie lagen lang ausgestreckt nebeneinander, zwischen zerwühlten Kissen und flüchtig nur zugedeckt. Er atmete tief, und um seinen Mund lag ein Lächeln. Aber sie lag wie tot fast, ihr ziegelroter Mund war im Dämmergrau merkwürdig erblaßt und die Lippen waren streng gegeneinander gepreßt. Ihr Gesicht war voll dunkler Schatten, grauer und bläulicher, aber um die Augen herum, wo sonst sich die Brauen finster zusammenzogen, hatte es sich geglättet und die Lider lagen mit langen Wimpern in tiefstem Frieden geschlossen. – Aber unten am Bettende kamen zwischen durcheinandergeworfenen Decken ihre Füße zum Vorschein, breit und rührend in schwarzen Seidenstrümpfen. Und daneben waren seine Füße heller und nackt.

Andreas kniete bei diesen beiden Körpern nieder, die vereinigt lagen und sich nicht gehörten. Und während von drüben her Paulchen im Schlaf leise stöhnte, legte er sein Gesicht gegen das Leintuch, auf dem Niels und Franziska sich geliebt hatten. Auf dem rauhen Leinen fand er die Worte, nach denen er vorhin gesucht hatte. »Vater unser, der du bist im Himmel – «

Niels bewegte sich im Schlaf. Er zog die Knie hoch, er legte den Kopf anders in die Kissen, aber Fräulein Franziskas Füße blieben ruhig. Andreas betete, die Stirne auf ihrem Bett: »Und vergib uns unsere Schuld, wie wir vergeben unseren Schuldigern.«

⋆

Er stand am Fenster und sachte wurde es heller. Die große Nacht ging zu Ende, das Dunkel erblaßte, ergraute allmählich, über den Häusern kamen gelbe und rosa Töne schon morgendlich herauf. Frischerer Wind fuhr jetzt bestimmt schon die Straßen hinunter. Jetzt kräuselte Wasser sich eiskalt und hell in feinen Wellen unter dem Luftzug der ersten Frühe. Milchmädchen zeigten sich jetzt schon irgendwo und Bäckerjungen.

Da richtete Niels in seinem Bett sich auf, schaute umher, fuhr sich wie in leichtem Nachdenken über die Stirne, in die sein Haar so blond hing – und stand neben Andreas. Er öffnete das Fenster weit und neigte sein Gesicht in die frische Luft. Er war nicht vollkommen angekleidet, er trug nur seine kurze, blaue Hose und ein offenes Hemd und war barfuß. Er atmete und lachte dem Morgen zu.

Er war der junge Matrose, der morgens aufs Deck tritt, wenn das Meer erwacht, und der die Planken mit dampfendem Wasser wäscht. Er war der Hirte, der auf die Berge morgens die Ziegen treibt, wenn die Wiesen noch weiß, noch vor Sonnenaufgang im Nebel frieren. Der Apache war er, der nach abenteuerlicher Nacht morgens aus der Kaschemme tritt – morgens barfuß, in blauer Hose und mit offenem Hemd sein Gesicht der Kälte entgegenhält.

Er wandte Andreas das Gesicht zu und, den Blick plötzlich gesenkt, aber immer noch Lachen um den Mund, sagte er rasch, leise, aber ganz hell: »Du bist mir doch nicht böse, Andreas?« – Aber Andreas gab keine Antwort.

Es klopfte schwer, und eine große Gestalt im Herrenmantel stand auf der Schwelle. Es war Fräulein Barbara, und sie fragte mit ängstlich gedämpfter Stimme, ob Paulchen nicht da sei. Sie wollte sich nämlich verabschieden, ja, heute früh reiste sie ab, sie müsse gewärtig sein, daß ihr Vater die Korrektionspolizei ihr auf den Hals schicke. »Ist Paulchen nicht hier?«, fragte sie noch einmal, plötzlich lauter und beinahe heftig.

Paulchen schlief immer noch, anmutig gegen den Stuhl geschmiegt, auf dem Andreas gesessen hatte. Fräulein Barbara ging zu ihm hin, dick und traurig stand sie an seiner Seite. »Liebes Paulchen«, sagte sie, »auf Wiedersehen – «

Aber der schlief und hörte sie nicht.

Franziska richtete sich zwischen den Kissen auf. Unfrisiert hing ihr das starre Haar um das ernste Gesicht. »Guten Morgen«, sagte sie in das große Zimmer hinein.

Fräulein Barbara hielt ihre kleine Abschiedsrede weiter an Paulchen, der schlief und nicht reagierte. »Ich weiß allerdings nicht, wann wir uns wiedersehen werden«, konstatierte sie bitter, »aber irgendeinmal, so Gott will, wird es ja wohl passieren –« Sie neigte sich ungeschickt und behindert im großen Mantel über ihn und berührte sein leichtes, gewelltes Haar vorsichtig mit der Fingerspitze. »Adieu, liebes Paulchen«, sagte sie nochmals und ihr Gesicht war ganz vom großen Filzhut beschattet.

Franziska im Bett hatte sich wieder zurückgelegt und die Augen wieder geschlossen. Aber am Fenster standen Niels und Andreas nebeneinander. Niels hatte den Arm um Andreas' Schulter gelegt. »Du mußt mir nichts übelnehmen«, sagte er beinahe ängstlich, »du mußt nicht denken, ich wollte dir weh tun – –« Und er errötete wie ein kleiner Junge, der etwas zu Ernstes gesagt hat und sich darüber dann schämt.

Über ihnen allen lag das klare Licht des ersten Morgens.

5

Ein paar Tage später wurde Niels plötzlich krank, unvermittelt krank, überraschend und hitzig, wie es eigentlich nur bei Kindern geschieht. Er lag fiebernd im Bett, er hatte unnatürlich glänzende Augen bekommen und in gierigen Schlücken trank er Zitronenwasser, halb aufgerichtet im Bett. Dann mußte er lachen, weil es so sauer war und seinen Mund so verzerrte, und lachend legte er sich wieder in sein ganz zerwühltes Bett zurück, wo er dann wieder still lag und erstaunt zur Decke schaute, weil es ihm so schlecht jetzt ging oder wo er sich in lauten, rasselnden Hustenanfällen hin und her werfen mußte. – Aber Andreas saß neben ihm und tröstete ihn mit Schweigen und mit Reden.

»Still«, sagte er und beruhigte die heiße Hand mit seiner, die leiser war, »sei ein bißchen still – du mußt dir nur etwas Geheimes ausdenken, etwas Zärtliches, Tröstliches – es darf ja ruhig ein bißchen komisch und unfein sein – aber dann kannst du bestimmt gleich die Augen schließen.

Natürlich bist du nicht Niels und ich nicht dieser Andreas. Du bist der vierzehnjährige Bauernjunge, heftig erkrankt, aber wohnhaft im kleinen Anwesen weit hinterm Dorf und ganz ohne Pflege. Du leidest schon lange – Vater und Mutter sind natürlich auf dem Felde beschäftigt – hast Halsweh und schreckliches Ohrensausen – aber plötzlich ist der alte Doktor da, weißlich, hexenmeisterhaft in seinem Pelz – ist angeritten gekommen, hoch zu Rosse. Der alte Herr blickt kurios hinter den Brillengläsern – sagt: ›Na, na, Freundchen – was für Späße machen wir denn?‹, legt auch sein großes, kühles Ohr auf deine heiße Brust, seinen alten, klugen Mund auf deine heißen Füße – ist schwarzflatternd wie ein Eulenvogel im Dunkel der Bauernstube – – «

Da hatte Niels auch schon die Augen geschlossen, aber Andreas erzählte noch weiter. »Ich glaube schon, daß dir etwas schlecht geht«, sagte er und lächelte diesem Gesicht, das fast ohne von ihm zu wissen mit geschlossenen Augen vor ihm in den Kissen lag, durchs Halbdunkel zu, »du bist ja am Ende auch der junge Wegarbeiter, den mein Roß mit den Hufen getroffen hat – oh, wie muß das Wundfieber brennen: Aber ich bin der Prinz, der in schwarzer Tracht unter den schon halb entlaubten Bäumen strengen Empfang hält in herbstlichem Garten, obwohl alle frösteln. Die Bedienten führen ihm den vor, den des Herren Reittier verwundet hat. Aber der Prinz – als einziger unbewegt zwischen den frierenden Pagen – hebt leise die Hand und befiehlt: ›Gebt diesem Kinde Geld und seidene Kleider – ich habe ihm weh getan – dieses Kind soll wie mein Bruder, wie mein Sohn, wie meine Geliebte soll es auf dem Schlosse leben – denn ich habe ihm weh getan – –‹ Und die Pagen, zitternd in ihrer Schlankheit, nehmen dich in die Mitte, führen dich davon, dem Schlosse zu – während der Prinz, plötzlich allein gelassen, unter den Bäumen verbleibt – – «

»Oh«, sagte Andreas, »ich will dir noch viel erzählen, alles noch was ich weiß. Ich weiß viel von uns. Lieber Niels, ich glaube fast, ich weiß alles von uns. Wir sind zwei Kinder, die sich im Wald verlaufen haben und sich auch gegenseitig nicht finden können. Das eine Kind hat viel Gedanken im Kopf und viel Zweifel – aber das andere hat so blondes Haar. Wie geheimnisvoll, wie erfüllt mit Geräuschen, Verlockungen, Ängsten ist diese Nacht. Zwischen den schwarzen Wolken ist heute kein Mond zu sehen. Die Sterne sogar haben all ihre Ruhe verloren, irrlichtern, als würfe sie Wind hin und her. Einzelne Lichter glimmen auf, vermutlich in nahegelegenen Gasthäusern. Hunde bellen sich unmenschlich lachend von weit her ihre wüsten Geheimnisse zu. Die Frösche quieken so laut. Ich rufe deinen Namen, du heißt Ugolino. ›Ugolino!‹ rufe ich in die Luft. Vielleicht rufst du meinen Namen auch irgendwo, ich höre von fern deine girrende Stimme. Ich heiße Kasper. – Aber unsere Namen finden sich nicht, der Wind treibt Fangball mit ihren Silben, er wirft sie so durcheinander, sie begegnen sich – ach, sie kreuzen sich in der schwarzen Luft. Kaspar kann dich nicht sehen, Ugolino, du bist fremd, verspielt, unhaltbar zwischen den Büschen – manchmal bleibst du stehen, bist plötzlich ruhig wie ein Baum, aber er erkennt dich zum zweiten Mal nicht – deine Baumesstille nicht wie deine Unruhe – und er läuft wieder an dir vorbei. Und doch bist du seine Richtschnur und ohne dich wäre er lange verloren. – Ugolino, ich will dir alles erzählen. Du darfst es nicht hören, aber du hast ja die Augen zu, dann verstehst du wohl nichts. Die Nächte waren stürmisch und unruhig, ich will dir alles erzählen, was ich in ihnen erfuhr – – «

Es war fast, als sei der im Bette schon eingeschlafen. Er atmete jetzt so gleichmäßig und sein Gesicht lag still. Die Stimme des Erzählenden war so leise über ihm, daß sie ihn sicher nicht wecken konnte. »Du bist größer als ich, denn du bist unschuldiger als ich«, sagte die Stimme zum schlafenden Gesicht. »Also bist du auch frommer als ich. Das weiß ich heute, daß ein atmender Mund mehr ist vorm Herrn als ein sprechender. Und daß ein Frommer mehr ist als ein Erkennender. Und daß ein liebender Körper mehr ist als ein wissender Kopf. Und daß ein Tänzer mehr ist vorm Herrn als einer der schreibt oder malt. Und daß du groß bist.

Das, Ugolino, ist mein Geheimnis, mein Märchen, mein süßes Lied – das ist das Märchen meiner Jugend und meiner zerrissenen Zeit: daß wir unschuldig sein müssen, nicht klug. Daß wir fromm sein müssen, nicht stolz. Daß wir Liebende sein müssen, nicht Fragende. Die Welt Erschauende, nicht die Welt Begreifende. Und daß der Körper allein uns mit Gott verbindet – der Körper und die Seele, die in ihm wohnt – niemals der wägende Geist. Das ist mein Lied, ich habe es mir am Tage erhorcht, ich habe es in der Nacht erfahren. Ich weiß kein besseres, ich habe kein anderes nötig. Ich weiß nicht, ob ich ein Bild daraus gebären kann, aber wenn die letzte Stunde kommt, kann ich dir sagen: danke, daß du jetzt da bist – ich habe so viel gesehen. Danke, kann ich ihr einst entgegensagen, danke, meine liebe, dunkle Stunde, daß du mich auch nicht vergessen hast. Ich war eingedenk deiner die ganze Zeit. Die Zärtlichkeit, die ich dir immer bewahrte, hat all mein Tun gereinigt. Aber mein Körper, den du mir gabst, mein Leib, den du erfunden, du erzaubert hast, hat mich der Erde schmerzvoll und lustvoll verbunden, denn mit diesem meinem Leib habe ich alle Dinge geliebt und am meisten des anderen, geliebten Menschen geliebten Leib. So ging ich in Neugierde und Wollust alle Straßen, die sich mir auftaten – und so waren Wollust und Neugierde fromm. Meine liebe Stunde: ich habe das Leben gelebt wie du's befahlst – es war ein munteres Leben – – «

Die Stimme, die zu dem schlafenden Gesicht gesprochen hatte, hörte auf. Andreas war still und lauschte nur dem tiefen Atmen des Freundes neben ihm. Inzwischen war es beinahe ganz dunkel geworden.

Aber in Dunkelheit begann die Stimme bald wieder zu sprechen, ihre Worte rannen wie Wasser über den ruhenden Körper des anderen. »Wie sonderbar es gewesen ist«, erzählte die Stimme dem Körper, »wie sonderbar, bis ich dich fand. Was für Irrwege ich gehen mußte. Wie schwierig und qualvoll es war. Aber eine Stimme hat mir einstmals verheißen, daß ich die Klarheit finden und verstehen werde. Habe ich schon gefunden? Habe ich schon verstanden? – Da wagt mein Herz nicht mir Antwort zu geben – « Und die Stimme erzählte ihm die kurze und verwirrte Geschichte seines Lebens, wie es gewesen war bis zu dieser Stunde.

Da war der Vater gewesen, klug und schlicht, ein Vater, der helfen wollte und es nicht konnte. Der Vater hatte einen Sohn gehabt, in ratlosen Zeitläuften war er aufgewachsen, ehrgeizig und müde zugleich. Die Stimme erzählte von dem Freund dieses Vaters, dem strengen und heiteren Repräsentanten der väterlichen Generation überhaupt, den der Sohn haßte, weil dieser alles vermocht hatte, was er in fruchtlos heftiger Mühsal sich zu erkämpfen sehnte. O kindisch schmerzhaftes Mißverständnis: aus abstrakter Jugendnot das Werk gebären zu wollen. Kalt und bunt stand ein Bild angefangen im Nebenzimmer.

Wie der sorgsame Maler sein Bild malt, so ordnete diese Stimme die Dinge, die sich ehemals ineinander verschlungen hatten, ausführlich und rein, im runden, goldenen Rahmen stellte sie sie auf und vor goldenem Grund. Er selbst stand freilich im Mittelpunkt, aber er war doch am verschwommensten gezeichnet von allen, ja, seine Umrisse waren fast nicht zu unterscheiden. Sein Vater stand hinter ihm, festlich im Gehrock wie an jenem wichtigen Geburtstagabend und bei ihm stand Frank Bischof, dessen ergrauter und schmaler Kopf mit den erfahrenen Augen ihn allerdings weit überragte. Weitere Verwandte, deren Blut in seinen Adern floß, waren kleiner und in Entfernung angedeutet. Man wußte nichts mehr Genaueres über sie oder Andreas zum mindesten hatte sich um ihr schon vergilbtes Schicksal nie bekümmert. Aber auf diesem Bilde waren sie wohl verzeichnet. Sonderbare Tanten mit Puffärmeln und langen Röcken, aber manche hatten sogar schon seinen verschleierten Blick. Großväter waren zu sehen, klein bis zum Humoristischen an der Hintergrundsgrenze, aber doch mit ernsten Augen und mit wichtigen Stirnen. Und fast verschwindend schon, fast ganz entrückt in zerfließende Bläue waren die zarten Biedermeierlinien der Damen, die diese Großväter wieder geliebt hatten, von weit weg winkten sie mit rosenrotem Schal und Schutenhut, und irgend etwas hatten selbst sie noch zu sagen. – Aber neben Andreas standen dunkel wie zwei Engel die Frauen, die seiner Schwäche so viel geholfen hatten. Die eine in zweiflerischer Sanftmut, die, obwohl er unter ihren Augen weinen durfte, dennoch forderte von ihm, er möge »den Ausweg« finden – und die andere bunter, greller, widerspruchsvoller, aber doch in so vielen Zügen der ersten ähnlich – ebenso streng, ebenso sanft. Auch den schwarzen Blick und den fest geschlossenen Mund hatten sie gemeinsam, obwohl die Augen der zweiten so düster zusammengekniffen waren und die der ersten so schimmernd klar, obwohl der Mund der zweiten so grausam rot bestrichen erschien und der der ersten war doch unberührt geblieben. – Vor ihm hatten die Kinder dann ihren Platz, die kleine Reihe. Marie Therèse zierte sich, süß und schelmisch, aufbewahrt und behütet für Unbekanntes. Peterchen, keck und froh, sah den Dingen entgegen, die seiner, noch unerobert von ihm, in heiterer Kampfbereitschaft harrten. Henriette nagte ein wenig abseits an ihrer Lippe, wußte schon viel zu viel, war schon gezeichnet, trug schon ein finsteres, kleines Schicksal, von dem sie in ihrer verzwickten Seele ahnte, daß es wachsen sollte und groß werden eines Tages. – Aber gegen den Rand zu und an der Seite drängten sich die Gestalten in immer bunterem Durcheinander. Da war Witwe Meyersteins grausames Beefsteakgesicht, das abends erst im Schlafzimmer erstarrte, Doktor Zäuberlins spaßige Hexenmeistermiene drängte sich dazwischen, Barbaras breites Kinderlachen tönte von irgendwoher und Paulchens farbloses Pierrotantlitz schmiegte sich töricht und schmerzensvoll an die Rundung des Rahmens. Und das da – war das nicht des Chauffeurehepaars unternehmungslustiges Töchterlein, die rührenderweise den besseren Hut für den Ausgang benötigt hatte? Menschengesichter – Menschengesichter – der Hofrätin griechisches Profil mit dem wundervollen Haar tauchte auf, die Stimme malte es hin. Fräulein Barbaras erniedrigter Adoptivvater – die starre Großmutter mit den blauen Backen – die Stimme sagte: »So war es bis heute. Wer weiß wie es weitergeht?«

Aber dann wischte sie alles aus, tat, als sei alles ganz ungeschehen und sammelte all ihre Zärtlichkeit zu einer Frage, deren tiefe und süße Sinnlosigkeit sie selbst schon im Sprechen begriff. Andreas neigte sich tief über den Schlafenden, so daß sein Mund fast den anderen berührte. »Aber du – willst du jetzt bei mir bleiben?«, fragte er ihn. – Aber das Gesicht atmete nur und antwortete nicht.

Da richtete Andreas sich wieder auf und saß wieder wie vorher auf seinem Stuhl neben dem Bett im Dunklen. Warum hatte er das gefragt? – Darüber mußte er selber lächeln. Wußte er doch so gut, daß es sein Teil und sein Schicksal nicht war, einen anderen Menschen je zu besitzen. Wie sollte dieser da bei ihm bleiben? – Aber er wußte nicht, daß das Lächeln auf seinem Gesicht wie ein Weinen zuckte.

Da erfand er eine letzte Maskerade für sich und ihn, das tiefste Spiel. »So bin ich ein Dichter«, sagte er ins Dunkel hinein, »und du bist mein Traum.«

Magnus Hirschfeld (geb. 1868 in Kolberg; gest. 1935 im Exil in Nizza/Frankreich) war ein deutsch-jüdischer Arzt und Begründer der Sexualwissenschaft. Der Sohn des Medizinalrates Hermann Hirschfeld wuchs in der pommerschen Stadt Kolberg auf.

1887 schrieb er sich an der Universität Breslau für das Studium der »neueren Sprachen« ein. Ab 1888 studierte er dann Medizin in Straßburg, München, Heidelberg und Berlin. 1892 promovierte er in Berlin mit der Arbeit »Über Erkrankungen des Nervensystems im Gefolge der Influenza«. Nach einer ersten Amerikareise eröffnete er 1894 eine Arztpraxis in Magdeburg. 1896 kehrte er nach Berlin zurück oder genauer nach Charlottenburg, wo er ebenfalls eine Arztpraxis eröffnete. Im selben Jahr veröffentlichte er unter dem Pseudonym »Dr. med. Th. Ramien« die Broschüre »Sappho und Sokrates«, die zu einem »Manifest der Schwulenbewegung« wurde. Hirschfeld vertrat die Auffassung, dass Homosexualität weder eine Krankheit noch moralisch verwerflich sei, sondern eine natürliche und legitime Neigung. Folgerichtig engagierte er sich dafür, den § 175 des Reichsstrafgesetzbuches, der sexuelle Handlungen zwischen Männern unter Strafe stellte, abzuschaffen. Hierzu gründete er 1897 in seiner Wohnung mit einigen Anhängern das »Wissenschaftlich-humanitäre Komitee« – eine der ersten Organisationen, die sich für die Rechte von Schwulen einsetzte. Noch im selben Jahr wurde eine Petition auf Streichung des § 175 an den Reichstag gestellt, die jedoch scheiterte.

1899 gründete Magnus Hirschfeld mit dem »Jahrbuch für sexuelle Zwischenstufen« eine wissenschaftliche Zeitschrift, die für die weitere Herausbildung der Sexualwissenschaft von Bedeutung war. Ausgehend von seiner Definition der Homosexualität als »drittes Geschlecht« entwickelte Hirschfeld eine Theorie der »sexuellen Zwischenstufen«. Danach seien zwischen den geschlechtlichen Polen der Männlichkeit und Weiblichkeit eine ganze Reihe von Typen zu unterscheiden, wozu geordnet nach Körper-, Trieb- und seelischen Merkmalen neben der Homosexualität unter anderem auch der Hermaphroditismus (Zweigeschlechtlichkeit), die Gynäkomastie (Männer mit weiblicher Brust), der Metatropismus (Masochismus des Mannes) oder der Transvestitismus (Verkleidungstrieb)

als weitere Zwischenstufen zu definieren seien. Aufgrund seines medizinisch-biologischen Ansatzes und des häufig stigmatisierenden Charakters seiner Beschreibungen war Hirschfelds Sexualtheorie – unabhängig von den Anfeindungen durch die Nationalsozialisten – umstritten und wird in Fachkreisen noch heute kontrovers diskutiert.
Dabei muss jedoch berücksichtigt werden, dass Magnus Hirschfeld Zeitlebens unter erschwerten Bedingungen forschen musste. Obwohl er neben zahlreichen Fachpublikationen mit der »Sexualpathologie« (1916–1920) sogar ein dreibändiges »Lehrbuch für Ärzte und Studierende« vorlegte, wurde ihm die Integration in die klinische Forschung und universitäre Lehre von staatlicher Seite verwehrt.
Das 1919 von Magnus Hirschfeld in Berlin gegründete »Institut für Sexualwissenschaft« erhielt keinerlei staatliche Zuwendungen. Vom Gebäude über die medizinischen Geräte, die Bibliothek, dem Archiv bis hin zum wissenschaftlichen und technischen Personal musste der gesamte Institutsbetrieb durch eine private Stiftung finanziert werden, die 1918 ebenfalls von Hirschfeld gegründet worden war.
Hinzu kamen die öffentlichen Anfeindungen und Bedrohungen, denen Hirschfeld sich ständig ausgesetzt sah. Seine Identität als Sexualforscher mit jüdischer Herkunft, Homosexueller und SPD-Mitglied boten den stereotypen Feindbildern der politischen Rechten eine breite Projektionsfläche. Schon 1920 wurde er in München von »völkischen Rowdies« zusammengeschlagen. Nach einer längeren Forschungsreise kehrte Hirschfeld aufgrund der Bedrohungslage bereits 1932 nicht mehr nach Deutschland zurück. Von der brutalen Zerstörung des »Instituts für Sexualwissenschaft« am 6. Mai und der Verbrennung seiner Bücher am 10. Mai 1933 erfuhr Hirschfeld im Exil in Paris. Vergeblich versuchte er sein Institut im Exil neu aufzubauen. Am 14. Mai 1935, seinem 67. Geburtstag, starb Hirschfeld in Nizza.
Sein Buch »Vom Wesen der Liebe«, dem die folgende Passage entnommen ist, erschien 1906 und ist eine allgemeinverständliche Einführung in die Sexualwissenschaft. ■

Magnus Hirschfeld
Vom Wesen der Liebe
Zugleich ein Beitrag zur Lösung der Frage der Bisexualität

Es ist eine im Grunde genommen höchst merkwürdige Tatsache, die späteren und besser unterrichteten Zeiten noch weit erstaunlicher sein wird wie uns, daß an einer so bedeutsamen Naturerscheinung, wie es die Liebe des Menschen ist, die Naturforschung jahrtausendelang fast achtlos vorübergegangen ist. So sehr sich die Vertreter der redenden und bildenden Künste in fast ununterbrochener Reihenfolge aller Generationen mit der Darstellung der Liebe in ihrer unendlichen Vielgestaltigkeit beschäftigten, ein schier unerschöpflicher Quell von tief ergreifenden Vorwürfen, Problemen und Konflikten – so wenig richteten die Männer der Wissenschaft ihr Augenmerk auf ein Studienobjekt, dessen Erkenntnis und Ergründung, wenn je eins, menschlichen Denkens und Nachdenkens wert und würdig ist.

Liebe und Wissenschaft erschienen förmlich als Gegensätze. Noch als die vier deutschen Philosophen im letzten Drittel des 19. Jahrhunderts, Schopenhauer, Hartmann, Nietzsche und Dühring, die Liebes- und Geschlechtsfragen, insonderheit das Verhältnis von Mann und Weib, in den Kreis ihrer Betrachtungen zogen, begegneten sie vielfach der Auffassung, daß sie sich um etwas bekümmerten, was die Poeten, nicht aber die Philosophen anginge.

Jetzt ist das anders geworden. Die Wissenschaft, die alles umfassen muß und erfassen soll, ist emsig bemüht, auch dieses weite Gebiet zu durchdringen, und viele Kräfte sind an der Arbeit, das weltbewegende, urgewaltige Mysterium der Liebe in seinem Werden, Wesen und Wirken zu erhellen.

Freilich mit den üblichen Mitteln und Methoden wissenschaftlicher Untersuchung, mit Instrumenten und Experimenten, dem Mikroskop und Stethoskop ist diesem Forschungsobjekt schwer beizukommen. Haben wir es doch hier mit dem Subtilsten und Subjektivsten im Menschen, mit seinen Empfindungen zu tun. Sind diese, als Objekt betrachtet, schon der Erkenntnis des eigenen Subjekts schwer zugänglich, um wieviel mehr einem fremden Subjekt, wie es der wissenschaftliche Forscher ist.

Überhebender Dünkel, der Dunkelmännern besonders eigen zu sein scheint, hat sich vermessen, die Sexualforschung als Pseudowissenschaft zu verdächtigen.[1]

---

1 Man vgl. die Urteile über die Schriften *Krafft-Ebings*, *Molls* und die Jahrbücher für sexuelle Zwischenstufen in der Reichstagsrede des Abgeordneten *Thaler* vom 31. Mai 1905. Jahrbuch f. sex. Zw. Bd. VII, S. 1006.

Wissenschaft ist Ordnung des Mannigfaltigen zum Einheitlichen; Erkennen und Urteilen; Naturwissenschaft die Gewinnung der Naturgesetze aus der Erkenntnis der Naturerscheinungen. Alles dies trifft bei der Erforschung des menschlichen Geschlechtslebens gewiß zu, wobei es freilich hier noch mehr wie sonst Geltung hat, daß es der Geist der Behandlung ist, welcher dem Gegenstand die Würde verleiht.

Anstatt ungerechtfertigte Vorwürfe gegen einen Zweig ihrer Wissenschaft zu erheben, sollten die Ärzte lieber bei Aufnahme der Patientenanamnesen in Zukunft weniger oft, wie bisher, verabsäumen, die Sexualpsyche zu explorieren, letzteres allerdings mit dem Takt, welchen die Materie erfordert. Unter der bisherigen Unterlassung leidet in hohem Maße das Vertrauen zur ärztlichen Kunst und Wissenschaft. Ich fragte wiederholt Kranke, die an schwerer Neurasthenie, selbst solche, die an ehelicher Impotenz litten, ob und warum sie ihrem früheren Arzt nicht von der abweichenden Richtung ihres Geschlechtstriebes Mitteilung gemacht hätten; die Antwort lautete: »Der Arzt hat mich nicht danach gefragt und allein gewann ich es nicht über mich, darüber zu sprechen.«

Die Schwierigkeit der Lösung sexueller Probleme beruht, von der schweren Zugänglichkeit des Gegenstandes abgesehen, auf dem sexuellen Individualismus, der unendlichen Mannigfaltigkeit der Objekte, auf der Fülle der Fälle. Viele Meinungsverschiedenheiten sind im Grunde Empfindungsverschiedenheiten.

Es gesellt sich ein Umstand hinzu, der schon so viele wissenschaftliche Streitfragen verschuldet hat, nämlich, daß mit demselben Wort ganz verschiedene Vorstellungen verknüpft werden. So wird man in Bezug auf die Bisexualität zu ganz anderen Resultaten gelangen, wenn man darunter einen auf beide Geschlechter sich erstreckenden Liebestrieb versteht oder aber, wie es vielfach geschieht, nur die Möglichkeit sexuellen Verkehrs mit beiden Geschlechtern; zu anderen Schlüssen wiederum wird man kommen, wenn man, wie viele Schriftsteller, bei dem Ausdruck Bisexualität die mehr oder minder große dauernde Doppelgeschlechtlichkeit der Menschen überhaupt im Auge hat.

Handelt es sich dann noch um Begriffe, die an und für sich nicht von jedermann leicht zu umgrenzen und zu normieren sind, wie etwa Liebe und Freundschaft, Geschlechtstrieb und Liebe, erotische und nicht erotische Anziehung, um das Sammelwort Liebe im allgemeinen, welches so ganz verschiedene Arten der Zuneigung zusammenfaßt, so wird man verstehen, weshalb sich in vielen Einzelfragen auf sexuellem Gebiet die Anschauungen noch so divergierend und wenig geklärt gegenüberstehen.

Um wieder an einem Spezialgegenstand unserer Untersuchung, der Bisexualität, zu exemplifizieren, so glauben einige namhafte Autoren, daß es sich hier um eine ganz allgemeine, andere, daß es sich um eine außerordentlich verbreitete Erscheinung handelt, während wieder andere, nicht weniger beachtenswerte Gelehrte sie für verhältnismäßig selten halten, und noch andere geneigt sind, ihr Vorkommen überhaupt in Zweifel zu ziehen.

Ich will mich nun nicht vermessen, in den folgenden Ausführungen die in Rede stehenden Probleme zur Lösung zu bringen, will vielmehr nur die wesentlichsten Gesichtspunkte aufzuzeigen versuchen, welche mir für die Erkenntnis und Klärung der theoretisch wie praktisch gleich wichtigen Fragen von ausschlaggebender Bedeutung erscheinen.

I. Die grosse Liebesleidenschaft

Die Entscheidung, nach welcher Richtung sich die Sexualität, der Geschlechtstrieb, die Liebe erstreckt, liegt am klarsten in den Fällen, in denen es sich um eine infolge ihrer Stärke unverkennbare besondere Art leidenschaftlicher Zuneigung handelt, bei welcher das eine Individuum in merklicher Weise oft wider seinen eigenen Willen durch ein anderes affiziert wird.

Das geliebte Objekt bildet dabei für alle sensorischen Reizstellen des liebenden Subjekts die Ausgangsstelle wohltuender Empfindungen. Da die ganze Körperoberfläche physiologisch ein Sinnesorgan ist, ausgestattet mit Milliarden Empfangsstationen von eigenartiger Empfindlichkeit, so gibt es kaum eine Partie unserer Peripherie, an der nicht die sexuelle Reizung erfolgen könnte.

In erster Linie stellt sich die Ausbreitung der Sehnerven auf die angenehm empfundene Persönlichkeit ein; bald mehr von der Beschaffenheit des Auges, bald von dem Eindruck der Körperlinien, der Besonderheit der Haare oder irgendeinem anderen Punkte gefesselt, entdeckt die Sehsphäre immer neue Reize, bei jeder Stellung und Bewegung des Objekts, jeder Veränderung durch hinzutretende Kleidungs- und Schmuckstücke bewußt und unbewußt prüfend, ob es sich um eine Bereicherung oder Verminderung in der Schönheit der inneren Sinneswahrnehmung handelt.

Mit nicht minder großem Lustgefühl wie das Auge den Anblick, nimmt das Gehör die Stimme der geliebten Person auf. Der Klang ihrer Sprache wird so sympathisch empfunden, daß man nicht selten über dem Wohllaut des Organs den Inhalt der Worte vernachlässigt. Auch andere von dem Objekt ausgehende Geräusche, ihr Schritt (»und kommt sie getrippelt das Gäßchen herab«), ihre Ex- und Inspirationen, selbst Dissonanzen, wie ihr Schnarchen, werden von dem Liebenden nicht selten noch als Harmonien perzipiert, oft dergestalt, daß Dritte dann vom subjektiven Standpunkt ihres eigenen Empfindens behaupten, daß die Liebe blind und taub mache.

Der Geruchssinn steht dem Gesicht und Gehör wenig nach. Die Ausdünstungen der Haut- und Haardrüsen, der Schleimhäute, ja sogar die der Person nur äußerlich adhärenten, wie etwa ein bestimmter Parfüm- oder Tabakduft, sind von erogener Wirksamkeit. Liebende berühren nicht selten stark ausscheidende Körperstellen mit ihren Händen, ziehen den anhaftenden Duft ein, sich an Gerüchen förmlich berauschend, die andere als unangenehm abstoßen. Nicht bloß im Tierreich, sondern auch bei einem großen Teil der jetzigen, namentlich der außereuropäischen Menschheit spielt das Beschnüffeln und Beriechen als »olfaktorischer Kuß« neben dem »taktilen« im Liebesleben eine hervorragende Rolle.

Verhältnismäßig wenig kommt diesen Sinnen gegenüber der Geschmackssinn in Frage, dessen Lustempfindungen unverhältnismäßig mehr der Erhaltung der Person, als der Erhaltung der Art dienen. Spricht man gleichwohl in Bezug auf das Objekt der erotischen Anziehung mit Vorliebe von dem »Geschmack« einer Person, so handelt es sich hier entweder um eine tief im Sprachinstinkt wurzelnde Begriffsübertragung oder aber es wird »schmecken« hier mehr in süddeutscher Auffassung gebraucht, wo man häufiger darunter eine Reizung der Nasen- als der Zungenschleimhaut[2] versteht (vgl. das französische sentir).

Mit am stärksten von allen Sinnesorganen wird der Hautsinn erotisch positiv gereizt. Stets aufs neue sucht der Liebende die feinen Nervenendkörperchen seiner Hautpapillen mit der Oberfläche des geliebten Menschen in Kontakt zu setzen, er drückt die Hände, streichelt die Wangen, fährt über die Haare, strebt danach, mit seiner an Tastwärzchen besonders reichen Lippenschleimhaut die des anderen zu berühren und hat das Bedürfnis, durch Umschlingung einen möglichst großen Hautbezirk mit der fesselnden Person in unmittelbare Nähe zu bringen.

Von den sensorischen Nerven springt die sexuelle Erregung reflektorisch auf die vasomotorischen Nerven über. Diese Affizierung des Blutkreislaufes durch die Liebe ist so in die Augen springend, daß frühere Beobachter den Sitz der Liebe in das Zentrum der Zirkulation, in das Herz, verlegten. Noch heute sagt man ja: »ich liebe Dich von Herzen« und spricht von einem »*herzlich*« geliebten Wesen. Wenn die Dichter schreiben: »*errötend* folgt er ihren Spuren« oder »mit klopfendem Herzen lauscht er auf ihre Schritte«, so sind das im wissenschaftlichen Idiom Zirkulationsveränderungen und Kongestionserscheinungen auf vasomotorischer Basis, welche auch in einem allgemeinen, auf Hauthyperämie

2 Ich erinnere mich meines Erstaunens, als ich als Norddeutscher im ersten medizinischen Semester in Straßburg i. E. mit einem süddeutschen Kommilitonen auf der Anatomie präparierte und dieser am ersten Tage unserer gemeinsamen Arbeit äußerte: »Die Leiche schmeckt ja fürchterlich.«

beruhenden Wohlbehagen, sowie auch in der Blutfüllung der corpora cavernosa (Schwellkörper) beim Manne und Weibe zum Ausdruck gelangen.

Auch die anderen Organe des Körpers werden, wenn auch nicht so offensichtlich, unter Nerveneinfluß von der Liebe affiziert. Für einen recht exakten Forscher verlohnte es sich wohl einmal der Mühe, stark Verliebte, und zwar sowohl glücklich wie unglücklich Liebende, körperlich zu untersuchen, nicht bloß psychologisch-experimentell, sondern auch unter Zuhilfenahme der chemischen Analyse, um festzustellen, wie der Verdauungsapparat (z. B. Salzsäureausscheidung), der Respirationstraktus (Zahl, Tiefe der In- und Exspirationen, Atmungskoeffizient), die Nierentätigkeit (Harnuntersuchung), von dieser so fühlbaren Nervenalteration beeinflußt werden.

Die durch den Hautsinn hervorgerufenen Lustempfindungen, welche am leichtesten und stärksten vasomotorische Reflexe im Körper auslösen, bilden gewöhnlich die Übergangsstelle, an der die Beherrschungskraft und Widerstandsfähigkeit der sich aus den Gefühlswahrnehmungen in Bewegungen und Handlungen umsetzenden Triebe am häufigsten nachläßt. Wenn irgend, so heißt es hier: »principiis obsta« und »respice finem«. Besteht eine erotische Anziehung, so können schon ganz leichte Hautberührungen starke sexuelle Affluxe bewirken. Man hat nicht mit Unrecht diese nach Steigerung drängenden Liebkosungen mit einer Katze verglichen, mit der man anfangs tändelnd spielt und die sich unter den Händen allmählich in einen Tiger verwandelt, zu dessen Spielball der Spielende wird.

[...]

Mit dem Drang, die geliebte Person zu sehen, zu hören, zu riechen und zu fühlen, ist gewöhnlich der Wunsch verknüpft, diese Genüsse allein zu besitzen, ein Wunsch, der sich bei Nichtbefriedigung und Zweifel in dem starken seelischen Affekt der Eifersucht äußert. In höheren Graden – unsere Tagespresse berichtet ja so oft von solchen Fällen – führt diese Leidenschaft namentlich bei jüngeren, nicht ganz selten aber auch bei älteren Leuten, zur Körperverletzung und Tötung des geliebten Objekts und der eigenen Person.

Zu diesen beiden mehr negativen Gefühlen – der Sehnsucht und Eifersucht – gesellen sich zwei positive Empfindungen, die jedoch, wie die meisten positiven, weniger stark in das Bewußtsein dringen, als die negativen.

Das eine ist das große geistige Interesse für die geliebte Person, zu deren Wohl und Besten man alles mögliche tun möchte. Je stärker die aktive Liebe ist, um so ausgesprochener ist das Streben, durch Beglücken des anderen sich selbst zu beglücken. Zur echten Liebe gehört die Opferwilligkeit des Werbenden. Die ursprüngliche Sitte der Naturvölker, daß der um das Weib anhaltende Mann diese ihrem Vater abkaufte, war jedenfalls natürlicher und würdevoller, als der heutige Zustand, bei dem der Vater den Freier bezahlt, oft nicht nur ihn selbst, sondern auch seinen Titel, seine Stellung, seine Uniform. Diese völlige Umkehrung ist nur dadurch begreiflich, daß im Laufe der sich von der Natur weit entfernenden Kulturentwicklung die Ehe für das Weib ein ungleich höherer Wertgegenstand geworden ist, wie für den Mann. Für diesen ist die eheliche Vereinigung meist weder zur Stillung eines heftigen Naturtriebes, noch auch zur Erlangung äußerer Vorteile erforderlich, während die Frau gewöhnlich erst durch die Verheiratung ihre volle geschlechtliche, gesellschaftliche und wirtschaftliche Bedeutung erlangt.

Weise nannten die Alten den Eros, die Liebe, das Kind des Poros und der Penia, des Reichtums und der Armut. Was bedeutet das anderes, als daß es die Liebe ist, welche zwischen Besitz und Schönheit, zwischen Macht und Anmut, Kraft und Liebreiz, Überfluß und Mangel die verbindende Brücke schlägt. Die gegenseitige Abhängigkeit, in welche so der wahrhaft Liebende vom Geliebten, umgekehrt aber auch der Geliebte vom Liebenden gerät, erhöht die Zusammengehörigkeit, das Einswerden des Altruismus mit dem Egoismus, das Aufgehen des Ich im Du, wie es in solcher Weise nur die Liebe zuwege bringt.

Das letzte Merkmal auf geistigem Gebiet ist die große Steigerung und Erhebung der eigenen Persönlichkeit durch die Liebe, deren bloßes Vorhandensein die höchsten Seiten der Seele, des menschlichen Empfindens, Denkens und Wollens zum Ertönen bringt. Aus der Begeisterung, den Wonnen, Entzückungen und Seligkeiten einer großen Liebe strömt dem Nervensystem ein Reichtum an Kräften zu, aus dem nicht nur Lebenslust und Harmonie quellen, sondern auch im edelsten Sinne die Götterfreude am Schaffen, Veredeln und Formen, am Zeugen, Gebären und Gestalten. Auf der Kehrseite beeinträchtigt aber auch die unglückliche Liebe in stärkstem Grade die Leistungsfähigkeit und Lebensfreudigkeit. Wer dem Menschen seine Liebe raubt, verstümmelt ihn.

Sind in einem konkreten Falle die genannten Symptome körperlicher und geistiger Alteration vorhanden, so ist die Diagnose, daß es sich um einen Fall von echter Liebe handelt, über jeden Zweifel sichergestellt.

Lenkt diese spontan eintretende Empfindung sich dauernd auf eine Person des anderen Geschlechts, so nennen wir einen in solcher Weise fühlenden Menschen heterosexuell, erstreckt sich ganz dieselbe Liebesleidenschaft dauernd auf eine dem eigenen Geschlecht angehörige Person, so nennen wir den Betreffenden homosexuell. Daß letzteres, wenn auch bei weitem nicht so häufig wie ersteres, vorkommt, kann nach dem gegenwärtigen Stande der Forschung als unumstößlich erwiesen angesehen werden.

Während die heterosexuelle Liebe sich stets frei und schön, geachtet und geehrt entfalten konnte, hat die homosexuelle Liebe eine Geschichte von Blut und Tränen ohne gleichen hinter sich. Eine Liebe, die so zu Boden getreten, nicht hat zerstört, so geknechtet, nicht hat ausgerottet werden können, die soviel Erniedrigungen, Qualen, Haß, Spott und Hohn überdauerte und überstand, hat schon durch diese Vergangenheit den Beweis ihrer Existenzberechtigung erbracht, hat gezeigt, daß sie ein elementares Naturphänomen ist, dem gebieten zu wollen ebenso absurd und vermessen ist, als wollten wir der Erde die Anziehung, der Sonne das Scheinen verbieten.

Frauenbewegung und Frauenliteratur

Alexandra Kollontai (geb. 1872 in Sankt Petersburg/Russland; gest. 1952 in Moskau/UdSSR) war eine sozialistische russische Schriftstellerin, Frauenrechtlerin, Politikerin und Diplomatin.

Als Tochter eines adeligen, russischen Generals wurde Alexandra, die mit Geburtsnamen Domontowitsch hieß, von Gouvernanten und Hauslehrern erzogen. Nach dem Schulabschluss ließ sie sich zur Lehrerin ausbilden. Aus Liebe und gegen den elterlichen Willen heiratete sie 1893 ihren Cousin Wladimir L. Kollontai. Im Jahr darauf wurde ihr Sohn Michail geboren. Durch die Tätigkeit ihres Mannes als Ingenieur wurde Alexandra Kollontai mit dem sozialen Elend der Arbeiterinnen und Arbeiter in den russischen Fabriken konfrontiert. Sie begann sich für die Arbeiter- und Arbeiterinnenbildung zu engagieren und trat mit revolutionären Gruppen in Kontakt. 1898 veröffentlichte sie in einer marxistischen Zeitschrift einen ersten pädagogischen Artikel. Im selben Jahr trennte sie sich von ihrem Mann und zog nach Zürich, um an der dortigen Universität bei Professor Heinrich Herkner Nationalökonomie und Soziologie zu studieren. Voller Tatendrang kehrte sie bereits 1899 nach Russland zurück. Der Kampf um Frauenrechte und die Gleichstellung der Geschlechter wurde zu einem Schwerpunkt ihrer revolutionären Arbeit. Im maroden Zarenreich beteiligte sie sich an den zunehmenden revolutionären Unruhen und Streiks. Im Januar 1905 wurde sie Zeugin der blutigen Niederschlagung einer Großdemonstration vor dem Winterpalais in Sankt Petersburg – ein Ereignis, das als »Petersburger Blutsonntag« in die Geschichte einging.

Im Jahr 1908 musste Alexandra Kollontai vor politischer Verfolgung aus Russland fliehen. Sie emigrierte erst nach Deutschland, wo sie sich in den folgenden Jahren für die SPD engagierte. Auch dank ihrer guten Deutschkenntnisse pflegte sie enge Kontakte zum damaligen SPD-Vorsitzenden August Bebel und fand u.a. in Clara Zetkin, Luise Kautsky und Rosa Luxemburg wichtige Mitstreiterinnen für ihre frauenpolitischen Positionen, die sie 1909 in ihrem Buch »Soziale Grundlage der Frauenfrage« vorlegte. Nach Ausbruch des Ersten Weltkrieges bekam Kollontai als russische Emigrantin die Entsolidarisierung unter den europäischen Sozialdemokratien zu spüren. Enttäuscht musste sie Deutschland verlassen. Kurz nach-

einander wurde sie aus Dänemark und Schweden ausgewiesen und fand dann in Norwegen eine neue Bleibe.
1915 schloss sich Kollontai den Bolschewiki an und begab sich auf eine Vortragsreise durch die USA. Nach Ausbruch der Februarrevolution in Russland kehrte sie im März 1917 noch vor Lenin in ihr Heimatland zurück. Der baldigen Inhaftierung unter der gemäßigten Übergangsregierung von Alexander Kerenski folgte mit der Machtübernahme der Bolschewiki im Herbst 1917 ihre Berufung in die erste Sowjetregierung unter Lenin. Und obwohl sie als »Volkskommissarin für staatliche Fürsorge« nur bis März 1918 amtierte, konnte sie eine ganze Reihe von frauen- und familienpolitischen Maßnahmen, darunter die Lockerung des Scheidungsrechts, die Verbesserung des Mutterschutzes und die Schaffung eines staatlichen Kinderbetreuungswesens, durchsetzten. 1920 übernahm sie die Leitung der Frauenabteilung im Zentralkomitee der »Kommunistischen Partei Russlands« (später KPdSU). Ihre Forderungen nach der sexuellen Befreiung der Frau und einer neuen Sexualmoral waren jedoch weder im ZK noch gegenüber Lenin durchsetzbar. Ebenso vergeblich kritisierte sie die zunehmende Bürokratisierung der Partei.
Wäre sie nicht frühzeitig aus der Führung der Bolschewiki ausgestiegen, so wäre sie vermutlich den Parteisäuberungen unter Stalin in den Dreißigerjahren zum Opfer gefallen.
1922 wechselte Alexandra Kollontai von der Politik in den diplomatischen Dienst. Nacheinander leitete sie die sowjetischen Gesandtschaften in Norwegen, Mexiko und Schweden und ging 1945 in den Ruhestand. In ihren Memoiren bilanzierte sie selbstbewusst: »Mein erster Beitrag ist natürlich, was ich im Kampf um die Befreiung der werktätigen Frau und die Verankerung ihrer Gleichberechtigung in allen Bereichen der Arbeit, des Staates, der Wissenschaft usw. geleistet habe.«
1925 erschien im »Malik-Verlag« der Band »Wege der Liebe« mit drei Erzählungen von Alexandra Kollontai. Die Zensoren vom nationalsozialistischen »Kampfbund für deutsche Kultur« merkten zum Verbot dieses Buches 1933 an: »Verherrlicht in ihren Novellen [...] die völlige sexuelle Freiheit.«
Kollontai ging es jedoch keineswegs um eine Überhöhung der Sexualität, wie ihr oft unterstellt wurde. Vielmehr erkannte sie, dass für die gesellschaftliche Gleichstellung der Frauen zunächst all jene staatlichen Gesetze und tradierten Verhaltensnormen beseitigt werden mussten, die speziell das weibliche Sexualleben einer Überregulierung unterwarfen und so das Machtgefälle zwischen den Geschlechtern sowohl gesellschaftlich als auch privat zementierten.
In »Wege der Liebe« lässt sich Kollontais Konzept einer neuen Sexualmoral u.a. anhand der Erzählung »Die Liebe

der drei Generationen« verdeutlichen. Hier geht es zunächst um eine Dreiecksbeziehung. Olga Sergejewna lebt mit ihrem Mann Andrej Rjabkow und mit ihrer zwanzigjährigen Tochter Genia, die aus einer früheren Beziehung stammt, in einer Moskauer Einzimmerwohnung. Alle drei sind überzeugte Kommunisten und engagieren sich für den jungen Sowjetstaat. Ihr harmonisches Zusammenleben gerät jedoch aus den Fugen, als die vielbeschäftigte Olga erfährt, dass Genia schwanger ist und mit ihrem Mann Andrej schläft. Hinzu kommt, dass ihre Tochter nicht genau weiß, ob sie nun von Andrei schwanger ist, weil sie noch einen weiteren Geschlechtspartner hat. Am meisten schockiert ist Olga jedoch darüber, dass Genia an all dem überhaupt nichts Verwerfliches findet. Erst durch ein beratendes Gespräch gelangt Olga zu der Erkenntnis, dass eine Frau moralisch nicht danach zu beurteilen ist, mit wem sie schläft, sondern – wie bei einem Mann auch – an ihrem Beitrag im Arbeitsleben. ■

Alexandra Kollontai
Wege der Liebe. Erzählungen

Die Liebe der drei Generationen

» […] Ach wissen Sie, in diesen Wochen bin ich selbst ganz irre geworden. Ich weiß nicht, was Recht und Unrecht ist. Früher freute ich mich, daß Genia vorurteilslos ist, daß sie dem Leben mutig ins Auge sieht, daß sie imstande ist, sich aus jeder Schwierigkeit herauszuhelfen, daß sie nicht an der bei den Intellektuellen so häufigen Willenlosigkeit krankt, daß in ihr kein Falsch ist, und daß sie, wie mir schien, bis zur Naivität wahrheitsliebend ist, und plötzlich …

Kurz, die Sache ist folgende:

Sie wissen, daß ich während der Emigrantenzeit im Ausland den Genossen Rjabkow getroffen und in Davos gepflegt habe. Seitdem leben wir wie Mann und Frau. Gewiß, ich bin viel älter als er. Er ist, sozusagen, mein Schüler. Aber während dieser sieben Jahre unseres Zusammenlebens herrschte die reinste Eintracht zwischen uns. Zusammen kehrten wir im Jahre siebzehn zurück. Zusammen setzten wir uns für die Sowjetregierung ein.

Sie wissen, was für ein reiner Mensch der Genosse Rjabkow ist, dem Geist nach richtiger Proletarier, ohne Kompromisse, und anders kann er natürlich auch nicht sein. Es ist unnötig, über ihn als Parteiarbeiter zu sprechen, es gibt darüber nur eine Meinung.

Ich habe ihn gepflegt, wie ich es konnte – er ist ja tuberkulös. Mir schien, als sei zwischen uns nicht die leiseste Trübung. Alles war so klar, so licht, so innig …

Voriges Jahr ließen wir uns in Moskau nieder, da nahm ich Genia zu mir. Trotz ihrer kaum 20 Jahre arbeitet sie sehr eifrig in der Partei. Sie ist entschlossen und fest, unermüdlich und leidenschaftlich wie die Großmutter. Man schätzt sie im Rayon. Sie kennen unsere Wohnungsverhältnisse: ein Zimmer für drei. Es ist eng, aber das ist jetzt unvermeidlich. Übrigens waren wir ja selten zu Hause, besonders ich. Ich fahre oft in unsere chemischen Werke, die außerhalb der Stadt liegen …

Genia und ich fanden nach der langen Trennung sofort gute, freundschaftliche Beziehungen zueinander; ja, freundschaftliche. Ich fühlte mich gar nicht als ›Mutter‹, und im Verkehr mit ihr wurde ich jung. Ihre Unternehmungslust, ihr Lachen, ihr junges Selbstvertrauen wirkten ansteckend.

Genosse Rjabkow stand ausgezeichnet mit ihr. Das freute mich, ich hatte gefürchtet, sie würden sich nicht vertragen, aber Genia und Andrej wurden ausgezeichnete Kameraden, schien es mir. Ich selbst schickte sie zusammen ins Theater, auf Meetings, zur Eröffnung von Kongressen. Unser Leben gestaltete sich freundschaftlich und leicht. Am meisten freute mich, daß seine Krankheit sich seltener bemerkbar machte.

So war es bis zum Tag … ja, bis etwas eintrat, das alles veränderte …«

Olga Sergejewna stockte, als hätte sie nicht mehr den Mut, weiter zu sprechen. Ich wartete. Olga Sergejewna sah über meine Schulter hinweg aus dem Fenster und schwieg. Es wurde unheimlich still im Zimmer.

»Ich errate es, Olga Sergejewna. Es geschah, was in solchen Fällen kaum vermeidlich ist: Genia und Genosse Rjabkow gaben sich einander hin. Aber was finden Sie daran so unerträglich Schreckliches, Gemeines, Schmutziges? Eigentlich sollten Sie es verstehen!«

»Nicht das entsetzt mich! Nicht das!«, unterbrach mich Olga Sergejewna leidenschaftlich, »aber was ich nachher in Genias Seele gesehen habe und bei ihm …«

»Was haben Sie bei ihnen denn gesehen?«

»Eine mir unverständliche Herzlosigkeit, eine Ruhe, ein Überzeugtsein von ihrem Recht … etwas Kaltes, Verstandesmäßiges, … fast Zynisches … verstehen Sie: nicht Liebe, nicht Leidenschaft, nicht Mitleid, kein Schuldbewußtsein und kein Bestreben, aus dieser Lage herauszukommen … Als ob das alles so sein müßte, als ob ich allein die Verständnislose, die ›Rückständige‹ sei … Manchmal scheint es mir, als beherrsche Genia und ihn die allergemeinste Zügellosigkeit, eine unbegreifliche Lüsternheit, – dann wieder zweifle ich, ob ich nicht doch rückständig bin … Auch meine Mutter, Marja Stepanowna, hat mich nicht verstanden, als ich meine Liebestragödie durchmachte … Ich bedarf Ihrer Hilfe, helfen Sie mir, mich zurechtzufinden.«

Olga Sergejewna erzählt weiter, wie ihre Tochter während des Dienstes zu ihr ins Büro gekommen sei und die Mutter um eine Audienz von zehn Minuten gebeten habe.

»Mutter, anders kann ich dich ja nie fassen.«

Und ohne Einleitung, scheinbar kaltblütig und gefaßt, teilte sie der Mutter mit, daß sich eine Schwangerschaft bei ihr bemerkbar mache. Olga Sergejewna war entsetzt.

»Aber von wem denn?«, rief sie unwillkürlich aus.

»Ich weiß es nicht«, antwortete die Tochter. Und die Mutter dachte, Genia wolle den Mann nicht kennen, aber dann fühlte sie, wie ein Stich ihr durchs Herz ging, eine Vorahnung.

Genia erbat den Rat der Mutter, wie man es mit dem Abort machen solle. Das Gesetz hierüber war in Kraft getreten. Sie wollte dann die betreffenden Einrichtungen aufsuchen und holte sich die nötigen Empfehlungsschreiben. Ein Kind wollte sie nicht haben.

»Ich habe keine Zeit dazu!«

Olga Sergejewna sprach nicht mit ihrem Mann über Genias Mitteilung. Sie hielt das für Genias persönliche Angelegenheit. Wenn sie es will, kann sie es ihm selbst erzählen. Aber eine dunkle Wolke legte sich auf ihre Seele und bedrückte sie schwer. Eine Unruhe machte sich im Unterbewußtsein fühlbar. Zweifel regten sich in ihr, belebten viele kleine Züge des gemeinsamen Lebens zu dritt in einem Zimmer, die sie früher anders gesehen hatte.

Olga Sergejewna verachtete sich wegen dieser Gedanken und verscheuchte sie. Aber sie lebten in ihr und störten sie bei der Arbeit. Sie lebten so beharrlich, daß Olga Sergejewna unter dem Vorwand, sich nicht wohl zu fühlen, aus einer abendlichen Sitzung unerwartet nach Hause eilte ... und Genia in den Armen ihres Mannes fand.

»Sie verstehen, mich entsetzte nicht die Tatsache als solche, wohl aber das, was dann geschah. Andrej nahm ruhig seine Mütze, sagte kein Wort zu mir und ging fort. Unwillkürlich schrie ich Genia an: ›Warum hast du mich belogen, warum hast du mir gesagt, daß du nicht weißt, von wem du schwanger bist?‹ Da antwortete Genia mit erstaunlicher Einfachheit: ›Ich sage auch jetzt dasselbe, ich weiß es nicht, ob es Andrej ist oder der andere.‹

›Wieso der andere?‹

›Nun ja, ich hatte in dieser Zeit auch Beziehungen zu einem Kameraden, den du nicht kennst.‹

Verstehen Sie, wie mich das alles verwirrt und in Verzweiflung bringt? Genia erzählte mir, daß sie schon damals, als sie mit Liebesgaben zur Front fuhr, geschlechtlichen Verkehr gehabt hat. Aber am wenigsten verständlich, beängstigend war mir Genias offene Erklärung, daß sie keinen geliebt habe und keinen liebe.

›Warum gabst du dich dann hin? Ist der physische Trieb in dir so stark? Du bist doch noch so jung. Das ist nicht normal!‹

›Wie soll ich es dir sagen, Mutter, einen eigentlichen ›physischen Trieb‹, wie du ihn dir offenbar denkst, habe ich wohl nie gehabt, bis ich den andern traf, mit dem ich in diesen Monaten verkehrte. Jetzt ist auch das vorbei. Aber er gefiel mir, und ich fühlte, daß ich ihm auch gefalle ... das ist doch alles so einfach und dann, es verpflichtet ja zu nichts, ich verstehe nicht, Mutter, was dich so aufregt? Wenn ich mich verkauft hätte, oder wenn man mich vergewaltigt hätte – das ist eine andere Sache – aber ich war dazu freiwillig bereit. Solange wir einander gefallen – sind wir zusammen, vergeht es – so gehen wir auseinander. Keiner hat etwas dabei verloren ... Nur daß man des Abortes wegen die Arbeit auf zwei, drei Wochen unterbrechen muß, das ist gewiß unangenehm. Aber daran bin ich selbst schuld. In Zukunft werde ich mich besser schützen.‹«

Auf die Frage Olga Sergejewnas, warum sie es mit zweien halte, wenn sie doch keinen liebe, antwortete Genia, daß es zufällig gekommen sei. Eigentlich wirke der andere, nicht Andrej, viel stärker auf sie. Er verkehrte aber mit ihr wie mit einem Kind, nahm sie nicht ernst, und das beleidigte sie. Aus Trotz hat sie sich Andrej hingegeben, der doch zu uns gehört, den sie wie einen Kameraden lieb hat, und bei dem sie sich immer froh und leicht fühlt.

»Und beide wissen voneinander?«

»Ja, das Verbergen und Lügen halte ich für unnötig. Wenn es ihnen nicht paßt, ja, dann brauchen sie mich nicht zu küssen, ich werde doch nach meiner Art leben. Andrej nimmt es ruhig hin, ihm macht es nichts. Nun ja, der andere wurde erst böse, stellte mir ein Ultimatum, aber es blieb ihm doch nichts anderes übrig als sich zu beruhigen. Jetzt habe ich ihn endgültig verlassen, er wurde mir langweilig. Er ist ungezogen und grob, das liebe ich nicht.«

Olga Sergejewna versuchte, ihr die ganze Unzulässigkeit einer so oberflächlichen Einstellung zur ehelichen Gemeinschaft, zum Leben zu beweisen. Aber Genia bestritt das.

»Du sagst, das ist gemein, Mutter, man soll sich nicht ohne Liebe hingeben, du behauptest, ich bringe dich mit meinen ›zynischen Anschauungen‹ zur Verzweiflung. Aber sage mir offen, Mutter, wenn ich dein zwanzigjähriger Sohn wäre, der an der Front gewesen ist und überhaupt selbständig lebt, würdest du auch entsetzt sein, wenn er Verkehr mit Frauen hätte, die ihm gefallen? Nicht mit Prostituierten, die man kauft, nicht mit Mädchen, die man betrügt (das ist gemein, das bestreite ich nicht), aber mit Frauen, die ihm gefallen und denen er gefällt. Würdest du auch über seine ›Moral‹ entsetzt sein? Also, warum gerätst du in Verzweiflung über meine ›Sittenlosigkeit‹? Ich versichere dir, ich bin genau solch ein Mensch, wie es ein Bruder von mir sein könnte. Und ich bin mir meiner Pflichten völlig bewußt. Ich kenne meine Verantwortlichkeit gegen die Partei. Aber welcher Zusammenhang ist zwischen der Partei, der Revolution, der weißgardistischen Front, dem Zusammenbruch und allem, was du angeführt hast – und dem, daß ich mich mit Andrej und noch einem anderen küsse …? Siehst du, ein Kind soll man nicht haben, das geht nicht in dieser Kampfzeit. Ich verstehe das und werde vorläufig um keinen Preis Mutter werden. Und was das andere betrifft …«

»Aber an mich, Genia, hast du gar nicht gedacht?«, fragte Olga Sergejewna. »Wie soll ich deine Beziehungen zu Andrej aufnehmen?«

»Ändert sich denn etwas? Du wolltest doch selbst, daß wir einander näherkommen sollten, du freutest dich, daß wir Freunde wurden … wo ist die Grenze des Vertrautseins? Und warum dürfen wir seelisch befreundet sein, zusammen sprechen, lachen, denken, nur küssen dürfen wir uns nicht? Wir haben dir nichts gestohlen, nichts genommen, Andrej vergöttert dich, wie er dich immer vergöttert hat … nicht einen Lichtstrahl seiner Liebe habe ich dir geraubt … Aber daß wir uns geküßt haben? … Ja, du hast ja doch keine Zeit, mit ihm lieb zu sein. Und dann, Mutter, willst du wirklich Andrej so an dich fesseln, daß er es nicht wagen sollte, ohne dein Wissen seine Freuden zu haben? Das ist doch ein unschönes Besitzenwollen. Aus dir spricht Großmutters bürgerliche Erziehung, und außerdem ist das ungerecht. Du hast doch zu deiner Zeit auch gelebt, wie es dir gefiel, warum darf Andrej das nicht?«

Olga Sergejewna verwirrte und empörte es, daß weder die Tochter noch ihr Mann einen Funken Reue zeigten. Als ob das alles so natürlich wäre, gesetzmäßig und einfach, daß es sich gar nicht lohne, darüber zu reden, und Andrej und Genia sich nur aus Herablassung zwangen, der Nichtverstehenden einige oberflächliche Phrasen zu sagen, daß sie bedauerten, daß alles so gekommen sei, und sie Olga Sergejewna etwas Unangenehmes bereitet hätten. Sie hatte die Empfindung, daß der zartfühlende, seelengute Andrej und auch Genia in der Tiefe ihres Herzens sich gar nicht schuldig fühlten. Beide wiederholten Olga Sergejewna auf alle mögliche Weise, daß sich nichts geändert habe, daß sie die ganze Sache unnötigerweise tragisch ansehe, daß keiner ihr einen Schmerz oder eine Beleidigung zufügen wollte. Wenn das alles aber sie so ›irritiere‹, wären beide bereit, Schluß zu machen, obgleich es ihnen ganz unverständlich sei, was an der Sache geändert würde.

In diesem Chaos von Gedanken und Gefühlen entschloß sich Olga Sergejewna, zu mir zu kommen und mich um Rat und Aufklärung zu bitten.

Was soll das nun sein? Zügellose Lüsternheit, durch kein moralisches Gesetz eingedämmt, oder Anschauungen, hervorgebracht von dem neuen Leben und geboren aus den Aufgaben der aufbauenden Klasse? Neue Moral? … Wir haben lange über diese Frage nachgedacht.

»Das allerschmerzlichste für mich«, sagte Olga Sergejewna, indem sie sich auf ihre hübsche Hand stützte, die an Marja Stepanowna erinnerte, »ist, daß ich weder Leidenschaft noch Gefühl sehe ... nur kalt Verstandesmäßiges wie bei Greisen ... keine Gefühlsbewegungen. Wenn Genia Andrej lieben würde und Andrej sie, – dann wäre mir alles klar. Es kann ja sein, daß ich auch leiden würde (ich liebe Andrej), aber ich hätte dann nicht diesen unangenehmen Beigeschmack, diese Qual ... Wie soll ich es ausdrücken? Mit einem Wort, ich habe ein unschönes Gefühl gegen Genia und Andrej, ich kann ihnen ihren Betrug nicht verzeihen, ihre Lüge ... Ich kann es nicht verstehen: Wie konnten sie mir gegenüber so ohne Achtung sein? Gegen meine Gefühle nach allem, was ich durchlebt habe? Verstehen Sie, mein Glaube, daß diese beiden Menschen überhaupt fähig sind zu lieben, ist erschüttert. Beide versichern, daß sie mich lieben, aber was für Liebe ist das, sagen Sie selbst, wenn man einen andern so verwundet und spielend verwundet, ohne Reue, ohne Mitleid! Nein, hier ist eine Stumpfheit, eine Härte des Gemüts ... Ich verstehe beide nicht ... Genia hat mir auf meine unwillkürlichen Vorwürfe als Antwort hingeworfen: ›Hast denn du deine Beziehungen zu meinem Vater nicht seiner Frau verheimlicht? Hast du nicht gelogen?‹ Aber hier liegt eben der große Unterschied, den Genia nicht versteht, nicht verstehen will. Erstens habe ich M.'s Frau nie geliebt, sie war mir fremd. Ich hatte gar keine Berührungspunkte mit ihr. Aus Menschlichkeit habe ich sie geschont. Und zweitens, ich habe doch M. geliebt, und wie habe ich ihn geliebt! ... Nicht weniger als seine Frau ihn geliebt hat, viel mehr! Unsere Gefühle für ihn gaben uns gleiche Rechte, die Stärke meiner Liebe, meine Leiden rechtfertigen mich. Aber hier ist doch gar nichts: nicht Liebe, nicht Leiden, nicht Reue ... Kaltes Überzeugtsein von ihrem Recht und Bestätigung des Rechtes, Freuden zu pflücken, wo und wie man sie findet ... Sehen Sie, das ist das Schreckliche ... Hier ist kein Funken von Herzenswärme, nicht einmal die elementarste Feinfühligkeit einem Menschen gegenüber, und keine Güte ... Was sind das für Kommunisten?«

Über diesen unerwarteten Schluß mußte ich unwillkürlich lachen. Und Olga Sergejewna gestand, verlegen lächelnd, daß ihre Schlußfolgerung durch die Anklagen nicht begründet war.

Wir schieden voneinander mit dem Entschluß, daß ich in den nächsten Tagen Genia treffen sollte.

Irmgard Keun (geb. 1905 in Berlin; gest. 1982 in Köln) erlebte nur zwei Jahre des »Glanzes«, bevor die Nationalsozialisten ihrem literarischen Erfolg ein Ende setzten. In Berlin und Köln aufgewachsen hatte sie sich als Stenotypistin und Schauspielerin durchgeschlagen, bevor sie sich entschloss Schriftstellerin zu werden. 1931 gelang Keun mit dem Debütroman »Gilgi – eine von uns« der literarische Durchbruch. Kurt Tucholsky lobte sie in der »Weltbühne« mit den Worten »Hier ist Talent. Wenn sie noch arbeitet, reist, eine große Liebe hinter sich und eine mittlere bei sich hat – : aus dieser Frau kann einmal etwas werden.« Und Irmgard Keun legte nach. 1932 erschien mit »Das kunstseidene Mädchen« ein weiterer Erfolgsroman. Die Hauptfiguren beider Romane »Gilgi« und »Doris« sind autobiographisch angelegt und Sinnbilder moderner, selbstbewusster Frauen, die ihre Sexualität selbstbestimmt ausleben und in der Großstadt nach ihrem Glück suchen.

All diese Attribute waren den Nationalsozialisten zutiefst verhasst. Entsprechend ihrer völkischen Ideologie sollten junge Frauen sich weder schminken noch herausputzen wie »Gilgi« und »Doris«, sondern sich in züchtiger Kleidung auf die Ehe und die ihnen darin zugedachte Rolle als Hausfrau und Mutter vorbereiten. Und so stand im Mai 1933 auch der Name »Keun, Irmgard« auf der Schwarzen Liste »Schöne Literatur«. Gegen den finanziellen Verlust, der ihr durch das Verbot ihrer Bücher zugefügt wurde, versuchte sie sich zu wehren und verklagte, noch in Deutschland lebend, couragiert den NS-Staat auf Schadensersatz. Ohne Erfolg, versteht sich.

1936 ging Irmgard Keun ins Exil nach Ostende in Belgien. Dort liierte sie sich mit dem Schriftsteller Joseph Roth, mit dem sie viel reiste, schrieb und dem Alkohol verfiel. Binnen kurzer Zeit veröffentlichte Keun im Exil vier Romane: »Das Mädchen, mit dem die Kinder nicht verkehren durften« (1936), »Nach Mitternacht« (1937), »D-Zug dritter Klasse« (1938) und »Kind aller Länder« (1938). Die Zeit mit Joseph Roth war also sehr produktiv. 1938 trennte sie sich von ihm und reiste zu ihrem Ex-Geliebten Arnold Strauss in die USA.

Zurück in Europa erlebte Keun 1940 in Amsterdam den Einmarsch der deutschen Truppen. Mit falschen Papieren kehrte sie nach Deutschland zurück, wo sie bis zum Ende des Krieges ausharrte. Nach 1945 versuchte sie litera-

risch an ihre Erfolge von vor 1933 anzuknüpfen. Ihr Roman »Ferdinand, der Mann mit dem freundlichen Herzen« war jedoch ein Misserfolg. Irmgard Keun verarmte und musste sich ab 1966 alkoholkrank in psychiatrische Behandlung begeben.
Wenige Jahre vor ihrem Tod kehrte der Glanz noch einmal zu ihr zurück. Der Journalist Jürgen Serke hatte Keun in ihrer kleinen Wohnung aufgesucht und 1977 im Magazin »Stern« eine Reportage über sie veröffentlicht. Ihre frühen Werke erlebten daraufhin eine kaum noch erhoffte Renaissance. Die weiterhin vergessenen Exil-Romane hätten es auch verdient gehabt. Wenigstens war ihre finanzielle Not nicht mehr ganz so groß, als Irmgard Keun am 5. Mai 1982 im Alter von 77 Jahren verstarb.
Gilgi, die Heldin ihres gleichnamigen Romans, ist zwanzig Jahre jung, Raucherin, Stenotypistin von Beruf und auf der Suche nach einem jungen, erfrischenden und völlig unalltäglichen Zusammengehörigkeitgefühl. Sie findet es nicht bei ihren Eltern, die sich aneinander »ehrbar bis zur silbernen Hochzeit durchgelangweilt« haben; sie findet es nicht in der Straßenbahn, wo sich »verdrossene Gesichter« aneinanderreihen; sie findet es auch nicht bei ihrer Büroarbeit: »Achtstundentag, Schreibmaschine, Stenogrammblock, Gehaltskürzung, Ultimo – und immer dasselbe, immer dasselbe.« Und schon gar findet sie es bei ihrem Chef »Herrn Reuter«, der von Gilgi mehr zu wollen scheint als fehlerfrei aufgesetzte Briefe. Dann doch noch eher bei ihrer Freundin Olga und ihrem Bruder, dessen Namen Gilgi vergessen hat, obwohl er gut küssen kann ... ■

Irmgard Keun
Gilgi. Eine von uns

Tick-tick-tick – rrrrrrr – bezugnehmend auf Ihr Schreiben vom 18. ds ... tick-tick-tick – rrrrrrr ... einliegend überreichen wir Ihnen ... tick-tick-tick ... im Anschluß an unser gestriges Telefongespräch teilen wir Ihnen mit ...

Die Stenotypistin Gilgi schreibt den neunten Brief für die Firma Reuter & Weber, Strumpfwaren und Trikotagen en gros. Sie schreibt schnell, sauber und fehlerfrei. Ihre braunen, kleinen Hände mit den braven, kurznäglig getippten Zeigefingern gehören zu der Maschine, und die Maschine gehört zu ihnen.

Tick-tick-tick – rrrrrrr ... die Stenotypistin Gilgi geht zum Chef und legt ihm die Briefe zur Unterschrift vor.

»Warten Sie«, sagt Herr Reuter, liest jeden Brief, um dann mit etwas verlogener Energie seinen Namen unter das getippte Hochachtungsvoll zu hauen. Gilgi wartet. Die bleiche Wintersonne malt Kringel auf den gelben Rollschrank, den rauhhaarigen Korkteppich und auf Herrn Reuters eiförmigen Plüschkopf.

»Setzen Sie sich«, sagt Herr Reuter. Gilgi geht an dem guten ledernen Kundensessel vorbei, nimmt ein paar Hefte und Blätter von dem einfachen Rohrstuhl und setzt sich. Neugierlos sieht sie vor sich hin und hat ihr ruhiges, abgeschlossenes Berufsgesicht.

»Machen Sie immer so ein böses Gesicht?«, fragt Herr Reuter. So fängt es an.

»Ich mache gar kein böses Gesicht.«

Gilgi ist ein erfahrenes Mädchen. Sie kennt Männer und die jeweiligen Wünsche und Nichtwünsche, die sich hinter dem Ton ihrer Stimme, ihren Blicken und Bewegungen verbergen. Wenn ein Mann und Chef wie Herr Reuter mit unsicherer Stimme spricht, ist er verliebt, und wenn er verliebt ist, will er was. Früher oder später. Bekommt er nicht, was er will, ist er erstaunt, gekränkt und ärgerlich. Seit einiger Zeit schon ist dicke Luft zwischen ihr und Herrn Reuter. Jetzt ist die Sache reif. Kollegin Müller hat erzählt, daß Frau Reuter verreist ist. Das beschleunigt den Gang der Handlung.

Gilgi überlegt. Sie hat keine Lust, mit Herrn Reuter ein Verhältnis anzufangen, und sie hat keine Lust, sich ihre Stellung bei ihm zu vermurksen, sie eventuell zu verlieren. Er ist ein guter Chef. Er bezahlt Überstunden, nutzt seine Angestellten nicht aus, ist freundlich und angenehm. Gilgi hat schlechtere Chefs gehabt.

Sie antwortet Herrn Reuter höflich auf seine Fragen und beschließt, begriffsstutzig zu bleiben, solange es eben geht. Ob sie heute mit ihm zu Mittag essen könne? Sie hätte leider so wenig Zeit. Herr Reuter bittet, und Gilgi verspricht, ihn nach Geschäftsschluß um zwei Uhr im »Schwerthof« zu treffen. Allzu starker Widerstand würde sie vielleicht weniger harmlos erscheinen lassen, als sie möchte.

Ein paar Stunden später sitzt Gilgi mit Herrn Reuter im »Schwerthof«. Sie sind beim Kaffee. Herr Reuter raucht die erste Zigarette. Er zeigt Gilgi Bilder von seiner Frau und seinem Kind nach Art von Ehemännern, die unter leichten Gewissensbissen bereit zur Untreue sind. »Eine entzückende Frau«, lobt Gilgi.

Herr Reuter raucht die zweite Zigarette. Die Bilder von Frau und Kind sind in die Brieftasche zurückgewandert. Er redet viel. Gilgi sagt hin und wieder ja und nein.

Herr Reuter raucht die dritte Zigarette und erwähnt beiläufig, daß er sich mit seiner Frau nicht so fabelhaft unterhalten könne wie mit ihr. »Aaach?«, macht Gilgi. »Ja«, sagt Herr Reuter und streicht ein paarmal über ihren Handrücken. »Wie jung Sie sind, ich könnte Ihr Vater sein, Kindchen.« Er erwartet heftigen Protest. Gilgi lächelt nur unschuldsvoll, und Herr Reuter legt sich das Lächeln zu seinen Gunsten aus.

Er raucht die vierte Zigarette. Plötzlich überkommt ihn das Bedürfnis, sich unglücklich zu fühlen. Seine Ehe ist ganz und gar nicht gut, sein Leben ist verpfuscht, man ist ein alter Trottel, festgefahren in einem Krämerberuf. Er arbeitet mit Bitterkeit, Selbstironie und leichtem Pathos. Bei: »man müßte mal raus aus allem«, wirft er sich in die Brust, daß die Schulternähte krachen, und bestellt anschließend zwei Liköre. Gilgi lehnt es ab, bereits mittags Alkohol zu trinken.

Herr Reuter raucht die fünfte Zigarette. Seine Hand verirrt sich auf Gilgis Knie und wird von Gilgi sanft entfernt. »Ich fühle mich so allein, könntest du mir nicht ein wenig gut sein, Kind?« Sie könnte ihn ganz gut leiden, sagt Gilgi und betrachtet ihn mit jenem nachsichtigen Mitleid, das Frauen für Männer empfinden, deren Aufmerksamkeit ihnen gleichzeitig lästig und schmeichelhaft ist.

Herr Reuter will die sechste Zigarette anzünden, als Gilgi erklärt, gehen zu müssen. Nein, sie kann nicht mehr bleiben, keine Minute mehr. Um vier Uhr hat sie englischen Unterricht. »Sie sind ein strebsames Mädchen«, findet Herr Reuter enttäuscht und anerkennend.

Ja, sie wird morgen im »Domhotel« mit ihm zu Abend essen. Gilgi ist freundlich, nett und entgegenkommend. Sie hat ihren Plan fertig. Der Kellner kommt, und Gilgi besteht darauf, ihr Mittagessen selbst zu bezahlen. Sie setzt ihren Willen durch, verabschiedet sich von Herrn Reuter und hinterläßt in ihm das angenehme Gefühl, »um seiner selbst willen« geliebt zu werden.

Ein paar Minuten später telefoniert sie mit Olga.

»Guten Tag, Marzipanmädchen, ich möchte gern, daß du zu mir kommst, heut' abend so gegen elf, hab' bis dahin zu arbeiten.«

»Gern, Gilgi«, tönt Olgas runde, freundliche Stimme, »ist was Besonderes?«

»Nö, gar nicht. Möcht' dich nur um 'ne kleine Gefälligkeit bitten.«

»Na, sag doch gleich, was ist.« Olga ist so neugierig, Olga will immer gleich alles wissen.

»Wart' man bis elf, Olga. Wiedersehn.«

»Wiedersehn.«

Wie nett, daß man Olga hat. Olga ist die bunteste Farbe in Gilgis Leben. Und wenn sie nicht solchen Widerwillen gegen das Wort Romantik hätte, könnte man sagen: Olga ist die Romantik für Gilgi. Sie freut sich auf Olga.

Aber vorerst darf nicht an sie gedacht werden. Die Stunde Lachen heut' abend um elf muß man sich erst verdienen.

Gilgi sitzt in der Berlitz School. »Lernt fremde Sprachen!« Gilgi lernt spanisch, englisch, französisch. Drei Stunden hintereinander. Ihr schwirrt der Kopf von fremden Worten, als sie endlich in ihrem kleinen Mansardenzimmer auf der Mittelstraße angelangt ist. I want to be happy ... sous les toits de Paris ... der trockene Unterricht in fremdsprachlicher Handelskorrespondenz löst sich in blumigen Schlagermelodien. I want to be happy ... Gilgi wirft begehrliche Blicke auf den breiten, weichgelegenen Diwan. Sie ist ein bißchen müde, soll sie ... nur eine halbe Stunde..? Keine Zeit. I want to be happy ... Gilgi dreht das Grammophon auf. Tauber als Kolapastille. Ich küsse Ihre Hand, Madame.. Sie holt aus dem Schrank einen Samowar und kocht Tee. Zieht Jumper und Rock aus, hängt sie säuberlich an den Türhaken und streift einen gelbseidenen Kimono über. Hier ist sie zu Hause. Dieses Zimmerchen hat sie gemietet, um ungestört arbeiten zu können. Sie bezahlt es, und es gehört ihr. Die Wände hat sie mit braunem Rupfen bespannen lassen. Die Möbel: Diwan, Schreibtisch, Schrank, Stuhl hat sie allmählich Stück für Stück angeschafft. Alles ist eigenst erworbener Besitz. Die kleine Erika-Schreibmaschine und das Grammophon sind mit Ueberstunden verdient worden.

Sie zieht von neuem das Grammophon auf: Es geht alles vorüber ... Hat man's nicht zu was gebracht? Man wird es noch weiter bringen. Sie setzt sich an den Schreibtisch, stützt den Kopf mit dem kurzen, braunen Haar auf die Hände und tut eine Zigarettenlänge lang gar nichts. Überlegt ein bißchen: zwölfhundert Mark hat sie bis jetzt gespart. Noch ein Jahr weiter, und sie wird auf drei Monate nach Paris fahren, drei Monate nach London und drei Monate nach Granada. Vielleicht allein, vielleicht mit Olga. Fahren wird sie. Alles ist genau ausgerechnet und beschlossen. Wenn man drei fremde Sprachen perfekt kann, ist man gegen Stellungslosigkeit wohl so ziemlich gesichert. Vielleicht wird sie auch eines Tages überhaupt nicht mehr aufs Büro gehen. Sie hat noch andere Möglichkeiten. Hat ein Talent, Kleider zu entwerfen und zu nähen wie bald keine. Wenn die kleine Dame Gilgi abends ausgeht, sehen ihr Männer und Frauen nach, und wenn sie erzählte, sie kaufte bei Damm oder Gerstel – man würde ihr's vielleicht glauben. Dabei ist alles selbst gearbeitet. Sie besitzt drei Abendkleider, von denen keines mehr kostet als zwanzig Mark. Vielleicht wird sie später mal in Paris oder Berlin ein kleines Modeatelier aufmachen, vielleicht – vielleicht – ach, sie ist noch jung, und außer Ehe, Filmschauspielerin und Schönheitskönigin zieht sie jede Existenzmöglichkeit in Betracht.

Sie holt aus der Schreibtischschublade einen Haufen beschriebener Blätter hervor, ein Heft und ein zerknufftes Buch: Jerome »Three men in a boat«.

Daraus übersetzt sie ins Deutsche, nur so, zur Übung vorläufig. Möglich, daß ihr's später mal gelingt, sowas für Geld zu machen. Gilgi schreibt. Schreibt, liest, streicht durch, schreibt – bis Olga kommt.

Hübsche Olga, schöne Olga! Das nüchterne Arbeitszimmerchen riecht plötzlich nach Sommergarten, und Gilgis hartes, kleines Gesicht wird weicher und jünger. Glückliche Olga! Ein gut gelaunter lieber Gott hat ihr einen Sektkorken an die Seele gebunden. Mag kommen, was will, Olga geht nicht unter. Sie hat die lustigsten blonden Haare, das weichste, blühendste Blondinengesicht. Sie hat die unbekümmertsten Augen, graublau mit frechen, kleinen Pünktchen in der Iris. Sie hat die faulen, räkelnden Bewegungen einer kleinen Haremsfrau und den Verstand eines jüdischen Essayisten. Sie ist an nichts und niemanden gebunden, ist das unabhängigste Wesen, das Gilgi sich denken kann. Sie bewundert Olga, obwohl sie weder die Möglichkeit noch den Wunsch hat, ihr je zu gleichen.

»Willst du Tee, Marzipanmädchen? Äpfel, Mandarinen, Bananen? Hab' alles da.« Wie hübsch du aussiehst, Olga! Gilgi bringt das Kompliment nicht über die Lippen, sagt stattdessen: »Wieder Farbflecke auf der Bluse! Wie ekelhaft schlampig du bist!« Olga liegt auf dem Diwan und spielt mit einer Mandarinenschale: »Ich muß mich jetzt mächtig ranhalten, im Frühling kommen die Amerikaner nach Berlin.«

»Soo«, macht Gilgi betrübt. Olga wird also im Frühling in Berlin sein, und dann wird sie reisen, hierhin, dorthin, wer weiß, wann sie wieder nach Köln kommt. Augenblicklich kopiert sie für eine amerikanische Familie ein paar Gemälde aus dem Wallraff-Richartz-Museum. Nebenbei malt sie für ein Kino auf der Hohestraße Brüllplakate. Olga malt alles, was man will. Ob sie eine große Künstlerin ist, kann Gilgi nicht beurteilen. Olga selbst sagt nein. Möglich, daß sie recht hat. Wenn sie Geld braucht, arbeitet sie, wenn sie Geld hat, reist sie. Oft allein, manchmal nicht allein.

»Du wolltest mich doch um was bitten, Gilgi?«

»Ja. Du mußt mir einen Mann abnehmen.«

»Ist er nett?«

»Bessere Konfektionsware – nichts für dich.«

»Was soll ich dann mit ihm?«

»Er ist mein Chef, ist verliebt. Wenn er merkt, daß ich ihn nicht mag, hab' ich muffige Luft auf dem Büro. Du mußt ihn von mir ablenken.«

»Na ja. Wenn er aber in dich verliebt ist, wird er sich doch von mir nicht ...« Gilgi macht ihr weltweisestes Gesicht.

»Der ist nicht speziell in mich, der ist an und für sich verliebt in der letzten Zeit – ganz allgemein. Ich bin Zufallsobjekt, eine Einbildung ...«

»Die wer'n wir ihm austreiben.« Olga schiebt heimlich einen Apfelkitsch hinter den Diwan. »Wie sollen wir's denn machen?« Gilgi erklärt Olga kurz ihren Plan, Olga ist einverstanden – nur: »Werd' ich ihn denn auch wieder los?«

»Ach, Olga!« Gilgi schwingt sich auf den Schreibtisch, »du bist doch viel mehr Dame als ich – nein, nicht weil du schon fünfundzwanzig bist – an und für sich. Bei dir wird einer nicht gleich so brenzlich wie bei mir kleinem Mädchen, außerdem kannst du nach vierzehn Tagen Abreise vortäuschen.« Olga macht eine Handbewegung, die ausdrücken soll, daß sie sich einer derartigen Situation bis zum Überdruß gewachsen fühlt.

Irgendwo in Köln liegt Herr Reuter (Strumpfwaren und Trikotagen en gros) im frauenverlassenen Ehebett, leidet an Schlaflosigkeit und am Umzehn-Jahre-jünger-sein-Gefühl. Hab' ein kleines, braunes Mädchen – rührend, wenn man denkt, wie sone Kleine sich nach einem sehnen mag ...

Im Mansardenzimmer in der Mittelstraße stellt Gilgi das Grammophon an, Olga legt die Platte auf:... wenn du mal in Hawai bist, und wenn ... Beide finden das Thema Reuter nicht interessant genug, um noch eine Minute länger darüber zu sprechen.

Am Sonntag sitzen Gilgi und Herr Reuter zusammen im »Domhotel«. Gilgi hat das Gefühl, zu Abend gegessen, Herr Reuter das Gefühl, soupiert zu haben. Sie trinken Haut-Sauternes. Von Glas zu Glas verkleinern sich Herrn Reuters schwärzliche Korinthenaugen um Millimeterbruchteile. Gilgis kleine Brüste zeichnen sich deutlich unter dem taubenblauen Samtkleid ab und überzeugen Herrn Reuter, daß Gilgi »die« Frau ist, die ihn versteht. Er sagt es und glaubt, was er sagt. Er breitet sein Innenleben vor ihr aus wie eine offene Skatkarte. So ist er. Gilgi nimmt zur gefälligen Kenntnis, höflich und mäßig interessiert. Armer Idiot, wenn du ein Junger wärst, brauchte man keine Zeit mit dir zu verlieren. Hör auf, nicht soviel Lyrik, paßt nicht zu deinem Pickel am Kinn. Warum kann man nun nicht sagen: gib nichts aus, wenn's nichts einbringt, steck' kein Gefühlskapital in ein aussichtsloses Unternehmen. Kann man nicht sagen. Armer Alter, deine Mischung barock-merkantil verträgt kein glattes Nein. Also! schließlich kommt's mir einzig auf mich an, nicht wahr? Auf die hundertfünfzig Mark, die ich monatlich bei dir auf dem Büro verdiene, auf ungestörte Arbeit. Bei meiner Arbeit kann ich Ihren Gemütszucker nicht vertragen, mein Herr – also!

»Prost!« – »Prost!« Klink-klink. Herr Reuter hält Gilgis Hand. Man sollte nicht soviel reden, man sollte jetzt ... nicht mehr soviel reden. Soviele Leute um einen herum. Ja, wenn man bedenkt, daß sie alle Strümpfe brauchen und Trikotagen, dann muß man sie nett finden und gern haben, aber wenn sie nicht hier säßen und trotzdem Strümpfe und Trikotagen brauchten – man fände sie noch viel netter. Kellner sind üble Zeiterscheinungen, wenn sie rumstehn und nichts zu tun haben. »Haroba (Herr Ober), noch 'ne Flasche!« Gilgi überhört die Aufforderung Herrn Reuters, ihn du zu nennen, am Ende soll sie nachher auch noch Friedrich zu ihm sagen.

Eine Dame geht suchend an den Tischen vorbei. Eine schöne Dame, eine leuchtende Dame. »Eine Bekannte«, haucht Gilgi. Höchste Zeit, Olga! funkt sie mit dem linken Auge.

»Guten Abend, Fräulein Kron.«

»Guten Abend, Fräulein Jahn. Darf ich bekannt machen ...«

»Sehr angenehm«, lügt Herr Reuter.

»Mit Bekannten verabredet – nach dem Theater – noch nicht da – so peinlich –« Olga macht hilflose Augen, ihre Marzipanfinger streicheln zärtlich den teuren Fehpelz, von dem erst die dritte Rate bezahlt ist. »Ja, wenn Sie ...« Gilgi ist sichtlich ratlos, enttäuscht, verlegen.

»Wenn Sie solange hier Platz nehmen wollen«, kommt Herr Reuter zu Hilfe. Er ist Kavalier. Nicht gern. »Wenn ich darf! Handelt sich ja nur um einen Augenblick.« Olga sieht Herrn Reuter unendlich dankbar an. Er hilft ihr aus dem Mantel. Er ist Kavalier. Nicht ungern. Er merkt, daß andere Männer ihn beneiden, als Olga sich an seinen Tisch setzt. Angebot erhöht die Nachfrage, Herr Reuter findet Olga schön. Trotzdem stört sie ihn, denn Gilgis kleine, braune Hand ist jetzt unerreichbar weit fort.

Olga erzählt von Reisen nach Kairo und Luxor, von Fahrten nach Spitzbergen. Gilgi geht zur Telephonzelle, um nach Hause zu telephonieren. Als sie wiederkommt, empfindet Herr Reuter Olga nicht mehr als störend.

Gilgi verschwindet nach einiger Zeit für eine Viertelstunde auf die Toilette. Herr Reuter erinnert sich, daß eigentlich »blond« sein Typ ist. Er wird geistreich. Olga sieht ihn bewundernd an, und Herr Reuter ist überzeugt, sich sein lebelang unterschätzt zu haben. Gilgi kommt zurück, sitzt still und bescheiden da und läßt sich von Olga überblenden. Sie ist ein unscheinbares, kleines Mädchen. Herr Reuter erinnert sich an etwas verrostete Prinzipien: mit Angestellten keine Liebschaften anfangen und so weiter.

Gilgi geht für zehn Minuten ins Vestibül, um nach einer Zeitung zu suchen. Durch cremefarbene Spitzen schimmert Olgas frische, rosige Blondinenhaut und überzeugt Herrn Reuter, daß Olga »die« Frau ist, die ihn versteht.

Eine halbe Stunde später bringt er erst Gilgi, dann Olga nach Hause.

Gina Kaus (geb. 1893 in Wien; gest. 1985 im Exil in Los Angeles/USA) war eine österreichisch-jüdische Schriftstellerin. Die Tochter des Geldvermittlers Max Wiener besuchte ein Lyzeum. Ihr erster Ehemann Josef Zirner – ein Musiker – fiel 1915 im Ersten Weltkrieg, so dass Gina Zirner schon mit 22 Jahren zur Witwe wurde. Sie arbeitete mit im Juweliergeschäft ihrer Schwiegereltern. Dort lernte sie den vermögenden Bankier und Unternehmer Josef Kranz kennen und wurde seine Geliebte. Weil Kranz noch verheiratet war, adoptierte er Gina, woraufhin sie den Doppelnamen Zirner-Kranz trug.

Ihre ersten schriftstellerischen Versuche waren schon bald von Erfolg gekrönt. 1917 wurde ihre Komödie »Diebe im Haus« im Wiener Burgtheater uraufgeführt. Sie verkehrte in den literarischen Kreisen des Wiener »Café Herrenhof« und pflegte freundschaftliche Kontakte zu Karl Kraus. Bald verliebte sie sich in den Schriftsteller und Psychologen Otto Kaus und wurde schwanger. Sie trennte sich von Josef Kranz und heiratete 1920 Otto Kaus, dessen Namen sie seither trug. Im selben Jahr veröffentlichte sie ihre Erzählung »Der Aufstieg«, für die sie den Fontane-Preis erhielt. Zudem schrieb Gina Kaus für verschiedene Zeitungen, darunter die »BZ am Mittag«, die »Vossische Zeitung« und die Wiener »Arbeiter-Zeitung«, worin 1925 ihr Fortsetzungsroman »Das verwunschene Land« erschien.

Ihre eigenes Informationsbedürfnis als zweifache Mutter reflektierend gründete Gina Kaus 1924 die Frauenzeitschrift »Die Mutter«. Spezialisiert auf »alle Fragen der Schwangerschaft, Säuglingshygiene und Kindererziehung« stieß diese »Halbmonatsschrift« auf so viel Interesse, dass Gina Kaus zusätzlich eine Frauenberatungsstelle eröffnete. Von Otto Kaus ließ sie sich 1926 scheiden und setzte ihre literarische Karriere fort. Für die Komödie »Toni« wurde ihr 1927 der Goethe-Preis verliehen. Es folgten die Romane »Die Verliebten« (1928), »Morgen um Neun« (1932) und »Die Überfahrt« (1932).

Nach der Verbrennung und dem Verbot ihrer Bücher in Deutschland wurde Kaus 1933 erschienener Roman »Die Schwestern Kleh« bereits vom niederländischen Exilverlag »Allert de Lange« herausgegeben. Im selben Verlag erschien 1935 ihr späterer Erfolgsroman »Katharina die Große«. Am Tag der Okkupation Österreichs durch deutsche Truppen, emigrierte Gina Kaus am 12. März 1938 mit ihrem Partner Eduard Frischauer zunächst nach Frankreich und im September 1939 weiter in die USA. In Hollywood wurde sie eine erfolgreiche Drehbuchautorin.

Trotz seiner auch antifeministisch motivierten Verfemung durch die Nationalsozialisten kann der Roman »Morgen um Neun« sicherlich nicht im strengen Sinne als ein feministischer Roman gelten. Dafür sind die weiblichen Charaktere darin – sexuelle Freizügigkeit hin oder her – einfach noch zu abhängig vom Mann, sei es von seinem Geld oder von seiner Zuneigung. »Morgen um Neun« handelt von der bevorstehenden Scheidung des »Ehepaars Kupferschmidt«. Betont höflich gehen Erwin und Elisabeth Kupferschmidt miteinander um, als sie am Tag vor ihrer Scheidung mit einem Anwalt die letzten finanziellen Details klären. Großzügig ist Erwin bereit, die Schuld für das Scheitern der Ehe auf sich zu nehmen – »Ich habe eine Geliebte« – und Elisabeth zusätzlich zur Fünfzimmerwohnung noch fünfzig Prozent seines Arzteinkommens zu überlassen, obwohl Elisabeth nur ein Viertel annehmen will. Überhaupt scheint Elisabeth die weibliche Unschuld in Person zu sein: bescheiden, zurückhaltend und sexuell völlig enthaltsam – glaubt Erwin. Da ist seine Geliebte »Franzi Katlin« von einem ganz anderen Kaliber. Bei ihr bekommt Erwin das, was er bei seiner Frau immer vermisst hat. Dabei stört es ihn nicht weiter, dass Franzi noch einen anderen Liebhaber hat, von dem sie sich aushalten lässt. Was ihn aber zunehmend nervt, ist Franzis rasende Eifersucht. Dabei ahnt der stets gefasste Erwin nicht, dass, wenn es um Elisabeth geht, Eifersucht auch für ihn kein Fremdwort ist. ■

Gina Kaus
Morgen um Neun

»Heute kannst du furchtbar lange bei mir bleiben«, sagte sie, »ich habe beide Mädchen auf den Gesindeball ins Imperial geschickt. Die kommen nicht vor sechs Uhr früh nach Hause. Und Pittoni hat vor einer Stunde aus Mailand angerufen«, sie lachte höhnisch, »der kann auch mit einem Flugzeug nicht vor morgen hier sein. Übrigens will er noch acht Tage unten bleiben.«

Enrico Pittoni, Großkaufmann aus Mailand, war seit einem Jahr Franzis offizieller Besitzer. Früher hatte sie ein kleines möbliertes Zimmer bewohnt, und Erwin war täglich zu ihr gekommen. Sie hatte gehofft, er würde sich scheiden lassen, um sie zu heiraten, denn sie fand, man könne gar nicht besser zusammenpassen, und sie liebte Erwin, so sehr sie nur konnte. Aber er hatte sich nicht scheiden lassen wollen, obwohl er ihr jede Woche mindestens einmal auf ihr dringendes Verlangen hin schwor, daß er niemals mit seiner Gattin schlief. Sie hatte niemals verstehen können, was ihn an Elisabeth kettete, und sie hatte viele Tränen darüber geweint und von Pittonis glänzenden Angeboten hatte sie ihm eigentlich nur erzählt, um seine Eifersucht zu wecken. Er selbst war es gewesen, der ihr geraten hatte – und zwar immer wieder, mit beredter Dringlichkeit – den Italiener zum Freund zu nehmen. Es war ihm keineswegs leicht gefallen, aber er glaubte dazu verpflichtet zu sein, eben weil er nicht die Absicht hatte, Franzi zu heiraten, und weil seine Vermögensverhältnisse ihm nicht gestatteten, eine zweite Frau besser als bloß notdürftig zu erhalten. Schließlich war sie wirklich Pittonis Geliebte geworden, teils aus Trotz, teils aber auch verlockt von den Annehmlichkeiten des Reichtums. Sie hatte furchtbar geweint, als sie das erste Mal mit ihm im Bette lag, und Pittoni hatte geglaubt, das sei wegen der verlorenen Unschuld. Er richtete ihr sogleich eine wunderschöne Wohnung ein und gab ihr monatlich zweitausend Schilling, ungerechnet viele kostbare Geschenke an Schmuck und Pelzwerk. Er hatte auch noch das unschätzbar Gute für sich, mindestens zehn Tage im Monat in Mailand zu sein.

Erwin hatte sein Verhältnis mit Franzi für beendet gehalten, als sie Pittonis Geliebte geworden war. Er hatte das damals auch Elisabeth mitgeteilt, und Elisabeth hatte ihn eine Zeitlang wie mit Handschuhen behandelt – offenbar weil sie glaubte, daß er leide und Mitleid verdiene. Währenddes rief ihn Franzi täglich im Spital an und quälte ihn um ein Wiedersehen. Er mußte es ihr schließlich gewähren, dann ein zweites und drittes und so fort, und bei jedem dieser Wiedersehen wurde er schwach. Natürlich versuchte er sich einzureden, das geschähe nur aus Rührung über ihre große Liebe und aus Mitleid mit ihrer Liebe, aber schließlich wußte er ganz gut, daß ihr junger biegsamer Körper und die intime Vertrautheit mit diesem Körper eine mindestens ebenso große Rolle bei der Verführung spielte, der er immer wieder unterlag – so lange bis eine neue Art Dauerzustand geschaffen war, mit dem er sich recht und schlecht abfand.

Aber die rechte Freude an Franzi war ihm vergällt. Nicht aus Eifersucht (er kannte Eifersucht nur vom Hörensagen); was ihn peinigte, war der Gedanke, für das Geld eines anderen Mannes zu genießen. Er haßte Franzis üppige Wohnung und meist führte er sie in ein billiges Hotelzimmer, dort ärgerte er sich über ihre schönen Kleider, über ihre luxuriöse Wäsche, über alles, was für Pittonis Geld angeschafft worden war, und jedesmal, wenn er mit ihr zusammengewesen war, schickte er ihr tags darauf ein Geschenk, irgendwas, das sie gar nicht brauchen konnte, bloß um sein »philiströses Gewissen« zu entlasten, wie Franzi es nannte.

Dies war auch der Grund, warum er an diesem Abend die kalte Küche aus dem Delikatessengeschäft bestellt hatte, denn um keinen Preis hätte er sich für Pittonis Geld bewirten lassen.

»Sogar Zigaretten und Liköre hast du mitgebracht«, sagte Franzi mit einem Anflug von Vorwurf.

»Natürlich. Ich will doch trinken und rauchen.« Er entkorkte Weinflaschen, während sie das Huhn und den Aufschnitt anrichtete. Elisabeth, dachte er, würde sagen: mein Organisationstalent, aber vielleicht hielte sie es eher für ein schäbiges Kompromiß zwischen meinem Gewissen und meinem Vergnügen.

Sie begannen zu essen, und Franzi fand alles, was er eingekauft hatte, großartig. Sie aßen beide, bis sie nicht mehr weiterkonnten, und tranken eineinhalb Flaschen Wein dazu. Franzi sah bildhübsch aus in ihrem neuen schwarzseidenen Kimono. Er war mit Silber bestickt und giftgrün ausgeschlagen; das paßte wunderbar zu ihren messingfarbenen Haaren. Wenn sie sich ganz still verhielt, konnte man manchen Schönheitsfehler an ihr entdecken – ihr Mund war zu groß, und ihre Zähne waren nicht ganz regelmäßig, auch hatte sie Sommersprossen – aber wenn sie in Bewegung war (und sie war eigentlich immer in Bewegung), dann war sie bezaubernd. Sie hatte Tänzerin werden wollen, sie hatte alles Nötige dazu gelernt, sie war eine perfekte Akrobatin. Aber sie war nichts geworden, das lag an ihrem Charakter.

»Es ist himmlisch, daß wir heute so lange Zeit haben«, sagte sie, als die Zigaretten angezündet waren. »Nicht wahr?«

»Himmlisch. Gewiß.« Er wußte nicht recht, wozu die viele Zeit gut sein sollte. Sonst, wenn sie ins Hotel gegangen oder die Mädchen bloß für zwei Stunden ins Kino geschickt worden waren, hatten sie sich gleich nach dem Essen oder auch ohne Essen ins Bett gelegt. Heute hatten sie unbeschränkt Zeit, und die Zeit mußte irgendwie ausgefüllt werden.

»Soll ich das Radio loslassen?«, fragte sie, und ohne seine Antwort abzuwarten, lief sie in eine Ecke und schaltete den Kontakt ein. Da sie sich bückte, verschoben sich die Flügel ihres Gewandes, und das Licht einer imitierten Rokokoapplike leuchtete auf den blassen Spitzen ihrer kindlichen, vollkommenen Brüste.

Im Radio gab es offenbar die Übertragung einer Operette, es wurde etwas sehr Nettes gesungen, ein Duett im Slowfox-Rhythmus. Franzi setzte sich neben den Apparat in einen tiefen Fauteuil, mit dem Rücken gegen die eine Seitenlehne, über die andere schwang sie ihre langen, makellosen Beine. Sie sah aus wie ein Reklamebild für eine Strumpfmarke.

Dann war das Duett zu Ende, und es folgte ein Dialog, der, aus dem Zusammenhang gerissen, unsäglich albern war.

»Stell das Zeug ab«, sagte Erwin, »das ist ja unerträglich.«

Sie streckte den Arm nach dem Schalter aus, und dann war es still im Zimmer.

»Du langweilst dich mit mir?«, fragte sie. »Unsinn. Man muß doch nicht immer quatschen.« Er stand auf und ging an den Tisch. »Willst du auch einen Griotte?«

Er goß ein Gläschen voll und setzte es an die Lippen. Franzi war zu ihm gekommen und hatte die Arme um seinen Hals gelegt.

»Ich hab dich so lieb«, sagte sie. »Es ist entsetzlich, wenn man von einem Mann nicht loskommen kann. Warum ist das so?«

»Ich weiß es nicht. Aber jetzt hab ich den Griotte verschüttet, und du bist schuld.«

Auf dem weißen Damasttischtuch war ein großer roter Fleck. Franzi ließ Erwins Hals los, schnell räumte sie alle Teller und Platten vom Tisch auf die Anrichte, packte das bekleckerte Tuch und trug es hinaus. Er rauchte friedlich eine Zigarette, fast bis zu Ende.

»Ich hab's mit heißem Wasser und Seifenflocken ausgewaschen«, sagte sie, als sie wiederkam. »Es ist ganz sauber geworden.«

Zum Unterschied von Elisabeth war Franzi überaus ordnungsliebend, praktisch und hausfraulich. Es war undenkbar, daß sie mit einem zerrissenen Ärmelfutter herumgelaufen wäre.

»Wollen wir eine Partie Chikaneuse spielen?«, fragte sie.

Er sagte: »Gut«, und sie klappte im Nebenzimmer den Spieltisch auf, holte die Karten aus der Kommode.

»Nimm die roten«, sagte sie.

Er nahm die roten Karten und zählte einundzwanzig ab.

»Du weißt doch, daß morgen mein Scheidungstermin ist«, sagte er. »Coeur sieben, du fängst an.«

Sie legte vier Karten hin. »Morgen um neun. Ich bin doch die Hauptzeugin.«

»Du wirst nach deinen Beziehungen zu mir gefragt werden. Laß dich auf gar keine Details ein und sag sofort: ›Ich verweigere die Aussage.‹«

Sie hob kriegerisch den Kopf: »Warum? Ich kann doch einfach die Wahrheit sagen!«

»Das hat keinen Sinn«, sagte er gereizt. »Wozu willst du den fremden Leuten von unseren Angelegenheiten erzählen?« Sie antwortete nicht, tat, als beobachtete sie den Kartenfall. Ihr messingfarbenes Haar lag glatt und sehr kurz geschnitten um ihren Kopf wie eine knappe Haube aus Metall.

»Es ist doch so peinlich für uns alle. Daß du gar kein Verständnis dafür hast.« Sie antwortete noch immer nicht. Er wußte, daß sie schließlich nachgeben würde, aber es reizte ihn, daß sie so lange als möglich mit einem Gedanken spielte, der ihm abscheulich schien.

»Du glaubst, daß du Elisabeth weh tust, wenn du unsere Intimitäten erörterst«, sagte er, »aber du tust ihr nicht weh. Es wäre bloß peinlich.«

»Warum hast du dich nicht vor einem Jahr scheiden lassen?«, fragte sie plötzlich und hatte die Augen voller Tränen.

»Vor einem Jahr war ich nicht so weit«, sagte er, »und es wäre auch kein Unterschied gewesen.«

»Es wäre ein großer Unterschied gewesen«, sagte sie tieftraurig, »das weißt du doch.«

»Nein, ich weiß, daß es kein Unterschied gewesen wäre.« Er legte die Karten hin, nahm eine neue Zigarette und ärgerte sich sehr, weil jetzt das Gespräch auf das Riff gefahren war, von dem er es hatte fortsteuern wollen.

»Vor einem Jahr«, sagte sie, »ehe das mit Pittoni gekommen ist …«

Er nahm ihre Hand und drückte sie fest. Aber er sagte dazu: »Ich hätte dich auch vor einem Jahr nicht geheiratet. Und das mit Pittoni ist eben gekommen – nicht wahr?«

»Weil du es gewollt hast! Du wirst doch nicht leugnen, daß du es gewollt und geradezu von mir verlangt hast!« Der Zorn hatte ihre Tränen getrocknet. Ihre Augen sprühten.

»Ich habe es nicht von dir verlangt, ich habe dir bloß dazu geraten. Aber darauf kommt es nicht an. Es war dir doch schließlich möglich. Es ist dir seit einem Jahr möglich, du hältst es aus und fühlst dich sogar recht wohl dabei. Und weil ich das immer gewußt habe …«

»Hättest du mich auch vor einem Jahr nicht geheiratet – nicht wahr?« Sie weinte nicht mehr und war auch nicht mehr zornig, sondern so tief gekränkt, daß sie nichts mehr tun konnte, als ganz still sein.

Er widersprach ihr nicht, obwohl er genau fühlte, wie weh er ihr getan hatte. Er fragte sich zum hundertstenmal, warum er ihr immer wieder absichtlich weh tat, und sagte sich zum hundertstenmal, daß er es tat, weil sie ihn langweilte und in eine schiefe Situation brachte, und weil sie ihn trotzdem immer wieder zwang, sie zu begehren.

»Wenn du eine Frau heiratest«, begann sie von neuem, feindselig, mit geducktem Kopf, »dann mußt du wissen, daß du für sie ewig der Einzige bist – was?«

»Das kann man natürlich niemals wissen. Es ist bloß ein Gefühl von Vertrauen.«

»Du glaubst, für Elisabeth hat es niemals einen anderen Mann gegeben?«

»Was willst du von Elisabeth? Laß sie aus dem Spiel.«

»Ich möchte bloß wissen, ob du glaubst, daß sie dir immer treu war?«

»Ja. Ich glaube es.«

Sie lachte ein ganz leises, häßliches Lachen. »Aber das ist doch ein Unsinn. Oder du bist ein Lügner. Du hast mir gesagt, daß du seit zwei Jahren oder noch länger nicht mit ihr geschlafen hast …«

»Ich habe dir immer die Wahrheit gesagt.«

»Dann also – wenn du die Wahrheit gesagt hast«, triumphierte Franzi, »dann ist deine Elisabeth entweder ein kalter Fisch, oder sie hat dich furchtbar geschickt an der Nase rumgeführt!«

Er ärgerte sich furchtbar, weil sie das vom »kalten Fisch« gesagt hatte. Wenn sie bloß wüßte, wie viel sie sich durch ihre Taktlosigkeiten verscherzte!

»Es gibt auch Frauen, die ihr Temperament zu beherrschen verstehen«, sagte er. »Es gibt auch Heilige.«

»Heilige sind kalte Fische oder Heuchlerinnen«, beharrte sie, »und deine Elisabeth ist eines von beiden. Und wenn du meine Meinung darüber wissen willst …«

»Ich will sie keineswegs wissen!«

In diesem Augenblick klingelte jenseits des Speisezimmers, im Musiksalon, das Telefon. Franzi sprang auf und lief hinüber. Eine Minute später kam sie mit einem Zettel in der Hand zurück.

»Es war deine Gräfin. Du sollst diese Nummer anrufen, und zwar dringend.«

Das Gespräch mit Franzi hatte ihn so wütend gemacht, daß er beinahe wünschte, es möge ein Patient sein, der seinen sofortigen Besuch fordern und ihn zwingen würde, seine Geliebte zu verlassen. Sie ist viel zu intelligent, dachte er, um nicht zu wissen, wie unmöglich sie sich benimmt, aber sie muß es wohl tun, es zwingt sie, sonst würde sie daran ersticken.

Christa Anita Brück (geb. 1899 in Liegnitz/Schlesien; gest. 1958) trat ähnlich wie Irmgard Keun vor 1933 mit zwei Romanen in Erscheinung, die vom Leben und Arbeiten junger Frauen in der Großstadt handeln: »Schicksale hinter Schreibmaschinen« (1930) und »Ein Mädchen mit Prokura« (1932).

Doch wurde Brücks Debütroman vom Rezensenten Kurt Tucholsky nicht so wohlwollend väterlich gepriesen wie Irmgard Keuns »Gilgi«. Im Gegenteil, für »Schicksale hinter Schreibmaschinen« setzte es von Tucholsky in der »Weltbühne« einen Verriss: »Schmarrn«, »unbrauchbar« und die Autorin wäre vom lieben Gott »leider nicht gesegnet.« Kraft der Autorität des Rezensenten wirkte dieses Urteil nach über Walther Killys Literaturlexikon aus dem Jahr 1989 bis hin zu Volker Weidermanns »Buch der verbrannten Bücher« im Gedenkjahr 2008. Das liegt auch daran, dass man über das Leben von Christa Anita Brück ansonsten so gut wie nichts weiß, außer dass sie mit bürgerlichem Namen »Christa Jaab« und später »Christa Ladisch« hieß.

CHRISTA ANITA BRÜCK

EIN MÄDCHEN
MIT
PROKURA

1932
SIEBEN-STÄBE-VERLAG, BERLIN

Zudem gibt Brück uns Rätsel auf, weil sie, obwohl sie 1933 von den Bücherverbrennungen betroffen war, im NS-Staat offenbar weiterpublizieren durfte. Ihr Roman »Ein Mädchen mit Prokura« wurde 1934 verfilmt – mit Veit Harlan in einer Nebenrolle. 1941 erschien im »Deutschen Verlag«, dem »arisierten« Nachfolger des »Ullstein Verlages«, ihr Roman »Die Lawine«, worin die Protagonistin »Karin Korsepius« schließlich auf dem Lande beim »Rittergutsbesitzer Manfred von Bräunlich« ihr Glück findet. Schrieb Brück hier bloß eine gefällige Heimatschmonzette, um ihren Lebensunterhalt zu bestreiten oder entsprach sie nach 1933 aus Überzeugung dem völkischen Literaturideal der Nazis?

Die Germanistin Angelika Döpper-Henrich hat sich in ihrer Dissertation » ... es war eine trügerische Zwischenzeit« mit Schriftstellerinnen der Weimarer Republik beschäftigt und dabei auch die Romane von Brück analysiert. Dabei kommt sie zu dem Ergebnis, dass Brück bereits in »Schicksale hinter Schreibmaschinen« auf ein weibliches Selbstverständnis hinaus wollte, wonach es dem Konkurrenzkampf in der urbanen Arbeitswelt zu entfliehen und stattdessen die »Verbundenheit mit dem Heimatboden« wieder zu finden gelte.

Ist es wirklich so, wie Döpper-Henrich konstatiert, dass Brück dem »tristen

Arbeitsalltag und dem geringen Einkommen ihrer Romanfiguren nichts anderes entgegenzusetzen hatte als Ehe und Mutterschaft«? Dieser These scheint sich zumindest die Figur der »Thea Iken« im Roman »Ein Mädchen mit Prokura« zu entziehen. Thea geht den »Dornenweg« ihrer Karriere als Bankerin und Prokuristin, und zwar bis zum Schluss der Handlung. Thea Iken ist das, was man heute eine »toughe Frau« nennen würde. Sie trotzt der geballten Feindseligkeit und Unsicherheit der Männer an den Schaltern und Schreibtischen um sie herum. Sie behält als einzige die Fassung in der Finanz- und Bankenkrise des Jahres 1931: »Eine Bank nach der anderen macht zu«; »Jetzt schluckt der Staat die ganze Dresdner Bank« und »Man zählt fünf Millionen Arbeitslose«. Thea Iken will kein »Glanz« werden. Sie ist blass und kalkuliert kalt. Unterm Strich verharrt ihre Grundmotivation dann aber doch in jener Topologie weiblicher Selbstaufopferung, die auch für die anderen Romanheldinnen Christa Anita Brücks charakteristisch sind. Bei Thea Iken ist es die grenzenlose Loyalität zu ihrem Chef, dem Bankier »Brüggemann«. Gleichwohl bleibt das literarische Bild einer starken Frau, die sich zu behaupten weiß.

Man kann also nicht soweit gehen zu vermuten, dass die Romane von Christa Anita Brück von den Nationalsozialisten gleichsam versehentlich verbrannt worden wären. Fest steht allerdings, dass Brück ein Grenzfall war und zu ihr noch geforscht werden muss. ■

Christa Anita Brück
Ein Mädchen mit Prokura

Es ist ein gewöhnlicher Alltag im Grunde genommen, einer der dreihundert Arbeitstage im Jahr. Draußen ist es Mai, ein etwas kühler, unfreundlich unentschlossener Mai.

In der Bank ist es genau umgekehrt. In der Bank herrscht etwas wie Siedehitze und Gewitterschwüle.

Die gestrigen Abendblätter haben die Nachricht verbreitet, dass die Österreichische Creditanstalt in Wien Millionenverluste erlitten habe und unterstützungsbedürftig sei. Keine angenehme Kunde für Bankleute. Es ist ein Elend jetzt mit den Pleiten.

Natürlich haben es alle gelesen. Schwartzkopf, der Kassenbote, liest es erst gerade jetzt. Er frühstückt. Das ist seine große Stunde am Tage. Er hat sich die Zeitung über die Knie gebreitet, kaut bedächtig und buchstabiert. Ab und zu nimmt er einen Schluck aus der Flasche. Echtes Dortmunder. Dortmunder schmeckte ihm am besten.

»Merkste was?«, ruft Roderich, der erste Buchhalter, zu ihm hinüber und gähnt mit aufgerissenem Munde. Roderich ist ein tüchtiger Buchhalter. Weiß der Himmel, wie er das macht, bei seinem Lotterleben. Er lumpt in den Nächten. Man weiß nie ganz genau, ist er angetrunken oder tut er nur so. Nach Alkohol riecht er ewig. Seine Finger sind gelb vom vielen Rauchen. Aber seine Bücher hat er im Schuss, und seine Abschlüsse stimmen auf den Pfennig.

»Gott, was geht uns schon ein Bankkrach in Wien an!«, platzt Fräulein Prill heraus und legt Kohlepapier zwischen zwei Briefbogen. Sie ist ein großes hageres Mädchen mit einem unverhältnismäßig üppigen Busen. Da sie keinen Büstenhalter trägt und seidene Blusen bevorzugt, hat Roderich in ihr einen ständigen Anlass zu Anzüglichkeiten.

Haffke, der zweite Buchhalter, etwas zu blond geraten, treuherzig und ehrlich (Holstens Hypothese war durchaus richtig), gibt ihr im Stillen recht bezüglich der Creditanstalt. Wien, das ist doch weit vom Schuss und obendrein Ausland. Und überhaupt, die machen sich hier ja gegenseitig verrückt. Solange er denken kann, herrscht Untergangspanik. Der Stohp hat einen Abbaukomplex. Das ist das Ganze.

Stohp schleicht denn auch umher wie ein Ungewitter. Er hat einen Gallensteinanfall gehabt die Nacht. Es kam so weit, dass er ins Badewasser musste. Heißes Bad hilft ihm immer. Jetzt ist er gelb und erschöpft, mit schwärzlichen Säcken unter den Augen. Seine Tochter Hilde hat die mathematische Arbeit verbogen. Wenn die das Abitur nicht besteht! Kein Glück, die ganze Familie. Und nun diese Schweinerei in Wien.

Er steht böse und gequält bei Veidt herum.

Veidt hat sich noch mit keinem Wort zu der Creditanstalt geäußert. Es scheint etwas los zu sein mit Veidt heute. Er rechnet fanatisch am gestrigen Abschluss, und jedesmal, wenn die Tür geht, sieht er schnell auf. Kommt jemand herein, so macht er eckige Backenknochen.

Hätte er Brüggemann doch bloß gestern um Urlaub gebeten. Auf jeden Fall muss er Urlaub haben von zehn bis zwölf.

Um es anzudeuten: Veidt will zum Standesamt. Er macht Schluss mit dem Warten auf bessere Zeiten. Er hat das Hausen in möblierten Buden satt, den Fraß im Wirtshaus, Annas ewige Angst vor Schwangerschaft. Er lässt sich nachher um halb elf trauen und ist von jeglicher glückhaften Einstellung zu diesem Schritt so weit entfernt, dass er bisher keinem seiner Kollegen auch nur ein Sterbenswort davon gesagt hat.

Wenn Brüggemann nicht kommt bis spätestens zehn Uhr zehn, dann muss er die Iken um Urlaub angehen. Veidt ist im Allgemeinen ein Mann der Vernunft. Aber in seinem Verhalten zu Thea fehlt ihm jegliche Einsicht. Er hat da einen verbohrten Mannesstolz, der ihm verbietet, sie anzuerkennen. Es kostet ihn täglich einen lächerlichen Aufwand an Nervenkraft, ihre Autorität zu umgehen.

Thea weiß das und vermeidet jegliche Kraftproben. Und diese Ruhe und Besonnenheit ist wieder, was Veidts Hass gegen sie unmäßig schürt. Er möchte sich einmal, einmal ihr gegenüber entladen.

Der Kassenraum steht voller Kunden. Der Rückschlag der Wiener Ereignisse bleibt nicht aus. Alles umdrängt den Devisenschalter. Veidt hat seine Uhr vor sich auf dem Tintenfass liegen. Es ist gleich zehn.

Fünf Minuten nach zehn fegt Brüggemann durch den Kassenraum, sichtlich in großer Eile und übler Laune.

Veidt will ihm nach. Da ruft an seinem Platz das Telefon.

Verdammt! Die Kaffeegroßrösterei Untzer braucht fünftausend Dollar. Veidt schreibt im Telefonieren die Order für Dr. Leitner aus, den er gerade bedient. »Neunhundert englische Pfunde?« Dr. Leitner kann unmöglich wissen, dass er gefragt ist. Der Angestellte von Untzer schreit in den Apparat: »Dollar, Mann, fünftausend Dollar, keine Pfunde.«

Ehe noch Veidt das Gespräch beenden kann, kommt Brüggemann schon wieder heraus aus seinem Zimmer, in Hut und Mantel, den Mantel offen. Veidt lässt alles liegen und setzt ihm nach.

Brüggemann hat ein Handgemenge mit Spelzig, der ihn festhalten will.

»Tut mir schrecklich leid, Herr Konsul. Wichtige Gläubigerversammlung. Morgen um elf.«

»Herr Brüggemann, eine Sekunde!«

Der ist schon draußen, und Veidt steht da mit seinem Problem, das keins ist.

Aus der Gruppe am Schalter tritt ein Herr auf ihn zu. »Ach, entschuldigen Sie«, flüstert er geheimnisvoll, »eine Bankverbindung in Holland, können Sie mir eine ganz verlässliche Bank in Holland? … Zinssatz spielt keine Rolle, wohlverstanden … nur bombensicher, Sie verstehen … hundertprozentig risikofrei.«

Veidt, bleich, als habe sich Entsetzliches entschieden, kehrt an seinen Platz zurück.

»Ich brauche unbedingt Schweizer Franken in Gold, mein Gott, wie lange dauert denn das hier?«, zetert eine hysterische Dame, die ganz hinten steht, und fuchtelt mit einem Paket Hundertmarkscheinen über den Köpfen der andern hinweg.

»Eine vertrauliche Auskunft …«, fleht jemand vor Veidt. »Ist es ratsamer … ?«

Veidt gibt außen Antwort. Innen foltern ihn imaginäre Gespräche mit der Iken.

»Fräulein Iken, ich muss mal auf zwei Stunden weg.« Unsinn, wozu anreden? Also: »Ich gehe mal auf zwei Stunden weg.« »Heute? ausgeschlossen.« »Das wird sich finden.« »Das findet sich nicht, Sie bleiben hier.« »Darüber haben Sie nicht zu bestimmen.« »Sie bleiben hier und damit basta.« »Was bilden Sie sich eigentlich ein, Sie?«

So ungefähr müsste es losgehen. Er kann die Entwicklung nicht ganz überdenken. Zum Schluss müsste es eine Raserei werden mit Beleidigungen und Schmähungen rabiatester Art. Oh, er hasst dieses Weib. Er hasst sie mit der ganzen Wut seines unbefriedigten Ehrgeizes. Er wäre Prokurist hier, wenn sie es nicht geworden wäre. Unter der Voraussetzung, bald befördert zu werden, ist er seinerzeit bei der Brüggemann-Bank eingetreten. Das war ein Wettlauf zwischen ihnen beiden, die letzten Jahre! Er hatte sich tausendmal gesagt, dass ein weiblicher Prokurist eine Unmöglichkeit wäre im Bankgewerbe. Er hatte sehr wohl auch Brüggemanns Widerstand gegen Thea Ikens Ehrgeiz bemerkt. Weiß der Himmel, mit welchen Mitteln sie ihn schließlich dennoch rumgekriegt hat. Sie drängt sich ja zu jeder Arbeit, sie schmust mit den Kunden, sie steckt die Nase in alles und jedes.

Da hat er nun das Abendgymnasium besucht, jahrelang, regelmäßig nach dem anstrengenden Dienst. Da hockt er jetzt noch Nacht für Nacht in der Abendhochschule, übermüdet, überanstrengt, überreizt. Die Hoffnung, zu einer andern Bank hinüberwechseln zu können, ist ein Irrsinn in der Zeit des unentwegten Abbaus. Er wird eines Tages promovieren. Schön. Er wird die Berechtigung haben, sich Dr. Veidt zu nennen. Großartig. Aber die Iken wird er dadurch nicht verdrängen, seine Stellung nicht verbessern, sein Gehalt nicht erhöhen können. Und wenn er wer weiß welche Anstrengungen machte, es würde ihm alles nichts nützen, das Weib würde ihm immer und ewig im Wege sein und bleiben.

Wenn man sie aus dem Wege schaffen könnte? Sie brauchte ja nur zu heiraten. Herr, mein Gott, warum heiratet so eine nicht? Was haben Weiber schon in einer Bank zu suchen? Wenn sie nicht hinter den Kochtopf gehört (unmögliche Vorstellung) oder neben die Wiege, dann seinetwegen in eine Luxuslimousine oder in eine Villa am Vierwaldstädter See. Seinetwegen soll sie Nachfolgerin der Garbo werden oder Seiltanzen oder sonst was anfangen. Er gönnt ihr jede Karriere, die glanzvollste, die phantastischste, nur seine nicht, seine nicht. Seine Karriere soll sie ihm nicht wegnehmen.

Das Hemd klebt ihm am Leibe. Er ist so herunter mit seinen Nerven, dass die geringste Erregung ihn in Schweiß bringt.

Er stiert auf den Zettel, auf dem er hundertsiebenundfünfzig Dollar in Reichsmark umrechnen soll. Er rechnet, rechnet …

»Fräulein Iken, Sie müssen mich nachher auf zwei Stunden vertreten.« Weg mit der Anrede: »Ich gehe nachher mal auf zwei Stunden weg, und Sie vertreten mich.«

Hinter sich fühlt er die Iken sitzen. Sie telefoniert seit einer vollen Stunde, ruhig, stetig, planmäßig und besonnen. Sie ist ganz frei von Hysterie.

»Effekten«, sagt jemand in dem Gedränge vorm Schalter, »gehen Sie mir mit Effekten!« – »Wie hoch stehen die Schweizer Obligationen?« – »Und ich sage Silber, es kommt eine Hausse in Silber.«

Spelzig dazwischen verkündet das Ende der Weltwirtschaftskrise durch die Erfolge seines Brikomoss-Hochofens.

Auf Brüggemanns Schreibtisch liegt aufgeschlagen die Liste der Schuldner, nach Fälligkeiten geordnet.

Thea überliest die Posten. Die Siedemannwerke in Rathenow haben Ende der Woche hundertachtzigtausend Mark zurückzuzahlen. Thea meldet ein Gespräch mit Rathenow an.

»Einen Moment«, sagt die Sekretärin von Dr. Füger. Thea hört Flüstern im Mikrophon.

Die Sekretärin schaltet sich wieder ein. »Ich erfahre eben, dass Herr Dr. Füger gar nicht im Hause ist.«

Thea sagt nicht ohne Schärfe: »Ich muss Herrn Dr. Füger unbedingt sprechen. Bitte fragen Sie nach, ob er nicht doch für mich zu sprechen sein will.«

»Ich wäre verreist, sagen Sie doch, ich wäre verreist«, versteht sie deutlich.

Die Knie sind ihr ein klein wenig schwach geworden. Unsinn, die Siedemannwerke sind gut. Es laufen da hohe Kredite. Das Engagement ist ganz bedeutend. Wenn die Geschichten machten! Ausgeschlossen, Siedemann macht keine Geschichten.

Aber ein Missbehagen bleibt spürbar in ihr zurück, als sie den Kassenraum wieder betritt.

Vor Veidts Schalter steht eine Volksversammlung. Veidt ist nicht da.

Die Dame, die so verzweifelt nach Schweizer Gold lamentiert, hat sich glücklich bis nach vorn gedrängelt.

»Wo bleibt er nun bloß,« ruft sie aufgelöst, »ich bin dran, ich bin die Nächste. Mein Gott, wenn gerade jetzt was passiert. Wenn die jetzt eine neue Inflation ansagen! Das ist ja nicht auszudenken, dass man noch mal seine paar Groschen verlieren soll!«

»Paar Groschen!«, murrt ein Laufjunge und starrt wie hypnotisiert auf die Hundertmarkscheine, die sie krampfhaft und zahlbereit vor sich hin hält.

Aber darin hat sie recht: Veidt könnte wiederkommen. Es entsteht Unruhe in der Gruppe.

Thea ruft nach hinten, wo Haffke seine Primanoten bucht: »Gehen Sie mal runter, Veidt soll sich beeilen.«

Haffke macht blaue erschrockene Augen.

Er geht nach unten. Vielleicht geht er die Wendeltreppe nur bis zur Hälfte hinunter, bis zu der Höhe, wo der Notausgang ins Freie führt. Er ist verdächtig schnell wieder oben.

»Unten ist Herr Veidt nicht«, meldet er und wird über und über rot. Immer wird er rot, wenn er mit der Iken spricht. Sie bringt ihn immerwährend in Verwirrung.

»Unsinn, wo soll er denn sein? Wenn er hier oben nicht ist, muss er unten sein.«

Haffke reißt allen Mut zusammen und sagt: »Ich glaube, Veidt ist fortgegangen.« Es ist grässlich fatal. Er findet das selbst ungeheuer von Veidt. Und nun steht ausgerechnet er, Haffke, vor der Iken und muss ihr das sagen.

»Fortgegangen, jetzt mitten im Dienst?«

»Er hat so etwas gesagt, dass er in zwei Stunden wiederkäme.«

Schwartzkopf kommt wichtig aus der Registratur nach vorn.

»Det stimmt. Is mal 'n bissken weg, der Veidt, heiraten jejangen.«

»Und wen hat er gebeten, ihn zu vertreten?«

Au verflucht. Haffke fühlt den wilden Wunsch, sich unsichtbar zu machen. Wenn die ihn jetzt an den Devisenschalter kommandiert, ausgerechnet, wo da solche Meute wartet. Gerade in Devisen hat es bei seiner Ausbildung gehapert.

Das Publikum macht offen Radau.

Thea setzt sich kurz entschlossen an den Schalter.

»Schweizer Gold kann ich Ihnen jetzt gleich nicht geben, gnädige Frau. Morgen. Ich besorge es Ihnen zu morgen.«

Die gnädige Frau markiert einen Ohnmachtsanfall, der ihr indessen nichts nützt.

»Bitte hier zu unterschreiben«, Thea verhandelt bereits mit dem nächsten Kunden.

Sie hat das Exposé für Lohmeyer zu schreiben. Die Börse muss gleich anrufen. Die Post muss diktiert werden. Eine Flegelei von diesem Veidt. Aber sie wird ihm den Gefallen nicht tun, ihn zur Rede zu stellen. Sie wird seine Ungehörigkeit übergehen, wie sie den passiven Widerstand, die neidvolle Feindschaft der gesamten Angestellten gegen sie übergeht.

Alles in allem ist es ein mörderischer Tag, gespickt mit Widerhaken, ein Tag, der Nerven frisst und schlechte Laune macht.

Einmal reißt Thea ein Fenster auf und hängt sich mit dem Oberkörper hinaus an die frische Luft. Das heißt: frische Luft ist reichlich zuviel gesagt.

Das Fenster sieht auf einen Hof, einen richtigen Großstadthof Marke Burgverließ. Ganz unten riecht es nach Müllkästen, von oben her bricht eine Brise Bratenduft herein, von links, wo der Friseur wohnt, ein Parfüm Mille Fleurs. Immerhin riecht es hier nicht nach Bank, nicht nach Geld, nicht nach dem Gezeter, dem Gefeilsche, dem hysterischen Lamento der Kunden.

In diesem Augenblick, ganz spontan, muss sie an Joachim denken, an sein empörtes junges Gesicht, seinen leidenschaftlichen Drang nach Freiheit, Weite, Größe. Wo mag er umherirren, der Junge? Ob sie Brüggemann – ganz vorsichtig – nach ihm fragt?

Zwischen die Steine hat jemand ein Fliederbäumchen gepflanzt. Da steht es nun, versucht zu wachsen und wächst auch, bisschen krüppelig und nicht ganz gesund. Aber über Nacht hat es etwas Grün herausgebracht. Tatsächlich: ein zaghafter, unwahrscheinlich zarter Hauch Grün liegt über den verbuckelten Ästchen.

Eine Sekunde, nicht länger, hat Thea hinuntergeschaut und ist gleich wieder an ihre Arbeit gegangen. »Das sind wir«, denkt sie und setzt die Drehscheibe in Bewegung, um die Börse anzurufen, »keine Sonne, kein Erdreich, eingemauert, aber wir leben.«

Auf der Börse ist einiger Tumult. Die Wiener Ereignisse bleiben nicht ohne Wirkung. Raus aus der deutschen Mark. Rein in ausländische Werte.

»Nein, Albert Scherf zieht seinen Auftrag zurück, nicht kaufen« – Wie sagen Sie, zweiundsechzig? Das kann doch nicht stimmen, die schlossen gestern mit zwoundachtzig.«

»Gestern war gestern, und heute ist heute«, sagt Wark philosophisch. – »Nein, verkaufen Sie nicht. Ich muss erst mit Brüggemann sprechen. Im Übrigen können Sie die Zigarre aus dem Mund nehmen beim Telefonieren. Ich muss alles doppelt fragen, hält bloß unnütz auf.«

Als der Schalterverkehr etwas nachlässt, geht Thea hinunter in die Garderobe, die Hände zu waschen, sich etwas zu erfrischen.

Eine Wendeltreppe führt in steiler Windung hinab in ein gekacheltes Viereck, das je nach Bedarf herhalten muss als Toilettenraum, Waschgelegenheit, Kleiderablage, Kantine, Versammlungslokal. Drei Meter lang, drei Meter breit alles in allem. Fenster so gut wie nicht vorhanden. An der Decke eine Art ewiger Lampe. Ein Scherengitter trennt den Tresor ab.

Fräulein Prill ist gerade dabei, Kaffee zu kochen.

Als sie erkennt, dass es Thea ist, die herunterkommt, dreht sie blitzschnell das Gas ab, obwohl das Wasser noch gar nicht kocht.

Hat sie je verboten, Kaffee zu kochen? Würde sie es je verbieten? Auch das ist einer der vielen Widerhaken. Warum ist sie so isoliert unter den Kollegen? Nur, weil sie vorwärtskommt?

»Wie gut das riecht«, sagt sie und schnuppert in der Luft. Schon hat sie das Gefühl, dass die Prill ihre Bemerkung als Rüge auffasst.

»Mir war so flau«, sagt die Prill entschuldigend und verstaut ihre Kaffeebüchse im Garderobenschrank. Thea öffnet den Wasserhahn und lässt sich das Wasser über die Hände laufen.

»Wissen Sie, Fräulein Prill, kochen Sie mir auch eine Tasse mit. Ein blöder Tag heute.«

Die Prill reißt erleichtert ein neues Streichholz an. Es gibt einen kleinen Knall, als sich das Gas entzündet. Dann brennt es. Sein Kochen füllt die Stille des kleinen Raumes.

»Ob ich sie frage, weshalb sie vorhin ausgelöscht hat?« denkt Thea. Aber sie fühlt die Bestürzung des Mädchens voraus, hört die Ausrede, fühlt das Missbehagen und unterlässt die Frage.

Hilde Gudilla Lion (geb. 1893 in Hamburg; gest 1970 im Exil in Hindhead/England) war eine deutsch-jüdische Frauenrechtlerin und Vordenkerin der Sozialpädagogik.

Die Tochter einer hamburger Kaufmannsfamilie absolvierte in ihrer Heimatstadt das Lehrerinnenexamen am Oberlyzeum der Klosterschule und machte ebenfalls in Hamburg eine Ausbildung zur Wohlfahrtspflegerin an dem von Gertrud Bäumer und Marie Baum geleiteten »Sozialpädagogischen Institut«. 1918 trat sie der neu gegründeten liberalen »Deutschen Demokratischen Partei« (DDP) bei, in der sie zeitweise als Parteisekretärin beschäftigt war. Danach studierte Lion in Freiburg, Berlin und Köln Volkswirtschaft und Pädagogik. 1924 promovierte sie bei Leopold von Wiese an der Universität Köln mit der Arbeit »Die klassenkämpferische und die katholisch-konfessionelle deutsche Frauenbewegung«.

Anschließend lehrte sie zunächst am »Sozialpädagogischen Seminar« des »Vereins Jugendheim« in Charlottenburg bei Berlin. 1928 wurde sie dann zur Studienleiterin und 1929 zur Direktorin der von Alice Salomon gegründeten »Deutschen Akademie für soziale und pädagogische Frauenarbeit« berufen. Zudem engagierte sie sich als Vorsitzende der »Vereinigung der Dozentinnen an sozialpädagogischen Lehranstalten«. Am 5. Mai 1933, fünf Tage vor der Bücherverbrennung, musste die »Deutsche Akademie für soziale und pädagogische Frauenarbeit« schließen. Hilde Lion emigrierte noch 1933 nach England, wo sie 1934 zusammen mit ihrer Partnerin Emmy Wolf eine konfessionsübergreifende Schule für Flüchtlingskinder, die »Stoatley Rough School«, gründete.

Hilde Lions Buch »Zur Soziologie der Frauenbewegung« erschien 1926 und beruht im Wesentlichen auf ihrer Dissertation von 1924. Da Lion sich dem politischen Liberalismus verbunden fühlte, ist es interessant zu lesen, wie sie die Unterschiede und Gemeinsamkeiten mit der Frauenbewegung im sozialistischen Lager bewertet. ■

Hilde Lion
Zur Soziologie der Frauenbewegung
Die sozialistische und die katholische Frauenbewegung

Die sozialistische Frauenbewegung stellt sich uns dar: in ihren Anfängen bis 1890, in der Ära Clara Zetkin bis 1917 und in der Folgezeit, in der die kommunistische Frauenbewegung sich von der Hauptströmung abspaltet.

Stärkstes Interesse beansprucht die zweite Phase. In ihr vollzieht sich das, was das Wesen jeder auf Dauer berechneten Massenaktion ausmacht: die Versachlichung, d.h. die Überführung der Einzelinitiative aus dem Bereich des Gefühlsmäßigen und Zufälligen in das der Zweckverfolgung; hier geschieht es unter charismatischer Leitung.

Die Epoche zielbewußter klassenkämpferischer Frauenbewegung fällt also nicht zusammen mit der Zeit des Aufschwungs der sozialistischen Bewegung überhaupt, sondern in die planmäßiger Organisation der Partei. Diese Feststellung gibt Anlaß zu der Frage nach der Ursprünglichkeit der proletarischen Bewegung und dem Grade ihrer anfänglichen Autonomie. Die Antwort soll der folgende Abschnitt der Arbeit geben. –

Irrational ist der Anfang dieser Bewegung.

Die fundamentale Tatsache ist um die Mitte des XIX. Jahrhunderts da: die Industrie versklavt die proletarischen Frauen. Hilflos wird das gefühlt von den Leidenden. Sie wissen noch nicht, sich zu wehren. Wer übernimmt inzwischen die Verantwortung, sie dazu fähig zu machen?

Eine *bürgerliche* Frau: Luise Otto-Peters, und ein proletarischer *Mann*: August Bebel.

Mosaik bleibt das Bild dieses Anfangs. Von Anfängen müßte man reden. Wenigstens von dreien: von der *Berliner* Arbeiterinnenbewegung, die aus dem Liberalismus erwuchs, vom *sächsischen* Vortrupp der Proletarierinnen und von der Vorbereitung einer proletarischen Frauenerhebung *innerhalb* der sozialdemokratischen *Partei*.

I. Der Liberalismus und die Arbeiterinnenbewegung

1. Luise Otto-Peters und die weibliche liberale Bewegung

Luise Otto war durch ihre Teilnahme an der 48er Bewegung in Arbeiterkreisen bekannt geworden. Sie hatte in Meißen eine Arbeiterversammlung in die Wege geleitet und in der »Adresse eines Mädchens« an die unter dem Ministerium Oberländer zusammentretende Arbeiterkommission das viel zitierte Wort geprägt: »Glauben Sie nicht, meine Herren, daß Sie die Arbeit genügend organisieren können, wenn Sie nur die Arbeit der Männer und nicht auch die der Frauen mitorganisieren .... Und wenn man überall vergessen sollte, an diese armen Arbeiterinnen zu denken – ich werde sie nicht vergessen!« Ihr 1865 gegründeter *Allgemeiner Deutscher Frauenverein* und der kurz vorher ins Leben gerufene Leipziger Frauenbildungsverein waren die ersten deutschen nicht caritativen Frauenzusammenschlüsse. Die Führer der liberalen Arbeiterbewegung haben dem ersten Frauenkongreß, »der Leipziger Frauenschlacht« beigewohnt.

Die vom Allgemeinen Deutschen Frauenverein 1867 an den Arbeitertag in Gera gerichtete Zuschrift, die für Assoziation der Arbeiter mit den Arbeiterinnen eintrat, ist sicher auf Verabredung mit dem Referenten, *Moritz Müller*, erfolgt: man wollte seine Darlegungen in Gera unterstützen, da an eine Selbstvertretung der Frauenansicht auf einer derartigen Tagung damals noch nicht gedacht werden konnte.

Im Juni 1869 entstand der erste Berliner *Arbeiterinnenverein* nach dem Vorbild des Leipziger Frauenbildungsvereins.

Das geschah auf unmittelbare Anregung von Luise Otto; aber auch Fernwirkung geht von ihr aus: *Bebel* kannte sie von Leipzig her. *Clara Zetkin* war Schülerin von Auguste Schmidt, einer Freundin und Mitarbeiterin Luise Ottos.

Wie diese beiden, Propagandist und Organisatorin der proletarischen Frauenbewegung, Luise Ottos Uridee umformen, haben wir später darzustellen.

Welches sind nun die Leitgedanken, die Luise Otto der Arbeiterinnenbewegung mit auf den Weg gibt? Die von ihr verkündeten Menschenrechte gelten ausnahmslos allen Frauen: »Dem Reich der Freiheit werb ich Bürgerinnen.« Luise Otto erkennt, daß man in dieses Reich einzog mit Hilfe des wahren Gottes aus der Maschine: »die Industrie webte die erste Siegesfahne der Frauen.« (Vergl. die S. Simonistische Formel: »avec l'industrie la femme s'affranchit autour de nous«.) Aber die Proletarierinnen müssen in dem neuen Gebiet sich selbst ihre Provinz erobern.

Wohl hilft Luise Otto als Angehörige einer klassenfremden Schicht den Arbeiterinnen. Schon früh tritt sie ein für die Schneiderinnen in Sachsen, die der Zunftzwang unterjocht; sie schafft Wohlfahrtseinrichtungen für die Arbeiterinnen, sie empfiehlt Industrieschulen und Produktivassoziationen. Sie verhilft auch, was vielleicht von noch tieferer Bedeutung war, der Fabrikarbeiterin zum Selbstbewußtsein, indem sie deren Beruf, hinweisend auf das unabhängige Amerika und die Schweiz, sogar »den Töchtern aus guter Familie« anrät.

Aber all diese tatsächlichen und seelischen Stützen scheinen absichtlich nur den Weg sichern zu sollen, den die Proletarierin schließlich *allein* gehen muß, den der Selbsthilfe. Was kein Verein, keine Volksversammlung, kein Mann für die Frauenallgemeinheit zu leisten vermag, das kann hier auf diesem engeren Gebiet, meint Luise Otto, keine klassenfremde Frau für die andere tun. Darum konnte Luise Ottos Frauenbewegung keine sozialistische werden, eine Tatsache, die im sozialistischen Lager noch jetzt manchmal Verwunderung erregt. Aber Luise Otto sah die Frauenfrage nur dicht *neben* der sozialen Frage (vergl. dagegen die Auffassung der proletarischen Frauenbewegung selbst, die immer die Frauenfrage als *integrierenden* Bestandteil der Arbeiterfrage ansieht). Und weiter – trotz ihrer erstmaligen Erklärung des Rechtes auf Arbeit für die Frau war Luise Otto mehr »die Organisation der Arbeit« überhaupt als die engere Frauenerwerbsangelegenheit wichtig.

Ihre Ideologie ging nicht von der materiellen Gegebenheit aus; Luise Otto war durch und durch 48er Demokratin, und das von ihr damals geleitete »vereinte weibliche Wirken« geschah im Dienste der liberalen Partei.

Mögen die einen Luise Ottos Impuls als Rückstand 48er Romantik empfinden, sicher ist, daß ihr Wesen nicht ohne Romantik, ihre geistige Struktur nicht ohne den deutschen Idealismus denkbar ist. Vielleicht hat Luise Otto – und das läßt sie den Sozialisten trotz ihres Gefühlssozialismus auch heute noch als Führerin erscheinen – eine Synthese von Geschlechts- und Klassenbefreiung vorgeschwebt. In diesem Sinne redet Luise Otto von 1848 und sagt: »Im Dienste der *Subjektivität* wie im Dienste der *Politik* sind die weiblichen Bestrebungen beendet worden, nicht etwa, um nun am Ende zu sein, sondern um nach Verirrungen und Prüfungen geläutert und erstarkt wieder neu aufgenommen zu werden im Dienste der *Humanität* und des *Sozialismus*.«

[…]

III. Die junge sozialistische Gesellschaft und die Arbeiterinnenfrage

1. Die Lassalleaner

Im Gegensatz zu dem Liberalismus, der von der Luise-Otto-Richtung her stark beeinflußt war, ist der frühe Sozialismus keineswegs von vornherein frauenfreundlich gestimmt. Im großen Ganzen haben die Männer mit der Vertretung ihrer Angelegenheiten noch so viel zu tun, daß die Frauenfrage in den 60er Jahren entweder überhaupt noch nicht zur Erörterung steht oder rein als Frauenarbeitsfrage mißtrauisch ängstlich besprochen wird. Um einen Eindruck von der im Lassalleanismus herrschenden Anschauungsweise zu gewinnen, sind wir folgender uns auffälliger Bemerkung Luise Ottos in ihrer Schrift »Das Recht der Frauen auf Erwerb«, S. 103 nachgegangen:

> »Von den Lassalleanern ist (in neuerer Zeit) der Grundsatz aufgestellt worden: ›*Die Lage der Frau kann nur verbessert werden durch die Lage des*

Mannes‹. Dies ist der aller Gesittung und Humanität hohnsprechende Grundsatz, den unsere ganze Anschauung und diese Schrift bekämpft. Gerade die Partei, die von ›Staatshilfe‹ sich soviel verspricht, die das allgemeine Stimmrecht fordert, schließt von allen ihren Bestrebungen die Frauen aus ....«

Auf Grund der ausführlichen Berichterstattung über einen in Berlin 1866 gehaltenen Vortrag sind wir nun in der Lage, uns ein Stimmungsbild zu entwerfen, das von typischer Bedeutung zu sein scheint.

Da die Parole von der Emanzipation der Frau aus bürgerlichem Lager ertönt ist, beargwöhnt man sie von vornherein. Allerdings unterscheidet man den Standpunkt der liberalen *Frau* von dem des männlichen Bourgeois, weil man spürt, daß in ihrem Anspruch auf ungehemmte Tätigkeit in der »Arena der Arbeit« etwas Elementares, Naturrechtliches steckt, das jenseits alles kapitalistischen Interesses liegt. Nur das aber, meinen die Lassalleaner, wollen die Männer dieser Klasse verfolgen und deren ganze Agitation für die Arbeiterin ist nichts als ein Trick ihrer Ausbeutungspolitik überhaupt: »Sie wollen nicht Frauen, sondern Hände, nicht Frauenhände, sondern billige Hände«.

Wenn man die Lassalleaner mit ihren eigenen Waffen aber zu schlagen sucht, (z. B. Staatshilfe den Frauen gewähren will, indem man ihnen Beamtenstellen einräumt) wehren sich die sozialistischen Männer in geistiger Bedrängnis etwas hilflos mit *nationalökonomischen* Argumenten. Das eherne Lohngesetz, die Careyschule müssen herhalten, um reichlich verzwickt – nichts als die auszuschaltende Konkurrenz der Arbeiterin zu beweisen. *Gesellschaftlich* betrachtet, stellt sich das Frauenarbeitsproblem so dar: die Familie ist eine primitive Assoziation und birgt in sich die von Natur gebotene erste Arbeitsteilung. Auf dieser Assoziation der Familie beruht der Staat. Die Familie aber ist in Gefahr. – Damit wird der Boden aller Theorie (der sozialistische Eklektizismus ist übrigens unschwer zu erkennen) verlassen, und die Argumentation gleitet in das weite Bassin der Gefühlsergießung. Man bedient sich Marx-Engelsscher Elendsschilderungen und erklärt dabei die Lage der Frau mit *Proud'honistischen* Banalitäten, empfunden im Temperament des deutschen Spießbürgers. Die Frau ist verschieden vom Mann: physisch, »sie ist runder in den Formen, außerdem wiegt ihr Gemüt vor«. Die Natur lehrt mit Klarheit, daß die Frau dazu gemacht ist, beschützt zu werden, um als Mädchen bei der Mutter, als Gattin unter der Wahrung und dem Ansehen des Mannes zu leben ... »Wenn der Familienvater am Abend am Herd bei seiner Frau sich niederläßt mit den Kindern, ihm am Halse hängend, so ist seine Arbeit gesegnet. Wenn aber die Frau in die Fabrik geht, so wird sie ihres Mittelpunktes beraubt; ihre Schamhaftigkeit wird beunruhigt ... Was die Lage der in Gemeinsamkeit in einer Werkstatt arbeitenden Frauen kennzeichnet, ist, daß sie durch ihre

Tugenden leiden.« Welche Abwehrmaßnahmen schlagen die Lassalleaner vor? Erstens: statt der Fabrikarbeit Erwerbsarbeit der Frau im Haus. Das ist ein Palliativmittel. Zweitens: Abwehrstreik der Männer, die ihren Frauen die Fabrikarbeit verbieten. Das Resultat würde sein, daß die jetzige Fabrikarbeit der Frauen auch von den Männern verrichtet werden müßte. Der Lohn würde steigen. Drittens wird nicht die Frauenarbeit unter den obwaltenden Umständen, sondern die Agitation für das »Auf den Arbeitsmarkt Werfen der Frau« bekämpft. Dieser Arbeitsmarkt soll nicht erweitert werden durch Berufe, die außerhalb der weiblichen Sphäre liegen. (Eine weiße Liste von angemessenen Frauenberufen wird angeführt.) Diesen schädigenden Bestrebungen ist nur dadurch entgegenzutreten, daß man die Agitation zugunsten der Arbeiter unterstützt, ihnen Selbständigkeit verschafft, um so den Anreiz zur Eheschließung zu stärken. Als Radikalmittel aber bleibt schließlich: Umgestaltung des gesamten Produktionsprozesses: denn *›dem Manne den vollen Ertrag seiner Arbeit gewährstellen, heißt für uns auch die Lage der Frau verbessern‹*. Das ist sicher der Satz, der Luise Ottos Empörung entfachte.

2. Die Internationale

Nicht wesentlich anders ist die Stellungnahme der *Internationale* zur Frauenfrage. Die Auffassung dieser ersten sozialistischen internationalen Gesellschaft ist, was die hier interessierende Frage angeht, schon etwas legendär geworden. Die bürgerliche feministische Forschung hat sich auffallend wenig mit ihr beschäftigt, und die sozialistische hebt nicht unnütz den Schleier auf, um ein den Massen unzugängliches und tatsächlich knappes Quellenmaterial bekanntzumachen, das propagandistisch unwirksam wäre. Selbst bei Clara Zetkin, die mit dem wissenschaftlichen Handwerkszeug wohl ausgerüstet ist, überwiegt das klassenkämpferische vor dem Interesse objektiver Klarstellung. Ihre Verherrlichung der Internationale erhellt einen – vom frauenrechtlerisch wertenden Standpunkt aus gesehen – zum mindesten halbdunklen sozialistischen Gesinnungsbereich. Verfolgt man die internationalen Verhandlungen von der *Londoner* Vorkonferenz an, (die sich mit der Frage der Nichtzulassung von Frauen zur Internationale beschäftigt) über den *Genfer* Kongreß (mit seiner großen Debatte über die Frauen- und Kinderarbeit) bis zur schließlichen Konferenz 1871 in *London*, (auf der die Bildung von weiblichen Zweiggesellschaften empfohlen wird) so erscheinen uns diese Kongreßreden als Ausdruck noch nicht überwundener Furcht. Beweis sind sie fast instinktiver Abwehr weiblichen Zuzugs in alte Gebiete männlicher Initiative und Arbeitskraft. Wollte man die einzelnen Ausführungen zurückverfolgen auf ihren sozialistisch theoretischen Ursprung, so würde man immer wieder auf Proud'honsche Gedanken stoßen. Der große Antifeminist und – Frauenfreund, der aus Ritterlichkeit um die Herdstelle als alleinigen Arbeitsplatz der Frau kämpft, beeinflußt seine Nachkommen im Sozialismus.

Für uns bleibt die Frage offen, warum gerade Proud'hon, warum nicht der ältere S. Simon oder Fourier weiter wirken. Und rätselhaft bleibt, warum die wissenschaftliche Analyse des Londoner Geheimmanagers der Internationale (– »Das Kapital« erschien 1867 –) nicht stärker die Geister zwang. Warum hält man sich ohne jeden äußeren Zwang an die Rechtsanschauung des code civile? Warum überwiegt der französische und nicht der deutsch-angelsächsische (Owen, Weitling, Engels, Marx) Sozialismus, warum der utopische vor dem wissenschaftlichen? Warum verdrängt der Sozialismus, der die Frauenemanzipation verneint, den sie bejahenden (Weitling) – ebenso blutvollen Sozialismus?

Alle wissenschaftliche Beantwortung außer der, die sich mit der Versammlungspsyche dieser Kongresse, mit der Herkunftsgebundenheit und geistigen Standortsverfassung ihrer Teilnehmerschaft befaßt – erscheint künstlich. Diese Entscheidung, die nicht im Rahmen unseres engeren Problems liegt, haben wir nicht herbeizuführen.

[…]

V. Die Arbeiterinnenfrage als Parteiangelegenheit

1. Die sozialdemokratischen Parteitage bis 1890 (Auf Grund der Protokolle)

Wie stark der Geist der Internationale und der Lassalleaner auf dem *Eisenacher Gründungskongreß* der sozialdemokratischen Partei 1869 wirksam ist, beweist das dort wiederholt geäußerte Verlangen nach Verbot oder Einschränkung der Frauenfabrikarbeit. Ganz ketzerisch erscheint daher die Forderung des Genossen Greulich (es ist der bekannte Wandergeselle Bebels) »gleiche Löhnung der Frauen und der Männer«. Erst der letzte warnende Zuruf von Werner (Leipzig), daß ein Verbot der Frauenarbeit die Prostitution immer mehr als Broterwerb den Mädchen eröffne, führt zu der endgültigen Kompromißfassung: »Einschränkung der Frauenarbeit in den industriellen Etablissements«. Auf dem *Dresdner* Parteitag 1871 interessiert die Debatte über Frauenbildungsschriften. Der Gewerkschaftskongreß in *Erfurt* 1872 nimmt »mit großem Beifall und einstimmig« folgende Resolution an: »Der Kongreß beschließt, gegen alle Frauenarbeit in den Fabriken und Werkstätten zu wirken und dieselbe abzuschaffen«. Der Einigungskongreß in *Gotha* 1875 entrollt durch Bebels Antrag die Frage des Frauenstimmrechts (»Wahlrecht mit dem 20. Jahr für Staatsangehörige beiderlei Geschlechts«), ein Antrag, der in Bebels Formulierung abgelehnt wird. Die endgültige Fassung des Paragraphen, die statt des ursprünglich vorgeschlagenen Wortes »Männer« – »Staatsangehörige« setzt, aber ohne Bebels Zusatz – ist wohl auf Liebknechts Politik des Erreichbaren zurückzuführen. Schon vor dem Treffen der sozialdemokratischen Partei Deutschlands 1887 in St. Gallen setzt sich »Der Sozialdemokrat« (das in Zürich herausgegebene Blatt der Sozialdemokratie deutscher Zunge) mit der Frage der Frauenarbeit im Hinblick auf eine vorzunehmende Programmänderung ausführlich auseinander. In St. Gallen wird Singer wegen seiner Rede im Reichstag über Frauenarbeit interpelliert. Frau Guilleaume beklagt sich über die in manchen Arbeiterkreisen herrschenden reaktionären Anschauungen der Frauenfrage gegenüber. Man müsse, sagt sie, in den Frauen das Klassenbewußtsein wecken, sie zu Mitkämpferinnen erziehen und dafür eintreten, daß gleicher Lohn für gleiche Leistung gezahlt werde. Sie wendet sich gegen den Programmpunkt (§ 5) der sozialistischen Arbeiterpartei von Gotha, nach dem alle »die Gesundheit und Sittlichkeit schädigende Frauenarbeit« zu verbieten sei; es sei festzustellen, welche Arbeit die Frauengesundheit nicht schädige.

Der *Pariser* internationale Arbeiterkongreß 1889 hört das große Spezialreferat der Bürgerin Zetkin über die Frage der Frauenarbeit, ein Vortrag, in dem sie auch gegen den Gothaer § 5 protestiert, und in dem das richtunggebende Wort fällt »die Emanzipation der Frau, wie die des ganzen Menschengeschlechtes, wird ausschließlich das Werk der Emanzipation der Arbeit vom Kapital sein«. Der Kongreß gibt die von nun an auch für die deutsche sozialdemokratische Partei maßgebende Parole aus mit seiner Entschließung: »Der Kongreß erklärt weiter, daß es die Pflicht der Arbeiter ist, die Arbeiterinnen als gleichberechtigt in ihre Reihen aufzunehmen und fordert prinzipiell: gleiche Löhne für gleiche Arbeit für die Arbeiter beiderlei Geschlechter und ohne Unterschied der Nationalität«.

2. Die Arbeiterinnenbewegung unter dem Sozialistengesetz

Das Sozialistengesetz vom Oktober 1878 traf die Arbeiterinnenbewegung durch die Quälereien des polizeilichen Kleinkrieges: durch Versammlungsstörung, Versammlungsverbote, Vereinsprozesse, Vereinsschließungen, Presseverbote, durch Verhaftung und Ausweisung der Führerinnen. An vielen Orten unterlagen die Veranstaltungen dem dort verhängten kleinen Belagerungszustand. In Preußen regierte alles geistige Frauenleben der § 8 des preußischen Vereinsgesetzes. Die Zuflucht für die Vereinstätigen war die stille Beteiligung an den Männerveranstaltungen und für eine lange Zeit die Mitarbeit an der Zentral-Begräbniskasse für Frauen und Mädchen. – Außerdem boten die Gewerkschaften eine Unterkunft für politisch aktive Frauen. *Ottilie Baader* berichtet, wie sie während der Zeit des Sozialistengesetzes die »Lokalorganisation der Schäftearbeiter und -arbeiterinnen« gründen half, und, daß die erste Versammlung, die von dieser Organisation veranstaltet wurde, von Frauen sowohl einberufen wie geleitet wurde.[1] – Für die Forschung auf dem Gebiet der Arbeiterinnenbewegung bedeutet die Zeit des Sozialistengesetzes eine Zerstreuung oder Vernichtung des Brief- und Vereinsurkunden-Materials. Man ist im wesentlichen angewiesen auf Darstellungen derer, die diese Zeit erlebt haben.[2]

Die Zeit des Sozialistengesetzes ist für die geistige Entwicklung der Proletarierinnen von ausschlaggebender Bedeutung. Alle Theorie wird Praxis, und alle Erfahrung wird zur Lehre. Die Arbeiterfrauen, Ehefrauen und Töchter sozialdemokratischer Männer, »von selbst dazugehörig«, erleben nun am eigenen Leib und an dem ihrer Kinder, was es heißt, Sozialdemokrat zu sein – nicht für die kurze Dauer eines Streiks, sondern für Jahre. Durchhalten d. h.: Haussuchungen über sich ergehen lassen, Arbeitslosigkeit der Männer, Verhaftung und Ausweisung, heißt alle Folterungen des »weißen Schreckens« erdulden. Da mußte man Stellung nehmen, zu Kreuze kriechen oder sich auflehnen. Auch für die indifferente Frau wurden plötzlich »Klassenkampf«, »Bourgeoisie«, »selbstbewußtes Proletariat« mehr als Schlagworte, und »Partei« blieb nicht bloß Abend- und Sonntagsbeschäftigung des Mannes, wie der Kegelklub. Die Proletarierin mußte den Sozialismus erfassen, von ihren Instinktkräften sich beflügeln lassen oder mit ihrem gesunden Menschenverstand ihn verstehen: sie wurde Mitwisserin und Mithelferin.

Frauen werden zu Mitverdienerinnen, auch solche, die sonst nicht auf Arbeit ausgegangen waren; jetzt lernen sie das Fabrikleben kennen, und die Ehefrauen der intellektuellen Führer ergreifen zum ersten Mal die Feder als Journalistinnen. Frauen, die allenfalls früher Wahlbeihilfe geleistet haben, werden nun zu Haupthilfskräften der Agitation; sie beteiligen sich an der Unterbringung der Unterstützungsgelder, tragen Flugblätter aus und fahren den »Schweizerkäse« (den von Motteler in Zürich herausgegebenen verbotenen Sozialdemokraten) im Kinderwagen über Land.

Die Heimlichkeit, mit der alles zu geschehen hat, gibt plötzlich dem nüchternen wissenschaftlichen Marxismus mit seiner komplizierten Begriffsbildung etwas von religiöser Glut. Die Frauen packt die Romantik, zu einer Sekte zu

---

1 »Die einleitenden Worte, die uns allen wichtig erschienen, wurden zu Hause sorgfältig eingeübt, und zu der Versammlung hatten wir uns unsere besten Kleider angezogen und, um es besonders gut zu machen, uns sogar frisieren lassen.« Ottilie Baader, »Ein steiniger Weg« S. 26.

2 Für diese Darstellung war als Quelle u. a. ein im Privatbesitz befindliches handschriftliches Protokoll vom Berliner Verein zur Wahrung der Interessen der Arbeiterinnen zur Verfügung.

gehören, und die Möglichkeit, aus jeder Alltagshandlung etwas Heroisches zu machen. Die lerneifrigen Frauen besuchen die Männerversammlung in Männerkleidung oder erzwingen sich als geschlossene Masse Eintritt, und alles, was bisher unpolitisch gewesen war, wird nun politisch infiziert.

Junge Führerkräfte wachsen heran, und die Sozialdemokratie wird verstärkt durch die große Zahl derjenigen, die Klassen- oder Geschlechtsjustiz erlitten hatten. Die männlichen und weiblichen Glieder der Arbeiteremanzipation lernen sich nun erst eigentlich kennen und werden verschwistert durch die »Gemeinsamkeit der Niederlage«.

Der Sammelband »Die Frauenfrage im Lichte des Sozialismus«, herausgegeben von Anna Blos, erschien 1930. An dem Band wirkten als weitere Autorinnen mit: Adele Schreiber, Louise Schröder und Anna Geyer. Die Textauszüge folgen ab Seite 539.

ANNA BLOS (geb. 1866 in Liegnitz; gest. 1933 in Stuttgart) war eine SPD-Politikerin und in den Jahren 1919 bis 1920 Mitglied der Weimarer Nationalversammlung. Ihr Ehemann Wilhelm Blos saß für die SPD seit 1877 im Reichstag und wurde 1918 erster demokratisch gewählter Ministerpräsident (später Staatspräsident) des »Freien Volksstaates Württemberg«. In ihrem Aufsatz »Die Geschichte der sozialdemokratischen Frauen Deutschlands« würdigt Anna Blos die Beiträge von Frauen wie Emma Ihrer und Clara Zetkin während der Frühphase der sozialistischen Frauenbewegung. Dass Zetkin inzwischen nicht mehr in der SPD, sondern seit 1920 Reichstagsabgeordnete für die KPD war, scheint Blos sehr geschmerzt zu haben. »Es lebten zwei Seelen in ihrer Brust«, erinnert sie sich voll Trauer an ihre alte Genossin, mit der sie noch 1905 in der Redaktion der Frauenzeitschrift »Die Gleichheit« herzlich zusammengearbeitet hatte und die ihr nach 1918 nicht mehr die Hand geben wollte. ■

ADELE SCHREIBER (geb. 1872 in Wien; gest. 1957 in Herrliberg bei Zürich/Schweiz) war eine Vorkämpferin für das Frauenwahlrecht und SPD-Reichstagsabgeordnete. Mit ihrem Mann, dem sozialdemokratischen Reichstagsabgeordneten und Arzt Richard Krieger, kam sie 1898 nach Berlin. Sie war Mitbegründerin und seit 1904 Vizepräsidentin des »Weltbundes für Frauenstimmrecht und staatsbürgerliche Frauenarbeit«. Zudem gründete sie die »Deutsche Gesellschaft für Mutter- und Kinderrecht« und engagierte sich zeitweise in der linksliberalen »Demokratischen Vereinigung«. Dem Deutschen Reichstag gehörte sie von 1920–1924 und von 1928 bis 1932 an.

In ihrem Beitrag »Die Sozialdemokratin als Staatsbürgerin« beschäftigte sich Adele Schreiber u.a. mit der parlamentarischen Arbeit der Frauen, die nach Erringung des Frauenwahlrechtes 1919 der Nationalversammlung angehörten. Ähnlich wie bei Anna Blos ist auch dem Text von Adele Schreiber das gemeinsame Anliegen anzumerken, mit dem sich (mit Ausnahme der deutschnationalen Paula Müller-Otfried) die weiblichen Abgeordneten auch über ideologische Gräben hinweg verbunden fühlten. ■

Louise Schröder (geb. 1887 in Altona bei Hamburg; gest. 1957 in Berlin) war 32 Jahre jung als sie 1919 für die SPD in die »Deutsche Nationalversammlung« gewählt wurde. Sie war Mitbegründerin der noch heute sozialwirksam arbeitenden »Arbeiterwohlfahrt«. Dem Reichstag gehörte die tapfere Sozialdemokratin durchgehend bis 1933 an. Unvergessen ist ihre Courage am 23. März 1933, als die verbliebenen 94 von 120 gewählten Abgeordneten der SPD im Reichstag geschlossen gegen Hitlers Ermächtigungsgesetz stimmten. Die Kroll-Oper, in dem die Reichstagssitzung stattfinden sollte, war von Horden der SA und SS umstellt und ausgerechnet der SPD-Abgeordnete Karl Höltermann, dem man als Vorsitzenden des »Reichsbanners Schwarz-Rot-Gold« etwas mehr Rückgrat zugetraut hätte, bekam es mit der Angst zu tun. Er plädierte dafür, nicht mehr an der Reichstagssitzung teilzunehmen. »Auch du, Höltermann, wirst hinübergehen«, soll Louise Schröder da gesagt haben, »Wir werden alle mit Nein stimmen. Ich sage Euch, ich gehe hinüber und stimme mit Nein, und wenn sie mich in Stücke reißen.« Und dann gingen sie hinüber – neun Frauen und 85 Männer – und erhoben als Letzte ihre Stimme für die Ehre des demokratischen Deutschland und gegen die Nazi-Diktatur. Nach 1945 war Louise Schröder Bürgermeisterin und zeitweise auch kommissarisch Oberbürgermeisterin von Berlin. Von 1949 bis zu ihrem Tod 1957 war sie noch einmal Mitglied des Bundestages für die SPD.

In ihrem Beitrag »Die proletarische Frau als Hausfrau und Mutter« ging es Louise Schröder keineswegs um eine Fortschreibung weiblicher Rollenmuster, wie der Titel es vermuten lässt, sondern schlicht um Armutsbekämpfung und soziale Entlastung von Frauen. Sie mahnt eine »Veränderung der Einstellung von Mann und Frau zur hauswirtschaftlichen Arbeit« und eine rechtliche »Revision der Stellung der Frau innerhalb der Ehe« an. Sie fordert den gesetzlichen Schutz für »weibliche Erwerbstätige«, sowie für Schwangere und Mütter und schlägt den Aufbau eines Netzes von »Kindergärten« und der »Genesung« bzw. »Erholungsfürsorge« für Mütter vor. Das waren alles Konzepte, die vor achtzig Jahren schon durchdacht waren und vorlagen. Und hätten die Nationalsozialisten diese Konzepte nicht in die Flammen geworfen und die Frauen von Neuem geknechtet, dann bräuchten wir heutzutage möglicherweise nicht über das »Eva-Prinzip« zu diskutieren, sondern würden das, was Frauen wie Louise Schröder gefordert haben, im Alltag unserer Gesellschaft für selbstverständlich halten. ■

Anna Geyer (geb. 1893 in Frankfurt am Main; gest. 1973 im Exil in Detroit/USA) war die jüngste im Bunde der Autorinnen von »Die Frauenfrage im Lichte des Sozialismus«. Nachdem sie 1917 in die USPD eingetreten war, begab sie sich gemeinsam mit ihrem Mann, dem Reichstagsabgeordneten Dr. Curt Geyer, auf eine Odyssee durch die politische Linke der frühen Weimarer Republik. 1920 wechselte sie mit dem linken USPD-Flügel in die KPD. Nach den Auseinandersetzungen um den zurückgetretenen KPD-Vorsitzenden Paul Levi folgte sie diesem in die »Kommunistische Arbeitsgemeinschaft« KAG. Mit dem Großteil der KAG-Mitglieder ging es 1922 zurück in die USPD und von dort noch im selben Jahr in die SPD. Als Sozialdemokratin beschäftigte sich Geyer vor allem mit frauenpolitischen Themen. Zu nennen ist besonders ihr Buch »Die Frauenerwerbsarbeit in Deutschland« (1924). Das gleiche Thema behandelt auch ihr Aufsatz »Die Frau im Beruf«, aus dem der Abschnitt »Die erwerbstätige Mutter« entnommen ist. ■

Anna Blos (o. l)
Adele Schreiber (o. r)
Louise Schröder (l)

Für Anna Geyer gelang es bisher nicht, ein Bild beizubringen.

Anna Blos/Adele Schreiber/Louise Schroeder/Anna Geyer
Die Frauenfrage im Lichte des Sozialismus

Anna Blos
Die Geschichte der sozialdemokratischen Frauen Deutschlands

Die »Gleichheit«

Daß die Arbeiter immer mehr den Wert der Solidarität mit ihren Geschlechtsgenossinnen erkannten, kam 1887 zum Ausdruck, als Berlins Arbeiterschaft zwei Frauen, *Emma Ihrer* und *Klara Zetkin,* auf den Pariser Internationalen Kongreß schickte. Hier hielt *Klara Zetkin* ein großes Referat über die Frage der Frauenarbeit und erklärte: »Die Emanzipation der Frau wie die des ganzen Menschengeschlechts wird ausschließlich das Werk der Emanzipation der Arbeit vom Kapital sein.« Der Kongreß nahm dann die folgende Entschließung an: »Der Kongreß erklärt weiter, daß es die Pflicht der Arbeiter ist, die Arbeiterinnen als gleichberechtigt in ihre Reihen aufzunehmen, und fordert prinzipiell gleiche Löhne für gleiche Arbeit für die Arbeiter beiderlei Geschlechts und ohne Unterschied der Nationalität.« Folgerichtig erklärte sich dann der Parteitag in Halle im Herbst 1890 für die völlige Gleichberechtigung der Geschlechter.

Der Parteitag in Halle wurde aber noch in anderer Beziehung bedeutungsvoll für die deutschen Arbeiterinnen. Hier bekundete *Emma Ihrer* die Absicht, eine Zeitschrift für die Frauen ins Leben zu rufen. Das Sozialistengesetz war gefallen. Damit war das Koalitionsverbot aufgehoben. Wenn sich trotzdem die Frauen nach den Vereinsgesetzen in den meisten deutschen Staaten nicht mit Politik beschäftigen oder Mitglieder politischer Vereine sein durften, war ihnen doch eher die Möglichkeit gegeben, sich politisches Wissen und Aufklärung zu verschaffen. Als eines der wichtigsten Mittel hierzu diente die von *Emma Ihrer* gegründete Wochenschrift *Die Arbeiterinnen.* Emma Ihrer war, wie viele Entrechtete, Unfreie, Enttäuschte, aus dem Bürgertum zur Sozialdemokratie gekommen und eine der besten Vorkämpferinnen der Partei geworden. Solche Idealisten oder Ideologen gab es eine ganze Reihe. Sie waren nicht wie die Arbeiter in den Sozialismus hineingeboren. Es bedurfte eines ernsten Ringens, sich die neue Weltanschauung zu eigen zu machen. Es bedeutete den Bruch mit dem früheren Leben. Viel Mut gehörte damals dazu, sich zum Sozialismus, zu der Partei der Verfemten und Ausgestoßenen zu bekennen. Opfer mußten gebracht werden. Die Stellungen in der Partei waren so gering bezahlt, daß z.B. Wilhelm Blos ein Drittel des Einkommens hatte, das er an der demokratischen »Nürnberger Zeitung« bezog, als er den Redakteurposten am »Braunschweiger Volksfreund« annahm. Meist bedeutete dieser Schritt vom Bürgertum zur Sozialdemokratie den Ausschluß aus der Familie, aus dem früheren Freundeskreis. Niemand, der während des Sozialistengesetzes für die Partei tätig war, blieb von Verfolgung, Geld- und Gefängnisstrafen, Ausweisung verschont. Die heutige Generation macht sich kaum eine Vorstellung von den damaligen Zuständen. Es sind stolze Kämpfer und Kämpferinnen, die man als Heroen des Zeitalters der Verfolgungen der Sozialdemokratie bezeichnet, und nicht die schlechtesten von ihnen kamen aus dem Bürgertum, dessen Brüchigkeit sie erkannt hatten.

Emma Ihrer war 1857 in Glatz in Schlesien geboren. Sie schildert in ihrer 1898 erschienenen Schrift *Die Arbeiterin im Klassenkampf*, wie sie sich zuerst der bürgerlichen Frauenbewegung angeschlossen hatte, und wie sie zu der Erkenntnis kam, daß diese auf Grund bestehender Verhältnisse die Stellung der Frauen, insbesondere die der Arbeiterinnen, zu ändern suchte. Als sie die Unmöglichkeit dieser Bestrebungen erkannte, begann sie, die Arbeiterinnen für den Gedanken ihrer Befreiung durch die Sozialdemokratie zu gewinnen. Sie gründete während des Sozialistengesetzes eine Reihe von Arbeiterinnenvereinen, die meist der Auflösung verfielen. Sie hatte sich mit einem Apotheker in Velten bei Berlin verheiratet, der Verständnis für die Bestrebungen seiner Frau hatte, und der ihr auch behilflich war, mit zum großen Teil eigenen Mitteln 1891 die erste Wochenschrift für sozialdemokratische Frauen, *Die Arbeiterin*, ins Leben zu rufen. Schon im zweiten Jahrgang erhielt die Zeitung den Namen *Die Gleichheit*. Druck und Verlag übernahm *J.H.W. Dietz* in Stuttgart, der noch eine Reihe anderer sozialistischer Zeitschriften: *Die neue Zeit*, *Der wahre Jakob*, *Die neue Welt* usw., herausgab. Da Emma Ihrer durch ihren Mann an Belten gebunden war, mußte sie die Redaktion der Zeitung aufgeben. Neben der politischen Agitation, die sie eifrig betrieb, beteiligte sich Emma Ihrer auch an der gewerkschaftlichen Organisation der Frauen; sie wurde 1890 in die Generalkommission der Gewerkschaften gewählt. Ihr Grabspruch »Wirken für andere war ihres Glückes ergiebigster Quell« bezeichnet am besten das Wesen dieser klugen und dabei so gütigen führenden Genossin.

Die Redaktion der Zeitung, die, wie schon erwähnt, bereits im zweiten Jahrgang den Namen *Die Gleichheit* erhielt, übernahm *Klara Zetkin*. Aber der Name *Emma Ihrer* blieb noch einige Jahre am Kopf der Zeitschrift stehen.

Klara Zetkin ist zweifellos eine der allerbedeutendsten Frauen nicht nur in der Sozialdemokratie, sondern in der gesamten Frauenwelt überhaupt. Sie ist eine starke Persönlichkeit mit viel Licht und viel Schatten. Ihr leidenschaftliches Temperament war fortreißend. Aber sie ließ kaum eine andere Meinung neben der ihren gelten, und neben aller Größe konnte sie auch kleinlich sein. Ihr Mädchenname war *Klara Eißner*. Sie wurde am 5. Juli 1857 in Wiederau in Sachsen geboren. In Sachsen war von jeher die radikale Richtung dominierend, und so hat auch Klara Zetkin stets zum äußersten linken Flügel der Sozialdemokratischen Partei gehört. Als junge Lehrerin war sie in Leipzig Schülerin von *Auguste Schmidt* und *Henriette Goldschmidt*, den Freundinnen von *Luise Otto-Peters*, die mit dieser die Grundlage der bürgerlichen deutschen Frauenbewegung schufen. So wurde Klara Eißner eingeführt in die Gedankenwelt dieser Gründerinnen der Frauenbewegung, machte aber auch in Leipzig schon die Bekanntschaft von *August Bebel*. Sie ging nach Paris, um sich in der französischen Sprache auszubilden, besuchte dort die Hochschulkurse und lernte den russischen Studenten *Zetkin* kennen. Durch ihn wurde sie bekannt gemacht mit den politischen Strömungen der russischen Anarchisten und Nihilisten, den Vorläufern der heutigen Bolschewisten und Kommunisten, und damit wurde der Grund gelegt zu ihrer späteren Stellungnahme nach der Revolution von 1918.

Aus dem Verhältnis mit *Zetkin* entstammen zwei Söhne. *Klara Eißner* nannte sich nun *Klara Zetkin*. Zetkin starb sehr jung, und Klara kehrte nach der Aufhebung des Sozialistengesetzes nach Deutschland zurück und kam nach Stuttgart. Diese Stadt war durch den Verlag von J.H.W. Dietz zu einem geistigen Mittelpunkt der Partei geworden, und Klara, die ja nun auch für ihre beiden Söhne zu sorgen hatte, hoffte wohl dort die Möglichkeit zur geistigen Betätigung zu finden. Diese Hoffnung erfüllte sich auch, als ihr die Redaktion der *Gleichheit* übertragen wurde. Sie heiratete den schwäbischen Kunstmaler *Zundel*, nannte sich aber weiter Zetkin. Als verantwortliche Redakteurin mußte sie in Klammern den Namen Zundel beifügen. Durch ihre Heirat mit dem sehr viel jüngeren Mann kam Klara Zetkin-Zundel in ganz behagliche Verhältnisse. Sie, die wie kaum eine andere das Wort »proletarisch« im Mund führte und alle angriff, die bürgerlichen Verkehr hatten oder sich eine »gehobene Lebenshaltung« erlaubten, wohnte in einer mit schönen alten Möbeln eingerichteten Villa, hatte ein gastfreies Haus, und wer sie dort als liebenswürdige Gastgeberin kennenlernte, konnte sich kaum vorstellen, daß diese Frau die Todfeindin der bürgerlichen Gesellschaft war, als die sie sich selbst gern bezeichnete.

Bis 1916 hat Klara Zetkin die *Gleichheit* redigiert, und diese sozialistische Frauenzeitung war zweifellos lange Zeit eine der besten, wenn nicht die beste Frauenzeitung in Deutschland überhaupt. Es war gewiß nicht leicht, die Zeitung auf diese Höhe zu bringen und auf ihr zu halten. Wie schwer war es nur, einen Stab von geeigneten Mitarbeiterinnen zu finden. War doch lange Zeit alle Mitarbeit an der *Gleichheit* unentgeltlich, und war doch die Zahl der Frauen, die schreiben konnten, oder derer, die Interesse hatten für diese Art Zeitung, sehr gering. Immer wieder ist der Zeitung der Vorwurf gemacht worden, daß sie nicht populär genug wäre. Klara Zetkin hat sie bewußt nicht populär gehalten. Sie wollte ein Gegengewicht schaffen gegen die damals so beliebten Frauenzeitschriften, wie sie ja heute noch so gern gelesen werden. Selbst die Unterhaltungsbeilage sollte möglichst wenig Romane, keine Modeberichte, keine Rezepte bringen, sondern dem Wissen dienen.

Aus persönlicher Erfahrung kann ich betonen, daß die Arbeit mit Klara Zetkin als Schriftleiterin sehr angenehm war. Als sie mich aufforderte (1905), für die *Gleichheit* zu schreiben, brachte sie meine ersten Arbeiten mit Korrekturen. Als ich ihr darauf erklärte, Korrekturen dürften an Artikeln, die ich mit meinem Namen zeichnete, nur mit meinem Einverständnis gemacht werden (Ich hätte ja früher schon viel geschrieben), erhielt ich einen sehr freundlichen Entschuldigungsbrief. Von da an vollzog sich unsere gemeinschaftliche Arbeit ganz reibungslos. Ich habe eine ganze Reihe Briefe voller Anerkennung von ihr, trotzdem wir zuweilen verschiedener Meinung waren. Als sie nach Kriegsausbruch die Haltung meines Mannes heftig angriff, stellte ich meine Mitarbeit ein.

Ich sah sie noch einmal bei der Besichtigung der Haushaltungsschule, die ich nach der Revolution gründete. Im Gegensatz zu den anderen weiblichen Abgeordneten der württembergischen Landesversammlung gab sie mir keine Hand und suchte eifrig nach Angriffspunkten. Allmählich änderte sich ihre Haltung, und wir waren alle erstaunt, welch warmes Verständnis sie gerade für die hausmütterliche Ausbildung der Volksschülerinnen zeigte.

Es lebten zwei Seelen in ihrer Brust. War es doch auch merkwürdig, daß gerade die Frau, die an sich Gegnerin besonderer Frauenorganisationen, besonderer Frauenbildung war, doch anderseits wieder die Notwendigkeit dieser besonderen Frauenorganisationen, der besonderen Frauenbildung als Leiterin der *Gleichheit* anerkannte.

Adele Schreiber
Die Sozialdemokratin als Staatsbürgerin

Frauenarbeit in der Nationalversammlung
Sozialdemokratische Frauenkonferenz in Weimar

Die sozialdemokratischen Parlamentarierinnen entstammen den verschiedensten Berufen, ihre weitaus größte Zahl kommt aus dem Proletariat, aber sie sind ihrer Anfangsarbeit meist längst entwachsen und als Parteisekretärinnen, Redakteurinnen, Schriftstellerinnen oder in der Wohlfahrtsarbeit geschult.

Die Mehrzahl ist verheiratet, viele sind Mütter, manche kinderreiche Mütter, eine sogar Mutter von sechs Kindern, für die sie seit Jahren als Zigarrenarbeiterin allein sorgt! Wieviel Begabung, Fleiß, Energie waren nötig, um auf Grundlage unzureichender Schulbildung, gehemmt durch die doppelte Belastung der Frau, aus eigener Kraft, unter dem Druck der Sorge ums tägliche Brot, dabei noch oft unter Schwierigkeiten des Ehelebens, sich all die nötigen Kenntnisse zu erwerben! Ein Beweis dafür, wieviel wertvolle Kraft dem Klassenstaat stets verlorenging und noch verlorengeht.

Zwei der Frauen entstammten dem Lehrerinnenberuf, der überhaupt unter Parlamentarierinnen stark vertreten ist, vier waren in kaufmännischen Berufen tätig, die übrigen in ihren Anfängen meist als Fabrikarbeiterinnen, Hausangestellte, Schneiderinnen, Heimarbeiterinnen.

Die Eingliederung der Frauen in die Nationalversammlung vollzog sich reibungslos unter völliger Gleichberechtigung. Frauen erhielten ihren Platz als Schriftführerinnen im Präsidium, als Vorsitzende und Mitglieder von Kommissionen. Die erste Rednerin eines deutschen Parlaments war die Sozialdemokratin *Marie Juchacz*. Sie kennzeichnete den Frauenstandpunkt mit den Worten: »Aber damit (mit der politischen Gleichstellung) begeben wir uns keineswegs des Rechts, andersgeartete Menschen, *weibliche Menschen* zu sein. Es wird uns nicht einfallen, *unser Frauentum zu verleugnen,* weil wir in die politische Arena getreten sind und für die Rechte des Volkes mitkämpfen.«

Auch zwischen den Frauen der SPD und der USP lief die unheilvolle Trennungslinie, so daß die drei Vertreterinnen der USP oftmals mit ihren Anträgen isoliert blieben.

Die Zusammensetzung der Nationalversammlung war relativ günstig. So gelang es, mit erheblichen Mehrheiten das Werk der *Weimarer Verfassung* zu schaffen. Sie bekundet in vielen Punkten die Mitarbeit von Frauen, insbesondere auch von Sozialdemokratinnen. Als Mitglieder des Verfassungsausschusses haben *Toni Pfülf, Marie Juchacz, Ernestine Lutze* gearbeitet. Mancher Angriff auf neuerrungene Freiheiten, auch von reaktionärer Frauenseite, wurde abgewehrt, so der Antrag einer Deutschnationalen auf Hinaufsetzung des Wahlalters. Leider gelang es, trotz sozialdemokratischem Widerspruch, den klaren Wortlaut des Satzes: »Männer und Frauen haben dieselben staatsbürgerlichen Rechte und Pflichten« durch Einschiebung des Wortes »grundsätzlich« zu einem Kautschukparagraphen umzugestalten. 149 gegen 119 Stimmen sprachen sich für die Verschlechterung aus. Bei dieser Abstimmung trennten sich einige Frauen bürgerlicher Fraktionen von der Meinung ihrer männlichen Kollegen.

Für die Aufhebung aller Ausnahmegesetze gegen die Prostituierten, für die Abschaffung der Todesstrafe setzten sich sozialdemokratische Frauen der Nationalversammlung ein, besonders *Toni Pfülf,* die seither ununterbrochen für die Strafrechtsreform arbeitet. Bei der namentlichen Abstimmung schloß sich nur Frau *Dransfeld* (Zentrum) den Sozialdemokratinnen in der Stellungsnahme gegen die Todesstrafe an – keine andere bürgerliche Frau.

Der Glaube, daß die Frauen aller Richtungen für Vermenschlichung des Strafvollzugs eintreten müßten, wurde schon damals erschüttert. Später erlitt er einen noch schwereren Stoß, als bei Beratungen der Strafrechtsreform im Reichstag 1927 die deutschnationale Abgeordnete und Vorsitzende des *Deutschevangelischen Frauenbundes, Paula Mueller-Otfried*, sich zur besonderen Verfechterin der Todesstrafe machte.

Die Beseitigung der Ausnahmebestimmungen für weibliche Beamte, die Einführung der Einheitsschule, die Rechte des unehelichen Kindes, der staatliche Schutz der Mutter, Ausbau von Reichswochenhilfe und Erwerbslosenfürsorge, Fürsorge für die Kriegsbeschädigten verdanken der Initiative sozialdemokratischer Frauen wesentliche Förderung. In sozialpolitischen Fragen hat sich *Louise Schroeder* besonders verdient gemacht. Ebenso vertraten Sozialistinnen die Sache der Unfall-, Invaliden- und Altersrentner, der Zivil- und Militärrentenempfänger, der Behandlung von Gefangenen in Militär- und Festungsgefängnissen, der internierten deutschen Seeleute, der Versorgung mit Brennholz, der besseren Milchversorgung für die damals äußerst gefährdeten Säuglinge, der Volksernährung, vor allem der Kartoffelbewirtschaftung.

Die tiefgehende Bewegung, die durch das Versailler Friedensdiktat in ganz Deutschland ausgelöst wurde, fand in den Reden sozialdemokratischer Frauen erschütternden Ausdruck. Sie spiegeln den tragischen Kampf wider, der sich in der Nationalversammlung vollzog, angesichts der Alternative, das Friedensdiktat anzunehmen oder durch Ablehnung eine noch größere Katastrophe heraufzubeschwören. Die Nationalversammlung veranstaltete am 22. Mai 1919 eine Sitzung in der Aula der *Berliner Universität*, in der auch *Klara Bohm-Schuch* zu Worte kam. Sie sprach nicht nur als Politikerin, sondern als mütterlich fühlende Frau: »Die Frauen aller Länder haben während des Krieges Unsagbares gelitten. Alle, welche Sprache wir auch sprechen, trugen die quälende Sorge um das Leben unserer Lieben, die im Felde standen. Alle trugen wir das bittere Weh, daß Menschen von Menschen getötet wurden, und sie waren doch alle Söhne von Müttern, und alle von Frauen geboren. Das Leid der Frauen und Mütter war international, solange der Krieg tobte …

Ich weiß nicht, ob unsere Schwestern jenseits der Grenzen jemals begriffen haben, welche Unmenschlichkeit in der Hungerblockade liegt. Wir deutschen Frauen und Mütter haben gehungert während des Krieges! Wir haben es sehen müssen, wie die Kinder hungerten und verhungerten …, wie ganze Scharen blühender junger Männer an den Hungerkrankheiten zugrunde gingen! Wenn die Ententeregierungen eine Rechnung aufmachen wollten der Leiden von

Frauen und Kindern in ihren Ländern, dann, sage ich, haben wir eine Gegenrechnung zu präsentieren, die geradezu ungeheure Schuldposten enthält, die überhaupt nie im Leben wieder beglichen werden kann.«

Die Demokratin und langjährige Pionierin des Frauenstimmrechts *Regine Deutsch,* die in mühevoller Arbeit die Tätigkeit der deutschen Parlamentarierinnen von 1919 bis 1928 in drei Broschüren objektiv und gewissenhaft dargestellt hat, nimmt in dem Schlußwort des ersten Bändchens auch Stellung zu der Frage, inwieweit Frauen verschiedener Parteien sich gemeinsam für Frauenfragen eingesetzt haben. Sie folgert, daß in manchen Punkten weitgehende Einigkeit bestand, z. B. hinsichtlich der Wochenhilfe und Wochenfürsorge, hinsichtlich der Gleichberechtigung der Arbeiterinnen im Betriebsrätegesetz, der Beamtinnen im Besoldungsgesetz, und sagt: »Alle Frauen haben sich als soziale Mütter betätigt, von *Frau Behn* (deutschnational) bis zu *Frau Zietz* (USP).« Sie fügt aber hinzu, daß zuweilen besonders große Gegensätze vorhanden waren, so gerade in bezug auf das Wort »grundsätzlich« in Artikel 109 der Verfassung, auf den Umfang der Rechte des unehelichen Kindes, auf die Frage der verheirateten Beamtin, und auch sie erkennt die Unmöglichkeit der Frauenvertretung durch die immer noch in manchen Köpfen lebende Frauenpartei.

Über alle Parteitrennungen hinweg zeigte sich einheitliches Vorgehen, als die Frauen sämtlicher Richtungen, mit Einschluß von *Luise Zietz*, sich zu einer Interpellation gegen die Fortdauer der Hungerblockade und für die Herausgabe der Kriegsgefangenen zusammenschlossen. Diese am 1. März 1919 eingebrachte Interpellation machte tiefen Eindruck und wurde sogar vom Präsidenten der Nationalversammlung als »edle Tat« bezeichnet.

Wenn bei dem zweiten einmütigen Frauenprotest gegen die an Frauen begangenen Verbrechen farbiger Besatzungstruppen am Rhein, den *Elisabeth Röhl* begründete, *Luise Zietz* sich nicht voll anschloß, so geschah dies nicht aus mangelndem Gefühl für die vergewaltigten Opfer. Frau Zietz erklärte vielmehr, daß sich der Protest gegen Personen jeder Rasse wenden müsse, die sich Verfehlungen zuschulden kommen lassen, nicht nur gegen Farbige.

Unmittelbar vor Schluß der Nationalversammlung stellte sich noch eine eigentümliche Unterlassungssünde gegenüber den Frauen heraus. Die volle politische Gleichberechtigung in der Verfassung war fest verankert, es war aber übersehen worden, das alte Gewerbegerichtsgesetz zu revidieren, so daß Frauen zu allen Körperschaften wahlberechtigt und wählbar waren, aber nicht zu den Kaufmanns- und Gewerbegerichten.

Seltsamerweise entspann sich über die Abänderung dieser in so krassem Widerspruch zur Verfassung stehenden Bestimmung eine längere Debatte, so daß sie auf Wunsch des Ältestenrates im Hinblick auf die gedrängte Zeit dem späteren Reichstag vorbehalten blieb.

Die nach fünfzehn Monaten am 21. Mai 1920 geschlossene Weimarer Tagung ist auch in der Geschichte der Frau ein Denkmal besonderer Art – sie war die erste Nationalversammlung, gewählt nach demokratischem Wahlrecht, die unter weiblicher Mitarbeit die Verfassung eines großen Reiches schuf. Ideen und Grundsätze der Sozialdemokratie kommen in ihr vielfach zu ihrem Recht, obzwar alle erzielten Ergebnisse Kompromisse sein mußten. Das Verdienst des Demokraten *Hugo Preuß*, der den Verfassungsentwurf schuf, soll hier besonders anerkannt werden. Trotz den notwendigen Kompromissen kann die deutsche Verfassung als die freieste der Welt bezeichnet werden. Ihr Fehler ist nur, daß wir nicht nach den Bestimmungen der Weimarer Verfassung, sondern unter Rechtsnormen und Zuständen leben, die oft sehr erheblich von ihr abweichen. Veraltete Gesetzbücher sind noch maßgebend, vor allem auch hinsichtlich der Lage der Frau.

In die Zeit der Nationalversammlung fällt die in Weimar abgehaltene erste große sozialistische Frauenkonferenz der deutschen Republik. In ihrem Referat über »Die Aufgaben der sozialdemokratischen Frauenbewegung« beleuchtete *Marie Juchacz* die Wirkung der Revolution auf das Erwachen der Frauen. So war in *Ostpreußen*, wo die Zahl der weiblichen Parteimitglieder im Jahre 1917 von 2020 Frauen (1914) auf 58 gesunken war, ein Anstieg auf 13119 zu verzeichnen! Krieg und Frauenarbeit im Kriege hatten die Frauen geistig vorbereitet. Die Frage, ob es unlogisch sei, daß die in der Partei gleichberechtigten weiblichen Mitglieder noch besondere Fraueninteressen hätten, beantwortete sie dahin, daß psychologische Verschiedenheiten nicht aus der Welt zu schaffen seien, auch nicht abgeschafft werden sollen. Frauenrechte würden wenig bedeuten, wenn sie nur die Wählerzahl vermehrten. Sie ermahnte die Frauen, sich als Persönlichkeiten im Parteileben ihre Stellung zu schaffen, und befürwortete die Vermehrung der Zahl der Frauensekretärinnen, deren sorgfältige Auswahl und Schulung.

Im zweiten Referat »Frauenarbeit und Frauenschutz« gab *Gertrud Hanna* Einblick in die trostlose, durch die Demobilisierung geschaffene Lage, die zahlreiche Härten gegen Frauen mit sich brachte. Sie forderte mehr gewerkschaftliche Organisation, rege Tätigkeit der Frauen in Arbeiterräten, Betriebsräten, Wirtschaftsräten.

Als dritte Referentin zum Thema »Mehr Schutz und Recht für Mutter und Kind« verlangte *Adele Schreiber* neben umfassender Sozialpolitik und Fürsorge eine Umwandlung der Ideen. Freiheitliche, bahnbrechende Gesetze können auch in Zeiten größter Not geschaffen werden.

In der Debatte verfochten u. a. *Klara Bohm-Schuch* rege Agitation unter den Landarbeiterinnen, *Anna Blos* stärkeren Müttereinfluß in Schul- und Erziehungsfragen, mehr Frauen in den Kultusministerien, ein Reichsjugendministerium zur Bearbeitung aller Fragen von Mutterschutz und Jugendfürsorge, *Minna Todenhagen* vertrat die Forderung einer besonderen Frauenschule der Partei zur Ausbildung in sozialer Wohlfahrtspflege. Ein Jahrzehnt später wurde dieser Wunsch verwirklicht durch die unter Leitung von *Hedwig Wachenheim* stehende sozialistische *Wohlfahrtsschule* des *Hauptausschusses für Arbeiterwohlfahrt.*

Die Weimarer Verfassung bestimmt, daß alle Staatsstellungen auch den Frauen zugänglich sein sollen. In Deutschland haben wir noch keinen weiblichen Minister, keinen weiblichen Unterstaatssekretär wie in anderen Ländern. Die verstorbene Sozialdemokratin *Nina Bang* war in *Dänemark* Unterrichtsminister, die Sozialistin *Minna Sillanpäa* Staatssekretär in *Finnland*; *Magret Bondfield*, Staatssekretär im ersten Kabinett Macdonald, ist gegenwärtig englischer Arbeitsminister. In Deutschland zogen einige Frauen als Ministerialräte, Oberregierungsräte und Regierungsräte in die Ministerien ein. In der Nationalversammlung war zum erstenmal die Regierung durch Frauen, zwei Sozialdemokratinnen, vertreten: *Dorothea Hirschfeld*, später Ministerialrat im Reichsarbeitsministerium, und Regierungsrat *Meta Kraus-Fessel* im preußischen Wohlfahrtsministerium. Von den in die verschiedenen Ministerien berufenen Sozialdemokratinnen sind zu nennen: die Regierungsrätinnen *Hedwig Wachenheim* (Reichsministerium des Innern), Dr. *Hilde Oppenheimer* (Reichsarbeitsministerium), *Margarete Trapp* (preußisches Handelsministerium), *Käthe Rosenheim* (preußisches Ministerium des Innern), Dr. *Lore Spindler* (preußisches Wohlfahrtsministerium).

Gleichfalls während der Nationalversammlung spielte sich der *Kapp-Putsch* ab. Bei der Abwehr haben die Frauen eine geschlossene Front mit den Männern gebildet und sich einmütig an der passiven Resistenz, dem Generalstreik, beteiligt, der so erfolgreich war, daß er in wenigen Tagen die versuchte Diktatur niederzwang.

Louise Schroeder
Die proletarische Frau als Hausfrau und Mutter

Welche Massnahmen sind notwendig, um die Lage der Hausfrau und Mutter erträglich zu gestalten?

Die erwähnten Tatsachen zeigen, wie wenig der die Zeit und ihre Notwendigkeiten durchschaut, der glaubt, daß es genüge, die Frau zu möglichst vielen Geburten zu zwingen. Wir brauchen vielmehr die gewollte und ihrer Verantwortung bewußte Mutterschaft! Die Konsequenz kann deshalb nicht lauten: Zwangsmaßnahmen gegen die Erwerbstätigkeit der Hausfrau; sie muß vielmehr lauten: *Überwindung der Ursachen für jene Mitarbeit der Frau, die lediglich aus der Notlage der Familie herrührt,* und *energische Maßnahmen zum Schutze der Erwerbstätigen,* Maßnahmen, die verhindern, daß die Erwerbsarbeit die Gesundheit zerstört und die Lebensfunktionen beeinträchtigt. Soweit darüber hinaus ein Sonderschutz erforderlich ist zum Zwecke der Erhaltung der Mutterschaft, ist er auszubauen sowohl für die weibliche Erwerbstätige im allgemeinen als auch für die Schwangere und Wöchnerin im besonderen. Die umfangreichen gesetzlichen Maßnahmen der letzten zehn Jahre, auf die später noch zurückgekommen werden wird, ändern nur wenig an der Tatsache, daß das Wort Friedrich Naumanns auch heute noch gilt: »Heute werden die Hersteller von Menschen von allen Seiten belastet, als sei es nötig, ihnen ihr Werk besonders zu erschweren. Weder der Vater noch die Mutter nimmt deshalb mehr ein, weil sie Kinder liefern. Jedes neue Kind verengt zunächst den Raum, vermehrt den Bedarf und verkürzt die Unabhängigkeit der Eltern. Vor allem aber bedeutet Mutterschaft den Geldverlust. Die Frau geht als Individuum leichter durch die kapitalistische Welt, wenn sie nicht Mutter wird. Sie arbeitet dann nicht Menschen, sondern Ware und verkauft Hände, da ihr niemand für Kinder etwas gibt.« Dieser Zustand wird erst behoben sein, wenn die Leistung der Mutterschaft voll als staatsbürgerliche Leistung anerkannt worden ist, das heißt wenn die Kosten der Mutterschaft und der Kindererziehung vom Staate übernommen sein werden, sei es durch Kinderbeihilfen, sei es durch sonstige soziale Leistungen des Staates.

In rechtlicher Hinsicht wird eine *Revision der Stellung der Frau innerhalb der Ehe* notwendig sein, die dem heutigen Zustand ein Ende macht, daß die Frau schon innerhalb der Ehe minderen Rechts insbesondere bezüglich der Erziehung ihrer Kinder ist, aber noch mehr in ihren Rechten beeinträchtigt wird bei einer Trennung der Ehe.

Hierher gehört auch die Veränderung der *Einstellung von Mann und Frau zur hauswirtschaftlichen Arbeit.* Es soll ausdrücklich betont werden, daß diese Tätigkeit in keiner Weise geringer eingeschätzt werden soll als irgendeine andere Arbeit. Heute wird sie größtenteils viel zu gering bewertet. Der Mann, der abends nach acht- oder neunstündiger Arbeit nach Hause kommt, um dann zu ruhen oder sich in Versammlungen, Vorträgen, Erholungsstätten weiterzubilden, nimmt es als Selbstverständlichkeit hin, daß die Frau, je nach der Kinderzahl oder ihrer eigenen Erwerbsarbeit, bis in die späten Abend- oder Nachtstunden hinein stopft, flickt oder gar mit Waschen oder Reinmachen beschäftigt ist. Er ahnt nicht, daß diese Arbeit, die vielleicht, als einzelnes gesehen, nicht zu schwer ist, in ihrer ständigen Monotonie, in ihrem alle feste Arbeitszeit überschreitenden Maß zermürbender und vor allem deprimierender wirkt als manche festumrissene Erwerbsarbeit. Muß dem nun so sein? Gibt es nicht heute genügend technische Hilfsmöglichkeiten, um die Arbeit auf das richtige Maß zurückzubringen? Ganz gewiß hängt es in erster Linie eng zusammen mit den zu gerinen Löhnen, daß kein Betrieb technisch so rückständig ist wie der kleinste, der hauswirtschaftliche Betrieb. Aber ist nicht auch manchmal die Meinung vertreten, daß die Kosten für eine elektrische Einrichtung, einen Staubsauger oder anderes leicht durch ein wenig Mehrarbeit gespart werden könnten? Es wird dabei vergessen, daß auch die Kraft der Frau ihre Grenzen hat, daß sie eine zu lange Arbeitszeit, das Entbehren der nötigen Ruhe mit ihrer Gesundheit und ihrer Spannkraft bezahlen muß. Es wird vergessen, daß oft die zur Erziehung der Kinder so notwendige Zeit verlorengeht durch hauswirtschaftliche Beschäftigung, die mit den richtig angewandten Mitteln gespart werden könnte. Darum muß unsere Forderung dahin gehen, gerade für die erwerbstätige Bevölkerung Wohnungen zu schaffen, die alle nur möglichen Erleichterungen für die Hausfrau enthalten, Erleichterungen, durch die ein großes Maß der Doppelbelastung durch Hausfrau- und Berufsarbeit eingedämmt werden, durch die aber auch die »Nur-Hausfrau« Zeit für wertvollere Aufgaben erhalten kann.

Liegt hierin nicht auch eine Möglichkeit, das heute so außerordentlich akute *Eheproblem* wenigstens zu einem Teil zu lösen? Manche Ehen führen nur deshalb zur Gleichgültigkeit und inneren Armut, weil die Frau mit der geistigen Entwicklung des Mannes nicht Schritt halten kann. Während sie bis in die Nacht hinein bemüht ist, den Haushalt, die Kleidung und Wäsche instand zu setzen, ist der Mann in der Lage, Vorträge, Versammlungen usw. zu besuchen oder ein gutes Buch zu lesen. Was folgt, wenn der Mann merkt, daß er sich mit der eigenen Frau über das, was ihn innerlich bewegt, nicht unterhalten kann, daß sie aufgeht in ihren häuslichen, ihm klein und ihr doch so wichtig erscheinenden Sorgen, und wenn er diese Aussprache dann außerhalb des Hauses sucht?

Von besonderer Wichtigkeit ist auch die Schaffung von Erholungsmöglichkeiten für Hausfrauen. Wir haben heute Heime der Versicherungsträger (Krankenkassen, Landesversicherungsanstalten, Angestelltenversicherung) für versicherte Erwerbstätige in großem Umfang. Wir haben Kräftigungsmöglichkeiten für Kinder in Gestalt von örtlicher und auswärtiger Erholungsfürsorge. In der für die Gesundung des Volkes und gleichzeitig für die Gestaltung des Ehe- und Familienlebens so bedeutungsvollen Frage des Ausspannens, der Genesung unserer abgearbeiteten Hausfrauen und Mütter stehen wir noch am Anfang.

Die wichtigste Konsequenz der starken Erwerbsarbeit der Mütter sind *Maßnahmen der Allgemeinheit zum Schutze und zur Erziehung der Kinder.* Es ist eine verhängnisvolle Kurzsichtigkeit, wenn immer noch große Kreise der Bevölkerung glauben, die Erziehungsarbeit sei eine Sache einzig der Familie, jeder

Schritt, der einen anderen Weg gehe, führe zur Entfremdung von Eltern und Kindern. Niemand will den Eltern ihre Kinder rauben, niemand die Bande des Blutes und des Gemütes zerreißen, die zwischen Eltern und Kindern bestehen; aber heißt es nicht gerade diese Verbindung gefährden, wenn eine an sich überarbeitete Frau die Beschäftigung mit ihrem Kind als Last empfindet und das Kind, wenn auch nur im Unterbewußtsein, das spürt? Es ist Pflicht der Allgemeinheit, deren wertvollstes Gut der Mensch ist, hier helfend einzugreifen und nicht nur durch gute Schulen, sondern auch durch gute Einrichtungen außerhalb der Schule, Kindergärten, Kinderhorte, Kinderheime und, soweit nötig, Erziehungsheime zu sorgen für die Erhaltung und Pflege dieses Volksgutes.

Anna Geyer
Die Frau im Beruf

Die erwerbstätige Mutter

Die Erwerbsarbeit der Ehefrauen wird nicht selten als eine Ursache des Geburtenrückganges bezeichnet. Besondere Statistiken über die Kinderzahl der erwerbstätigen Frauen werden nicht geführt. Darum ist es sehr schwer, die Richtigkeit dieser Behauptung nachzuprüfen. Rein logisch erscheint sie zunächst sehr einleuchtend. In der Praxis zeigt sich nicht selten der umgekehrte Weg. Oft zwingt eine große Kinderzahl die Mütter zum Mitverdienen, weil das Einkommen des Vaters nicht mehr ausreicht.

Für die Häufigkeit solcher Verhältnisse spricht die Tatsache, daß der größere Teil der erwerbstätigen Ehefrauen über 40 Jahre alt ist. Während im Durchschnitt 28,7 v. H. aller Ehefrauen erwerbstätig sind, bleibt die Zahl der achtzehn- bis vierzigjährigen Ehefrauen hinter diesem Durchschnitt zurück. Von den vierzig- bis fünfzigjährigen Ehefrauen dagegen sind 30,7 v. H. erwerbstätig, und bei den fünfzig- bis sechzigjährigen Ehefrauen steigt die Verhältniszahl der Erwerbstätigen gar auf 31,5 v. H. Auch bei den sechzig- bis fünfundsechzigjährigen Ehefrauen ist die Zahl der Erwerbstätigen verhältnismäßig viel höher als bei den fünfundzwanzig- bis dreißigjährigen Ehefrauen. Unter den jüngeren Ehefrauen hat aber im Vergleich zum Jahre 1907 die Erwerbsarbeit besonders stark zugenommen. Es darf allerdings bei Betrachtungen über das Alter der erwerbstätigen Ehefrauen nie vergessen werden, wie hoch der Anteil der in der Landwirtschaft tätigen Ehefrauen an der Gesamtzahl der erwerbstätigen verheirateten Frauen ist.

Sicher kann man mit einem gewissen Recht annehmen, daß die Fälle heute häufiger sind, in denen die jungen Eheleute erst ein Kind bekommen, wenn die Möbel abbezahlt sind, und wenn damit das Einkommen der Frau frei wird für andere Ausgaben, oder wenn auf das Einkommen der Frau verzichtet werden kann. Freilich ist bei diesen Betrachtungen zu beachten, daß für ungefähr drei Viertel aller erwerbstätigen Ehefrauen die Verbindung zwischen Berufsarbeit und Mutterschaft nicht übermäßig schwer ist, weil dieser Teil der verheirateten Frauen und Mütter seine Arbeit innerhalb des eigenen Heimes verrichten kann und auch die Arbeitszeit einigermaßen in Einklang bringen kann mit den Erfordernissen der Kinderpflege und Erziehung. Das Maß an Arbeit ist allerdings unter solchen Umständen oft unerträglich hoch. Zu dieser Gruppe gehören vor allem die mithelfenden Familienangehörigen, die vorwiegend in der Landwirtschaft tätig sind, und die Gruppe der Selbständigen, die ebenfalls zu einem großen Teil der Landwirtschaft zuzurechen sind.

Immerhin bleiben noch ungefähr 850 000 Ehefrauen, die außerhalb ihres Hauses erwerbstätig sind und für die Mutterschaft und gleichzeitige Erwerbsarbeit ein viel schwieriger zu lösendes Problem bildet. Welche Auswege von den erwerbstätigen Müttern gesucht werden, um ihre Kinder möglichst wenig unter ihrem Fernsein vom Hause leiden zu lassen, das läßt sich nicht in einer Statistik erfassen. Die von mir im Auftrag des Enquêteausschusses durchgeführte und bereits mehrfach zitierte Erhebung gibt auch hiervon ein recht anschauliches Bild.

Von den befragten 131 verheirateten Arbeiterinnen verschiedener Industriezweige waren 27 kinderlos. Von 28 befragten weiblichen Angestellten hatten dagegen 17 keine Kinder. Das hängt allerdings zum Teil mit dem jüngeren Durchschnittsalter der weiblichen Angestellten zusammen. Von den 17 kinderlosen verheirateten weiblichen Angestellten waren 13 noch nicht 30 Jahre alt, und 3 waren zwischen 30 und 40 Jahren. Von den 27 kinderlosen verheirateten Arbeiterinnen waren dagegen nur 10 noch nicht 30 Jahre alt und 7 waren bereits über 45 Jahre alt. Die 101 in der Enquête erfaßten Arbeiterinnen, die gleichzeitig Mütter und erwerbstätig sind, haben zusammen 237 Kinder. Die 11 Angestellten haben zusammen 17 Kinder. Die durchschnittliche Kinderzahl der Angestellten, auch wenn man sie nur in Beziehung zur Zahl der Mütter setzt, bleibt also weit hinter derjenigen der Arbeiterinnen zurück.

Diese Feststellung über das Verhältnis der Kinderzahl von Arbeiterinnen und Angestellten konnte in der Enquête nur bei einem sehr kleinen Kreis von verheirateten weiblichen Arbeitskräften gemacht werden. Nichtsdestoweniger ist diese Feststellung typisch. Die Kinderzahl der Arbeiterfamilien bleibt verhältnismäßig kaum zurück hinter der Zahl der Kinder, deren Eltern in der Landwirtschaft tätig sind. Oder richtiger: Die Zahl der Landwirtskinder ist jetzt fast ebenso niedrig wie die Zahl der Kinder von Arbeitereltern. Am geringsten ist die Kinderzahl in den Kreisen der Intellektuellen und in den Angestelltenschichten. Einzeluntersuchungen, wie sie zum Beispiel der Ufa-Bund gelegentlich der Durchführung von Haushaltsrechnungen bei den Angestellten unternahm, lassen fast als Norm erkennen, daß sich in der Angestelltenfamilie das zweite Kind erst einstellt, wenn 300 Mark Monatseinkommen erreicht werden. Die vom Statistischen Reichsamt durchgeführte »Amtliche Erhebung von Wirtschaftsrechnungen im Jahre 1927/28« zeigt ebenfalls, daß die Kinderzahl in den Arbeiterfamilien wesentlich höher ist als in den Angestelltenfamilien.

Von der verheirateten weiblichen Angestellten wird man im allgemeinen annehmen können, daß sie, sobald sie zum ersten- oder zweitenmal Mutter wird, häufiger aus der Erwerbsarbeit ausscheidet als die Arbeiterin in gleicher Lage. Viel seltener findet man die verheiratete Angestellte, die Mutter von zwei oder drei Kindern ist, als etwa die Textilarbeiterin, die für fünf oder sechs Kinder zu sorgen hat. Freilich gelingt es überhaupt älteren Angestellten nur sehr schwer, Arbeit zu finden, und es ist sicher keine Seltenheit, daß eine Angestellte, die Kinder hat, und die für kürzere oder längere Zeit aus dem Erwerbsleben ausgeschieden war, dann wieder Erwerbsarbeit verrichtet, aber nicht als Angestellte, sondern als gewerbliche Arbeiterin oder als Heimarbeiterin.

Die Versorgung der Kinder während der Abwesenheit der erwerbstätigen Mutter ist bei den Angestellten im allgemeinen besser als bei den Arbeiterinnen. Bei den in der Enquête durchgeprüften Fällen wurden die Kinder von fast allen als Angestellte tätigen Frauen tagsüber von der Großmutter betreut. Vermutlich wird in sehr vielen Fällen die Tatsache, daß für eine Großmutter zu sorgen war, und daß sie in den Haushalt ihrer Kinder aufgenommen wurde, die Veranlassung zur Erwerbsarbeit der Ehefrau gewesen sein. Bei der hochqualifizierten und gutbezahlten Angestellten ist es auch nicht selten wirtschaftlich zweckmäßiger, die Hausarbeit und Kinderpflege bezahlten Hilfskräften zu überlassen, zumal in solchen Fällen die Art der Arbeit und die Tatsache des eigenen relativ hohen Einkommens der Frau eine Befriedigung gewährt, auf die sicher nur ungern verzichtet würde.

Bei den als gewerbliche Arbeiterinnen tätigen Müttern liegen die Verhältnisse für Mütter und Kinder im Durchschnitt wesentlich ungünstiger als bei den Angestellten. Zunächst ist schon die Zahl der Kinder im Durchschnitt wesentlich höher. In der mehrmals zitierten Enquête wurde festgestellt, daß sich unter den rund 100 Arbeiterinnen, die Kinder hatten, 5 Mütter befanden, die je 6 Kinder hatten, und weitere 5 Mütter mit je 5 Kindern. Von diesen 10 Frauen waren 6 Textilarbeiterinnen. Eine vierzigjährige Frau, ebenfalls Mutter von 6 Kindern, von denen das jüngste 8 Wochen alt war, arbeitete als Buchbindereiarbeiterin. Unter den Müttern von 5 Kindern befand sich eine dreiunddreißigjährige Frau, deren drei jüngste Kinder 4, 2 und ein viertel Jahr alt waren.

Die in der Erhebung gestellte Frage: »Wer versorgt Ihre Kinder während Ihrer Abwesenheit?«, führte zu einem recht traurigen Ergebnis. Verhältnismäßig ruhig konnten 35 Mütter an die Arbeit gehen, die ihre Kinder der Großmutter oder sonstigen Verwandten, auch in einem Fall dem Großvater, überließen. Die 61 Kinder, um die es sich hier handelt, werden von ihren verschiedenen Großmüttern, Großvätern und Großtanten zwar vermutlich nicht nach den Grundsätzen moderner Erziehung und Hygiene betreut, aber sie werden wenigstens einigermaßen versorgt sein. Die älteren Verwandten, die die Fürsorge für die Kinder übernehmen, tun das zum großen Teil nicht freiwillig. Sie sind auf die Unterstützung durch ihre Söhne oder Töchter angewiesen und leben in deren Haushalt. Die dadurch entstehenden Mehrkosten werden ebenso wie bei den Angestellten nicht selten als einer der Gründe für die Erwerbsarbeit der Frauen angegeben.

Eher noch ungünstiger für Mütter und Kinder liegen die Verhältnisse in fünf Fällen, wo die Väter die Versorgung der Kinder übernehmen müssen. Alle 5 Väter, die zusammen 15 Kinder zu versorgen haben, kommen als Ernährer ihrer Familie nicht oder kaum in Betracht. Die wirtschaftliche Hauptsorge lastet auf den Schultern der Mutter. Eine Textilarbeiterin, Mutter von 5 Kindern, darunter ein dreijähriges, muß die Versorgung ihrer Kinder ihrem kranken Mann überlassen. Der invalide Mann einer zweiundreißigjährigen Textilarbeiterin muß für 4 Kinder von 6, 5, 3 und 2 Jahren sorgen. Eine Buchbindereiarbeiterin ist mit einem Schuhmacher verheiratet, der fast nichts verdient. Der Vater hat die 3 Kinder zu betreuen. Das jüngste ist ein viertel Jahr alt. Ein Maschinenarbeiter, seit anderthalb Jahren arbeitslos, versorgt das dreijährige Kinde, während die Mutter in einer Buchbinderei arbeitet. Für 3 Kinder von 10, 7 und 4 Jahren muß ein Bergmann sorgen, dessen Frau kochen und waschen geht, weil er öfter krank ist.

Sechs Mütter geben an, daß ihre Kinder von Nachbarinnen oder Bekannten versorgt werden. Es handelt sich um 8 Kinder im Alter von einem bis zu 9 Jahren. Ebenso geht es zwei weiteren Kindern, die Kriegerwaisen sind, und die im Haushalt der Großeltern leben. Außer diesen Enkeln muß noch die Mutter des Ehemanns unterstützt werden. Die Frau, also die Großmutter der Kinder (52 Jahre alt), ist als Stanzerin erwerbstätig. Es bedarf wohl kaum eines Hinweises, daß es sich im allgemeinen bei dieser Versorgung der Kinder durch Nachbarinnen oder Bekannte um ein Minimum an »Versorgung« handeln wird.

In Kinderheime, Kindergärten oder Kinderhorte werden die Kinder von dreizehn Müttern gebracht. Insgesamt handelt es sich dabei um 38 Kinder. Es sind also vorwiegend die kinderreichen Mütter, die sich öffentlicher Einrichtungen zur Versorgung ihrer Kinder bedienen. Gelegentlich findet sich in den Fragebogen eine Bemerkung, daß man die Kinder gern in den Kindergarten oder Hort bringen würde, wenn er nicht so weit von der Wohnung entfernt wäre. Der unzulänglichen Versorgung der Kinder durch Nachbarinnen, kranke Väter und zum großen Teil auch durch Großeltern ist diese Art ihrer Unterbringung im allgemeinen vorzuziehen. Nur müßte die Zahl der Kinderheime, Kindergärten und Horte größer sein, und sie müßten überall nach den modernsten Grundsätzen der Erziehung und Hygiene gebaut und geleitet werden.

21 von 100 in der Enquête erfaßten Müttern gehen morgens zur Arbeit und müssen ihre Kinder unbeaufsichtigt zu Hause lassen. Allerdings sind in zwölf Fällen ältere Geschwister im Alter von 15 und 16 Jahren vorhanden, in einem Fall auch von 18 und 19 Jahren. Aber es ist anzunehmen, daß die Jugendlichen nahezu alle im Erwerbsleben stehen. Unter den unversorgten Kindern sind solche von 6, 5, 4, 3 Jahren, ja sogar das einjährige Kind einer Textilarbeiterin, das allerdings noch drei Geschwister bis hinauf zu 15 Jahren hat. Eine andere Textilarbeiterin läßt 4 Kinder von 13 bis 6 Jahren unversorgt zu Hause, eine weitere 3 Kinder von 13, 8 und 3 Jahren. 2 Kinder von 8 und 5 Jahren und je ein neunjähriges und elfjähriges Kind bleiben ebenfalls unversorgt zurück, während die Mutter in der Textilindustrie arbeitet. Eine Buchbindereiarbeiterin muß 2 Kinder von 12 und 8 Jahren tagsüber sich selbst überlassen. Insgesamt werden von den 21 Müttern 36 Kinder im schulpflichtigen Alter und 7 Kinder im noch nicht schulpflichtigen Alter tagsüber ohne jede Beaufsichtigung durch eine erwachsene Person gelassen. Von den 237 in der Erhebung erfaßten Kindern gehören 169 dieser Altersgruppe (14 Jahre und jünger) an. Davon sind 43 Kinder während der ganzen Arbeitszeit ihrer Mutter ohne Aufsicht durch einen Erwachsenen. In einigen »günstigen« Fällen ist eine notdürftige Versorgung durch ältere Geschwister anzunehmen.

Dies ist für Mütter und Kinder der schmerzlichste Punkt in dem Kapitel: Frauenerwerbsarbeit und Mutterschaft.

Freiheit und soziale Demokratie

Sozialdemokraten

Rudolf Hilferding (geb. 1877 in Wien; gest./ermordet in Paris 1941) war ein sozialdemokratischer Politiker, Nationalökonom und in den Jahren 1923 und 1928/29 Reichsminister der Finanzen.

Der Sohn eines jüdischen Wiener Kaufmanns studierte ab 1896 an der Universität seiner Heimatstadt Medizin. Nach der Promotion 1901 arbeitete er einige Jahre als Kinderarzt. Diesen Beruf gab er jedoch zugunsten seines Forschungsinteresses zu Themen der Nationalökonomie und seines politischen Engagements für die Sozialdemokratie auf. 1906 kam er als Dozent für Nationalökonomie an die SPD-Parteischule nach Berlin. Ab 1907 arbeitete er in der Redaktion der SPD-Parteizeitung »Vorwärts«. 1910 erschien sein epochales nationalökonomisches Werk »Das Finanzkapital«. 1914 sprach er sich im »Vorwärts« gegen die Bewilligung der Kriegskredite durch die SPD-Reichstagsfraktion aus. Bedingt durch den Ersten Weltkrieg kehrte Hilferding noch einmal in seinen ursprünglichen Beruf als Arzt zurück. Von 1915 bis 1918 arbeitete er als Lazarettarzt im Dienste der österreichisch-ungarischen Armee.

1917 trat er zur USPD über. Von 1918 bis 1923 war er Chefredakteur des USPD-Blattes »Freiheit«. 1919 erhielt der gebürtige Österreicher die deutsche Staatsangehörigkeit. Da er eine Fusion der USPD mit der KPD ablehnte, kehrte er 1922 in die SPD zurück. Im Jahr 1923 wurde er im Kabinett von Gustav Stresemann zum Reichsminister der Finanzen berufen. Während seiner kurzen ersten Amtszeit war Hilferding maßgeblich an der Vorbereitung der Währungsreform des Jahres 1923 beteiligt, die den Inflationsjahren durch Einführung der »Rentenmark« ein Ende setzte. 1924 wurde er für die SPD in den Reichstag gewählt, dem er bis 1933 angehörte. Gemeinsam mit Karl Kautsky schrieb Hilferding 1925 den Entwurf für das »Heidelberger Programm«, das bis zur Verabschiedung des »Godesberger Programms« 1959 geltendes SPD-Parteiprogramm blieb.

1928 wurde er im Kabinett von Hermann Müller erneut zum Reichsminister der Finanzen berufen. In seine zweite Amtszeit fiel der Beginn der Weltwirtschaftskrise. Wenige Wochen nach dem New Yorker Börsencrash vom 28. Oktober 1929, der als »Schwarzer Freitag« in die Geschichte einging, trat Hilferding u.a. auf Grund inhaltlicher Differenzen mit dem Reichsbankpräsidenten Hjalmar Schacht von seinem Amt zurück.

Nach der NS-Machtübernahme ging Hilferding im März 1933 ins Exil nach Zürich. Er wurde Mitglied im Vorstand der Exil-SPD (SoPaDe), der bis 1939 von Prag und bis 1940 von Paris aus agierte. Hilferding war maßgeblicher Autor des »Prager Manifestes« der SoPaDe von 1934, worin zum revolutionären Umsturz der NS-Diktatur aufgerufen wurde. Weiterhin beteiligte er sich an der Edierung der »Deutschland-Berichte«, worin auf Basis von Informanten aus dem sozialdemokratischen Untergrund die Weltöffentlichkeit über die Zustände in Deutschland informiert wurde. 1939 zog Hilferding nach Paris. Von dort floh er 1940 vor dem Einmarsch deutscher Truppen nach Südfrankreich. Im Februar 1941 wurde er von der kollaborierenden Vichy-Regierung inhaftiert und an die »Geheime Staatspolizei« (Gestapo) ausgeliefert. Nach schweren Folterungen starb Hilferding am 11. Februar 1941 in einem Gestapo-Gefängnis in Paris.

In seinem Werk »Das Finanzkapital« vertritt Hilferding die These, dass der »moderne Kapitalismus« einem Monopolisierungsprozess unterliegt, bei dem sich das im Umlauf befindliche Kapital immer mehr in so genannten Kartellen und Trusts konzentriert. Hinzu kommt eine verstärkte Abhängigkeit des »industriellen Kapitals« vom »Bankkapital«, das sich ebenfalls monopolisiert. Als ein weiteres Phänomen beschreibt Hilferding die mit dem Monopolisierungsprozess einhergehende Verschmelzung von Staat und Wirtschaft. Der später unter Jungsozialisten (Jusos) oft verwendete Kampfbegriff des »Staatsmonopolkapitalismus« (Stamokap) hatte seine theoretischen Wurzeln in Hilferdings »Finanzkapital«. Wie bei Marx gilt auch bei Hilferding der Deutung von Wirtschaftskrisen eine besondere Aufmerksamkeit.

Dem heutigen Leser sei bei der Lektüre der folgenden Textpassage in Erinnerung gerufen, dass Hilferding die »Bankenkrise« der Jahre nach 1907 und nicht nach 2007 analysiert, – die Ähnlichkeiten sind frappierend. ■

Rudolf Hilferding
Das Finanzkapital
Eine Studie über die jüngste Entwicklung des Kapitalismus

XX. Kapitel Die Änderungen im Krisencharakter / Kartelle und Krisen

Die Entwicklung der kapitalistischen Produktion bringt auch gewisse Änderungen in den Erscheinungsformen der Krisen hervor, deren Betrachtung wir uns jetzt zuzuwenden haben. Dabei kann es sich aber nur um den Versuch handeln, die allgemeinen Entwicklungslinien zu ziehen, während es Aufgabe der historischen Einzeldarstellung ist, die Änderungen in den Krisen für jedes einzelne Land in vergleichender Darstellung nachzuweisen. Hier kann nur versucht werden, das Allgemeine in dem Besondern aufzuzeigen, was um so schwieriger ist, als mit dem Fortschreiten des Kapitalismus die internationale Verflechtung der Wirtschaftsvorgänge immer inniger wird und daher auch bei den Krisen die Erscheinungen des einen Landes mit all seinen Besonderheiten des zeitlichen, technischen und organisatorischen Entwicklungsstadiums zurückwirkt auf die Krise des anderen Landes. So sind zum Beispiel die Erscheinungen der jüngsten europäischen Krise von 1907 nur zu verstehen aus der Rückwirkung der amerikanischen Krise; der besondere Charakter der amerikanischen Krise, welche die Erscheinungen der Geld- und Bankkrise in höchster, in Europa schon lange nicht mehr erreichter Vollendung zeigte, hatte spezifische Erscheinungen an den europäischen Geldmärkten zur Folge, die in manchen Einzelheiten und Verschärfungen ohne diese Rückwirkung vielleicht vermieden worden wären.

Anderseits ist es ebenso unmöglich, allgemeine Gesetze über die Veränderung der Krisen aus der Krisengeschichte eines einzigen Landes, zum Beispiel Englands, abzuleiten, weil eben die kapitalische Krise eine Weltmarkterscheinung – und je länger desto mehr – ist und die Krisen eines einzigen Landes durch die Besonderheiten der kapitalistischen Entwicklung in diesem Lande auch bestimmte Modifikationen erfahren können, deren Verallgemeinerung irreführen muß.[1]

Wollen wir also die Veränderungen in den Krisenerscheinungen feststellen, so müssen wir sie zugleich theoretisch ableiten können, um die Gewißheit zu haben, daß es sich um besondere, einer Phase des Kapitalismus entsprechende, im ganzen also vielleicht zufällige Erscheinungen handelt, sondern um

1 Ein Fehler übrigens, dem Tugan-Baranowski in seinen Schlüssen aus seiner ausgezeichneten und zuverlässigen Darstellung der englischen Krisengeschichte nur nicht immer entgangen zu sein scheint.

Tendenzen, die aus dem Wesen der kapitalistischen Entwicklung erwachsen.

Der Kapitalismus entwickelt sich in einer Gesellschaft, in der die Warenproduktion einen verhältnismäßig noch geringen Raum einnimmt. Erst seine Ausdehnung bringt die Verallgemeinerung der Warenproduktion mit sich, die Herstellung des nationalen und des beständig in Ausdehnung begriffenen Weltmarktes. Mit der Ausdehnung des Marktes entwickeln sich auch die Bedingungen, unter denen Krisen stattfinden können. Solange die kapitalistische Produktion sich über einen breiten Unterbau der Produktion für den Selbstbedarf und einer handwerksmäßig gebundenen, für den lokalen Markt bestimmten, nichtkapitalistischen Warenproduktion erhebt, treffen die Krisen mit ihrer ganzen Wucht nur den kapitalistischen Überbau. Sie treffen damit Produktionszweige, deren Absatz fast vollständig zum Stocken gebracht werden kann, weil die notwendige Zirkulation, diejenige, die zum Stoffwechsel der Gesellschaft unbedingt erforderlich ist, durch die handwerksmäßige Produktion, der Rest des Bedarfs durch die Produktion für den Selbstbedarf gedeckt wird. Die Krise kann hier in dem kapitalistisch betriebenen Bereich der Produktion die größten Verheerungen mit sich bringen, indem sie den Absatz für einige Zeit vollständig unmöglich macht, vorausgesetzt, daß die Krisenursachen nur sonst stark genug sind, um die Produktion lahmzulegen, was, wie wir noch sehen werden, in dieser Periode auch der Fall ist.

Mit der Entwicklung der kapitalistischen Produktion wird die handwerksmäßige Produktion und die für den Selbstbedarf im großen Umfang vernichtet. Die Krise trifft jetzt eine Produktion, deren Einschränkung begrenzt wird durch die Notwendigkeit, den relativ und absolut bedeutend größeren gesellschaftlichen Bedarf zu decken. Mit dem Fortschreiten der Produktion wächst auch jener Anteil, der unter allen Umständen fortgeführt werden muß und dessen Fortführung die fast völlige Stockung des Produktions- und Zirkulationsprozesses einschränkt. Es erscheint dies darin, daß die der Konsumtion dienenden Industriezweige von der Krise verhältnismäßig schwächer getroffen werden, und um so schwächer, je notwendiger die Lebensmittel, je geringer daher die Schwankungen in ihrer Konsumtion.

Änderungen in den Krisenerscheinungen müssen auch eintreten infolge der Fortschritte der kapitalistischen Konzentration. Mit dem Umfang des Einzelunternehmens wächst seine Widerstandskraft. Je kleiner der Betrieb, desto wahrscheinlicher ist es, daß der Zusammenbruch der Preise völligen Bankrott nach sich zieht. Der kleine Unternehmer verliert vielleicht seinen ganzen Absatz; der Preissturz und die Arbeitsstockung machen die Verwandlung seines Warenkapitals in Geldkapital unmöglich. Er kann seinen Zahlungsverpflichtungen nicht nachkommen, da er auch nicht über Reservekapital verfügt und besonders in Krisenzeiten keinen Kredit erhält. Die Krise führt so zum massenhaften Zusammenbruch der noch kleinkapitalistischen Unternehmungen, zum Versagen des Kredits, zu massenhaftem Bankrott, Zahlungseinstellungen, Bankbrüchen und damit zur Panik. Es kommt dazu, daß auch die technischen Unterschiede größer sind. Modernen Betrieben stehen noch alte, zum Teil noch handwerksmäßige oder der Manufakturperiode angehörende Betriebe gegenüber, die der Preissturz völlig unmöglich macht. Aber ihr massenhafter Zusammenbruch reißt auch technisch an sich lebensfähige Unternehmer in das Verderben hinein.[2]

Anders steht der moderne Großbetrieb der Krise gegenüber; seine Produktion ist so groß, daß ein Teil auch während der Krise fortgeführt werden kann. Der amerikanische Stahltrust mag gezwungen sein, seine Produktion in der Krise auf die Hälfte zu vermindern; aber unter ein bestimmtes Minimum braucht er seine Produktion nicht einzuschränken. Mit der Konzentration der Betriebe wächst so der Umfang, in dem sie ihre Produktion aufrechterhalten können.

Mit der Entwicklung der kapitalistischen Produktion wächst also absolut und relativ der Umfang jenes Teiles der Produktion, der unter allen Umständen fortgeführt wird. Damit wächst aber auch der Umfang der Warenzirkulation, der während der Krise unberührt bleibt, damit aber auch der darauf beruhende Zirkulationskredit. Die Zerstörung des Kredits braucht also gleichfalls keine so vollständige zu sein wie in den Krisen der Frühperiode des Kapitalismus. Aber auch die Entwicklung der Kreditkrise auf der einen Seite zur

---

2 »Die Krise von 1857 und noch mehr die von 1873 traf eine große, übergroße Zahl von Unternehmungen (scil. in der Eisenindustrie), die sich untereinander an Leistungsfähigkeit nicht sehr weit unterschieden; im allgemeinen Zusammenbruch stürzten dadurch viele Werke, die, an und für sich rein technisch betrachtet, lebensfähig und lebenswert waren. Die Krise von 1900 fand neben den Riesenbetrieben der grundlegenden Industrien viele Betriebe von nach heutigen Begriffen veralteter Organisation, die ›reinen‹ Werke, die von der Welle der Hochkonjunktur mit auf die Höhe gehoben waren. Der Preisfall, der Rückgang des Bedarfes brachten diese ›reinen‹ Werke in eine Notlage, von der bei den kombinierten Riesenbetrieben zum Teil überhaupt nicht, zum Teil nur ganz kurze Zeit die Rede war. Dadurch führte die jüngste Krisis in ganz anderem Maße zur industriellen Konzentration als die früheren, als die von 1873, die zwar eine Auslese schuf, aber bei dem Stand der Technik keine derartige, daß ein Monopol der siegreich hervorgegangenen Unternehmungen geschaffen wurde. Ein solches dauerndes Monopol haben aber in hohem Grade die Riesenwerke der heutigen Großeisen- und Elektrizitätsindustrie, in geringerem die der Maschinenbranche und gewisser Metall-, Verkehrs- und anderer Gewerbe durch ihre komplizierte Technik, ihre großangelegte Organisation und ihre Kapitalsstärke. Wenn dies für manche ›leichteren‹ Gewerbezweige nicht zutrifft und für diese die Wirkung einer Krise sich gegen früher nicht prinzipiell geändert hat, so wird dadurch nur noch verständlicher, daß die neueste Entwicklung des Bankwesens so sehr im Zeichen jener anderen Industrien steht.« Jeidels, l. c, Seite 108.

Bankkrise, auf der anderen zur Geldkrise ist erschwert durch die Änderungen der Kreditorganisation einerseits, der Verschiebungen der Verhältnisse zwischen Handel und Industrie anderseits.

Die Kreditkrise entwickelt sich zur Geldkrise, wenn der Zusammenbruch des Kredits plötzlichen Mangel an Zahlungsmitteln erzeugt.[3] Dieser Mangel aber entsteht um so schwerer, je größer einmal der Umfang der Produktion ist, der unter allen Umständen fortgeführt wird. Denn in demselben Umfang kann das Kreditgeld seine Funktionen weiter erfüllen. Sodann je größer der Umfang

---

3 Und zwar bedarf es nur dieser Bedingung, welch tiefere Ursachen immer ihr Eintreten bewirkt haben. Bei Schilderung des Amsterdamer Börsenkrachs von 1773 heißt es von den Folgen eines großen Bankrotts: »Man wußte nicht, wie hoch er sich belaufen würde, nicht, was für andere Häuser durch diesen Fall würden zerstört werden. Die allgemeine Ungewißheit verjagte den Kredit, und in einem Augenblick war kein bares Geld mehr zu finden. Der fürchtete seine Wechsel zurückgeschickt zu sehen, andere besorgten, von den Summen, welche sie zu fordern hatten, nichts zu erhalten, andere suchten sich die allgemeine Not zunutze zu machen, und so paßten alle nur auf die Gelegenheit, zu den niedrigsten Preisen einzukaufen, jeder fürchtete sich, sein bares Geld auszugeben und so hörte die Zirkulation fast gänzlich auf.« (»Der Reichtum von Holland.« Aus dem Französischen, 2 Bände, Leipzig 1778, I., Seite 444 ff., zitiert bei Sartorius von Waltershausen, a. a. O., Seite 377.)
Damit vergleiche man folgende Schilderung des Zustandes der deutschen Börsen bei Kriegsausbruch 1870. Am 4. Juli 1870 war die Berliner Börse vortrefflicher Stimmung gewesen, während der folgenden Tage wurde sie schwankend, am 8. Juli stark beunruhigt, am 11. Juli kopflos. Die Panik dauerte 8 bis 10 Tage, dann wurde nach wiedergewonnenem Selbstvertrauen der Abwärtsbewegung Halt geboten ... Wie mit einem Zauberschlage war das Geld an der Börse verschwunden. Der Diskont bei der preußischen Bank stieg bis auf 9 Prozent, in Leipzig für Lombarddarlehen auf 10 Prozent, in Lübeck 9 Prozent, in Bremen 8 Prozent. Wo war nun das Geld geblieben, das wenige Tage vorher reichlich zu 3 Prozent und 3 Prozent zu haben war? Daß es der Staat zu Mobilmachungszwecken aufgesogen hatte, war schon bei der damaligen Dezentralisation des Notenbankwesens in Deutschland, außerdem wegen der Bestände in den Händen der vielen keine Noten ausgebenden Banken und der Privatbankiers ausgeschlossen. Das meiste Geld war geblieben, wo es war, es wurde aber aus dem Kasten nicht hinausgelassen, und wer welches einziehen konnte, legte es zu dem übrigen. So wurde aus München zum Beispiel berichtet: »Es gab einen Moment, wo für das beste Papier und gegen die größten Sicherheiten nicht 500 fl. aufzutreiben waren; dagegen glaubten selbst Privatleute, sich eine Barreserve für äußerste Fälle unter großen Opfern verschaffen zu müssen.« In Frankfurt a. M. »waren die Bankiers nur darauf bedacht, ihre Guthaben einzuziehen, indem auch das Publikum die bei ihnen hinterlegten Gelder ungesäumt zurückverlangte; wie das rapide Anwachsen des Giroguthabens bei der Bank zeigte, suchte man sich auf beiden Seiten eine starke Barreserve zu verschaffen, um allen Eventualitäten gegenüber gerüstet zu sein.«
Über Bargeldagio wird aus Hannover folgendes mitgeteilt: »Jeder Bankier, an der Spitze die Hannoversche Bank, dachte bloß an sich ... Kassenanweisungen und Noten der deutschen Privatbanken waren verfemt und 5 Prozent damno mußte sich der solide Mann, dem es um Kurant- oder preußische Scheine zu tun war, gefallen lassen, 10 Prozent und mehr mußte der Bauer zahlen, der sie in Angst um jeden Preis los sein wollte.«

der durch Kredit zu erledigenden Transaktionen ist und je mehr der kommerzielle durch den Bankkredit ersetzt ist. Denn die Erschütterung des Bankkredits ist schwieriger als die des Kredits eines einzelnen Industriellen. Entscheidend ist aber, daß der Mangel an Zahlungsmitteln überhaupt nicht eintritt, weil einmal die Entwicklung des Kredits den Bedarf an Zahlungsmitteln auch während der Krise herabdrückt, da zum Beispiel der Scheck- und Clearingverkehr fortdauert. Dann aber können diese Zahlungsmittel zur Verfügung gestellt werden durch die Notenbanken, deren Kredit auch während der Krise unerschüttert bleibt. Wir haben gesehen, daß die Notenzirkulation begründet ist auf der Wechselzirkulation. Diese kontrahiert sich einmal, weil ihre Unterlage, die Warenzirkulation sich kontrahiert. Sie kontrahiert sich aber stärker als die Warenzirkulation, weil der kommerzielle Kredit erschüttert ist. Die Bank ersetzt jetzt den kommerziellen Kredit durch ihren eigenen in dem Umfang, als es die wirkliche Warenzirkulation erlaubt. Sie kann das in diesem Umfang, weil die Fortdauer der Warenzirkulation ihr die Gewißheit gibt, daß ihre Forderungen gesichert sind. Für den wirklichen Bedarf der Zirkulation kann sie also ihr Kreditgeld zur Verfügung stellen und die Nachfrage nach Zahlungsmitteln befriedigen. Damit aber schränkt sie die Nachfrage nach Zahlungsmitteln auf ihren wirklichen, für die Zirkulation notwendigen Bedarf ein und verhütet jene fast unbegrenzte Nachfrage, die, aus der Furcht entsprungen, auch gegen die besten Sicherheiten keine Zahlungsmittel zu erhalten, über den wirklichen Bedarf hinausgeht und zur Aufschatzung in großem Maßstab, also wieder zur Verringerung der Zahlungsmittel führt. Um die Notenbank zu diesem Vorgehen instand zu setzen, ist notwendig, einmal daß ihr Kredit unerschüttert ist, was bei einer gutgeleiteten Notenbank eine sehr leicht

---

Und wie dieser Zustand in verkleinertem Maße alle typischen Züge der jüngsten amerikanischen Geldkrise aufweist, so war auch das Heilmittel dasselbe: »In der Periode der Geldklemme in der zweiten Hälfte des Juli suchte man sich durch verschiedene Maßregeln zu helfen. In Bremen beschlossen Senat und Bürgerschaft gewissen fremden Goldmünzen den Charakter des gesetzlichen Zahlungsmittels beizulegen, was aber nicht viel half, da dieses Geld ebenso wie das der Stadtwährung in den Kassen zurückgehalten wurde, in Stuttgart wurde ein Kassenverein gegründet, welcher seine zu 3 Prozent verzinslichen und in sechs Monaten zurückzahlbaren Scheine zu 50 bis 500 fl. in Umlauf setzte. In München gab die Hypotheken- und Wechselbank ähnliche Schuldverschreibungen in den Verkehr, in Frankfurt a. M. gewährten angesehene Bankhäuser der dortigen Notenbank eine Kollektivgarantie. Sobald es möglich war, wurde Edelmetall aus dem Ausland bezogen. Die Bank- und Importhäuser Bremens waren Ende Juli in der Lage, über bedeutende Summen in Sovereigns zu verfügen. Frankfurt ließ Gold aus England, Silber aus Wien kommen. Diese Maßregeln erwiesen sich gegen die Geldklemme im Zahlungsverkehr leidlich wirksam, waren aber nicht imstande, dem Leihmarkt Kapital zuzuführen, um den staatlichen Bedürfnissen genügen zu können.« Sartorius, a. a. O., Seite 323 ff.

zu erfüllende Bedingung ist, sodann daß die vermehrte Notenausgabe nicht die Konvertibilität gefährdet. Diese Bedingung wird erfüllt durch das der Bank schon durch ihr Selbsterhaltungsinteresse diktierte Vorgehen, ihre Noten während der Krise nur gegen unbedingte Sicherheit zu gewähren, wodurch sie die Garantie erhält, daß sie wirklich nur das Zirkulationsbedürfnis in den während der Krise gegebenen Grenzen erfüllt. Zweitens, daß diese Konvertibilität gegen unvorhergesehene Zufälle geschützt ist durch eine hinreichende Reserve von Bargeld, vor allem durch Gold. Diese Bedingung aber wird mit der Entwicklung der kapitalistischen Produktion erfüllt durch die gestiegene Goldproduktion, durch die Ansammlung des Goldes in den Banken und die Beschränkung der Funktion dieses Goldes darauf, als Reserve zu dienen. Durch die Entwicklung des Kredits wird das Gold immer mehr beschränkt auf die Funktion, dem Ausgleich der internationalen Zahlungsbilanz zu dienen. Steigt auch der Umfang der internationalen Zahlungen absolut kolossal, so steigt durch die Entwicklung des international fungierenden Kreditgeldes die bar zu begleichende Bilanz nicht in gleichem Umfang und nicht in demselben Verhältnis wie die angesammelte Goldreserve in Ländern alter kapitalistischer Entwicklung. Und dies setzt die Notenbanken in den Stand, den erhöhten Ansprüchen während der Krise nachzukommen. Voraussetzung ist natürlich, daß sie in ihren ökonomischen Funktionen nicht gehemmt werden durch gesetzlichen Zwang, wie dies in England durch die Peelsakte, in den Vereinigten Staaten durch die unsinnigen Deckungsvorschriften geschieht und dort auch Geldkrisen in typischem Sinn erzeugt hat.

Das Ausbleiben der Geldkrise bewahrt aber den Kredit vor vollständigem Zusammenbruch und ist damit zugleich eine Vorbeugung für die Entstehung der Bankkrise. Der Run auf die Banken unterbleibt, die Depositenentziehung wird keine akute und vollständige und die Banken können, wenn sie sonst zahlungsfähig sind, ihren Verpflichtungen nachkommen. Soweit aber die Bankkrise entspringt nicht als Folge der Kredit- und Geldkrise, sondern primär aus Festlegung der Bankmittel und Verlusten aus Kreditgewährungen, hat auch hier die kapitalistische Entwicklung Tendenzen, die eine Milderung der Krise für das Kapital erzeugen.

Die große Rolle spielt auch hier die Bankkonzentration. Sie gestattet durch den riesig erweiterten Geschäftsumkreis und durch die Ausdehnung über verschiedene nationale Wirtschaftsgebiete mit verschiedener kapitalistischer Entwicklungsstufe eine viel größere Verteilung des Risikos. Sodann aber geht diese zunehmende Konzentration der Banken zugleich mit einer Änderung ihrer Stellung zu der Spekulation, dem Handel und der Industrie vor sich. Zunächst bedeutet die Bankkonzentration eine Machtverschiebung zugunsten der Bank schon vermöge ihrer großen Kapitalskraft. Diese Kraft ist nicht nur quantitativ bedeutender als die der Schuldner der Bank, sondern die Überlegenheit der Bank ist eine qualitative dadurch, daß die Bank über das Kapital in seiner stets schlagfertigen Form, der Geldform, verfügt. Diese Überlegenheit aber verhütet, daß eine große, gut geleitete Bank in solche Abhängigkeit von dem Schicksal eines einzigen oder einiger weniger Unternehmungen gerät, bei denen sie ihre Mittel festgelegt hat, daß sie in deren Zusammenbruch während der Krise unrettbar mitverstrickt wird.

Untersucht man die Ursachen, die die Entstehung der Bankkrise erschweren, im einzelnen, so ist zunächst zu erwähnen, daß die Spekulation an Ausdehnung und Bedeutung sehr viel verloren hat, und zwar sowohl die Waren- als die Effektenspekulation. Unter Warenspekulation verstehen wir hier nicht nur die börsenmäßige Spekulation, sondern vor allem jene des Warenhandels, die Nachfrage der Waren von seiten der Händler, in der Erwartung, daß die Preise weitersteigen werden, und die Ansammlung größerer Warenlager, um durch Zurückhalten des Angebots die Preise weiter zu steigern. Diese Spekulation geht zurück einmal mit der Ausschaltung des Handels überhaupt, mit der Zunahme des direkten Verkehrs zwischen Produzenten und Konsumenten und mit der Verwandlung der Händler in auf feste Provision gesetzte Agenten der Syndikate und Trusts. Dies verhindert bis zu einem gewissen Umfang, daß in der Hochkonjunktur die Preise durch den Handel spekulativ weit über die Preisfestsetzungen der Produzenten hinaus gesteigert werden, daß flotter Absatz noch vorgetäuscht wird, während in Wirklichkeit die effektive Nachfrage bereits zu stocken begonnen hat.[4]

Wo aber der Großhandel – und nur um diesen handelt es sich in diesem Zusammenhang – seine alte Stellung nicht an die Industrie oder die Warenabteilungen von Großbanken verloren hat, weist er selbst starke Konzentration auf und schränkt die Beteiligung kapitalsschwacher oder ganz außenstehender Elemente stark ein. Wo aber infolge besonderer Bedingungen der börsenmäßige Warenhandel noch eine besondere Rolle spielt, werden die Bewegungen der Spekulation immer mehr beherrscht von den Banken, denen die Entwicklung der Kreditorganisation immer mehr die Verfügung über das gesamte

4 Insofern ist nachfolgende Bemerkung von Marx für die heutigen Verhältnisse einzuschränken: »Bei dem modernen Kreditsystem verfügt es« (das Kaufmannskapital) »über einen großen Teil des Gesamtgeldkapitals der Gesellschaft, so daß es seine Einkäufe wiederholen kann, bevor es das schon Gekaufte definitiv verkauft hat ... Außer der Trennung von W-G und G-W, die aus der Natur der Ware folgt, wird hier also eine fiktive Nachfrage geschaffen ... Daher das Phänomen in den Krisen, daß sie nicht zuerst sich zeigen und ausbrechen beim Detailverkauf, der es mit der unmittelbaren Konsumtion zu tun hat, sondern in den Sphären des Großhandels und der Banken, die diesem das Geldkapital der Gesellschaft zur Verfügung stellen.« (»Kapital«, III., 1.).

Geldkapital gibt und die imstande sind, die Spekulationsbewegungen nicht über gewisse Grenzen hinausgelangen zu lassen.

Schließlich wirkt auf die Einschränkung der Warenspekulation die Entwicklung der Transportmittel, die die Entfernung vom Markte gerade für die der Spekulation besonders unterliegenden Waren stark verkürzt hat, sowie die des Nachrichtendienstes, der über den Stand der Märkte jeden Moment unterrichtet. Die Ansammlung von unverkäuflichen Produkten auf entfernten Märkten, während an den Produktionsstätten die Produktion in altem oder gesteigertem Umfang weitergeht, ist viel schwieriger. Dann aber spielt infolge der Verringerung des relativen Anteils der Konsumtionsmittel die Spekulation in Kolonialprodukten, die bei den älteren englischen Krisen oft so verhängnisvoll war, eine viel geringere Rolle, wozu die Sicherheit und Regelmäßigkeit in der Zufuhr, die Genauigkeit und Schnelligkeit in der Marktberichterstattung das ihrige beiträgt. Dazu kommt, daß die Warenspekulation an Bedeutung verliert mit dem immer größer werdenden Umfang, den die Produktionsmittelindustrien annehmen, deren Produkte nicht der Spekulation unterliegen, weil die Produktion immer mehr Kundenproduktion wird.

In derselben Richtung der Erschwerung einer Entstehung der Bankkrisen wirken die Änderungen der Krisenerscheinungen in der Industrie und die Entwicklung der Bankenherrschaft über die Industrie. Wir haben gesehen, daß die wachsende Konzentration die industriellen Unternehmungen gegen die äußerste Wirkung der Krise, den völligen Bankrott, widerstandsfähiger macht. Diese Widerstandsfähigkeit wird erhöht durch die Organisationsform der Aktiengesellschaft, die zugleich, wie wir gesehen haben, den Einfluß der Banken auf die Industrie außerordentlich steigert. Denn die Aktiengesellschaft erhöht die Widerstandsfähigkeit des Unternehmens. Sie ermöglicht die Fortführung auch bei fehlendem Ertrag und selbst bei Verlusten, weil Kapitalzufuhr hier leichter möglich ist als beim Einzelbetrieb. Zweitens ist es bei der Aktiengesellschaft leichter möglich, Reserven anzusammeln und in guten Jahren Vorsorge für schlechte zu treffen. Drittens unterliegt die Anwendung der Mittel und vor allem die Verwendung des ausgeliehenen Kapitals leichterer und daher schärferer Kontrolle. Die Banken kontrollieren unmittelbar die Verwendung der von ihnen durch Kredit unterstützten Gesellschaften. Die Kontrolle wird immer systematischer durchgeführt, je mehr die Tendenzen dahin gehen, die Industrie in Abhängigkeit von den Banken zu führen. Die Ausnützung des Kredits zu anderen als den Zwecken des Unternehmens selbst wird verhindert. In den älteren Krisen spielt der Umstand eine große Rolle, daß die Einzelunternehmer sich an der Spekulation in hohem Maße beteiligen und dazu ihr Betriebskapital verwenden, während sie ihren Betrieb mit Leihkapital weiterführen. Das verhindert jetzt die kontrollierende Bank.

Es ist also eine doktrinäre Auffassung, die das notwendige und unumgängliche, weil den Gesetzen der kapitalistischen Entwicklung entspringende Eindringen der Banken in die Industrie als eine Gefahr für die Banken bekämpft und demgegenüber das organisatorisch zurückgebliebene englische Bankwesen mit seiner Arbeitsteilung in Depositenbanken und Spekulationsbanken als das Ideal ansieht, das, wenn nötig, durch gesetzlichen Zwang erreicht werden muß. Diese Auffassung nimmt einmal den Schein des englischen Bankwesens für Wirklichkeit, indem sie übersieht, daß auch in England die Banken ihre angesammelten Gelder Industrie, Handel und Spekulation zur Verfügung stellen. Daß das in England durch Mittelspersonen, in Deutschland und in wieder etwas modifizierter Form in den Vereinigten Staaten direkt geschieht,[5] erklärt sich aus bestimmten historischen Ursachen. Das englische Verfahren ist aber rückständig und übrigens auch im Verschwinden begriffen, weil es die Kontrolle des verliehenen Bankkapitals erschwert und deshalb die Ausdehnung des Bankkredits selbst hindert.

Schließlich, und hier können wir uns mit dem Hinweis auf das in dem Kapitel über die Börse Gesagte begnügen, spielt auch die Effektenspekulation als ein die Bankkrise verursachendes Moment eine stets geringere Rolle. Immer mehr werden die Spekulationsbewegungen mit der wachsenden Macht der Banken von diesen beherrscht und nicht mehr die Banken von den Spekulationsbewegungen. Mit der Bedeutung der Börse im allgemeinen geht noch rascher ihre Rolle als krisenverschärfende Ursache zurück.

Mit der abnehmenden Rolle der Spekulation geht parallel auch eine Änderung in der Psychologie des kapitalistischen Publikums. Primitiv wie diese Psychologie des Spekulanten trotz aller Bemühungen seiner Bewunderer, in seine Psyche alle divinatorischen Fähigkeiten und romantischen Weltverbesserungspläne hineinzugeheimnissen, in Wirklichkeit ist, läßt sich die Änderung in dem Verhalten des spekulierenden Publikums aus dem Gemeinplatz des kapitalistischen Normalmenschen erklären: durch Schaden wird man – weniger dumm. Jene Massenpsychosen, wie sie die Spekulation zu Beginn der kapitalistischen Ära erzeugt, jene seligen Zeiten, wo sich jeder Spekulant als Gott fühlte, der aus nichts eine Welt schafft, scheinen unwiederbringlich dahin. Der Tulpenschwindel mit seinem idyllischen Untergrund poetischer Blumenliebhaberei, der Südseeschwindel mit seiner abenteuerlich-anregenden Phantastik unerhörter Entdeckungen, die Lawschen Projekte mit ihren Welteroberungsabsichten, sie weichen der unverhüllten Jagd nach dem Differenz-

5 Daran ändert auch nichts, daß sich manchmal zwischen die Bank und das Unternehmen eine eigene Gründungsgesellschaft (Trustgesellschaft) schiebt, da diese von der Bank unmittelbar abhängig bleibt.

gewinn, die mit dem Krach von 1873 ihr Ende findet. Seitdem ist der Glaube an die Wundermacht des Kredits und der Börse geschwunden, der schöne katholische Kultus ist trotz Bontoux der nüchternen Aufklärung erlegen, die nicht an die unbefleckte Empfängnis durch den Geist der Spekulation mehr glauben will, sondern das Natürliche natürlich nimmt und den Glauben den Dummen läßt, die noch immer nicht alle werden. Die Börse hat ihre Gläubigen verloren und nur ihre Priester behalten, die aus dem Glauben der anderen ihr Geschäft machen. Da der Glaube zum Geschäft geworden, wird das Geschäft des Glaubens immer geringer. Der holde und einträgliche Wahnsinn ist verflogen, die Tulpen längst verblüht und die Kaffeestaude liefert noch Handelsprofit, aber keinen rechten Spekulationsgewinn mehr. Die Prosa hat die Poesie des Gewinns erschlagen.

Gustav Radbruch (geb. 1878 in Lübeck; gest. 1949 in Heidelberg) war ein sozialdemokratischer Politiker, Jurist, Rechtsphilosoph und in den Jahren 1921 bis 1922 und 1923 Reichsminister der Justiz.

Der Sohn eines Lübecker Kaufmanns studierte ab 1895 an den Universitäten in München, Leipzig und Berlin Jura. Nach bestandenem Referendarexamen promovierte er 1902 beim Berliner Strafrechtler Franz von Liszt mit der Arbeit »Die Lehre von der adäquaten Verursachung«. Im Jahr darauf habilitierte er sich in Heidelberg mit der Schrift »Der Handlungsbegriff in seiner Bedeutung für das Strafrechtssystem«. Es folgten danach Forschungs- und Lehrjahre als Privatdozent und außerordentlicher Professor an der Universität Heidelberg, an der Handelshochschule Mannheim und ab 1914 an der Universität Königsberg. Unter seinen zahlreichen Publikationen aus dieser Zeit sind die Bücher »Einführung in die Rechtswissenschaft« (1910) und »Grundzüge der Rechtsphilosophie« (1914) hervorzuheben. 1915 meldete sich Radbruch als Kriegsfreiwilliger und nahm bis 1918 als Krankenpfleger und Infanterist am Ersten Weltkrieg teil.

Nach Kriegsende erhielt Radbruch 1919 einen Ruf als ordentlicher Professor für »Strafrecht und Rechtsphilosophie« an die Universität Kiel. Im selben Jahr trat er der SPD bei, für die er bereits 1920 in den Reichstag gewählt wurde. Im Oktober 1921 folgte seine Berufung zum Reichsminister der Justiz im Kabinett Joseph Wirth. Nach dem Sturz der Regierung Wirth im November 1922 kehrte er kurzzeitig auf seinen Kieler Lehrstuhl zurück, um von August bis November 1923 unter Reichskanzler Gustav Stresemann nochmals als Justizminister zu wirken. Trotz seiner kurzen Amtszeit brachte Radbruch eine umfassende Strafrechtsreform auf den Weg. Die von ihm nachdrücklich angestrebte Abschaffung der Todesstrafe wurde jedoch nach seinem Ausscheiden aus der Reichsregierung nicht mehr umgesetzt.

1926 folgte Radbruch einem Ruf als Professor an die Universität Heidelberg, wo er sich wieder verstärkt der wissenschaftlichen Arbeit zuwandte. So veröffentlichte er 1932 die endgültige Fassung seiner »Rechtsphilosophie«. Anfang Mai 1933 wurde Radbruch während der Aktion »Wider den undeutschen Geist« von den

Nationalsozialisten seines Lehrstuhls enthoben und aus dem Beamtenverhältnis als Professor entlassen. Wenige Tage später brannten in den deutschen Universitätsstädten seine Bücher.

Es folgten Jahre der Zurückgezogenheit, in denen er seine wissenschaftliche Arbeit als Privatgelehrter fortsetzte. Von einer Forschungsreise in die englische Universitätsstadt Oxford 1935 kehrte er 1936 nach Deutschland zurück.

Nach Kriegsende wurde Radbruch im September 1945 von den Alliierten wieder in seine Professur eingesetzt. Als Dekan der Juristischen Fakultät beteiligte er sich maßgeblich am wissenschaftlichen Wiederaufbau der Universität Heidelberg. Von nachhaltiger Bedeutung ist sein 1946 in der »Süddeutschen Juristenzeitung« veröffentlichter Aufsatz »Gesetzliches Unrecht und übergesetzliches Recht«. Seine darin ausgearbeitete Theorie einer ethischen Fundierung der geltenden Rechtsordnung – heute Radbruchsche Formel genannt – war auch eine Konsequenz des während der NS-Zeit von Juristen wie Roland Freisler begangenen Unrechts. »Wo Gerechtigkeit nicht einmal erstrebt wird«, so Radbruch, und »wo die Gleichheit, die den Kern der Gerechtigkeit ausmacht, bei der Setzung positiven Rechts bewußt verleugnet wurde, da ist das Gesetz nicht etwa nur ›unrichtiges‹ Recht, vielmehr entbehrt es überhaupt der Rechtsnatur.«

In solchen Fällen plädierte Radbruch dafür, dass ein Richter auch gegen die dem Prozess zugrunde liegende Gesetzeslage urteilen können muss. Seither fand die »Radbruchsche Formel« in Urteilen des Bundesgerichtshofs und des Bundesverfassungsgerichts mehrfach Anwendung; so beispielsweise in den so genannten Mauerschützenprozessen, wo auf Basis der in der ehemaligen DDR geltenden Gesetzeslage geurteilt werden musste und insbesondere der Paragraph zur »Anwendung von Schusswaffen« im DDR-Grenzrecht wegen seiner Sittenwidrigkeit für unanwendbar erklärt wurde.

Zur Vergegenwärtigung von Radbruchs politischer Haltung als Sozialdemokrat kann sein Buch »Kulturlehre des Sozialismus« dienen, aus dem der folgende Abschnitt unter dem Titel »Die Krisis der Demokratie« entnommen ist. Radbruch diskutiert hier das Dilemma zwischen demokratischem Verfassungsanspruch und gesellschaftlicher Wirklichkeit, wobei deutlich wird, dass er sich mehr der philosophischen Tradition des Neukantianismus als der des Marxismus verpflichtet fühlte. ■

Gustav Radbruch
Kulturlehre des Sozialismus
Ideologische Betrachtungen

Die Krisis der Demokratie

Die große Wandlung, welche die sozialistische Staatsideologie erfahren hat, seit der Sozialismus aus aussichtsloser Opposition gegen den alten Staat zur Mitarbeit im neuen Staat berufen wurde, der Übergang von der Staatsverneinung zur Staatsbejahung braucht hier nur angedeutet zu werden[1]. Die negative Ideologie des Marxismus vom Staate, die Lehre, daß mit der Begründung der klassenlosen Gesellschaft der Staat von selbst einschlafen, absterben und in das Museum der Altertümer neben das Spinnrad und die bronzene Axt gehören werde, beruhte letzten Endes auf der terminologischen Gleichsetzung von Staat und Klassenstaat, war aber durch ihren halb anarchistischen Gesinnungshintergrund geeignet, das Werden einer neuen Staatsgesinnung zu gefährden und zu hemmen. Deshalb war es nicht nur terminologisch bedeutsam, zum Bewußtsein zu bringen, daß ein sozialistisches Gemeinwesen wohl nicht mehr Klassenstaat, sondern Volksstaat, aber immer noch Staat sein werde, und marxistischer Staatsverneinung gegenüber das Wort Lassalles von dem Staate als dem »uralten Vestafeuer aller Zivilisation« zu erneuern. Das Problem, das uns heute quält, lautet schon nicht mehr: Sozialismus und Staat, sondern: Sozialismus und Staatsform, Sozialismus und Demokratie.

Von der Demokratie handeln, heißt heute von der vielberufenen »Krisis der Demokratie« sprechen, wie sie mit Schadenfreude von den Gegnern, aber mit ernster Besorgnis auch von den Anhängern der Demokratie festgestellt wird[2]. Will man den Grund dieser Krisis mit einer kurzen Formel bezeichnen, so mag man sie zurückführen auf den zum Erlebnis gewordenen Widerspruch zwischen der Soziologie und der Ideologie der Demokratie, zwischen dem Wunschbild der Demokratie, das die Väter des demokratischen Gedankens entworfen hatten, und der gesellschaftlichen Wirklichkeit, in der die Demokratie sich darstellt.

Zeichnen wir zunächst mit wenigen Strichen die demokratische Ideologie. Sie beruht auf dem Gedanken der Souveränität des Volkes, der Identität von

---

1 Vgl. etwa *Siegfried Marck*, Marxistische Staatsbejahung; *Wilh. Sturmfels*, Arbeiterschaft und Staat, 1924.

2 Vgl. *M. J. Bonn*, Die Krisis der europäischen Demokratie, 1925; *Alfred Weber*, Die Krisis des modernen Staatsgedankens, 1925; *Carl Schmitt*, Die geistesgeschichtliche Lage des heutigen Parlamentarismus, 2. Aufl., 1926; auch die Verhandlungen des 5. Deutschen Soziologentages 1926 über Demokratie, wo *Kelsen* S. 54ff., ähnlich wie es hier geschieht, Ideologie und Soziologie der Demokratie konfrontiert.

Regierten und Regierenden. Dabei wird das Volk als eine Summe freier und gleicher Einzelmenschen gedacht, die Mehrheiten und Minderheiten, in denen der Volkswille sich äußert, als nachträglich gezogene Summen zufällig gleicher Einzelstimmen. Jede Wahlstimme erscheint als das Ergebnis eines freien, eigensten Entschlusses – die Losgelöstheit des Wählers von allen »gottgewollten Abhängigkeiten« stellt sich sinnbildlich in der Wahlzelle dar. Auch jeder Abgeordnete schöpft, »nur seinem Gewissen unterworfen, an Aufträge nicht gebunden« (Reichsverfassung Artikel 21), seine Abstimmung aus freiem, eigenstem Entschlusse. Die Entscheidung bei der Wahl wie im Parlament ist das Ergebnis der Diskussion, des Sichüberzeugens in Rede und Gegenrede – man hat die Demokratie die »Regierung durch Diskussion« genannt. Volksvertretung und Regierung sind in fortschreitend verkleinertem Maßstabe getreue Abbilder der Verteilung der Stimmungen und Ansichten im Volksganzen, die Volksvertretung Darstellerin, die Regierung Vollstreckerin des Volkswillens. Die Beamtenschaft schließlich ist ein Apparat, der ohne Eigenwillen reibungs- und widerstandslos den von der Regierung verkörperten Willen der Volksmehrheit in die Wirklichkeit umsetzt.

Und nun die soziologische Wirklichkeit! Da ist das Volk nicht ein Ziegelbau aus lauter freien und gleichen einzelnen, sondern ein Quaderbau aus sehr ungleichen sozialen Gruppen, Klassen, Parteien. Da ist die Volkssouveränität nicht Souveränität aller über alle, sondern die Herrschaft der stärkeren über die schwächeren Gruppen. Mehrheiten und Minderheiten sind nicht nachträgliche Summierungen freier und gleicher Einzelstimmen, sondern vorbestimmter Ausdruck jener sozialen Gruppen. Die Wähler sind nicht frei, nicht Einzelpersönlichkeiten, sondern Gruppenmenschen, nicht gleich, sondern von weitestgehender soziologischer Ungleichheit, in mannigfachen Graden, beeinflussungsfähig oder beeinflußbar durch Terror und Suggestion, durch Presse und Straße, letzten Endes durch die Macht, die über alle diese Einflüsse gebietet, durch das Kapital. Mehrheiten sind also nur potenzierte Minderheiten. Der Abgeordnete ist keineswegs »nur seinem Gewissen unterworfen, durch Aufträge nicht gebunden«, sondern nur ein mehr oder weniger unselbständiges Exemplar einer Fraktion, einer Partei, einer Klasse. Die Volksvertretung stellt sich nicht als das verkleinerte Abbild des Volksganzen dar – »Vertretung« ist nur im juristischen, nicht im psychologischen Sinne denkbar, man kann ebensowenig für einen anderen wollen wie essen oder trinken –, vielmehr als ein sehr eigengesetzliches soziologisches Gebilde innerhalb des Volksganzen, um so eigenwilliger, je weiter die Wahlen zurückliegen. Parlament und Wählerversammlung sind nicht eine Stätte des Verhandelns und Überzeugens, sondern des Machtkampfes vorgefaßter Überzeugungen. Die Regierung ist nicht die Vollstreckerin, sondern, wenn sie gut ist, die Schöpferin und

Bildnerin des Volkswillens, den sie gerade braucht. Und endlich die Beamtenschaft ist nicht das auf Schenkeldruck gehorsame Tragtier einer jeden Regierung, sondern ein Organismus von schwer beherrschbarem Eigenwillen.

Fassen wir zusammen: die Ideologie der Demokratie hatte sie vom isolierten Individuum aus aufzubauen versucht. Die Soziologie der Demokratie kennt dieses isolierte Individuum gar nicht, kennt nur Kollektivismen, Gruppen und Gruppenmenschen. Die Krisis der Demokratie entspringt daraus, daß man die soziologische Wirklichkeit der Demokratie an ihrer individualistischen Ideologie mißt. Und der Kampf gegen die Krisenmacher kann nur in einem doppelten bestehen: einerseits unumwunden zuzugeben, daß die Demokratie ihrer individualistischen Ideologie nicht entspricht, andererseits aber nachdrücklich zu betonen, daß sich in der Demokratie Werte entwickelt haben, von denen ihre Ideologie noch nichts ahnte, daß auch hier die »Heterogonie der Zwecke« gewaltet hat, kurz eine neue, lebensnähere Ideologie der demokratischen Wirklichkeit zu schaffen.

Die individualistische Ideologie der Vergangenheit ist in dem Rahmen dieser neuen Ideologie keineswegs ohne Bedeutung. Daß sie nur Individuen kennt, daß sie alle sozialen Bindungen zwischen den Individuen geflissentlich übersieht, bedeutet nämlich, daß sich der demokratische Staat mit keiner dieser überkommenen Bindungen identifiziert, daß er vielmehr den soziologischen Gruppenbildungen, -lösungen und -neubildungen ermöglicht, sich nach eigenem Gesetz auszuwirken, bedeutet die Freisetzung der soziologischen Eigengesetzlichkeit. Demokratie ist die Staatsform, die keiner sozialen Machtverschiebung Widerstand entgegensetzt, die jeder Machtverschiebung mit unerhörter Unterschiedsempfindlichkeit sofort zu politischem Ausdruck verhilft und – nicht die unbedeutendste unter ihren Aufgaben – jeder die einzige Sanktion erteilt, die in einer entgötterten Welt noch möglich ist, die Sanktion des Willens der Volksmehrheit.

So drückt sich in der Gegenwart in demokratischen Formen die ungeheure Machtstellung des Kapitals ungehindert aus. Der alte Staat, der sich mit gewissen überkommenen sozialen Bindungen feudaler, militärischer, bürokratischer Art identifizierte und sie dadurch über ihre natürliche Lebensdauer hinaus galvanisierte, ließ eben deshalb die neue Macht des Kapitals nicht zu ungehemmter Entfaltung kommen. Erst in der Demokratie konnte der Hochkapitalismus hemmungslos in die Erscheinung treten. Aber die Demokratie ist wie eine Frau, die stets dem Stärksten gehört. Wie sie heute dem Kapitalismus willig Rechtsform und Sanktion darbietet, so wird sie ebenso widerstandslos einst dem Ausdruck einer sozialistischen Gesellschaftsordnung dienen. Das Verhältnis der Demokratie zum Sozialismus ist im wesentlichen das negative, daß sie auch der Machtverschiebung in der Richtung des Sozialismus keinerlei

Widerstand entgegensetzt – und schon das bedeutet unendlich viel, denn in jede andere Form des staatlichen Lebens sind starke Gegengewichte gegen eine solche Machtverschiebung eingefügt. Inwieweit Demokratie dem Sozialismus nicht nur nicht Hindernis, sondern im Gegenteil Förderung ist, ist dagegen eindeutig schwer festzustellen. Man möchte meinen, daß die Demokratie zu gewissen Zeiten und in gewissen Ländern sogar zur Hemmung sozialistischer Entwicklung geworden ist, weil sie hinter dem Rechtsschleier staatsbürgerlicher Gleichheit die wirtschaftliche Ungleichheit zu verbergen geeignet, weil, wie sich etwa in Amerika oder in der Schweiz zeigt, staatsbürgerliche Gleichheit in weitem Umfange als psychologisches Äquivalent mangelnder wirtschaftlicher Gleichheit dienen kann; aber sie kann wohl nur vorübergehend dazu dienen, denn andererseits wirkt die saatsbürgerliche Gleichheit, die in ihr durchbrechende Ideologie völliger gesellschaftlicher Gleichheit wie eine stille, langsam zersetzende, die Gewissen zermürbende Kritik an der daneben bestehenden wirtschaftlichen Ungleichheit[3]. Daß Demokratie auch in einem unmittelbaren Sinne dem Sozialismus förderlich sein könnte, daß etwa eines Tages durch die Mehrheit der Stimmzettel und der Mandate die »Einführung des Sozialismus« ermöglicht werden könnte, diese Auffassung würde dagegen auf einer naiven Verwechslung zwischen Ursache und Wirkung beruhen. Stimmzettel- und Mandatsmehrheit ist, *im ganzen und großen gesehen*[4], nicht Werkzeug, sondern Ergebnis politischer Macht. Wer über die Presse oder über die Straße, wer über das Kapital oder über die Masse verfügt, der erlangt ohne weiteres auch die Stimmzettel- und Mandatsmehrheit, und wer etwa über die Stimmzettel- und Mandatsmehrheit verfügte, ohne daß hinter ihr eine entsprechende soziologische Machtquantität stünde, der vermag trotz Stimmzet-

3 *Aulard*, Politische Geschichte der französischen Revolution Bd. 1, 1924, S. 36ff., zeigt, wie die Erklärung der Menschen- und Bürgerrechte von 1789 schon den ganzen Sozialismus in ihren Falten verbirgt: »Jedenfalls ist die demokratische und soziale Republik in der Erklärung der Rechte enthalten, deren letzte Folgerungen noch nicht gezogen sind. Ihr Zukunftsprogramm ragt bei weitem über die Grenzen des gegenwärtigen Geschlechts und wahrscheinlich auch der kommenden Geschlechter hinaus.«

4 *Geyer*, Führer und Masse, S. 91ff., verkennt in seinen Einwänden gegen meine Auffassung, daß die Betrachtungsweise des Textes nur auf das Große und Grobe gerichtet ist, daß hier nur die Fähigkeit des Parlaments, ohne Unterstützung außerparlamentarischer Machtverschiebungen epochale politische oder ökonomische Umwälzungen herbeizuführen, geleugnet wird, nicht die Wirksamkeit parlamentarischer Arbeit überhaupt, daß also keineswegs einer »Tendenz zur Passivität« das Wort geredet wird. Ich glaube mich auch in voller Übereinstimmung mit *Hilferdings* großer Rede auf dem Kieler Parteitag – nur daß ich von der »gegenseitigen Durchdringung von Wirtschaft und Staat« hier die eine Seite betone: die Beeinflussung des Staates durch die Wirtschaft, Hilferding aber die andere Seite vorwiegend betont: die Beeinflussung der Wirtschaft durch den Staat.

tel- und Mandatsmehrheit politisch wenig auszurichten. Das Wahllokal und das Parlament sind nicht der Schauplatz der Machtverschiebungen, sondern nur die Stätte, wo außerparlamentarische Machtverschiebungen politisch bewertet werden, eine politische Börse, die, wie die wirtschaftliche, Werte nicht erzeugt, sondern nur feststellt ein politisches Clearingverfahren: eine Partei hat genau soviel parlamentarischen Einfluß, wie sie außerparlamentarische Macht besitzt. Neben dem politischen Kampf um die Wählerstimmen und um den parlamentarischen Einfluß muß deshalb unablässig der Kampf um die soziale und wirtschaftliche Macht geführt werden, der Klassenkampf. Starke Gewerkschaften, starke Sozialdemokratie! Starke Betriebsräte, starke Sozialdemokratie! Starke Parteipresse, starke Sozialdemokratie! Aber auch: starkes Reichsbanner, starke republikanische Parteien! Als letztes Machtmittel wird aber eine Massenpartei sich nicht scheuen dürfen, auch eben ihre Masse in die Waagschale zu werfen. Das Hauptkampfmittel für die Parteien der Besitzenden ist die Pressekorruption: Aufkauf und Leitung von immer zahlreicheren Zeitungen im Sinne ihrer Interessen. Wenn es aber der Pressekorruption gelungen ist, vor der öffentlichen Meinung das Bild der sozialen Machtverhältnisse immer mehr zu verzerren und zu verfälschen, dann ist die Stunde gekommen, wo eine Massenpartei genötigt ist, durch Einsatz der Masse, durch die Straße, den Streik, das Bild der wirklichen Machtverhältnisse wiederherzustellen. Gewiß ein gefährliches, ein nur in äußersten Fällen anzuwendendes, aber das letzte Machtmittel einer proletarischen Massenpartei, das einzige Machtmittel gegen das nicht weniger brutale Machtmittel des Gegners, die Pressekorruption.

Demokratie ist fähig und willig, wie jeder Machtverschiebung so auch der außerparlamentarischen Machtverschiebung in der Richtung des Sozialismus zum politischen Ausdruck zu verhelfen, und wenn heute, was von außen Demokratie heißt, von innen Kapitalismus ist, so kann einstmals die Form der Demokratie sozialistische Gemeinschaft als ihren Inhalt in sich aufnehmen. Auf diesen ihren möglichen Inhalt muß sich die neue Ideologie der Demokratie richten. Ging die alte Demokratie auf Freiheit und Gleichheit, so geht die neue auf Gemeinschaft und Führertum. Bedeutete die alte Ideologie »Gleichheit alles dessen, was Menschenantlitz trägt«, so bedeutet die neue nahezu das Gegenteil davon, nämlich »Führerauslese«.

Man möchte fragen: Wenn Demokratie unter dem Schein individualistischer Gleichheit doch nur auf die sozialen Gruppen gegründet ist, warum dann nicht eine auch ihrer Form nach auf die sozialen Gruppen gegründete, d. h. eine »berufsständische« Verfassung? Der Gedanke einer berufsständischen Verfassung ist unter dem Namen des Rätesystems bei der Schaffung der Weimarer Verfassung eindringlich erwogen worden, er beherrscht jetzt die faschistische Gedankenwelt, er bildet die Parole aller Gegner der Demokratie, den einzigen

Vorschlag für den Ersatz der Demokratie durch neue Formen. Aber er läßt sich leicht widerlegen. Die berufsständische Verfassung muß an der Unmöglichkeit scheitern, die soziale Wichtigkeit oder auch nur das soziale Gewicht der verschiedenen Berufe und Klassen in Mandatsziffern zahlenmäßig auszudrücken. Denn zum Unterschied von der Demokratie sollen diese Mandatsziffern ja eben nicht auf die Zahl der Angehörigen eines Berufes oder einer Klasse gegründet werden. So bleibt für die zahlenmäßige Bewertung der Berufe, wie die Organisation des Reichswirtschaftsrates zeigt, nur die bare Willkür übrig, für die zahlenmäßige Bewertung der Klassen der Arbeitnehmer im Verhältnis zu den Arbeitgebern aber nur der Notbehelf der Parität – und gerade diese notgedrungene Parität zwischen Arbeit und Kapital, welche die zahlenmäßige Majorität der Arbeiterstimmen, wie sie sich in der Demokratie auswirken kann, ausschaltet, ist es, die den berufsständischen Staat gewissen reaktionären Kreisen so erwünscht erscheinen läßt. Wäre aber auch eine sachgemäße Bewertung von Beruf und Klasse in Mandatsziffern möglich, so wäre auch dann die berufsständische Verfassung nicht erstrebenswert. Sie würde zu einer Verwirtschaftlichung und Vergewerkschaftung der ganzen Politik führen. Kulturfragen etwa würden sich in ihr nur als Standesfragen der Kopfarbeiter zur Geltung bringen können, Bildungsfragen etwa zu Berufsfragen des Lehrstandes herabsinken. Jedem Berufs- und Klasseninteresse würde die Ermächtigung erteilt, sich als solches unverhüllt zu zeigen. Eine politische Partei ist genötigt, eine Ideologie wenigstens vorzugeben, die das, was ihrem Interesse dient, als dem Wohl des Ganzen dienlich darzustellen sich bemüht – und wir haben gesehen, wie durch solche Ideologien schließlich die Idee selber zur Herrschaft gelangt auch über die, die sich ihrer nur für ihr Interesse bedienen wollten. Berufs- und Klassenvertretungen dagegen dürfen sich ohne Scheu dazu bekennen, nicht der Allgemeinheit, sondern nur ihrem Berufe, ihrer Klasse zu dienen. Das Allgemeinwohl kann nur zur Geltung gelangen, soweit es zufällig auf der mittleren Linie zwischen den Interessen der kämpfenden Berufs- und Klassenvertretungen liegt, und nichts gewährleistet, daß es stets auf dieser mittleren Linie liegt, man müßte denn dem alten liberalen Aberglauben huldigen, daß sich aus dem Wettbewerb allseitigen Eigennutzes automatisch das Allgemeinwohl ergebe. So würde im berufsständischen Staat die Herrschaft der Idee in der Politik in Gestalt der mit soziologischer Zwangsläufigkeit gebildeten Parteiideologien verdrängt durch die Sanktion des nackten Interessenkampfes, aus dem sich das Allgemeinwohl nur gelegentlich und zufällig als ein Nebenprodukt ergäbe. Schließlich aber und endlich würde jede berufsständische Organisation die juristische Festlegung der Macht- und Wertverhältnisse der Klassen und Berufe bedeuten, wie sie zur Zeit ihrer Entstehung bestanden, und damit die reaktionäre Verewigung des Gestrigen, ein Hindernis jeden Fortschritts.

Es gilt jetzt, den Gegensatz demokratischer Soziologie und Ideologie an seinen einzelnen Ausstrahlungen zu veranschaulichen. Zunächst an dem Verhältnis von Demokratie und Partei. Rousseau hat in der Parteibildung eine Verfälschung des demokratischen Volkswillens gesehen. Die Begründung des Mehrheitswillens auf den Abstimmungskampf der Parteien bedeutet ja, daß dieser Mehrheitswille sich aus den Sondermehrheiten der Mehrheitsparteien zusammensetzt, die selbst das Ergebnis eines Abstimmungskampfes innerhalb der Partei sind, daß also die innerhalb einer Partei überstimmten Minderheiten ihren unmittelbaren Einfluß auf die staatliche Willensbildung einbüßen. Wir haben inzwischen gelernt, in den Parteien nicht Störungen des demokratischen Gedankens, sondern die wichtigsten Organe demokratischer Politik zu erblicken, eine Leitung, Sichtung und Sammlung der in ihrer Vereinzelung gar nicht politisch handlungsfähigen Wähler, einen Ausdruck der neuen Auffassung der Demokratie, welche diese nicht unmittelbar aus den einzelnen, vielmehr aus den sozialen Gruppen des Volkes aufgebaut weiß. Nicht das Parteiwesen überhaupt widerstrebt dem Wesen der Demokratie, wohl aber das bei uns herrschende Parteiensystem.

Man hat den Grund der Schwierigkeiten des demokratischen Systems bei uns in der Vielheit der Parteien finden und das Zweiparteiensystem als Allheilmittel preisen wollen. Aber ein solches Zweiparteiensystem ist nur dort möglich, wo die einander in der Regierung abwechselnden Parteien durch einen großen Bestand gemeinsamer politischer, zumal außenpolitischer Ideen miteinander verbunden sind. Bei uns würde das Zweiparteiensystem unfehlbar die Zerfällung in Bourgeoisie und Proletariat bedeuten, würde bedeuten, daß mit dem Wechsel der Regierungen das Staatsschiff sich bald auf die eine, bald auf die andere Seite legen würde und schließlich kentern müßte. Nur das Koalitionssystem, nur die Verbindung bürgerlicher und proletarischer Parteien in der Regierung, verbürgt dem Kurs des Staatsschiffes die Stetigkeit. Aber auch vom sozialistischen Standpunkt aus sind rein sozialistische Regierungen nicht erwünscht. In einer Gesellschaft, in der die Macht zwischen Bourgeoisie und Proletariat noch geteilt, und zwar zu recht ungleichen Teilen geteilt ist, täuscht eine rein sozialistische Regierung eine Macht der Arbeiterschaft vor, welche nicht besteht, erweckt sie Erwartungen, die notwendig getäuscht werden müssen, bereitet sie Enttäuschungen, die dem Einfluß der Arbeiterparteien Abtrag tun.

Nicht das Koalitionswesen und die Vielheit der Parteien, vielmehr die Starrheit unseres Parteiensystems ist es, was bei uns die Demokratie erschwert. Während die romanischen Länder, vor allem Frankreich, ein völlig unstarres Parteiensystem besitzen, Parteien ohne feste Organisation und ohne festes Programm, Gruppen, die sich um die Person eines bedeutenden Führers bilden, die sich leicht vereinigen und leicht wieder trennen, während in den angelsächsischen Ländern ein wenigstens nur halbstarres Parteiensystem besteht, zwar feste und dauernde Parteiorganisationen, aber keine spröden Parteiprogramme, sondern nur Richtlinien, »Plattformen« für den einzelnen Wahlkampf, hat Deutschland ein völlig starres Parteiensystem, feste Organisationen mit festen Programmen. Gerade auch die Sozialdemokratie ist eine solche nach Programm und Organisation außerordentlich geschlossene Partei. Die Ursachen dieser Starrheit unseres Parteiensystems liegen teils in der Geschichte, teils in der Eigenart unseres Volkes. Im Obrigkeitsstaat, in dem allzulange die Parteien nur zu reden, aber nichts zu sagen hatten, mußte starre Bekenntnistreue die höchste Tugend einer Partei, jedes Kompromiß beinahe ein Verrat, der Reichstag die »Halle der Wiederholungen«, der immer gleichen Bekenntnisse sein. Die heutigen Parteien sind Bestandteile der Verfassung des Obrigkeitsstaates, die psychologisch nahezu unverändert in den neuen Volksstaat übernommen worden sind. Die Starrheit unseres Parteiensystems beruht aber auch auf jenem schon von Goethe bemerkten Zuge des deutschen Volkes, »alles schwer zu nehmen und über allem schwer zu werden«. Den Deutschen ist es sogar gelungen, aus dem behenden politischen Bewegungskrieg einen schwerfälligen politischen Stellungskrieg zu machen. Unsere Parteien sind nicht, wie man oft wohl sagt, zu sehr, sie sind umgekehrt zu wenig Interessenparteien. Eine Interessenpartei kann unbefangen sich zu einem Kompromiß bereit finden. Für eine Weltanschauungspartei ist jeder Abstrich von ihren grundsätzlichen Forderungen nahezu Verrat. Unsere Heraufsteigerung der Parteiengegensätze zu Weltanschauungsgegensätzen hat den politischen Kampf zu einem Religionskrieg gemacht, der sich in lächerlicher und beschämender Weise bis in das Privatleben fortsetzt. Es wäre uns für unsere Politik zu wünschen ein Schuß Selbstironie, ein Schuß Relativismus, ein wenig deutschen Lessinggeistes, englischen Fairplays und französischer Grazie, und daß wir den Kampf nicht mit Knüppeln führten, sondern mit Floretts.

Zum zweiten wirkt sich jener Gegensatz demokratischer Ideologie und Soziologie im parlamentarischen Betriebe aus. Ihrer Ideologie nach ist die Demokratie »Regierung durch Diskussion«. Wie durch den allseitigen freien Wettbewerb sich der gerechte Preis ergibt, genau so ergibt sich nach derselben liberalen Auffassung aus dem allseitigen freien Meinungsaustausch die Wahrheit. Längst aber hat die Volksvertretung, längst sogar die Wahlversammlung aufgehört, eine Stätte zu sein, in der aus dem Meinungskampf ehrlich um die richtige Überzeugung ringender Gesinnungsgegner die Wahrheit entspringt. An die Stelle des Meinungskampfes der einzelnen ist der Machtkampf der Gruppen getreten. Die Wahlversammlung ist aus einer Auseinandersetzung mit den Gruppen immer mehr zur einseitigen Kundgebung der eigenen Parteiauffassung geworden, die den Gegner mit seinem Widerspruch gar nicht zu Worte kommen läßt, und in der Volksvertretung treten unter Fraktionszwang einander Parteigruppen gegenüber, die, auf irgendeine bestimmte Meinung festgelegt, eines Besseren sich gar nicht mehr überzeugen können noch wollen. Wohlgemeinte Vorschläge zur Neuordnung des parlamentarischen Betriebes sind darauf gerichtet, die parlamentarische Diskussion wieder zu einem wahren Meinungskampf um die Überzeugung zu machen. Aber man wird sich daran gewöhnen müssen, daß die parlamentarische Diskussion ein solcher Meinungskampf nie wieder werden kann, daß sie nicht den Zweck hat, den Gegner zu überzeugen, sondern ihn zu zwingen oder bloßzustellen, Argumente und Tatsachen vor ihm aufzuhäufen, an denen er sich nicht vorbeischleichen kann, ohne Schaden vor der öffentlichen Meinung zu nehmen. Der wahre Meinungskampf hat sich aus den öffentlichen parlamentarischen Verhandlungen immer mehr zurückgezogen. Nicht nur in der Vollversammlung, auch in den Ausschüssen treten sich heute fertige Ansichten gegenüber, die nicht gewillt sind, sich durch irgendeine gegnerische Ansicht überzeugen zu lassen. Nur in vertraulichen Besprechungen parlamentarischer Führer verschiedener Parteien findet noch eine wirkliche Aussprache mit dem Zwecke gegenseitiger Überzeugung statt, aber auch hier wird sie bald nicht mehr möglich sein, wenn das Vertrauen auf die Vertraulichkeit durch immer häufigere öffentliche Erörterungen auch über vertraulichste Führerbesprechungen immer mehr erschüttert wird. Zwischen den Parteiführern auch gegnerischer Parteien sollte ein geheimes Einverständnis bestehen, das Bewußtsein, eine Art inoffizielles Oberhaus zu bilden, in dem man nicht nur der eigenen Partei, sondern vor allem dem Staatsganzen sich verpflichtet fühlt. Die politischen Unteroffiziere im Lande mögen sich erbittert bekämpfen, als gäbe es keine Gemeinsamkeiten. Die Führer müssen bei aller Überzeugung von der Echtheit der Parteigegensätze das Bewußtsein dieser staatspolitischen Gemeinsamkeiten in sich lebendig erhalten.

Parlamentarismus bedeutet ja nicht, wie seine Ideologie den Anschein erweckt, daß das Parlament regiere. Er bedeutet, daß Führer regieren, die das Vertrauen des Parlaments berufen hat, denen das Parlament jederzeit dieses Vertrauen wieder entziehen kann, die es aber, solange sie sein Vertrauen besitzen, auch wirklich regieren lassen, nicht von Schritt zu Schritt gängeln wollen muß. Man sagt, daß unser heutiges Verhältniswahlsystem dem Aufstieg zu solchem Führertum hinderlich sei. In der Tat bedeutet das Verhältniswahlsystem, daß, um zum Parlamentarier zu werden, man sich nicht sowohl vor den Wählern im Kampfe mit anderen Kandidaten bewährt haben müsse, vielmehr innerhalb des Parteiapparats. Und nun möchte man erwarten, daß auch hier gegen das politische Bonzentum, gegen das Führertum der Parteisekretäre geeifert werden solle. Dem ist nicht so, denn die Bewährung innerhalb des Parteiapparats, diese Behauptung und Durchsetzung der eigenen Überzeugung trotz steter Gefährdung der Lebensstellung durch die Neider unter den eigenen Parteigenossen, bedeutet in der Tat eine beweiskräftige Bewährung gleichermaßen des Charakters wie der Fähigkeiten. Wenn auch hier die Korrektur unseres Verhältniswahlsystems im Sinne einer Neuordnung gewünscht wird, die den Kandidaten wieder in nähere Beziehung zu seinen Wählern bringt, so geschieht es nicht aus Abneigung gegen die Parteisekretäre, sondern aus Abneigung gegen die Verbandssyndici und nicht zur Bekämpfung einer Gefahr, die der Sozialdemokratischen Partei droht, vielmehr eines Mißstandes, der sich in anderen Parteien breit macht. Der Druck, den die Wirtschaftskörper zur Kandidierung ihrer Syndici auf die Parteien ausüben, vermindert sich naturgemäß, wenn ihm nicht mehr nur die zentralen Stellen einer Partei gegenüberstehen, sondern Beziehungen zu den örtlichen Wählern für die Kandidatenaufstellung maßgebend sind.

Aus den Parlamentariern, aus den Parteimännern geht der Staatsmann hervor[5]. Am augenscheinlichsten unterscheidet sich der Staatsmann vom Parteiführer durch einen Opportunismus, der bereit ist, jedes Prinzip und jedes Programm über Bord zu werfen, wenn die Sache es fordert. »Weiß doch niemand, woran der glaubt«, sagen von ihm die andern. »Ihr werdet euch noch alle an mir ärgern«, muß er von sich selbst sagen können. Aber sein Opportunismus ist nicht der Opportunismus der Haltlosigkeit. An die Stelle der Verpflichtung gegen abstrakte Grundsätze ist ein anderes getreten, die Verpflichtung gegen die lebendig erlebte Staatspersönlichkeit, deren Organ, deren Teil der Staatsmann geworden ist. In dem alten Worte, daß mit dem Amte auch der Verstand komme, wird viel zu flach das Erlebnis ausgedrückt, das jeder Staatsmann in dieser Organwerdung, in dieser Loslösung nicht nur von seinen persönlichen Interessen, sondern auch von den Sonderforderungen seiner Partei, in dieser Verschmelzung des Eigenwillens mit dem Staatswillen erlebt. Diese Staatsmannwerdung des Parteiführers hat sich der deutschen Arbeiterschaft in Friedrich Ebert dargestellt, anfangs vielfach mißverstanden, am Ende von allen verstanden und bewundert. Er hat das staatsmännische Gelübde, das er vor der Nationalversammlung ablegte, »als der Beauftragte des ganzen deutschen Volkes zu handeln, nicht als Vormann einer einzigen Partei«, vorbildlich erfüllt und die Gestalt des sozialistischen Staatsmannes zum ersten Male verkörpert.

Der Staatsmann muß aber nicht nur vom Parteimann, sondern auch vom Fachmann, der Führer vom Beamten abgegrenzt und unterschieden werden.

---

5 Vgl. *Max Weber*, Politik als Beruf, 1919; *Curt Geyer*, Führer und Masse in der Demokratie; *Hans von Eckardt*, Grundzüge der Politik, 1927.

Dem Führer steht es zu, zu regieren, d.h. Zwecke zu setzen, dem Beamten, zu verwalten, d.h. Mittel zu suchen und anzuwenden. Diese beiden Aufgaben fordern eine völlig verschiedene Eignung, und es war keineswegs das Normale, sondern gerade abnorm und überaus schädlich, daß im alten Staat in der Beamtenlaufbahn der Fachmann zum Staatsmann aufstieg. Daß Politiker regieren und Beamte verwalten, diese im neuen Staate herrschende Regelung, stellt den Normalzustand dar. Aber die Nachwirkungen der früheren Vermengung von Verwaltungs- und politischen Aufgaben, die Politisierung der Beamtenschaft ist noch nicht überwunden. Gilt es deshalb heute noch, in eine großenteils im Sinne des alten Staates politisierte Beamtenschaft politische Gegengewichte einzusetzen, so kann das fernere Ziel dieser »Demokratisierung der Beamtenschaft« doch nur das ihrer Neutralisierung sein: sie so zu gestalten, wie die demokratische Ideologie sie sich dachte, als ein Organ, das widerstandslos den jeweiligen Regierungswillen in die Wirklichkeit umsetzt. In einer Richtung wird freilich mit soziologischer Notwendigkeit ein Eigenwille der Beamtenschaft immer bestehen bleiben. Stets wird die Beamtenschaft, genötigt, im Wechsel der Parteienregierungen unter politischen Ministern verschiedenster Richtung zu arbeiten, bestrebt sein, sich für alle gleichermaßen geeignet zu erhalten, also sich auf einer mittleren Linie zu bewegen und ihre Minister nach Kräften auf diese mittlere Linie zu drängen. Und in jedem Ministerium wird ein stiller Kampf gekämpft zwischen dem Minister, welcher in der vermutlich kurzen Zeit, die ihm vergönnt ist, möglichst viele und kühne Reformgedanken verwirklichen möchte, und seinen Räten, die ihn auf der Straße der goldenen Mittelmäßigkeit festzuhalten bestrebt sind.

So stellt sich die Demokratie wie alles Lebendige nicht dar wie eine wohlausgeklügelte und gut eingeölte Maschine, sondern als eine Vielfalt miteinander ringender Widersprüche, die ihrerseits die Klugheit und Geschicklichkeit lebendiger Menschen zu ihrem Ausgleiche von Fall zu Fall fordert. Und das ist, meine ich, das Beste, was man von ihr sagen kann. Den Krisenmachern der Demokratie aber wollen wir scharf in die Augen sehen und sie fragen, ob ihnen an der Demokratie oder an der Krise gelegen ist, und ihnen sagen, daß von einer Krisis der Demokratie füglich so lange die Rede nicht sein kann, als die Demokratie noch in den Kinderschuhen und gar nicht volle Wirklichkeit ist.

OTTO SUHR (geb. 1894 in Oldenburg; gest. 1957 in Berlin) war ein sozialdemokratischer Politiker, Gewerkschafter und von 1955 bis 1957 Regierender Bürgermeister von Berlin (West).

Der Sohn eines liberalen Beamten wuchs in Oldenburg und Osnabrück auf. 1914 hatte er gerade das Studium der Volkswirtschaft, Geschichte und Zeitungswissenschaften aufgenommen, als der Erste Weltkrieg ausbrach. Bis 1918 musste Suhr als Soldat an den Kampfhandlungen teilnehmen. Noch vor Ende des Ersten Weltkrieges trat er der SPD bei und konnte nach 1918 an der Universität Leipzig sein Studium fortsetzen, das er 1923 mit der Promotion abschloss.

Von 1920 bis 1922 war Suhr als Pressereferent bei der »Reichszentrale für Heimatdienst« tätig. 1922 wurde er »Arbeitersekretär« beim »Allgemeinen Deutschen Gewerkschaftsbund« in Kassel. Ab 1925 arbeitete Suhr dann als Leiter der »Volkswirtschaftlichen Abteilung« im »Allgemeinen freien Angestelltenbund« (AfA) in Berlin. Zugleich übernahm er bis 1933 Lehraufträge an der »Deutschen Hochschule für Politik« und an der »Wirtschaftsschule des Deutschen Metallarbeiterverbandes«.

Nach der Machtübernahme durch die Nationalsozialisten folgte Ende März 1933 die Auflösung der AfA. Suhr wurde arbeitslos. Ab 1935 schrieb er als freier Wirtschaftsjournalist unter anderem für die »Frankfurter Zeitung«. Als Sozialdemokrat und aufgrund der jüdischen Herkunft seiner Ehefrau Susanne, geborene Pawel, war Otto Suhr in der Zeit des Nationalsozialismus zahlreichen Repressionen ausgesetzt. Einer bevorstehenden Verhaftung konnte er sich 1939 nur durch Flucht entziehen. Weiterhin engagierte er sich im gewerkschaftlichen Untergrund und war Mitglied des Widerstandskreises um Adolf Grimme.

Nach 1945 war Otto Suhr als Generalsekretär und Landesvorsitzender maßgeblich an der Reorganisation der Berliner SPD beteiligt. 1948/49 war er Mitglied des »Parlamentarischen Rates« und wirkte an der Ausarbeitung des Grundesgesetzes der Bundesrepublik Deutschland mit. Anschließend saß er bis 1951 für die SPD im Bundestag.

Parallel zu seiner politischen Arbeit lehrte Suhr als Honorarprofessor an der »Freien Universität Berlin« und war von 1948 bis 1955 Direktor der »Deutschen Hochschule für Politik«, die später in der »Freien Universität Berlin« aufging und heute unter dem Namen »Otto-Suhr-Institut« zu den renommiertesten politikwissenschaftlichen Forschungseinrichtungen in Deutschland zählt. Im Januar 1955 wurde Otto Suhr zum Regierenden Bürgermeister von Berlin (West) gewählt. Am 30. August 1957 erlag er in Berlin einer Leukämie-Erkrankung.

Auf der Schwarzen Liste »Politik und Staatswissenschaften« vom 8. Mai 1933 findet sich der Eintrag »Suhr, O.: Die Welt der Wirtschaft«. Hierbei handelt es sich um den Titel »Die Welt der Wirtschaft vom Standpunkt des Arbeiters«, den Otto Suhr 1926 im »Verlag Gewerkschafts-Archiv« veröffentlichte. Der Untertitel »Eine Einführung in das Verständnis des kapitalistischen Wirtschaftsgebäudes [...]« verdeutlicht das Anliegen des Bandes, eine allgemeinverständliche Darstellung der Volkswirtschaft aus gewerkschaftlicher Sicht zu sein. Das Buch entstand, so schreibt Suhr im Vorwort, aus Vorträgen, die er »im Laufe der letzten Jahre an Volkshochschulen und Betriebsräteschulen gehalten« hatte. Es liegt also nahe, dass der Band bis 1933 u.a. für die gewerkschaftliche Schulungsarbeit eingesetzt wurde. Die folgenden beiden Ausschnitte sind der »Einleitung« und dem »Schluß« des Buches entnommen. ■

Otto Suhr
Die Welt der Wirtschaft vom Standpunkt des Arbeiters Eine Einführung in das Verständnis des kapitalistischen Wirtschaftsgebäudes und eine Anleitung zur Beobachtung des kapitalistischen Wirtschaftslebens

Einleitung

Der Arbeiter befindet sich heute mit der Wirtschaft in ständigem Kampfe. Sein Recht auf Arbeit und den Ertrag seiner Arbeit, sein Dasein muß er sich erst erobern. Seine Arbeit ist zur Ware geworden, die gehandelt und berechnet wird, wie das Salz nach Pfunden, so die Arbeit nach Stunden. Aber dieser Kampf mit der Wirtschaft ist nicht nur ein Kampf um Brot, sondern in höherem Grade ein *Ringen nach menschlicher Geltung*. Der Arbeiter leidet mehr als alle anderen unter der heutigen Wirtschaftsweise. Acht Stunden und noch mehr verbringt er täglich in seiner »Bude«. Fast ein Drittel seines Lebens, rein an Stunden gemessen, aber wieviel mehr noch an Kräften, gehört dem Betrieb. In dem Augenblick, in dem der Arbeiter die Kontrolle am Fabriktor passiert, verliert er einen Teil seiner Freiheit, wird er ein Stück des Betriebes. Nicht der Rhythmus menschlichen Lebens, sondern der

Takt der Maschine bestimmt die Arbeit. Die seelische Bindung zur Arbeit ist zerstört.

Vor allem aber drückt den Arbeiter die Planlosigkeit der Wirtschaft von heute, die ihm *ein ungewisses Schicksal bereitet.* Jederzeit droht ihm das Gespenst der Arbeitslosigkeit und im frühen Alter die Sorge um das Versiegen der Kräfte. Dabei bleiben ihm die Zusammenhänge aller dieser wirtschaftlichen Vorgänge geheimnisvoll verschleiert. Der Arbeiter erfährt an sich die Wirtschaft, er spürt an sich die wirtschaftlichen Kräfte, ohne dabei den Sinn und Gang des Ganzen zu erkennen. Aus solcher Dunkelheit des wirtschaftlichen Daseins ist das *Streben nach Wissen um die wirtschaftlichen Vorgänge*, nach Anteil an der Wirtschaft, geboren. Es lebt der Glaube, daß es irgendwie möglich sein muß, die Kräfte, die heute sinnlos walten, zu bändigen und zu leiten. Aus dem Grauen vor der Zerstörung von Lebenskräften durch die Wirtschaft ist der *Wille zur Herrschaft über die Wirtschaft* erwachsen.

Der *Standort des Arbeiters* in der Wirtschaft wird bestimmt von der Stellung, die er im Betriebe einnimmt und die ihm auch den Namen gegeben hat. Zum Betrieb gehört der Arbeiter mit seinen Kollegen, gehören die Angestellten und auch die Direktoren. Zum Betrieb gehören die Gebäude, in denen gearbeitet wird, die Maschinen, an denen der Arbeiter schafft, und die Rohstoffe, die mit Hilfe dieser Maschinen in diesen Gebäuden verarbeitet werden. Aber die Menschen und Dinge machen den Betrieb nicht aus. Zum Wesen des Betriebes gehört, daß etwas »betrieben« wird. Arbeit und Technik schaffen im Betriebe wirtschaftliche Werte. Der Betrieb ist *produktiv*, er produziert, was Menschen für Nahrung, Kleidung, Wohnung, zum Leben brauchen. Die Küche im Haushalt arbeitet für die Familie, die Eigenbetriebe des Konsumvereins für die Genossen, die Gemeinde- und Staatsbetriebe für die Gemeinde und das Volk. Die Gewinnabsicht fehlt. Die übrigen Betriebe aber, die Privatbetriebe, wollen erwerben, sie arbeiten nicht für den Bedarf bestimmter Personen, sondern für das *Unternehmen.* In dieser Wirtschaft von heute, wo die unmittelbare Verbindung zwischen Produzenten und Konsumenten zerstört ist, organisiert das Unternehmen die Produktion und sorgt für den Absatz der Ware auf dem Markt. Zum Wesen des Unternehmens gehört *Kapital*: Werkstätten, Maschinen, Rohstoffe müssen beschafft, Gelder für die Löhne bereitgestellt werden. Die Produktion ist Mittel zum Zweck, das im Betrieb angelegte Kapital möglichst hoch zu verzinsen. Die *Produktionsstätte*, der Betrieb, ist nicht mehr Selbstzweck, sondern *Kapitalanlage* für das Unternehmen. Für das Unternehmen ist der Betrieb ein Geschäft, bei dem Kapital riskiert und gewonnen wird. Das Unternehmen soll *rentabel* sein, das heißt der Gewinn möglichst hoch in Hinblick auf das angelegte Kapital. Der Betrieb soll *produktiv* sein, das heißt nach Möglichkeit die Bedürfnisse der Menschen befriedigen. Gewiß ist der

Erfolg des Unternehmens auf dem Markte abhängig von der Leistung im Betriebe, aber was privatwirtschaftlich rentabel ist, das braucht noch lange nicht notwendigerweise für die gesamte Wirtschaft produktiv zu sein.

Das Kapital ist nicht an den Boden gebunden wie der Betrieb, das Unternehmen kann hierhin und dorthin wandern. Die *Lage des Betriebes* ist nur noch eine Kostenfrage, bei der eine entscheidende Rolle die Transportverhältnisse spielen. Bald gibt das Vorkommen der Rohstoffe den Ausschlag – wie in der Schwerindustrie an Rhein und Ruhr –, bald orientiert sich der Standort des Betriebes nach dem wichtigsten Absatzmarkt – wie in der Luxusindustrie der Großstädte –, bald lehnt sich die Industrie an günstige Verkehrspunkte an oder benutzt das Vorkommen natürlicher Wasserkräfte. Wo immer aber der Betrieb nun angelegt wird, wirkt er verändernd auf Landschaft und Menschen. Die Lage des Betriebes beeinflußt die Wohnungspolitik der Gemeinden, die Verkehrspolitik der Kommunalverbände und der Verkehrsanstalten. Es entstehen neue Dörfer, es werden Straßen gebaut und die Eisenbahn muß besondere Züge zu ermäßigten Tarifen einlegen. Die Lage des Betriebes ist von wesentlichem Einfluß auf die Gesundheit der Belegschaft, mit der Länge des Weges von und zur Arbeit sinkt die Leistungsfähigkeit im Betriebe, häufen sich die Unfälle und Krankheiten. Alle diese Erscheinungen stehen miteinander in Zusammenhang; Menschen und Dinge, die von Natur aus nichts miteinander zu tun haben, werden durch Kapitalinteressen miteinander verkoppelt.

Das ist nur ein *Beispiel* dafür, wie Kapitalsinteressen unser Leben bestimmen. Überall führen die *Probleme des Betriebes*, mag es sich nun um den Standort des Betriebes handeln, oder um die Mechanisierung der Arbeit im Betriebe, oder um die Verfassung des Betriebes – über die engen Mauern des Betriebes hinaus auf den Markt der Wirtschaft. Wo die einzelne Betrachtung auch einsetzen mag, immer führt sie zu den Brennpunkten der kapitalistischen Wirtschaft, dem Unternehmen und dem Markt – alle Probleme der Wirtschaft führen heute irgendwann einmal zu den Fragen nach den Kosten.

Die kapitalistische Wirtschaft *produziert auf Umwegen.* Um Schuhe herzustellen, sind Spezialmaschinen notwendig geworden; und um diese Maschinen zu bauen, sind Stahlbleche und Drähte erforderlich, die schon einen langen Produktionsweg hinter sich haben. Der Weg zur Herstellung der Waren ist immer länger geworden. Aber auch der Weg des Absatzes: aus der Schuhfabrik wandern die Waren zum Grossisten, der sie durch den Reisenden an das Schuhgeschäft absetzt, in dem der Verbraucher seinen Schuhbedarf deckt. Dieser letzte Verbraucher nimmt aber auch wieder irgend einen Platz im Produktionsprozeß ein, der Konsument ist wieder Produzent – nur daß keiner nur für sich arbeitet, sondern jeder für einen anderen. Damit ist aber, wenn auch auf Umwegen, der *Kreislauf der Wirtschaft* geschlossen. Diese Produktion auf

Umwegen mit Hilfe von Kapital hat zwar dazu beigetragen, die Ergebnisse der Produktion unendlich zu steigern, hat aber auch die Planmäßigkeit der Wirtschaft zerstört. Immer wieder gibt es Stockungen im wirtschaftlichen Kreislauf, Krisen sind zu unausbleiblichen Erscheinungen geworden, es ist ein ewiges *Auf und Ab der Konjunktur.*

Dieser Kreislauf der Wirtschaft und dieser Wandel der Konjunktur sind gebunden an die Organisationen des Unternehmens und der Märkte. *Das Unternehmen ist die Zelle der kapitalistischen Wirtschaft, die aber erst durch ihre Beziehungen zum Wirtschaftsmarkt lebendig wird.* Vom Unternehmen führt der Weg zum Rohstoff- und Absatzmarkt, zum Arbeits- und Kapitalmarkt, zum Kartell und zum Warenhaus, zum Arbeitsnachweis und zur Börse. *Das ist die Welt der Wirtschaft, die das Leben des Arbeiters bestimmt.*

Alles Verständnis des wirtschaftlichen Lebens setzt das Wissen um die Organisation der wirtschaftlichen Welt voraus. Wer die Preisgestaltung des Unternehmens verstehen und die Ereignisse an der Börse kontrollieren will, muß die Technik des wirtschaftlichen Apparates kennen. Hier soll versucht werden, eine *Anleitung zur Beobachtung der Vorgänge im Unternehmen und der Zusammenhänge auf dem Wirtschaftsmarkt zu geben.* Wie der Arzt erst den Aufbau des Körpers mit seinen Knochen und Muskeln studieren muß, ehe er den Lebensprozeß im Menschen verstehen kann, ebenso gilt es, auch in der Wirtschaft erst den Aufbau der Organisationen kennen zu lernen, ehe man die Bewegungen des wirtschaftlichen Lebens erklären kann.

[...]

Schluss

Der Wandel der Konjunkturen

Die kapitalistische Wirtschaft befindet sich in ständiger Bewegung: Immer mehr Länder werden in den Weltmarkt mit einbezogen, immer größer wird der Produktionsapparat, immer dichter das Verkehrs- und Nachrichtennetz. Aber diese Ausdehnung des Marktes und dieses Wachstum der Kapitalanlagen vollzieht sich nicht gleichmäßig und gradlinig, sondern in beständigen rhythmischen Schwankungen. Seit rund hundert Jahren zum mindesten verläuft das Wirtschaftsleben in einem Wechsel von Stockung und Aufschwung, der wiederum meist in einem Zusammenbruch, in einer Krisis sein plötzliches Ende findet. Wie Ebbe und Flut auf dem Meere, so gehen auch die Wellen der Wirtschaft. Es ist ein ewig wechselndes Spiel auf dem Markte, Angebot und Nachfrage halten sich nie das Gleichgewicht, ständig schwanken die Preise, fallen und steigen Umsatz und Verkehr. Diese Wellenbewegung der Wirtschaft hat man den *Wandel der Konjunktur* genannt. Das Wort kommt aus dem Lateinischen und deutet auf das Zusammenwirken und Verbundensein aller Ereignisse im Wirtschaftsleben. Das »Band der gesellschaftlichen Zusammenhänge« nennt *Lassalle* die Konjunktur. Wir verstehen hier darunter die wechselnde Marktlage, wie sie in der stets veränderten Preis- und Umsatzgestaltung zum Ausdruck kommt. Das Konjunkturproblem führt zu den letzten Fragen der kapitalistischen Wirtschaft, zu dem Problem der *Preisbildung* und den Ursachen von Angebot und Nachfrage zu dem geheimnisvollen Wirken des Kapitals. Wir müssen uns im Folgenden jedoch darauf beschränken, weniger den Ursachen nachzugehen, aus denen diese Unbeständigkeit des kapitalistischen Wirtschaftslebens herzuleiten ist, als vielmehr die Vorgänge aufzuweisen, die zur Beurteilung der jeweiligen Wirtschaftslage zu berücksichtigen sind und in denen der Wandel der Konjunktur besonders deutlich und frühzeitig in Erscheinung tritt.

Entscheidend ist dabei der Standort, den der Betrachter selbst in der Welt der Wirtschaft einnimmt. Der *Unternehmer* ist ganz anders am Verlauf der Konjunktur interessiert als der Arbeitnehmer und der Konsument. Die ständigen Schwankungen bilden das belebende Moment des Marktes, geben dem kapitalistischen Unternehmen erst den notwendigen Anreiz zur Produktion, von der rein spekulativen Ausnutzung der Konjunktur ganz zu schweigen. Wie sehr jedes Unternehmen an den Wechsellagen der Wirtschaft beteiligt ist, zeigt sich in der Politik der Kartelle, die, weil sie den Markt für den Bereich einer Ware beherrschen, an und für sich in der Lage wären, den Schwankungen der Konjunktur entgegenzuwirken, im Gegenteil dazu beigetragen haben, das Ausmaß der Schwankungen zu erhöhen.

Der einzelne *Arbeiter* ist hilflos diesem Spiel der Kräfte ausgeliefert. Erst der gewerkschaftliche Zusammenschluß hat die Arbeiterschaft in die Lage versetzt, die Wechsellagen der Wirtschaft auszunutzen. Die Gewerkschaften machen jedoch damit gezwungenerweise aus der Not eine Tugend; denn im Grunde genommen hat die Arbeiterschaft mit allen Verbrauchern das größte Interesse an einer Milderung der Wirtschaftskurve, an der Beständigkeit des Marktes. Das *Ideal einer konjunkturlosen Wirtschaft* ohne Krisen ist freilich unter der Herrschaft der kapitalistischen Wirtschaftsordnung unerreichbar.

Der Blick des Arbeiters ist bei der Beurteilung der Konjunktur in erster Linie auf die *Lage des Arbeitsmarktes* gerichtet. Für ihn bedeutet die gute Konjunktur vermehrte Arbeitsgelegenheit, ansteigende Löhne, hingegen zeigt sich die Krisis in Betriebsstillegungen, in Massenentlassungen und Lohndruck. In den Zahlen der arbeitslosen Mitglieder der Gewerkschaften und der Entwicklung der Tariflöhne spiegelt sich der Verlauf der Konjunktur wieder. Aber der wechselnde Ausgang des Kampfes der Parteien auf dem Arbeitsmarkt – der Gewerkschaften und der Arbeitgeberverbände – ist in den meisten Fällen nicht

Ursache für das Auf und Ab des gesamten Wirtschaftslebens, sondern nur Folge anderer Ereignisse. Deshalb ist es notwendig, die Beobachtung des Arbeitsmarktes durch die Beobachtung der Vorgänge auf dem Warenmarkt, dem Geld- und Kapitalmarkt zu ergänzen. Die Konjunktur bildet sich im Zusammenwirken aller Ereignisse der Welt.

Es kommt darauf an, in erster Linie den Vorgängen im Wirtschaftsleben nachzugehen, die auf die Gestaltung des Arbeitsverhältnisses wirken und in denen sich womöglich der Wandel der Konjunktur eher erkennen läßt als in dem Beschäftigungsgrad der Unternehmen. Einen Anhaltspunkt für die weitere Betrachtung gibt dabei die Tatsache, daß die Arbeiter in den verschiedenen Zweigen der Wirtschaft den Schwankungen der Konjunktur in verschiedenem Ausmaße unterworfen sind. Dabei ist nicht an die besondere *Stellung der Landwirtschaft* mit ihrer Abhängigkeit von der Natur gedacht. Die Landwirtschaft, die bisher immer noch die Vorratskammer frischer Arbeitskräfte für die Industrie war, ist weniger von der kapitalistischen Konjunkturentwicklung als von dem Ausfall der Ernte abhängig. Wohl übt der von Jahr zu Jahr schwankende Ertrag der landwirtschaftlichen Produktion seinen Einfluß auf die Entwicklung der wirtschaftlichen Verhältnisse aus. Die Ernteschwankungen können das Auf und Ab der Konjunktur verstärken, aber auch abschwächen; eine günstige Ernte in wirtschaftlich schlechten Zeiten läßt die Krisis nicht so stark empfinden als etwa eine gleichzeitige Mißernte. Deshalb kann die wechselnde Lage der Wirtschaft auch nicht kurzerhand aus dem Ausfall der Ernten hergeleitet werden.

In der Industrie zeigt sich, daß die Arbeiter der Montan- und Maschinenindustrie und des Baugewerbes mit allen seinen Hilfszweigen viel stärker unter ständig wiederkehrender Arbeitslosigkeit zu leiden haben als die Arbeiter der Genuß- und Nahrungsmittelindustrie. Der Wandel der Konjunktur macht sich ganz allgemein am wenigsten bei den Industrien geltend, deren Produkte den Bedarf der breiten Massen decken. Doch ist von diesen wieder die Textil- und Bekleidungsindustrie in besonderem Grade *konjunkturempfindlich.* In schlechten Zeiten werden keine Neuanschaffungen gemacht, werden Kleidung und Schuhwerk bis zum letzten verbraucht; erst mit ansteigender Konjunktur steigt auch hier der Umsatz. Die wichtigsten Nahrungsmittel dagegen, wie Brot und Kartoffeln, werden in allen Wirtschaftslagen in fast gleichen Mengen gebraucht. Am ehesten und deutlichsten kommt jedoch der Wandel der wirtschaftlichen Verhältnisse in den Industrien zum Ausdruck, die *Produktionsmittel* herstellen, den Industrien des Eisenbahn-, des Maschinen- und des Hausbaues. Diese Tatsache tritt so auffällig in Erscheinung, daß der schwedische Sozialökonom Gustaf *Cassel* die Zeiten des *Aufschwunges* geradezu als solche bezeichnet hat, in denen die Produktion in der Metall- und Holzindustrie wesentlich über den bisherigen Stand wächst. Für die *Stockungen* im Wirtschaftsleben ist kennzeichnend, daß der Umsatz – und damit auch die Beschäftigung und die Preise – in diesen Industrien zuerst weit unter den bisherigen Stand sinken. Damit soll nicht gesagt sein, daß die wechselnde Lage der Produktionsmittelindustrien letzte Ursache des wirtschaftlichen Auf und Ab überhaupt sei; daß aber der Konjunkturverlauf hier besonders deutlich und frühzeitig in Erscheinung tritt, weist darauf hin, daß die ständige Unruhe in der kapitalistischen Wirtschaft im Zusammenhang mit der Produktion auf Umwegen steht. Vor allem zeigt sich hier, daß jede Krisis mit eine Folge der *Überproduktion* in den Zeiten des Aufschwungs ist. Das ist ja das Sinnlose in der kapitalistischen Wirtschaftsordnung: daß immer wieder Augenblicke des Zusammenbruchs kommen, in denen auf der einen Seite ein übergroßer Produktionsapparat und auf der anderen ein hungerndes Proletariat stehen. In Zeiten des Aufschwungs wurden ohne Rücksicht auf den Bedarf neue Produktionsanlagen geschaffen, nur weil es »rentabel« war, die in der Krisis ebenso ohne Rücksicht auf noch vorhandenen Bedarf stillgelegt werden, weil sie nicht mehr rentabel sind. Der ewige Wechsel in der Konjunktur erklärt sich letzthin aus der Trennung von Produktion und Konsumtion, aus der Ordnung einer Wirtschaft, deren einzigster Regulator für die Produktion der Profit ist.

Bei der Beurteilung der Wirtschaftslage macht sich der *Mangel nutzbarer Statistik* fühlbar geltend. Besonders wichtig wären natürlich Angaben über die Produktion und den Verbrauch vor allem in den Produktionsmittelindustrien. Die *Produktionsstatistik* liegt in allen Staaten und gerade auch in Deutschland im argen. Genaue Angaben sind eigentlich nur dort zu erlangen, wo indirekte Steuern die Waren belasten. Im übrigen ist man auf die spärlichen Angaben der Interessentenverbände angewiesen. Ein Ausbau der Produktionsstatistik ist mit Rücksicht auf die Konjunkturforschung zu wünschen. Das nach dem Beispiel anderer Staaten in Deutschland eben ins Leben gerufene *»Institut für Konjunkturforschung«* müßte, um erfolgreich wirken zu können, entsprechende Vollmachten besitzen. Vor allem wäre es notwendig, daß die Aktiengesellschaften in ihren Geschäftsberichten Umsatzziffern usw. bekanntgeben, ebenso wie die Kartelle Erhebungen über den Umfang der Erzeugung und des Absatzes. Selbstverständlich ist ein großer Teil solcher bisher bekannten Zahlen ungenau, nicht selten absichtlich ungenau, um durch irreführende Angaben die Spekulation zu beeinflussen. Vor allem aber kommen die Angaben über die Produktion fast immer zu spät, um zur Vorausschau künftiger wirtschaftlicher Gestaltung – soweit sie heute schon möglich ist – noch nutzbar zu sein.

Schneller und genauer sind die Angaben über die Preise. Aber im Zeitalter der Kartelle und Trusts vollzieht sich die Preisbildung häufig weitgehend unabhängig von Angebot und Nachfrage auf dem Markt. Die Preispolitik der Unternehmer sucht die Konjunktur auszunutzen, sie zu beeinflussen. Deshalb ist es notwendig, zum mindesten immer die *Preisentwicklung* mehrerer Waren zusammen zu betrachten. Im allgemeinen beschränkt man sich dabei auf die Feststellung des amtlichen Großhandelsindex, der den Abstand der Preise für eine bestimmte Warengruppe vom Friedensstand mißt; aber es ist zu berücksichtigen, daß der *Großhandelsindex* mehr unter dem Gesichtspunkt zusammengestellt ist, einen Überblick über die *allgemeine Preislage* zu geben, als einen Barometer für die Schwankungen der Konjunktur. Die »Frankfurter Zeitung« hat sich das Verdienst erworben, einen besonderen Kapitalgüterindex für konjunkturempfindliche Waren zusammenzustellen. Ebensowenig läßt sich aus dem amtlichen *Lebenshaltungsindex*, der im Grunde genommen ein Kleinhandelsindex ist, in dem bestimmte Waren in bestimmten Mengen zusammengefaßt sind, ein Ausblick auf die künftige Entwicklung gewinnen, wenn auch darin die Wechsellagen der Wirtschaft zum Ausdruck kommen.

In Amerika, wo man auch in der Konjunkturforschung viel weiter ist, hat man bereits aus verschiedenen Zahlen des Wirtschaftslebens einen *Konjunkturbarometer* herzustellen verstanden, der mit relativer Sicherheit die kommende Gestaltung der Wirtschaft auf Monate voraus erkennen lassen kann. Eine besondere Bedeutung kommt dabei, schon wegen ihrer verhältnismäßigen Objektivität, den Verkehrsziffern zu. Auch in Deutschland veröffentlicht die Reichsbahngesellschaft die Anzahl der täglich von der Wirtschaft angeforderten Güterwagen. Einen Anhaltspunkt für die Aufwärtsentwicklung gibt im allgemeinen auch die gesteigerte Einfuhr fremder Waren; der erhöhte Warenverkehr kommt schließlich auch in den Erträgnissen der Wechselsteuer zum Ausdruck, da der gesteigerte Geschäftsumsatz einen gesteigerten Wechselverkehr zur Folge hat.

Die erhöhte Verwendung von Wechseln ist nicht nur ein Kennzeichen des erhöhten Warenverkehrs, sondern vor allem auch ein Zeichen gesteigerter Beanspruchung des Geld- und Kapitalmarktes. Man sollte annehmen, daß die *Börse*, die nicht nur auf alle Vorgänge des Wirtschaftslebens, sondern auch der Politik reagiert, die Schwankungen der Konjunktur am ehesten und feinsten messen würde. Aber nirgends mehr wie bei der Börse sind spekulative Einflüsse in Betracht zu ziehen. Gerade die Empfindlichkeit der Börse läßt Schwankungen in Erscheinung treten, die nicht mit anderen wirtschaftlichen Ereignissen in Zusammenhang zu stehen brauchen. Die Bewegungen der Aktienkurse und der schwankende Marktdiskontsatz (nicht der Reichsbankdiskont!) sind daher immer besonders wichtig zu bewerten. Die Kursbewegungen, die abhängig sind von der Dividendenpolitik der Aktiengesellschaften, charakterisieren nicht allein die Lage auf dem Kapitalmarkt, ebensowenig wie die Diskontsätze allein ein Urteil über die Lage des Geldmarktes erlauben. Hier ist vor allem noch die Höhe der Inanspruchnahme des Wechsel- und Lombardkredits, dort die Zahl der Neugründungen von Unternehmen, die Höhe der neuausgegebenen Aktien und die Summe der gewährten Hypotheken zu berücksichtigen – wie umgekehrt die Zahl der Konkurse einen Maßstab für die Schwere der Krisis bietet.

Wenn auch der Wandel der Konjunktur sich erst aus dem Zusammenwirken aller Faktoren des kapitalistischen Wirtschaftslebens, aus der Summe der Ereignisse auf dem Arbeits- und Warenmarkt, auf dem Geld- und Kapitalmarkt ergibt, so tritt die Wendung vom Aufschwung zum Zusammenbruch am deutlichsten und schärfsten auf dem Kreditmarkt in Erscheinung. Die *Krisis* ist äußerlich gekennzeichnet in der allgemeinen Unfähigkeit, fällige Zahlungsverpflichtungen zu erfüllen. Das gegenseitige Vertrauen, das im Kredit seinen Ausdruck findet, ist geschwunden. [...].

Die Krisis ist das Schicksal der kapitalistischen Wirtschaft. Sollten Arbeiter und Konsumenten, *die Opfer dieser Krisen*, kein Mittel finden können, diesem Schicksal zu entgehen? Alle Maßnahmen zur *Bekämpfung der Krisen* müssen davon ausgehen, daß die Krisen nur eine Teilerscheinung des Wandels der Konjunktur sind. So wenig die Konjunktur aus der kapitalistischen Wirtschaft schwinden wird, so wenig wird es möglich sein, die Krisen zu überwinden. Im Rahmen der kapitalistischen Wirtschaftsordnung aber scheint es erreichbar, das Ausmaß der Schwankungen zu dämpfen und damit die *Krisen zu mildern*. Die *Gewerkschaften* sind dazu nur indirekt in der Lage, weil sie im Mittelpunkte des Kampfes um den Arbeitsmarkt stehen, doch können sie wenigstens mittelbar durch Unterstützung der Bauhütten und – wenn auch vorläufig noch in kleinerem Ausmaße – durch die Politik der *Arbeiterbanken* die Konjunktur zu beeinflussen suchen. Unmittelbarer wirken können die *Genossenschaften*: in ihrem Bestreben, vom Markt freizukommen und unmittelbar für den Bedarf der Konsumenten zu sorgen, haben sie die Möglichkeit, in ihrem Bereich den Wechsel der Konjunktur auszuschalten.

Nicht zuletzt wird der Konjunkturverlauf auch durch den *Staat* beeinflußt. Alle Wirtschaftspolitik des Staates kann dazu beitragen, den Grad der Schwankungen zu mildern oder zu stärken. Wenn der Staat von seinen Mitteln, die Konjunkturen zu regulieren, wenig oder ungeschickten Gebrauch gemacht hat, so zeigt sich darin einmal die Rückständigkeit der Konjunkturforschung, zum anderen aber die Abhängigkeit des Staates von kapitalistischen Interessen. Um so bedeutungsvoller wird mit wachsender Kenntnis und Einsicht in die Zusammenhänge der Wirtschaft der Kampf um die Vorherrschaft im Staate für die Wirtschaft.

Liberale

Hugo Preuß (geb. 1860 in Berlin; gest. 1925 in Berlin) war ein liberaler Politiker, Staatsrechtler und 1919 Reichsminister des Innern.

Der Sohn einer jüdischen Berliner Kaufmannsfamilie studierte nach dem Militärdienst Rechts- und Staatswissenschaften an den Universitäten in Berlin und Heidelberg. Nach dem ersten Staatsexamen promovierte Preuß 1883 an der Universität Göttingen mit der Arbeit »Eviktionsregreß des in possessorio unterlegenen Käufers«. Nach dem Referendariat verließ er 1886 den Justizdienst, um sich ganz der wissenschaftlichen Arbeit zuzuwenden.

Die Diskriminierung als Jude bekam Preuß vor allem nach seiner Habilitation 1889 zu spüren. Er musste siebzehn Jahre als Privatdozent lehren, bis er 1906 endlich zum Professor für Öffentliches Recht an der »Berliner-Handelshochschule« ernannt wurde.

Neben seiner wissenschaftlichen Arbeit engagierte sich Preuß als liberaler Politiker. Ab 1895 war er Mitglied der Stadtverordnetenversammlung von Charlottenburg bei Berlin. 1910 wurde er dort für die linksliberale »Fortschrittlichen Volkspartei« als unbesoldeter Stadtrat in den Magistrat gewählt.

Für die historische Bedeutung von Hugo Preuß ist die Zeit vom Herbst 1918 bis zum Sommer 1919 entscheidend. Dabei überschlugen sich die Ereignisse für ihn regelrecht: Im Oktober 1918 Wahl zum Rektor der Berliner Handelshochschule; einen Monat später Ernennung zum Staatssekretär im Reichsministerium des Innern, dort Beauftragter zur Ausarbeitung einer neuen Reichsverfassung; ebenfalls im November 1918 Mitbegründer der liberalen »Deutschen Demokratische Partei« (DDP); am 13. Februar 1919 Ernennung zum Reichsminister des Innern im Kabinett von Phillip Scheidemann – der ersten demokratisch gewählten Regierung in Deutschland; am 20. Juni 1919 Rücktritt der Regierung aufgrund der Bedingungen des »Versailler Friedensvertrages«.

Hugo Preuß schrieb den ersten Entwurf der republikanischen »Verfassung des Deutschen Reiches«, die auch als »Weimarer Verfassung« bezeichnet wird. Sie wurde am 31. Juli von der Nationalversammlung verabschiedet und am 11. August 1919 vom Reichspräsidenten Friedrich Ebert unterzeichnet. Damit endete nach weniger als einem Jahr Preuß' Mitarbeit in der Reichsregierung.

1920 wurde er für die DDP in den Preußischen Landtag gewählt, wo er ebenfalls an der Ausarbeitung einer neuen »Preußischen Landesverfassung« beteiligt war. Am 9. Oktober 1925 verstarb Hugo Preuß in Berlin kurz vor seinem 65. Geburtstag.

1926 erschien postum der Band »Staat, Recht und Freiheit. Aus vierzig Jahren deutscher Politik und Geschichte« mit einer Einleitung von Theodor Heuss. Darin sind Aufsätze und Artikel enthalten, die Hugo Preuß in den Jahren 1885 bis 1925 veröffentlicht hat. Die Themen reichen von einer Würdigung der Stein-Hardenbergschen Reformen bis zur Bilanzierung seiner Arbeit an der Weimarer Verfassung. Seine profunden Studien der europäischen Verfassungsgeschichte sind auch ein Zeugnis für den langen Atem, den es brauchte, um in Deutschland einem republikanischen und demokratischen Verfassungsgedanken zur Geltung zu verhelfen. Dessen liberale Ideale sprechen zum Beispiel gleich lautend aus dem Artikel III, § 138 der Paulskirchenverfassung von 1849, dem Artikel 114 der Weimarer Verfassung von 1919 und dem Artikel 2 des Grundgesetzes der Bundesrepublik Deutschland von 1949. Wortgleich steht in allen drei Fassungen der Satz: »Die Freiheit der Person ist unverletzlich.«

Aus Hugo Preuß' »Staat, Recht und Freiheit« folgt hier der Artikel »Das Verfassungswerk von Weimar«, den er erstmals am 10. August 1919 in der Zeitschrift »Das Neue Reich« veröffentlichte. ■

Hugo Preuß
Staat, Recht und Freiheit
Aus vierzig Jahren deutscher Politik und Geschichte

Das Verfassungswerk von Weimar. 1919.

Die Verfassung der deutschen Republik ist vollendet. Es ist damit ein Ziel erreicht, das in den Hoffnungen und Befürchtungen der letztvergangenen Zeit vielen als ein höchst gefährdetes, schwer, vielleicht gar nicht zu erreichendes Ziel erschien. Und wenn wir auch nicht verkennen wollen, welche Gefahren die nähere Zukunft noch in sich birgt, so ist noch weniger zu verkennen, daß damit ein wesentlicher Schritt für die Neugestaltung und Herstellung unseres Vaterlandes geschehen ist.

Die Verfassung von Weimar ist nicht im Sonnenglanz des Glückes geboren, sondern im tiefsten Schatten der nationalen Niederlage, des nationalen Unglücks. Sie ist nicht von einem siegreichen Machthaber dem dankbar jubelnden Volke geschenkt worden, sondern sie ist vom Volke durch seine gewählten Vertreter in mühsamen Verhandlungen zustande gebracht worden. Unscheinbar vollzog sich ihr Eintritt in die Geschichte. Aber ich möchte gerade aus dieser Unscheinbarkeit ihres Anfangs ein günstiges Vorzeichen dafür entnehmen, daß sie einer mühsamen, langsamen, aber im Innersten kraftvollen, aufsteigenden Entwicklung entgegengeht …

Die Verfassung, wie sie in Weimar zur Annahme gekommen ist, beruht auf dem Bund der drei Parteien: der Demokratie, der Sozialdemokratie und des Zentrums, die sich als die Verfassungsparteien bezeichnen konnten. Dieser Bund und dieses Zusammenwirken, herbeigeführt durch die dringende Notwendigkeit der gesamten politischen Lage, ist von höchster und entscheidender Bedeutung für Gegenwart und nähere Zukunft. Es ist bedeutungsvoll in jeder Hinsicht, daß sich hier die politische Partei der bürgerlichen Demokratie mit der sozialen Demokratie zusammengefunden hat und zugleich mit einer Partei, die in gewissem Sinne konservativer orientiert ist, die einen älteren organischen Konservatismus repräsentiert als in gewissem Sinne die eigentlich konservative Partei, die aber nach ihrer traditionellen Klugheit und Anpassungsfähigkeit, durch ihren starken sozialen Einschlag das Bedürfnis und die Notwendigkeit der demokratischen Entwicklung unserer Zeit erfaßt hat. Man muß bei der Beurteilung sowohl der Verfassung wie der Politik, die jetzt und in nächster Zukunft getrieben werden wird und getrieben werden muß, die Erkenntnis nicht außer acht lassen, daß das Zusammenwirken dieser drei, in mancher Richtung sehr verschieden gearteten Parteien eine unabwendbare Notwendigkeit für die Aufrechterhaltung unseres geordneten politischen Lebens ist.

Das ist ohne Kompromisse natürlich nicht möglich. Jede dieser drei koalierten Parteien wird von ihrem Standpunkte aus mit Recht mancherlei an dem zu tadeln haben, was das Resultat solcher koalierten Bündnispolitik sein muß. Aber dieser Tadel muß zurücktreten vor der Erkenntnis, daß, wie die Dinge im deutschen politischen Leben nun einmal gelagert sind, keine der Parteien in der Lage ist, die Regierung allein zu führen, dem politischen Leben ihren Stempel allein aufzudrücken. So muß man sich vertragen und muß die mittlere Linie finden, auf der diese drei schließlich in ihrem heutigen Kern – und darauf kommt es an – *demokratischen* Parteien miteinander gehen können. Kompromisse sind unvermeidlich. Aber das Entscheidende ist, daß das Kompromiß *vorwärts* gerichtet ist, daß es der fortschreitenden Entwicklung dient, wenn auch nicht in dem stürmischen und schnellen Maße, wie man es wünschen möchte, und wie es vielleicht ohne Kompromiß möglich wäre. In vielen Beziehungen mag auch die Verfassung diesen unvermeidlichen Kompromißcharakter an sich tragen. Aber ich darf für sie in Anspruch nehmen, daß überall dieses Kompromiß nach vorwärts weist, in die Richtung fortschreitender Entwicklung.

Ein Moment war es, das bei den Verfassungsarbeiten als oberstes Ziel und als oberstes Augenmerk uns vorschweben mußte: *die Rettung, die Erhaltung, die Stärkung unserer nationalen Einheit.* Das war oberstes Ziel, erster und letzter Gedanke all unserer Verfassungsarbeit. Diese deutsche nationale Einheit war durch kriegerischen Sieg begründet. Auf den Schlachtfeldern von Königgrätz und von Sedan war der Grundstein dieser deutschen Einheit gelegt. Wie groß, wie ungeheuer mußte da die Gefahr sein, daß diese furchtbare Niederlage die Einheit zertrümmerte, die einst der kriegerische Sieg geschaffen hätte! Diese Gefahr abzuwenden, war unsere höchste, unsere wichtigste Aufgabe. Ich will noch nicht sagen, daß wir auch in dieser Beziehung völlig und unbedingt über den Berg hinüber sind. Gefahren sind da; aber Gefahren sind dazu da, ein politisch wachsames Volk zu finden. Wer zurückblickt, auch nur auf die letzten Monate, die wir durchlebt haben, der wird vielmehr mit stiller innerer Freude sagen: die Gefahren sind auch erheblich geringer geworden, es geht wieder aufwärts gerade in bezug auf die nationale Einheit. Es ist begründete Hoffnung, daß es gelingt, nicht nur die deutsche Einheit mit den Verlusten, die der Frieden leider uns aufzwingt – mit diesen Verlusten müssen wir uns abfinden – zu erhalten, sondern entsprechend den größeren Gefahren, die unsere Lage mit sich bringt, fester zusammenzuschließen und zu stärken.

Wir haben gegenüber manchen Anfechtungen für die deutsche Republik doch den Namen, der seit Generationen den Gedanken der Einheit verkörperte, den des *Reichs* festgehalten. Wir haben damit die Tradition festhalten wollen, die eben in dem Namen *Reich* den Gedanken und das Prinzip der nationalen Einheit aussprach. Und wenn man im Anfang sagte, das habe Bedenken, weil die internationale französische Sprache keinen anderen Ausdruck für *Reich* kenne als *empire* und damit den Verdächtigungen im Auslande, daß unsere ganze Republik nur Schein sei und dahinter das alte Kaiserreich weiter stecke, daß man diesen Vorwürfen zuvorkommen müsse, weil man *Reich* nicht leicht anders als *empire* übersetzen könne, so hat sich gezeigt, wenn man durchhält, gehts auch so, und die französische Sprache findet sich schon mit dem Fremdwort *Reich allemand* ab!

Das Reich und die Länder waren allerdings, um ihr Verhältnis gegenüber dem altüberkommenen deutschen Partikularismus auf neuer Grundlage fest zu begründen, eine besonders schwere Aufgabe für das Verfassungswerk. Gerade hier aber hat das Grundprinzip der jungen Republik wesentlich dazu beigetragen, von vornherein schon gedanklich eine festere Unterlage für die deutsche Einheit zu schaffen. Das alte Reich führte sich schon in der Einleitung zu seiner Verfassungsurkunde als einen Bund der Fürsten ein: Seine Majestät der König von Preußen, der König von Bayern usw. usw. schließen einen ewigen Bund. Und im Anfang der Verhandlungen war starke Neigung vorhanden, auch die neue Verfassung der jungen Republik in dieser Art anzufangen, daß die einzelnen Staaten einen Bund schließen, daß also das Erste die Einzelstaaten wären und das Reich nur ihr bündischer Zusammenschluß. Anders sieht es jetzt aus in der Verfassung von Weimar. An der Spitze steht die Einheit des deutschen Volkes. Aus dem Willen des einheitlichen deutschen Volkes geht diese Verfassung hervor. Und die Länder, die Staaten, die Einzelstaaten heißen, sind nur die Gliederungen, die mit weitgehender Selbstverwaltung ausgestatteten Gliederungen des einheitlichen deutschen Staatsvolkes.

Das Reich hat als wesentliche praktische materielle Grundlage seiner Einheit die Einheit des, wenn auch sehr verkleinerten, *Heeres*, die Einheit des *Verkehrswesens*. Das lange als ganz chimärisch erschienene Projekt der *Reichseisenbahnen* ist jetzt im Prinzip verwirklicht und ein naher Termin für seine tatsächliche Durchführung gesetzt. Die Einheit des *Finanzwesens* geht mit gewaltigen Schritten ihrer Vollendung entgegen, denn die Not ist ein guter Schmied; und die Not schmiedet uns hier zusammen. Die Reichszuständigkeit ist – ich darf es sagen, da ich in all diesen Monaten mit Eifer und nicht ohne harte Widerstände für die möglichste Ausdehnung dieser Reichszuständigkeit gekämpft habe – so beschaffen, daß man von jedem Gesichtspunkte aus damit zufrieden sein kann. Sie gibt dem Reich in vollem Maße die Rechtsgrundlage für alles, was der einheitlichen Regelung im nationalen Gemeinleben bedarf. Sie läßt aber in diesem Rahmen den Ländern die nötige Bewegungsfreiheit für das landschaftliche Eigendasein, soweit es den Notwendigkeiten des nationalen Gemeinlebens nicht störend in den Weg tritt. Und diese Zuständigkeitsverteilung zwischen Reich und Ländern ist elastisch genug gestaltet, um ohne jede Änderung der Verfassung nach Lage der Zeit, nach den Erfordernissen der ganzen politischen Situation fester gezogen oder lockerer gehandhabt zu werden.

Und was eine Errungenschaft von ganz besonderer Bedeutung ist, namentlich nach den im Anfang in dieser Richtung durchaus nicht sehr hoffnungsreichen Vorzeichen, diese feste Gestaltung des Reiches, diese Ausdehnung seiner Zuständigkeit ist schließlich im *Einverständnis* mit den Ländern erfolgt, nicht gegen ihren Protest, völlig ohne Vergewaltigung der Einzelstaaten. Die äußere und innere Not haben gewiß das ihrige dazu beigetragen; aber ich möchte es mit ganz besonderer Genugtuung aussprechen, daß diese Stärkung der Reichseinheit sich schließlich unter Zustimmung der berufenen Vertretungen aller deutschen Länder vollzogen hat.

Und so wird auch die eine Frage, die noch viel umstritten ist, die Frage nach der inneren Einteilung des Reiches in den Gebietsgrenzen der Einzelstaaten, der etwaigen Umänderung der territorialen Gebiete – des bin ich sicher – mit der Entwicklung dieser Reichseinheit immer mehr an Schärfe und Bedeutung verlieren. Die Grenzen der Länder gegeneinander treten zurück, verlieren an Bedeutung, und damit verliert die ganze Abgrenzung der Länder in demselben Maße an Bedeutung, wie sich das nationale Leben im Reiche voll entfaltet und festigt.

Ein wesentliches und bedeutsames Mittel auch zu dieser Entwicklung ist der *demokratisch-parlamentarische Aufbau der Reichsorganisation.* Demokratie und Parlamentarismus sind die staatsrechtlich politischen Grundlagen der republikanischen Verfassung. Aber Demokratie und Parlamentarismus stehen zueinander nicht, wie man oft bei uns glaubt, in dem Verhältnis einer gewissen notwendigen Kongruenz; sie decken einander nicht. Die Demokratie muß nicht notwendig parlamentarisch, und der Parlamentarismus muß nicht notwendig demokratisch sein. Freilich, bei unseren deutschen Verhältnissen, bei der Größe Deutschlands mit der Entwicklung seiner ganzen politischen Struktur war die Demokratie nur in Gestalt des Parlamentarismus zu organisieren. Aber diese parlamentarische Organisation der deutschen Demokratie fand ihre besonderen Schwierigkeiten darin, daß uns die Vorstufe eines aristokratischen oder eines bürgerlich-plutokratischen Parlamentarismus vollständig fehlte. Insoweit haben Adel und Bürgertum in der vergangenen Zeit ihren politischen Beruf verfehlt, als sie nicht der Krone gegenüber einen aristokratischen oder einen bürgerlich-demokratischen Parlamentarismus entwickelt haben, der sich dann entsprechend den wirtschaftlichen und sozialen Umgestaltungen zum demokratischen Parlamentarismus hätte auswachsen können; sondern aus dem Krypto-Absolutismus des früheren Zustandes mußte der Übergang sofort zu dem scharf ausgeprägtesten demokratischen Parlamentarismus gefunden werden. Das hatte seine besonderen Schwierigkeiten. Nicht zuletzt liegen diese Schwierigkeiten auch darin, daß sich aus dieser Vergangenheit bei den Trägern des demokratischen Gedankens der Masse ein Mißtrauen gegen *alle* Regierungen und *alle* Regierenden festgewurzelt hat, das zunächst nur schwer zu überwinden ist und das auch in der Verfassung seinen Ausdruck in einer vielleicht etwas allzu großen Häufung von Kontroll- und Vorbeugungseinrichtungen gefunden hat.

Der Parlamentarismus muß und soll die Führung der politischen Demokratie organisieren. Und auch in der Demokratie muß eine Regierung regieren können. Es ist vielleicht die größte Gefahr, die der Demokratie erwachsen kann, wenn durch allzu gehäufte Kontrollmaßregeln die demokratische Regierung allzusehr am Regieren behindert wird. Der Parlamentarismus soll die Schule, die Auslese der demokratischen Führer sein; und diese Funktion darf ihm durch ein allzu großes Überwuchern jener Einrichtungen des Mißtrauens nicht unmöglich gemacht werden. Aber man darf erwarten, daß mit dem Zurücktreten der bitteren Erfahrungen der Vergangenheit auch jenes Mißtrauen der Menge und ihrer Vertreter gegen alle Regierenden, auch die, die aus ihrer Mitte selbst und aus ihrer parlamentarischen Beeinflussung hervorgegangen sind, allmählich erlöschen und dem organischen Zusammenarbeiten, das die parlamentarische Demokratie verlangt, Platz machen wird.

Die Verfassung will aber nun auch nicht den Parlaments-Absolutismus schaffen. Der Parlamentarismus widerstrebt jedem Absolutismus, auch dem des Parlaments. So stellt die Verfassung neben das Parlament als höchstes Organ des Gemeinwesens *den vom Volk unmittelbar gewählten Reichspräsidenten.* Es ist ja noch in allerletzter Stunde die Frage wieder angeregt und mehrfach erörtert worden, ob nicht die Wahl des Reichspräsidenten in die Hand des Parlaments gelegt werden sollte. Es ist erfreulich, daß gerade die sogenannten bürgerlichen Parteien durchaus dieser Versuchung widerstanden haben. An sich liegt es ja gerade der sogenannten kapitalistischen Demokratie, dem kapitalistischen Parlamentarismus nahe, etwa nach französischem Vorbilde die Wahl des Präsidenten in die Hand des Parlaments zu legen; denn dann steht dem Parlament als solchem gar keine unmittelbar im Volke wurzelnde ebenbürtige Potenz gegenüber. Es gilt sowohl, diese Gefahr zu vermeiden, wie die Gefahr, die nach amerikanischem Vorbilde auch darin liegt, daß alle Verwaltung unabhängig vom Parlament in die Hand des vom Volke gewählten Präsidenten gelegt wird. In beiden Systemen fehlt das organische Ineinandergreifen und das organische Ausbalancieren der beiden Potenzen. Sie ist in unserer Verfassung gegeben dadurch, daß der Präsident ebenso unmittelbar vom Volke gewählt wird wie das Parlament, daß er seine Regierungsmacht aber in den Formen des Parlamentarismus ausübt durch ein Ministerium, das zwar nicht aus dem Parlament hervorzugehen braucht, das aber von dem Vertrauen des Parlaments getragen sein muß und vor seinem Mißtrauen zurücktreten muß. Nur so, durch das Nebeneinanderstehen der beiden Potenzen, des Parlaments und des vom Volke gewählten Präsidenten, wird es möglich sein, was für unsere ruhige Fortentwicklung notwendig ist: unser Berufsbeamtentum in den neuen Bau einzufügen, und es nicht etwa einem amerikanischen Beutesystem der politischen Ämter zu opfern.

Die moderne Demokratie muß als solche selbstverständlich stark *sozial* betont sein. Demokratie und Sozialdemokratie müssen hier einen gemeinsamen

Boden ihrer Arbeit finden. Wir sollen über den notwendigen und unvermeidlichen Gegensätzen, die zwischen Demokratie immer wieder auftauchen werden, nicht vergessen, daß die Sozialdemokratie in dem entscheidenden Augenblick der Revolution, wenigstens die Mehrheit der Sozialdemokratie, ihre demokratische Grundlage anerkannt und zu Ehren gebracht hat, daß sie die Erkenntnis nicht nur theoretisch gehegt, sondern praktisch nach ihr gehandelt hat, daß die soziale Demokratie sich entwickeln soll auf den Grundlagen der politischen Demokratie und nicht der Diktatur! So erst ist das notwendige und hoffentlich für die Folge fruchtbare Zusammenarbeiten der demokratischen Kräfte des Bürgertums mit der Sozialdemokratie ermöglicht worden. Das soll über allen Gegensätzen nicht vergessen werden.

Gewiß liegt für diese gemeinsame Arbeit einer sozialen Demokratie auf politischem Boden eine gewisse Schwierigkeit in dem Klassenkampfgedanken und dem Klassenkampfdogma, das eine lange Überlieferung der Sozialdemokratie gehegt und gepflegt hat und von dem sie – wir wollen darüber nicht rechten – nicht loskommen kann oder nicht loskommen will. Aber gerade das zum mindesten darf man von der Wirkung der gemeinsamen politischen Arbeit auf dem Boden der parlamentarischen Demokratie erwarten, daß sie auf politischem Boden den Klassenkampf zum mindesten mildern, abschwächen wird gegenüber der Gemeinsamkeit der politischen Arbeit.

Gewiß ist die formale Demokratie, wie man so gern sagt, nicht der Weisheit letzter Schluß. Der demokratische Rechtsstaat darf sich nicht und kann sich nicht damit genügen lassen, nur eine formale Rechtsgleichheit herzustellen, sondern er muß das formal demokratische Recht mit sozialem Geiste erfüllen. Wenn man dieser sogenannten formalen Demokratie neuestens den sogenannten *Rätegedanken* entgegengestellt hat, so sehe ich hier von den recht zahlreichen Äußerungen ab, in denen sich der Rätegedanke nur als eine schön klingende Verhüllung einer gewissen Rat- und Gedankenlosigkeit zeigt. Er hat auch seinen *berechtigten* und bedeutsamen Inhalt; er hat ihn namentlich insoweit, als es sich um die Eingliederung der Organisation der Arbeit und ihres Rechts in die Verfassung der politischen Demokratie handelt. Jedenfalls hat die Verfassung von Weimar, glaube ich, den Ansatz geliefert und den Einschlag, um jenen Gedanken der Organisation der Arbeit und ihres Rechts und deren Eingliederung in den politischen Verfassungsbau vorzubereiten.

Die *nationale Einigkeit*, die *politische Freiheit* und das *soziale Recht* sind so die Leitgedanken der Verfassung von Weimar. Erfüllt sich unser Gemeinleben in ausbauender gesellschaftlicher und politischer Arbeit mit diesen Gedanken, die die Verfassung beseelen, und macht es so das geschriebene Recht, das geschriebene Wort zur lebendigen Tat, so dürfen wir hoffen, daß, gestärkt und gefördert durch diese Macht der Ideen, durch die schöpferische Kraft ideeller Gedanken des politischen Lebens, ein allmählicher Aufstieg aus der Tiefe zu neuer Blüte sich gestalten und so den wahren Sinn eines lange Zeit im Dienste der Gewaltpolitik arg mißbrauchten Liedes in seinem wahren Inhalt zu Ehren bringen wird:

Einigkeit und Recht und Freiheit
Sind des Glückes Unterpfand.
Blüh' im Glanze solchen [!] Glückes,
Blühe, deutsches Vaterland!

Theodor Heuss (geb. 1884 in Brackenheim; gest. 1963 in Stuttgart) war ein deutscher Staatswissenschaftler, liberaler Politiker und erster Bundespräsident der Bundesrepublik Deutschland.

Am 31. Januar 1884 wurde Theodor Heuss in Brackenheim als Sohn des Regierungsbaumeisters Louis Heuss und seiner Frau Elisabeth geboren. In dem nahe gelegenen Heilbronn wuchs er auf und begann schon als Schüler in der Familienbibliothek seines Vaters politische Literatur zu lesen. Vor allem durch die Bücher aus dem Nachlass seines Urgroßvaters Georg Ludwig Heuss, der 1848 für die bürgerliche Revolution in Deutschland kämpfte, wurde der junge Theodor Heuss zu einem Anhänger freiheitlicher und demokratischer Ideen. Ab 1902 studierte er in München und Berlin unter anderem Nationalökonomie, Geschichte und Staatswissenschaften. 1905 schloss er sein Studium mit der Promotion ab. Von seinem Doktorvater, dem Ökonomen und Sozialreformer Lujo Brentano, erlernte Theodor Heuss die wissenschaftlichen Grundlagen der Sozialen Markwirtschaft. Sein politischer Ziehvater wurde jedoch schon während des Studiums der sozialliberale Politiker Friedrich Naumann. Durch ihn erhielt Heuss von 1905 bis 1912 seine erste Anstellung als leitender Redakteur der von Naumann gegründeten Zeitschrift »Die Hilfe«.

1908 heiratete Heuss die drei Jahre ältere Lehrerin und Studentin Elly Knapp. 1910 kam der gemeinsame Sohn Ernst Ludwig zur Welt. Beruflich zog es Heuss 1912 zurück in seine Heimatstadt Heilbronn, wo er bis 1918 als Chefredakteur der »Neckar-Zeitung« arbeitete. Seinem politischen Mentor Friedrich Naumann blieb er auch während des Ersten Weltkrieges eng verbunden. 1918 wurde Heuss Gründungsmitglied der »Deutschen Demokratischen Partei« (DDP) unter dem Vorsitz von Naumann, der jedoch bereits im Folgejahr verstarb. Für die liberale DDP wurde Heuss 1919 zunächst Mitglied der Stadtverordnetenversammlung in Berlin-Schöneberg, bevor er 1924 das erste Mal in den Reichstag gewählt wurde. Neben seiner politischen Laufbahn begann Heuss während der Weimarer Republik auch wissenschaftlich wieder stärker aktiv zu werden. Er beteiligte sich 1920 an der Gründung der »Deutschen Hochschule für Politik« und wurde ihr erster Studienleiter. In Publikationen wie »Das Wesen der Demokratie« (1921)

plädierte Heuss für mehr demokratische Bürgergesinnung und Verantwortungsbereitschaft des Einzelnen. Dabei wusste er um die Gefahren für die Demokratie. Schon vor dem Erstarken der nationalsozialistischen Bewegung erkannte Heuss in einer 1920 veröffentlichten Schrift über den Kapp-Lüttwitz-Putsch, dass die größte Gefahr für die junge Republik von der politischen Rechten drohte.

Nach seinem Ausscheiden 1928 wurde Theodor Heuss im September 1930 erneut in den Reichstag gewählt. Kurz zuvor hatte sich die DDP mit einigen eher nationalkonservativ als liberal ausgerichteten Parteien und Organisationen zur »Deutschen Staatspartei« (DStP) vereinigt. Viel einschneidender für Heuss als Abgeordneter der DStP war jedoch, dass die NSDAP bei den Reichstagswahlen 1930 ihren Durchbruch schaffte und mit 107 Abgeordneten zur zweitstärksten Fraktion im Reichtag wurde. Dieses Erstarken der Nationalsozialisten vor dem Hintergrund der zunehmenden wirtschaftlichen Depression und Massenarbeitslosigkeit in den frühen Dreißigerjahren, nahm Heuss als Herausforderung, sich auch inhaltlich mit der NSDAP und ihrem politischen Programm auseinanderzusetzen. Am 26. Februar 1931 hielt er in Tübingen einen Vortrag, worin er sich kritisch mit den wirtschaftspolitischen Forderungen und dem Antisemitismus der NSDAP auseinandersetzte. Der Vortrag fand ein breites Echo in der Tagespresse, so dass die »Union Deutsche Verlagsgesellschaft« bei Heuss die Publikation seines Vortrages anfragte, was dieser zusagte. Aus der schriftlichen Ausarbeitung seines Vortrages wurde im weiteren Verlauf des Jahres ein Buch von 168 Seiten, das im Dezember 1931 unter dem Titel »Hitlers Weg. Eine historisch-politische Studie über den Nationalsozialismus« im Buchhandel erschien. »Hitlers Weg« verkaufte sich so gut, das im März 1932 bereits die achte Auflage erschien. Es folgten fremdsprachige Ausgaben in den Niederlanden, Italien und Schweden.

Anders als es der Titel erwarten lässt, handelt es sich bei »Hitlers Weg« nicht um eine Biographie zu Hitler, sondern um eine kritische Betrachtung der NSDAP und ihrer politischen Ziele, soweit diese für Heuss anhand der ihm 1931 vorliegenden Informationen absehbar waren. Bereits im Kapitel »Quellen« erfährt der Leser, dass Heuss sich nicht nur mit dem Fünfundzwanzig-Punkte-Programm der NSDAP oder Hitlers »Mein Kampf« auseinandergesetzt hat, sondern auch mit heute nur noch in Fachkreisen bekannten Schriften wie »Der Mythus des 20. Jahrhunderts« von Alfred Rosenberg. Den von der NSDAP zum politischen Leitmotiv erhobenen radikalen Rassismus versucht Heuss zu widerlegen, indem er dem Rassenforscher Hans F. K. Günther anhand seiner Veröffentlichungen nachweist, dass er die Schwelle des wissenschaftlich Belegbaren überschritten habe und stattdessen in »schauderhaftem Deutsch« über die Schicksalhaftigkeit des »ererbten Blutes« romantisiere. Dem NSDAP-Wirtschafttheoretiker Gottfried Feder hält Heuss entgegen, das dessen Forderung nach der Abschaffung verzinster Bankkredite zugunsten der Ausgabe von »zinslosen Staatskassengutscheinen« nicht nur zu einer Parallelwährung führen würde, sondern durch die Erhöhung der sich im Umlauf befindlichen Geldmenge auch eine Inflation zur Folge hätte.

Insbesondere das Beispiel der Kritik am wirtschaftspolitischen Programm der NSDAP veranschaulicht sehr gut, dass es Heuss um eine nüchterne und sachliche Auseinandersetzung mit dem Nationalsozialismus ging. Diese Herangehensweise hat jedoch dazu geführt, dass »Hitlers Weg« vor allem nach 1945 von vielen Kritikern als zu milde und zum Teil auch naiv verurteilt wurde. Der Vorwurf, dass Heuss die Bereitschaft der Nationalsozialisten zur skrupellosen Machtdurchsetzung und zum politischen Verbrechen unterschätzt habe, kam jedoch mehr aus dem retrospektiven Wissen darüber, dass Heuss am 23. März 1933 als Reichstagsabgeordneter der DStP dem von Hitler eingebrachten »Ermächtigungsgesetz« und damit der staatsrechtlichen Errichtung der NS-Diktatur, seine Zustimmung gegeben hatte. Wie es dazu kam, dass er sich der Stimmenmehrheit innerhalb seiner Fraktion beugte, hat Heuss später mehrfach zu erklären versucht, ohne freilich die sich bis heute darüber erregenden Gemüter seiner politischen Gegner beruhigen zu können.

Heuss selbst hat von seinem Abstimmungsverhalten nach dem 23. März 1933 nicht profitiert. Innerhalb weniger Wochen wurde ihm die Lehrerlaubnis als Hochschullehrer und sein Mandat als Reichstageabgeordneter entzogen. Am 10. Mai 1933 wurde sein Buch »Hitlers Weg« bei den reichsweiten Bücherverbrennungen in deutschen Hochschulstädten öffentlich in die Flammen geworfen. Noch am selben Tag versuchte die liberal-konservative »Deutsche Allgemeine Zeitung« die Schriften von Heuss vor dem Scheiterhaufen zu bewahren, indem sie berichtete: »Auf die schwarze Liste der Autoren, deren Schriften aus den Büchereien und Leihbibliotheken entfernt werden sollen, ist auch der Name Theodor Heuß geraten. Hier kann nur ein heimtückischer Zufall gewaltet haben [...].« Zwar handelte es sich um Heimtücke, aber keineswegs um einen Zufall. Denn Heuss wurde von den Nationalsozialisten nicht nur wegen seines kritischen Buches »Hitlers Weg«, sondern auch wegen seines Bekenntnisses zum Liberalismus als politischer Feind angesehen. Dabei war Theodor Heuss neben Hugo Preuß nicht der einzige Liberale, dessen Bücher am 10. Mai 1933 verbrannt wurden. Auf den »Schwarzen Listen« standen zudem die Werke des bereits 1922 von Rechtsradikalen ermordeten ehemaligen Reichsaußenministers Walther Rathenau. Öffentlich verbrannt wurden zudem die Schriften der liberalen Journalisten Theodor Wolff und Georg Bernhard sowie die Bücher der liberalen Pazifisten Ludwig Quidde und Helmut von Gerlach (alle DDP).

Dem historischen Gedächtnis ist Theodor Heuss vor allem als erster Bundespräsident der Bundesrepublik Deutschland präsent geblieben. Von 1949 bis 1959 hatte er dieses höchste Staatsamt inne, bevor er 1963 kurz vor seinem achtzigsten Geburtstag verstarb. Insbesondere die ältere Generation verbindet mit Theodor Heuss bis heute das Wiederaufblühen Westdeutschlands in der Nachkriegszeit und die Aussöhnung mit den Völkern.

Durch die starke Fokussierung auf den Bundespräsidenten wird heute jedoch oft übersehen, dass Theodor Heuss selbst vor allem durch die Zeit vor 1949 geprägt war. Er hat erlebt, wie drei Staatsformen – das Kaiserreich, die Weimarer Republik und die Nazi-Diktatur – zugrunde gingen, bevor er selbst mit der Bundesrepublik Deutschland zum Mitgründer eines Staates wurde, der auch nach 60 Jahren noch Bestand hat.

Dass auch Heuss von den Bücherverbrennungen betroffen war, zeigt, dass die Nationalsozialisten nach 1933 nicht irgendeinen Geist auszulöschen versuchten. Was sie mit der Bücherverbrennung zu zerstören versuchten war auch die sittliche Substanz des demokratischen Europas.

Im folgenden Abschnitt aus »Hitlers Weg« setzt sich Heuss mit den außenpolitischen Vorstellungen Hitlers – oder besser mit seinen Kriegsplanungen – auseinander. ■

Theodor Heuss
Hitlers Weg

Aussenpolitische Ziele

Hitlers Kapitel über die Außenpolitik gehören zu den aufschlussreichsten seines Buches. Sie sind bezeichnet durch das Nebeneinander eines nüchtern-realistischen Erkennens und Anerkennens der Machtbestände und eines leidenschaftlichen Planens, wie diese Machtbestände beseitigt werden könnten. Er hilft sich, indem er sie gelegentlich »verdrängt« und selber der Gefahr unterliegt, in die seine Gefolgschaft gebannt ist, das starke Wort und die heroische Selbstberauschung als Ersatz für die Tat, als Schleier über die Wirklichkeit zu nehmen.

Die Betrachtung der weltpolitischen Entwicklung der Vor- und Nachkriegszeit, wie sie von Hitler gegeben wird, kann nicht als durchaus repräsentativ angesehen werden für die in der NSDAP vorhandenen Meinungen. Graf Reventlow, der für die Fraktion im Reichstag als »Sachverständiger« spricht, beurteilt sehr wesentliche Fragen geschichtlich und aktuell ganz anders; er lag und liegt, wie übrigens auch Goebbels, wenn man so sagen will, weit mehr auf der »russischen Seite«. Aber er hat sich taktisch angepasst, seit er von Graefe zu Hitler herübergewechselt ist; er weiß, dass man ihm etwas misstraut, weil er einmal über Hitlers angebliche Bemühungen um die Gunst des päpstlichen Roms herbe Worte geschrieben hat. Auch bei dem Bruch zwischen Hitler und Otto Strasser hat die Frage: mit England? mit Russland? eine entscheidende Rolle gespielt.

Es ist fast merkwürdig, dass man heute in der Nähe Hitlers Männer sieht, deren außenpolitisches Weltbild dem Alldeutschen Verband entstammt. Denn wenn man ihn selber, nach seinen geschichtlichen Bewertungen, in die Jugendzeit deutscher imperialistischer Regungen zurückdenkt, so steht er nicht bei Karl Peters oder Heinrich Claß, sondern in der Nachbarschaft von – Eugen Richter oder doch Caprivi. Gewiss, es gibt Nuancen; Richter hatte gar keine außenpolitische Phantasie und hätte von dem »kontinentalen Bodenerwerb« im Osten, den nach Hitlers Meinung jene Zeit versäumte, nichts gehalten. Aber er hätte diesem Mann, mit dem er sonst gar nichts hätte anfangen können, Beifall geknurrt zu seinen Worten gegen die »unsinnige Kolonialpolitik«, gegen den Bau der Kriegsflotte – dass Hitler auch keine Handelsflotte erbaut wissen wollte, wäre ihm freilich zu seltsam vorgekommen. Desses Betrachtung ist hier spürbar binnenländisch-süddeutsch.

Die Erinnerung an das Urteil Hitlers über die deutsche Vorkriegshaltung, das ja schließlich auch eine Ablehnung der Bismarckschen Habsburg- und Russlandpolitik umfasst, ist aufschlussreich. Denn sie zeigt schon die wesentlichen Bestandteile des Kräftesystems, das er als Aufgabe vor sich sieht: die Ausdehnung des deutschen Macht- und Siedlungsraumes nach Osten, die ihm selber unmöglich erscheinen muss ohne die vorangegangene Zerbrechung der französischen Stellung. Der Kampf mit Frankreich wird nicht eigentlich gesucht, aber er erscheint als vom Schicksal gesetzt, Erbfeindideologie und so fort; das wesentliche Ziel deutscher Entfaltung liegt im europäischen Osten, ganz gewiss nicht im Streben nach einer neuen Überseestellung. Wieweit ein von der österreichischen Jugendzeit wirksamer, wieweit ein von dem Balten Alfred Rosenberg, Hitlers außen- und innenpolitischem Berater, gepflegter Antislawenkomplex mitspricht, ist schwer zu entscheiden.

Dass die Inbesitznahme fremden Bodens keine weichmütige Angelegenheit ist, weiß Hitler. In einem »politischen Testament« für die Deutschen formuliert er gegenüber dem Versuch, »an den deutschen Grenzen eine zweite Militärmacht zu organisieren, und sei es auch nur in Form der Bildung eines zur

Militärmacht fähigen Staates, nicht nur das Recht, sondern die Pflicht, mit allen Mitteln, bis zur Anwendung von Waffengewalt, die Entstehung eines solchen Staates zu verhindern, beziehungsweise einen solchen, wenn er schon entstanden, wieder zu zerschlagen«. Nach einer erneuten Ablehnung von Kolonien schließt er: »Vergeßt nie, daß das heiligste Recht auf dieser Welt das Recht auf Erde ist, die man selbst bebauen will, und das heiligste Opfer das Blut, das man für diese Erde vergießt.«

Die Frage, ob dies Recht nur einzelnen Völkern gegeben sei, wird nicht gestellt; würde sie sich aber melden, so könnte die Antwort kaum Verlegenheit bereiten. Denn unzweifelhaft würde sie in der rassemäßigen Überlegenheit (die erfahrungsgemäß jedes Volk für sich in Anspruch nimmt) das deutsche Recht begründet sehen. Eine ganz geringe Rolle spielt bei diesen Betrachtungen die Siedlungsaufgabe innerhalb der deutschen Grenzen; erscheint sie Hitler als phantasiemäßig nicht stark genug, als zu verwickelt oder von Anbeginn mengenmäßig als zu klein genommen? Man muss dies vermuten. Die Ost- und Westprobleme überqueren sich. In der Form der »Abwehr« ist die deutsch-französische Auseinandersetzung nicht zu vollziehen, denn in ihr verliert Deutschland eine Position nach der andern. Deutschland darf seinen Lebenswillen nicht »in bloß passiver Abwehr verkümmern lassen«, sondern muss »in einen letzten Entscheidungskampf größte Schlußziele hineinwerfen«, darf aber »in der Vernichtung Frankreichs wirklich nur ein Mittel sehen, um danach unserm Volke endlich an anderer Stelle die mögliche Ausdehnung geben zu können«. Der Schlüssel für diesen Kampf, der zuerst im Westen und dann im Osten geführt werden muss, liegt in den folgenden Sätzen: »Heute zählen wir achtzig Millionen Deutsche in Europa. Erst dann aber wird jene Außenpolitik als richtig anerkannt werden, wenn nach kaum hundert Jahren zweihundertfünfzig Millionen Deutsche auf diesem Kontinent leben werden, und zwar nicht zusammengepresst als Fabrikkulis der andern Welt, sondern als Bauern und Arbeiter, die sich durch ihr Schaffen gegenseitig das Leben gewähren.« Vielleicht hat Hitler in der Zwischenzeit davon Kenntnis erhalten, dass die Bevölkerungsbewegung (und dies bereits seit den Jahren vor dem Krieg) eine sehr andere Kurve eingeschlagen hat, als er sie sieht, um seinem außenpolitischen Programm die Weihe einer weltgeschichtlichen Notwendigkeit zu verleihen. Würde er einmal eine halbe Stunde Statistik treiben, so müssten die Fundamente seiner außenpolitischen »Generallinie« für ihn wegsinken. Aber er nimmt sich nicht die Zeit dazu.

Die Bodennahme im europäischen Osten ist also das Kernstück der Hitlerschen Außenpolitik, hier sind die »größten Schlußziele«. Es verknüpfen sich die romantischen Erinnerungen an die großartigen Kolonisationsleistungen des deutschen Mittelalters, die nach Osten über die Elbe vorangetragen wurden, mit der gegenwärtigen und unmöglichen Lösung, die das Versailler System den deutschen Ostgrenzen aufgezwungen hat. Da hier eine unerträgliche Reiz- und Reibungsstelle geschaffen wurde, folgt das Empfinden leichter dieser Richtung; denn es weiß um das labile Wesen der europäischen Ostprobleme. Hitler hasst oder verachtet den Slawen – er hat selber slawisches Blut und muss das Wissen darum überkompensieren; aber er verkennt, dass die östliche Ausdehnung nur möglich ist, wenn Deutschland den Rücken frei hat. Die »Vernichtung Frankreichs« ist nicht Selbstzweck, sondern technische Vorbedingung. Immerhin ist sie so wichtig, dass er zum Mindesten auf ihre seelische Vorbereitung alle Kräfte und Gedanken sammelt. Es muss hier nicht die Nachkriegsgeschichte der deutsch-französischen Beziehungen beschrieben werden, um darzutun, wie sehr die amtliche Politik Frankreichs einer Agitation je und je die Waffen zur Verfügung stellte, mit denen für solche Grundhaltungen verhältnismäßig leichte Siege erfochten werden konnten. Die Hemmungslosigkeit (und Kenntnislosigkeit), mit der Hitlers Buch über das französische Problem redet, ist zum großen Teil bestimmt von den Erfahrungen des Ruhrkampfes; er redet in den verächtlichsten Worten von dem der Vernegerung verfallenen Volke, man hört, wie Rosenberg ihm souffliert. Für Tausende von Versammlungen hat er Stichwort und Tonlage der außenpolitischen Betrachtungen bestimmt, die selten ihre Wirkung verfehlen können, weil das amtliche Paris nicht müde wird, durch ein kleinliches, schikanöses Verhalten die Beweisstücke für den laufenden Tagesbedarf der Agitation zu liefern. Hitler hat sich selber (nicht den mittleren Typus seiner redenden Gefolgschaft) mit einer wunderbaren Wendigkeit von dieser Haltung freizumachen verstanden oder doch versucht. Der Wahlerfolg des 14. September 1930 hat ihn in die Rolle des Staatsmanns gedrängt; in dem denkwürdigen Briefwechsel mit Gustave Hervé findet sich der aus seiner Feder erstaunliche Satz: »Ich glaube weiter versichern zu dürfen, daß es in Deutschland niemand gibt, der nicht jedem ehrlichen Versuch einer Besserung der Beziehungen zwischen Deutschland und Frankreich aus ganzem Herzen Beifall schenken wird.« Das war die Visitenkarte, die, auf Umwegen, beim Quai d'Orsay abgegeben wurde; sie ist dort vermutlich in einer verstaubenden Schale liegen geblieben. Im deutschen Hausgebrauch wurde von dieser Geste ganz gewiss kein Gebrauch gemacht; wer sich etwa um die Besserung der deutsch-französischen Beziehungen bemüht, darf sicher sein, bei der NSDAP keinen »Beifall«, sondern Hohn, Vorwurf des Landesverrats und so fort zu ernten. Aber in der Oktobertagung 1931 hat die Fraktion nicht verfehlt, erneut die Verständigung mit Frankreich als Ziel anzuerkennen; natürlich beraubt sie solche Zweckversicherungen jeglicher Wirkung, da sie deren Ton und Inhalt durch eine ganz anders gerichtete Publizistik aufhebt.

Hitler weiß, was Krieg ist. Er wehrt sich gegen den Vorwurf, dass er zu neuem Krieg treibe, aber er geht von der Erkenntnis aus, dass neuer Krieg sein *muss*, und darauf, dass dieser Krieg für Deutschland siegreich ausgehe, ist die deutsche Außenpolitik abzustellen. Außenpolitik ist Bündnispolitik – dass er das von Bismarck angelegte Vorkriegssystem für falsch hält, ist oben gezeigt. Bündnispolitik setzt Bündnisfähigkeit voraus – diese wird Deutschland erst erreicht haben, wenn es im Innern einen Systemwechsel vollzogen hat. Die Niederringung der parlamentarischen Demokratie, die Abrechnung mit den »Novemberverbrechern« ist ein Abschnitt in den außenpolitischen Notwendigkeiten. Nun weiß Hitler, dass man Bündnisse nicht abschließt um fremder, sondern um eigener Interessen. Es handelt sich nicht bloß darum, dass Deutschland bei andern Mächten Anlehnung sucht, damit diese ihm helfen, sondern die andern müssen Deutschland mit zu finden wissen, weil *ihr* Interesse ihnen das gebietet. Aus der italienisch-französischen, aus der britisch-französischen, aus der deutsch-französischen Gegensätzlichkeit wächst in seiner Phantasie der neue Dreibund: England-Italien-Deutschland. Er meint, dass »die Annäherung an England und Italien in keiner Weise eine Kriegsgefahr an sich heraufbeschwört«, denn Frankreich wäre zu einer Stellungnahme gegen den Bund nicht in der Lage. Aber Deutschland würde durch den Bund die Möglichkeit erhalten, »in aller Ruhe diejenigen Vorbereitungen zu treffen, die im Rahmen einer solchen Koalition für eine Abrechnung mit Frankreich so oder so getroffen werden müssten«.

Diese Sätze sind 1924 geschrieben und seitdem oft wieder gedruckt worden. Es ist anzunehmen, dass Hitler auch heute noch zu ihnen steht, gebannt von der Macht des britischen Empires und von der gespannten Aktivität, die er von dem italienischen Faschismus erwartete. Die Stellung der beiden Mächte während des Ruhrkrieges hätte ihn schon damals belehren können, wie naiv sein Verfügen über die Interessen dritter Mächte gewesen; denn damals haben beide Deutschland, das in der Hitlerschen Ansicht zwangsmäßig ihr Partner sein muss, geopfert. Sie haben das auch späterhin getan, in den Einzelfragen der Abrüstung, in der Stellungnahme zu einer österreichisch-deutschen Zollunion. Denn sie unterwerfen ihre Entscheidung den eigenen Interessen und der realistischen Machtlage, nicht einem Münchner Wunschbild. Dass Hitler mit einem allzu kühnen Realismus, der manchen als Zynismus erschien, von der volkspolitischen Grundlegung der nationalsozialistischen Lehre abwich und die Frage des Südtiroler Deutschtums sozusagen abschrieb, hat man in Rom nicht ungern gehört; man erhielt ziemlich unerwartet eine moralische Entlastung, deren man sich nicht versehen hatte. Aber sachlich ließ man die Geschichte auf sich beruhen, nicht ganz undankbar, dass es nördlich der Alpen Leute gibt, die die italienische Bündnistreue von 1914 so rasch vergessen haben, um unbelehrt mit ihr in ferne Zeiten zu spekulieren.

Vollkommen unerfindlich ist, wie Hitler mit Sperrdruck mitteilt, dass Deutschland »mit einem Schlage aus seiner ungünstigen strategischen Lage befreit würde«. Es sieht so aus, als ob er dem französischen Bündnissystem gegenüber völlig blind sei, umso mehr, als er es nicht, wie manche seiner Freunde, durch russischen Druck aufgehoben sein lässt. Mit der Entscheidung für England hält er eine scharf antirussische Linie durch und legt dar, dass ein deutsch-russisches Zusammenwirken Deutschland zum Kriegschauplatz machen müsste. Dies zu vermeiden, bleibt sein Anliegen. Wie es bei einer deutsch-italienischen Zusammenarbeit anders bestellt sein würde, zeigt er nicht. Ludendorff hat sich die Mühe gemacht, die strategischen Folgen der Hitlerschen Politik zu beschreiben – aber der Heros von gestern hat sich selber bei seiner früheren Gefolgschaft außer Kurs gesetzt.

Es erübrigt sich, auf die Verzierungen einzugehen, mit denen vor allem Rosenberg dieses Programm schmückt: sie sind den »Weisen von Zion« entnommen, sie ergänzen das um Deutschland gruppierte System durch einen skandinavischen Block (der dann kommen wird, wenn nicht mehr Ratio und Interesse, sondern das Blut die Anweisungen der Außenpolitik gibt, was wohl voraussetzt, dass die italische Oberschicht ihrer angemuteten germanischen Herkunft wieder bewusst wird). Rosenberg verfehlt auch nicht, den Amerikanern Gebrauchsanweisungen zu geben, wie sie sich zu verhalten haben, um als Nation zu bestehen. Das sind Bizarrerien eines Kopfes von seltsam pedantischer Exzentrik, für die man die Partei als solche kaum verantwortlich machen kann, auch wenn er ihr führender Publizist ist. Man muss davon Kenntnis nehmen, dass ihm eine gewisse Literatenfreiheit zugegeben wird, zu deren Ergebnis die Partei im Bedarfsfall offiziös Abstand nimmt.

Hitler liebt den Sperrdruck. Er hebt mit ihm die Sätze hervor, die entweder den Ehrgeiz haben, als feste Wahrheiten in die Erinnerung einzugehen, oder den Ausdruck einer gewissen rednerischen Erregtheit, ja Ekstase spiegeln sollen. (Auch das geschriebene Buch bleibt für den Redner bezeichnend, dessen Kraft der des ziemlich mäßigen Schriftstellers weit überlegen ist.) In den Abschnitten, die der nationalsozialistischen Außenpolitik gewidmet sind, finden sich viele solcher Sätze. Einer von ihnen besagt: »Ein Bündnis, dessen Ziel nicht die Absicht zu einem Krieg umfaßt, ist sinn- und wertlos« – das ist vernichtend für das Bismarcksche Bündnissystem, dessen einziger Sinn gewesen, die »Absicht« anderer in einer kunstvollen Friedenssicherung abzufangen. Ein anderer, ebenso betonter Satz lautet: »Eine Diplomatie hat dafür zu sorgen, dass ein Volk nicht heroisch zugrunde geht, sondern praktisch erhalten wird. Jeder Weg, der hierzu führt, ist dann zweckmäßig, und sein Nichtbegehen muß als pflichtwidriges Verbrechen bezeichnet werden.« Wie, mag einer fragen, schenkt Hitler den »Erfüllungspolitikern« Aphorismen? Steigt auch bei ihm einmal der Groll hoch gegen eine Politik, die ihr va banque mit der heldischen Geste ausstattet, um über nüchterne realistische Verantwortungen hinwegzukommen? Nein. Der Satz dient dazu, die *Engländer* vor dem Vorwurf zu schützen, dass ihre Einkreisungspolitik »skrupellos« gewesen. Natürlich hat Hitler recht, wenn er ein sentimentales Beurteilen geschichtlicher Vorgänge ablehnt; er besorgt es gelegentlich mit Heftigkeit, wo er »völkische Politiker« in den Fesseln verjährter Traditionsempfindungen antrifft. Die Natur hat ihn mit einem glücklichen Temperament ausgestattet, so dass er gar nicht spürt, dass er selber immerzu in die Sünde des bloßen Ressentiments fällt. Das rationalistische Machtkalkül und die Hemmungslosigkeit des Gefühls stehen unvermittelt nebeneinander. Man mag darin eine ursprüngliche, frisch erhaltende Naivität erkennen. Sicher würden manche dankbar sein, wenn Hitler solche Erkenntnisse, wie sie der eben zitierte Satz ausspricht, nicht nur für die Bewertung der britischen Vorkriegstaktik, sondern auch für die Beurteilung der deutschen Nachkriegslage verwenden wollte. Dann würde die Luft der inneren Aussprache, gleichviel ob sie bestimmte Maßnahmen angreift oder verteidigt, sauberer und freier sein, als sie leider ist.

Dann würde vielleicht auch die Macht der NSDAP für die deutsche Außenpolitik als Opposition fruchtbar geworden sein. Diese Chance wurde in dem Ausmaße verdorben, als die Stellung zu den äußeren Fragen fast ausschließlich innenpolitisch motiviert wurde – mit dem Versuch der moralischen Infamierung Stresemanns, mit dem sogenannten »Zuchthausparagraphen« des Volksbegehrens gegen den Young-Plan erfuhr diese Haltung ihren stärksten Ausdruck. Denn sie verneinte die Möglichkeit eines gemeinsamen Zieles, der Wiedergewinnung deutscher Freiheit, zu der man auf verschiedenen Wegen gelangen könne. Auch die übrigen Völker haben in sich verschiedene Auffassungen über die Zweckmäßigkeit außenpolitischer Methoden, auch bei ihnen ist das ein Stück Machtkampf; aber das Wissen um eine gemeinsame Verantwortung geht dabei nicht verloren.

Solange Hitler, wahrlich kein Geheimdiplomat, sein Weltbild für den deutschen Hausbedarf vortrug, konnte man von der Naivität reden, die gleichzeitig dem Machtgedanken huldigte und den Machtbestand der Nationen nicht zur Kenntnis nahm. Seit dem September 1930 sucht er sich als selbständigen außenpolitischen Faktor einzuschalten – nicht ganz originell, denn Hugenberg war ihm mit Botschaften vorangegangen. Aber der hat eine geringere Begabung für die Geste und ist schließlich als Erscheinung nicht so »interessant«. Die programmatische Basis hat er dabei nicht verlassen, aber er glaubt sich jetzt – Amerika ist inzwischen als weltpolitischer Faktor entdeckt worden – der angelsächsischen »Mentalität« stärker anpassen zu müssen. Deshalb sein fast leidenschaftliches Angebot, Deutschland unter seiner Führung als den Wall gegen Sowjetrussland und die weltrevolutionäre Bewegung anzuerkennen, deshalb seine wiederholten Versicherungen, dass auch im »dritten Reich« alle privaten Schuldverpflichtungen an das Ausland bezahlt würden. Diese Verbeugung vor der westlerischen »Bankokratie« gefällt einem Teil seiner Gefolgschaft ganz und gar nicht. Aber Hitler spürt wohl etwas von dem Problem der Kreditfähigkeit eines Landes und hat wohl auch gelesen, dass die antikapitalistische und heftige Abtönung nationalsozialistischer Kundgebungen nach dem September 1930 der deutschen Kreditlage wenig bekömmlich war. Dem Schwur auf die Legalität folgte der auf die Sicherung des außerdeutschen Kapitals in der deutschen Wirtschaft. Über dessen Bezahlung muss er freilich etwas unklare Vorstellungen haben, wenn er gleichzeitig den Rückzug Deutschlands aus der Weltwirtschaft verkündet.

Der Versuch, die amtliche deutsche Außenpolitik zu konkurrieren, ist ein böses Spiel – sein letztes Motiv ist die innenpolitische Macht. Nachdem der Versuch, die legitime Regierung im parlamentarischen Kampf zu beseitigen, misslungen war, sollte von außen her ihre Autorität berannt und geschwächt werden. Denn ein so getroffenes Kabinett, dem internationalen Misstrauen in seinen Bestand ausgeliefert, müsste erfolglos bleiben und in der Erfolglosigkeit dem neuen Ansturm erliegen.

Einstweilen wirbt Hitler heftig um die Weltmeinung. Er wird bald so weit sein, mit dem »Weltgewissen« sich zu unterhalten.

Anhang

Literaturverzeichnis

I. Textnachweise und weiterführende Literatur zu den Autoren

Schalom Asch
Chaim Lederers Rückkehr, Berlin/Wien Leipzig (Paul Zsolnay Verlag) 1929, S. 107–127.
Angelika Glau: Jüdisches Selbstverständnis im Wandel. Jiddische Literatur zu Beginn des Zwanzigsten Jahrhunderts, Wiesbaden 1999.

Henri Barbusse
Im Feuer. Tagebuch einer Korporalschaft, (nach der neu überarbeiteten Übersetzung von Curt Noch und Paul Schlicht), Leipzig (Verlag Philipp Reclam jun.) 1987, S. 11–12, 334–342.
[Deutschsprachige Erstausgabe: Zürich (Max Rascher Verlag) 1918.]
Horst F. Müller: Henri Barbusse: 1873–1935; Bio-Bibliographie; die Werke von und über Barbusse mit besonderer Berücksichtigung der Rezeption in Deutschland, Weimar 2003.

Anna Blos/Adele Schreiber/Louise Schröder/Anna Geyer
Die Frauenfrage im Lichte des Sozialismus, Dresden (Buchverlag Caden und Comp.) 1930, S. 23–25, 112–116, 153–155, 214–217.
Mascha Riepl-Schmidt: Anna (1866–1933) und Wilhelm Blos (1849–1927), in: Politische Köpfe aus Südwestdeutschland, Stuttgart 2005.
Ina Hochreuther: Frauen im Parlament – Südwestdeutsche Abgeordnete seit 1919. Im Auftrag des Landtags herausgegeben von der Landeszentrale für politische Bildung, Stuttgart 1992.
Asja Braune: Konsequent den unbequemen Weg gegangen – Adele Schreiber (1882–1957), Berlin 2003.
Marthina Koerfer: Louise Schröder. Eine Frau in den Wirren der Politik, Berlin 1987.

Bertolt Brecht
Aus einem Lesebuch für Städtebewohner, in: Gedichte, Band 1, Berlin (Aufbau Verlag) 1961, S. 161–171.
[Erstmals erschienen in: Versuche 4–7, Heft 2, Berlin (Gustav Kiepenheuer Verlag) 1930.]
© Suhrkamp Verlag, Frankfurt am Main 1988.

Werner Mittenzwei: Das Leben des Bertolt Brecht oder Der Umgang mit den Welträtseln (zwei Bände), Frankfurt am Main 1987.
Jan Knopf: Bertolt Brecht. Leben, Werk, Wirkung, Frankfurt am Main 2006.

Max Brod
Rëubēni, Fürst der Juden. Ein Renaissanceroman, München (Kurt Wolff Verlag) 1925, S. 40–52.
Claus-Ekkehard Bärsch: Max Brod im »Kampf um das Judentum«. Zum Leben und Werk eines deutsch-jüdischen Dichters aus Prag. Wien 1992.
Bernd W. Wessling: Max Brod. Ein Portrait zum 100. Geburtstag, Gerlingen 1984.

Christa Anita Brück
Ein Mädchen mit Prokura, Berlin (Sieben-Stäbe-Verlag) 1932, S. 19–31.
Angelika Döpper-Henrich: »... es war eine trügerische Zwischenzeit«. Schriftstellerinnen der Weimarer Republik und ihr Verhältnis zu den gesellschaftlich-politischen Umgestaltungen ihrer Zeit, Kassel 2004.

Alfred Döblin
Berlin Alexanderplatz. Die Geschichte von Franz Biberkopf, München (Deutscher Taschenbuch Verlag) 1994, S. 212–214, 228–236.
[Erstausgabe: Berlin (S. Fischer Verlag) 1929.]
© S. Fischer Verlag GmbH, Frankfurt am Main 1930.
Gabriele Sander: Alfred Döblin, Stuttgart 2001.
Oliver Bernhardt: Alfred Döblin, München 2007.

John Dos Passos
Manhattan Transfer [nach der Übersetzung von Paul Baudisch], Reinbek bei Hamburg (Rowohlt Verlag) 1959, S. 427–437.
[Deutschsprachige Erstausgabe: Berlin (S. Fischer Verlag) 1927.]
© 1959 by Rowohlt Verlag GmbH, Hamburg.
Miguel Oliveira: Vom Scheitern eines Traums. John Dos Passos und Migration, Norderstedt 2007.
Ignacio Martinez de Pison: Der Tod des Übersetzers. John Dos Passos und die Geschichte eines ungeklärten Mordes, Hamburg 2007.
Hartwig Isernhagen: Ästhetische Innovation und Kulturkritik. Das Frühwerk von John Dos Passos 1916–1938, München 1983.

Kurt Eisner
Welt werde froh! Ein Kurt Eisner Buch, Berlin (Büchergilde Gutenberg) 1929, S. 177–182, 199–203.
Bernhard Grau: Kurt Eisner: 1867–1919. Eine Biographie, München 2001.

Michaela Karl: Die Münchener Räterepublik. Porträts einer Revolution, Düsseldorf 2008.

Lion Feuchtwanger

Der jüdische Krieg, Berlin (Propyläen-Verlag) 1932, S. 406–426.

Reinhold Jaretzky: Lion Feuchtwanger, Reinbek 2003.

Wilhelm von Sternburg: Lion Feuchtwanger. Ein deutsches Schriftstellerleben, Berlin 1999.

Wolfgang Jeske und Peter Zahn: Lion Feuchtwanger. Der arge Weg der Erkenntnis, München 1989.

Eugen Fischer

Die kritischen 39 Tage von Sarajewo bis zum Weltenbrand, Berlin (Verlag Ullstein) 1928, S. 255–265.

Ralf Forsbach: Eugen Fischer-Baling, in: Michael Fröhlich (Hrsg.): Die Weimarer Republik. Portrait einer Epoche in Biographien, Darmstadt 2002.

Friedrich Wilhelm Foerster

Weltpolitik und Weltgewissen, München (Verlag für Kulturpolitik) 1919, S. 147–151.

Maria Hoschek: Friedrich Wilhelm Foerster (1869–1966). Mit besonderer Berücksichtigung seiner Beziehungen zu Österreich, Frankfurt *am Main 2006.*

Pascal Max: Pädagogische und politische Kritik im Lebenswerk Friedrich Wilhelm Foersters, Stuttgart 1999.

Sigmund Freud

Die Verdrängung, in: Theoretische Schriften, Wien (Internationaler Psychoanalytischer Verlag) 1931, S. 83–97.

Peter Gay: Freud. Eine Biographie für unsere Zeit, Frankfurt am Main 2006.

Eva Weissweiler: Die Freuds. Biografie einer Familie, Köln 2006.

Hans-Martin Lohmann: Sigmund Freud, Reinbek 2006.

Ernst Glaeser

Jahrgang 1902, Potsdam (Gustav Kiepenheuer Verlag) 1928, S. 322–334.

René Geoffroy: Ernst Glaeser, Paris 1989.

Edna Carolyne McCown: Ernst Glaeser, New York 1982.

Erwin Rotermund: Zwischen Exildichtung und innerer Emigration, München 1980.

Maxim Gorki
Die Bettler, in: Meister-Erzählungen, Berlin (Peter J. Oestergaard Verlag) o. J., S. 7–19.
Nina Gourfinkel: Maxim Gorki. Mit Selbstzeugnissen und Bilddokumenten, Reinbek 1999.
Geir Kjetsaa: Maxim Gorki. Eine Biographie, Hildesheim1996.
Nadeshda Ludwig: Maxim Gorki. Leben und Werk, Berlin (West)1984.

Oskar Maria Graf
Wir sind Gefangene. Ein Bekenntnis aus diesem Jahrzehnt, München (Drei Masken Verlag) 1927, S. 516–528.

Gerhard Bauer: Gefangenschaft und Lebenslust. Oskar Maria Graf in seiner Zeit. Eine Werk-Biographie, München 1987.
Wilfried F. Schoeller: Oskar Maria Graf. Odyssee eines Einzelgängers. Texte – Bilder – Dokumente, Frankfurt am Main 1994.

Karl Grünberg
Brennende Ruhr. Roman aus der Zeit des Kapp-Putsches, Rudolstadt (Greifenverlag) 1929, S. 252–266.

Emil Gumbel
Verschwörer. Zur Geschichte und Soziologie der deutschen nationalistischen Geheimbünde 1918–1924, Frankfurt am Main 1984, S. 72–81.
[Erstausgabe: Verschwörer. Beiträge zur Geschichte und Soziologie der deutschen nationalistischen Geheimbünde seit 1918, Berlin (Malik Verlag) 1924.]
Arthur David Brenner: Emil J. Gumbel. Weimar German Pacifist and Professor, Boston/Leiden 2001.
Christian Jansen: Emil Julius Gumbel. Portrait eines Zivilisten, Heidelberg 1991.

Ernest Hemingway
In einem anderen Land [nach der Übersetzung von Annemarie Horschitz-Horst], Hamburg (Rowohlt Verlag) 1957, S. 23–33.
[Deutschsprachige Erstausgabe: Berlin (Rowohlt Verlag) 1930.]

Kurt Müller: Ernest Hemingway. Der Mensch – der Schriftsteller – das Werk, Darmstadt 1999.
Aaron E. Hotchner: Papa Hemingway. Ein persönliches Porträt, München 1999.

Theodor Heuss

Hitlers Weg. Eine historisch-politische Studie über den Nationalsozialismus, Stuttgart/Berlin/Leipzig (Union Deutsche Verlagsgesellschaft) 1932, S. 96–105.

Thomas Hertfelder/Christiane Ketterle (Hrsg): Theodor Heuss, Publizist – Politiker – Präsident, Stuttgart 2003.

Ulrich Baumgärtner: Reden nach Hitler. Theodor Heuss – die Auseinandersetzung mit dem Nationalsozialismus, München 2001.

Horst Möller: Theodor Heuss. Staatsmann und Schriftsteller, Bonn 1990.

Rudolf Hilferding

Das Finanzkapital. Eine Studie über die jüngste Entwicklung des Kapitalismus, Berlin (Verlag J. H. W. Dietz Nachfolger) 1947, S. 388–399.

[Erstausgabe: Wien (Verlag der Wiener Volksbuchhandlung Ignaz Brand & Co) 1910.]

William Smaldone: Rudolf Hilferding. Tragödie eines deutschen Sozialdemokraten, Bonn 2000.

Guenther Sandleben: Nationalökonomie und Staat. Zur Kritik der Theorie des Finanzkapitals, Hamburg 2003.

Magnus Hirschfeld

Vom Wesen der Liebe, Leipzig (Verlag von Max Spohr) 1906, S. 3–15.

Ralf Dose: Magnus Hirschfeld. Deutscher – Jude – Weltbürger, Teetz 2005.

Manfred Herzer: Magnus Hirschfeld. Leben und Werk eines jüdischen, schwulen und sozialistischen Sexologen, Hamburg 2001.

Elke-Vera Kotowski/Julius H. Schoeps: Magnus Hirschfeld. Ein Leben im Spannungsfeld von Wissenschaft, Politik und Gesellschaft, Berlin 2004.

Erich Kästner

Die andere Möglichkeit, aus: Die Weltbühne, XXV. Jahrgang, 2. Halbjahr, Nummer 28 vom 9. Juli 1929.

Das Riesenspielzeug, aus: Die Weltbühne, XXVII. Jahrgang, 2. Halbjahr, Nummer 47 vom 24. November 1931.

Aus: Lärm in Spiegel, Leipzig/Wien (C. Weller Co. Verlag) 1929:
- Lob der Volksvertreter, S. 13.
- Fantasie von Übermorgen, S. 20–21.
- Hymnus auf die Bankiers, S. 70–71.

Aus: Herz auf Taille, Leipzig/Wien (C. Weller Co. Verlag) 1928:
- Kennst Du das Land, wo die Kanonen blühen?, S. 40–41.

– Knigge für Unbemittelte, S. 100–101.

Franz Josef Görtz/Hans Sarkowicz: Erich Kästner – Eine Biographie, München/Zürich 2003.
Sven Hanuschek: Erich Kästner, Reinbek 2004.
Klaus Kordon: Die Zeit ist kaputt. Die Lebensgeschichte des Erich Kästner, Weinheim 2002.

Gina Kaus
Morgen um Neun, Berlin (Verlag Ullstein) 1932, S. 36–48.

Hildegard Atzinger: Gina Kaus. Schriftstellerin und Öffentlichkeit, Frankfurt am Main u. a. 2008.
Gina Kaus: Von Wien nach Hollywood. Erinnerungen, Frankfurt am Main 1990.
Gerhard Bauer: Nachwort zu Gina Kaus. Morgen um Neun, Hildesheim/Zürich/New York 2008.

Alfred Kerr
Technik des realistischen Dramas, in: Die Welt im Drama, 1. Band: Das neue Drama, Berlin (S. Fischer Verlag) 1917, S. 425–445.

Hubertus Schneider: Alfred Kerr als Theaterkritiker, Köln 1983.
Lothar Schöne: Neuigkeiten vom Mittelpunkt der Welt. Der Kampf ums Theater in der Weimarer Republik, Darmstadt 1994.
Hermann Haarmann/Klaus Siebenhaar/Thomas Wölk: Alfred Kerr. Lesebuch zu Leben und Werk, Berlin 2000.

Hermann Kesten
Josef sucht die Freiheit, Potsdam (Gustav Kiepenheuer Verlag) 1928, S. 63–73.

Walter Fähnders/Hendrik Weber: Dichter – Literat – Emigrant. Über Hermann Kesten, Bielefeld 2005.

Irmgard Keun
Gilgi, eine von uns, Berlin (Volksverband der Buchfreunde, Wegweiser-Verlag GmbH) 1931, S. 17–27.

Stefanie Arend/Ariane Martin (Hrsg.): Irmgard Keun 1905/2005. Deutungen und Dokumente, Bielefeld 2005.

Hiltrud Häntzschel: Irmgard Keun, Reinbek 2001.
Ingrid Marchlewitz: Irmgard Keun. Leben und Werk, Würzburg 1999.

Egon Erwin Kisch
Der rasende Reporter, Berlin (Erich Reiss Verlag) 1925, S. 183–187 und 287–289.

Klaus Haupt: Egon Erwin Kisch (1885–1948), der rasende Reporter aus dem Prager »Haus zu den Goldenen Bären«, Teetz 2008.
Markus G. Patka (Hrsg.): Der rasende Reporter Egon Erwin Kisch – Eine Biographie in Bildern, Berlin 1998.
Karin Schanne: Anschläge, Der rasende Reporter Egon Erwin Kisch, Stuttgart 1983.

Alexandra Kollontai
Wege der Liebe, [nach der Übersetzung von Etta Federn-Kohlhaas], Berlin (Malik Verlag) 1925, S. 45–57.
Gabriele Raether: Alexandra Kollontai zur Einführung, Hamburg 1986.

Karl Korsch
Randglossen zum Programm der Deutschen Arbeiterpartei, in: Gesamtausgabe, Band 3, Hannover (Offizin Verlag) 1993, S. 140–146.
[Erstausgabe: Berlin/Leipzig (Vereinigung Internationaler Verlagsanstalten/ Frankes Verlag) 1922.]
Michael Buckmiller (Hrsg.): Zur Aktualität von Karl Korsch, Frankfurt am Main 1981.
Wolfgang Zimmermann: Korsch zur Einführung, Hannover 1978.

Heinrich Kurtzig
Dorfjuden. Ernstes und Heiteres von ostischen Leuten, Berlin (M. Poppelauer Verlag) 1928, S. 71–88.

Hilde Gudilla Lion
Zur Soziologie der Frauenbewegung, Berlin (F. A. Herbig Verlagsbuchhandlung) 1926.
Irmgard Maya Fassmann: Jüdinnen in der deutschen Frauenbewegung 1865–1919, Hildesheim/Zürich/New York 1996.
Manfred Berger: Wer war … Hilde Lion?, in: Sozialmagazin, 26, 2001, S. 6ff.

Rosa Luxemburg
Die Russische Revolution, in: Politische Schriften, Band 3, Frankfurt am Main (Europäische Verlagsanstalt) 1968, S 106–141.

[Erstausgabe: Aus den Nachlass herausgegeben und eingeleitet von Paul Levi, Berlin (Verlag Gesellschaft und Erziehung) 1922.]
Annelies Laschitza: Rosa Luxemburg. Im Lebensrausch, trotz alledem, Berlin 2002.
Frederik Hetmann: Eine Kerze, die an beiden Enden brennt. Das Leben der Rosa Luxemburg, Freiburg 1998.

Heinrich Mann
Der Untertan, Frankfurt am Main (Fischer Taschenbuch Verlag) 2008, S. 26–37.

[Erstausgabe: Leipzig (Kurt Wolff Verlag) 1919.]
Manfred Flügge: Heinrich Mann. Eine Biographie, Reinbek 2006.
Peter Stein: Heinrich Mann, Stuttgart/Weimar 2002.
Die Jagd nach Liebe. Heinrich Mann und die Frauen, Frankfurt am Main 2007.

Klaus Mann
Der fromme Tanz. Das Abenteuerbuch einer Jugend, Berlin (Bruno Gmünder Verlag) 1982, S. 93–102.
[Erstausgabe: Hamburg (Gebrüder Enoch Verlag) 1925.]
Uwe Naumann: Die Kinder der Manns. Ein Familienalbum, Reinbek 2005.
Armin Strohmeyr: Klaus Mann, München 2000.
Nicole Schaenzler: Klaus Mann. Eine Biographie, Frankfurt am Main/New York 1999.

Carl von Ossietzky
Antisemiten, aus: Rechenschaft. Publizistik aus den Jahren 1913–1933, Berlin (Aufbau Verlag) 1982, S. 256–268.
[Erstmals erschienen in: Die Weltbühne, XXVIII. Jahrgang, 2. Halbjahr, Nummer 29 vom 19. Juli 1932.]
Wilhelm von Sternburg: Carl von Ossietzky. Es ist eine unheimliche Stimmung in Deutschland: Ein biographischer Bericht, Berlin 2000.
Elke Suhr: Carl von Ossietzky. Eine Biographie, Köln 1988.
Bruno Frei: Carl von Ossietzky. Eine politische Biographie, Berlin 1978.

Hugo Preuß
Staat, Recht und Freiheit. Aus vierzig Jahren deutscher Politik und Geschichte, Tübingen (Verlag Mohr Siebeck) 1926, S. 421–428.
Michael Dreyer: Hugo Preuß (1860–1925). Biographie eines Demokraten (Habilitationsschrift), Jena 2002.
Jan Immel: Hugo Preuß und die Weimarer Verfassung, Berlin 2002.

Ludwig Quidde
Völkerbund und Demokratie, Berlin (Verlag Neuer Staat) 1922, S. 5–15.
Karl Holl: Ludwig Quidde (1858–1941). Eine Biographie, Düsseldorf 2007.
Torsten Quidde: Friedensnobelpreisträger Ludwig Quidde. Ein Leben für Frieden und Freiheit, Berlin 2003.

Gustav Radbruch
Kulturlehre des Sozialismus. Ideologische Betrachtungen, Frankfurt am Main (Athenäum Verlag) 1970, S. 37–48.
[Erstausgabe: Berlin (J.H.W. Dietz Nachf.) 1922.]

Martin D. Klein: Demokratisches Denken bei Gustav Radbruch, Berlin 2007.
Arthur Kaufmann: Gustav Radbruch. Rechtsdenker, Philosoph, Sozialdemokrat, München 1987.

Erich Maria Remarque
Im Westen nichts Neues, Berlin (Propyläen Verlag) 1929, S. 208–225.

Thomas F. Schneider: Erich Maria Remarque. Ein Chronist des 20. Jahrhunderts. Eine Biographie in Bildern und Dokumenten, Osnabrück 1991.
Wilhelm von Sternburg: »Als wäre alles das letzte Mal«. Erich Maria Remarque. Eine Biographie, Köln 2000.

Joseph Roth
Hiob. Roman eines einfachen Mannes, Berlin (Gustav Kiepenheuer Verlag) 1930, S. 251–290.

Heinz Lunzer und Victoria Lunzer-Talos: Joseph Roth. Leben und Werk in Bildern, Köln 2009. – Wilhelm von Sternburg: Joseph Roth. Eine Biographie, Köln 2009. – Geza von Cziffra: Der heilige Trinker. Erinnerungen an Joseph Roth, Berlin 2006.

Arthur Schnitzler
Leutnant Gustl, Frankfurt am Main (Fischer Verlag) 1981, S. 15–27.
[Erstausgabe: Berlin (S. Fischer Verlag) 1901.]
Peter Gay: Das Zeitalter des Doktor Arthur Schnitzler. Innenansichten des 19. Jahrhunderts, Frankfurt am Main 2002.
Konstanze Fliedl: Arthur Schnitzler, Stuttgart 2005.
Michaela L. Perlmann: Arthur Schnitzler, Stuttgart 1987.

Anna Seghers
Grubetsch, aus: Auf dem Wege zur amerikanischen Botschaft und andere Erzählungen, Berlin (Gustav Kiepenheuer Verlag) 1930, S. 232–245.

Pierre Radvanyi und Manfred Flügge: Jenseits des Stroms. Erinnerungen an meine Mutter Anna Seghers, Berlin 2005.
Christiane Zehl Romero: Anna Seghers. Eine Biographie (Zwei Bände: 1900–1947 und 1947–1983), Berlin 2000/2003.
Sonja Hilzinger: Anna Seghers, Stuttgart 2000.
Christa Wolf u. a.: Anna Seghers. Eine Biographie in Bildern, Berlin 2000.

Otto Suhr
Die Welt der Wirtschaft vom Standort des Arbeiters, Jena (Verlag Gewerkschafts-Archiv) 1926, S. 9–12 und 183–189.
Gunther Lange: Otto Suhr. Im Schatten von Ernst Reuter und Willy Brandt. Eine Biographie, Bonn 1994.

Bertha von Suttner
Die Waffen nieder! Eine Lebensgeschichte, Berlin (Verlag der Nation) 1990, S. 360–387.
[Erstausgabe: Dresden/Leipzig (Verlag Edgar Pierson) 1889.]
Brigitte Hamann: Bertha von Suttner. Ein Leben für den Frieden, München 2002.
Harald Steffahn: Bertha von Suttner, Reinbek 1998.
Laurie R. Cohen (Hrsg.): »Gerade weil Sie eine Frau sind …« Erkundungen über Bertha von Suttner, die unbekannte Friedensnobelpreisträgerin, Wien 2005.

Adrienne Thomas
Die Katrin wird Soldat. Ein Roman aus Elsaß-Lothringen, Berlin (Propyläen Verlag) 1930, S. 203–205, 296–299 und 314–318.
Rebecca Biener: Die literarische Verteidigung des kleinen Glücks am Beispiel der Autorin Adrienne Thomas (Dissertation), Siegen 2005.
Yun Jung Seo: Frauendarstellungen bei Adrienne Thomas und Lili Körber, Marburg 2003.

Ernst Toller
Masse-Mensch. Ein Stück aus der sozialen Revolution des 20. Jahrhunderts, Potsdam (Gustav Kiepenheuer Verlag) 1924, S. 30–39.

Richard Dove: Ernst Toller. Ein Leben in Deutschland, Göttingen 1999.
Wolfgang Rothe: Ernst Toller, Reinbek 1983.
Dieter Distl: Ernst Toller. Eine politische Biographie, Schrobenhausen 1993.

Kurt Tucholsky
Mit 5 PS, Berlin (Ernst Rowohlt Verlag) 1929, S. 11–13, 352–353 und 368–369.
Lerne Lachen ohne zu weinen, Berlin (Ernst Rowohlt Verlag) 1931, S. 112–117 und 272–274.
Regina Scheer und Hermann Simon: Kurt Tucholsky. »Es war ein bisschen laut«, Teetz 2008.
Michael Hepp: Kurt Tucholsky, Reinbek 2002.
Klaus-Peter Schulz: Kurt Tucholsky in Selbstzeugnissen und Bilddokumenten, Reinbek 1998.
Fritz J. Raddatz: Tucholsky. Ein Pseudonym, Reinbek 1993.

Fritz von Unruh
Zero. Eine Komödie, Frankfurt am Main (Societäts-Verlag) 1932, S. 97–111.
Karola Schulz: Fast ein Revolutionär. Fritz von Unruh zwischen Exil und Remigration (1932–1962), München 1995.
Ina Götz: Tradition und Utopie in den Dramen Fritz von Unruhs, Bonn 1975.
Fritz von Unruh: Rebell und Verkünder, Hannover 1960.

Jakob Wassermann
Mein Weg als Deutscher und Jude, München (Deutscher Taschenbuch Verlag) 1994, S. 45–55.
[Erstausgabe: Berlin (S. Fischer Verlag) 1921].
Daniela Eisenstein, Dirk Niefanger, Gunnar Och (Hrsg.): Jakob Wassermann. Deutscher, Jude, Literat, Göttingen 2007.
Thomas Kraft: Jakob Wassermann, München 2008.
Beatrix Müller-Kampel: Jakob Wassermann. Eine biographische Collage. Wien 2008.
Rudolf Köster: Jakob Wassermann, Berlin 1996.

Franz Werfel
Der Tod des Kleinbürgers, Stuttgart (Philipp Reclam jun.) 2006, S. 44–49, 52–55 und 61–63.
[Erstausgabe: Berlin/Wien/Leipzig (Paul Zsolnay Verlag) 1927.]

Peter Stephan Jungk: Franz Werfel. Eine Lebensgeschichte, Frankfurt am Main 2006.
Norbert Abels: Franz Werfel. Mit Selbstzeugnissen und Bilddokumenten, Reinbek 2002.
Lore B. Foltin: Franz Werfel, Stuttgart 1992.

Karl August Wittfogel
Geschichte der bürgerlichen Gesellschaft von ihren Anfängen bis zur Schwelle der großen Revolution, Berlin (Malik Verlag) 1924, S. 43–53.
Gary L. Ulmen (Hrsg.): Society and History, Essays in Honor of Karl August Wittfogel, The Hague 1978.
Gary L. Ulmen (Hrsg.): The Science of Society, Toward an Understanding of the Life and Work of Karl August Wittfogel, The Hague 1978.

Arnold Zweig
Der Streit um den Sergeanten Grischa, Potsdam (Gustav Kiepenheuer Verlag) 1927, S. 218–231.

Wilhelm von Sternburg: »Um Deutschland geht es uns.« Arnold Zweig: Die Biographie, Berlin 1998.
Jost Hermand: Arnold Zweig, Reinbek 1990.
Marcel Reich-Ranicki: Der preußische Jude Arnold Zweig, in: ders.: Deutsche Literatur in West und Ost, Stuttgart 1983.
David R. Midgley: Arnold Zweig. Eine Einführung in Leben und Werk, Bodenheim 1989.

Stefan Zweig
Die Gouvernante, aus: Erstes Erlebnis. Vier Geschichten aus Kinderland, Leipzig (Insel-Verlag) 1926, S. 61–87.

Oliver Matuschek: Stefan Zweig. Drei Leben – Eine Biographie, Frankfurt am Main 2008.
Alberto Dines: Tod im Paradies. Die Tragödie des Stefan Zweig, Frankfurt am Main 2006.
Gert Kerschbaumer: Stefan Zweig. Der fliegende Salzburger, Frankfurt am Main 2005.
Hartmut Müller: Stefan Zweig. Mit Selbstzeugnissen und Bilddokumenten, Reinbek 2005.

II.
Nachschlagewerke

Biographisches Handbuch der deutschsprachigen Emigration nach 1933, hrsg. von Werner Röder und Herbert A. Strauss, München 1980–1983.
Deutsches Biographisches Archiv, mit Neue Folge, (eine Kumulation aus 284 der wichtigsten biographischen Nachschlagewerke für den deutschsprachigen Bereich), hrsg. von Willi Gorzny, München 1982–1993.

Deutsche Biographische Enzyklopädie, hrsg. von Rudolf Vierhaus, München 2005–2008.

Encyclopaedia Judaica. Das Judentum in Geschichte und Gegenwart, hrsg. von Nahum Goldmann, Berlin 1928–1934.

Encyclopaedia Judaica, Second Edition, Detroit u.a. 2007.

Jüdisches Biographisches Archiv, München 1994–1996.

Kindlers neues Literaturlexikon, hrsg. von Walter Jens, München 1988–1992.

Lexikon deutsch-jüdischer Autoren, hrsg. von Renate Heuer, München 1992–2009.

Lexikon deutschsprachiger Schriftstellerinnen im Exil 1933 bis 1945, von Renate Wall, Freiburg im Breisgau 1995.

Literaturlexikon. Autoren und Werke deutscher Sprache, hrsg. von Walther Killy, München 1988–1991.

Metzler Lexikon der deutsch-jüdischen Literatur. Jüdische Autorinnen und Autoren deutscher Sprache von der Aufklärung bis zur Gegenwart, hrsg. von Andreas Kilcher, Stuttgart/Weimar 2000.

Neue Deutsche Biographie, hrsg. von der Historischen Kommission bei der Bayerischen Akademie der Wissenschaften, Berlin 1953–2007 (2017).

Wilhelm Heinz Schröder: Sozialdemokratische Parlamentarier in den deutschen Reichs- und Landtagen 1867–1933. Biographien, Chronik, Wahldokumentation; ein Handbuch. (= Handbücher zur Geschichte des Parlamentarismus und der politischen Parteien, 7), Düsseldorf 1995.

Hermann Weber/Andreas Herbst: Deutsche Kommunisten. Biographisches Handbuch 1918 bis 1945, Berlin 2004.

III.
Sekundärliteratur (Auswahl)

Dietrich Aigner: Die Indizierung »schädlichen und unerwünschten Schrifttums« im Dritten Reich, in: Archiv für die Geschichte des Buchwesens, 11/1971.

Jan-Pieter Barbian: Literaturpolitik im »Dritten Reich«. Institutionen, Kompetenzen, Betätigungsfelder, München 1995.

Wolfgang Benz (Hrsg.): Bücherverbrennung Mai 1933 – Geschichte und Wirkung, in: Zeitschrift für Geschichtswissenschaft, 51. Jahrgang, Heft 5/2003.

Friedemann Berger (Hrsg.): In jenen Tagen ... Schriftsteller zwischen Reichstagsbrand und Bücherverbrennung, Leipzig/Weimar 1993.

Edith Böhne/Wolfgang Motzkau-Valeton (Hrsg.): Die Künste und Wissenschaften im Exil 1933–1945, Gerlingen 1992.

Hildegard Brenner: Die Kunstpolitik des Nationalsozialismus, Reinbek 1963.

Horst Denkler/Eberhard Lämmert (Hrsg.): »Das war ein Vorspiel nur ...« Berliner Colloquium zur Literaturpolitik im ‚Dritten Reich', Berlin 1985.

Richard Drewes/Alfred Kantorowicz: Verboten und Verbrannt. Deutsche Literatur – 12 Jahre unterdrückt, Berlin/München 1947.

Stefanie Endlich: »Vernichtung«, »Griftschrank«, »Zweifelhafte Fälle«, Vorgeschichte und Folgen der Bücherverbrennung für jüdische Autoren, Verleger, Buchhändler und Bibliothekare, Teetz 2007.

Thomas Friedrich (Hrsg.): Das Vorspiel. Die Bücherverbrennung am 10. Mai 1933, Berlin 1983.

Hermann Haarmann/Walter Huder/Klaus Siebenhaar (Hrsg.): »Das war ein Vorspiel nur ...« (Katalog zur gleichnamigen Ausstellung in der Akademie der Künste), Berlin/Wien 1983.

Helmut Heiber: Universität unterm Hakenkreuz, Teil II, Band 1, München 1992.

Elmar E. Holly, Die Weltbühne 1918–1933, Berlin 1989.

Inge Jens: Dichter zwischen Rechts und Links. Die Geschichte der Sektion für Dichtkunst an der Preußischen Akademie der Künste dargestellt nach den Dokumenten, Leipzig 1994.

Alfred Kantorowicz: Der Tag des freien Buches. Zum Gedenken an die Bücherverbrennungen vom 10. Mai 1933, Berlin 1947.

Andreas Kettel: Volksbibliothekare und Nationalsozialismus. Zum Verhalten führender Berufsvertreter während der nationalsozialistischen Machtübernahme, Köln 1981.

Helge Agnes Pross: »Die geistige Enthauptung Deutschlands. Verluste durch Emigration«, in: Universitätstage 1966. Veröffentlichungen der FU Berlin: Nationalsozialismus und die deutsche Universität, Berlin 1966.

Hermann Rafetseder: Bücherverbrennungen. Die öffentliche Hinrichtung von Schriften im historischen Wandel, Wien 1988.

Gerhard Sauder (Hrsg.): Bücherverbrennung. 10. Mai 1933, München/Wien 1983.

Nils Schiffhauer/Carola Schelle (Hrsg.): Stichtag der Barbarei. Anmerkungen zur Bücherverbrennung 1933, Braunschweig 1983.

Klaus Schöffling (Hrsg.): Dort wo man Bücher verbrennt. Stimmen der Betroffenen, Frankfurt am Main 1983.

Albrecht Schöne: Göttinger Bücherverbrennung 1933. Rede am 10. Mai 1983 zur Erinnerung an die »Aktion wider den undeutschen Geist«, Göttingen 1983.

Klaus Schönhoven: Fanal der Barbarei. Die Bücherverbrennung im Mai 1933, Heidelberg 2003.

Julius H. Schoeps/Werner Treß (Hrsg.): Orte der Bücherverbrennungen in Deutschland 1933, Hildesheim/Zürich/New York 2008.

Hans J. Schütz: Verbotene Bücher. Eine Geschichte der Zensur von Homer bis Henry Miller, München 1990.

Otto Seifert: Die große Säuberung des Schrifttums. Der Börsenverein der Deutschen Buchhändler zu Leipzig 1933–1945, Schkeuditz 2000.

Jürgen Serke: Die verbrannten Dichter. Lebensgeschichten und Dokumente, Weinheim/Basel 2003.

Dietrich Strothman: Nationalsozialistische Literaturpolitik, Bonn 1960.

Hans-Wolfgang Strätz: Die studentische »Aktion wider den undeutschen Geist« im Frühjahr 1933, in: Vierteljahrshefte für Zeitgeschichte, 16. Jahrgang 1968.

Werner Treß: »Wider den undeutschen Geist«. Bücherverbrennung 1933, Berlin 2008.

Theodor Verweyen: Bücherverbrennungen. Eine Vorlesung aus Anlass des 65. Jahrestages der »Aktion wider den undeutschen Geist«, Heidelberg 2000.

Peter Vodosek (Hrsg.): Bibliotheken während des Nationalsozialismus, Wiesbaden 1989.

Ulrich Walberer (Hrsg.): 10. Mai 1933. Bücherverbrennung in Deutschland und die Folgen, Frankfurt am Mai 1983.

Volker Weidermann: Das Buch der verbrannten Bücher, Köln 2008.

Hans-Albert Walter: Deutsche Exilliteratur 1933–1950, Bd. 1: Bedrohung und Verfolgung bis 1933, Darmstadt 1972.

Reiner Wild (Hrsg.): Dennoch leben sie. Verfemte Bücher, verfolgte Autorinnen und Autoren. Zu den Auswirkungen nationalsozialistischer Literaturpolitik, München 2003.

Joseph Wulf: Literatur und Dichtung im Dritten Reich, Gütersloh 1963.

Edda Ziegler: Die verbrannten Dichterinnen. Schriftstellerinnen gegen den Nationalsozialismus, Düsseldorf 2007.

Verzeichnis der Autorinnen und Autoren, die von den Bücherverbrennungen in Deutschland 1933 betroffen waren

Vorbemerkung

Grundsätzlich ist es nicht möglich, ein Verzeichnis der 1933 verbrannten Bücher und ihrer Autorinnen und Autoren zu erstellen, das einen Anspruch auf Vollständigkeit erheben könnte. Zudem ist festzustellen, dass nicht alle Autorinnen und Autoren, deren Werke im Verlauf der NS-Diktatur zum Beispiel auf der »Liste des schädlichen und unerwünschten Schrifttums« der »Reichsschrifttumskammer« verboten wurden, auch schon 1933 von den Bücherverbrennungen betroffen waren.

Im nachfolgenden Verzeichnis wurden 407 Namen von Autorinnen und Autoren zusammengestellt, bei denen sich relativ sicher belegen lässt, dass eines oder mehrere ihrer Werke an einem oder mehreren Orten der Bücherverbrennungen 1933 vernichtet worden ist. Dabei wurden folgende Quellen zugrunde gelegt:

1. Die Schwarzen Listen des »Ausschusses zur Neuordnung der Berliner Stadt- und Volksbüchereinen« unter der Federführung von Wolfgang Herrmann, die im April und Mai 1933 erstellt wurden und von der »Deutschen Studentenschaft« bei ihrer Büchersammelaktion in Vorbereitung auf die deutschlandweiten Bücherverbrennungen im Rahmen der Aktion »Wider den undeutschen Geist« genutzt wurden. Dieses sind die Schwarzen Listen »Schöne Literatur«, »Geschichte«, »Kunst«, »Politik- und Staatswissenschaften«, »Literaturgeschichte«, »Religion, Philosophie, Pädagogik« und »Jugendschriften«.

2. Der »Vorläufige Hallesche Generalindex jüdischer, marxistischer, pazifistischer und anderer volkszersetzender Schriften«, der in Halle an der Saale vom »Zentralausschuss zur Durchführung der nationalen Revolution« zur Vorbereitung auf die dortige Bücherverbrennung am 12. Mai 1933 genutzt wurde.

3. Die »Schwarze Liste der zu vernichtenden Bücher«, die bis Anfang Juni 1933 vom »Arbeitsausschuss für mecklenburgisches Volksbüchereiwesen« erstellt wurde und als Grundlage für die Bücherverbrennung in Schwerin am 4. Juni 1933 diente.

4. Die bei den Bücherverbrennungen insbesondere am 10. Mai 1933 ausgerufenen neun »Feuersprüche«.

5. Weiteres Archivmaterial und insbesondere Zeitungsberichte zu den örtlichen Bücherverbrennungen.

Auf die Nennung der in den genannten Quellen ebenfalls zahlreich nachweisbaren Anthologien, Sammelbände, Programmschriften und Periodika wurde im folgenden Verzeichnis verzichtet.

Die Autorinnen und Autoren

Rudolf Abraham
Mark Abramowitsch
Max Adler
Bruno Altmann
Rudolf Arnheim
Käte Asch
Nathan Asch
Schalom Asch
Wladimir Astrow
Siegfried Aufhäuser

Julius Bab
Isaak Babel
Angelica Balabanoff
Honoré de Balzac
Henri Barbusse
Ludwig Bauer
Max Bauer
Otto Bauer
Vicki Baum
Gertrud Bäumer
August Bebel
Johannes R. Becher
Richard Beer-Hofmann
Grigorij G. Belych
Georg Bernhard
Eduard Bernstein
Fritz Bernstein
(später Peretz Bernstein)
Günther Birkenfeld
Franz Blei
John Bleichy
Iwan Bloch
Anna Blos
Wilhelm Blos
Oskar Blum
Helena Bobinskaja
Giovanni Boccaccio
Alexander Bogdanow
Waldemar Bonsels
Julian Borchardt
Helmut von Bracken
Jürgen Brand
Lily Braun
Rudolf Braune
Bertolt Brecht
Bernard von Brentano
Max Brod
Christa Anita Brück
(d. i. Christa Jaab, später Ladisch)
Ferdinand Bruckner
(d. i. Theodor Tagger)
Fritz Brupbacher
Nikolai Iwanowitsch Bucharin
Edgar Rice Burroughs

Robert Carr
Lester Cohen
Wilhelm Cohnstaedt
Sidonie-Gabrielle Colette
Curt Corrinth
Richard N. von
Coudenhove-Kalergi
Carl Credé-Hoerder
Heinrich Cunow

Theodor Dan
Robert Danneberg
Carl Dantz
Günther Dehn
Maurice Dekobra
Julius Deutsch
Otto Deutsch
Wilhelm Dittmann
Alfred Döblin
John Dos Passos
Theodore Dreiser
Robert Drill
Pierre Dufour (d. i. Paul Lacroix)

Erich Ebermayer
Gustav Eckstein
Kasimir Edschmid
Hugo Efferoth
Walther Eggert-Windegg
Otto Ehinger
Ilja Ehrenburg
Albert Ehrenstein
Justus Ehrhardt
Albert Einstein
Carl Einstein
Kurt Eisner
Viktor Engelhardt
Friedrich Engels
Paul Englisch
Anton Erkelenz
Eduard Erkes
Hermann Essig
Wainwright Evans
Hanns Heinz Ewers

Walter Fabian
Arthur Feiler
Emil Felden
Johann Ferch
Lion Feuchtwanger
Georg Fink
Louis Fischer
Eugen Fischer-Baling
Friedrich Wilhelm Foerster
Ernst Fraenkel
Bruno Frank
Leonhard Frank
Rudolf Frank
Sigmund Freud
Alexander Moritz Frey
Arnold Freymuth
Theodor Fricke
Alfred H. Fried
Paul Frischauer

Anni Geiger-Gog
(d. i. Anni Geiger-Hoff)
Rudolf Geist
Irene Gerlach
Anna Geyer
Fjodor Gladkow
Ernst Glaeser
Walter Goetz
Ernst Goldbeck
Iwan Goll
Maxim Gorki
Georg Engelbert Graf
Oskar Maria Graf
Karl Grünberg
Emil Julius Gumbel

Paul von Hahn
Maximilian Harden
Jaroslav Hašek
Walter Hasenclever
Werner Hegemann
Eduard Heimann
Heinrich Heine
Friedrich von Hellwald
Ernest Hemingway

Hans Otto Henel
Agnes Henningsen
Georg Hermann
Gertrud Hermes
Theodor Heuss
Robert Heymann
Rudolf Hilferding
Morris Hillquist
Karl Jakob Hirsch
Georg Hirschfeld
Magnus Hirschfeld
Martin Hobohm
Max Hodann
Max Hoelz
Josef Hofbauer
Richard Hoffmann
Arthur Holitscher
Felix Hollaender
Albert Hotopp
Elias Hurwitcz

Ilja Ilf
Wilhelm Ilgenstein
Bela Illes
Vera Inber
Wsewolod W. Iwanow
(auch Vsevolod Ivanov)

Heinrich Eduard Jacob
Jean Jaurès
A.E. Johann (d.i. Alfred Ernst
Johann Wollschläger)
Ernst Johannsen
Marie Juchacz
Aron Jugow

Erich Kästner
Josef Kallinikow
Paul Kampffmeyer
Otto Felix Kanitz
Hugo Kanter
Hermann Kantorowicz
Anna Karawajewa
Valentin Katajew
Gina Kaus
Karl Kautsky
Siegfried Kawerau
Georg Kaiser
Bernhard Kellermann
Kurt Kersten
Alfred Kerr
Irmgard Keun
Hermann Kesten
Egon Erwin Kisch
Klabund (d.i. Alfred Henschke)
Kurt Klaeber
Alfred Kleinberg
Erich Knauf
Normann Körber
Franz Kobler
Edlef Köppen
Alexandra Kollontay
Karl Korn
Paul Kornfeld
Karl Korsch
Siegfried Kracauer
Michael Krischanowski
Paul Krische
Alfred Kurella
Heinrich Kurtzig
Michail Kusmin

Peter Martin Lampel
Gustav Landauer
Arthur Landsberger
(auch Artur Landsberger)
Else Lasker-Schüler
Ferdinand Lassalle
Andreas Latzko
Joe Lederer

Maria Leitner
Wladimir Iljitsch Lenin
Leonid Leonow
Franz Lepinski
Alexander Lernet-Holenia
Ludwig Lewinsohn
Jury N. Libedinsky
Georg Lichey
Henri Lichtenberger
Wladimir Lidin
Karl Liebknecht
Heinz Liepmann
Otto Linck
Anna Lindemann
Ben B. Lindsey
(d. i. Benjamin Barr Lindsey)
Hilde Lion
Richard Lipinski
Jack London
Heiner Lotze
Kurt Löwenstein
(auch: Kurt Kerlöw-Löwenstein)
Alfred Lowitsch
Emil Ludwig
Georg Lukács
Anatoli Lunatscharski
Rosa Luxemburg

Raymonde Machard
Paul Margueritte
Victor Margueritte
Henri de Man
(auch: Henrik de Man)
Heinrich Mann
Klaus Mann
Thomas Mann
Karl Mannheim
Siegfried Marck
Karl Marx
Valeriu Marcu
Lu Märten
(d. i. Louise Charlotte Märten)
Hermann Martin
Camille Mauclair (d. i. Séverin Faust)
Theo Mayer
Franz Mehring
Walter Mehring
Karl Mennicke
Fritz Merkenschlager
Viktor Meyer-Eckhardt
Gustav Meyrink
Robert Misch
Morus (d. i. Richard Lewinsohn)
Alexander Moszkowski
Franz Carl Müller-Lyer
Friedrich Michael
Erich Mühsam
Willi Münzenberg

Fritz Naphtali
(später Peretz Naphtali)
Pietro Nenni
Alfred Neumann
Robert Neumann
Alexander S. Newerow
Francesco Saverio Nitti
Max Nitzsche
Erik Nölting
Ernst Nölting
Gustav Noske

Paul Oestreich
Nikolai Ognjew
Oda Olberg
Ivan Olbracht
Edward Phillips Oppenheim
Franz Oppenheimer
Samuel Ornitz
Carl von Ossietzky
Berthold Otto

Ernst Ottwalt

Fedor Panferow
Anton Pannekoek
Leonid Pantelejew
Maurice Parmelee
Konstantin A. Pashitnow
Friedrich von Payer
Paul Piechowski
Kurt Pinthus
Pitigrilli
(d. i. Dino Segre)
Ossip Pjatnitzki
(auch Osip Pjatnickij)
Theodor Plivier
Gerhart Pohl
Alfred Polgar
Adelheid Popp
Hugo Preuß

Ludwig Quidde

Gustav Radbruch
Walther Rathenau
John Reed
Erik Reger
Gustav Regler
Erich Maria Remarque
Hermann Remmele
Ludwig Renn
Karl Renner
August Christian Riekel
Robert Riemann
Joachim Ringelnatz
Alexander Roda Roda
Eduard Rosenbaum
Arthur Rosenberg
Joseph Roth
Ludwig Rubiner
Otto Rühle
Alice Rühle-Gerstel
Arthur Rümann
Leopold von Sacher-Masoch
Rahel Sanzara
(d. i. Johanna Bleschke)
Albrecht Schaeffer
Julius Schäffer
Leon Schalit
Alexander Schapowalow
Peter Scher
Johannes Scherr
Fritz Schiff
Viktor Schiff
Alfred Schirokauer
Schlump
(d. i. Herbert Grimm)
Arthur Schnitzler
Paul Freiherr von Schoenaich
Bruno Schoenlank
Michail Scholochow
Adele Schreiber(-Krieger)
Karl Schröder
Louise Schroeder
Henny Schumacher
Leopold Schwarzschild
Gerhart Seger
Lydia Seifullina
Anna Seghers
Alexander Serafimowitsch
Carl Severing
Carlo Sforza
Anna Siemsen
Georg Simmel
Upton Sinclair
Grigori Sinowjew
Slang (d. i. Fritz Hampel)
Alexander Slepkow
Hans Sochaczewer
Bruno Sommer
Michail Soschtschenko

Fjodor Sologub
Josef Stalin
Willy Steiger
Fritz Sternberg
Carl Sternheim
Fritz Stier-Somlo
Alfred Striemer
Heinrich Ströbel
Otto Suhr
Wilhelm Emanuel Süskind
Bertha von Suttner

Lisa Tetzner
Adrienne Thomas
Theodor Tichauer
Paul Tillich
Sunao Tokunaga
Ernst Toller
B. Traven
Leo Trotzki
Karl Tschuppik
Kurt Tucholsky
Ludwig Turek
Werner Türk

Arnold Ulitz
Fritz von Unruh
Rudolf Urbantschitsch

Karel Vanek
Theodoor H. van de Velde
Karl Vorländer

Jakob Wassermann
Alex Wedding (d.i. Grete Weiskopf)
Frank Wedekind
Armin T. Wegner
Hans Wehberg
Erich Weinert
Paul Weisengrün
Friedrich Weiß
Franz Carl Weiskopf
Eduard Weitsch
Herbert George Wells
Franz Werfel
Kurt Wiedenfeld
Karl August Wittfogel
Oskar Wöhrle
Gertrud Woker
Julius Wolf
Theodor Wolff
Willi Wolfradt
Fritz Wuessing

Otto Zarek
Paul Zech
August Ziegler
Carl Zuckmayer
Arnold Zweig
Stefan Zweig

Danksagung des Herausgebers:

Für die Mitarbeit an diesem Buch möchte ich zunächst Miriam Ducke danken, die nach den Rechteinhabern der Textausschnitte und Bilder recherchierte. Frank Voigt danke ich für die mühsame Digitalisierung und Vorkorrektur der Texte nach den Originalvorlagen. Alexander Knaak danke ich für die Durchführung der ersten Fahnenkorrektur.

Mein besonderer Dank gilt Hildegard Bremer und Gernot Dallinger, die mich von Seiten der Bundeszentrale für politische Bildung bei der Entstehung dieses Buches sehr engagiert betreut haben und viel Geduld mit mir hatten.

Meinem Kollegen Gideon Botsch verdanke ich die Hinweise auf die Textausschnitte von Lion Feuchtwanger und Arnold Zweig. Meinem Freund Christoph Kopke danke ich für zahlreiche erkenntnisreiche Gespräche zum Beispiel über den Malik-Verlag und seine Bücher.

Schließlich danke ich meinen akademischen Lehrern Julius H. Schoeps und Uwe Puschner für ihre vielen hilfreichen Ratschläge bei der Erforschung der Bücherverbrennungen und Literaturindizierungen während der NS-Diktatur.

Immer dankbar bin ich meinem Sohn Elias Benedikt dafür, dass er da ist.

Zum Herausgeber

Werner Treß (Jg. 1975) studierte Geschichte und Philosophie an der Humboldt-Universität und der Freien Universität Berlin. Seit 2006 ist er wissenschaftlicher Mitarbeiter am Moses Mendelssohn Zentrum (MMZ) in Potsdam und betreut dort das Forschungs- und Editionsprojekt »Bibliothek verbrannter Bücher«. Seit 2007 ist er zudem Lehrbeauftragter an der Universität Potsdam. Seine weiteren Forschungsthemen sind die Gründung der Berliner Universität 1810 und die Entwicklung des Rechtsextremismus in den neuen Bundesländern seit 1990.

Zu den Bücherverbrennungen 1933 veröffentlichte Treß im Jahr 2003 das Buch »Wider den undeutschen Geist. Bücherverbrennung 1933«. 2008 erschien der von ihm gemeinsam mit Julius H. Schoeps herausgegebene Band »Orte der Bücherverbrennungen in Deutschland 1933«.

Bildnachweis

Bildarchiv Preußischer Kulturbesitz (bpk): 56, 118,137,157, 254, 318, 340, 363, 405, 473, 484, 494, 538

Privat: 206

Universitätsarchiv Heidelberg: 308

ullstein bild: 72, 89, 100, 128,149, 164, 174, 181, 191, 214, 223, 234, 242, 264, 272, 293, 302, 330, 351, 372, 386, 395, 412, 421, 432, 442, 452, 461, 502, 510, 538, 556, 568, 581, 591, 600

Wir danken allen Lizenzträgern für die freundlich erteilte Abdruckgenehmigung. In Fällen, in denen es nicht gelang, die Rechteinhaber an Texten oder Abbildungen zu ermitteln, bleiben Honoraransprüche gewahrt.